U0680886

| 主编 · 汪剑钊 |

"俄罗斯文学译丛"系
"金色俄罗斯丛书"平装版

普希金（第一卷）

ПУШКИН

[苏] 特尼亚诺夫 / 著

张冰 杜健 韩宇琪 / 译

张冰 / 校

四川人民出版社

图书在版编目（CIP）数据

普希金 / （苏）特尼亚诺夫著；张冰，杜健，韩宇
琪译. —成都：四川人民出版社，2024.1
（俄罗斯文学译丛 / 汪剑钊主编）
ISBN 978-7-220-13480-7

Ⅰ. ①普… Ⅱ. ①特… ②张… ③杜… ④韩…
Ⅲ. ①普希金（Pushkin, Alexander Sergeyevich 1799-1837)
—传记 Ⅳ. ①K835.125.6

中国国家版本馆 CIP 数据核字（2023）第 202108 号

PUXIJIN

普希金（第一卷、第二卷、第三卷）
[苏] 特尼亚诺夫　著

张冰　杜健　韩宇琪　译　张冰　校

责任编辑	张　丹
装帧设计	张迪茗
责任校对	唐　婧
责任印制	祝　健
出版发行	四川人民出版社（成都三色路 238 号）
网　　址	http://www.scpph.com
E-mail	scrmcbs@sina.com
新浪微博	@四川人民出版社
微信公众号	四川人民出版社
发行部业务电话	(028) 86361653　86361656
防盗版举报电话	(028) 86361653
照　　排	四川胜翔数码印务设计有限公司
印　　刷	成都东江印务有限公司
成品尺寸	140mm×203mm
印　　张	23.875
字　　数	569 千
版　　次	2024 年 1 月第 1 版
印　　次	2024 年 1 月第 1 次印刷
书　　号	ISBN 978-7-220-13480-7
定　　价	98.80 元（一、二、三）

■版权所有·侵权必究
本书若出现印装质量问题，请与我社发行部联系调换
电话：(028) 86361656

金色俄罗斯
Золотая Россия

致敬"金色俄罗斯丛书"译介团队，感谢所有参与者为传播
俄罗斯文学、增进中俄两国人民文化交流而做的努力！

汪剑钊　丛书主编、译者，北京外国语大学外国文学研究所教授，博士生导师。

张建华　丛书顾问、译者，北京外国语大学教授。

刘文飞　丛书顾问，中国俄罗斯文学研究会会长。

张　冰　北京师范大学俄语系教授，博士生导师。

赵晓彬　哈尔滨师范大学斯拉夫语学院副院长，博士生导师。

杨玉波　哈尔滨师范大学斯拉夫语学院副教授，文学博士。

郑艳红　中国社会科学院文学博士，绥化学院外国语系教师。

张　猛　北京外国语大学外国文学研究所博士。

李　莉　北京师范大学文学博士，杭州师范大学教授。

顾宏哲　辽宁大学俄语系副教授，硕士生导师。

赵艳秋　复旦大学俄语系副主任，文学博士。

侯炜红　中国社会科学院外国文学研究所俄罗斯文学研究室主任，文学博士。

池济敏　四川大学外国语学院副院长，副教授，文学博士。

飞　白　云南大学外语系教授，浙江省比较文学与外国文学学会名誉会长。

黄　玫　北京外国语大学俄语学院教授，博士生导师。

杨晓笛　北京外国语大学博士，太原理工大学教师。

李玉萍　洛阳理工学院副教授，文学博士。

王立业　北京外国语大学俄语学院教授，博士生导师。

邱　鑫　黑龙江大学俄语学院文学博士。

郭靖媛　北京大学比较文学专业博士在读。

薛冉冉　浙江大学外语学院副教授，博士。

温玉霞　西安外国语大学俄语学院教授，博士生导师。

潘月琴　北京外国语大学俄语学院副教授，博士。

余　翔　北京科技大学外国语学院师资博士后，文学博士。

李春雨　厦门大学外文学院助理教授，博士。

董树丛　北京外国语大学外国文学研究所硕士。

冯昭玙　浙江大学外文系教授。

杜　健　北京师范大学俄语语言文学专业博士。

韩宇琪　北京师范大学俄语语言文学专业博士。

苏　玲　《外国文学动态研究》主编，博士。

颜　宽　国立莫斯科大学语言文学系博士。

马卫红　浙江外国语学院教授，文学博士。

王丽欣　哈尔滨师范大学斯拉夫语学院副教授，文学博士。

于婷婷　西安外国语大学俄语语言文学博士在读。

王时玉　华东师范大学俄语语言文学博士在读。

穆　馨　哈尔滨师范大学斯拉夫语学院副教授，翻译硕士导师。

徐　琪　厦门大学外文学院教授，文学博士。

徐曼琳　四川外国语大学俄语系教授，文学博士。

欢迎更多的译者加入"金色俄罗斯丛书"……

（按译作出版时间排序）

四川人民出版社　　文学出版中心

目录
Contents

第二卷　寄宿中学

第三卷　青年时期

金色的"林中空地"（总序）

汪剑钊

　　2014 年 2 月 23 日，第二十二届冬奥会在俄罗斯的索契落下帷幕，但其中一些场景却不断在我的脑海回旋。我不是一个体育迷，也无意对其中的各项赛事评头论足。不过，这次冬奥会的开幕式与闭幕式上出色的文艺表演给我留下了深刻的印象，迄今仍然为之感叹不已。它们印证了一个民族对自身文化由衷的热爱和自觉的传承。前后两场典仪上所蕴含的丰厚的人文精髓是不能不让所有观者为之瞩目的。它们再次证明，俄罗斯人之所以能在世界上赢得足够的尊重，并不是凭借自己的快马与军刀，也不是凭借强大的海军或空军，更不是凭借所谓的先进核武器和航母，而是凭借他们在文化和科技上的卓越贡献。正是这些劳动成果擦亮了世界人民的眼睛，引燃了人们眸子里的惊奇。我们知道，武力带给人们的只有恐惧，而文化却值得给予永远的珍爱与敬重。

　　众所周知，《战争与和平》是俄罗斯文学的巨擘托尔斯泰所著的一部史诗性小说。小说的开篇便是沙皇的宫廷女官安娜·帕夫洛夫娜家的舞会，这是介绍叙事艺术时经常被提到的一个经典性例子。借助这段描写，托尔斯泰以他的天才之笔将小说中的重要人物一一拈出，为以后的宏大叙事嵌入了一根强劲的楔子。2014年2月7日晚，该届冬奥会开幕式的表演以芭蕾舞的形式再现了这一场景，令我们重温了"战争"前夜的"和平"魅力（我觉得，就一定程度上说，体育竞技堪称一种和平方式的模拟性战争）。有意思的是，在各国健儿经过十数天的激烈争夺以后，2月23日，闭幕式让体育与文化有了再一次的亲密拥抱。总导演康斯坦丁·恩斯特希望"挑选一些对于世界有影响力的俄罗斯文化，那也是世界文化遗产的一部分"。于是，他请出了在俄罗斯文学史上引以为傲的一部分重量级人物：伴随拉赫玛尼诺夫第二钢琴协奏曲的演奏，普希金、果戈理、屠格涅夫、托尔斯泰、陀思妥耶夫斯基、契诃夫、马雅可夫斯基、阿赫玛托娃、茨维塔耶娃、布尔加科夫、索尔仁尼琴、布罗茨基等经典作家和诗人在冰层上一一复活，与现代人进行了一场超越时空的精神对话。他们留下的文化遗产像雪片似的飘入了每个人的内心，滋润着后来者的灵魂。

美裔英国诗人 T. S. 艾略特在《诗的作用和批评的作用》一文中说："一个不再关心其文学传承的民族就会变得野蛮；一个民族如果停止了生产文学，它的思想和感受力就会止步不前。一个民族的诗歌代表了它的意识的最高点，代表了它最强大的力量，也代表了它最为纤细敏锐的感受力。"在世界各民族中，俄罗斯堪称最为关心自己"文学传承"的一个民族，而它辽阔的地理特征则为自己的文学生态提供了一大片培植经典的金色的"林中空地"。迄今，在这片土地上生根发芽并长成参天大树的作家与作品已不计其数。除上述提及的文学巨匠以外，19 世纪的茹科夫斯基、巴拉廷斯基、莱蒙托夫、丘特切夫、别林斯基、赫尔岑、费特等，20 世纪的高尔基、勃洛克、安德列耶夫、什克洛夫斯基、普宁、索洛古勃、吉皮乌斯、苔菲、阿尔志跋绥夫、列米佐夫、什梅廖夫、波普拉夫斯基、哈尔姆斯等，均以自己的创造性劳动进入了经典的行列，向世界展示了俄罗斯奇异的美与力量。

中国与俄罗斯是两个巨人式的邻国，相似的文化传统、相似的历史沿革、相似的地理特征、相似的社会结构和民族特性，为它们的交往搭建了一个开阔的平台。早在 1932 年，鲁迅先生就为这种友谊写下一篇"贺词"——《祝中俄文字之交》，指出中国新文学所受的"启发"，将其看作自己的"导师"和"朋友"。20 世纪 50 年代，由于意识形态的接近，中国与苏联在文化交流上曾出现过一个"蜜月期"，在那个特定的时代，俄罗斯文学几乎就是外国文学的一个代名词。俄罗斯文学史上的一些名著，如《叶甫盖尼·奥涅金》《死魂灵》《贵族之家》《猎人笔记》《战争与和平》《复活》《罪与罚》《第六病室》《丽人吟》《日瓦戈医生》《安魂曲》《没有主人公的叙事诗》《静静的顿河》《带星星的火车票》《林中水滴》《金蔷薇》和《钢铁是怎样炼成的》等，都曾经是坊间耳熟能详的书名，有不少读者甚至能大段大段背诵其中精彩的章节。在一定程度上，我们可以说，翻译成中文的俄罗斯文学作品已构成了中国新文学的一个重要组成部分，成为现代汉语中的经典文本，就像已广为流传的歌曲《莫斯科郊外的晚上》《三套车》《喀秋莎》《山楂树》等一样，后者似乎已理所当然地成为中国的民歌。迄今，它们仍在闪烁金子般的光芒。

不过，作为一座富矿，俄罗斯文学在中文中所显露的仅是冰山一角，大量的宝藏仍在我们有限的视域之外。其中，赫尔岑的人性，丘特切夫的智慧，费特的唯美，洛赫维茨卡娅的激情，索洛古勃与阿尔志跋绥夫在绝望中的希望，苔菲与阿维尔琴科的幽默，什克洛夫斯基的精致，波普拉夫斯基的超现实，哈尔姆斯的怪诞，等等，大多还停留在文学史上的地图式导游。为此，作为某种传承，也是出自传播和介绍的责任，我们编选和翻译了这套"金色俄罗斯丛书"，其目的是进一步挖掘那些依然静卧在俄罗斯文化沃土中的金锭。可以说，被选入本丛书的均是经过了淘洗和淬炼的经典文本，它们都配得上"金色"的荣誉。

行文至此，我们有必要就"经典"的概念略做一点说明。在汉语中，"经典"一词最早出现于《汉书·孙宝传》："周公上圣，召公大贤。尚犹有不相说，著于经典，两不相损。"汉朝是华夏民族展示凝聚力的重要朝代，当时的统治者不仅实现了政治上的统一，而且也希望在文化上设立标杆与范型，亟盼对前代思想交流上的混乱与文化积累上的泥沙俱下状态进行一番清理与厘定。客观地说，它取得了一定的成效，虽说也因此带来了"罢黜百家"的重大弊端。就文学而言，此前通称的"诗三百"也恰恰在那时完成了经典化的过程，被确定为后世一直崇奉的《诗经》。关于"经典"的含义，唐代的刘知幾在《史通·叙事》中有过一个初步的解释："自圣贤述作，是曰经典。"这里，他将圣人与前贤的文字著述纳入经典的范畴，实际是一种互证的做法。因为，历史上那些圣人贤达恰恰是因为他们杰出的言说才获得自己的荣名的。

那么，从现代的角度来看，什么是经典呢？商务印书馆出版的《现代汉语词典》给出了这样的释义：1. 指传统的具有权威性的著作：博览经典。2. 泛指各宗教宣扬教义的根本性著作。不同于词典的抽象与枯涩，意大利著名作家卡尔维诺归纳出了十四条非常感性的定义，其中最为人称道的是其中两条：其一，一部经典作品是一本每次重读都像初读那样带来发现的书；一部经典作品是一本即使我们初读也好像是在重温的书。其二，经典作品是一些产生某种特殊影响的书，它们要么自己以遗忘的方式给我们的想象力打下印记，要么乔装成个人或集体的无意识隐藏在深层记忆中。参照上述定义，我们觉得，经典就是经受住了历史与时间的考验而得以流传的文化结晶，表现为文字或其他传媒方式，在某个领域或范围具有一定的权威性和典范性，可以成为某个民族甚或整个人类的精神生产的象征与标识。换一个说法，每一部经典都是对时间之流逝的一次成功阻击。经典的诞生与存在可以让时间静止下来，打开又一扇大门，带你进入崭新的世界，为虚幻的人生提供另一种真实。

或许，我们所面临的时代确实如卡尔维诺所说："读经典作品似乎与我们的生活步调不一致，我们的生活步调无法忍受把大段大段的时间或空间让给人本主义者的悠闲；也与我们文化中的精英主义不一致，这种精英主义永远也制定不出一份经典作品的目录来配合我们的时代。"那么，正如沙漠对水的渴望一样，在漠视经典的时代，我们还是要高举经典的大纛，并且以卡尔维诺的另一段话镌刻其上："现在可以做的，就是让我们每个人都发明我们理想的经典藏书室；而我想说，其中一半应该包括我们读过并对我们有所裨益的书，另一些应该是我们打算读并假设对我们有所裨益的书。我们还应该把一部分空间让给意外之书和偶然发现之书。"

愿"金色俄罗斯"能走进你的藏书室，走进你的精神生活，走进你的内心！

尤里·特尼亚诺夫 (译序)

尤里·特尼亚诺夫（1894－1943）苏联杰出文艺学家、批评家、作家兼翻译家。苏联早期俄国形式主义运动，即奥波亚兹——诗歌语言研究会（Общество по изучению стихотворного языка）代表人物"三巨头"之一。其理论著述在俄国形式主义发展的关键时刻起到了"挽狂澜于既倒"的巨大作用，是这一文艺学批评运动由早期的"语言学转向"进而向"社会学转向"转变的契机。他的一系列文艺学理论著作，如《诗歌语言问题》(1924)、《文学演变》等，都是这个文艺学运动发展史上划时代的著作，也是这位杰出文艺理论家留给后世的一份宝贵的学术遗产。可惜的是，他的这些享誉世界的基础理论著作，迄今尚无中文译本，介绍他的文字也寥寥无几。

除了写作大量涉及文艺学，以及在俄国形式主义发展史上占有重要地位的理论著作外，特尼亚诺夫还是一位著名的历史小说家和儿童文学作家。其著名传记小说如《丘赫里亚》《瓦吉尔·穆赫塔尔之死》和《普希金》等，系这位小说家兼文艺理论家留下来的传记体小说名著，也是苏联文学史上著名的儿童文学作品。

尤里·特尼亚诺夫在俄罗斯乃至世界文化中，是一个把大文学理论家 广博学识和睿智与独特的历史传记小说家的过人才华融为一体的典范作家。文学史上很少有能把这样两种截然相反的才能并行不悖地统一在一个人身上的范例。特尼亚诺夫之转入历史小说创作不仅是为了通过创作来研究往昔和过去，也是为了说出他关于当下的勇敢而又独立的见解，并且用鲜活的、充满活力的当代语言加以表现。把当下的百年和过往的百年进行悲剧性对比的结果，就是这位作家留给未来千年文化的主体的一部关于俄罗斯文学的道德和哲理遗言。

尤里·尼古拉耶维奇·特尼亚诺夫1894年10月18日出生于维贴布斯克省的列日茨城（现属拉脱维亚的雷泽克内）一个医生家庭。他本人在自传中写道，自己的家乡"距离米霍埃尔斯和夏加尔出生地约6小时车程，距叶卡捷琳娜一世出生地和青年生活地约8小时车程"。特尼亚诺夫之所以对家乡充满眷恋，是因为家乡是一种不朽的历史文化的代名词，它们不仅是一种道德支柱，而且还是每个人内心自由的一种标志。

但对在特尼亚诺夫心目中占据重要地位的这个"家乡人米霍埃尔斯"来说，这种吻合十分重要吗？所罗门·米霍埃尔斯是一名杰出的演员，是莫斯科犹太剧院的创始人。也许，特尼亚诺夫之所以在众多家乡人里特意把米霍埃尔斯标举出来，是出于对于表演艺术及其代表人物的一种礼遇和虔敬？当年曾经听过特尼亚诺夫在列宁格勒讲课的学生，都对这位年轻教授的渊博学识和幽默风趣的讲课风格记忆犹新，都为他善于模仿所有19世纪经典作家的步态口吻而绝倒。许多回忆文章的作者都指出，特尼亚诺夫极其善于模仿作家的表情和语调，连19世纪一些不怎么有名的作家也成为他模仿的对象。这一才华后来在他创作小说人物，如丘赫尔别凯、格里鲍耶多夫、普希金时，为他提供了很大帮助。

在特尼亚诺夫的家乡人中，马尔克·夏加尔是另外一个名人，他是20世纪最伟大的艺术家之一。在其整个一生中，始终保留对其故乡维贴布斯克的深深眷恋和深刻记忆，该城在他的绘画中已经成为历史的象征，成为永恒的象征。特尼亚诺夫对其家乡的记忆和他一模一样。对于他在此度过童年的这座城市，特尼亚诺夫有充分理由说："假如我不曾有过童年的话，我就不会理解历史。"

在这位未来作家的灵魂里，俄罗斯古老的城市普斯科夫的记忆留痕同样也很深刻。他在那里度过中学时代。他对文学发生兴趣以及他最初开始写诗，也都起步于这里。保存至今的中学生特尼亚诺夫的一篇作文的题目是《当我们成为生活中必不可少的一环时，生活是美好的》，作者在文中巧妙地比较了俄国和国外经典作家，具有独立看待问题的最重要的见解。

进入彼得堡大学语文系以后，特尼亚诺夫开始在谢·阿·温格罗夫的普希金讨论班上学习。他嗣后最主要的科研选题和创作主题——普希金时代——就是在这里奠定的。但在这个课题的研究中，特尼亚诺夫最感兴趣的，是很少有人研究的现象和未知现象。他对威廉·卡尔洛维奇·丘赫尔别凯的研究，精细到了毫发毕现的地步——此人系普希金在皇村中学的同班同学，被发配的十二月党人，也是一个在诗歌创作上被公认不够成功的写诗者。特尼亚诺夫的第一部小说写的就是他——《丘赫里亚》（1925）。

《丘赫里亚》的创作本身就是一个"文坛传奇"：特尼亚诺夫在旧书摊上偶然发现有人愿意出手一箱手稿，而这箱手稿出自普希金的同班同学也是普希金时代一位十二月党人、诗人丘赫尔别凯之手，便不惜重金买下。1924年，当时正在国家文学出版社工作的著名儿童文学作家科尔　伊·丘科夫斯基向年轻教师特尼亚诺夫约稿，约写一本关于丘赫尔别凯的小册子。不想特尼亚诺夫一下笔就刹不住车了，竟然写成一部长篇小说，而且一上市就成为苏联"历史小说"中的名著，反映"时代精神"的典范。在问世以来的80年中不断重版再版，甚至时至今日也依然赢得读者的喜爱。

特尼亚诺夫创作的第二部长篇小说是以俄国文学史上著名剧作家、《智慧的痛苦》的作者格里鲍耶多夫为主人公的《瓦吉尔·穆赫塔尔之死》（1928），小说把焦点对准格里鲍耶多夫生命中的最后一年。一年后又创作了怪诞历史短篇小说《吉热中尉》，这是以保罗一世时代生活中发生的真人真事为原型写的。彼得一世的悲剧时代则被再现于中篇小说《蜡人》（1931）中，而在短篇小说《幼年时代的维图希什尼科夫》（1933）中，作者讥讽地描写了尼古拉一世的形象。

1932年特尼亚诺夫开始创作关于普希金的叙事作品《汉尼拔家族》，但只来得及写完第一章的引言部分。这部分甚至讲述到少年时代的亚伯拉罕（即嗣后的"彼得大帝的黑奴"和普希金的祖父亚伯拉罕·彼得罗维奇·汉尼拔）如何被土耳其人俘虏，后来辗转被贡献给彼得大帝的故事。小说同时讲述普希金一家的贵族世系——这些人"生活过得安逸闲适，轻松飘逸"。这一广阔的史诗般的构思并不仅限于勾勒普希金的家谱。前言中如叠句一般重复多次的一句话是："问题涉及俄罗斯。"

但这样一种历史追溯显然牵涉面太广，于是，特尼亚诺夫开始创作一部关于普希金的长篇小说，并决定以1800年为起点。此时作家已经得了重病，并且也得知自己患的是不治之症。在再现普希金的童年和少

年以后，他像是感染了普希金明朗的生命能量一般。小说第一卷于
1935　发表，第二卷"寄宿中学"1936—1937 年发表。第三卷"青年
时期"写作时，作家已经重病在身。他起先在列宁格勒，随后被疏散到
彼尔姆。1943 年《青年时期》发表于《旗》杂志。对普希金命运的叙
事一直延续到 1820 年。根据特尼亚诺夫朋友和同道者维·什克洛夫斯
基的意见，业已完成的部分，只是原计划的四分之三。更何况这部作品
已被当作关于这位伟大俄罗斯诗人童年和青少年时代的一部完整作品，
和特尼亚诺夫有关丘赫尔别凯、格里鲍耶多夫的作品共同构成三部曲。
这是唯一一部配得上《普希金》这样一个朴素而又简单的书名的作品，
在众多普希金传记中也是独树一帜。在疏散地时，特尼亚诺夫还创作了
另外两个短篇小说《多洛霍夫将军》和《红帽子》。在特尼亚诺夫的所
有小说创作中，《普希金》是其小说创作的巅峰之作。

　　1943 年 12 月 20 日，作家逝世于莫斯科，被葬在瓦甘科夫墓地。

　　特尼亚诺夫的所有作品都和俄国的往昔及其文化相关。其小说人物
都是历史上有过的真人——彼得一世、尼古拉一世、格里鲍耶多夫、丘
赫尔别凯、普希金。作家具有广博的历史知识，记忆里保存了许多故事
和细节，善于在印刷和手写档案文献中收集那些具有表现力的细节。作
为一位学者，特尼亚诺夫不仅是一个语文学家，也不仅是一个文学史
家，而且还是一个俄国史学家——像卡拉姆津和普希金一样。有一种说
法，说特尼亚诺夫似乎从不"虚构"，他虚构只是为了弥补知识的不足，
或是为了把事实纳入某种既定的框架。实情不是这样。特尼亚诺夫力求
像普希金那样"真实再现过往的时代"。在这个意义上，特尼亚诺夫的
长篇小说和短篇小说都具有科学认识的价值。读过《丘赫里亚》的读者

会对皇村中学、十二月党人起义有所了解，而对于丘赫尔别凯的身世，却　除此之外无从了解的。许多读者都是通过这些历史小说，平生头一次了解格里鲍耶多夫的外交官生涯和普希金童年时代的生活细节的。从这个意义上说，这些历史小说成为历史知识的可靠来源，是每个文化人都必须了解的。

特尼亚诺夫许多创造性的猜想后来都得到了证实，比如，想象不仅要求艺术也要求科学。特尼亚诺夫总是批判地对待知识的来源。"有些材料很花哨，可它们却像人一样在撒谎. 请不要相信它们，请走出文献材料之外，深入挖掘下去。不要相信别人转述的材料。"——作家在嗣后被收入集体文集《我们怎样写作》（1930）中的特写中这样写道。

充满经过严格考证方才成为事实的依据，这只是特尼亚诺夫艺术世界的一个基础而已，只是从中建构更加复杂多义的艺术现实和艺术世界的基础而已。特尼亚诺夫并没有用海量的档案资料把自己和生活隔绝起来。怎样的个人生活经验有助于作家深入体验作品所描述的情境呢？作为一个文艺学家的特尼亚诺夫，远远超前于他那个时代。他和他那些奥波亚兹的同道者们——什克洛夫斯基、艾亨鲍姆以及接近于这个圈子的罗曼·雅各布逊和托马舍夫斯基一起，开辟了研究文学的崭新的方法和路径，这种新方法特别注重对于艺术创作内在法则的关注和重视，对于诗歌和散文小说的织体、对于方法和风格的嬗变规律，必须加以密切关注。这种方法有一个不太适合的名称"形式主义方法"，这一学派也遭到了传统学院派老一代文艺学家的抨击和批判，也遭到苏联意识形态的批判。继续从事集体性的学术研究成为不可能实现的梦想。1927 年，特尼亚诺夫写信给什克洛夫斯基说："我们这里已经在上演智慧的痛苦。我敢说这说的就是我们这三四个人而已。"特尼亚诺夫在这封信里，用格里鲍耶多夫去波斯的故事，影射自己因得了不治之症而必然死亡的结局。

特尼亚诺夫作品中对于普通人的描写也渗透着悲剧精神。例如《蜡人》描写彼得大帝时代下令收集畸形人标本的故事。特尼亚诺夫作品的结构特征反映了他对于俄国历史规律的悲剧性思考。情节永远都向着悲剧结局运行。对于格里鲍耶多夫、丘赫尔别凯临终时的描写，都是这样。对保罗一世被谋杀结局的描写令人感到历史的宿命意味。

时代的比较自然会在特尼亚诺夫的语言上多有反映。特尼亚诺夫娴熟地掌握了历史风格学，准确地再现了不同时代的话语特点。但模仿古风并非目的本身：对他来说，还需要创造一种读者在其再现情境中的亲在感，从而赋予人物肖像真实的话语表现力。总之，特尼亚诺夫的长篇小说和短篇小说，都是用极富时代特征的话语写成的：他属于那些赋予20世纪俄语以特征的作家之一。

特尼亚诺夫作品的艺术话语通常有两个以上的层次。如《普希金》开篇头一句话，就是"少校是个吝啬鬼"。其中"少校"一词用的是古老的书写方式。这立刻给人一种时代距离感。这个词立刻从句中脱颖而出，把我们的感觉推到从前和过去。与此同时，这样一种"话语修辞分层法"式的风格模拟，在读者身上能引起一种惶惶不安和忧心忡忡的感觉。凡是对现在不满意的人，通常都会寄托希望于未来，或是把过去理想化。

艾亨鲍姆在回忆中这样提到他初见特尼亚诺夫的印象："在一次普希金讨论课上，有一个少年请求发言，他长得非常像普希金。"特尼亚诺夫的整个一生是在普希金的标志下度过的——作为作家，也作为文艺学家。如果我们探索一下长篇小说《普希金》的创作史，就应当把注意力转向特尼亚诺夫自传的头几页。那里讲到他在大约8岁时得到的第一个礼物，就是伍尔夫版一卷本的普希金全集。也就是说，最先吸引特尼亚夫的，就是普希金创作的非文选版的、写起来自然而然的轻诗，这些诗非常自然地建基于为一定时期特定圈子的人所共享的暗示和隐喻之上。特尼亚诺夫走进普希金的艺术世界不是通过正门，因此他对普希金的态度颇有所谓"接地气"之感。

在对普希金的研究中，特尼亚诺夫最忌讳人云亦云的市场流行语。他也不喜欢阿波罗·格里果利耶夫的"普希金是我们的一切"这种说法。他力求揭示普希金在俄国文学史中所起的具体作用。这是他最成功的地方。长篇论文《拟古主义者和普希金》（1924），阐述普希金在那个时代的文学争论中所占据的立场，这是一部充满了独立见解，论证丰富而又翔实的科研论著。写于1928年的《普希金》以罕见的科学的手法阐述了普希金的创作，揭示了普希金作为天才的一个最主要的秘密——不间断地发展和更新。读这部长篇小说应当记住，特尼亚诺夫还写有同名的科学论著，这部论著非常有助于我们读懂作家的小说艺术观。

"这本书不是传记"，特尼亚诺夫在为本书写的序言草稿（现存档案）中说。"读者如果在书中寻找对于事实的精确描写，准确的时间顺序，对科学文献的准确转述的话，将会是徒劳的。这不是小说家该干的，而是普希金学家的责任。小说中事件发生的时间顺序，常常被猜想所取代，而且是自由地取代，自由小说家自古以来就在充分利用这一古老的权力。这部小说无法替代科学传记，而真正的科学传记也是无法替代的。我想在这本书中接近于有关往昔的艺术真实，揭示这种真实永远都是历史小说家的目的。"流传下来的还有一句涉及《普希金》的构思的一句话："我这本书不是按照'小说化传记'写的，像史诗类作品从民族诗人的出生、发展和死亡一路写下来。我在小说中并未把主人公的生平和创作分隔开来，也没有把主人公的创作与其国家的历史分割开来。"①

这部小说按照原来的构思是很宏大的：特尼亚诺夫原本想要写作一部史诗性的大长篇小说，也许其规模应当相当于《战争与和平》。在建构多层次广角结构的同时，作家又给予广阔空间背景下的细节描写以密切关注。小说的语言像普希金一样简洁、充满动态，没有多余的废话，每个句子都有情节动作，每个判断都是格言警句。小说的简洁还依靠另外两种力量，一是离心力，一是向心力，以及这两种情节力的关系。这条力线用于发展主题和扩展叙事，使得新的人物不断出现。

长篇小说的艺术思想还有一个来源，就是勇敢地把两个主题进行对比：创作主题和爱情主题。在此作家走向对于年轻普希金爱情欲求的阐释，把一种不可遏制的生命渴望和一种崇高的灵魂结构结合起来。在小说的最后一卷里，作家艺术地展现了他在《无名的爱情》（1939）中记录的一个传记史假说，那就是普希金贯穿终生的对于叶卡捷琳娜·安德烈耶夫娜·卡拉姆津娜的爱情。该假说迄今为止既未被证实也未被证伪。但在这部小说中，这一假说却在普希金的人物观中得到了有机渗透和贯穿。最先提出这一假设的是格尔申宗。作为当时苏联学术界首屈一指的人物，特尼亚诺夫在此书中丰富了普希金研究中许多重要的事实、细节和关节点，并且对其创作遗产做了独特而又深刻的阐释。作家在创作过程中，还特别注重吸取许多苏联文艺学界的普希金研究成果。此书的构思始于1933年。其构思以其宏大规模和宏大气魄令人震惊：即作

---

① 《20世纪俄罗斯文学》11年级用书，德罗法出版社，第1卷，莫斯科，2002年俄文版，第454页。

家想通过这部著作全面展现普希金从降生以来的生平传记事实。在普希金 一生中，特尼亚诺夫觉得最难以下笔的，是这位伟大诗人的童年：有关诗人这段生活，相关资料实在少得可怜。特尼亚诺夫在这部著作中表现了他独异于他人的普希金创作之路观：力图驱散普希金注释家们围绕这位伟大诗人的名字而制造的"花饰"和"传奇"，写出一个作为"活人"的普希金，而非所谓"生活中的普希金"。例如，在魏列萨耶夫的《生活中的普希金》里，作为诗人的普希金几乎根本就不在场，读者从中看不到作为"活人"的普希金形象，倒是了解了不少普希金时代物质生活内容和环境的特点。特尼亚诺夫在其著作中，细致地描写了普希金所处的人物环境——他和敌友的，他的整个创作之路，他的悲剧矛盾和探索，他周围的人物——皇村中学校长恩格哈特、卡捷宁、戈尔恰科夫、沃洛佐夫等，通过这些人物的描述，读者仿佛回到普希金生活和创作的那个年代。值得注意的是，这部小说的第3卷也只写到1816－1820年间的普希金。作家在答记者问时，回答了他在这部小说中如何处理纪实与虚构的关系问题。通过所发掘的材料，特尼亚诺夫认为皇村中学时期在普希金的成长经历中是非常重要的一个环节，不仅对于诗人哲学思想的成熟而言，而且对于诗人在政治思想上的成熟而言，都具有非常重要的意义。特尼亚诺夫在这部小说中既表现了他作为文艺学家的才华，也尽情表现了自己作为小说家的才华。这部作品的成功表明这位作家在创作中实现了罕有的结合：即小说家和理论家的二者合一。

特尼亚诺夫关于普希金短暂一生中始终在暗恋着卡拉姆津娜的假说，最先见之于他的论文《不具名的爱情》。按照此文的解读，普希金在哀诗《白日的星辰熄灭了》中，隐隐透露出诗人正在为一种既不见容于时代，又注定无从实现的爱情所困扰的消息。当时流行着许多关于普希金的流言，似乎普希金当时是一个上流社会的"雄狮"，对待女性轻薄荡，举止轻浮。对此种流言，特尼亚诺夫不但嗤之以鼻，而且力图在他的小说中予以驳斥。在普希金的全部抒情诗作中，隐隐有一个系列，都与诗人对叶·安·卡拉姆津娜的"隐秘爱情"有关。这就是《巴赫切萨拉伊的喷泉》《奥涅金旅行记片段》《波尔塔瓦》题词、哀诗《在格鲁吉亚山冈上笼罩着夜的黑暗》等。和从前的研究者们（米·格尔申宗、帕·谢果列夫）的推断不同，他认为普希金"就其非同寻常的力度、持续的长度、并且终其一生都从未宣说的"爱情而言，不是针对米·阿·戈利岑娜或米·尼·拉耶夫斯卡娅的。"我们有足够理由和根据认为他终其一生都隐瞒了他对卡拉姆津娜的爱情和情欲。"——特尼亚诺夫如是说。他提出了自己独特的阐释，这些阐释不仅在普希金诗歌题献词和神秘的暗示中始终都是疑点，而且他还举证了一些普希金同时代人的某些证词来证明普希金和卡拉姆津娜之间的关系。其中包括普希金和卡拉姆津娜关系的最后一件证明，当诗人受了致命伤以后，他一再询问："卡拉姆津娜在哪儿？卡拉姆津娜在吗？"在做总结时特尼亚诺夫得出一个对于我们的普希金观具有原则性意义的重大结论："有一点变得十分清楚，即一度十分流行甚至成为非常时髦的普希金观，即说他是一个风流偶傥，举止轻浮，不断任意改变其恋情的轻佻之徒：一名年仅17岁的'中学生'痛苦而又激烈的爱情迫使他在生命的最后时刻首先喊出的名字是卡拉姆津娜。这一'隐秘的''无名的'爱情贯穿了他的一生。"

（Юрий Тынянов: Сочинения, том третий Пушкин, Москва, 《Терра》——《Terra》，1994，стр. 589）

第一卷

|童　年|

第一章

1

少校是个吝啬鬼。他深吸了一口气，随后便把自己关在屋子里，偷偷地数起了钱。

他忽然想起近卫军一个伙伴还欠他 120 卢布，便伤心起来。他冲着不合时宜地开始鸣叫的金丝雀嘘了一声，换上出门的衣服，对着镜子把自己好生整理了一番，这才转过身来，拾起手杖，走到门厅，他对老婆说：

"麻利点儿。别忘了穿得干净整洁点儿呵。"

随后，他踮着脚尖走到侧门，轻轻地把门开一道缝，语气柔和地说：

"我走了呵，我的小心肝儿。"

可却没人搭理他。他又踮着脚尖走到门口，轻轻地打开门，生怕发出吱扭声。小厮拎着一只旅行箱紧跟在他身后。

出了房门就是院子，房后是一座花园，有椴树和沙土甬道。那个哥萨克女人的任务是把邻家的母鸡赶跑。

一条看家狗听见脚步声，在梦里发出几声抱怨。少校敏捷地钻出门外。他走路步伐轻快，但也看得出，他在担心有人会叫他回来。

他沿街走去。他说住的那个地方，德国的街道一无可看：绵延不断的因遭受风吹雨打而变成银灰色的篱墙，每家门洞都嵌有一尊盲目的小圣像——上面满是尘土。雨早就不下了，可污泥还在上面——一块块，一片片，一条条的。路上有几个做手艺的德国人，一个农妇怀里抱着一只鹅。他看也不看他们一眼。他穿过一条又一条小胡同到开心酒馆去——那地方因为有了这家不错的小酒馆而得名。他在酒馆门前和车夫经过一番讨价还价以后，雇了一辆轻便马车，与此同时他的脸色变得越来越坚毅。他让车夫把他和旅行箱一起送到波克罗夫门。那匹驽马胆子似乎很小，小厮拎着旅行箱跟在车后跑。车到波克罗夫门，少校下了车，走上人行道。

一踏上人行道，他就像是换了一个人似的。

他系着一条和他眼睛的颜色极其接近的蓝领带，手里挂着一支轻便手杖，他摇晃着身子，走得很慢，空着的那只手里攥着一块绸手绢，半张的嘴像是在贪婪地吞食着人行道的凉意。随后他又从一位姑娘那儿买来一束野花。七月的阳光火辣辣的，酷热难耐。那个小厮被落在身后很远一大截。

他就这样一路走到米亚斯尼茨基大门，走进渔具街。他走路的样子显得很清闲随意，脚步轻盈，一直在不住气地腥摸路上遇到的女人。那小厮不时地用袖口揩拭着汗水，吃力地跟在他身后。他走下一座酒窖。虽然时候尚早，但酒窖前已经有两位品酒的行家里手，正在争议勃艮第和拉菲哪种酒最棒。他花费了好长时间选酒，竭力想买到价廉物美的，他大大咧咧地付了款，然后，指着酒对小厮和蔼地说，似乎有意让周围的人都能听见似的。

"——小傻瓜，地址你还记得吧？哼，你肯定又忘了。我再告诉你一遍：戈洛芙金娜伯爵夫人家旁边，近卫军少校普希金家。到了地方是个人都能指给你。别了，你这个小傻瓜，到了可能还是什么也记不住。还是我给你写个字条，你去问面包师好了。"

说着，微笑着写了张字条。

小厮无动于衷地看着他，把字条塞进满是窟窿的裤口袋里。

2

近卫军少校，或更确切地说，大尉实际上已经退伍一年了。而且他当时服役时，也是在文官委员会工作，所以，他穿的也压根儿不是什么近卫军制服，但他仍然称自己是：近卫军少校普希金。天已经"凉了"，对于那些姓氏高贵的人士来说，就是"朔风吹"或"北风寒"，而人们之所以这么说，仅仅是为了不提及保罗皇帝的大名而已。

因此，在自称是穿灰制服的文官委员会近卫军官的同时，少校似乎是在暗示其退役的原因，以及其退役的暂时性。实际上他早就该退役了，和他哥哥瓦西里·里沃维奇一样，因为近卫军没有生活补贴，而文官委员会却可以领到一份薪水。

除了母亲、哥哥和姐妹们处，他还在下城区有一块土地。波尔金诺村是一处名副其实的大贵族世袭领地，有 3000 个农奴，可糟糕的是，在九年前那次不幸的财产分割中，其父第一次婚姻所生独生子也参与了分配，结果，大多数土地和农奴分给了独生子和生母。

谢尔盖·里沃维奇从那时起，便从内心深处永远地保留了对亲人的戒备心理，并把这位同父异母的哥哥永远从记忆里根除了出去。

谢尔盖·里沃维奇从未去过自己的领地，而且，每当妈妈提醒他——往往不无几分嘲讽地提醒他，说他不妨去封邑走走——他就皱紧眉头。他知道自己名下不多不少有 1000 名农奴，村里小河上还有一个磨坊，公家还在村里开了一家酒店，村子四周都是茂密的森林。至于林子里究竟有什么，他就不甚了了了——总不外乎是些浆果、野狼吧。每次接到进项，他总是会像得着一件宝物或意外的收获一般，心里乐开花，瞬间感到自己是个财主。而一旦进项拖延，他就开始隐隐约约地担起心来，心情郁闷。近卫军的财宝都是过路财神，口袋也像个漏勺。

然而，作为一个年轻的近卫军官，正如那些贵族少女们关于他所说的那样，他感情丰富，机智俏皮（法语：бельэспри），所以，在女性那里，谢尔盖·里沃维奇总是如鱼得水。

他能说一口流利自如的法语，以致说俄语时，也会不由得打个呼哨，或发出很重的鼻音。他会唱所有最新的法语抒情歌曲，对本国文学也有很浓厚的兴趣。文学在社交和自由方面的优点，令他感到十分满意。到哪儿可以让心灵得到安顿呢？只有在那些文学家中间。谢尔盖·里沃维奇在文学家中间，心灵能得到安宁，然而他永远不会放过拜访所有高雅艺术的先知——尼古拉·米哈伊洛维奇·卡拉姆津①的机会。如今的卡拉姆津似乎锐气有所消磨，热情有些冷却，变得比以前持重稳健了些，但却不像以前那样宽容、热情而又睿智。对谢尔盖·里沃维奇来说，卡拉姆津仍然是那颗指路的明星。他仍然住在特维尔大街普列谢耶夫那幢住宅里。

两年半以前，谢尔盖·里沃维奇结婚了。他的夫人真是一个非凡的女性。彼得堡的近卫军官们都管她叫"美丽的混血女人"和"美丽的布尔女人"，而她手下那些被她的任性胡来折磨得苦不堪言的仆人们，背

①　指尼古拉·米哈伊洛维奇·卡拉姆津（1766—1826），俄国文学家。——译注

后里都叫她"黑女人"。

她是彼得大帝身边的男仆、早年的密友、著名的黑人上将阿勃拉姆·彼得洛维奇的孙女。还在她幼年时代，凶神恶煞的父亲就把她和母亲抛弃了。她像个孤儿似的长大成人。但她有一些叔叔们——拥有苏伊达这座美丽庄园的陆军中将汉尼拔和住在普斯科夫地区的陆军少将汉尼拔。普希金弟兄们也常到陆军中将汉尼拔那儿做客，而会写诗的弟弟瓦西里·里沃维奇，甚至还曾写诗歌颂苏伊达及其主人。他们的父亲也是个黑人，同样也没当过室内男仆，而毋宁说是彼得大帝的匿友，而且，即便当过其男仆，也是挂着上将军衔的男仆。汉尼拔是一个足以令人骄傲的名字。除此之外，纳杰日达·奥西波芙娜长得非常漂亮。谢尔盖·里沃维奇对她是一见钟情，当即本着上流社会通行的所有法则，开始对其实施追逐，但却并不打算结婚。虽然他很快就提出求婚，却对结婚的事还是连想都没来得及想，却忽然蒙受了这位美人的允可和同意。

尽管家里的状况一片混乱，但她还是给少校带来一座位于普斯科夫省的小镇，而且她还得到承诺，父亲死后她还可以获得旁边另一座十分可观的大镇。虽然她父亲就其头脑和本意来说，不是什么恶人，但举止却极其轻佻——他背着妻子娶了普斯科夫省那个时代非常有名，魅力四射的美眉，结果把他的家产荡了个精光。而且，荡掉的不光他一个，还包括他的家庭和他的弟弟。他像是天生与金钱有仇似的，挥金如土，而且似乎一辈子都在走下坡路，连停下来喘口气的时间都没有。一有钱，他就会给那个美眉购买一套套的金银餐具。说到他的两个妻子，每个妻子都认为他和另一个妻子是恶人，占有了他生命的绝大部分，两位妻子的官司一直打到现在。那位年纪已然不轻的老美眉，和奥西普·阿勃拉莫维奇时聚时散，无论聚散都免不了要钱。根据传言，如今他住在米哈伊洛夫斯克村里，过着对一个老年人来说淫荡得出奇的生活。而米哈伊洛夫斯克村旁边就是科勃里诺小镇，也就是这位黑人女子的嫁妆。

叶卡捷琳娜女皇驾崩了。近卫军的顽皮和胡闹消停了下来。这对年轻人生下了女儿奥莉佳。纳杰日达·奥西波芙娜的母亲玛丽亚·阿列克谢耶芙娜从彼得堡来做客。谢尔盖·里沃维奇既然已经有了妻室，也就退役了。他那年只有29岁。谢尔盖·里沃维奇梦中见到的家是这样的：墙上覆盖着常春藤，门口有白色的柱子（哪怕是木头的也行）。而这也正是他对生活朦朦胧胧有所不满的一个地方——原来，在需要做抉择，安顿自己的家庭和幸福时，他很少过细思考，周密计划过。房子是偶然租来的，所以，屋里的摆设也就临时将就一下得了。无论庄园还是莫斯科抑或近郊，都算不上家，而是厢房，是那些英国商人马马虎虎当办公室盖的。眼下这位皇帝任性暴躁，不喜欢英国人——于是那帮英国佬便把房子卖给了一位官员，抬起屁股开溜了。谢尔盖·里沃维奇讨厌任何形式的忙乱。他当下就拍板把房子租了下来，好在房价十分便宜。

从前的冰屋冷灶，只剩下两只鸟笼，一只鹦鹉，一只金丝雀，但生活方式却产生了急遽变化。一个月前他刚生了个儿子，为了纪念其父亚历山大，他给儿子起名叫亚历山大，即萨沙。

此刻，经过一番洗礼，他打算安排一次"库尔塔格"① ——像近卫军常说的那样——如他此刻常说的那样，即为心之所爱举办一次简朴的见面礼。

---

① 库尔塔格，德语，"待客宴"的意思。——译注

3

　　玛丽娅·阿列克谢耶芙娜从一大早就开始忙乎起来。接待来客和女婿的亲戚们，这令她很不安，可千万别出什么差错呀。来客可都是见过大世面的来自首都的时髦人物，而她待人又习惯于拖拖拉拉，简简单单的。厅里打扫过了，家族灶台也用白粉刷过了，物业下的垃圾也清扫一空。而以前垃圾可真不少。

　　她从内心深处认为在自己的一生中，只有李别茨克市才是她的主要根据地，也是她一生中最重要的地方。离那儿不远就是她父亲的庄园，而她的少女时代，就是在那儿度过的。这座城市非常干净整洁，主路两边都种着橡树和菩提树，樱桃和梨更是多了去了。小女孩们都穿着坎肩和绣花衬衫。而此时此刻恰好又是菩提开花的季节，菩提花散发着浓郁怡人的花香。每到夏季，来自首都的知识精英，达官显贵和雍容华贵的上流社会人士，便齐齐聚在李别茨克市洗泥浴。一些细皮嫩肉的军官被从首都打发出来，带着与火炮有关的各种指令和任务，来到这里的生铁丁。待她出嫁那会儿，她出落成一个人见人爱的美人，凡见过她的人都未免大吃一惊，却都连忙装出一副无所谓的样子，反而对她居然能将自己嫁给一个黑人这一点啧有烦言。可这黑人是军舰上的炮手，对她殷勤有礼，全身像装满了弹簧一样动作敏捷，为了未婚妻肯赴汤蹈火。不想进门才知是一个坏蛋。

　　她和尚在襁褓中年幼的女儿，被他可耻地抛弃了，连一点儿吃的都没给留下。于是她被迫回到乡下的父母家。可父亲已经年迈，闯进家门的这个黑鬼，令家门蒙羞，瘫痪在床的父亲很快就过世了。就这样，这个黑鬼成了两重意义上的恶棍。

父亲去世后，玛丽娅·阿列克谢耶芙娜与母亲和年幼的女儿相依为命，生活十分拮据。家里常常落到没有面包吃的地步。仆人们也害怕被饿死，纷纷风流云散。

这样一来，玛丽娅·阿列克谢耶芙娜最后不得不和女儿一起生活在彼得堡郊外的苏伊达村，靠黑人婆婆的面包为生，既不像一个寡妇，也不像一个有丈夫的人之妻。而无论是彼得堡，还是如今的莫斯科，所有这些地方，她都不认为是常住地，哪儿都住不惯，哪儿都不是根据地。她已经习惯于月月光的日子。在黑人婆婆所在的苏伊达村，她住在顶屋的阁楼里。她在彼得堡的普列奥勃拉任斯基军团有一间自己的小屋。后来，她把这间小屋卖了，带着纳杰日达搬到伊兹马伊洛夫军团。她的弟兄们都是军官，丈夫即便人很混，也算舰艇上的炮手。生活就像行军打仗：天一亮就起床，号一吹就吃饭。窗外永远都是刀光剑影，马刺铿锵。她和女儿每天起得都很晚，成天坐在窗前看人影幢幢。

纳杰日达就这么长大了。在伊兹马伊洛夫团时，一个亲戚，近卫军士兵，中尉曾经向她求过婚。玛丽娅·阿列克谢耶芙娜的娘家姓叫普希金娜，而谢尔盖·里沃维奇是她的堂兄弟。据资料看是个有钱人。他的求婚当然立刻就被接受了。年轻人去了莫斯科，这回她是到他家做客的——这也是规矩，而且，这次又轮到她住阁楼，就和从前在黑人婆婆那儿时一样，只不过这次她还带着外孙女奥莉佳。

玛丽娅·阿列克谢耶芙娜可谓阅人无数，尤其善于做那些官员的工作，因为官员们要处理那位犯了重婚罪的丈夫的官司事。她还非常善于待人，尤其是给她们提供住处和温暖的人，生怕得罪了人家，或是被人家小瞧了。如今一切都变了，人们开始把受教养和脸色苍白当作一种时髦了。

而李别茨克市却仍然像人们所说的那样，像从前那样挺立着。

如今她全权掌管着女婿的经济开销，虽然开销不大，但并不好管。仆人不多，但散漫惯了，个个偷奸耍滑。厨师尼科拉什卡是个酒鬼兼恶棍。仆人们个个懒得出奇，一个个操起双手，像苍蝇一般。人人都是撒谎大王。好在她来时带来一两个仆人——忠心耿耿的奶娘和女保姆阿丽什卡。这些年里家里的收入出乎意料地少。玛丽娅·阿列克谢耶芙娜毫不掩饰她的失望：她无论如何也搞不懂，谢尔盖·里沃维奇究竟是个富人还是穷人。说得倒好——农奴一千个，可家里连糖都没有，老是到杂货铺去赊。家庭的重担全压在她肩上，而谢尔盖·里沃维奇只会永远躲在外面不着家。她对纳杰日达做事没有头绪也很不满意，也不相信她能把生活安排得井井有条。玛丽娅·阿列克谢耶芙娜不止一次说过女儿的性格一点儿也不像自己，说女儿的脸长得像父亲，像那个黑人。就连手掌也像黑人似的又黄又黑。而且，常常表现出一种非此世的，非李别茨克式的冷漠：淡定而又慵懒，穿着一身粗布衣服，整天在那儿晃来晃去，咬着指甲——又忽然好像中了邪一般，疯疯癫癫。把家里重新摆放，教训仆人，往墙上挂画，摔碟打碗的。

而李别茨克市则仍然向人们常说的那样，屹立在那里。

"阿丽什卡，快到厨房！尼科拉什卡，小猪煎好了没有？蠢货，香槟里要搁在冰块煨着的。"

4

第一批抵达的是普希金家族的人。谢尔盖·里沃维奇的妹妹丽佐尼卡和她的丈夫，以及安涅塔妹妹。玛丽娅·阿列克谢耶芙娜不喜欢这两个妹妹，在她俩聊天时，她在一边根本坐不住。她觉得丽佐尼卡很空虚。选了个比自己还年轻的男人做丈夫。玛丽娅·阿列克谢耶芙娜不由自主地把松采夫和谢尔盖·里沃维奇做了番比较，结论是松采夫较好。松采夫比少校微胖一些，人很善良，也很安静——从不丢开家到处乱跑。不讲究穿戴，却像毛茸茸的小羊羔似的招人喜欢。的确，马特维·米哈伊洛维奇·松采夫就时尚而言并不令人嫉妒——而是像个卡拉卡拉皇帝。而安涅塔，安娜·里沃芙娜，玛丽娅·阿列克谢耶芙娜则因为虚头巴脑而不喜欢她。安娜·里沃芙娜已经 30 多岁了（都三十好几了——玛丽娅·阿列克谢耶芙娜如是说），可还是在耐心等待白马王子的出现，成天把自己打扮得花枝招展，说起话来嗲声嗲气的。她对谢尔盖·里沃维奇很上心，总是关心他脸色怎么那么苍白，一定要保重自己。玛丽娅·阿列克谢耶芙娜觉得纳杰日达·奥西波芙娜成天只知道倒腾纪念品，小摆设呀，无非是些小扣环、小羽毛之类的玩意儿。

最近一段时间安娜·里沃芙娜好像等得有结果了：前不久谢尔盖·里沃维奇告诉他，说伊万·伊万诺维奇·德米特里耶夫——一个长相标致的彼得堡诗人，货真价实的四等文官——向安娜·里沃芙娜正式求婚了。玛丽娅·阿列克谢耶芙娜向她表示了祝贺，但心里总还是有些嘀嘀咕咕。每逢姐妹俩来，她总会躲出去做家务，实际上却是为了能好好喘口气。

"全是胡说八道。"她转回身来小声嘟囔道。

瓦西里·里沃维奇是携着夫人，坐着漆光锃亮，像教堂钟声一般响亮的四轮马车到的。玛丽娅·阿列克谢耶芙娜开始忙乱起来。她很喜欢这对夫妻。瓦西里·里沃维奇动作敏捷，十分健谈，成天总是乐呵呵的。——天生的乐天派——这天可以说是盛装出席：杜洛克式的发型，而且，尽管天气很凉，却带着又高又硬的竖领。只不过他把竖起的高硬领子掩在斗篷下面了而已。而且，斗篷把他的身材也给遮盖了——瓦西里·里沃维奇深知自己肚大腿细。他身边坐的那个女人，他深深引以为荣，甚至比他诗人封号更甚。这女人以其高贵的家族和四轮马车，令他的虚荣心得到极大的满足，这是一个美艳不可方物的女人，她就是他的夫人卡皮托丽娜·米哈伊洛芙娜。他们的到来引来人们普遍的关注。

瓦西里·里沃维奇感觉到周围人们对他的关注后，在整个家族聚会期间，都保持着一种既冷淡又神秘的样子。只是在屋里有些昏暗，名人们比刚才少了一些后，才允许自己扫了几眼周围，这才看出，大家的注意力全都凝聚在他夫人而不是他身上。

"mon ange①，mon ange，"他不无几分伤心，但即刻又爱怜地嘀咕道，"把肩膀盖上，有风……"

说着，亲自动手为她披上纱巾。

玛丽娅·阿列克谢耶芙娜见到卡皮托丽娜·米哈伊洛芙娜时，就眯着眼睛，露出笑容，就像 30 年前在彼得堡，当人们想要发号施令时那样。

关于卡皮托丽娜·米哈伊洛芙娜人们说法不一，在近卫军里，人们都管她叫"野鸡"，会让所有男人都变成坏蛋或马上就要干坏事。玛丽娅·阿列克谢耶芙娜不愿意指责女性的轻佻作风。"年轻不风流，犹如水白流"——她总是这么说，说着还宽容地抿抿嘴唇。

玛丽娅·阿列克谢耶芙娜和谢尔盖·里沃维奇在大厅里接见客人。

"纳杰日达马上就出来。"玛丽娅·阿列克谢耶芙娜见姐妹俩有些被怠慢的样子，连忙说道。弟兄两个开始小声地对彼此讲述着同一件事：

---

① 法语，"我的天使"之意。——译注

著名咖啡屋的女主人什妞太太上周弄瞎了自己的右眼。涅耶洛夫为她画了一幅速写。

这幅速写画得很可笑，不适合太太们看。两人说着说着嗓门都大了起来。在萨尔蒂科夫伯爵的马尔费纳剧院，上周尼古拉·米哈伊洛夫维奇在其轻喜剧里出场了，在幕间剧和序幕里，以及在他自己的剧里，都一展歌喉了，而且，唱得很棒——伯爵现在对他是百依百顺，上周就因为他一句话，伯爵就吩咐把布景全换了。不过剧情实在是简单不过：乡村爱情，争风吃醋，一个善良的男人，就是伯爵本人所扮，退役回村，让一对恋人重归旧好。但表演实在是太棒了！台词和曲调都充满诗意！名声都传到彼得堡了。跳舞的姑娘们身穿薄裙简直一个个美若天仙。已经演了一百场了。两兄弟都急不可待，好不容易等另一个住了口，有时还不得不像是帮对方把话快快说完似的，用嘴唇模仿对方说话的动作。

谢尔盖·里沃维奇明显是在拿瓦西里·里沃维奇打岔，因为后者不仅到过马尔费纳，而且对此剧的详情细节了如指掌。瓦西里·里沃维奇想要告诉大家尼古拉·米哈伊洛维奇给那部剧起的名字，可谢尔盖·里沃维奇却打断了他的话。那剧名是："只为了马尔费纳。"瓦西里·里沃维奇点着头，随后又扫视了一下周围，见周边都是自己家人。他打了个呵欠。

纳杰日达·奥西波芙娜步伐轻盈地走进来——亲吻着女宾们。她手里攥着一块手帕，是她那位非洲来的爷爷给她留下的痕迹。

她冲着瓦西里·里沃维奇粲然一笑。这一笑真可谓倾国倾城。

就连好写诗的瓦西里·里沃维奇的眼睛也斜了：他那双行家里手的目光从自己那位野鸡的香肩移到纳杰日达的肩背上。

他总是想说一句奉承话，憋了半天总算说出一句来。他即便是在自己写的诗里，也竭力追求逻辑性，因此竭力避免自然风景描写：他认为自己最主要的优点在于戏谑。可他一见到大美人心就化了，所能想起的，都是别人的什么诗，无名氏的赞美套话和只言片语，当然，有时候也会想起几句什么诗来。他无论写诗还是在生活中都没常性。

与此同时，大家已经在细瘦的菩提树下，把餐桌摆放好了。

大家在等着两个重要人物莅临：尼古拉·米哈伊洛维奇·卡拉姆津和法国人孟德福。孟德福，或如他自称的孟德福伯爵，还是年轻人，成天乐呵呵的，是个画家兼音乐家。他来自法国的波尔多，前不久才抵达莫斯科，这是波尔多公爵的正式随从之一，现在和那位被处死的法国国王路易的弟弟，住在米塔瓦。他们从法国和巴黎被驱逐后，流落到了俄国，成了"吃军饷"的。

那位好嘲笑人的法国人迈着轻快的步伐刚一走进来，两姐妹都抬起脑袋，笑脸相迎。安娜·里沃芙娜脸上的笑容也变了：一只眼睛半睁半闭，嘴唇翕动念念有词，既像在嘀咕什么，又像在嚼着什么甜食。接着，她对玛丽亚·阿列克谢耶芙娜说，自己死也不愿见这帮法国人了，跟他们打交道很危险，一不小心就会堕入他们的拉别特卡①里去。玛丽亚·阿列克谢耶芙娜觉得安涅塔的笑容很不体面。她走出门去，声音不大但却气恼地说：

"丢人现眼！"嘟囔完，她又返回身来。

尼古拉·米哈伊洛维奇·卡拉姆津气色不佳，穿着也很随意。

"这些天光鲜亮丽显摆招摇总归不好，"他悄声说道，"到您家我比较随便。"

---

① 拉别特卡，法语，"圈套"之意。——译注

尼古拉·米哈伊洛维奇一到，众人便一对儿一对儿地来到花园里。谢尔盖·里沃维奇忽然不见了。他又回到自己的书房，打开锦匣，连数数都不数，抄走最后一沓纸巾，便冲伺候他起居的男仆尼基塔嚷道。

"尼基什卡，"他匆匆忙忙地说，"酒不够，你跑一趟酒馆，买什么你知道，买一瓶两瓶三瓶波尔多葡萄酒或勃艮第红酒，有什么买什么。快去！小心别把袖筒弄脏了。"

他关切地摸了摸尼基塔的花边袖口。男仆尼基塔穿着鲜艳的蓝色制服。

"你的叙事诗没忘了吧？没忘了什么吧？"

"放心吧老爷，没忘，"男仆尼基塔回答道，"茶、文章，都是自己的，又不是别人的。"

男仆尼基塔还是个写手。几天前，谢尔盖·里沃维奇意外地发现，尼基塔竟然写了一本很长的诗体小说。仆人的发型和制服穿在他身上显得很不合适。他中等个头，脸上略有几颗麻子，浅淡头发。他性格沉静到了惊人的程度。今天，谢尔盖·里沃维奇想把尼基塔隆重推出显摆显摆。尼基塔关于夜莺大盗和耶鲁斯兰·拉扎列维奇的诗体小说写得非常搞笑。谢尔盖·里沃维奇管这部小说叫叙事诗，并且生怕尼基塔一忙就把词给忘了。

5

一切都安排妥当，可以尽情享受舒适的环境和惬意交谈的乐趣了。菩提树下，花园里，人们到处都在尽情地感受着，自由地呼吸着，如同宁静娴雅的栖居。

这座花园并不很大，而这恰好就是它的优点。规模宏大与简单素朴是矛盾的，而规规矩矩的园林反而无法刺激人的想象力。一束乡村的野花放在圆桌上。倒退十年，这些野花是绝对不会摆上桌的。

这是一个动荡不安的时代。人人都想避世隐居到宁静的乡下，在密友圈中栖身，因为交往的人越多，越没有什么人可以信任。自家的菜园，四季新鲜的萝卜，山羊，一杯浓稠的奶皮冻，芬芳的马林果酱，一嘟噜一嘟噜的花椒果，被雨水冲刷过的乡野风光，田园景色——所有这一切忽然浮现脑际，像已经失去而不复能再的童年时代，自然美景平生头一次展示在儿童眼前那样。你会觉得即使一个小市民和手工工人的命运，也是那么幸福，令人羡慕不已。自己家的一寸土，房前屋后物产丰饶的小院子，床前的花瓶里插着一朵凤仙花——那些老派诗人们怎么会发现不了这种生活方式的无穷诗意呢！老派诗人酷爱战争与厮杀，性格暴烈的英雄和轰动世界的大地震。而这些小房子多么像被打扫得干干净净的鸟笼子呀。要知道人们的幸福就在于此呀。

白色成了一种时尚，女士服装也开始以软色调为主，因为粗野的颜色容易使人想起那些每个人都唯恐避之不及的东西。人们对奢华也不那么热衷了。每个人都从自己的经验里知道奢侈豪华的无常和无谓。能给人带来愉悦的恐怕只有忧伤了。夏日里园中的一角，一如冬日里壁炉前的一方天地一样，成了大家最觉惬意的地方，在想象中它完全可以取代整个世界。上流社会里，如今非常时兴 jeux de societe①，使得生活内容丰富多彩。上流社会人士还爱玩沙拉德字谜，限韵诗、贯顶诗竟使得人们作诗的才华得到了长进。人们说起宫廷内幕全都悄声细语，引得全家人又全都唉声叹气。

---

① 法语，"上流社会的游戏"之意。——译注

而谢尔盖·里沃维奇却总觉得似乎缺了点儿什么，什么东西忘买了，玛丽娅·阿列克谢耶芙娜完全不值得信赖，至于纳杰日达·奥西波芙娜就更别指望了。他满脑子都是诸如此类的胡思乱想，以至竟未发现，银餐具里果然没清洗干净，两个长颈瓶偏偏摆了那只有裂纹的。

纳杰日达·奥西波芙娜对每个人都笑脸相迎，就像是在借笑容展示她的一口白牙似的。

他终于放心了。

"……明眸皓齿，宛如珠贝，"瓦西里·里沃维奇忽然想起了什么人的几句诗，"——卡帕牙少了，而那些姑娘们，安努什卡，牙比谁都白。"

瓦西里·里沃维奇在和那个法国人聊天。待人随和，有求必应，语速飞快，再加上对女性十分宽容，所有这一切，他都心知肚明，而且所有这一切对他来说都是那么亲切，如同自己身上的一部分。20 年前，无论是在莫斯科还是彼得堡，都曾有过许多法国人，可那都是些怎样的法国人呀！时尚品店的女老板，男仆和 les outchiteli①。其中某些人十分可笑。而现在呢，由于一次政变，为了逃命，一下子拥进来那么多高雅出身的真正贵族。这些年里，他们受了多大罪，处境是那么寒酸，可仅过了七年就已经习惯了，人们对他们也熟不拘礼了。话说到底，就是贵为王子，又何妨叫来吃顿饭。眼下人们还是同无套裤汉②斗争，无套裤如今可时髦了。

不过话说回来，伯爵的无袖套衫实在是旧得可以，都让伯爵给穿破

---

① 按照俄语发音拼的法语词，"家庭教师"之意。——译注
② 泛指法国大革命的极端民主派。——译注

了，而且他的事业也让他整得一塌糊涂。近来沙皇变得既小气又执拗了，不光他身边那些随从，甚至连沙皇本人也没钱。伯爵，说实话，也为了排遣寂寞，打算开设法语课，如果可以的话，也可以开个绘画、音乐课。谢尔盖·里沃维奇根据某种征兆，料到伯爵肯定会开口借钱的，于是，预先就想好了说辞，推脱自己没钱。

这里的主角当然还算不上伯爵。尼古拉·米哈伊洛维奇·卡拉姆津是聚会者中年龄最长的。他34岁了——正是开始走下坡路的岁数。

> 喜欢的时代已成过往，
>
> 无论你是否把它迷恋。
>
> 燃烧，但不要那么激烈，
>
> 我们这门手艺的确不赖。

在他那张变长了的白皙的脸上，还没皱纹，但却非常冷淡。尽管他很爱开玩笑，尽管他给那些被他称之为"痒宝宝"的年轻人挠痒痒挠得人家挺舒服，但一眼就可以看出，他阅历丰富，见多识广。这个世界坍塌了，俄国到处是满目疮痍，一片废墟，破坏的程度更甚于法国佬的暴行。别再做人类幸福的春秋大梦了！他的心被一个美丽的女人打碎了，而她曾经是他的至交。从欧洲旅行回来后，他开始变得对朋友们十分冷淡。《一位俄国旅人的书信》成为哺育心灵教人谈吐文雅的法典。女人们纷纷为他而垂泪。

此时他正在编辑一部文选，他给文选起了个女性的名字"阿格拉娅"，女人们对这份杂志趋之若鹜，致使其已经开始赢利了。而这一切无非都是小菜一碟。可野蛮的检察机关却连这样的小玩意儿也不放过。

而沙皇保罗也辜负了所有好心的朋友寄托于他身上的期望。他独断专横，脾气暴躁，身边围绕着他的，也不是什么哲学家，而是加特契纳那帮下士们，他们颟顸愚蠢，对高雅食物简直一窍不通。

而他的忧郁却给所到之处带来了秩序和节制。人们为了安抚自己的内心，纷纷想要与其结交。

他称普希金一家为："我那些下城的朋友们"——他在下城省有一处庄园。外省或乡下的庄园生活使住在京城的人们彼此之间变得十分融洽。

而此刻他的思绪十分散漫。望着女主人，他对松采夫感慨地说，可爱的女人们居然能化腐朽为神奇，在模仿中保持自己的个性。纳杰日达·奥西波芙娜穿得很时髦，一袭白裙，细部杨柳身条，头上绾了一个绸结。模仿法式时尚在上流社会是禁止的：前不久还有人专门在街上没收男人头上的圆筒帽和燕尾服，而女人们都得以幸免，——细细的杨柳身条，就是从自由的法兰西女人那里学来的。这些可疑的服装要比沉甸甸的太太装更时髦，沙皇一个劲儿地加以鼓励，现在宫中的太太们都穿这种服装。纳杰日达·奥西波芙娜心满意足，神采焕发。

他也打开了话匣子，说他这些天靠什么为生，指望些什么，原来他一直盼着去一趟卡尔斯巴德河皮尔蒙特。他生病了，不会劝阻一个病人出门寻医的。莫斯科的气候对于他来说越来越难受了。但他却对无论是皮尔蒙特还是卡尔斯巴德，都只字未提。

"上帝呀，"他说，"想想智利、秘鲁、圣赫勒拿岛、波旁、菲律宾这些四季鲜绿、鲜果飘香的地方，气候有多美呀，可在这闷热的莫斯科，我都快被憋死了。"

于是大家都唉声叹气，都为自己所听见的话而欣喜，就好像大家都在参与一件对所有人都十分重要而又愉快的事情。

卡拉姆津对老辈人这种热情厚道露出了微笑，看起来他心情很愉快。宴会进行得十分顺遂。谢尔盖·里沃维奇一心扑在食物上。打来的野味也做得咸淡适中。他吃得很慢，有滋有味的，像是在仔细咂摸味道。

餐后，大家都略感疲劳，于是转移到了客厅，以此消磨到傍晚的一大段时间。

客厅里泛着一股淡淡的被精心护理的味儿，卡拉姆津满意地四下扫视了一眼，说他每次来这里，都觉得他们家忒像伦敦。

谢尔盖·里沃维奇无论如何也不习惯这幢房子，可此刻却觉出了它的全部优点。

大家玩起了 petit-jeux①，玩起了限韵诗：按照给定的韵脚写诗。选定的韵脚字是：nouvaute-repete②，avis-esprit③。

卡拉姆津写的诗，当然要比瓦西里·里沃维奇优雅，也比孟德福睿智。

大家禁不住为他写的四行诗鼓起掌来。

孟德福画了一幅脸上洋溢着幸福神采的，手持弓箭的丘比特。但大家都请他秀一把技巧，于是他精心地在纳杰日达·奥西波芙娜的画册上画了一幅蒙着双眼的丘比特，小爱神的头发鬈曲着，脸上一边一个笑窝，手脚胖乎乎的。

瓦西里·里沃维奇请他画丘比特不是没有原因的。他听人说过卡拉

---

① 法语：一种游戏。——译注
② 法语：新奇—重复。——译注
③ 法语：意见—理性。——译注

姆津题词的事儿：有一次，卡拉姆津到一位美妇人家做客，应女主人的请求，用铅笔摹画了大厅中央放着的一尊全裸的大理石爱神雕像。随后，他微笑着同意想几句诗，在孟德福的爱神图的四面八方，题写诗句。题写在脑袋的诗是：

在大脑工作的地方，

心灵都会变得懒洋洋，

那里因而不会有爱情，

那里的爱情全停留在嘴上。

题写在孟德福的布带上的是——

爱情是盲目的，

是的，除了其

无比珍爱的对象之外，

它是什么也看不见的。

最后，题写在小爱神威胁人而伸出的手指上的是——

即便幸福无比，也请不要说话：

我已为你把微薄的礼物备下。

瓦西里·里沃维奇心满意足地摇晃着身子。这一上流社会典型贵族风范的化身竟然会赞美他，这令他沾沾自喜。瓦西里·里沃维奇只要一看见他的齐尔采娅，就喜不自禁，心存忌惮，可与此同时，却并不放过一切与女奴调情的机会，而在臭名远扬的老鸨潘克拉季耶娃那里，他更会表现出其对底层人的爱情风格的偏爱——尽管如此放荡不羁，他还是能够严格保守秘密，做事从不张扬。他为弟弟感到惋惜，屋里就缺一尊大理石爱神像。那尊爱神像手臂、翅膀、脚和背部题的即兴诗，他还能记得几首，而题词簿已经被题满字了。

大家要求安涅塔大姐唱一首根据诗人诗作谱写的，脍炙人口的歌曲：

瓦灰色的小鸽子咕咕叫……

安娜·里沃芙娜嗓音很细，而那时飙高音变得很时髦。玛丽娅·阿列克谢耶芙娜走出门外吩咐上菜，说道：

"嗓音太尖。"

大家又要纳杰日达·奥西波芙娜唱一个，于是她唱了一曲："仙女，在春无的仙境里飞翔吧。"① 她唱的是低音。她的嗓音喉音很重，湿漉漉的，尤其到"p"音时，更是沉雷滚滚。听着这样的声音，谢尔盖·里沃维乜斜着眼，傻乎乎地，沉湎在一种悒郁的想象中。他面对的，恰好就是纳杰日达的香肩，而他一边翕动嘴唇像在重复歌词，一边似乎在亲吻近卫军中闻名遐迩的肩背一般。纳杰日达·奥西波芙娜的歌声，令瓦西里·里沃维奇想起的，不是一位迷人的女性，而更像是出自一位皮

————————

① "女气精，在春天的仙境里飞翔吧"，据说系卡拉姆津诗歌《女气精》开头的一句。——原注

肤黝黑，法拉翁牌戏的发牌的茨冈女人之口，不过，他挺喜欢的。

　　仙女，在春天的仙境里飞翔吧，

　　欢快地在每一朵玫瑰上栖息！

　　尼古拉·米哈伊洛维奇感动得落了泪。这时候罗曼司的歌词与某种回忆有关。

　　"如果不是缺乏耐心，她早成音乐家了。"玛丽娅·阿列克谢耶芙娜说道。

　　这些出于某种缘故而聚在一起并善于相互尊重的人们，心性都变得十分愉悦起来。

　　浓厚的紫红色的晚霞透过窗户照射进来，预示着又一个晴朗的天气。安涅塔大姐说：

　　"呵，简直和奥西安①一样。"

　　卡拉姆津像个孩子一般冲她露出宽容的一笑。

　　只要一喝酒。他的眼睛就会被蒙上一层云翳，湿漉漉的，暖融融的，于他而言，这是灵感降临的确切征兆。他并未用英语提议干杯或致辞，但却依然充满了感情：他提议为我们的家乡——西伯利亚省——他就是在那里出生，并度过了天真无邪的年华的，还要为西伯利亚上的诗人，干杯！这诗人指的是德米特里耶夫。卡拉姆津刚找到这位诗人的来信，诗人打算退休，离开潮湿的彼得堡，到莫斯科定居。他已经在红门附近相中了一个住处，房子坐落在一个小花园里——对于菲勃蒙和巴乌

---

①　传说中3世纪克尔特人的武士和游吟歌手。——译注

希斯①的幸福而言，可谓万事俱备，只缺巴乌希斯了。

于是大家全都响应，与安涅塔干杯，安涅塔脸红到耳根了。

"朋友们，"卡拉姆津说道，"贺拉斯曾对蒂沃利赞美不置，而我却要为红门，为萨玛罗沃山干杯！"②

这一阵轻微的忧郁过后自然想要淳朴自然的。

现在，正是展现家庭诗人尼基塔让客人聆听其逗乐的叙事诗的最好时机。尼基塔获了个满堂彩。卡拉姆津笑得很开心。接着，他沉吟了一会儿，语气严肃地讲起了罗蒙诺索夫家族的新一代人。根据皇帝的旨意，罗蒙诺索夫的亲戚们都被人从按人头发放工资的份额里开除出去了。于是，人们终于又想起了这位早就被遗忘的诗人，这次人们怀着无限的敬仰，原谅了他那近乎野蛮人的口味，当然，在那个遥远的时代，所有人都带有这种口味。小辈人的话匣子也敞开了。所有老式的东西于今看上去都很可笑。大家聊起了杰尔查文。

尼古拉·米哈伊洛维奇与杰尔查文的友谊，颇似外交官之间的那种礼仪。有一次老头子给他寄来几首诗要他发表，他硬着头发给发了，却又在背后大肆嘲笑。瓦西里·里沃维奇当即从四年前杰尔查文为别茨克老人逝世而写的诗中，援引了两句：

你忽而陨灭，呼出了好闻的

---

① 希腊神话中一对永不分离的恩爱夫妻，心地善良，殷勤好客。——译注
② 萨玛罗沃山离莫斯科不远，正对科洛缅，在彼列尔河对岸，是他喜爱的地方。他就是在这里构思了《可怜的丽莎》和《娜塔莉亚》，而且他早就下定决心——如果出国无望的话，就以此为自己的隐居地，他要在这里迎接来自各国的友人，欢迎像让·雅克·卢梭那样真正睿智的友人。让·雅克·卢梭 1756—1758 年间，曾住在一处名为"埃尔米塔什"的独居别墅。——原注

最后一口气……

　　杰尔查文曾把别茨克老人比作烛台的香火，而在这句诗中，如果不提及烛台，诗意便含糊不清，甚至有些颇不体面。瓦西里·里沃维奇出于狡猾才故意念这两行诗。大家全都会意地笑了，而女人们则来不及理会，可能是猜不透里面的笑点。

　　"是呀，我们的加夫里拉·罗曼诺维奇喜欢香的气味。"卡拉姆津也边笑边想这个瓦西里·里沃维奇居然敢当着女人的面说这些。

　　卡拉姆津冲瓦西里·里沃维奇伸了下手指头。

　　"你这个老木头，老海盗。"他对他说道。

　　瓦西里·里沃维奇高兴得脸都红了。"大桡战船"是彼得堡一个热闹甚至超热闹的社团。这个社团及其成员们的种种奇遇，真是千奇百怪。瓦西里·里沃维奇就是该社团成员之一，而且莫斯科人十分看重彼得堡这家社团的声誉。大家都怀疑这家社团所搞的恶作剧，有些却是他力所不逮的。而美人卡皮托丽娜·米哈伊洛芙娜主要也是对此声誉有所迷恋而已。

　　接着，卡拉姆津便责备他太懒惰，这类指责对诗人而言是最不伤大雅之堂的——此时聊起了他编辑的那套丛刊。瓦西里·里沃维奇呛了一口，胸前溅了些口水：不过，他身上没一件值钱的东西——倒是有不少——种类繁多的——小饰物。

　　谢尔盖·里沃维奇同样也想显摆一番，可就是不敢。在他的书柜里藏着好几本自由诗抄本，不是什么官样文章就是下里巴人。他保存此类罕见的抄本的原因，正因为这都是些自由体轻诗，描写的一切都带有朦胧含蓄的味道，感情最奔放的地方，都有一声声的叹息："呵呀"，而很少用"哎呀"。另一些诗中则不仅敢于嘲笑厄洛斯或女性，甚至敢于讥笑大人物。谢尔盖·里沃维奇很沮丧：这不行，绝对不行……如今这世道，无罪还要判有罪，简单地说吧，无辜者也会起诉到耶稣那儿剥你一层皮。

当尼基塔和彼季卡点亮了夜间的蜡烛，大家全都在茶桌前就座后，他才放下心来，感到心满意足。

卡拉姆津对樱桃果酱赞不绝口：

"这果酱我吃得是津津有味呀。"

正在此时，一辆四轮轿式马车响着铃铛格隆格隆地驶进来，在大门口停下了。

谢尔盖·里沃维奇的脸变得煞白。

傍晚时分，一辆驶进来的四轮轿式马车的格隆声，对于那些正在品茶的客人们来说，总归不是一件愉快的事。来的原来是一个机要信使。遮阳棚下人们嗓音嘶哑恨恨不已地议论了起来，脸色煞白的尼基塔打开门，惊恐地盯着谢尔盖·里沃维奇报告道：

"彼得·阿勃拉莫维奇·汉尼拔少将阁下大人驾到。"

6

他个子不高，脑袋也不大，两条手臂都是蜡黄色，腰都很细，前额凸起，两鬓生出一绺绺的白发。他身上穿的是一件深绿色的，太古洪荒时代的军服，走路脚步轻盈，脚不点地的样子。他就这样走了两步，停了下来。

他鞠了一躬，磕磕绊绊地说道：

"从兄弟……伊万·阿勃拉莫维奇那儿得知……这件喜事……"他

说着用眼扫视了客人们一圈。"我来这儿是路过，我认为自己有责任，"说着，他向玛丽娅·阿列克谢耶芙娜深施一礼，"向您，尊敬的夫人太太，表示祝贺。而您，我仁慈的老爷，"他对谢尔盖·里沃维奇的态度，却颇似有些随便。"我顺便看一眼……我的小孙子，并亲手给他戴上来自爷爷的十字架……"

他叹了口气，又问：

"他在哪儿？我的小孙子？"

彼得·阿勃拉莫维奇是纳杰日达·奥西波芙娜的亲叔叔，和所有汉尼拔家族的人一样，他也当过炮兵。他哥哥奥西普·阿勃拉莫维奇和一位普斯科夫女人有染，之后就把自己的家庭弃之不顾。彼得·阿勃拉莫维奇愿意也好，不愿意也罢，总归得把这副光荣而又不会有结果的监护重担承担起来。他对侄女极其悲惨命运充满了同情和怜悯，但却根本不适合监护人这个角色，因为他对监护人职责的理解很奇特：不时乘车前去劝说犯有过失的哥哥，偶尔写几封长信给玛丽娅·阿列克谢耶芙娜，只是一说到金钱当即三缄其口，装傻充愣。个中缘由在于，金钱问题，也是他本人的一个病灶，他自己就曾因挥霍过炮兵官饷而被调查。哥哥伊万·阿勃拉莫维奇把这桩丑事给暗地了结了。而在此期间，已经退役了的彼得·阿勃拉莫维奇作为一个监护人，和妻子离了婚，和一个来自普斯科夫省的性情剽悍的姑娘私奔了。他回到自己的村子叶利茨，在那里他给妻子寄了份书面通知，通知上写明为了让他生活平静，她从今后再也不和他同居了。在劝说犯有过失的哥哥时，他发现自己和哥哥的许多观点是一致的，有许多契合点。

他的此类拜访总是会以兄弟二人喝得烂醉如泥，沉醉酒乡长达一周乃至更长时间作结。很快那位善于勾引人的老女人就把彼得·阿勃拉莫维奇也牵连到金钱的事务上来。凭借哥哥的借款信函他交给那位美人儿许多钱，弄得自己差点到了破产地步。刚退役时他还算年富力强，很快就彻底搬家，和犯有过失的哥哥成了近邻。哥哥所过的奢侈豪华、放荡不羁的生活，对他是有无穷吸引力的。他和那位剽悍的姑娘住在一个叫彼得洛夫斯基的小村，和娶了两位夫人的哥哥住的大村米哈伊洛夫斯基比邻。据传言他在那里过得很快活，但却从不招任何人进村，而且任何人也不会去那里看望他。他即使出村，也无非是为了办理夫人以及儿子韦尼阿明那场纠缠不休的离婚官司去的。他到莫斯科原是为此而来。客人们被弄得很困惑。

　　对于谢尔盖·里沃维奇来说，这次见面很不愉快，尤其是在卡拉姆津也在场的情况下。他与之结为亲家的汉尼拔家族，是一个非同寻常的姓氏，源远流长，家喻户晓，地位显赫，备受尊崇。但这一切全都停留在口头和话语中，而且是在没有黑人的情况下。在黑人距离我们尚十分遥远的时代，谁都无法和整个彼得堡近卫军中的年轻人们一样，对伊万·阿勃拉莫维奇恭恭敬敬，又略带几分嘲讽，颇为好奇又不无几分宽容，而他也压根儿就不主动求见自己那位行为放荡的岳父大人，不愿意与妻子那边的亲戚见面，尤其是对其有意见而自己又不能不尊重的人在场的情况下。这位 la belle creole① 的确长得美，命也好得招人羡慕，只是这位黑人叔叔的出现太令人扫兴。他有一张完全属于黑人的脸，但旁人对他的兴趣却说不上体面。这位老黑人对婴儿——谢尔盖·里沃维奇就是为了这个孩子而安排了这一切的——表现出的那种好奇心，在今天这个隆重的接待日里，实际上已经令所有人感到窘迫。那些忙于彼此关

---

① 法语：美丽的混血女人。——译注

心，谈论最新事件，正在玩游戏和填诗作词的客人们，直到现在都还没有时间和理由去想想这个孩子的事呢。而这孩子也好像故意似的，始终都一声不吭，连哼唧都没有一个。说到底孩子究竟在哪儿呢？很有可能还躺在上面的阁楼里睡觉呢。

这黑人自己也开始犹豫不决了。他没想到会见到这么多贵宾。他那张脸上全都是皱纹、咬纹，一双褐色、咖啡色，而瞳仁却像患有黄疸病一样呈深黄色的眼睛滴溜溜转，一对鼻孔很大。那个法国人好奇地盯着他看个没完。老头子突然把一双猴眼停留在谢尔盖·里沃维奇身上，嗓音嘶哑地问道：

"我不会妨碍你们吧?"

玛丽娅·阿列克谢耶芙娜忽然不满却又礼貌地回答道：

"怎么会呢，你请坐，彼得·阿勃拉莫维奇。"

黑人乐了，露出满嘴的白牙，像烤苹果一样皱皱巴巴的小脸忽然展开了，显得有几分儿童般的天真来。

"谢谢您，夫人太太。"他温柔地回了一句。于是，女人们发现，这个黑人老是老，却很会对女人献殷勤，而且很可爱。

纳杰日达·奥西波芙娜走到叔叔身边。

"您还是那么漂亮。"他混淆了年龄，说着恭维话，吻了吻她的前额。"来自父亲的召唤，我仁慈的老爷，父亲邀请您带您的夫人来，"他对谢尔盖·里沃维奇说，"叫你们夏天到我们那儿品尝浆果。"

谢尔盖·里沃维奇客气地接受了这一邀请。一切比他预想的都更愉快，更体面：这位老黑人带来了父亲的邀请。

接下来该是与岳父大人谈话了——也许，谈话将涉及嫁妆。夏天的大自然会令人感到更加惬意。到岳父大人那里品尝野果的憧憬使他微笑。谢尔盖·里沃维奇非常喜欢浆果。而玛丽娅·阿列克谢耶芙娜却得陪孩子们待在家里。

玛丽娅·阿列克谢耶芙娜走到门外，说：

"又一位大使露面了。"说完又返回来。

彼得·阿勃拉莫维奇却不喝葡萄酒，一开口就要喝伏特加。玛丽娅·阿列克谢耶芙娜不知从哪儿拎出一瓶陈年的艾蒿药酒。

他啜了一口，慢慢地嚅动着嘴唇和舌头，严肃地瞪着每个人。

玛丽娅·阿列克谢耶芙娜始终用一种疏远的目光盯着他的一举一动。彼得·阿勃拉莫维奇尝了尝伏特加的味道。

"夫人太太，"他对玛丽娅·阿列克谢耶芙娜说，"我不喝普通的药酒，我把药酒全处理了。我只喝特定度数的酒。樱桃，苦艾，果酒，只要够一定度数就成。"

这时他一眼看见了卡皮托利娜·米哈伊洛芙娜，立刻容光焕发。这张桌前坐着几位年轻的女性。他敬了女人们一杯酒。

美人卡皮托利娜·米哈伊洛芙娜礼貌地冲他点了点头。这位老黑人的关注令她心里很受用。她耸了耸肩。

他皱着眉头把整间屋子扫视了一圈。

"这厢房还暖和吧？"他张口问了句，可还没等人家回答，就把厢房的事忘在脑后了，随后又想起那个孩子来，"孩子给起名了吗？"

他脑子转得飞快。

谢尔盖·里沃维奇皱起眉头：这位黑人叔叔居然管这幢房子叫厢房。这幢房子当然做过厢房，但早就重新装修过，改建过，如今已经成了纯粹莫式住宅了。

得知孩子给起名叫亚历山大，叔叔拍起双手。

"名字起得太好了，"他说，"夫人太太，世界上只有两个最伟大的统帅：伟大的汉尼拔和亚历山大。此外还有亚历山大·瓦西里奇——苏沃洛夫。祝贺你，夫人太太！您给孩子起了个伟大的名字。"

"名字主要是根据家族记忆给起的，"谢尔盖·里沃维奇很不情愿地说，"是根据孩子的祖父，亚历山大·彼得洛维奇的名字起的，因为他祖父是家族事业的直接奠基人，和苏沃洛夫没关系。"他微妙地补充了一句，说着，瞥了卡拉姆津一眼。

如今只有那些老辈人还在尊崇苏沃洛夫。弗里克森，即脑软化，就是苏沃洛夫时代开始有的。正因为此，和无套裤汉的那次战争才打得不顺利。

彼得·阿勃拉莫维奇皱着眉头看了他一眼，把一杯苦艾酒一饮而尽。

"太老爷我不记得了，"他说，"您爷爷没见过。"

他和男人说话与同女性说话截然不同。——断断续续，也不怎么客气。

"噢，不不，"他忽然又嗓音嘶哑地说，"您爷爷我记得。我记得已故的老爸给我说过亚历山大·彼得洛维奇。好像就是他吧，夫人太太，其实让人给动刀割了？"

谢尔盖·里沃维奇仰起脑袋，眼睛眯成了一道缝，像在回忆。瓦西里·里沃维奇整了整领口。

假使这位叔叔不是那么非同寻常，说话不是那么毫无来由，突如其来，东一榔头西一棒的话，这句话绝对可以算作一种侮辱。

亚历山大·彼得洛维奇的老婆、夫人，在分娩时的确挨过一刀，不过给她动刀的人不是别人，就是亚历山大·彼得洛维奇本人，而如今这小孩子也正是以他的名字命名的。他是在极度嫉妒中，在精神错乱的情况下动手杀她的，为此他的后半生一直在法庭受审。在此提及此事既不合时宜，也不礼貌。

不过，根据这位老黑人断断续续的语气看，这只不过是一位老人突如其来的一节回忆罢了。顺便说说，根据所有人的眼神就可以断定，这位少将今天没等人家把酒斟上就开始豪饮伏特加了。

卡拉姆津发话了。

他本来一直都在好奇地偷偷观察这位黑人，此刻，他和往常一样，声音凝重而又平静地问这位少将以前是否有过旅行的经历。看此人那滴溜乱转的咖啡色瞳人和又干又瘦及敏捷的动作，这老头的确酷似一位环游全球的非洲旅行者，正如如今英国人喜欢在其小说中推出的那种，压根儿不像一个来自普斯科夫省的地主。

而他却神定气闲地顶着人们好奇的目光岿然不动，显然，他对这一切早已安之若素了。

"说到我吗，我的老爷，在炮兵部队为沙皇当了一辈子兵，"他颇有些自尊地说，"的确到处跑，但却从没当过旅游者。现在，远方战争刚一打响，我肯定会申请去往远方，挣别人的生活费……没有我们这些老头子年轻人办不成事儿呀。"

卡拉姆津本应感到不爽——他可是《一位俄国旅行者的书信》一书的作者呀——而且，我们不妨推断这位少将想必喜欢高雅文学。如果这样的话那他这么说可就太大胆了。可是，见多识广的卡拉姆津断定，这个黑人老头想必是对"旅行"这个词儿感到不爽。他觉得这倒不失为一个非常好笑的特点。

玛丽娅·阿列克谢耶芙娜斜着瞅了一眼小叔子。

"你怎么那么向往？"她问道，"奔向远方？离家出走。人家让你走吗？"

玛丽娅·阿列克谢耶芙娜指的是那位普斯科夫美人，是她拒不让少将登门。她恨这个女人，甚至比拆散他们的人更恨，尽管她一次也没见过这个女人。

"我嘛，太太夫人，"少将忽然语气平静而又温柔和蔼地说，"我想寻找姑姑的公园。为此我才会离家出走。"

他对玛丽娅·阿列克谢耶芙娜说话恭恭敬敬，很有耐心，连眼皮也不抬一下。他从年轻时和她说话就是这般模样。

"哪儿来的什么公园呀？"玛丽娅·阿列克谢耶芙娜又问道。她明显不相信他的说法。

"是黑人公园。"少将耐心地说，说完瞟了卡拉姆津一眼，"在黑人担任省长的埃塞俄比亚公园，在阿比西尼亚，可能有我老爸的一个公园。老爸的父亲，我的祖爷爷阿特莫伊，是非洲大公。"

卡拉姆津白皙的脸上露出一丝浅浅的笑容。

"我可从没听说过，"玛丽娅·阿列克谢耶芙娜说道，"什么省长不省长的。不过，彼季卡，你的那些兄弟们，在你之前不也从未找到那个公园吗？"

"夫人太太，我一直都很忙，"彼得·阿勃拉莫维奇说道，他的声音依然那么温柔而又清晰，"在为国家大事操劳呵——根本没时间去寻找姑姑的公园呀。我的那些兄弟们也一样。"

玛丽娅·阿列克谢耶芙娜摇了摇头，可此时卡拉姆津又开口了。他原本就是个文学家。所以，他对黑人的命运分外关心。

"你老爹那辈人活一辈子不容易呀，"他礼貌地说道，"他走后没留下一些书信、文件之类的东西？对历史而言这都是价值连城的宝物呀。"

老头子缩起肩膀。一提起文件就让他对卡拉姆津失去了任何信任。

"老爷，我那儿连一件也没有，"他胆怯地说，"再说我老爷也不喜欢那些文件什么的。或许我哥那儿，伊万·阿勃拉莫维奇那儿，说不定有。"

一度挥霍家产导致的官司让这位少将开始对一切文件产生了畏惧心理。

卡拉姆津让这个老头子安静下来。他问以信使闻名圈子的松采夫道：

"库塔伊索夫①就要走了，是真的吗？"

"走"在这里意味着堕入不为某人所喜欢的行列。

库塔伊索夫曾是个被俘的突厥人，是个转赠来的理发师——而如今却成了伯爵社交场合的男伴，是能识尽全国马匹的伯乐。"人们口头活的寓言。"

"没有的事，"松采夫心满意足地说，"他现在是亚历山大·涅夫斯基的男伴。"

他在草拟命令的宣令局有许多朋友。

少将忽然紧盯着卡拉姆津。他的鼻孔也张得大大的。

"库塔伊索夫，"他嗓音嘶哑地说，"当年不过是个室内男仆，却因接近宫廷而授勋。我之所以叫彼得，就是出于这个原因。"

实际上卡拉姆津心里想的也和他一样：他早就知道，这个光荣的黑人曾经当过彼得大帝的室内男仆或侍从官。因此他才会想起库塔伊

---

① 伊万·帕夫洛维奇·库塔伊索夫（约 1759—1834），保罗一世的宠臣。——原注

索夫。

他感到几分窘迫。

"我老爸，"老头子豪迈地说，"本身就是个伯爵，只不过是非洲的伯爵而已。他是被叫来当榜样和模特的。授军事驻城学来的。至于说他肤色黑，那也只是脸上最醒目，他也因此而好记，而且，他竟然出落成怎样一个伟男子了呵。先生，哎呀，简直是一只号鸟呵。"

说着，他屈起一根手指，亮了亮带有黑色印章的宝石戒指。

此刻，他喝酒的节奏已经是毫不间断——一杯接一杯了，一瓶浆果药酒已经完了。

"有人证件齐全，还是德文的。只有我，先生，我是不会向你们出示证件的。"

他已经有些醉了。

"贪心的家伙。"玛丽娅·阿列克谢耶芙娜说道。

老头子再次服软了。

"请您相信，我永远都是您的人，"他对阿列克谢耶芙娜说，"至于说老爸脸长得不怎么的，可心眼儿好呀——简直和汉尼拔一模一样。我敢用汉尼拔的名义起誓。"

玛丽娅·阿列克谢耶芙娜突然叹了口气说：

"心眼儿不好，脸也难看，就是 куртуази①。比你，彼季卡，更懂礼貌。人家会笑。"她意味深长地说。

彼得·阿勃拉莫维奇紧盯着阿列克谢耶芙娜出神。

"是啊，金子般的心。"他忽然开怀大笑，露出满嘴的白牙。

---

① 用俄文字母拼的法语：懂礼貌之意。——原注

"比你好，比你强，牙也比你白。"玛丽娅·阿列克谢耶芙娜挥手说道。

谢尔盖·里沃维奇略有些不安，心里一阵紧张：可千万不要让卡拉姆津有什么不高兴。

果不其然，卡拉姆津脸上现出几分郁闷的神色。这老头说的那番火热的话，他听懂的很少。偏偏彼得·阿勃拉莫维奇说这番话很动了番脑筋。他出汗了，于是，掏出手绢擦着额上的汗水。

他的确在弟弟伊万·阿勃拉莫维奇那里，见到过卡拉姆津提到的那份文件。在雷瓦尔，因其肤色发黑而被那些德国少校们大肆嘲笑过的父亲，的确给一位他比较信赖的德国人交付过一份文件，供他撰写履历用ретумация①。儿子们遵照老头子的指示，群策群力，费了九牛二虎之力，才在一位熟识的药剂师帮助下，识懂并记熟了这份文件的内容。

草拟这份文件的目的是获得贵族身份。在彼得大帝时代忙忙乱乱地没顾上，直到伊丽莎白时代，这老黑才想起其贵族身份，那时候所有人都争先恐后地证明其出身是贵族。也就是在那时候，除了贵族的头衔外，他还获得一枚家族徽章，这是一枚彼得·阿勃拉莫维奇直到现在仍为此而骄傲不已的徽章：在一架海用望远镜上面，有一面折叠的旗帜，而在所有这一切之上，是一只猫头鹰——象征学问和智慧。彼得·阿勃拉莫维奇的这枚徽章是镌刻在戒指上的小图章上的。

"彼得大帝，"履历中说，"想要为自己手下那些达官显贵树立榜样，

---

① 用俄语拼的拉丁文：否认。这里说的是一份证明其出身是显贵的文件。——原注。

037

竭力想找到一个能力过人的小黑人。小黑人——即 Neger①，Mohren②——世界上所有的宫廷都把黑人当奴仆"——一个德国人这样写道，"而彼得大帝想要证明，用勤勉和科学是可以把一个黑人教育好的。彼得大帝认为，根据其皮肤的黑色，全体宫廷显贵即 Ritterschaft und Adel③ 都应能很好地记住这个榜样。"这些贵族懒惰成性，似在与彼得作对。文中对于"黑人是否可以担任省长"未予说明，但却转述了老黑人本人的一段话，说易卜拉辛或亚伯拉罕，来自阿比西尼亚，出身公爵家族，统治三座城市。彼得·阿勃拉莫维奇相信自己已经简洁地讲述完了事情的始末。

他使卡拉姆津彻底失望了。

这位有名的黑人其实是大帝安插的亲信——急于揽权的皇权统治，其特征就在于闹剧还兼有珍贵稀有的特征。

据说大帝对诺凡后人、侏儒和黑人，有无穷的好奇心。大帝关于人本性的野蛮概念令身为拉瓦特④弟子的卡拉姆津觉得好笑。

此刻这位少将已经是醉醺醺了。

"叫什么名字?"他断断续续地问尼基塔。

"叫尼基塔，老爷。"

"尼基什卡，你不够意思，"少校说，"瞧我家的格里什卡会弹古斯里琴会哼曲——唱得有声有色! 能唱得人浑身颤抖! 泪流满面! 还有一颗金子般的心! 可你呢——一锥子扎不出个屁。你不怎么的。"

---

① 德语：黑人。——译注
② 德语：摩尔人。——译注
③ 德语：骑士阶层及贵族阶层。——译注
④ 拉瓦特（1741—1801），瑞士作家。——译注

卡拉姆津起身告辞。晚会的气氛被破坏了。

萨马格夫山，知音至交的乐园，位于莫斯科的英格兰人的家，乡野的自在独处——瞬间风流云散。

这个黑人的突然出现，他的粗野和温情，他那种急躁的处事方式——也不知是非洲航海家的，还是一个醉意阑珊的地方的——把一切可爱的梦幻全都打碎了。

谢尔盖·里沃维奇在大谈他对之一无所知的波尔金，那个法国佬是一个子虚乌有的宫廷里的廷臣，卡拉姆津的未来一片黑暗。

一直劝安涅塔妹妹一定得梳发髻的法国人，还没来得及开口借钱，就和卡拉姆津一块儿离开了。

谢尔盖·里沃维奇送走客人，回来时脸色阴沉。花掉的钱算是打了水漂了，卡拉姆津走时也很不满意。没有了卡拉姆津，整个屋里似乎显得更空旷，更黑暗了似的。

他一辈子都安分守己，规行矩步，尽量和大家看齐，不做任何出格的事。表叔这种不拘礼节的玩笑腔是卡拉姆津所难以忍受的，而表叔本人也惹他生气，但他很难表达自己的愤懑之情。

表叔站起身来——忽然朝着顶楼的楼梯走去。

"我要看我的孙子，"他嘟囔道，"没别的。孙子，我孙子在哪儿？"

玛丽娅·阿列克谢耶芙娜拦住了他。

"我不让你看，"她既害怕又凶狠地说，"孩子在睡觉，屋里又太乱。"

老黑让步了。

他眼神暗淡地瞥了阿列克谢耶芙娜一眼。

"爷爷？"他嗓音嘶哑地嘀咕道，"叔叔？我带了个十字架！爷爷给的。"

他说罢从口袋里摸出一枚小小的金十字架，攥在拳头里挥舞着。

纳杰日达·奥西波芙娜始终眼睛一眨不眨地，以一种奇特镇静的态度盯着叔叔看。她这辈子还是孩子时见过父亲两次——而且在她们的记忆里，第一次见比第二次见更清晰。她记得父亲西式坎肩上镶有人工宝石的纽扣，假花，五颜六色的蝴蝶结。温润的吻和令人惊奇的轻盈的步态——他像个皮球似的从她身边跳了开去。她记得很清楚，这就是她和她母亲这一辈子，她这 23 年的岁月里一切不幸的根源。此时此刻，她大睁双眼，看着这位叔叔。

叔叔抻长脖子，非常坚定果敢地，摇晃着两条短小的腿，朝阁楼走去。在他那苍白的脑袋上，根根白发都直立了起来。

纳杰日达·奥西波芙娜连忙站了起来，跟在叔叔身后。

于是玛丽娅·阿列克谢耶芙娜退让了。

她退到壁炉前眼睛避开了这一幕。

"小孙儿，"她嘀咕道，"哪儿冒出个爷爷……"

她开始默默地吞着眼泪，任由它一串串地滚下脸颊。就像她年轻时遭受恶霸欺负时那样。

7

客人们不知道自己是走呢还是留下好。

瓦西里·里沃维奇和往常一样，一遇到什么难题，便只会呼哧呼哧喘气和眨巴眼睛。妹妹们眯缝着眼睛，偷偷地相互握握手，偷窥着玛丽娅·阿列克谢耶芙娜脸上表情的变化。

松采夫是真切地感到伤心。他本来挺好，只是一些莫名其妙的变化妨碍了他消化系统的工作。尽管心中不快，他还是在努力把手头那块长方形大烙饼消灭掉。

只有身为美人的卡皮托利娜·米哈伊洛芙娜，既不为这个黑人担心也不为其伤心，她才不费那个劲儿呢。更何况如她所感觉到的那样，这个黑人老者对她的美貌并非那么无动于衷。实际上这里既没发生争吵也没发生拌嘴，况且，眼下，一眼看得出没什么值得一吵的。对于玛丽娅·阿列克谢耶芙娜来说，汉尼拔家族的人无论何时走到哪里，在其周围总会形成人声鼎沸的旋涡或兴奋，纠纷和激动。就像澡堂里的人被裹在一大团热气蒸腾的水汽里似的。

谢尔盖·里沃维奇生气地迈着小碎步，跟在众人之后，沿着楼梯往上爬。

"不要担心，亲爱的玛丽娅·阿列克谢耶芙娜，"伊丽莎白·里沃芙娜说，"小心肝儿，为这么点小事生气不值得。"

玛丽娅·阿列克谢耶芙纳用手绢擦了擦眼睛和鼻子，甚至脸瞧都没瞧那俩妹妹一眼，就上了阁楼。

安涅塔偷偷攥紧了妹妹的手。两人开始贪婪地谛听起来。

8

脂油蜡烛眨着眼睛淌下油来，蜡烛上的灯芯竟然无人给挑一挑。窗户上没有挂窗帘，可以看见窗外的一轮月亮和一堵秃墙。被子被团成一团塞在角落里。壁炉前的绳子上晾着尿布。屋子房间的地上放着一只早被泡软了的木盆，黑人在经过时给绊了一下。屋里的杂乱无章达到了惊人的地步。颤动的火苗赋予这间儿童室以远征途中的、游牧部落的茨冈人的样子。这间屋子原来不打算让外人进来参观的。普希金一家都不会过日子。

一个小女孩蹲在黑人面前。

"她是谁?"黑人吃惊地问。

"奥莉佳·谢尔盖·里沃维奇耶芙娜,老爷,"女保姆边鞠躬边说道,"您好,彼得·阿勃拉莫维奇老爷。"

小女孩的眼睛很年轻,动作灵巧,反应灵敏。

"你好,"黑人说道,"你叫什么名字?"

"阿丽什卡,老爷,我来自科布拉,是汉尼拔家的。"

阿丽娜说话就像唱歌似的。她来自汉尼拔家族的世袭领地,很小时就过继给了玛丽娅·阿列克谢耶芙娜。她向彼得·阿勃拉莫维奇深深地鞠了一躬。汉尼拔家的仆人都很听话。

"这里的空气,阿丽什卡,很不好。你要看护好小少爷。"

谢尔盖·里沃维奇走上楼来。

黑人朝婴儿俯下身来。

"轻点儿,mon ondl①,"纳杰日达·奥西波芙娜轻声说道,"在睡觉。"

"没睡。"黑人说。

孩子的确没睡觉。婴儿一对如海水般蔚蓝的在母腹尚未来得及变清澈的小眼睛,娴静地,毫无反应地望着他们。

黑人仔细打量婴儿。

"头发是浅色的。"他说。

他又看了一眼。

_____

① 法语:亲家。——译注

"皮肤真白。"

孩子手脚动了起来，目光越过众人。

"真是亲死个人！"老黑叫道，"我用汉尼拔的名义起誓——我的小狮子，我的小黑黑！亲爱的！伟大的汉尼拔呵！多像他爷爷！瞧那眼神！我喝光你！我的葡萄酒！"

谢尔盖·里沃维奇走上前来。这个已经喝得烂醉的老黑在他家里，像在他自家的领地那样，居然发号施令起来。虽然他很爱自己的妻子，但也一直认为，自己是不是把汉尼拔家的人拔得太高了，让他们和自己平起平坐不说，甚至让他们比自己都高。从童年起他就在心里牢牢记住一位达官贵人在彼得堡奔跑的一幕：浓雾、路灯和一个人的喊叫声："等一等"。而一个身穿红色仆役制服的卡尔梅克人和黑人，则站在马车的后踏板上。如今的莫斯科只会对老一代的贵族俯首称臣。土耳其人库塔伊索夫没人能瞧得起。

老黑把客人们全都赶跑，自称是汉尼拔后人，几乎要把那个小黑人宣称为自己的儿子。

"仁慈的老爷，"谢尔盖·里沃维奇以一种非凡的自尊叹了口气道，"您奔波一天不累吗，是不是该歇一歇了呢？况且父亲归父亲……我敢说，我儿子才不是什么……狮子呢……也不是个小黑鬼，他和我一样，叫普希金。我挚爱并尊重你们这个民族——一度也曾是个优秀民族来着，"他严峻地补了一句，"但您得承认，儿子是我的……我是他的父亲……"

那老黑忽然把孩子抱在怀里，跑到炉火前以整间屋里都能听见的响亮声音，湿漉漉地亲了婴儿一口。

他一手抱孩子，另一只手把一枚小十字架塞进了束襁褓的带子里。

玛丽娅·阿列克谢耶芙娜生气地抢过了孩子。

"你会磕了他的，"她说着，生气地用另一只手把他推开，"离孩子远点儿，你这个老黑鬼。"

她摇晃着终于哭出声来的孩子。

老黑冲谢尔盖·里沃维奇转过身来。他做了一个简捷的动作——一把抓住对方的腰带和马刀。没有什么马刀，老头子早就退役了。

"你我都一样！"他嗓音嘶哑地嚷叫道。有一点令人惊奇，一个人的喉咙里究竟能有多少低沉喑哑湿乎乎的啰音呀。"你究竟是什么人？你，老爷，也会完蛋的……"他吹了声口哨，"你不过是个空口说白话的家伙罢了！我是汉尼拔。这才是我的民族呢！"

他的眼神雾气蒸腾，朦朦胧胧，他已经醉了。

谢尔盖·里沃维奇脸色煞白。

"请您不要嚷叫，mon oncle。"① 纳杰日达·奥西波芙娜压低嗓音制止道。她的脸上飞起了红晕："孩子在睡觉。我不允许你们大吵大闹。"

"要嚷冲你自家的姑娘嚷去。"玛丽娅·阿列克谢耶芙娜拉长着悠扬的声音，幽幽地说。

老黑踮着脚跟退了出来。

他的双唇在颤抖，却连一个字都没说。

"我要把所有叫普希金的人……都统统忘掉！"他攥紧了拳头嚷道，"像掸掉灰尘一样！"他用腿踹了一下椅子，风风火火地踩着楼梯下去了。

屋里也能听得到，他如何丁零哐当地穿过大厅，走到了遮阳棚下。

---

① 法语：我的叔叔。——译注

玛丽娅·阿列克谢耶芙娜把孩子放在摇床上，忽然她身子缩成一团，整个身体缩成一条干瘪苍老、船头尖尖的小船。她擤了下鼻子，摇着脑袋，走了，不知去了哪里。脸色仍然煞白的谢尔盖·里沃维奇抱着胸脯，在屋里来回踱步。他被这件丢脸的事儿给搞糊涂整蒙了。

过了一会儿，他打开门，朝楼下瞅了瞅。客人们都走了。

玛丽娅·阿列克谢耶芙娜蹲在窗前。

"好一个大使出现了，"她小声嘀咕道，"还爷爷呢。"

她呼吸艰难。她的脑袋摇来摇去。

少校脚步趔趄地但却疾速地正步走过院子。

一辆轿式马车正等着他。

"瞧，这也叫当爷爷的，"玛丽娅·阿列克谢耶芙娜说，"自己个儿连站也站不住了。真丢人！"

而谢尔盖·里沃维奇却在此事之后很长时间都吹牛皮夸海口。他说他当时在育儿室满地走来走去，把散落在地板上的床单枕头什么的往一堆里攒。他绞尽脑汁地想要搞清一个问题，这场毫无道理的争执究竟是因何而起，因何而在。

"为了这份宁静，我情愿牺牲一切。"他把手放在心口上说道，"情愿忍受一切，尽管这不符合我的性格，我的朋友……可只要他胆敢动我一指头，要知道这是什么地方？这是在我家呀！说句心里话，我可再也不愿见这个……vieux raifort①。"

说到这儿，他偷偷瞅了纳杰日达·奥西波芙娜一眼，便立刻惊呆了。

———————————

① 法语：老家伙。——译注

只见她坐在阿丽什卡的小床上，用一只脚摇着摇床，对他摆出一副不闻不问的样子。她的眼睛瞪得大大的，眼睛一眨也不眨，在哭鼻子：大滴混浊的泪水正从她的眼眶里流淌下来。她却似乎未曾察觉。随后，她瞪了一眼婴儿，像瞅一个陌生人似的。她忽然看见谢尔盖·里沃维奇，看见他的步态，看见他那一耸一耸的肩膀，并且也看出他正在喷发高尚的怒火，于是，谛听起来。

"滚。"她压低嗓门说道。

于是，吃了一惊的谢尔盖·里沃维奇连忙缩起脖子，从屋里走了出去。

她平生头一次把他给赶出来。他怎么也弄不明白究竟是为什么。

"把一个叔叔给赶跑了。"阿丽娜正在下房里小声议论道。

"他活该，估计再也不敢来了。总说什么：我们是汉尼拔的后代！一眼就认出我来了。20 年没见面，一眼就认出来了。人家的眼睛是尖——真糟糕！"

"来时就喝得醉醺醺的，"尼基塔解释道，"他的性格真让人受不了。说话多粗鲁。就像行劫的强盗。还将军呢！"

第二章

1

家庭这艘船终于迅疾而又出乎意外地从莫斯科的叶罗霍夫起航了：侧翼房的房顶坍塌了，根本就没法儿住人了。玛丽娅·阿列克谢耶芙娜准备动身回彼得堡把她在伊兹马伊洛夫团的小房子卖掉（"我可知道那些仆人们，她们会让一切变成废墟的。"）谢尔盖·里沃维奇想四处走走看看。他家族血缘里就带有喜欢迁徙的情绪：他更喜欢一劳永逸地摆脱所有债务，乘上装有弹簧的四轮马车，甚至乘坐旧式远程轿式大马车也在所不惜。一登上路他就把尘世里的一切忘得一干二净了。一看见天上的云彩和无边的回路，他的目光便显得既朦胧又含蓄——他喜欢在路上这种感觉。

听着车轮的轧轧声，路上偶尔遇到的陌生人，总会令他遐想无垠，万分惬意，而一旦无法出门远游他便会陷入甜蜜的昏昏欲睡中。

但他并未思考多久，普希金便和家人全家搬到彼得堡去了。谢尔盖·里沃维奇想起了此前姑妈的邀请，便动身去了米哈伊洛夫斯克村，好让夫人和女婿熟悉下新环境。

但与岳父大人的见面还是令他窘迫不已。他原来期待的是亲戚之间的拥抱，眼泪，忏悔和温暖的回忆，甚至在心里想象亲人间相互谅解的场面。他早已以夫人的名义，更别说以玛丽娅·阿列克谢耶芙娜和他本人的名义，原谅了岳父大人。

但根本不是那么回事儿。

围绕这位老黑的，就只有深沉的冷漠。他冷漠地握了下女婿的手，机械地问了问身体健康与否的话，直到一分钟后，才露出了持续时间较久的苍白的笑脸。这之后主人和客人坐在一张长椅上，小径上飘洒着黄黄的落叶，而黑人却始终一声不吭。他那浅紫色的双颊深陷在翻起的衣领里，一双眼睛蒙上一层红红的云翳——他这位岳父大人从一大早就把伏特加当早饭吃。

他嘴唇翕动着，没人敢吭声，眼望着道路。落叶和秋天的树木。他更像是一座火灾过后被烧得黢黑的、被人遗弃的建筑物，而非一个人。所有人包括玛丽娅·阿列克谢耶芙娜和阿丽什卡所赞不绝口的他那"像安了弹簧"一样的敏捷轻盈，究竟到哪儿去了呢？他浑然忘掉了身边这位谈话人，同时觉得身边的一切都是那么陌生，嚅动着瘦瘦的嘴唇。直到前面道路拐弯处出现几位乡村女孩，拎着小口袋，身穿五颜六色的萨拉凡，仙女一般飘进小树林去采蘑菇时，他才停止咀嚼。他目送她们远去，这才转身面对女婿。他的目光此时变得清澈了些。

"多么好吃。"他笑着对女婿说道。和所有汉尼拔家的人一样，他笑起来大张着嘴唇。

接下来却又被困意给征服了。他打盹时眼睛大睁着一动也不动，与此同时，嘴唇和肚皮却有规律地张合和起伏。他那件纽扣上镶有宝石的丝绸坎肩，浸满了油汗。

最后一天他领着女婿四处走了走。他拄着一根沉甸甸的拐杖，把树林和领地的边界指给他看，原来那座长着三棵小松树的小丘岗，就是庄园的大门。到处都是一派荒废破败的痕迹。林中的长椅都朽烂了，小凉亭也歪歪斜斜的了，耕地里长满了山荞。这之后他们往下走，左右两边都是蓝莹莹的湖。他们在湖边站了一会儿。湖水泛起细小的涟漪，犹如老太婆脸上的皱纹。风过后湖水像镜面一般平，连水也显得清冽。谢尔盖·里沃维奇既为岳父大人的庄园一片荒凉破败而悲伤，又为其如此静谧而惬意。

"像大海一样!"他望着湖面对岳父说道。

他从未见到过大海。黑人瞥了他一眼，感到不理解。黑人长久地站着，手扶着拐杖，他再也不用为女婿操心了。随后，他瞥了女婿一眼，就好像看出了他心里的想法似的，挥舞手杖，指点着属于他的湖、松树和森林。

"这一切都将是我留给你的。"

岳父的领地对谢尔盖·里沃维奇而言，始终都是个谜。按照玛丽娅·阿列克谢耶芙娜的讲述，主人住的房子其实并不大，但很舒适——屋顶覆盖着麦秸。这座房子一长溜，墙上嵌着模板，从外表看特像一间板棚。旁边是个小小的澡堂，右边也是个侧屋，房前有座花房——屋顶却盖着麦秸! 但这位老黑的手势和动作幅度很宽，湖里的水满满的——因而，谢尔盖·里沃维奇离开时，心里装满了困惑，而脸颊上还印着岳父大人湿乎乎而又冰冷的吻。

"今年收成不错。"他心情不错地对汉尼拔家那名口眼歪斜的马车夫福姆卡说道。

路上他的情绪有所好转，当车到距家最近的驿站时，他和两位当地地主聊得很起劲。到家后，则对岳父大人的热情接待赞不绝口，并意味深长地告诉妻子和外甥，岳父大人走了，精气神明显大不如前，庄园也荒废了。

眼下冬天到了，可他们一家仍然在彼得堡，既下不了决心留下来，也拿不定主意离开。一待在首都，大家的心情便阴晴不定，无人敢于采取任何果断的决定，大家所能预计的时间，最多不超过一个月。沙皇的心情也同样是每日一变。谢尔盖·里沃维奇决定自己要静观其变，但决计不在彼得堡过冬。这样一来，也就越往后拖越好办。

他们就这样仍然住在伊兹马伊洛夫斯克团，尽量减少出游和在主要街道上抛头露面的机会，因为眼下游艺会和主要街道都被沙皇给占用了。

2

奶娘阿琳娜把小少爷包裹好，给他头上戴了一顶带耳的大盖毛皮帽，抱着小家伙走过一连、二连、小胡同，一路上始终像只有奶娘和野人才会做的那样，为婴儿唱着歌——对于所有碰见的东西，歌中都提到了。

"就像当兵的迈正步。亚历山大·谢尔盖耶维奇，您快看……多像大兵呀……铜制的小童帽……在阳光下闪闪发光……号牌下还有一枚闪闪发光的十字架。童帽要这么戴。等您长大了，您也会戴这样的帽子的。"

"到处都有当兵的。嵌有马耳他十字架的黄钢制帽是满大街都是的普列奥勃拉任斯基团的士兵。"

"亚历山大·谢尔盖耶维奇老爷，快看，大炮，多威风呀！炮声隆隆，能把人耳朵震聋。小帽戴好，耳朵要捂上，帽子要戴紧点儿，外面冷，小心冻着。是吧。"

阿琳娜轻盈地穿过整个炮兵营房营区。营区的大门敞开着，当兵的正把大炮推出来，两个士兵正蹲在地上擦洗大炮。

"姑姑，"当奶娘走到身边时，其中一个当兵的声音很小地撩拨道，"您这是带着小少爷去采蘑菇吗？想不想清洗大炮呀？"

"不用你们这帮无赖我们也能找到。"阿琳娜平静地说道。

她脚步轻盈地走到主街即伊兹莫依洛夫街上来。她牵着小孩子的小手手。小男孩目光专注地，眼皮一眨也不眨地死盯着一切。

"哎呀，多么漂亮的小马儿呀——鞍子还带穗子，外衣是红色的，灯笼裤是绿色的，"阿琳娜歌唱般地说道，"帽子是巴哈尔登的，小伙子们个个留着长胡子。"

这原来是乌拉尔河百人队里的哥萨克，是皇帝专门在彼得堡豢养的。百人队正在缓慢地通过伊兹马伊洛夫大街。街上空荡荡的。

"哎呀呀，这不就是将军的小叔叔吗。这不是你老爹吗。人那么一点点，小制服蓝蓝的，穿的裤子白白的，马脖上的铃铛丁零当啷的，手攥缰绳多威风呀。"

说着，只见那位小将军真的抖了下缰绳，坐下的马打着响鼻，果然放快脚步。

"瞧小叔生气了，小叔生气多怕人。"

奶娘说着说着便像钉在那儿一样一动不动了。将军生气地抖动着缰绳，让马掉转头来，结果那马差点儿撞在她身上。将军双目喷火地死死盯着她奶娘，车在严寒的大气里粗重地喘息着。将军紧攥缰绳的双手和那张宽脸，都已冻得通红。

"脱帽。"将军一挥小手，嘶哑地命令道。

即刻便来了一群穿着比他们更阔气的将军们。

"稍息！"

"下跪！"

"大檐帽！蠢货！"

直到此时阿琳娜才连忙跪倒在地，并把大盖帽从小少爷的脑袋上摘下来。

小个儿将军冲婴儿那亚麻色毛茸茸的脑袋瞧了一眼。将军忽然忍不住扑哧笑了出来。人都走了。

婴儿望着离去的人的背影，嘴里模仿着马的奔跑声。

谢尔盖·里沃维奇得知这件事后呆立无语。

"傻瓜呀！"他双手捂住胸口说道，"要知道这是沙皇本人呀！真傻！"

"哎哟哟，吓死我了，"阿琳娜说，"是沙皇呀。"

谢尔盖·里沃维奇被此事吓得喘不上气来。他先是想人家可能马上开始全城搜捕，因而必须即刻飞往莫斯科。可等到傍晚他的心平静下来，便去了他的朋友博德男爵家，详尽地讲述了这件事的始末。男爵听得兴高采烈，而谢尔盖·里沃维奇也就胆壮了一些。

他本应以严格保密的方式详尽描述这件事的详情细节，比如沙皇是如何威严地下令：

"脱帽！我把你们这些蠢货！"说着，沙皇胯下的坐骑立了起来，前蹄扬得比亚历山大红功碑的脑袋都高。随后便打马朝炮兵营飞驰而去。

"这是我儿子与当今皇上的首次会面。"说到这儿，他摊开双手，深鞠一躬。

一周以后他最终断定，继续待在彼得堡终归难以避免一定的风险，必须尽快转移到莫斯科的住处。对他来说俄国只有两座城市可以供他居住：彼得堡和莫斯科。

3

谢尔盖·里沃维奇举家迁往莫斯科——虽然身负重任，但他只有一个愿望，那就是隐姓埋名——一个月以后，沙皇保罗去世了。

保罗的死以一种非凡的速度传到了莫斯科——几乎比快邮还要快许多。随后，关于死亡的一些详情细节也陆续传来，人们异常兴奋。皇帝是被人暗害的，贵族阶层的自由得以恢复。法式圆形帽和裤子也可以穿戴了。谢尔盖·里沃维奇发自内心地害怕宫廷，因为想想自己属于宫廷反派的行列。对于库塔伊索夫令人可笑之极一落千丈——他被剥得一丝不挂游街——他和大家都感到欣幸。什——么！他可是御马总监呀！莫斯科竭力想要在几天之内弥补保罗留下的巨大空缺。这一年里人们在外面和家里所发表的议论，比此前三年加起来的还多。但舞会仍然毫不间断地进行着。

当纳杰日达·奥西波芙娜离开时，家里的一切都已经乱套了。她很懒，而且穿着永远都不应季。等到她动身前，姑娘们开始一个劲儿地往家里跑，把脸盆里的热水洒得满屋都是，蒸汽氤氲，嗞嗞啦啦地熨着丝绸衣物。纳杰日达·奥西波芙娜在其屋里发出一声又一声尖叫，响起了洒水的哗哗声和大嘴巴的劈啪声。女孩子们脸被抽得通红，满地乱跑，可她们根本没时间痛哭一场。几乎半裸着的纳杰日达·奥西波芙娜如狂风一般卷进邻屋，转眼又从那里跑出来。谢尔盖·里沃维奇不无几分赞许地皱起了眉头。玛丽娅·阿列克谢耶芙娜耸了耸肩，很不满意地回了自己的房间。

"主人去打猪，狗还得我来喂。"

接着，纳杰日达·奥西波芙娜步态悠扬，盛气凌人地飘出了房间，谢尔盖·里沃维奇眯缝着眼睛偷看了她几眼，像初次见她一样。他们走了，而把一片嘈杂和混乱丢在了身后。

如今，在那些频繁举办的舞会上，跳舞的人们都能自如得体，就连那些老头子们，也都变得精神焕发了。

孩子们有时深夜醒来，能听见父母在吵架。再次入睡已经是下半夜了。

在这两个月里，人人都觉得自己是万众瞩目的当今英雄，而人们之间的秩序——年老的达官显贵和底层的三教九流——全都搞混了。人人都滋生了希望。法国新生代女画家薇姬·勒布伦①如今每天都在为时髦美女画肖像，她仅用两天就为纳杰日达·奥西波芙娜画了一幅微型肖像，画得很可爱，头上还有一绺鬈发。谢尔盖·里沃维奇对此画不太满意，嫌鼻子画得弯，但却不敢开口，只一味夸奖。

谢尔盖·里沃维奇满以为贵族特权可以让他逃避公务，因而中断了自己的仕途。即使没有公务，他的每一天也安排得满满当当的。他甚至觉得没时间应付所有的事。他飞快地抽了孩子们每人一巴掌，动身去了猎县街。闻名左右的行家里手们都围聚在一口大木箱前，大腹便便的售货员们身穿蓝色长外衣，以深鞠一躬来向客人致敬。大家说起话来都低声细语。活蹦乱跳的鱼儿堆成一堆堆的。挑鱼的人们仔细观察着鱼鳃、鱼眼——主要看眼睛是否清亮，鱼鳍发白还是发红，顾客全都会仔细闻一闻，嗅一嗅，同时相互交流意见和新闻。仆人们也在这里等候。谢尔

---

① 薇姬·勒布伦（1755—1842），法国女画家，因给皇后玛丽·安托瓦内特绘画肖像而出名。——译注

盖·里沃维奇并不常买鱼，有时候根本就不想买鱼。但这有点儿像是一个英国俱乐部，是朋友聚会的一个角落似的。世上恐怕再也没有比这样的聚会，比这样隐秘的顽皮之举更令人愉悦的活动了。炫目但却转瞬即逝的仕途与之相比根本不值一提！谢尔盖·里沃维奇对之不屑一顾。

可以从事公务的年龄就这样过去了。就这样无所事事地又过了两三个月。在此之后莫斯科稍稍有些安静了下来。

对环境也比较熟悉了，各就各位了。可忽然间谢尔盖·里沃维奇有时又会伤起心来：煮熟的鸭子又飞了，距离万事大吉和亚历山大的新世纪莅临只差一个月，举家迁居（一路可谓艰辛备尝——那辆四轮轿式马车坏在路上了），彼得堡此刻正在给一些真正睿智的名人们办法官衔和爵位。但在莫斯科，尼古拉－米哈伊洛维奇－卡拉姆津在数日之间赢得了人们广泛的敬重，还获得两枚镶嵌宝石的戒指。刚上台的沙皇不知为何没理他，虽然他还属于委员会编制，但他早就不上班了，而妻子又快生了。

纳杰日达·奥西波芙娜的确又快生了，而且儿子很快就出生了，家人管他叫尼古拉。

谢尔盖·里沃维奇惊奇地发现自己已然成为一个日渐扩大的大家庭的一家之父了。他对家庭的增扩没有任何明确的想法，而且忽然之间未来似乎也变得不可数起来，事件一个接一个地发生，搞得他根本无暇对事变做些准备。总之生活中的一切都瞬息万变，变化之快令人喘不过气来。比方说，大家似乎全都忘了，安涅塔妹妹是一个未婚妻。伊万－伊万诺维奇－德米特里耶夫在莫斯科买了一处带小花园的住宅，但却并未结婚。玛丽娅·阿列克谢耶芙娜在没人能听见她说话的时候说道：

"他根本就不想结婚。她那是做梦。"

安涅塔妹妹脸色发黄，开始穿一些深色调的衣服。头发和以前一样松松垮垮，但到教堂却去得更勤了。她觉得自己和兄弟们都是牺牲品。纳杰日达·奥西波芙娜和卡皮托利娜－米哈伊洛夫娜也不属于会安排幸福生活的人。谢尔盖·里沃维奇同样也开始悄悄地为自己打起了小算盘。妻子是一个美艳的混血儿，可以说是人见人爱的尤物。每当看见妻子在舞会上与一个个头高挑的近卫军官跳舞，他就会气得脸色发白。每逢这种时候他都会充分意识到自己的个头是如何矮小。但随着她的肚子越来越大，对他实施的家庭监管也就越来越严厉。纳杰日达·奥西波芙娜一刻也不让谢尔盖·里沃维奇脱离她的视野。他连拧一拧仆人家的女孩的脸——完全是一种无辜的玩闹——都不敢了。

在这种局势尚不明确的情况下，他总是一有机会就要出门做客，从布图尔科家到苏什科夫家，再从苏什科夫家到达什科夫家，再从达什科夫家到别的什么人的家，如此而已。每周二他会去贵族俱乐部。他是在寻求消遣，就好像在寻找失落的时间，或寻找丢失的物件。如今他最担心的事情，是刚刚发生的事变千万别让朋友和熟人离他而去，那些熟人们可千万别傲慢自大起来。达什科夫漫不经心的一次还礼，就能让他心惊肉跳。玛丽娅·阿列克谢耶芙娜看着他正从园子里溜走，悄悄地哼起了一首老歌：

> 年轻的女郎呀我多苦闷，
> 哪儿也没地方安身立命。

如果他不在家吃饭，午饭前和傍晚以前——家里的午餐非常之简陋——他反倒有一种惬意的慵懒。他往往会边打着哈欠，边回忆自己在这一天中说过的 bon-most① 和某件偶然发生的小事。纳杰日达·奥西波芙娜不时地偷偷沉思而又怀疑地偷窥他，谢尔盖·里沃维奇察觉她对自己不信任后便撒起谎来。她并未全方位地信任谢尔盖·里沃维奇，而她这么做是对的。从小就习惯听玛丽娅·阿列克谢耶芙娜讲男人如何善于笑里藏奸、心地狡猾的故事的她，一直怀疑谢尔盖·里沃维奇在外面另有外室。跟这样的男人过日子实在是太不可靠了。的确，谢尔盖·里沃维奇在上流社会里并非什么都炫耀，近来他喜欢与一群年轻同事交往，其缘由还是那个让他诅咒的委员会编制，这些同事就年龄讲还都是些大孩子，就精神讲则都对他颇有好感。他背地里常和这些人一起打牌。打的都是上流社会流行的波士顿纸牌戏、澳门牌戏、文腾牌戏及一些新近刚开始流行的牌戏：斯托斯、三点三。谢尔盖·里沃维奇对牌戏非常热衷和投入，嗜赌如命，一沾上牌就难以释手。一旦他赢了，就高兴得恨不能拥抱整个世界。他只担心一件事：对手可千万别忘了还赌债。在家里他一直顽强地隐瞒自己的这种爱好。但每当他赢了，他往往得尽最大的努力，才能忍住不对纳杰日达·奥西波芙娜说。他咬紧嘴唇，把口袋里的硬币攥得叮当作响，也一声不吭。过后他会长叹一口气：我在自己的家里却不被任何家人所理解。

4

谢尔盖·里沃维奇每月会有一次做出一副忧心忡忡的样子，带着全家人出门去探望住在菜园村的奥丽嘉－瓦西里耶芙娜老妈妈。她的家很大，也很冷，老妈妈从不出门。激情洋溢的年华过去后，如今的她管

----

① 法语：俏皮语。——译注

理着一群老太太和三个眼睛高度近视的仆人。管理儿子们的生活她已经力不从心了，她只是偶尔会发发牢骚。她的女儿们也个个很听话。

她家里有一个房间堆满了各种杂物，实际上早已用作了储藏间，这地方老太太从未进去过。儿子们只要在家时，经过这间屋时，总会带着儿时即已养成的胆怯的习惯，斜着眼瞅几眼那扇紧闭的门：他们的父亲临终时刻就是在此度过的。无论是奥丽嘉－瓦西里耶芙娜还是儿子们，都好像达成了某种默契似的，从不提及列夫－亚历山大洛维奇。只有那几个眼睛高度近视的仆人在傍晚或是深夜，睡不着觉时，会偶然提到他。他是个天性残忍性情暴躁的人，他曾出于对一位意大利家庭教师的嫉妒而整死了自己的前妻。前妻死在他的家庭监狱里，那是个地下室。她躺在麦秸上，戴着脚镣。而对那个意大利人，他则给予其以一顿非正当的痛打，以致那人当场毙命。

奥丽嘉－瓦西里耶芙娜是他的二房。她活下来了。丈夫临终时已经变成野人了。奥丽嘉－瓦西里耶芙娜开始管理家务和孩子后，给他安排了一间侧屋。彼得三世皇帝驾崩后，列夫－亚历山大洛维奇立刻辞职，迄今已四十多年了，他不愿意承认叶卡捷琳娜大帝的统治，为此在要塞的临时监狱里被关押了两年。出狱后，他凶狠而又疯狂地把自己的家产挥霍一空，时而用在自己身上，时而用在不知什么人身上。他特别喜欢骑马奔驰，这辈子给自己攒了一厩名马。每当他策马奔腾，迎面走来的人纷纷避开，满脑袋都是普希金家人骏马奔腾的嘚嘚声。等到奥丽嘉－瓦西里耶芙娜开始管账和当票时，感到自己脚下踩着一片沼泽：财产正向四面八方流失。十年前列夫－亚历山大洛维奇去世了。早就盼他死的奥丽嘉－瓦西里耶芙娜在丈夫死后，意外地发现生活竟然变得如此空虚而乏味。于是，她从此以后再也不出门，心里已经断定，反正自己谁也无力去拯救，任何事情也无力去加以干涉或左右，不如听之任之。从丈夫大权旁落时起，奥丽嘉－瓦西里耶芙娜就不停地谴责叶卡捷琳娜，尤其是奥尔洛夫一家：

"什么伯爵！不过是些养马汉罢了。"

她认为彼得三世才是合法皇帝，每当有人当着她的面殷勤地称叶卡捷琳娜为母亲时，她就会嘟囔道：

"是老娘，也是老爹。"

她这辈子一直害怕丈夫歇斯底里发作，以及他的其他种种怪癖，但却不无伤心地发现，她的几个儿子都不像父亲，个个都很小气。她一方面对他们攥紧缰绳，另一方面，连她自己也颇感意外的是，对于儿子们时常会有的酗酒狂欢、打架闹事及其目无法纪的胡作非为，她竟然还有几分高兴。不，这一切都早已销声匿迹了。儿子们都成了跳跃派了。

老太太向谢尔盖·里沃维奇伸出瘦骨嶙峋如同蜡像般的手让他吻，一双锐目死盯着这个不肖的儿子。这两个儿子都被人怀疑有挥霍浪费的不良嗜好。有一次她甚至修改了遗嘱。对谢尔盖·里沃维奇，她的想法是，他很快便会挥霍一空，一贫如洗的。对谢尔盖·里沃维奇的妻子她多少有些敬畏，她相信"谢尔盖·里沃维奇的仕途之所以受欢迎"，全都是因为妻子的缘故。她爱抚地摸一摸孩子们绯红的脸蛋，凝视了他们童真的眼睛，抑制住一声叹息，便打发他们自己玩去了。

"免得他们在屋里闹！"

每逢母亲在场，谢尔盖·里沃维奇便像是换了一个人似的，和他当年到委员会上班时一样，外表看上去非常矜持稳重。他给老太太讲彼得堡，讲宫廷新闻，并用国外的事件来吓唬老太太：讲法兰西人的胜利，讲波拿巴和领事夫人，混血儿若泽芬娜。母亲斜睨着谢尔盖·里沃维奇：他满嘴吐着彼得堡那些达官要人的名字，就好像他刚刚和人家分手似的。但有时他也会轻轻骂他们几句："科丘别伊，Ce coquin de①!"

有一天，他可把当妈的给吓坏了，他居然干预辱骂当年的权臣亚当－恰尔托利斯基伯爵。

"他的贵族派头是虚伪的，"他说，"他本人是一个私生子，我们知道这些皇亲国戚的傲慢。他的母亲是一个女阴谋家，是个放荡的木兰女人，向法国人卖身求荣的女人——仅此而已。"

奥丽嘉－瓦西里耶芙娜很伤心。这个傻儿子和他父亲以前一模一样，也处心积虑地奔着监狱去了。可另一方面，这些法兰西的暴动者们，又是多么强大呀！在她眼里，儿子再也不是一个只会空口说白话的人了：莫斯科人都知道这个时代极不可靠，沙皇年幼，彼得和保罗之间有第三种真理。如今老年人们都下去了，年轻人则步步上升。儿子此刻就坐在她身边，额上披着一绺卷发，身边是他的妻子，瞧着吧，他今后肯定能有所出息。

老太太眯着眼睛瞅儿子。她被说服了。

晚上，躺在此前一直是体形最胖的老姑娘为她焐热的被窝里，奥丽嘉－瓦西里耶芙娜对自己非常信任、眼睛半瞎的乌里雅什卡说：

"如今的黑女人可出风头了。巴黎如今有一些人——怎么叫我忘了——也娶黑人做老婆。"

而乌里雅什卡只会附和她：

"男人全都一个样儿——喜新厌旧，喜欢小鲜肉。"

---

① 法语：这个坏家伙。——译注

5

　　如今他们住在一幢非常体面的木头屋子里，叫尤苏波夫宫，旁边是一位伯爵、大名流的住宅。谢尔盖·里沃维奇对这处住宅的位置十分满意。不过伯爵却很少回莫斯科来。谢尔盖·里沃维奇在整个夏天就只见他来过一次，看见他那位室内男仆如何忙忙碌碌，开窗通风，搬运东西，在此之后，才见一位体形臃肿，嘴唇肥厚，有一双非俄罗斯人的哀伤眼睛的男人，目不旁视地走进自己的家。接着伯爵似乎刚刚看见纳杰日达·奥西波芙娜，于是向她深鞠一躬，他的姿势说不上是亚洲式的，也说不上是欧洲式的。随后他打发其管家告诉普希金家，说普希金家的孩子们只要愿意，随时可以到他家的园子里玩。伯爵是一位闻名遐迩的女性爱好者，他的关照令纳杰日达·奥西波芙娜心里暖暖的。但他很快就走了。

　　而他的那位管家却要被住户们搞得快发疯了。"普希金少校先生"，他在给伯爵的汇报中写道，"中间的住户，五月预付了一个月的租金，那之后已经半年了，一分钱也没给。我已经来过三次，催他们交租金，可那家人托人转告说人不在家。伯爵大人，我作为您忠实的仆人，请您给我下令，需要我和普希金少校怎么说，抑或干脆拒绝他们。"

　　恰在此时谢尔盖·里沃维奇遇到了不幸，母亲奥丽嘉—瓦西里耶芙娜去世了。此次生病，她把所有儿女都叫到了身边，逐个地注视着他们，伸出两根手指警告他们后，就这样走了。

　　谢尔盖·里沃维奇安葬了母亲后，立刻搬到离旧家不远的另一处又宽敞又舒适的住宅。

　　纳杰日达·奥西波芙娜两眼放光，她喜欢迁徙。管家亲自帮马车夫搬运家居和用具。承蒙伯爵开恩，孩子们仍然可以由奶娘阿琳娜领着在尤苏波夫花园里玩耍。

这座园子很大。尤苏波夫对常春藤的凉爽和喷泉有一种鞑靼人式的喜好，而对规则有序的甬道、通道和池塘的喜好则接近于巴黎人。他还从曾长期担任过公使的威尼斯和那不勒斯带回一些人物雕像，雕像的臀部下垂，膝盖依然发黑。作为一个东方式的吝啬鬼，他却不惜在满足想象方面花钱。于是便有了位于莫斯科菜园城附近的这座园林，面积不少于一俄亩。

伯爵允许他的熟人和邻居来园子里玩，以显示他的善意和宽厚，却很少允许孩子们进来。一座园林如果无人问津固然可以保存得很好，但对一个迷信的老人来说，还有什么能比一座荒凉破败的园子更令人悲哀？伯爵的那些熟人们在自己也未曾察觉的情况下，使得死的风景平添了生气。

这个被西方所震惊的莫斯科人，从此开始登上他读过或是听说过的凡尔赛式的楼梯，他那莫斯科式的步态也发生了变化。如警卫一般的雕像每天把他迎候。被富于节奏感的林荫道所吸引的他，开始迈着一种匀称的步伐沿着浑圆的池塘转圈。池塘很圆，以至湖水仿佛成了一面凸镜，过了一小时后，他才迈着同样的步伐走回自己的菜园城。一段时期中，他把自己想得十分美好，只是之后才听人议论："独木舟！独木舟！"或是一旦碰见熟人，才意识到这件事似乎有些不妥，凡尔赛是凡尔赛，而他却并非法兰西人。

对于带着少爷们的奶娘阿琳娜来说，这座园子是开放的。

阿琳娜勇敢地登上那架凡尔赛梯，眼睛一刻也不离开少爷和小姐，生怕他们一不小心丢了什么东西，或是把哪个栏杆给拧断了。

她一副忧心忡忡的样子。她总是故意不看那些雕像，而把全部注意力转向池塘。

"水面多平静呀，"她说，"在这样的水里，连鱼儿也感到寂寞。瞧，那鱼吃得多饱。"

少爷却不想看那条鱼，而是皱着眉头盯着狄安娜。关于她他略知一二。有一次管家告诉他说，这位是狄安娜，另一次告诉他说，这是森林女神。在家里他问过父亲狄安娜是谁，谢尔盖·里沃维奇笑了好久，笑过后意味深长地解释说，她是奥林匹斯山上的女神之一，是一位女郎。女神漠然地仰着脑袋，让尖尖的乳头和纤细的大腿尽情地沐浴在阳光下。女神脚上的大拇指被磕掉了。

"呸!"阿琳娜懊恼地小声啐了一口，"也许老爷您是在绕着池塘跑吧。"

他们来到一个宽敞的平地，上面覆盖着肥厚的草。小径上撒落着湿漉漉的黄沙。一尊罗马式喷泉矗立在草地的中央，如琉璃一般的水流溅落在一个石头碗里。

"你的磨坊怎么样了?"阿琳娜笑着问道。她喜欢这个地方。她觉得喷泉很好玩。

"亚历山大·谢尔盖耶维奇老爷，那些有钱的鞑靼人，大都喜欢让水这样流进园子里。"

他跑开了。奶娘在对付正在玩沙子的奥莉佳·谢尔盖耶芙娜，并擦了擦尼古拉·谢尔盖耶维奇的鼻子。

他跑得远离了平常散步时的那条林荫道，从旁边一条小路下去，绕过雕像那几个白皙的脑袋和石头的肚腹，直到迷路为止。隔得很远他已听到奶娘在喊他，可他却根本不予理睬。他跑得更远了。已经跑到了经常有鞑靼人的野禽出没的草本茂密之处。新建的方方正正的花园到此中断了——从此以下就是那座废园了。这里的树冠都覆盖一层青苔，像浮了一层灰烬似的。雕像淹没在枯枝败叶丛中。雕像的眼睛都蒙上了一层白翳，嘴巴张大，它们那慵懒的姿势偏偏为他所喜爱。他脑子里油然涌现出一些含糊不清、下意识的话，就像在梦中一样。他连自己也没发现，其实打从他到这儿起，脸上就一直浮着毫无意义的笑容，他不由自主地用手摸了摸雕像那又白又脏的小腿。这些雕像被岁月打磨得既丑陋又冷漠。过了一会儿，脸色阴郁的他，才懒洋洋地朝池塘、朝奶娘阿琳娜走去。

那是一个很憋闷的夏天。莫斯科就和撒马尔罕似的，热得像是就要着火了似的。树上的叶子都打蔫儿了，枯萎了，落满灰尘。来自波尔金诺得的村长向谢尔盖·里沃维奇报告说，庄稼都被烧掉了。纳杰日达·奥西波芙娜只穿一件女内衣在半明半暗的屋里走来走去：白天都没敢打开护窗板。

秋天大地都迟迟冷不下来。孩子们整天整天地在尤苏波夫花园里玩耍。规整的草地和水源对一切包括暑热都有一定的节制。

下午两点钟左右，正是午休时刻。阿琳娜在椅子上打盹，嘴半张着。忽然来了一股凉快的风，连树上的叶子都哗哗响了。他看见苗条的石头人往前摇摆了两下，就好像是要撞什么人似的。他的心脏停止了跳动。尼古拉和奥莉佳哭了起来。阿琳娜睡醒了。而对阿琳娜，他毫无意义地耍滑头，数落她没干别的，就只是一直望着池塘出神来着。

他们一起往家走。傍晚时分，信使传来消息，说这天莫斯科发生了地震。晚上起了大雾。夜里他睡不着觉，躺在床上谛听。阿琳娜的呼吸声又粗又重，像唱歌一样悠扬。随后，门外传来光脚踩地板的沉重的走路声，像是一只巨兽在移动：原来是母亲在屋里来回走动。接着母亲手里的杯子发出叮当声，她喝了口水，重重地喘息着。父亲嘀咕了句什么话，要不就是从远处叫她，她笑着作答。随后，光着的双脚又在每个房间里走动起来。他这才睡着。

一连五天，莫斯科都是浓雾重重，人走在街上常常会碰头。周围人们议论的话题除了地震没别的。一个地窖的墙上出现了裂缝，人们纷纷前去观看，就像参观名胜古迹似的。烟囱上出现了一个宽达一俄尺的大洞。外祖母玛丽娅·阿列克谢耶芙娜肯定说她感觉到了地的颤动。

"尼古拉什卡刚刚受到惩罚，连牧场都烤焦了——整个村子，我亲眼看见：桌子像肉冻似的会动弹。"她自己也不无几分疑惑地说道。

普希金家族唯一十分牢固的信仰，是对预兆和占卜的迷信。一旦碰上一个农妇拎着空桶，玛丽娅·阿列克谢耶芙娜和阿琳娜会立马返回家。纳杰日达·奥西波芙娜害怕毒眼，当姑娘时每逢圣诞节她总是会用浇蜡和凭借鼻子是否尖翘占卜命中注定会成为其未婚夫的白马王子。甚至就连谢尔盖·里沃维奇，每次碰见神父，都会悄悄做一个鄙视的手势。每当夜晚，玛丽娅·阿列克谢耶芙娜、阿琳娜姐姐便会不紧不慢地，一五一十地讲述奇特的巧合事件。

如今家里人个个一副严肃的表情：地震那可不是闹着玩的。卡拉姆津作为名人，理应写一篇特别的文章，向基斯科居民解释一下，地震是物理世界的一种现象。但在他本人的内心深处，道德那根弦也在颤动不已。他号召人们像安德列斯群岛、菲律宾群岛、马来群岛、西西里岛，尤其是岛国日本——那里几乎每天都有地震，就像夏天的莫斯科每天都有雷雨一样——的岛民们那样，尽情享受生活。

他在此处提到地震似乎有些不合时宜，因为在瓦西里二世统治时期，地震是如此频繁，以至整座城市几乎被火烧了个一干二净。

物理学上的解释让玛丽娅·阿列克谢耶芙娜、阿琳娜和纳杰日达·奥西波芙娜愈加惶恐不安：说什么这是地球里面的火烧热了空气，狂暴的热气想要找到一个宣泄的出口导致的。还说什么这次莫斯科地震是另一次地震引起的，地震永远都会有一次震中，说地球里面有一些相互靠近的空心，里面灌满了被烧得滚烫的空气。还说分别位于地球两端的世界可以在同一时间发生震动！地球上所有城市的方位都是这样的，其中包括莫斯科、涅格林和雅乌扎。正如尼古拉·米哈伊洛维奇所认为的那样，从瓦西里二世至今，已经过了三个半世纪不曾有过地震了，足以让他们平平安安地过一辈子了。

纳杰日达·奥西波芙娜每到深夜，脑海里便会浮现出一幅画面：火苗在空荡荡的、和他们家非常相像的走廊蔓延，这时候，她便会捅一捅谢尔盖·里沃维奇的肋骨。她还说人们一定能等到那天，说软弱的老爷总是会有强悍如强盗的仆人。如今诸如此类的闲聊传遍了莫斯科。谢尔盖·里沃维奇响亮地擤着鼻子，接着就睡着了。

厨师尼古拉什卡喝醉了，谢尔盖·里沃维奇下令把他圈起来，并亲自命令在马厩里惩罚他。

这之后雾散了，一切又恢复正常了，地震也被人们忘得一干二净了。

第三章

1

安涅塔妹妹并未嫁人，妈妈去世了，又发生了地震，瓦西里·里沃维奇的生活也很快发生了变故，而且一切变故都发生在同一年。妻子抛弃了他，他们夫妻俩终于分道扬镳了。

安涅塔妹妹终于找到了自己一生的志趣所在。她和伊丽莎白·里沃维奇都很激动，她俩马不停蹄地离开瓦西里·里沃维奇，投奔谢尔盖·里沃维奇，甚至为此还专程去找一位莫斯科的算命先生卜卦。

瓦西里·里沃维奇慌了，摩挲着额头。

他已经两次当着外人大哭了一场。家人前来帮他，他也心甘情愿并且长期喝起了生水，这之后他绝望抑或困惑地挥了一下手。

一切都完了。

"生平头一次呵。"他朴实憨厚地感慨道。

在这个家里，勇敢出面为兄长的荣誉进行严厉辩护的，只有谢尔盖·里沃维奇和安涅塔小妹。卡皮托丽娜·米哈伊洛芙娜的名字已经被扫地出门，忘得一干二净了，家人给她起了绰号：女坏蛋。每次一说及她，安娜·里沃芙娜便发出嘘声，打发孩子们出去，而谢尔盖·里沃维奇会意味深长地眯起眼睛。

而瓦西里·里沃维奇对此事的解释和说明却云山雾罩，窃窃私语也罢，感慨万端也罢，总之让你不知所云，云里雾里。他吃得仍然很多，胖了一圈，即使鼻涕眼泪一大把，也忘不了说几句即兴的俏皮话。

"我的心肝儿，我的小心肝儿，瓦西里，别忘了一切是从哪儿起头的。"安娜·里沃芙娜恳求他道。

于是瓦西里·里沃维奇开始了回忆：近卫重骑兵团军官——B伯爵的拜访变得更加频繁了。瓦西里·里沃维奇是这么说的——伯爵（双料王子W）。于是他起了疑心，开始一个劲儿地规劝——有一次他没碰见她在家。对于离家出走这件事，唾沫星子飞溅的他只能将这解释为一种背叛。按照他的说法，他的妻子甚至已经打算把自己嫁给某个外人了。这简直是闻所未闻的丑闻。妻子离开还活着的丈夫准备嫁给外人。

谢尔盖·里沃维奇断断续续地说道：

"名字。"

他要求提供勾引者的名字。

针对提供名字这个问题，瓦西里·里沃维奇却以问代答，问为什么。对此，谢尔盖·里沃维奇冷冷地回答：

"决斗用。"

瓦西里·里沃维奇竭力避免直视弟弟的眼睛，并拒绝说出那个人的名字。

他难以确定这事的确是B伯爵干的，他说。说不定B伯爵仅仅只是为了引开大家的视线而冒充的。虽然有一次他的确说出了他的名字，对他说：你。但其他一切就都一无所知了。

"他说了他的名字了？"安娜·里沃芙娜慢腾腾地问了一句，"你也在场？"

"是啊，可他是我堂兄。"瓦西里·里沃维奇游移不定地回答说。

"Le cousinage est un dangereux voisinage"^① 安娜·里沃芙娜咬紧嘴唇，嗓音尖细而又抑扬地说道。她的脸此时此刻绝对酷似一位天主教教士。

"至于他么，我的这位朋友，也许对她只不过是出于礼貌罢了，可她呢——别忘了，她可是我的心肝儿呀——她弄不好却是在讨人欢心。"

由于瓦西里·里沃维奇在场，所以，安娜·里沃芙娜出于可怜他的意思，从不说小姑子是个坏蛋，而是简单地用"她"来指称。

总之这包含着一个秘密。女仆安努什卡，或如安娜·里沃芙娜总是称呼她的那样，安卡，静悄悄地走来，一双眼睛哭得又红又肿，身上戴着一个新的漂亮的胸针。她和往常一样可爱。安娜·里沃芙娜把她打发出去，与此同时，瓦西里·里沃维奇不知为何忽然眨了下眼睛，哼了哼鼻子。

忽然，瓦西里·里沃维奇不看任何人的眼睛，但却相当清楚明白地表明，说他对妻子没有任何非分的要求，说他既然不了解事情的真相，那么他只存有一个愿望：就是希望妻子能回来。并说他根本不愿意和妻子离婚。相反，他希望在未来的岁月能和妻子白首偕老，并说他作为丈夫和基督徒，愿意做出任何牺牲。

谢尔盖·里沃维奇被感动得无以复加。

"我的天使啊。"安涅塔说道。

瓦西里·里沃维奇用坚毅的声音重申，说他首先是一个男子汉，大丈夫，而且还是一个基督徒。他立刻显得精神焕发，并当即穿了一件新

---

① 法语：亲戚就是可怕的邻居。——译注

的蓝色燕尾服，往自己身上喷了些香水，出门到林荫道上散步去了，而这在他来说是出事以后的第一次。

谢尔盖·里沃维奇取消了进行决斗的决定。决定和那位不肯屈从的女人进行沟通。纳杰日达·奥西波芙娜被全权委托与那个女罪人见面并进行劝说。

意料之外的是，纳杰日达·奥西波芙娜回来时板着一张脸，脸上僵硬得没有任何表情，甚至隐隐有些心在乐活的意思。她说，卡皮托丽娜·米哈伊洛芙娜不回来了，说她已经打定主意死在修道院里，睡麦秸，靠那些吝啬鬼为生了。

"不是靠吝啬鬼，是以蝗虫为生。"谢尔盖·里沃维奇更正道。

"……也比回这个家强。"

随后，纳杰日达·奥西波芙娜和安涅塔妹妹嘀咕了一阵，安涅塔妹妹摊开双手。

"假如您，Nadine①，您尽可以相信这个坏女人，"她说，"但您小心点儿自己！"

于是，弟弟和妹妹连忙坐车去找瓦西里·里沃维奇去了。

在瓦西里·里沃维奇家里，那天傍晚正巧发生了令人惊奇的变化：他又一次气馁了，在屋里走来走去，唉声叹气。为他的生活而担忧害怕的安娜·里沃芙娜服侍他躺进被窝里。果然，他患了热病。瓦西里·里沃维奇声音微弱地叫安努什卡过来。虽然谢尔盖·里沃维奇不同意，安努什卡还是被送了过来。安娜·里沃芙娜甚至安顿她坐在病人的床前——你一个护工。还打发了人去叫医生。

_____

① 法语：娜佳。——译注

医生宣布瓦西里·里沃维奇的生命没有危险，热病没有发展，可傍晚时分，瓦西里·里沃维奇却对妹妹说，他已经完了。

他说卡皮托丽娜·米哈伊洛芙娜打发的使者曾经见过他，但这使者或许是 B 伯爵打发的也说不定——对此他并不想知道——强迫他交出了那封信。一提到这封信，瓦西里·里沃维奇就开始在床上辗转反侧，烦躁不安。安娜·里沃芙娜往他身上泼了些水，躲到一边去后，瓦西里·里沃维奇坦白招供说，他在这封信里对自己实施了闻所未闻的诽谤和匪夷所思的诋毁，并且以自己的署名加以确证。

"你呀，"安娜·里沃芙娜严厉地说，"喏，我的小朋友，我的小心肝儿巴济尔，你怎么能这么胡写一气呢？"

"我当时已经不省人事了。"瓦西里·里沃维奇摊开双手无奈地表白道。

说到这儿他腾地从床上跳下来，以一种非常生动的语气对妹妹说道：

"想离婚，办不到，这是惩罚，打官司我不怕，可爱的女士，咱们走着瞧！"

2

松采夫被派去和卡皮托丽娜·米哈伊洛芙娜谈判。马特维·米哈伊洛维奇气喘吁吁地回来了，说连他自己也不敢相信自己的眼睛了：人家让他读了一封信，在这封信里，瓦西里·里沃维奇一清二楚、明明白白地亲笔写道，鉴于瓦西里·里沃维奇与其名下的农奴姑娘非法同居两年零一个月了，因此，不能昧着良心违逆其夫人想要离异的意志，因而赋予其夫人以随意处置之全权，其中包括嫁人，而且想嫁谁就嫁谁。

瓦西里·里沃维奇皱着眉头说：

"我记不住了。彻底遗忘，而且忘得一干二净。而这根本不像是真的。我什么都不记得了。"

说罢就又哼哼起来，但他这次的哼唧声比前一次轻微得多，而且天性很快就重占上风——第二天他就若无其事地该玩就玩，该上剧院便上剧院去了。

但大家的好奇心却被极大地调动了起来。一种流言蜚语说，瓦西里·里沃维奇实际上正与某个侍女安卡同居。

有天晚上，包括大胖子松采夫，在全家人坐在一起的时候，妹妹安涅塔就坐在他旁边，大家聊起了瓦西里·里沃维奇，松采夫皱起眉头，吸了吸肚子，说瓦西里·里沃维奇身上永远都有这样一种俄罗斯民间的神经纤维和血液，这使得他永远都喜欢某种质朴简单的女性。安涅塔妹妹当即让他住口。

瓦西里·里沃维奇常常不得不三番五次地对自己的朋友们赌咒发誓，说他根本没有任何过失，他的朋友们为了不伤害他的自尊心，便称他为善于讨女人之欢喜的塞拉东和法布拉斯[①]，说罢嘿嘿一笑。

瓦西里·里沃维奇不无恐慌地感到，自己先前那种听来令人愉快的诗人的名望，以及并非无关轻重的独立人士的声誉，发生了动摇。人们对他忽然间开始不拘礼节起来——对他说话以"你"相称，有时甚至抬着鼻子——而这些人远远算不上是他的熟人。

彼得堡双桅战船的声誉在莫斯科也很招人喜欢，这么说吧，一提起

[①] 塞拉东为法国作家于尔菲（1568—1625）的爱情小说《阿斯特蕾》的主人公；法布拉斯出自法国小说《法布拉斯骑士冒险记》。——译注

过去，这些声望就会从此处把他笼罩。而如今这声望都显得百无一用：瓦西里·里沃维奇有时会梦见宫廷侍从所佩戴的蓝色蝴蝶结，他才根本不希求什么法布拉斯的称号呢，说到底，用他自己的话说，他自己本人也不是毫无过错。但在所有方面都犯有过失的，是不幸的环境本身。

他无论如何也不愿意和这帮乳臭未干的小儿们走得太近，在这出闹剧之后和他们走得太近会有危险的。关于他，周围的人已在窃窃私语，指指点点的了。

想要终止这种模棱两可的状态的瓦西里·里沃维奇，心里对妻子生着气，便前来找到了他的岳父。他岳父是一个在其职业方面受人尊重的人，但却优柔寡断，渺小卑微，还欠了瓦西里·里沃维奇一份情，在一年以前瓦西里·里沃维奇曾经为岳父大人那名不见经传的出版物《宗教的赠礼》写了两首十分体面的神学诗，《给在腹中孕育了我的你》和《给一个罪孽深重的妻子》。后一首诗尤其感人，全诗从描写一位浪荡的妻子起首：

> 罪孽深重的夫人，
>
> 窘迫苍白地向造物主祈祷，
>
> ——该诗以彻底的宽恕作结。

瓦西里·里沃维奇准备在与岳父大人谈话时把这首诗用在卡皮托丽娜·米哈伊洛芙娜身上。

但傻瓜岳父却并未召见他。

他所有的想要装腔作势，抵御乳臭未干的小儿们纠缠不休的好奇心的努力，未取得任何效果：瓦西里·里沃维奇面对严肃庄重的语气，坚持了还不到半小时，而那些乳臭未干的小儿们则竭力想挤进他的朋友圈。

最后他终于看清自己不过是省城人的笑料罢了。

而与此同时，卡皮托丽娜·米哈伊洛芙娜向法院递交了离婚起诉书。

瓦西里·里沃维奇没料到这一手。他马马虎虎总算对付了过去，敷衍了过去，但继续待在莫斯科于他而言是一天比一天难。甚至就是对那个坏女人心怀仇恨的安涅塔妹妹也开始对瓦西里·里沃维奇颇有烦言。而谢尔盖·里沃维奇则干脆退避三舍：他耸了耸肩膀，就躲到一边去了。每当有人问起他哥哥的事，他就装聋作哑，和兄弟说话，也开始断断续续，有一搭没一搭了。

有一次，瓦西里·里沃维奇从剧院回到家后，发现口袋里有一张字条，字条上是用小孩子一样的工整笔迹抄写的格列库尔关于女仆的那首名诗的无名译本："谁愿意，就让他向所有美女大献殷勤好了！而我却希望从早到晚，不分昼夜地，亲吻漂亮的女佣。"瓦西里·里沃维奇惊呆了。

诗译得很糟糕，意思也一团糟，错译多得超过了尺度。毫无疑问是一个乳臭未干的浑蛋干的，此人想必竭力想要混入朋友圈，为了不引起怀疑，才故意让小孩子把这首破诗重新誊抄一遍。瓦西里·里沃维奇尽管气愤至极，但还是把文理不通的最后一行诗彻底改了一遍，改动后好多了："狂吻女佣"——在此之后，才把字条撕碎扔掉。

更糟糕的是，他的好友，青年时代的同伴，彼得堡派的酒友、亲戚阿列克谢·米哈伊洛维奇·普希金也和莫斯科这帮乳臭未干的小儿们沆瀣一气。阿列克谢·米哈伊洛维奇可不是个凡人。他父亲和叔叔都曾是骗子，因伪币制造罪被判决流放到西伯利亚，根据指令兄弟二人被称之为"前普希金兄弟"。前普希金的儿子是在外人那里被教养长大的，其类如飘蓬似的性格。不但如此，他还把这种类如飘蓬的性格发挥到了极致。他在沙龙里到处宣扬无神论，认为生活中的一切皆为想象、迷雾，仅此而已，舍此无他。他在莫斯科的布道大获成功，很快就成为社交活动中一个不可取代的角色。他的性格强悍而又凶恶，但凶恶中又不乏滑稽可笑。

和瓦西里·里沃维奇在上流社会交际场合结识后，他开始有了特殊的习惯，那就是用他的暗喻和俏皮话对其实施轰炸，与此同时，又表现出对其狂热的爱戴和友谊。他把他拥在怀里搂搂抱抱，亲吻个没完，随后严厉地紧盯着瓦西里·里沃维奇的眼睛，令人感动地说道：

"呵，还是老样子！不务正业的家伙！勾引者！"说着把他推开，像是怕沾染上他的晦气似的。

瓦西里·里沃维奇为岳父准备好的那些神学诗，引起了阿列克谢·米哈伊洛维奇极不体面而又放肆的嘲笑。在布图尔林家人头攒动的舞会上，和瓦西里·里沃维奇站在一起的他，对他的诗作赞不绝口，却忽然出乎意料地向着另一面大声地说：

"伪君子！"

瓦西里·里沃维奇绝对不愿与这位堂兄相遇，但在他离婚一事传遍全城以后，他的这位非事实主义者的堂兄，简直是不让他活了。只要在社交场合遇见瓦西里·里沃维奇，他就会黑着脸扬扬手指威胁他。瓦西里·里沃维奇开始怀疑，这几首诗的飞速传播同样也少不了其堂兄的协助。

臭名远扬的声望令他感到厌恶之极。他是一个非常懂得自尊的人。

3

瓦西里·里沃维奇逢人便说他马上要去巴黎。

朋友们有人信，有人不信。但大家的好奇心都被勾引起来了。谢尔盖·里沃维奇从内心深处并不相信。但莫斯科人却似乎除了瓦西里·里沃维奇的出门远行外，别的什么也不会谈。他那些年纪轻轻，游手好闲的朋友们拿他打赌——能还是不能？

"亲爱的，请你告诉我，普希金在哪儿，是去巴黎了吗？"

瓦西里·里沃维奇装作没听见，但他的心脏却因狂喜而几乎停止跳动，他感到身体疲软——无论怎么说，这都是声望。

"一个无名鼠辈，"伯爵说，"还想去巴黎？"

于是瓦西里·里沃维奇便不得不真的着手办理去巴黎的许可证，借口是找那里的名医看病。意外的是，许可证居然办下来了。

瓦西里·里沃维奇就像换了个人似的。他忽然变得比以前任何时候都矜持，就好像他踏足脚下的，已然不是什么库兹涅茨桥，而是香榭丽舍田园大街。为了不至于让自己在去巴黎这件事上栽了面子，他每天都要去库兹涅茨桥的法国人的小铺子里买点什么——买了一大堆带钢钩的小人儿、手绢和小手杖。见面时总有人尊敬而又羡慕地问他：

"您还在本地呀？我们还以为您已经到巴黎了呢。"

如今不但那些年纪轻轻的游手好闲之徒，就连那些老朋友们，也都重新对他有了兴趣。卡拉姆津连忙吩咐他，一到巴黎就给他写信寄信用于发表。

"关于世上的一切，我绝对会写点东西的。"瓦西里·里沃维奇坚定地承诺道。

终于，动身的日子定下来了。全家上下共同参与动身前的准备。瓦西里·里沃维奇得到的最大奖赏是，他在动身前的一个月，有了几次病态的发作。

动身前第三天，同样也被瓦西里·里沃维奇的出行所打动的伊万·伊万诺维奇·德米特里耶夫写了一首长诗《N 先生游历巴黎和伦敦》："朋友们，姐妹们，我已到巴黎了！"

这首长诗即刻便传开了，比新闻还快。诗写得非常好，比这位诗人从前写过的严肃诗都好。不但内容新，形式也生动活泼，用的是一种絮絮叨叨的口语。就这样，不光诗，就连瓦西里·里沃维奇的奇遇本身，也为新诗赋予了新的生命。

有一位年轻的游手好闲之徒，往瓦西里·里沃维奇的手上塞了这首长诗，说这不是别的，一个小玩意儿而已。

忙忙叨叨的瓦西里·里沃维奇把这首长诗忘得一干二净。晚上，坐在窗前，望着街上日复一日的景象，他想写一首哀诗，却怎么也写不出来。一来二去他真的抑郁起来，而他在抑郁心境中是从不写哀诗的。

这时他油然想起早晨那位朋友给他的那个小玩意儿。刚读头一行他就明白作者指的是谁。诗中描写的是瓦西里·里沃维奇想象中的旅行。他扑哧笑了。

　　所有的小径都通向便道，

　　　所有的商店都展示着时髦……

长诗的下半部分使他有些伤心起来：瓦西里·里沃维奇好像就住在巴黎——住在六楼。

"由此可见，他没到过巴黎，"瓦西里·里沃维奇嘿嘿一笑说，"那里很少能见到高达六层的楼房，而阁楼则有生以来从没住过。"

接下来说的就是他的缺点了，当然，说得不多：

那我说吧，我当然永远都喜欢，
朗诵我的副歌——
别人爱听不听都与我无关……

"我可不会写什么副歌，"瓦西里·里沃维奇脸上挂着苍白的笑容轻轻嘀咕道，"而只写一些哀歌……或寓言……和您伊万·伊万诺维奇一样。"

我还喜欢奇特的服装，
只要时髦能够炫耀就行……

"和所有那些法国人一样?"瓦西里·里沃维奇自语道。

多么漂亮的裤子和燕尾服!
全都是最新潮的款式……

"韵脚……倒还自然。"瓦西里·里沃维奇眯缝着眼睛评论道。

在这件事上究竟应当归咎于谁——不甚了之：但随着瓦西里·里沃维奇的名声越大，其吹牛皮的名气也就越响亮，以致在这名望里已经不可能包含任何尊敬的成分。

瓦西里·里沃维奇不快地四下里扫视了一下，一眼看见了安努什卡，她正亲切地看着他，像往常那样白皙、可爱和壮硕。他抱了抱她，心情立刻好了起来。

"写诗的人永远会以公众人物的面孔出场！"他对她说道。安努什卡快坐月子了。

动身那天瓦西里·里沃维奇胆怯了。他还是平生头一次出远门。谢尔盖·里沃维奇、安涅塔妹妹及其他亲友都来送他，这给了他几分勇气。

谢尔盖·里沃维奇怀着真挚的惋惜和羡慕之情看着已经捆扎起来的行李。安努什卡像个老娘们儿似的哭得一把鼻涕一把泪的。她再次亲吻了老爷的肩头，与此同时已经承担起其旅游者之义务的瓦西里·里沃维奇响亮地吧嗒了一下嘴，平生只一次称呼她安娜·尼古拉耶夫娜。所有朋友把瓦西里·里沃维奇送到关卡那儿，临别时为祝福他分饮了一瓶葡萄酒。瓦西里·里沃维奇拥抱了众人，啜泣起来，坐了下来，挥了挥手绢和手杖，起身去巴黎了。

第四章

1

五岁时的他胖乎乎的，身体不灵活，亚麻色的头发开始渐渐变黑。他的眼神好像有些散漫，似乎有些不太聚焦，行动迟缓。母亲和奶娘强迫他玩的所有游戏，在他眼里都显得很生疏。他常常毫不关心地丢弃玩具。对于一块儿玩游戏的小朋友和同伴，他都不记得，至少是见面时无所谓高兴，分手时无所谓伤感。他的样子总像是做了一件责任重大、力不从心的大事似的，而对于这件事，他却不想也无法对外人诉说。他总是一声不吭。

有时候家人看见他似乎正在做某种游戏：他正测量一些物体之间的空间，还把手放在眯缝着的眼前，这只能是几何学家的游戏，而绝非一个上流社会骄子应干的事。别人叫他，他答应起来总像是不太情愿，似乎有几分懊恼。他开始养成一些不良习惯——经常丢失手绢，有几次母亲见他在咬指甲。不过，这后一种习惯，毫无疑问，他是从母亲本人那里继承的。

母亲总是长久地凝视着他，而他一旦察觉，便会把视线转移开。小叔彼得·阿勃拉莫维奇说得对，他长得绝对像他的爷爷奥希波·阿勃拉莫维奇。母亲已经记不得父亲的长相了，而且从童年起就害怕别人提及父亲的名字。她又不肯问玛丽娅·阿列克谢耶芙娜，但却总会理解并感觉到：儿子和她的父亲一脉相承——不像父亲像谁。她把孩子总爱丢失的手绢别在孩子身上。这很不方便，于是他开始不带手绢。为了不让他咬指甲，她把他双手用皮带绑了起来。只是不知道在这位酷似其爷爷的小男孩身上，危险以及不良而又奇特的特征，究竟是从哪儿染上的。小男孩从不哭，但是他肥厚的嘴唇抖动不已，他在观察母亲的动态。

他会成为一个腼腆怕生的孩子的。小姑妈安娜·里沃芙娜仅凭空气嗅觉就已经感知到了这一切。她如今经常出入他们家。瓦西里弟弟如今算是暂时得救了，他人在巴黎，但她还得拯救弟弟谢尔盖。对纳金娜① 她什么也没说，可她能明察秋毫，身边哪些地方乱了，她立马能察觉。一旦有裂纹的杯子被端上餐桌，她立马就会说：

"哎呀，这杯子裂了！"

有一次尼基塔忘了给谢尔盖·里沃维奇摆放醋，她立马冷漠地对他说：

"把醋瓶和芥末罐什么的给拿来。"

纳杰日达·奥西波芙娜当她面碎了一只碗，想用一件事分散一下她的注意力，让她消消沸腾于胸中的一肚子气。但在一个观点上她俩——安涅塔和纳金娜——基本一致：亚历山大的成长偏离了正道——他不懂礼貌。小姑妈认为罪在教育。

"亚历山大，站起来。"她命令道。

"萨什卡②，谢谢父亲和母亲。"

---

① 即纳杰日达·奥西波芙娜。——译注
② "萨什卡"是"亚历山大"的小名。——译注

孩子的父亲和母亲在需要表现温情时都叫他"萨什卡"。可小姑妈叫这个名字时却显得恶狠狠的,因此当有人这么叫他时,小男孩简直受不了。

亚历山大站了起来。他谢了谢父亲和母亲。有一次,他看了小姑妈一眼,忽然笑了一笑。小姑妈心都碎了:这孩子的笑来得那么突然,那么胆大,那么不是时候。

"你笑什么,你龇什么牙呀?"她忧心忡忡地问道,"嗱,这有什么可笑的?"

"萨什卡,出去。"谢尔盖·里沃维奇命令道。

亚历山大站起来走了出去。

在门口他碰见了阿琳娜。阿琳娜怜爱地看着他,给了他一块蜜糖饼干,就势把他搂在自己那宽阔温暖的胸前亲了亲。

他像狼崽子一般蹑手蹑脚地潜入父母的屋子,光着脚,置身于隐隐仇视他的物品当中。他总是笨手笨脚的,打烂的餐具不计其数,至少在谢尔盖·里沃维奇眼中是这样。谢尔盖·里沃维奇懊恼地感受着从这个孩子手中脱落的杯子的价值是如何失落的。对周围的物件视若无睹并且实际上也不珍惜这些物件的他,却偏能极其鲜明地感受到它们在战火纷飞时刻不可取代的价值。这是普希金家族最害怕的事情,即害怕物件的减少和损坏。一块手绢的丢失常常能令谢尔盖·里沃维奇沮丧到绝望的地步,当一本小小的法文新书不在原地时,常常会令他着急上火到身心疲惫。没有这本书生活便显得盲目而又可怜。他把一切都归罪于孩子。那本小书终于找到了,他却又冷淡地把它丢在一边。东西永远是无可取代的,是无法补偿的。每个杯子都处于危险之中。

纳杰日达·奥西波芙娜总是抽这个笨拙的小男孩的脸,像抽仆人的巴掌一样,声音响亮地抽,这一点颇像汉尼拔家族的人。父母连忙蹲下来捡拾那些碎片。谢尔盖·里沃维奇竭力想把碎了的杯子恢复原状,最后总是绝望地一摆手:完了!亚历山大把杯子打了个粉碎。纳杰日达·奥西波芙娜把一腔怒火转移到女孩身上,她呼吸粗重地走回来,断断续续地说了一番话,但逐渐平静下来。女孩儿的屋里传来一阵尖厉而又小心的尖叫声——挨打的小女孩发出哀怨声。

渐渐地,两人也没经过商量,却开始暗中较劲,一旦需要长久地看管儿子时,就更其如此。这个让某种希望破灭,同时并未给家庭带来小鸟依人般的叽叽喳喳声的小男孩可不懂什么礼貌,而这始终符合谢尔盖·里沃维奇的预料。

很快就生下了第三个儿子,起名叫列夫。

列夫一头卷发,性格活泼,圆滚滚的。谢尔盖·里沃维奇生平头一次感到自己做父亲了。他被打动了,怀着深情吻了吻纳杰日达·奥西波芙娜。泪水打湿了他的脸庞。纳杰日达·奥西波芙娜同样也是一下子,突然疯狂地爱上了这个儿子。从此以后其他孩子对她来说便像是不复存在了似的。一周后一切才走上正轨。

有时候,思想正在神游的谢尔盖·里沃维奇忽然不无惊奇地定定地看着自己的大儿子。他感到困惑和伤心。周边人家的小孩子总归都还是些孩子,孩子身上无处不可爱。而他的儿子却像夏多布里昂笔下的野人纳特齐兹之子。他喜欢读夏多布里昂的书,使他的自尊心得以满足的是,他和纳杰日达·奥西波芙娜的婚姻,受到了人们的普遍关注。但情妇或妻子是一回事,儿子则是另一回事。因此他竭力想要让一切如同所有值得尊敬的人那样按部就班,但却处处碰壁:谢尔盖·里沃维奇在处理自己的家庭关系时,暗暗发现自己走入了死胡同。每到一处住宅——

他家常常不到一年就要更换住处——他都首先占领书房和靠近壁炉的地方。书房里一张书桌就占了半个屋那么大地方，桌上永远放着一张干净的白纸。谢尔盖·里沃维奇总是坐在书桌前写信。他眼望着窗外，细细打量拥进厨房和下人室的所有人。他不厌其烦地询问每个人，你是什么人，到哪儿去，干什么。他其实很少写信。写字台上那张白纸，一躺就是几个星期。他眼睛蒙上了一层云翳，嘴唇翕动着念念有词，脸上露出微笑。谢尔盖·里沃维奇沉浸在说俏皮话的幻想中：他用出乎意料的格言警句，与想象中的对手陷入了绝境。粗陋的现实无法闯入他的书房：家人对他从事的工作充满敬意。他偶尔会用一把特别的钥匙打开写字台的一个抽屉，从里面拿出几本珍藏的笔记本。笔记本的封面是绿色的，书脊上面有烫金字。他悄悄打开本子，眯着眼睛开始阅读。他捧书的那只手轻微地颤抖了起来。里面的素描五颜六色，有墨黑、玫瑰色和鲜红，也有黑墨水画的，但都出于一个老练又勇敢的画家之手。这全都是庇隆[①]、比耶弗里昂[②]和多拉[③]的作品选作，接下来就是帕纳斯山[④]一些无名鼠辈小小不言的劣作，但极其具有感官刺激性，以至谢尔盖·里沃维奇的眼前蒙过了一层云翳。笔记本里也有些俄国作家的篇作，巴尔科夫太粗俗，他距离法国作家实在是太远。就连法国人也只会拿裸体打趣而已。

纳杰日达·奥西波芙娜像是茨冈女人一样，总喜欢一个房间一个房间换着睡，还时不时地更换一下房间的布置，家具的摆放，遇到什么改

---

① 阿列克西斯·庇隆（1689—1773），法国剧作家，诗人。——译注
② 比弗侯爵（1747—1789），法国作家，喜剧演员。——译注
③ 多拉·克洛德·约瑟夫（1734—1780），法国诗人。——译注
④ 指诗坛。——译注

什么，唯独不敢打动他的工作。但她的生活却集中在卧室：她成天待在卧室里，头不梳，脸不洗，没客人来时就啃指甲。忽然之间她来了兴致就要教育孩子。不然的话，整整一个月，累得筋疲力尽的谢尔盖·里沃维奇，就得天天晚上领孩子出去散步。这之后母亲又会沉湎于空旷的卧室不出门。

谢尔盖·里沃维奇当着客人的面年轻了 10 岁，因为除了客人之外任何人也无法准确估测他的年龄。他只有在人群中才活得滋润，呼吸畅快。早晨，当他在客厅里又对着镜子走来走去时，他甚至偶尔会表演一下客人刚刚出现那一刻的情形：轻快几乎是优雅地点一下头，便立刻扬起头颅。亚历山大看见父亲的嘴唇在翕动，脸上挂着笑容，眼神也随之变得殷勤而又睿智。一见亚历山大，父亲立即拧紧了眉头，脸上又恢复了原来的样子。他这是被打扰了。

亚历山大也喜欢客人。蜡烛点亮了，母亲唱着动听的美声。她笑起来喉音很重，像春天的鸽子窝里鸽子的咕咕哝哝声。父亲信心满满地端坐在安乐椅上，而不是像往常一样，只坐了边角。他像个一家之主似的主导着谈话的进程。母亲毫无怨艾地对他言听计从，任何事上都无异议。这俨然是另一个家庭，另一些更年轻更优秀的陌生人。只要有客人在，母亲就会对他微笑，而在平常的日子里，母亲只会偶尔对列武什卡笑一笑。客人在场的情况下，关于他们这些孩子们，她会向客人讲述许许多多的故事，他吃惊地听着大人的讲述，暗暗发笑。

尤其是在狡猾、优雅而又宁静的卡拉姆津在场的情况下，经常发生类似的事。亚历山大明白卡拉姆津不同于别人。当卡拉姆津在场的时候，家里人常常会忘了打发他去睡觉。

有一次，有一个谢尔盖·里沃维奇在下城庄园的邻居——该邻居还从没去过这个庄园——前来拜访，这一天俨然成了个真正的节日。谢尔盖·里沃维奇话说得很微妙，但一谈到庄园经营，便以意味深长的沉默来对付——按照他的说法，他的主要庄园在普斯科夫省——俨然是一个善于高瞻远瞩的庄园主。他的目光在客人身上停留了两次，只见他叹了口气，摆起了他的爷爷亚历山大·彼得洛维奇的架子。身材臃肿的客人眼望着纳杰日达·奥西波芙娜宛如望着一个奇迹，看得入了迷。客人走后，父母边笑边回想那位老实人的一脸憨态，待了好久。

客人离开了，母亲不管不顾地打着呵欠，松开一直紧紧勒在腰上的皮带。家里也都是灰扑扑的，而非新的。

但毕竟很少有客人来：在普希金家，无论玛丽娅·阿列克谢耶芙娜如何打理，油是变味的。卡拉姆津正在忙大事，他对谢尔盖·里沃维奇不感兴趣。

2

当谢尔盖·里沃维奇不知为何而偶尔在家时，他一开始要做的事，就是环顾四周——不会有什么东西丢失了吧。看了一会儿后，心性平静下来了，便穿上睡袍，坐在靠壁炉的地方。在这样的夜空和这样的地方，他喜欢浏览他那些近卫军中的老同事晋升的消息。一个当了个将军，另一个指挥一个团，第三个在戈和岑①手下当差。新沙皇执秉朝政为其同事们的仕途开辟了前景。但做公务这一想法本身就是他不愿意有的：他唯一看重的，是贵族的自由散漫和消磨时光的愉悦和惬意。他无

① 戈和岑（1773—1844）公爵，俄国国务活动家，神秘教会和反动分子。——译注

时不在强调这一点，但也无时不因此而沮丧。

壁炉火苗的温暖吸引着他。无怪乎哥哥瓦西里居然会给壁炉写情书。此刻哥哥在巴黎，其所能享受的，远不止壁炉的火苗的飞舞。尼古拉·米哈伊洛维奇在其主编的杂志上，发表了他的巴黎来信。巴黎还有那么多剧院呢！天哪！原来引导人走向幸福的是错误和过失。他在心底羡慕而又深深地嫉妒哥哥，并且主要是嫉妒他所犯下的错误。当有人向他打听哥哥的近况，谢尔盖·里沃维奇每次都既感到受宠又不无几分伤心：瓦西里·里沃维奇一次也没给他这个弟弟写封信。莫斯科并未忘掉瓦西里·里沃维奇。在波拿巴或让利斯太太附近的叶利谢耶夫校场，人们喜欢想象他的形象。孟德福画了一幅画：瓦西里·里沃维奇张着嘴巴，站在鼻子尖尖的波拿巴雕像前，他手中的呢帽放在地上。

而谢尔盖·里沃维奇却坐在莫斯科的壁炉前，从事高尚的阅读，深深体会着莫里哀笔下的角色，身边没有新开的广场学校里学生们的欢笑打闹声。他扮演的阿巴贡和达尔杜弗①的角色十分成功。谢尔盖·里沃维奇有力地表现出了悭吝人既高尚又卑鄙的性格。

纳杰日达·奥西波芙娜对他的表演毫无兴趣。或许她觉得丈夫这种演员的自尊心非常可笑，其朗诵也令人感到无聊。她喜欢剧院里的一切，除了场景。但奇怪的是，也许在他朗诵过程中，其性格的弱点也显现无疑了吧。

但他却拥有了儿子这个忠实的听众。每当儿子来到壁炉前时，他总是忧心忡忡地关注着亚历山大的一举一动，接着便冷漠地叹息着，开始

① 阿巴贡和达尔杜弗分别为莫里哀的喜剧《悭吝人》和《伪君子》的主人公。——译注

小声吟诵台词。

亚历山大在聆听。父亲似乎并未察觉他的在场。这时亚历山大会请求父亲朗读莫里哀。他说话怯生生的。谢尔盖·里沃维奇吃了一惊。

"您想听?"他不太情愿地问道，"可我根本没时间。不过，随您便。"

只是由于儿子从未表达他的赞许或喜悦这一点令他的自尊心多少受到了伤害，不过，儿子聆听时的全神贯注还是很值得嘉许的。

谢尔盖·里沃维奇是一个优秀的朗诵者，他懂得如何朗诵。他能深入体会到莫里哀诗句的魅力，并且永远严格遵守句读。他表演得最好的是莫里哀剧中的哑场和停顿。

在《丈夫学堂》① 一剧中，他对哑场和停顿的表现是无与伦比的：

I me semble……

Ma foi②……

他望着坐在安乐椅上的儿子，假装看不到他，而对走上舞台的艾丽米鞠躬行礼。壁炉前的空场，他的念白甚至包括他身上的制服，都开始带有一种庄重的色彩。一旦有人开门走进来，被惊扰的他就会住口。他尤其不耐烦的是玛丽娅·阿列克谢耶芙娜的在场，只要她一在，他说的话便斩钉截铁的，既干硬又带有几分嘲讽。

在一场戏结束时，他会小心翼翼地盯着听众，并且从心里感到满意。

"莫里哀什么都懂。"他用优雅的语调宣布道。

---

① 莫里哀的一部喜剧。——译注
② 法语：我觉得……/实话说……——译注

说着，再次偷偷瞥了儿子一眼，拍起了手掌：

"彼特鲁什卡！熄灭蜡烛！"

他忘掉了莫里哀，忘掉了儿子，转眼又回到了现实生活中。

3

他从不进育儿室，认为这很可笑，不方便也没必要。只有一次，他在育儿室坐了一个多小时。孩子们兴致勃勃地观察着父亲，而父亲显然是在躲着什么人。父亲冲孩子们"嘘"了一声让他们别闹，随后就全神贯注地偷听母亲在客厅里和什么人的说话。有几次他皱紧了眉头，有一次甚至转了转门把手想要出去，但即刻又住手了。客厅里的说话声终于平静下来了。父亲根本没理孩子们，只自顾自地扑哧笑了一声，潜出了育儿室。在他躲藏期间，他一句话也没跟孩子们说，就好像他们压根儿不在屋里似的。

藏在育儿室是为了躲债主。

他很挑剔。一旦发现屋子里有孩子们丢下的玩具，便会用两个指头夹着送到远处的角落里。对于妻子他没有任何评论，他早已不习惯品评别人了，也没有叫阿里什卡①，孩子只不过是掉了一件儿童玩具罢了。诸如此类的儿童玩具家里是越来越多了。

谢尔盖·里沃维奇很快就碰到一件预想不到的不快的事：大儿子居然想跟他要钱。亚历山大要钱想买一件小孩子喜欢的小玩意：在儿子面前停留了片刻，并且在心里下定决心一个戈比也不给的谢尔盖·里沃维奇，忽然在脑子里生动地浮现出了这类小玩意儿——皮球一类的——的

① 指阿琳娜。——译注

影像，所以，二话没说就给了，只是事后才有些后悔。他有了一个发现，那就是儿子长大了。谢尔盖·里沃维奇怀着隐隐的不安感觉到，儿子是个大手大脚的人，而这个儿子今后还不止一次地需要用钱。

有天晚上，谢尔盖·里沃维奇路过育儿室时，听到里面的说话声便停下脚步。说话的是阿里什卡。他开始注意地听了起来。

阿里什卡正在给大少爷讲一则童话。她讲得慢慢腾腾的，还不时地打断故事，打个呵欠，根据所有迹象可以看出，阿里什卡正在织袜子。谢尔盖·里沃维奇笑了一笑又接着听下去。他很快就皱起了眉头：奶娘的故事非但没多大意思，而且还反映了一种不良的品位。他轻轻拉开一道门缝。奶娘正在织袜子，萨什卡则坐在小凳子上，眼睛一眨不眨地看着奶娘，半张着小嘴。谢尔盖·里沃维奇感觉自己为人之父和莫里哀吟诵者的自尊心受到了伤害。

结果他什么也没说就离开了。这个专门学讲法语的小男孩，由于听惯了仆人的话，看样子现在已经开始理解拉辛[①]的语言了。

就在那个晚上，谢尔盖·里沃维奇用一种尖细的嗓音对纳杰日达·奥西波芙娜说，今后不能把照管萨什卡的事全权委托给阿里什卡了，如果不想让他成为一个不学无术的人的话，必须尽快给他找一个家庭教师了。家庭教师是必须有的。这些个邋里邋遢的奶娘和她们那俚语的谈吐，他已经受够了。

对他的这番话，纳杰日达·奥西波芙娜和往常一样，起初想要反驳来着，继而忍住没有回嘴。如今人们习惯于根据法国文化达到的精微细腻程度来评价人真正的价值。在圣彼得堡纳杰日达·奥西波芙娜是头一

---

① 让·拉辛（1639—1699），法国剧作家。——译注

批率先在和女性亲吻时亲吻对方两颊的人之一，这种做法取代了荒谬绝伦的旧式鞠躬礼，和货真价实的法兰西女人一般无二。风气的急剧变化令谢尔盖·里沃维奇赞叹不已。不开玩笑地说，他们家完全可以成为一个法兰西之家：家里的藏书是法文的，新闻是法语的，用的语言是法语，再加上瓦西里·里沃维奇本人现就在巴黎。有时候，谢尔盖·里沃维奇不乏赞许地发现，他已经整整一个礼拜没说一句俄语了，除了对哥萨克女人下命令"把烛芯取掉"和"上饭"外。只有当他和仆人说话，或是当他被什么事激怒时，他才说俄语。谢尔盖·里沃维奇甚至着手教尼基塔学写法国字，只是毫无结果。总之，家庭教师是极其必要的。只是很难聘到，而且也缺钱。真正好的家庭教师报酬优厚，供不应求。

4

由于总是能生动地想象全部细节，谢尔盖·里沃维奇做起决断来，总是很快。他希望把孩子扔给家庭教师，让家庭教师教孩子们法语和礼仪。为此，他听从安涅塔妹妹的建议，雇安娜·伊万诺芙娜老太太。老太太虽穷，却是贵妇人出身，法语说得相当好，有客人的时候甚至可以冒充法国女人，尽管她从未当过真正意义上的家庭教师。自此家里出现了一位尖鼻子的老太太，开始教育孩子们，一见调皮捣蛋就责骂，还教孩子们咿咿呀呀说法语，领孩子们出去玩儿。玛丽亚·阿列克谢耶芙娜恨这个老太太。她和阿琳娜合谋，暗中监视这个不幸的老太太的行踪，很快就发现了老太太的过错：偷吃藏在桌子下面的甜食，散步时迷了路却把过失推在孩子们身上，还说什么这些孩子们把她给丢了。"老妈子真够呛。"玛丽亚·阿列克谢耶芙娜说道。阿琳娜好像还听这位老太太私下里自言自语，说至今还从未在如此蛮不讲理的人家里干过。就是从那天起，吃饭时就不再摆她的位置，这让老太太很是受辱。

取代其位置的是洛尔日太太，她待了一年多。洛尔日太太一头鬈发，嗓音嘹亮欢快，体格健硕，是一个名副其实的太太，甚至会编织非常时髦的包发帽——这一点最能打动纳杰日达·奥西波芙娜的内心。家里的所有事情都由她过问，不满的嘟哝声再也听不见了。她有一双巧手，行动敏捷，还带有法国人的无忧无虑。从一早起，她的衣裙窸窣作响，嘴里哼着歌谣，笑声不断，像一个真正的法兰西女郎。她很少关心孩子们。谢尔盖·里沃维奇觉得很幸福，也很乐意和这个家庭教师聊天。

她是被纳杰日达·奥西波芙娜本人忽然之间给辞退的。辞退的原因在于谢尔盖·里沃维奇本人，因为他开始有意无意向这位法国教师丰满的肩背投去放肆的目光。实际上只须瞥一眼就足以让洛尔日太太走人了。

家里此后再未聘用家庭教师。

5

瓦西里·里沃维奇回国时带了上千种法国货，脚上穿的是名牌靴子，手里拿着洒了某种芬芳香水的手绢，额上竖着一绺烫卷的头发，抹得油光锃亮地披散着。他斜眼看人的习惯比以前更重了，笑不绝口，许多老朋友也认不得了。大家都对他很感兴趣。人们甚至传说齐尔齐娅打算回到前夫身边。不过传言毕竟是传言：齐尔齐娅嫁人了，但这也丝毫不足以令他手足无措。他给安努什卡带了顶最时髦的镶有凸花花边的包发帽，好让她——哪怕有几分——酷似一个巴黎女主人的心腹侍女。关于雷加米埃夫人①，他的反应竟然很随便：

"身段苗条，长相一般。"

但对她的宅子赞不绝口：

"到处都是金碧辉煌，琳琅满目。"

他满脑子装的却都是波拿巴。他得详尽描述波拿巴的外貌和长相。任何人都不愿意相信波拿巴的个头居然如此之矮小。

瓦西里·里沃维奇说着，半蹲下身子，手掌五指并拢抵着额头，比画着执政官②的个头。随后，他以一种合理合法和自谋自足的神情，让女士们闻一闻他的脑袋。

和波拿巴一样，在巴黎时，他也在塔尔姆名下学习朗诵术，并且以一种崇高的古典的朴素风格，半侧着身体，向那些愿意欣赏其艺术的听众朗诵莱辛③。但他那腆着的大肚子多少于他有所妨碍。

他对巴黎的芭蕾舞艺术有很高评价，对巴黎的歌剧艺术也回味深长：

"《塞维利亚的理发师》是无与伦比的。"

关于乔治女士与德申努阿女士的竞争④，他不厌其烦地讲了许多故事。

---

① 雷加米埃夫人（1777—1849），法国上流社会贵妇，其举办的沙龙受到很多人的追崇。——译注
② 指拿破仑。拿破仑于1799—1804年担任法兰西第一共和国第一执政官。——译注
③ 莱辛（1729—1781），德国启蒙运动时期剧作家，美学家，文艺批评家。——译注
④ 乔治·玛格丽特·约瑟芬娜（1786—1867），法国悲剧演员。德申努阿·卡特琳·约瑟芬娜（1777—1835），几乎与乔治同时走上舞台的悲剧演员。戏剧爱好者和新闻界对此二人各有所好，但二人长期竞争的结果，是使得此二人都获得公众的认可。——译注

"乔治的姿势和手势可谓妙不可言！"他说着说着伸开双手。

"而德申努阿则有一双秀腿，"他说到此处拽了拽裤子，"天哪！好一双美腿！"

一旦身边没了女性——对孩子们可以不管，谁也不会在意他们，而他们全都听了个不亦乐乎——他就会脸红气粗地讲述咖啡屋及其女主人们的故事。这之后，他歇了一口气，挥动着依然散发着巴黎香水味儿的手绢。

每天早晨，他会穿着一身特殊的——专在早晨穿的制服，沿着特维尔林荫道散步。他的步态也大有改观。走着走着，他会不时地拽一拽裤子。女人们纷纷向他抛着媚眼。早先并不喜欢猎人街的他，如今却成了它的常客。他在猎人街给人大讲特讲帕连－罗雅尔街上那个有名的舍维特杂货铺的故事。舍维特有上好的冷餐肉，图卢兹鸭肝和鲜美多汁的牡蛎。

懂得的人们垂涎欲滴，而瓦西里·里沃维奇也以美食家著称。如今他开始亲自在自家的厨房里发明新菜，发明的新菜理应取代巴黎菜肴，邀请美食爱好者们前来品尝。有些新菜肴得到了美食家们的赞美，但再次邀请人们却不再应邀了。从此以后他管自己手下的厨师弗拉斯叫勃莱兹。而实际上他最喜爱的饮食是燕麦粥。

一般来说，已经开始忘掉普希金一家的卡拉姆津，却对瓦西里·里沃维奇颇有好感。瓦西里·里沃维奇又一次进入了时尚人物榜单：卡拉姆津、德米特里耶夫、普希金。他俨然已成为当代英雄——I'homme du jour. ①

---

① 法语：当代英雄。——译注

当在一次说话中，卡拉姆津对患有病态的自尊，即只渴望战争的波拿巴表示愤怒时，瓦西里·里沃维奇深深地叹了口气：

"波拿巴非常危险！极端危险！"说着便说起在巴黎，人们管最好吃的蜜糖饼干叫修女——nonnettes。[1]

在舞会上，一位老将军想要打听波拿巴进行的那场战争的详情细节，并骂他是个大骗子时，瓦西里·里沃维奇蹙着眉头生气地叫道：

"我的天哪！现在谁都不说战争的事！巴黎就是巴黎！"

他吸取的，就是这样的自由精神。他甚至为自己订购了一张和雷加米埃夫人一模一样的小沙发床，当年的她就是躺在这样的沙发床上接待客人和崇拜者的。如今午饭后，他也会在小沙发床上小憩片刻。

阿列克谢·米哈伊洛维奇·普希金断言，瓦西里·里沃维奇是因为行为不端而被驱逐出巴黎的，还说他从巴黎带回一台写诗的机器，这机器由大量单独的诗句组成。身为音乐家的沙里科夫伯爵借瓦西里·里沃维奇的人声，记录了巴黎最新流行的罗曼司。

6

很快瓦西里·里沃维奇就遭到了命运的一次打击，这种打击，如果是一个比较正派的人，想必难以经受。有关他自由思想的传言是否已经传到了教权耳里，他那位信仰虔诚的岳父大人是否已经开始利用其人脉关系了，人们不得而知。但教会政权已经开始以新的热情着手调查他离婚的事情了，齐尔齐娅被宣称是无辜的，而瓦西里·里沃维奇则系罪人，而他实际上也真的是个罪人。主教公会决断如下：同意夫妻离婚，

---

[1] 法语：山雀。——译注

女方有再嫁权，而男方被判决处以教会惩罚，六个月后移交给修道院，其余时间交由教父监管。出乎意料的是，瓦西里·里沃维奇相当勇敢地承受了这一打击。他非常自如地承担起了无辜牺牲品这一角色。可爱的女人们纷纷给他寄花，瓦西里·里沃维奇嗅着花香，心想幸福居然会如此反复无常。堂兄阿列克谢·米哈伊洛维奇立刻以十分可笑的样子表现了瓦西里·里沃维奇所受的惩罚。他指出瓦西里·里沃维奇忏悔的一个最重要的特征，是把兴趣从勃莱兹菜肴转移到了修道院的厨房，并且断言，瓦西里·里沃维奇忏悔的头一天，就饱餐了一顿鲟鱼。选做惩罚地的那家修道院，其地理位置实在是再好不过了，以至在修道院旅馆客房里过了春夏的瓦西里·里沃维奇，如用阿列克谢·米哈伊洛维奇的话说，可是在造物主上帝那里租了别墅呀。总之，莫斯科又一次获得了谈资。全部消息都由修女们传递给瓦西里·里沃维奇，他感到自己简直就是个名人了。他的这种意识只是偶然会被一阵伤心所损害。普希金姓氏的声望里并未包含多少尊敬的意味，人们对这一姓氏的兴趣中，不无几分闹剧的成分，像是靠兄长和堂兄声誉的反光为生的。谢尔盖·里沃维奇，也在瓦西里·里沃维奇的命运中扮演过角色。对父亲所有那些唉声叹气，吞吞吐吐，欲言又止，愁眉苦脸和难言之隐，亚历山大知道得很清楚。父亲有一次说起伯父，便时而骄傲，时而自豪，时而谦恭温顺。这涉及声誉而且是上流社会的名誉。伯父的壮举令父亲感到骄傲和自豪，因而他羡慕伯父。孩子们对阿列克谢·米哈伊洛维奇与伯父有关的所有闹剧，都耳熟能详。谢尔盖·里沃维奇对此却半信半疑。伯父的教父是个秘密的神父兼美食家，因此这个教父前来规劝这位教子的次数，未免过于频繁。勃莱兹的厨艺对他具有不可抗拒的魅力：阿列克谢·米哈伊洛维奇所散布的寓言，便是如此。但是普希金的儿子讲述这个寓言，却是为了取乐，而比之更冷酷坚毅的谢尔盖·里沃维奇却发火了。所有的神父都令他发火。他们毁掉了他。呵，vieux renards de cuhog! [①]

所以，他毫不掩饰地发出抱怨。有一次，安娜·里沃芙娜妹妹听见了他在亵渎神圣，便连忙塞住耳朵，瞪大眼睛，战战兢兢地说了句：

"哥!"

说着，便要孩子们赶快出去。

7

他有两个弟弟一个妹妹。小弟弟列乌什卡，还是一个娃儿，是全家的宠儿。妹妹奥连卡，鼻子尖尖的，长得很招人喜欢，爱吵爱闹，总爱用又尖又细的嗓门埋怨大哥萨什卡。姑妈安娜·里沃芙娜给她礼物——小木偶呀，小扇子呀——她总是会怜惜地将玩具藏在自己的角落里。另一个小弟尼古连卡病恹恹的，苍白细瘦。

他对弟妹们就犹如对待杯子，要小心谨慎不能把杯子打碎了，既然摊在自己头上了。姑妈安娜·里沃芙娜常常告诉她，说尼古连卡和列乌什卡是他的小弟，因此他应该把自己的皮球给列乌什卡玩儿，在一切方面让着尼古连卡，因为他岁数小。可他无论如何也不愿意。他竭力避免闯入她的视野。

在家里父母好像有两副截然不同的面孔：当着外人和客人有一副，家里没外人时则是另一副。而且就连说的话也不一样，对外人说法语，对内说俄语。法语赋予家里的一切以价值和尊严，就好像家里此时此刻有客人似的。当母亲还叫纳金娜时，她完全是另外一个样子，和别人叫

---

① 法语：主教公会这些老狐狸呀！——译注

她纳杰日达时完全不一样。纳金娜这个名字，特别像尤苏波夫庄园中的狄安娜·里沃芙娜和尼姆法。这是有时候父母在餐桌前嘀嘀咕咕，父亲和母亲每逢深夜从那里回来的那个社会。安娜·里沃芙娜姑妈和伊丽莎白·里沃芙娜说俄语像说法语一样，带着浓厚的鼻音。父亲打着响指：他总觉得俄语词汇不够用，满脑子都是法语单词。当父母相互比较体贴时，他们之间交流说法语，只有当他们两人吵架时，才会用俄语。

他喜欢听女人说话，不太规则，夹杂着许多令人发笑的叹息，窃窃私语，呢喃耳语。她们说话时的妩媚样子也非常可爱。客人们说起俄语来语速飞快，像爆炒豌豆，而一说起法语就争先恐后，"л""р"不分。总之，客人们一旦相互之间讲法语，就带上了表演性，盛装出席时穿的华服都是非俄罗斯式的，假面舞会上穿的戏装。此时，一旦有当他们相互之间偷偷摸摸斜着飞出的目光，那完全是异样的纯俄罗斯式的。唏嘘长叹全都是装出来的，而装扮的法国人也十分可爱。但是有男人之间在见面和分手之际所说的法语之类的话才能带给他真正的快乐。人们通报姓名，就好像交换礼物一般，而与不大熟识的人交谈，就好像在用旧式轻武器打仗一般。

如今人们都用法语讨论和法国人之间的这场战争，并且用法语骂法国佬："Les freluquests."① 而对于那个颁布用崇高语体写就的诏书的法国皇帝，人们也不遗余力地抨击，或准备把他像那些轻浮的家伙一样予以抨击。对于那些主持祈祷仪式的都主教，也出言不逊。然而，在说话中只要有什么人——表示惊讶，人们立刻就转为用俄语，用奶娘和老太太们常说的那种俄语。此时，说话人的嘴巴便会张得更大，更民间，

---

① 法语：轻浮的家伙。——译注

而不像说法语时，嘴巴只张开一个小口。刚讲了一句优雅的法语的松采夫，忽然说道：

"可法国佬却追着打我们!"

亚历山大总是能注意到诸如此类的突如其来的话题转移，在此之后，大家说话都更加小声，不慌不忙，多半是聊什么仆人呀，邮局呀，乡村呀，歉收呀什么的。

家里没人时他常常悄悄潜入父亲的书房。书房的墙上挂着名人肖像：酷似真人只是比真人更年轻更漂亮，长发覆盖了双鬓的卡拉姆津，目光斜视，脸色红润的伊万·伊万诺维奇·德米特里耶夫，他有一只软骨突出的鼻子，亚历山大不知为何很不喜欢。还有一个姑娘，穿着轻柔的浅紫色衣服，眼睛黑漆漆的，侧面很宽。书架上放的是法文书。底层是又厚又重的大部头书，上面覆盖着一层尘土，尘土令他直打喷嚏。书页却松散了，字很大，插图画的是旗帜。他用手抚摸着书籍——字都是凸起的。身边又一卷书，恰好正是他喜欢的：书里也有插图，图还很大，图上是一些恬静而又安详的女子，她们穿着长长的衣裙，迈着长腿，眼睛里却都没有瞳孔——这也还是和园子里那些一样的尼姆法和女神，每个人都有一个名字，像动物一样。

8

"说你的，我的小朋友，脸对着墙，眼睛别瞪别处，要不然眼皮就会合不上。你又不能睡不着。你还小着呢。也许，等你活到这个年纪，才会真的睡不着。我什么故事也不给你讲了，故事都将忘了。别看窗外——那样你就更睡不着了。城里更糟，人们都睡不着觉，还是乡下好。夏天，椴树把爪子都伸进窗户里来了，你能睡个好觉。冬天也到处都是树。可咱这儿呢，除了路灯还是路灯。眼睛一眨就睡着了。家人都睡了，列乌什卡睡了，尼古连卡也睡了，就你一个还不睡。"

"……俺们坐在车上，走呀走，忽然，轿式大马车腾地一下停住了。一个门把手掉了。爷爷对我说：咱们步行吧。我回答说：我没有这样的习惯。我乘车出门压根儿就不是为了平生头一次步行回家的。门把手总算马马虎虎又装上去了。进大门时，爷爷胆怯了，他伤心地说：

"'如果爷爷对你嘘，求求您啦，我的小心肝儿，把脑袋搁在他膝盖上，像我这样。这样爷爷就会原谅你。'

"你爷爷他多少有些怕你父亲——他问都不问一声，就要了我。我说过：我是有原则的人，我的朋友，我才不会让人们伸我的小指头呢。我也不会把脑袋搁在人家膝盖上。可他说，说在非洲，大家都这么干，并且不认为这是一种不幸事。一会儿是非洲，一会儿是这儿。在普斯科夫省。爷爷甚至伤心地哭了，泪流满脸。而那时候男子汉是不兴哭鼻子的，和现在一样。我害怕了，于是，我们从轿式大马车跳下来。在伊丽什卡那儿我换了装，他换了身制服，我把妈妈的珠宝首饰都戴上——后来这些东西都花光了。打发人去找老头子问了问，问他还要我们不。我们等马特廖什卡回来，等了一小时又一小时，始终不见人影儿。天黑时我们已经彻底绝望了。我们坐在小木屋里的贮藏室里，不好意思露面。有人给了我们一桌面包和水，像给蹲禁闭的人。马特廖什卡回来时哭得像个泪人：人家把她剥了个一丝不挂。那天夜里，我的朋友，我连一刻也没合眼——和你一样。第二天我宣布打道回府，寻找父母，说我吃惊不小。爷爷恳求我停下来，忽然把我领进了家。我却不记得自己是怎么进来的。爷爷穿着一身制服跪在门槛上，身上挂着马刀。而我始终站在那儿，只是垂下眼皮。等我抬起眼皮才看见：一个老头坐在安乐椅上，身上的制服敞着怀，双手捧着一根手杖。脸是黑的，噢，不是黑的，是黄的。鼻孔张得大大的，眼睛盯着爷爷一句话也不说，随后又死死盯着我，始终不吭声，忽然扬起手杖。我忽然害怕起来，尖叫着蜷缩成一团，可他却笑了，只不过是不得已一笑而已。

"怎么，难道我在你眼里就那么可怕吗？我还从未吓过一个女人呢。"

"他其实很客气。只是又过了好长时间他都不看爷爷一眼。看眼睛里却闪烁着狡猾的光。

"……后来怎么样了……后来没怎么样……后来就没什么可讲的了。爷爷？你爷爷去世了，不在人世了。睡吧，不要看东看西的了。喏，再不睡我就不管你了啊。让阿琳娜给你讲童话，或给你唱支歌。你都厌烦得受不了了……"

9

阿琳娜悄无声息地走进屋里，悄无声息地在他的床脚上坐了下来。她眼睛不看他，嘴里轻轻哼哼着，叹息着，摇晃着脑袋，给他讲魔鬼的故事。魔鬼多得呀不计其数。森林里有林妖，在米哈伊洛夫斯克庄园老爷家即奥西普·阿勃拉莫维奇爷爷房后，磨坊旁边，下雨的湖泊里，水清亮亮的，姑娘们都看见这个魔鬼了。三山城有个林妖，头脑简单，大家都见到过。这个林妖是个相互呼叫的大师。爷爷奥西普·阿勃拉莫维奇手下曾经有过一个脸上有雀斑的小姑娘，有一次进林子里采越橘果。这姑娘叫什么名字——反正无所谓——没必要记得她。林妖和她隔空喊话喊应了。整个灵魂都笑得软绵绵的了。喏，亚历山大·谢尔盖耶维奇小少爷，您不睡觉，就胳肢您。喏，不是林妖，就是家神胳肢您。魔鬼就是从那儿飞过来的。喏，且看他尖着嗓子在烟囱里是怎么歌唱的吧：他唱道，睡吧，睡吧，亚历山大·谢尔盖耶维奇，快快睡吧，他天天夜里吃会把所有人——老爷，奶娘，我和您的家神，把整个米哈依洛夫斯基教区的人——全都吃掉的。

10

正如玛丽娅·阿列克谢耶芙娜说的，他们所有孩子——奥连卡，亚历山大，列乌什卡和尼古连卡——是被一块儿、"一群群"地领出去玩的。亚历山大通常会落在最后面。小男孩们总是会戏弄他："小黑人！"说完便飞跑进胡同深处。每次他都会忽然火冒万丈，令阿琳娜都觉得害怕。他龇牙咧嘴，双目喷火。使阿琳娜惊奇的是，他的火气来得快去得也快，很快就消失得无影无踪。而在家里他对任何人都只字不提。

这天他故意落后，蹲在篱笆前的长椅上。他以为阿琳娜没发现他，其他人也都走远了。正对长椅的那扇窗户敞开着，窗前坐着一个人，穿着睡袍，胖乎乎的，正注视着街道。此时此刻的街道毫无任何吸引人的地方。胖子的身边站着一个年轻女子，正在给笼子里的小鸟儿喂食。

那个胖男人一眼看见亚历山大，乐了。他仔细瞅了瞅亚历山大，连忙拽了下年轻女子的袖口。那年轻女子也透过窗口往外看。亚历山大知道他们准是在说他是个"小黑鬼"。他于是像安娜·里沃芙娜姑妈一样，小声嘀咕道：

"要你们嚼舌头？"

便跑去追赶自己人去了。

亚历山大从未跟任何人提到爷爷是黑人的事儿，也没问过任何人为什么小男孩们总是喊他"小黑鬼"。有一次他问父亲爷爷是不是早就去世了，谢尔盖·里沃维奇起初没听懂他的话，还以为亚历山大问的是他的父亲列夫－亚历山大洛维奇。他叹了口气回答道，说爷爷早去世了，说他心地特别善良：

"他是社会的宠儿！"

等他搞清楚亚历山大问的是汉尼拔爷爷，谢尔盖·里沃维奇起初怔住了，说这位爷爷当初就根本没想过自己会死，继而又皱了皱眉头——说关于这个爷爷，亚历山大不必总是放在心上，因为他是普希金，不是别人。

"而且你姐姐们，还有你妈也叫普希金娜。"

玛丽娅·阿列克谢耶芙娜没吭声。

谢尔盖·里沃维奇在此事以后在书房里翻找了一个多小时文件，忽然脸色苍白得像张纸似的跑了出来：

"丢了！"

原来，是整整一大卷文件——家谱找不见了，是瓦西里·里沃维奇临行前移交给他保存的。谢尔盖·里沃维奇撕扯着手掌，说他还在封套上盖了家族的印章，书桌的抽屉是锁着的，可如今抽屉里不是那卷家谱，而是一卷诗，一个相册，和一幅旧的苏伊德风景画。谢尔盖·里沃维奇手指颤抖着翻遍了书桌的所有抽屉，脸色苍白，惊慌失措的家人也都在帮他翻找。在两个隐秘的抽屉前谢尔盖·里沃维奇犹豫了起来，到底还是没打开它们：

"那里面都是些机密文件，"他皱着眉头连珠炮似的说道，"……是共济会①的。"

---

① 共济会，一个庞大的，带有宗教神秘色彩的秘密组织。——译注

玛丽娅·阿列克谢耶芙娜眯缝着眼睛撂动着双手。她怕共济会。

最后，家谱终于找到了，那一卷文件保存完好，谢尔盖·里沃维奇不过是忘记了，他把家谱不是锁在书桌里，而是锁在一个特殊的柜子里了，里面放的都是些珍本古籍。他这才高兴起来。

他慢慢腾腾地解开捆大捆文件的细绳，拆开了大红色的家族印章，给亚历山大看这份古老的文件。

"你看这儿，看没看见这些印鉴？这是大印鉴。这是一封旧信，但人家告诉我，封地管家在这封信里埋怨克里米亚的战争，那庄园有225公顷多呢。这是一份法律文书，不过，不怎么重要。"

说着说着，他降低声音，对儿子说："你爷爷就是被这份文书完全给解除公职，因病而去职，这可是一件国家大事。"

11

当他七岁时，家庭忽然一下子就分裂了。

玛丽娅·阿列克谢耶芙娜早就对女婿和女儿失望了。她总是一再克制自己，终于有一天下定决心：把一个寡妇所有的金钱搜刮起来，再加上储钱匣里所有的抵押证券，坐车去了什么地方，忙乎了一通，高高兴兴地回来了：在莫斯科郊区买了一处庄园，庄园在兹韦尼哥罗德县，有白杨，有花园，还有教堂。总之，人家有的那儿都有。这庄园挂的是别人的名字：扎哈罗夫。不过叫什么名称并不重要。那处庄园和住宅都是石砌的，道路不硌脚，有花房，有林子，山脚下还有个小村庄，村庄很富裕，有许多女孩子和绵羊。可以领着孩子们前来避暑：而她本人则早把莫斯科给住腻了，万丈黄尘，喧嚣的市声，简直令她抓狂。阿丽什卡就留下来照看小少爷，她可是住够了。

谁都拦不住她。

一个盼望已久的消息传来：奥西普·阿勃拉莫维奇去世了，把一座米哈依洛夫斯克庄园遗留给了纳杰日达·奥西波芙娜。

第五章

1

这个老黑人晚年变丑了，也发胖了。步态也变得越来越发轻飘飘的，——走起路来煞像是在跳舞，抱着个沉甸甸的大肚子。但他临终前的最后一个月已经走不成路了，成天坐在窗前一个软绵绵的大安乐椅上。椅上包着带条纹的褥垫布，老黑仰着脑袋，由于一身脂肪和年老多病而呼吸粗重。他睡觉也在椅子上。由于金钱的关系，他和哥哥彼得·阿勃拉莫维奇也吵翻了，结果是所有人都抛弃了他。

地主老爷太太帕拉什卡管理着这个家。人们传说她会不时地把一些小姑娘驱赶到姥爷身边，为他跳舞唱歌。可如今他已经变得越来越安静，越来越淡漠了，一连几小时地盯着飞来飞去的苍蝇看，谛听着林子那头马车的辚辚声。他的胸膛里也常常发出嘶哑的喘气声。

秋天，层林尽染，满目红叶，窗前的槭树和金黄色如蜡一般的白桦，也开始落叶子了。雨也下过了，天气干燥。

一天夜里他病倒了。他像牛叫似的发出可怕的哞哞声，被疼痛折腾得翻来覆去，天还没亮，帕拉什卡就打发人进城请大夫。

医生对病人进行了诊断，嘱咐他不要吃兔子，因为兔子是增加肉欲的，并要他每天晚上喝药汤。

"把烦恼忧愁全从心里祛除出去。"医生对他说。

老头躺在椅子上，脸色晦暗，双目无神，眼睛像是蒙了一层云翳。忽然，他的胸腔不由他意志控制地，不取决于他地，独立自主地，发出一阵呼哧呼哧声，咕嘟咕嘟声，蜂鸣声，肚子也开始发出剧烈的颤抖。他的呼吸粗重，嘶哑，嘶鸣，像老旧门闩在被检验时一样发出吱呀声。

喘息稍停，他忙问医生：

"我还有多长时间？"

医生回答道：

"阁下，您还能活两天。"

黑人老者忽然在椅子上做了个轻快的起跳动作。嘶哑的呼噜声也听不见了。

"你胡说。"说着，他对医生亮了亮拳头。

接着，他转对帕拉莎下令道：

"把他赶出去，钱不要给。滚！"

他费力地喘息着，又一动不动地躺了半小时。接着，死盯着父亲的肖像看。画中的阿勃拉姆·彼得洛维奇脸部线条清晰，黏土色的，肩上斜挂着安娜勋章绶带，身穿旧俄上将制服。

他吩咐把这幅肖像取下来搁在阁楼里。随后又吩咐把澡堂烧起来，把他挪进去。仆人们把蒙着褥垫布的安乐椅扛在肩上，穿过整个院子把他搬了过去。到了小丘岗上，他吩咐停下来，扫视着四下里的田野，陷入了沉思。抬他的仆人共有五个——老头子很沉。帕拉什卡一直跟在后面。在澡堂里他也没蒸，而是一直半躺在脱衣间。

"用浴帚抽我几下吧。"他请求帕拉什卡道。

帕拉什卡用滚烫的浴帚抽打着他那黝黑的肩膀：他发出呼噜声和咳

嗽声。天黑下来了。

他吩咐把他抬到马厩。马厩里很安静，也很凉快。幽暗的畜栏里有三匹公马，打着响鼻，倒腾着蹄子。曾经咬过马倌的性情最火暴的那匹公马，像一个恶人一样戴着脚镣。一匹母马有规律地打着响鼻在喝水。他喂了母马一些燕麦，母马张开软软的大嘴，响亮地打着响鼻，把燕麦吞进了肚里。

"只有两天活头！"他对她说起来那位江湖医生，"傻瓜！"

回到家后，他吩咐把家里所有烛台都搬来，把所有的蜡烛都点上。然后他吩咐到林子里揽一堆落叶，全堆到一个房间里。

"看着养眼，呼吸也畅快。"

帕拉什卡给他端来葡萄酒，他却不喝，只是抿了抿。他下命令把酒窖里和客厅里的酒都搬来。

"丫头。"他命令帕拉什卡道。

主人的家被照得亮堂堂的，离老远都能看见。

"又撒酒疯呢。"村里人嘀咕道。

"他这个魔鬼死不了。"

汉尼拔家的所有老太太和老头子，都认为老阿勃拉姆·彼得洛维奇、奥西普·阿勃拉莫维奇本人及其兄弟彼得·阿勃拉莫维奇是魔鬼。有个老太婆说，老彼得·阿勃拉莫维奇还有个脚趾长得像兽蹄。

奥西普·阿勃拉莫维奇家仆人的女孩都是行为放荡的芭蕾舞娘。在他酗酒纵欢时在他面前跳舞。他手下还是自己的音乐家——一个仆人弹吉他，两个唱歌，一个小厮敲手鼓。他命令帕拉什卡给每位音乐家斟一杯酒，向他们摆了摆手。音乐家们立刻演奏起他最喜欢的乐曲。

"玛什卡，该你上了。"他嗓音嘶哑地吩咐道。

玛莎是他手下第一个舞娘。

黑人眯缝着眼睛享受着音乐。

"不用伴奏。"他说。

玛莎跳舞不用任何伴奏。他本想站起来却怎么也站不起来了。他只会张开十根颤抖的手指，像玛莎抖动着大腿似的，动动嘴唇而已。音乐家们对他喜爱的那首曲子演奏得越来越高亢嘹亮，速度飞快，那小厮的手鼓似乎也敲得如急急风一般毫无间断，玛莎脚尖踮地的次数也越来越密。

"哎呀，好一只白天鹅呀。"老头子感叹道。

他最后挥了下手，大张开手掌划动着空气，然后紧紧攥起五指，号啕痛哭起来。他的手垂落下来，脑袋也无力地耷拉下来，泪水双流。直接流进了他那片肥厚的下嘴唇里，又被他悄悄地吞咽了进去。

等舞蹈结束，他吩咐把所有的酒都端上来。随后又沉吟了片刻，命令留下一半酒。

"来桶燕麦粥。"他下令道。

仆人们当着他的面用桶斟酒，燕麦粥则放在酒里泡了。

"该喂马了！"

"打开窗户！"

仆人们在马厩里用浸过酒的燕麦喂马。

"无法无天的家伙！对马都这么放肆！"

风刮进了屋。他坐在敞开的窗前，张开大嘴吮吸着夜晚的清凉。外面天色很黑。

喝醉的马们发出嘹亮的嘶鸣，扭动着脑袋，马蹄上泥土飞溅，从窗前飞驰而过。

他无声地嘿嘿笑了，像是在回答马儿们：

"这会是我们汉尼拔家的！父亲的彼得洛沃——别了。"

2

当彼得·阿勃拉莫维奇听说弟弟奥西普·阿勃拉莫维奇情况不好，说不出话时，却并未动身去看望。昨天他看见米哈伊洛夫斯克村灯火通明，就知道弟弟又在胡闹，很生弟弟的气，因此，决定再也不请他参加乡下人的宴饮了。他断定奥西普·阿勃拉莫维奇的身体欠佳肯定系醉酒后的一种反应，便说他不去，弟弟过一会儿就好了。他长得不像弟弟，又干又瘦。而且，睚眦必报。

帕拉什卡丝毫没有惊慌失措，医生刚一离开，她就打发了一个送信的根据往日的记忆，前往普斯科夫城外的乌斯季妮娅·叶尔莫拉耶芙娜·托尔斯泰家报信，她在那里的别墅里度过了一个夏天和秋天。

奥西普·阿勃拉莫维奇如一堆黑墨汁儿般地躺了整整一天一夜，帕拉什卡仅能根据他的呼吸声和呼噜声断定他还活着。第二天，出乎所有人意料之外的，是托尔斯季哈、乌斯季妮娅·叶尔莫拉耶娃坐着马车来了。

她已经老了，变得又干又瘦，但走起路来却还是像 20 年前呼呼生风。甚至就连她的对手也不得不承认，乌斯季妮娅的步态仍然虎虎有生气。

她轻快地跳下轻便马车，走进家门却又即刻倒退几步：家里简直是一片混乱，无处插脚。浸了酒的椴树夜，一堆堆地摊在地板上。

"把垃圾清理掉，"她严厉地对帕拉什卡下令道，"乱七八糟的成何体统！哪儿来那么多破烂货！"

等房间初步收拾完后，她才坐在窗前一把椅子上。她小心而又不无胆怯地看了濒死者一眼。病人浅紫色的额头上满是大颗的汗粒和水珠，她用手帕擦了擦病人额头的汗，皱起了眉头。

自从高级僧正把他俩分开后，这二十多年以来，乌斯季妮娅·叶尔莫拉耶芙娜过的日子既不像寡妇，也不像有夫之妇。她竭尽全力要让自己的日子过得什么都不缺。奥西普·阿勃拉莫维奇的钱，她从他们的爱情刚开始，就都转到了自己名下。他为她在普斯科夫省大卡卡公路边建造了一处宁静的住宅，有苹果园，还为她在普斯科夫城外的黑河边建了一幢别墅，同样带有园子。园子里有暖房，有花坛，还赠给她一辆带马的轻便马车。她最喜欢的东西是黄金、苹果和李子。她拥有一套黄金打造的餐具，她拥有的苹果树开起花来如白雪齐天。

"那帮人也未必有这个。这帮游手好闲之徒！散布这么多关于别人的谣言多么愚蠢哪。"她心里念叨的是她的宿敌——普斯科夫省不肯接纳她的那些地主及他们的婆娘们。

她认为自己没有任何过失，却蒙受了人们不公正的诽谤。如果她能把自己嫁给一个自己心爱的黑人，这势必会是对普斯科夫省那些世袭贵族界——所有那些鞑靼人——所有那些避她如辟邪，对她的坏脾气心怀忌惮的什么卡拉梅舍夫们和纳济莫夫们的一次彻底的胜利。可这件事不仅没有取得任何结果，她和这位黑人的关系还成了一桩闹剧——如与一位路过的丑角或室内男仆的关系一般。因此她作为受害者，认为自己有权从他那里索取所有金钱，并且有权任意掠夺他。

乌斯季妮娅和这个黑人曾很多次分合聚散。他们二人最后一次聚首是在五年前，可是过了一个月就分道扬镳了。乌斯季妮娅忽然想看看自己的园子，而老头子她觉得实在是看腻了。

当她听说黑人要死了，便立刻毫不犹豫地打点动身。他们之间还有些账目没有清算：在她一个写字台的抽屉里，一份由她的司法稽查官按照所有法律程序拟定好的米哈伊洛夫斯克村赠予书，已经躺了许多年了。剩下须办的，就是要在这份文件的下面签名并签署日期。可黑人在这个问题上很坚定，一说起米哈伊洛夫斯克村，就缄口不言。乌斯季妮娅·叶尔莫拉耶芙娜这次来就随身带了这份文件。

最后一次分手时，他留下了她的一件披巾，这个人死活不肯把披肩还给她，说是要留下做纪念。

帕拉什卡端给她的早餐是烤土豆加李干，一杯越橘水，家里实在没别的可吃了。

她边吃边四下里踅摸着。四壁空空，地板也并未粉刷，白花花的，天花板也很低，连她自己也惊叹不已，她那丰厚的财富——园子、餐具和马匹——怎么会是从这么穷的小破屋里来的呢。临终时的老黑家徒四壁，和他那位死于非洲某地的爷爷一模一样。她对帕拉什卡说了披巾的事儿。

帕拉什卡翻遍了箱箱柜柜，都没找到这件披巾。看着老黑死于其中的这一片混乱，乌斯季妮娅鄙夷地冷言道：

"这么乱到哪儿找纱巾？这里连你自己丢了都找不到。"

她吃了烤土豆，而越橘水却连碰也不碰一下：

"苦的。越橘汁哪儿能这么熬呀？"

她就坐在那老黑人四仰八叉躺着的安乐椅旁。

"叫我来干什么呀？我在这儿算什么？叫个亲戚来就好了。"

"家财又不传外人。"帕拉什卡说。

她把帕拉什卡打发走了。

她不满地扫视着已经被弃置了十年的空落落的屋子。抽屉柜里一度还曾有过一块带有克罗诺斯①不断吞食其幼子的钟表，而如今那只钟表早就归她了。旧式写字台上还曾有一件小摆设，是瓷的法乌努斯②和尼姆法③，如今也在她家里。餐桌上方只剩下一只驼鹿角，这是猎人和男人都喜欢的装饰物。

老黑半张着厚厚的嘴唇挥手，像是在轰赶什么似的五指张着，嘴里嘀咕着，眼睛半睁着。

手指甲上一片片青紫，不过话说回来，他的指甲一直都是青紫色的。手指细长，左手上和每个鳏夫一样，戴着一枚镶嵌漂亮宝石的戒指。钻戒的晶面还是老旧的工艺，做得像个凉亭，钻石是水黄色的，她对宝石很懂行。帕拉什卡在找那条披巾，那是一条带穗的土耳其披巾。披巾找不到她感到很惋惜，她又瞥了眼钻戒立刻入了迷。接着她攥紧他的手，悄悄地把那枚钻戒往下扽。老黑的手指肿胀，钻戒套得很紧。她终于把钻戒扽了下来，放在大拇指下比画着。她忽然表情僵硬呆立不动：只见那老黑正用混浊的大眼睛平静地看着她和那枚戒指。他醒来了。少顷，他脸上掠过一丝阴影——他好像还笑了一笑，拉起了她的手。

“傻瓜。”这位临终者用清晰的嗓音说道，“傻瓜，亲亲嘴。”

他就此再也没有醒过来。

傍晚时，彼得·阿勃拉莫维奇来了，他一来，乌斯季妮娅·叶尔莫

---

① 希腊神话中天神乌剌诺斯和地神盖亚之子，他推翻了自己的父亲，自立为王，后又为其子宙斯所推翻。——译注

② 罗马神话中的森林和田野之神，牧群和牧人的保护神，即希腊神话中的潘。——译注

③ 自然女神。——译注

拉耶芙娜就动身回普斯科夫去了，重新把那份未经签署的赠予书放进匣子里，而当天夜里，退役的海军炮兵大尉奥西普·阿勃拉莫维奇·汉尼拔去世了。

身穿礼服的彼得·阿勃拉莫维奇安葬了弟弟。

躺在棺材里的老黑人身穿一身叶卡捷琳娜时代的海军制服，黑得像木炭，神父向农民讲述了有关埃塞俄比亚人的，年轻时曾经当过强盗的神圣的摩西·穆林的布道词。第二天市里来了一位代表，喝着酒吃着馅饼提到了死者。同时给纳杰日达·奥西波芙娜和玛丽娅·阿列克谢耶芙娜发了讣告，并通知他们前来接管米哈伊洛夫斯克村，因为他们的父亲和丈夫约瑟夫①·阿勃拉莫维奇遵循上天的旨意溘然长逝了。

3

接到岳父大人去世的讣告时，谢尔盖·里沃维奇一脸严肃持重，做出一副悼念哀痛的样子。

"Gue la vovonte du ciel soil faite!"② 他庄重地宣布。在追荐亡灵的仪式上，他动作细碎而又频繁地画着十字，并且两次响亮地深深地叹了口气。小妹安娜·里沃芙娜在拥抱纳杰日达·奥西波芙娜时啜泣了一声，但却受到了最为极端的冷遇。

死者老黑的庄园、财产以及如果金钱能找得到的话，如今全都属于其妻子和女儿。如今已经有了自己庄园的玛丽娅·阿列克谢耶芙娜，不愿意去她的丈夫一度曾从那里避她而去的那个破败的火灾遗址，便把此

---

① "约瑟夫"在俄语里就是奥西普。——译注
② 法语：上天的意志终于实现了。——译注

事交给纳杰日达·奥西波芙娜决断。接管庄园这是必需的，但要接管还必须有丈夫的帮助。可谢尔盖·里沃维奇却并未表示自己愿意去接收岳父大人的领地，借口此时还是战争时期，不愿意请求长官特意为他放行。休假不利于他的仕途升迁。

在自家的四堵墙内独断专行的纳杰日达·奥西波芙娜离开家门就变得出奇地优柔寡断，甚至害怕胆小。月底她终于到了米哈伊洛夫斯克村，而谢尔盖·里沃维奇留在了家里，答应一旦情况允许立刻前往那里。

门刚一关上，谢尔盖·里沃维奇便感到幸福无边：一旦得到这笔遗产，他忽然有了至少一个月的闲暇时光。从那天晚上起他就从家里消失了。

那时是战时，到处都是变故。整个莫斯科全城都在惶惶不安中，一切都变得不可靠起来。根据战况通报，皇帝还在痛揍法国佬，而信使们却说，是"法国人在痛揍我们"。各部委的工作人员全都像是发了疯，到处乱窜，举酒消愁，沉湎牌戏。全民的士气被鼓动了起来，人们纷纷前往总司令部，打听沙皇发布了什么最新诏书。而且，全国人民忽然都认同波拿巴是个疯子这种说法。瓦西里·里沃维奇也不再给自己家那位勃莱兹订法式大菜了。总之到处都受到一种震动。

夜里两点钟，脸色苍白，眉头紧皱的谢尔盖·里沃维奇仍然坐在蒙着绿色绒布的台子前，把第二张百元大钞投下去做赌注。他双手颤抖，未来前途渺茫。

至于说真相总归会大白于天下，而纳杰日达·奥西波芙娜总会洞悉一切，谢尔盖·里沃维奇对此毫不怀疑，但却不愿意想及这一点。起初他只是借口说要和几位老友消磨时光，后来又想出了玩纸牌这个借口，可运气像是故意和他作对似的，从一开始打牌起他就总输，由于急不可待而浑身抖得像筛糠一般。可不幸的牌局却是输了一局又一局。

四点钟他已经输得精光，只好拿起借据来："我欠你100，200，500卢布。年。月。日。谢尔盖·普希金。"他意志薄弱到了只会哭鼻子的地步。五点钟时他还完了所有欠账，甚至有了赢头。可他人已经筋疲力尽了，在彻底疲软的状态下他喝了水。过去的生活，作为一家之父和恭顺的丈夫的生活，全都在一刹那间烟消云散了。过去的全部生活都是在输钱，而现在却是在赢钱。他的精神力量在一个小时之内有了明显的复苏。他决定从此以后再也不赌钱了，万一赌钱又输了，那就请求上战场。对于一个军人来说，纳杰日达·奥西波芙娜理应没那么可怕。

尽情享受着刚刚获得的自由的他，允许朋友们在经过一个短暂的停顿后，到他在郊外——潘克拉季耶芙娜——那幢有名的房子，通宵达旦地玩儿。潘克拉季耶芙娜是一个肥胖的老太婆，在莫斯科河那边拥有一家妓院，里面有肥妞，有肥腻的汤，并且也以其原始的古朴而著称。

"真"到了那家妓院的莫斯科的行家里手们挤弄着眉眼。

谢尔盖·里沃维奇给老鸨潘克拉耶芙娜留下了最美好的印象，觉得他待人彬彬有礼，对此处的汤有着真正的胃口。

在潘家做客到中午时分，谢尔盖·里沃维奇才找到自我。原来他生来就适合过一种愉悦的生活，而非为了什么家庭或部长而案牍劳形鞠躬尽瘁。他赢的钱手头还剩了一些，他重新数了一遍，全都搁进钱包里，决心再不浪费。他心情异常宁静表情分外庄重地回了家。至于给纳杰日达·奥西波芙娜的许诺，他尽量避免去想：他生平最厌恶和恶心的，莫过于各种各样的物品清单，领地财产选册之类的东西。如今孩子们有阿琳娜照管，这方面没有什么让他烦的。

潘克拉季耶芙娜妓院的格鲁莎脾气秉性非常对他的胃口。每天一大早他就开始出门拜访，而他有的是乐子：如果波瓦尔街某人不接客的话，他会立马转向特维尔大街，然后在那里——而且整个莫斯科似乎都在那里午餐——的老太婆和老爷爷们那里吃午餐，晚上吸引他的，则是潘克拉季耶芙娜家。可是，来了一帮年轻的恶棍，他就被撵出来了。如今任何人不会碍他的事儿了。

4

母亲在远方的某个地方，在黑人爷爷的庄园，对这个庄园，父母从不提及，但许多朦胧的记忆令他想起。他已经对小孩子和路人的好奇心感到习惯了。他的脸黢黑，头发带卷而又鲜亮。

有人告诉他说他爸爸死了，如今爷爷已经是第二次死去了。这位黑人爷爷一生的遭遇让他分外关心。如今他们家已经有了自己的庄园，关于这个庄园父亲曾经说里面有一个非常美丽的湖。母亲很忧郁，她临终前挨个儿吻了每个孩子的小脸，但唯独吻了他的额头。眼下他总算自由了。

有时候他能在早晨看见父亲那罪人一般的身影，父亲正从不知什么地方回家，迈着迅疾的碎步小心翼翼地蹚进书房。他对父亲的脚步声非常熟悉——每逢父亲怕母亲时，总是会如此畏畏葸葸地回到家里。傍晚时父亲就不见了。书房经常是一连两天都空无一人。在像是被自己占领的敌人营垒的书房里，他很快就学会了如何当家做主。

他读过好多好多混乱地堆在窗台上的书，这都是些笑话书，一段一段的。他从书中了解了什么是背叛，国王又是如何针锋相对予以反驳的，了解了那些罗马统帅们，了解了那些善于隐藏自己的情夫的机灵的女人们。他翻阅罗马高级名妓群芳谱。他最喜欢的人物是臃肿的亚里斯提卜①的女友，聪明伶俐的拉伊萨。他还知道书里有许多人，在断头台上临死前，还壮怀激烈地评点江山。

他读书断断续续，速度很快，囫囵吞枣。一幅伏尔泰的肖像引起了他的特别关注：这老头有一个酷似猴头的脑袋，两片嘴唇噘得高高的，戴着一顶夜里睡觉时才戴的白睡帽。这老头是个智者、诗人和老顽童。他嘲笑弗雷德里克国王，耍滑头耍了一辈子。

他最喜欢的是这样一个诗体故事，说的是两个品行端方的老太婆回到家里躺进被窝里，居然发现被窝里有一个身体强壮的小伙子，于是两个老太婆为了争夺这个小伙子而打得不可开交。品行端方的老太太、伪君子和小女孩令人想起安娜·里沃芙娜姑妈，而对客人虚情假意的母亲则酷似茱丽叶太太。

他最喜欢读的是诗歌，诗歌的韵律似乎是对事件真空性的一种证明。他读诗速度很快，总是用眼睛搜索每句诗的末尾，在一种忘乎所以的状态下咬着黑手指上的指甲。一有什么响动，他就会机灵地把书放回原处，伸着脖子，准备应付突发情况。总体而言，这年的秋天他忽然像是换了个人似的。从前慢悠悠的步态不见了，缓慢却似乎总是在询问为什么的眼睛，变得迅疾而又机敏。他七岁了。

登着木梯，他终于可以够着书架顶层的书了。书架顶层放的都是些带有皮质封面的小书。他开始读这些书，渐渐地，一个新世界呈现在他眼前。每个女人身上都有些可爱的小秘密。所有女人全都用尽心机地相互欺骗。女友假装把小牧童赶出家门。达官显贵们的答复令人啼笑皆

---

① 公元前5世纪后半期－前4世纪初，北非昔勒尼的古希腊哲学家。——译注

非。法乌努斯怀着甜蜜而又不可告人的秘密追随尼姆法。骑手们骑马烧着热得发烫的母马打转，直到筋疲力尽。人们不约而同地一枪打死一头神秘的怪兽。园丁把月季种在了安涅塔的小筐里。

对于夜间的胜利，还有一种可笑的计算法——一，二，三，每次胜利都那么可笑——但这样的胜利本不该计数。所有人都干得筋疲力尽——处处都有战斗发生，人们议论女人就像在议论一个陌生的国家，有待开发的国家，她有丘陵、森林、高山、洞穴和凉爽的树荫。他的呼吸变得急促起来。他怀疑奇迹的存在。

如今，妈妈离开了，他的举止也立刻变得敏捷自如。

他可以不费吹灰之力地跳到桌子上，从安乐椅上飞越过去，而不打翻椅子。他什么地方都坐不住，他常常变换地方，常常会连自己也未察觉地突然站起来，致使书掉到地上。他和其他男孩子在院子里踢球，并且总能凭借其身体的各部分肌肉和敏锐的目光寻找到目标。

他几乎整天泡在姑娘们的屋里。阿琳娜起初还对他有烦言，但很快就不吭声了。姑娘们已经习惯了他的在场，和他打招呼都拖着长音，当他的面笑个不停，叽叽喳喳交头接耳地议论尼基塔和厨师尼古拉什卡。他们一起唱悠长的长调歌谣，脸上的表情越来越严肃。姑娘们发现他非常喜欢歌曲后，每次他一来，她们就为他唱起歌来。就这样姑娘们为他唱了各种歌，有歌唱白雪的，歌唱白桦和山雀的。

有一次，阿琳娜不在，姑娘们中跑得最快的塔季扬娜跑着跑着忽然搂住他，拽他扯他。姑娘们纷纷发出厉声尖叫，笑成一团，可当阿琳娜一走进来，姑娘们立刻就噤了声，一声不吭。塔季扬娜脸红扑扑的，阿琳娜严厉底训斥她：

"你等着瞧，我会告诉老爷的。"

有一次他怎么也睡不着，便央求阿琳娜让塔季扬娜给他唱一首歌。他居然最喜欢塔季扬娜的歌而非自己讲的童话，这让阿琳娜心里很不爽，但她仍然一心一意地，嘴里唠叨着，把睡眼惺忪、头发散乱、赤着双脚的塔季扬娜给叫来了。塔季扬娜拖着长声在他头顶唱着，没有歌词，睡眼迷离，敞着胸口，一边呼吸一边打着哈欠，他则听着听着就合上了眼睛，睡着了。

他的生活忽然变得丰盈和充实。

家中的宠儿列乌什卡见妈妈不在就抽咽啜泣。和姑妈安娜·里沃芙娜长得一模一样的奥连卡，天天好几次跑到父亲的屋去看一看——妈妈在不在。尖鼻头的尼古连卡像是黏在了阿琳娜身上似的，鼻子尖儿在她下摆上蹭来蹭去的。

而他却在尽情享受自由。

如今，临睡前躺在被窝里，他常常会把脸埋在枕头里，偷偷地，悄悄地笑个没完。阿琳娜看他的眼神中带有几分哀戚，心想这孩子肯定又淘气了。如今他的调皮捣蛋变得更加频繁了。水晶玻璃瓶的边沿不知不觉地就给磕破了。他踢的球打中了客厅悬挂的爷爷列夫·亚历山大洛维奇的肖像，以致画像的麻布卷边，颜料脱落。阿琳娜惊呆了一会儿，最后也就释然了。谢尔盖·里沃维奇很少看父亲的肖像。所以什么也没发现。

"墙上的爸爸眨眼睛了，灾祸临头了。"阿琳娜嘀咕道。

是她给他施的洗，可她很生他的气。晚上睡觉时她再也不给他讲童话故事了，听了童话他反而睡不着觉了。她如今是在傍晚时分给他讲童话故事。她讲故事时他从不打断她，什么事也不问。有一次列乌什卡妨碍了他们，他就揍了他一下。

睡前他常常会幸福得大笑起来。

<h1 style="text-align:center">5</h1>

不远处住着特鲁别茨基·科莫德一家。特鲁别茨基家这幢庞大臃肿的方方正正的楼房，矗立在一个空旷的院子里，这格局多少有点儿像是个放零碎物品的抽屉柜。莫斯科以其特有的方式容纳其所有的居民。房子煞像抽屉柜，特鲁别茨基一家也成了特鲁别茨基·科莫德。

而特鲁别茨基老爷子也就顺理成章地简称之为"科莫德"。这一外号使老爷子有别于其另外一个人称"塔拉尔"的特鲁别茨基，名字来源于其所喜爱的一部歌剧。第三位特鲁别茨基人称瓦西里萨·彼得洛芙娜。特鲁别茨基·科莫德一家在其科莫德祖居已经住了三代人。老爷子鼻梁结实，形容枯槁，耳聋眼花，身体已经相当羸弱，家里的全部家务由其已经四十岁的老姑娘"安纽塔"掌管。亚历山大闲逛时经常碰见尼古连卡·特鲁别茨基在和他的家庭教师散步。他们相互认识了，老姑娘给谢尔盖·里沃维奇去了一封礼貌客气的信后，亚历山大就开始常常去特鲁别茨基家玩儿了。

尼古连卡·特鲁别茨科依个头矮小，身体微肿，性情懒惰，肤色黄得像柠檬。老爷爷已经度过了年富力强的岁月，非常怕冷，因此冬天的供暖毫不间断不说，夏天也从不开窗户。科莫德永远都是静悄悄的，空气滞闷而令人感到无聊。就好像年轻人也在陪着这位老者虚度光阴似的。尼古连卡从不踢球，也不你追我赶地追逐打闹，他爱吃甜食，爱吃好东西，温柔的姑妈把他喂得肥肥胖胖。

老爷子坐在壁炉前。秋天刚到，他已经明显开始怕冷了。老爷子尽管耳朵聋，身体弱，但却很爱说话，对于家务的方方面面，他都要求女儿交代得清清楚楚，明明白白。有一次见到亚历山大，他大声问女儿：

"他是谁？"

听说名叫普希金，老头子同样大着嗓门问个不休：

"穆新？鲍勃利舍夫？勃留斯？"

女儿有几分懊丧地回答这位聋子道：

"不是，mon pere①，叫普希金。"

老头子想了想，最后依旧用那种低哑但却十分坚定的男低音问道：

"是以前那位普希金的儿子？"

女儿深深叹了口气，说他是邻居谢尔盖·里沃维奇的儿子。

老头这才又想了想，终于回想了起来，说：

"噢，就是那个写诗的！"

这位老人的嗓音煞像一位回忆起来什么可笑之事的人。显然，谢尔盖·里沃维奇他记不得了，记得的都是一些与瓦西里·里沃维奇有关的事儿。

几分钟后，当温和宽厚的姑妈来到儿童室看孩子们嬉戏打闹时，见亚历山大正骑在尼古连卡身上，相当准确传神地正在模仿一位纵马飞驰的骑者。而尼古连卡却四肢着地，驯服地正在表演一匹驯顺的坐骑。

这样的游戏姑妈可不喜欢。

晚上，亚历山大问父亲从前那些普希金家人都有谁。谢尔盖·里沃维奇听愣了，紧接着就骄傲地问儿子，谁对他说起从前那些普希金家的人。他看不起所有那些尼古拉舍客，格鲁舍克和塔季扬诺克们，他们竟然毫无忌惮猎杀所有野物。任何从前那些普希金家的人都从来没有，现

---

① 法语：我的父亲。——译注

在没有，将来也不会有这些行为，他严厉禁止家人谈论什么从前那些普希金家的人。得知说这话的是老头子特鲁别茨科依，谢尔盖·里沃维奇咬紧牙关，但却宽宏大量地说道：

"哎呀，这个可怜的科莫德！这个可怜虫他这是老糊涂了。"说着，用手指触了触额头。

紧接着，他仍然用同样宽宏大量的口气咬紧牙关问儿子，他是否喜欢自己这位新结识的伙伴。

亚历山大扑哧一笑回答说：

"C'est un faineant①。"

儿子口气里透露出的鄙视令谢尔盖·里沃维奇感到吃惊。他不无几分满意地瞧了瞧儿子。

6

纳杰日达·奥西波芙娜正式接管了属于自己的庄园。仆人们全都一身新装，目光垂下，一躬到地。

可她却从未当过地主。她和母亲在首都的普列奥勃拉任斯基军团度过了自己的青年年华，母女俩住在一间狭小的房子里，很少去近卫军军营，生活得贫穷而又隐含着苦涩。每次出门母女二人就会蒙受巨大的悲伤和痛苦。她已经对她在那里度过童年的苏伊达没有任何记忆，乡村生活于她而言是完全陌生的。因此，她是怀着胆怯之心走进她十分陌生的父亲家的。父亲那幢屋顶覆盖麦秸，灰扑扑的房子，令她感到心悸。她看待人世的眼睛是严厉的，也是忧郁的。这位老年黑人的后宫竟然一直

---

① 法语：这是个懒鬼。——译注

瞒着她而存在着。

她觉得这幢房子煞像一间板棚：不光是到处都难以见到任何奢华的痕迹，甚至就连各个房间本身也都空空荡荡。纳杰日达·奥西波芙娜很吃惊：她从童年起就习惯地以为父亲是个有钱人。衰败破落的痕迹又有多少能被帕拉什卡抹平呢。在父亲临终时待过的那间屋里，安乐椅旁边放着从未有人动过的一小瓶药，一壶没喝完的葡萄酒，一个碟子。另有一些东西：一支烟斗，一纸袋烟叶，一条40年前曾经用过的丝绸围巾，几小片半已腐烂的文件残页，上面用白墨水写满了锈迹斑斑的字——全都堆成一堆。旁边还有一朵个头很大的干花，满是尘土，是用丝带系着的。帕拉什卡正费力地把这一大堆破烂从床头柜里掏出来。那朵小花还散发着阵阵干草的味道。

她读了读父亲的文件，原来是些偶然留下的账单和几封书信。

"银茶壶、宝石戒指和猫眼石戒指一共可售370卢布。"

"我仁慈的阁下约瑟夫·阿勃拉莫维奇：

"既然上礼拜二没弄到许可证而主事叫周四来，我怀疑许可证已经有了，因此，恭请您以您的宅心仁厚主导此事。因为我已经花光了所有钱财，而预先关照主事儿，以便让一切事务能完全如您所愿地进行。至于履行离婚手续一事，则一个字也没说，让人不明所以。"

"我的小朋友，我的无比精干的能人儿，你不在，我整夜整夜地睡不着觉，浑身骨节酸痛，四肢发麻，差不多浑身都软弱无力……"

"但这样的行为只能表明您是一个最卑鄙的家伙。我，先生，非常明白这一点，我太了解你是怎样一个恶棍，胆小鬼，下流胚，就连最胆小的小孩子也做不出这种事……"

堆放在床头柜上的所有杂物，都被她丢进炉子里了。那朵小花在一阵噼啪声中四分五裂了。她当即把帕拉什卡叫来，下令彻底改变屋里的陈设——把父亲的书房当成客厅，而客厅却被用作卧室。女孩们装填了新的草褥子，带来了新的短棍支架——她才不想在父亲的床上睡觉呢。橱柜从屋里拖出去了，但沉重的橱柜腿铭刻在地板上的痕迹，却令她惶惶不安，觉得那似乎是久已不在的往昔留下的印迹。

第二天早上，她刚一睁眼，窗外就响起了丁零咣当的铃铛声：地方自治会的会长携书吏到了。他们在庄园里来来回回地走了一整天，用长长的俄尺丈量着澡堂和一些灌木丛，纳杰日达·奥西波芙娜忧心忡忡地站在窗前看着他们忙乱。书吏拟好了海军炮兵大尉约瑟夫·汉尼拔的动产不动产清单，又不知从哪儿找来一位高尚的证人，哆嗦着手在文件上签了字。他佝偻着身子，来时带了一只猛犬，拴在台阶上。他向纳杰日达·奥西波芙娜介绍说，他是个退休准尉，叫扎杰波列斯基，是她家的邻居，并且时刻愿意为其效劳。

随后宾主坐在餐桌前，帕拉什卡拿来了伏特加。会长到晚宴结束时喝得酩酊大醉，瘫倒在地上，高尚的证人往醉汉的脸上泼了些水，吩咐帕拉什卡和姑娘们把醉汉拖进澡堂醒酒。第二天一早主任就带着书吏离开了，而高尚的证人也解开拴着的猛犬，向纳杰日达·奥西波芙娜深施一礼，吻了吻女士的手，走了。

"像水蛭吸血似的，吸了个够。"帕拉什卡冲着那些人的背影嘀咕道，这几乎就是在一字一句地重复死者奥西普·阿勃拉莫维奇的原话。

她之所以谴责会长酗酒不是没有来由的。此人是品尝彼得·阿勃拉莫维奇的果子露酒和饮料的常客。

而纳杰日达·奥西波芙娜在等谢尔盖·里沃维奇期间，开始过起了地主的生活，原来这一点并不难做到。和在城里一样，女仆给躺在床上的她端菜，她往往一觉睡到午后很久才起床，起床后和帕拉什卡商量商量午饭，随后到外面随便走走，希望能偶尔邂逅某个邻居，在人家那儿吃饭，吃完后再对饭菜进行一番评点，然后再休息一会儿。叔叔彼得·阿勃拉莫维奇就住在离她不远的彼得洛夫斯克，对那次吵架记忆犹新，从不主动去找她，而她却会主动上门找他。

她很快就与周围那些邻居们认识了，邻居们纷纷前来邀请她到罗科托维家和维恩多姆斯基家参加便宴。罗科托维家住在五俄里外，是个守财奴、吝啬鬼，老婆是一个骄傲自负的贵族地主太太，说俄语像说法语一样带鼻音。丈夫说话尖声尖气，谨小慎微到了极致，饭菜也很差劲儿。维恩多姆斯基老人是一个鳏夫，就住在离她很近的特里戈尔斯克村。他年轻的女儿，此前曾经嫁给特维尔地主武尔夫，现也住在他家。普拉斯科维娅·亚历山大洛芙娜·武尔夫令纳杰日达·奥西波芙娜十分惊奇的，是她那种男子汉一般的勇敢慓悍，但这种精神在首都根本就算不上什么时髦——她从一大早就会在田野上赶马，骑马奔驰，到田间干活儿，而对六岁的安涅特和刚一岁的阿列克谢不闻不问不管不顾的。她身强体壮，嗓门洪亮，绺绺卷发垂在两鬓。晚上她坐在壁炉前阅读萨柳斯蒂①的法文著作。读萨柳斯蒂的书时她其实已经累得够呛了，读着读着就睡着了。老头子和女儿说起来还是纳杰日达·奥西波芙娜的一门亲戚：他父亲的表兄弟海军准尉雅科夫·伊万诺维奇娶了维恩多姆斯基的二妹。可纳杰日达·奥西波芙娜既不认得这位叔伯兄弟，也不认得他的妻子。

每到夜里米哈伊洛夫斯克村就变得无聊而又可怕。所有房间里都空

---

① 萨柳斯蒂（前86年-约前35年），古罗马历史学家。——译注

空荡荡的，处处弥漫着一种虽然微弱，但却永久不散的烟草味儿，酒味儿和老年人身上特有的味儿。她其实对父亲既不了解还有些害怕，而如今和父亲的关系终于一劳永逸地结束了。每天夜里她醒来时都能听到雨打窗户的噼噼啪啪声，听到有人踩得麦秸屋顶窸窸窣窣地响。好像脚下很不稳的样子——紧接着，忽然传来一声鸟叫和鸦鸣，和一阵疾风裂帛式的巨响，就好像有人在屋顶拉风箱似的。她连忙点起蜡烛。窗户上蒙上一层细细的水珠，天已经蒙蒙发亮，迟醒的鸟儿们也都飞走了。她浑身战栗，由于自己距这些鸟儿们是如此之近。

三山城里已经亮堂堂的热闹非凡。在维恩多姆斯基那幢钉着木板，分外坚固的住宅里，在索洛季亚山冈上，一群孩子正跑来跑去，灯烛闪亮。普拉斯科维娅·亚历山大洛芙娜疯狂地弹奏一架老钢琴并发出铿锵之声，幸好那架琴还没有全坏，嘴里唱着最忧伤的抒情歌曲。孩子们淘气地跳着舞，连纳杰日达·奥西波芙娜也被留下来过夜。这里没有任何东西令人想起远离住房的米哈伊洛夫斯克村，甚至就连从房顶飞过的鸟儿们，似乎也截然不同。

普拉斯科维娅·亚历山大洛芙娜为人正直，嗓门洪亮。她评判人事十分公正。她和纳杰日达·奥西波芙娜开始了一场公开的对话。她毫不隐讳，开门见山并且毫不打磕巴地直冲冲地说，托尔斯季哈像摘马林果似的把老头子抢了个精光，但又劝阻她切不可和这个老吝啬鬼打什么官司，这是根本没有希望的事儿。对于帕拉什卡她的印象同样不好——她是个偷东西的喜鹊和拉皮条的。

很快普拉斯科维娅·亚历山大洛芙娜就对所有的最新时尚有了一些了解，她那种老实人表现出的朴实单纯令纳杰日达·奥西波芙娜觉得很开心。

也是她帮助纳杰日达·奥西波芙娜在谢尔盖·里沃维奇到达以前，全面管理整个庄园的事务。

纳杰日达·奥西波芙娜跟着她跑遍了普斯科夫，而收到伏特加的小办事员，把汉尼拔祖传的领地米哈伊洛夫斯克，乌斯季娜、连冈科索赫诺瓦、列普希诺、瓦什科沃、莫洛佐沃、洛克捷沃、沃洛诺沃、佐沃、列日涅沃、齐勃列沃、格列契涅沃、马赫尼诺、勃留霍沃和普罗休戈沃村，总计700多俄亩土地，连同其所有耕地、割下的草料、森林与湖泊、带住宅的庄园、村庄、河流和菜园，以及附属的180名男性和100名女性农奴，全都永远归属于女儿和妻子名下。为此，小办事员为其颁发了盖有大红印章的正式文书，文书后面附有所须补充的伏特加。

对自己和母亲名下所属村庄的数目感到满意的纳杰日达·奥西波芙娜一回来就着手进行巡视，她发现其实只有五六间黝黑的，搭在村庄的台阶上棚屋也歪歪扭扭的四个村子，村民们站在道路两边躬身施礼，对贫穷状况怨声载道。一位老太太用一只木头碟子给她端来了黑乎乎的普斯科夫馅饼——卡科尔——一种包胡萝卜馅的馅饼。

纳杰日达·奥西波芙娜轻轻咬了一口，又往前走去。多数村庄都已经名存实亡了：显然，它们只在老年人记忆中的文件中有其标志。耕地也都十分贫瘠，但登记册上表明的小河流，都果真沿着沙坡发出潺潺之声。但是，这些小溪有些地方已经上冻，水面上覆盖着一层薄冰。

被自己所属庄园的名不符实而吓了一跳的纳杰日达·奥西波芙娜开始数点仆人，可刚数到第13个女仆时，便绝望地一摆手。她没对任何人，也没对普拉斯科维娅·亚历山大洛芙娜说任何话，向对方问一句那些村庄都到哪儿去了。她断定导致这一切结果的罪魁祸首就是托尔斯季哈，她对这位败家的女人充满仇恨的同时，也多少对父亲感到惊奇，他居然为了自己的性欲而荡尽了自己的家产。他曾和普拉斯科维娅·武尔夫一起朝拜过圣山。父亲的坟前立着一个木头十字架，上面有一大滴像眼泪似的松香在流淌。彼得·阿勃拉莫维奇用铅笔在十字架上题词："二级海军大尉，享年 62 岁，汉尼拔。"写题词的人大概是忘了，签姓氏时大笔一挥，画出一条遒劲的花笔道。纳杰日达·奥西波芙娜在十字架前站了一会儿，十字架还散发着新鲜的枯木香味儿。从山上可以瞭望周边的美景。她决定给父亲换一块比较体面的石碑。

　　谢尔盖·里沃维奇还是没跟过来，住在米哈伊洛夫斯克村感到清冷而又孤单。纳杰日达·奥西波芙娜渐渐愁上心头。她对一切感到厌烦，懒得动身去三山城，她既不习惯这个家，也不习惯自己这个庄园。她觉得一切是那么陌生和异样，觉得自己好像不在其位，庄园也似乎马上就要被人夺去——具体地说，就是被住在普斯科夫的托尔斯季哈这个恶女人夺去。许多乡村似乎从来就未曾存在过。她恨谢尔盖·里沃维奇，恨他始终不来，恨他把她给抛弃了，把毫无防护能力的她抛弃在这个荒野不毛之地。她似乎患了一种十分沉重的，非本地的，非普斯科夫省的，来自海外的，重病沉疴的寂寞无聊病。每天晚上眼睛半睁半闭地坐在那儿，她往往会咬着指甲和指头，心性暗淡地独自垂泪到天明。屋里像鸡笼一般沉寂下来，可鸡笼里却立着一只鹰，还关着一位老年人的嫔妃，陋室藏娇，等待着命运的宣判。

　　刚巧赶上了教堂命名节，精明强干的帕拉什卡打定了主意。所有女仆全都穿得漂漂亮亮，前来向贵族小姐祝贺节日。纳杰日达·奥西波芙娜走了出来，无聊地透过夹鼻眼镜打量着她们。姑娘们礼毕起意跳舞。纳杰日达·奥西波芙娜吩咐把安乐椅搬出去自己坐下。一个身形袅娜的姑娘忽然一跺脚，紧接着抖动肩膀跳起了密集的小碎步。紧接着第二个，第三个也如法炮制。她们跳的是一种引进中的舞——像老头子清醒和寂寞时她们为他跳的那样——在舞动中行走着。和往昔一样，那些仆人们也三五成群地聚拢来，从远处观望着。大家都不说话，因为当着老头子的面，大家已养成不说话的习惯。纳杰日达·奥西波芙娜始终透过夹鼻眼镜看着这一切的进行。渐渐地她也变得活泛了起来，鼻孔激动地翕动了起来，脸上也泛起了红晕。习惯于对老爷们察言观色的姑娘们加快了动作。天气透明洁净，周围一片寂静。纳杰日达·奥西波芙娜虽然仍旧一动不动地坐在椅上看着这一切，但她的每个肢体和器官——眼睛、嘴唇、肩膀——都在动，鼻孔也紧张地收缩。她打发人赏姑娘们馅饼吃。寂寞无聊一扫而光。

在和维恩多姆斯基老头协商一番后，她开始发号施令了。派帕拉什卡到养鸟院干活，侍妾们全都解散，而后根据老头子的建议，委任高尚的证人——扎捷普连斯基准尉为庄园总管，此人治家有方，令出法随。他立刻像从地底下钻出来似的出现了，还带着他的那条狗，随即临时把澡堂当作宿舍住下来。因为澡堂是个非常暖和的地方。

全体仆人集体把纳杰日达·奥西波芙娜送回屋。两个姑娘整了整围裙，庄园里很快安静下来。纳杰日达·奥西波芙娜走的时候很高兴，她根本不相信仅仅一周后，她自己也会在布图尔林斯基家跳起舞来。

7

玛丽娅·阿列克谢耶芙娜留给纳杰日达·奥西波芙娜干到开春的厨师尼古拉什卡跑了。

在普希金家的仆人圈中，他是一个很突出的家伙。他不爱说话，总是沉默寡言，胡子刮得干干净净。没人敢对他大喊大叫的。有一次玛丽娅·阿列克谢耶芙娜想要给他一记耳光——他把鹅给烤焦了——他把他那双暗淡无光、空虚冷漠的玻璃珠的眼睛转过来对着她，她害怕了。姑娘们都很敬重他，背地里称他为尼古拉·彼得洛维奇。

和多少喜欢嗜酒的但又常常——不如说永远都乐乐呵呵的尼基塔相反，尼古拉·彼得洛维奇是滴酒不沾。

在纳杰日达·奥西波芙娜回来前不久，谢尔盖·里沃维奇计算了一下自己输钱的记录，决定在夫人面前把自己漂白。他说毫不怀疑输钱的事儿终将大白于天下。于是他开始寻找小偷。很快小偷就被他抓住了——尼古拉什卡与他身份不符的花钱事项太多，借口说自己家的油变质了，牛肉和野味也有味儿了，他不得不到铺子里去买，等等。

谢尔盖·里沃维奇把厨师叫来，竭力让自己大发雷霆，口沫飞溅地骂他是贼。尼古拉什卡一声不吭，而谢尔盖·里沃维奇也比平时更早地离开了家。

晚上亚历山大在经过女孩屋里时听见下人屋里有人唱歌。他偷偷推开一道门缝。尼古拉坐在桌前，脸色苍白，穿一身新厨师服，面前放着一俄升空了的酒瓶。他哼着一首悠长而又单调的歌曲，却没有歌词。原来这不是什么歌曲，而是一种压抑的、悠长的嗥叫。

他用明亮而又茫然的眼神扫了亚历山大一眼，嘿嘿嘿地惨笑了一下。他打了个呼哨，同时向亚历山大使个眼色。

"您的普希金一家，"他慢慢腾腾地说道，"从上到下全都变质了！你就等着瞧吧！"

他开始慢慢腾腾地站起身来。被吓着了的亚历山大步步后退。

两天后尼古拉走了，再也没回来过。仆人们全都缄口不语。谢尔盖·里沃维奇向警察局报了案，并且显得异常兴奋。他逢人就讲厨师的盗抢和出逃。晚上专程前来的姑妈安娜·里沃芙娜得知此事后，天天祈祷，并再次为谢尔盖·里沃维奇做了祷告——所有人都有可能被尼古拉什卡割断喉咙。

晚上，亚历山大问阿琳娜尼古拉去哪儿了。

从某个时候起，她为自己确立了一个原则，什么都不怕。可是，尼古拉什卡那凝然不动、像能把人刺穿一般的目光，以及他那低声嗥叫式的俄罗斯歌谣，却让她感到一种无以名状的恐惧。

阿琳娜双手一摊说：

"回波兰了。他能往哪儿去？是强盗都会往波兰跑。皮靴筒里塞一把刀子——到哪儿去找他！可你一不留神他又回来了：老爷，如温柔敦厚的省长。"

而纳杰日达·奥西波芙娜很快就回来了。

8

纳杰日达·奥西波芙娜从进门起就嗅出了一种不祥的气味。使她惊奇和受伤的是，好像一切的一切没有她似乎也过得挺好。她和这个家已经疏远了，她已经认不得它了。

尼古拉什卡是因为谢尔盖·里沃维奇的缘故才出逃的，这一眼就能看出。从眼神就能看出，许多方面的过失在于谢尔盖·里沃维奇，家里可以说是一文不名。谢尔盖·里沃维奇把一切罪过都推到坏蛋尼古拉什卡身上了——ce faquin de nicolachka①，这个女骗子——ces friponnes de

---

① 法语：尼古拉什卡这个坏蛋。——译注

Grouchka et de Tatjanlca①——和可恶的尼基什卡，ce coquin de Nikichka②。可是，事情很快就真相大白了：忽然找到其中一位年轻的恶棍之一写来的字条，字条上以调侃的语气邀请谢尔盖·里沃维奇莅临潘克拉季耶娃那有名的圣殿。不幸的是，这张字条偶然落到了纳杰日达·奥西波芙娜手里。

这是非常可怕的一天。孩子们都躲起来了。仆人们则仿佛压根儿就不曾存在过似的。纳杰日达·奥西波芙娜与谢尔盖·里沃维奇面对面坐在桌前，还是一声不吭地砸餐具。她一旦发起火来是十分可怕的，脸部的线条严峻而又凝然僵硬，脸色晦暗，不是白的，而是没有血色，眼神暗淡，嘴唇粗厚地大张着。她正把盘碟一件件地往地上砸。当谢尔盖·里沃维奇的长颈玻璃瓶也飞离桌面，洒在地板上流淌时，他由于恐惧、委屈和愤怒而浑身颤抖，忽然大发雷霆，怒发冲冠，啪的一声把高脚杯给砸了。这对纳杰日达·奥西波芙娜来说实属意外。

“好啊，您居然敢砸东西了啊?”面容苍白，心绪平静而样子可怕的她咬牙切齿地说道。“砸吧，chez votre Pankratievna”。③ 她的眼睛滴溜乱转，全身血脉贲张。

谢尔盖·里沃维奇慢腾腾站了起来，昂起了头颅。此刻他浑身上下透着一种非同寻常的尊严。纳杰日达·奥西波芙娜呆呆地看着他。

“Mon ange,④”他轻轻地换了口气，声音尖细，但已然是扬扬得意地说，“我要参战，我要上战场。”

---

① 法语：格鲁什卡和塔季雅娜这两个女骗子。——译注
② 法语：尼基什卡这个大骗子。——译注
③ 法语：您竟然敢砸您的潘克拉季耶娃的杯子。——译注
④ 法语：我的天使。——译注

纳杰日达·奥西波芙娜慌了。她瞥了一眼被砸烂的餐具，丈夫的表现令她困惑。一想到谢尔盖·里沃维奇要当军人了就感到害怕——一旦当了军人就摆脱了她，而吃饭时再也不用等他了。这之后她又想到自己可能成寡妇，带着一帮孩子孤苦度日，她更害怕了。另一方面，如果谢尔盖·里沃维奇真的打算上战场，这倒是能够为其在潘克拉季耶娃家的行为辩护。当兵的人都可以恣意妄为。谢尔盖·里沃维奇换了口气。他迈着急速的脚步来到前厅，大声吩咐小厮拿大衣，穿上大衣就离开了家——也许是在落实到哪个军团服役的事情去了。

　　纳杰日达·奥西波芙娜对此将信将疑。对于就在她眼前上演如此不堪之喜剧的丈夫，她气得发狂，也对自己气得发狂，因为是自己导致丈夫到作战部队去服役。最气人的是，他尽管犯了错却终归是胜利者，而她自己却被愚弄了一番。

　　纳杰日达·奥西波芙娜像一阵风似的卷进女孩们的屋，姑娘们平心静气地坐着。她忽然发现亚历山大也坐在角落里，遂瞪大了双眼。她不在家期间，丈夫和儿子都染上了不良的习惯。她抓住他的领口，几乎是把他拖出了房间。

　　在自己卧室门口她撞见了阿琳娜。阿琳娜脸色苍白，平静，眼神蓦然暗淡下来，眼窝深陷。

　　纳杰日达·奥西波芙娜的肩膀撞了她，阿琳娜"哎哟"一声，靠在了门框上。

　　"畜生！"纳杰日达·奥西波芙娜喊道，但却不敢看对方一眼。

　　阿琳娜随后离开门框，让母亲二人过去。

　　门在母子二人进去关上后，她还呆呆地站了一会儿。

　　"拿树条来！"纳杰日达·奥西波芙娜喊道。

阿琳娜画了个十字离开了。她回到下人屋，坐在板凳上，双手搭在两腿上。小厮听到太太召唤拿着树条跑来了。她的脸色更是白得像霜打了似的，手捂着胸口。

　　纳杰日达·奥西波芙娜打儿子打了好长时间，直到打累了才罢手。打完后，她又歇了一会儿，累得筋疲力尽，便一头栽在枕头上睡着了。阿琳娜在黑乎乎的下人屋又坐了好久。少顷，她在自己的小箱子里摸了摸，摸出一个小瓶来，啜了一口，觉得心情好了点儿，于是又喝了一大口，再后把一小瓶一口干完。这时，她已经酩酊大醉了，于是便左右摇晃着身子，啜泣起来，泪水打湿了脸庞。

第六章

1

秋天走了，冬天过了，谢尔盖·里沃维奇却并未参战。如今正在进行着一场与法国人和土耳其人的战争。莫斯科那些老年人谈起这场战争态度十分严厉。拿破仑胜利了，据新闻说，皇帝哭了。总司令卡缅斯基老将军在每份折子里都请求免去自己的职务，很快据传闻说，他也真的离开军队了。

每天都有人写作和发表短诗，许多短诗是献给城市的奠基人的，可写到后来大家都觉得无聊了。谢尔盖·里沃维奇也和大家一样，渐渐地冷静了下来。

与此同时莫斯科正在进行各种各样的化装舞会，在其中一次舞会上，谢尔盖·里沃维奇和纳杰日达·奥西波芙娜曾经见识了一幕可笑的闹剧，主角是两个好朋友，都为了一个漂亮女人卡莫卡打了起来。两人相互揪扯对方的头发，这件事实在是可笑之极。但当事人自己却笑不起来，因为两人都已经吵翻了。

冬天给亚历山大雇了个家庭教师。家庭教师的人选遴选了好长时间，最终决定不是别人，而是由孟德福伯爵亲自教育亚历山大。不过，这已经不再是从前那个孟德福了：他的鼻子更尖了，也更红了，裤子永远都是油渍麻花的，破破烂烂的硬领总是在他胸前晃来晃去的。他仍然还像以前那样待人殷勤有礼，但几乎永远都不过分高兴或是话多。每天晚上他都要吹一会儿长笛。他就睡在亚历山大那间屋，小男孩和自己的老师建立了友谊。这位法国人心甘情愿地原谅了亚历山大的调皮捣蛋。

师生二人常在莫斯科的长街短巷、公园绿地散步。老师在此期间常常会没完没了地唠叨不休。很快亚历山大就了解了许多法国宫廷从侯爵开始的逸闻趣事。

每天早晨一起床，这位法国人就要先喝点能治病的香树脂，喝完后显得神清气爽。晚上如果不吹长笛的话，他也会喝一点。他会自如地在一片小纸头上画他脑子里能够想到的任何东西，最常画的是他那位留在巴黎的女友的脑袋和秀腿。女友的侧影彼此很相像，唯有他画的那些秀腿却个个不同。

有一次，他给小男孩讲起两代王朝统治期间发生的决斗故事。他让小男孩站在离自己三步开外，教他如何丢手套以示挑战。他们没有持剑，可当亚历山大大喊一声"您被杀死了！"时，他还是感到无比欣慰。

总之，他常给亚历山大讲述巴黎上流社会的故事，讲剧院。只有一次，啜过一口香树脂后，他垂下了头，痛哭起来。

2

开春，全家去看望住在扎哈罗沃的祖母玛丽娅·阿列克谢耶芙娜。米哈伊洛夫斯克村离得远，再加上那里一切都乱糟糟的，谁都不愿意去。

在他一生中，这是他第一次出门上路和第一次分居。马车夫坐在车辕上，没完没了地哼着一首没头没尾的歌，时不时地鞭打一下驾辕的马，随后马车驶入有深深辙印的土路，两边的农舍里还烧着没有烟囱的炉子，四下里全是丘岗，田野和小树林，全都光秃秃的，被最近的一场雨洗得干干净净的。他贪婪地谛听着这曲陌生的音乐——车辚辚和车夫的歌吟——吮吸着新鲜的味道：松焦油，微风。几只毛茸茸的黑狗，龇着牙，快活地吠叫个不停。

这是一条大路，父亲和伯父有时候会对此路骂个不停——丘陵起伏，肮脏泥泞，沿途偶见几个空旷无人的岗亭，在丘岗上，地主的住宅如花边一般泛着白光。

在路上无人会以无穷无尽的训导令亚历山大烦忧。

他喜欢出门旅行——如果可以，他永远不从车上下来。路上的坑坑洼洼令所有人都摇摇摆摆的。

纳杰日达·奥西波芙娜沉默了一个冬天了。

谢尔盖·里沃维奇早知道得不到她的回答，可还是希望她开口，于是，便用甜蜜的声音疾速地问道：

"我的心肝，勒布伦①的那本小书，你还记得吧，就是我前几天刚读过的那本，在哪儿吗，我怎么也找不到，该不会是亚历山大拿走了吧?"——回答他的，是陌生的目光和空气的沉默。即便真是亚历山大拿了这本书，她也不会关心这种事的。她极善于沉默。谢尔盖·里沃维奇因难受而渐渐地蔫了，他开始给她送礼物，有一次甚至送她一枚最新式的扣钩，或许他这也是为了吸引别人的注意力吧——他是在饭桌上说这话的，还说野物馊了，并且叹了口气，把盘子推开，一口也没吃。野物是自家的，是冰冻的，而且真的有些馊了，但纳杰日达·奥西波芙娜

---

① 勒布伦（1729—1807），法国诗人。——译注

始终一声不吭。谢尔盖·里沃维奇和她聊天时始终叹息不已，而且他的叹息各个不同，时而小声而又深沉，伴随着耳语，时而大声而又疾速。

旅途中夫妻俩相互之间明显变得和蔼温柔多了，进入扎哈罗沃之前纳杰日达·奥西波芙娜又赌气了。在兹维尼戈罗德，谢尔盖·里沃维奇深受感动：阳台上坐着一位贵族小姐，正用极其嘹亮的嗓音歌唱着：

既然你已摧残我

火热心中的一切希望……

纳杰日达·奥西波芙娜的脸上忽然蒙上一丝阴影，眼神晦暗，胸膛起伏，呼吸急促。她眼睛一眨不眨地，贪婪地死盯着谢尔盖·里沃维奇。谢尔盖·里沃维奇察觉她的目光，缩回脖子，转过身来，装出万事不关心的样子对车夫说：

"快赶，赶快点——睡着了！"

他的妻子一旦吃起醋来是非常可怕的，下手很重。

发现谢尔盖·里沃维奇喜欢听人唱歌，纳杰日达·奥西波芙娜咬紧牙关说：

"都老掉牙了！像蚊子叫似的。"

在扎哈罗沃，全家人分散开来单独活动。谢尔盖·里沃维奇手捧一本法文书在小树林散步。树林不大，但常有姑娘们进去采野果。

纳杰日达·奥西波芙娜坐在池塘边，一连数小时盯着湖水发呆。究竟是什么东西吸引了她的注意力，这对仆人们来说始终是个谜，亚历山大和他的家庭教师在路上走动。玛丽娅·阿列克谢耶芙娜两手一摊说：

"大家全走散了！"

孩子们住的是破旧的厢房，位于主屋的一侧。奥连卡和妹妹们住大屋，亚历山大和尼古拉以及教师住的是一间特殊的屋。

　　鼻子尖尖，脸色发黄，模样俊俏的奥连卡是个假善人来着。安娜·里沃芙娜姑妈曾经教过她如何为爸爸、妈妈、弟弟尼古连卡、弟弟萨什卡做晨祷和晚祷。奥连卡和尼古连卡两人挺好，她便从早到晚在主屋里讨祖母和母亲的欢心，而尼古连卡和她形影不离。她那两条细长腿急不可待地迈着小碎步，只要一被人察觉，便立刻蹲下来。

　　尼古连卡是父亲的宠儿，他有一只普希金家族特有的尖鼻子。而他在发脾气、生气和软弱时，已经学会像父亲那样耸鼻子了。他已经和亚历山大打过几架，还跑去向父亲告亚历山大的状，父亲则反过来又向母亲告他的状。

　　父母吵架对于亚历山大反倒没有什么不好——家人会把他和孟德福暂时忘到一边儿的。只有祖母有时候会揪起他的下巴，直勾勾地盯着他，严肃地看着他的眼睛，最后拍拍他脑袋，不知所措地叹息着。

　　从他的窗户可以看见那个池塘，池塘周边种着一些打蔫的小白桦。池塘对面是一个绿得发黑的小松林。纳杰日达·奥西波芙娜就因为小松林的郁郁苍苍而喜欢它——这样的小松林自有一种新鲜的、郁悒的哀歌的韵味。——而谢尔盖·里沃维奇却不喜欢它。主屋和厢房都坐落在一个山冈上。园子四边种的都是古老的械树。扎哈罗沃到处都有前庄园主留下的痕迹——一排械树和一排白杨：这正是古老的，早已被人所忘怀的林荫道的遗迹。

　　谢尔盖·里沃维奇在小树林里读着树枝上刻写的，早已变黑了的外国人的名字。树上常常可以看见一种古老的象征符号——一颗被利剑穿透的心，下面有三颗圆点——是从箭镞上滴下的血滴。人名都是两两成对的，说明情人们的幽会已经过去很久了。

扎哈罗沃曾经多次转手——这是一个历史不长，非世袭贵族的，鲜有欢声笑语的庄园。任何人在这里都住不长久，主人在这儿住着就像到人家里做客。

谢尔盖·里沃维奇被所有这一切笼罩全家上下的悒郁消沉而堕入绝望，他开始思考逃离的对策。

只有无家可归的孟德福觉得住在这儿挺好：他像鸟儿似的打着呼哨，表情冷淡，速度飞快地画着扎哈罗沃的风景。但全都是老一套——锯齿般的林梢，和所有池塘一般无二的池塘，主屋的位置是一座带尖顶的壁垒式要塞。他常领着亚历山大到维亚泽姆，是旁边一个富裕的村镇，他每次都能在那里丰富自己香树脂的储备和库藏。

扎哈罗沃庄园的农民都饶舌。维亚泽姆有一座差不多是在格都诺夫时期建造的钟楼，旁边有个小教堂，可就连当地的老年人也拎不清是何人所见，说不清在这里，在维亚泽姆从前究竟有过什么。

百无聊赖的谢尔盖·里沃维奇突发奇想，节日里带全家人到维亚泽姆参加日祷。

把普希金一家人拉到扎哈罗沃的那辆破旧的轮轿式马车，吱吱扭扭地响了一路，似乎随时都有可能散架。村妇们惊讶地打量着外来的老爷们，并对其深深鞠躬。

"这就是四轮马车，瞧这铃铛。"普希金一家经过时她们议论纷纷。

维亚泽姆的大钟被打碎了。

做礼拜时谢尔盖·里沃维奇发现一个肤色白皙的小姐，是邻居家的女儿，便偷偷地瞟了她一眼，可那女孩非常胆小，一不注意就溜了。谢尔盖·里沃维奇开始对这个乡村老式的、半瞎眼的神父产生了不满——

神父没有对来扎哈罗沃参加礼拜的老爷给予足够和应有的关注。

晚上他和孟德福聊了会儿天，孟德福认为信仰对普通民众来说是必不可少的。但他从神学书中了解到的无可置疑的东西，只有一个：圣人即使在极乐世界也得干活儿，但该书中更重要的是讲化装舞会那一章。谢尔盖·里沃维奇在进过维亚泽姆的教堂以后，觉得孟德福的话很对他的心思。他感觉自己绝对是个侯爵。这天晚上的最后一个节目，是由孟德福朗诵斯卡隆①描写阴间的诗：

> Tout prиs de l'ombre d'un rocher
>
> J'aperзu l'ombre d'un cocher,
>
> Qui, tenant l'ombre d'une brosse,
>
> En frottait l'ombre d'un carrosse. ②

谢尔盖·里沃维奇喜不自胜地抱了抱坐在旁边的亚历山大的脑袋。

维亚泽姆有非常喧闹的集市，——声音如此之大，以至醉汉的歌声竟然能传到扎哈罗沃，令玛丽娅·阿列克谢耶芙娜伤心不已：

"对，就好像在客栈里似的，对老爷爱答不理的。"

她说这话时声音很小，心底暗自对这个新庄园感到失望，本地的农夫们也对扎哈罗沃来的地主们爱答不理的。

亚历山大和尼古连卡则游泳，听灌木丛中的啼鸣，和孟德福一起去维亚泽姆丰富其香树脂的储备。有一次，落在后面的亚历山大看见一幕

---

① 斯卡隆（1610—1660），法国诗人。——译注
② 法语：在岩石的阴影下/我发现车夫的鬼魂，/鬼魂又用刷子的魂/抹去了轮轿式马车的魂。——译注

奇美的景象：一个胸部丰满的尼姆法①正散乱着头发在河里游泳。尼姆法在水里时起时伏。亚历山大的心脏怦怦直跳。少顷，有人从远处向尼姆法喊话：

"纳塔丽娅！"

尼姆法用手掌拢在嘴巴上，声音嘹亮地回答什么人道：

"喂——唉！"接着又开始在水里沉浮上下。

晚上，刚一入睡，就有什么人吻了吻他的额头。

两天后，他在小树林里遇到一位穿白裙的小姐，手捧鲜花。他惊呆了，立刻觉得没有这个小姐，他是没法活下去而会死掉的。孟德福深施一礼——这是邻近那座庄园里的小姐，可他对她的姓氏都记得不清楚，是尤什科娃，希什科娃，苏什科娃，quelque chose②奥娃。

此后亚历山大开始经常进小树林，可过了好久她都再未出现。最后，他终于断定，尼姆法肯定是在夜里去的小树林，于是，他麻痹了孟德福的警惕性，在月光下一个人来到了那条熟悉的小路。果不其然，她就坐在长椅上，正对着月亮长吁短叹。一条细薄的三角围巾垂落在她胸前，这正是他和月亮一起在某人的诗中读到过的那条透明的围巾和白皙的乳房。

听到沙沙的脚步声她注意地谛听着周围的动静，以扇掩面，喘息也变得粗重起来。看见亚历山大，她吃了一惊，紧接着就笑了。她的确是在等一个人到来。她两颊红润，裙子轻薄。她和亚历山大说起了话。他想回答一两句，可嗓子却发不出声，于是就慌慌张张地跑了。

---

① 此处指年轻的姑娘。——译注
② 法语：反正有点儿像是。——译注

143

3

扎哈罗沃宁静而又平和的生活甚至包括扎哈罗沃本身，都令谢尔盖·里沃维奇感到厌恶已极。他似乎生来就不适合过宁静的分居生活。有一次吃饭时他说他得尽快回莫斯科，如果继续耽搁在扎哈罗沃，他的前程就毁了。可是，他却怎么也走不了：就在他动身离开的那天，尼古连卡病了，三天后就死了。任何人都对这样的结果毫无防备。

安葬弟弟时，亚历山大环顾四周。那是一个温暖的早晨。优柔寡断的父亲被人搀扶着跟在棺材后面。纳杰日达·奥西波芙娜不用任何人扶，默默地走到教堂。眼望着父亲的奥连卡哭了好长时间，眼泪怎么也下不来，她便装出哀怨的样子使劲儿啜泣，实际上她从心底里为弟弟感到怜惜。小列武什卡是被大人抱去的，但就连他也丝毫没有破坏葬礼的礼仪：他始终在睡觉。只有亚历山大一个人显得很冷淡。他和大家一起机械地把手放在额前，却未能认出一周前他还曾经逗弄过的那个人。死去那种奇特的平静的面容令他无比震惊，这是他生平头一次见识到的死亡。

一个耄耋之年的老人，穿着大粗呢外衣，倚着拐杖，坐在教堂门口的台阶上。他向老人弯腰规规矩矩地行了个礼，给老人脚下丢了几枚铜币。

鸟儿的啁啾和白石围墙在这天早晨的他眼里显得分外新鲜。教堂那座古老的钟楼日渐倾斜，似乎随时便会倒塌。周围是一片史前般的寂静和安宁。维亚泽姆的村妇们一声不响地挤作一团。而尼古连卡就是被安葬在这家教堂的。母亲紧紧抱着列武什卡，一直抱着他回的家。

从这天起，纳杰日达·奥西波芙娜在所有孩子中，她能注意到的就只有列武什卡。她对亚历山大看都不看一眼。反倒是谢尔盖·里沃维奇开始关心起他来。

过惯了没有常性的生活的谢尔盖·里沃维奇，对于这次不幸缺乏心理准备，除了恐惧别的他什么都没体验到，而是堕入了一种令人吃惊的怯懦状态。时而喋喋不休若无其事地叨叨个没完，时而却又在吃饭时忽然大恸，涕泗滂沱。由于哀痛他开始没完没了地睡觉。

"Que la volonté du ciel soit faite!"① 有时他又会无奈地摊开双手，粗声大嗓地叹息着说道。

由于亚历山大没哭，同时也为自己并非总是怀有悲伤情绪而感到担忧和懊恼的谢尔盖·里沃维奇，责备亚历山大没有心肝，心肠硬冷。对这一切全都漠然置之的纳杰日达·奥西波芙娜留心周围的一切。在儿子死后，夫妻两个和解了，在对亚历山大及其行为的看法上取得了一致。亚历山大冷漠、没心肝、不知感恩。孟德福对他的影响并不像他们所期待的那样。

没等到秋天来临，普希金一家就离开了。动身那天早上亚历山大心思很重，临动身前忽然没了踪影。家人找到他时是在林子里，他坐在地上，身子倚在长椅上。

普希金一家那辆不幸的四轮轿式马车丁零哐当地启动了，行进中的马车发出干燥的、像是即刻便会散架的呻吟声。

那个失去家园的法国人，和亚历山大并非坐在马车上，灌饱了香树脂，嘟囔道：

---

① 法语：愿主的旨意成真！——译注

Oh! L'ombre d'un cocher!

Oh! L'ombre d'une brosse!

Oh! L'ombre d'un carrosse! [①]

---

① 法语：呵，车夫的鬼魂！/啊！刷子的鬼魂！/呵，马车的鬼魂！——译注

第七章

1

天亮了，他醒了。屋里笼罩着一种虚幻的、若明若暗的光。泛着日光的白床单上，列武什卡还在睡梦中，孟德福打着呼噜。他仔细谛听着。他的听力像一头被猎人惊醒的野兽一般敏锐而又迅疾。

街上传来一辆农家马车缓慢的吱嘎声——运水工出发了。凌晨时分，万籁无声。

他飞快地从床上爬起来，悄无声息地从半开的门缝里钻出来，踅进父亲的书房。他光着脚，只穿一件衬衣，一头扑坐在皮椅上，屈起一条腿坐在身子下，也未感觉到寒冷地读起书来。那些蒙着蓝色封面的小书他早就不止一次读过。他知道庇隆。在那本破旧的小书里有一幅木刻：庇隆是一个胖乎乎的老头子，有一副沉重的下巴，一双骗子式的眼睛，和一副吃惯了甜食的厚嘴唇。庇隆曾亲手为自己撰写了墓志铭："这里躺着庇隆。他生前不曾有过显赫的身份，甚至连院士都不是。"曾经写过欢乐童话——他已经能够读懂这类童话的寓意了，他甚至比对调皮滑稽而又狡猾诡诈的伏尔泰还更喜欢。他最喜欢的英雄是魔鬼，可姑妈安娜·里沃芙娜只要一听人提到魔鬼，就会呸呸呸直吐唾沫。但庇隆笔下的那个魔鬼是个乐天知命的年轻人，总是聪明机智地捉弄和愚弄那些修

147

女和圣徒。他不无哀伤地想到，莫斯科就找不到一个像这位皮糙肉厚的诗人的人。

他喜欢旅行。他喜欢在旅行中对城市各俄里数都要有准确地描述：俄里数越多，说明离其父母越远。

父亲的书桌上放着一期《莫斯科公报》，这份报纸一周能收到两次。他读了读公告。酒铺出售酒类的名称——克利科香槟酒，莫埃特，阿伊——在他眼里那简直就是音乐，而音响本身也正是他朦胧中所万分喜欢的。

他不读俄文书，家里也没俄文书。谢尔盖·里沃维奇的确在读卡拉姆津的杂志，但却从不花钱购买。

窗台上躺着一本已经被丢弃的杰尔查文的书，是从什么人那里借来而未还的，他只读了一页就丢下了。

有一次，一本书引起了他的注意：抽屉被打开并拉了出来，显然是父亲忘了关了。他偷瞄了一眼，是一本厚重的，装订上等羊皮封面的书，还有五六本皮封面的小书以及几封书信躺在里面。羊皮书和其他几本书，原来都是手抄本，那几封书信都是诗和散文。他仔细听了听有没有人来，确定无人发现后便读了起来。

书全是用俄语写的，字体不一致，颇像尼基塔式老年人的方正体，到父亲纤细轻柔的笔体都有。这些本子，还是在近卫军团时，一位"堂兄弟"远亲当作礼物赠给谢尔盖·里沃维奇的，此人是个近卫军中尉，可从那以后就失踪不见了。这之后才由谢尔盖·里沃维奇亲手把本子一个个地写完。那些笔记本还散发着近卫军特有的，浓烈的烟草的气味。

羊皮笔记本名为《少女的玩具》，是一个叫伊万·迈尔科夫的写手写的。他把这本放在一边，痛下决心以后有时间一定通读全书，而又动

手翻了翻皮封面笔记本。他读了几页，感到震惊，便停下了。这吸引力
要比耶芙丽安娜那种机警的双关语大一百倍。在第一页上，他读到几首
短诗，是献给已故皇帝保罗的：

> 保罗的事业有多么伟大睿智，
>
> 就像涅瓦河上的航标证明……
>
> 在保罗胸像上题写的是：
>
> 呵，你呀，全俄罗斯人民睿智的母亲！
>
> 为什么却干出了那么多卑鄙无耻的勾当！

接下来是写"各部部长的特点"的诗：

> 你比所有人都聪明，科丘别依，
>
> 就是此刻当下，你也能把我杀死，
>
> 比所有人都狡猾的是洛布——
>
> 眼睛比所有的黑猫都严厉。
>
> 契恰戈夫比世人都粗野，
>
> 扎瓦多夫斯基是个吝啬鬼，
>
> 而鲁缅采夫则比所有人笨，
>
> 这就是我们这里的精英群。

此处有一个批注，写得极其简要，是对各个部长特点描述的一个
回答：

即便你打我，

也不过是你众多主意之一。

这些短诗内容上的天真无邪，以及诗中对于俗语体的应用，在他看来非常搞笑。诗中提到的那些人名，也都是父亲和瓦西里·里沃维奇伯父在有关公务的平淡乏味的聊天——对这些谈话谢尔盖·里沃维奇永远都不满意——时，有时会偶然提到的。

《给库塔伊索夫的一封信》：

是时候了，咱们该分手了，

呵，空虚而又傲慢的伯爵，

我们很快就得动身离开

这个你我居住过的地方；

我们在这里盗取了大堆的金钱，

在这里我们让多少人破产身亡

在这里我们只有一个梦想，

那就是无限制地占有金银财宝。

他非常喜欢诗歌和讽刺诗中犀利而又尖锐的寓意和暗示：

如果不是兰斯科依把你拯救，

事情可能会大不一样。

对现政府元老院的讽刺诗以其凝练和简洁而令他感到震惊：

元老院覆盖着一层灰蒙蒙、阴凄凄的尘土。

起来吧！——亚历山大呐喊道。他是起来了——他只是只龙虾而已。

最对他胃口的是歌唱特维尔林荫道的那首长歌：

瞧，阿纽塔·特鲁别茨卡娅；

正在玩命地奔跑。

她在向四面八方频频点头，

她把微笑赠给每个路人。

德高望重的爷爷，

踉踉跄跄地走在她身后……

毫无疑问：这诗写的是特鲁别茨科依一家人——爷爷和尼古连卡姑妈。他总觉得写熟人的诗总归有些特别之处。而在这张纸的背面，父亲用潦草匆忙的笔记抄写了一首哀诗，亚历山大认出这首诗是瓦西里·里沃维奇伯父去年写的，但这首诗里包含着一桩秘密。

几乎所有笔记本上都没有署名（只有羊皮封面上题有巴尔科夫的字样），只是偶尔在底下隐隐约约有几个字母，但这些字母一点儿也不像是书信和文件末尾通常的签名。

一个睡眼惺忪的女仆，打着哈欠，用湿手往脸上洒着水，走出下人屋，来到院子里。打算啜一口香树脂的孟德福的呼哧声，似乎从远处传来，可他正赤着双脚，只穿一件衬衫，在读《夜莺》：

这个调皮鬼鸟一直唱到天亮。

"啊，这只鸟儿我是多么地喜爱！"

躺在床上的卡秋莎这样说道。

"鸟的叫声令我全身血脉贲张。"

就在此时曙光女神升到空中，

她轻轻地，小心翼翼地

把太阳从海底拽到天空。

我的朋友呵，你该回家了。

也真是的，是该回家了。

在未生炉子的父亲的书房里，他却一点儿也不觉得冷，他的眼睛炯炯有神，他的心脏怦怦地跳动。俄罗斯诗歌是一个谜，她被保存在一间密室里。俄罗斯诗歌写了沙皇，写了爱情，俄罗斯诗歌什么没写到呀，关于诗歌的各类杂志的讨论永远没个完。俄罗斯诗歌是他揭开的一个谜。

俄罗斯诗歌里充斥着似有若无的禁令、风险和意外。

早晨的钟声敲响了。传来了某人的脚步声。钥匙还插在敞开的柜门上。他飞快地打开柜门，把钥匙攥在手里，悄无声息地带在了身上。他只来得及让自己躺在床上装已睡着的样子。心脏怦怦地跳动不已，他心里充满胜利的喜悦。已经啜过树脂的孟德福，威胁地朝他竖了竖手指。

2

秘密书橱里的书一周内就被读完了。最吸引人也最令人惊恐的，是巴尔科夫。

根据法文书所述，他业已达到令人惊奇的爱的机械化水准。谜底原来比他所能猜测的近得多。爱情是一场不间断的、甜蜜但也不排除狡猾和欺骗的战争。根据其中一则铭文判断，他笔下甚至写到一些残疾人，在对巴克科斯的服务上，也能出类拔萃。但在巴尔科夫笔下，爱情——是小酒馆里一场疯狂的打架斗殴，伴随着桌腿椅子的飞舞，和声震屋宇的嘶叫和呐喊，以及一些被爱折磨得筋疲力尽的人们，像一群被逼得走投无路的马儿们，在白色的泡沫里翻滚。年仅十岁的他就对法国人孟德福耳熟能详的名著有所了解了。他读巴尔科夫的乐趣在于他读的是禁诗。

对于每次都禁止他出门的姑妈安娜·里沃芙娜，当谢尔盖·里沃维奇在餐桌前暗示某人在莫斯科出的糗时，他居然也敢于龇着满口白牙加以嘲笑。总之阅读此类书别有一番愉悦，由此他对父亲也增加了几分理解。对于父亲、母亲和姑妈对他进行的宣战，他应战了。

谢尔盖·里沃维奇没有发现珍本书橱并未上锁。家里到处透着一种无人管理，杂乱无章的气息：什么东西都不曾丢失，一切都在原位。但他有时候都觉得，人们都在偷偷摸摸，有人弄脏了他那件彩色的新燕尾服，于是他拧着眉头，挑起一场又一场吹毛求疵的无穷无尽的争议和抱怨，并且总是以大声叹气和啜泣作结。因为他不能对纳杰日达·奥西波芙娜大声嚷嚷，便只能对尼基塔喊，而尼基塔对此已经安之若素了。那件新燕尾服其实是旧的，而且也是谢尔盖·里沃维奇自己给弄脏的。

亚历山大已经9岁多了。奥莉佳12岁了。愿意不愿意都得再雇家庭教师了，因为孟德福一个人应付不了那么多孩子。对这个家庭教师是付酬金的，只有节日期间才被允许上餐桌，但教学效果十分可疑。从旁边那个校区来的，安娜·里沃芙娜推荐的神父说亚历山大·谢尔盖耶维奇神学课听不懂，教义问答课干脆逃课。纳杰日达·奥西波芙娜和谢尔盖·里沃维奇同样弄不大懂教义问答，以一种绝望的眼神望着萨什卡。

除此之外，孩子们还得有衣服穿，这无论对谢尔盖·里沃维奇还是对纳杰日达·奥西波芙娜来说，都是一个货真价实的负担。得到法国人开的小铺子里，为萨什卡和奥莉佳做裙子的呢料！孩子们个个一身破衣烂衫。阿琳娜为奥莉佳裁减了一件衣服，而做裁缝的尼基塔则拆了几件旧燕尾服为亚历山大做了件衣服。某次有一位路过的服饰精美人士偶尔走进哈科托尼耶夫斯基胡同，一眼看见几个卷发的男孩们身上穿的钢铁色细瘦的裤子，笑得眼泪都出来了。

3

瓦西里·里沃维奇过着上流社会人士的生活，而且正在走上坡路。巴黎之行将他置于文学家的前列。一个刚到莫斯科却即刻成名的年轻人巴丘什科夫，和他友善。挂在人们口头上的，常常是：巴丘什科夫和普希金。有时甚至是卡拉姆津、德米特里耶夫、巴丘什科夫和普希金。他家的宴饮已成一种时尚。厨师勃莱兹做馅饼，而瓦西里·里沃维奇则准备沙拉德字谜和限韵诗。客人们吃得好，笑得也很开心，而被素食生活折磨得够呛的谢尔盖·里沃维奇，却能在兄长家里找到本来也应是他的生活方式的那种生活。每天晚上瓦西里·里沃维奇就会亲吻安努什卡，绞尽脑汁地写即兴诗。安努什卡越来越漂亮，生了个女儿，瓦西里·里沃维奇给女儿起名叫马格丽特，朋友们纷纷为无忧无虑的小玛格丽特干杯，碰得杯盏叮当作响。齐尔采被人们忘掉了。他披着一头卷发，穿一身巴黎式的燕尾服，淡黄色的裤兜里揣着即兴诗稿，一头扑进莫斯科的上流社会，毫无顾忌地操着整脚的发音，像在香榭丽舍大街上似的。而夜里却昏昏沉沉地躺在安努什卡的怀抱里，沉湎于温柔乡。

那个时代有利于此类现象的滋生。法国人对于他们昨天还加以詈骂的一切，今天便都能找到辩护的理由和根据。沙皇去了蒂尔西特和爱尔福特去会见拿破仑（像莫斯科人说的"去鞠躬去了"，老年人甚至尖刻地挖苦说是"拜老爷去了"），人群被分成了不同的派别：年轻的"轻薄之徒"对事情的发展结果很满意，而老年人却个个义愤填膺。在一位老将军家的一伙年轻人中，老将军甚至把拿破仑称作"布阿拿巴"，说得客人们都作鸟兽散，老头子倚着拐杖，不得不亲自叫仆人来搀扶。

瓦西里·里沃维奇在莫斯科上流社会的太太们中间，取得了非凡的成功。

"Oh，ce volage de^①，瓦西里·里沃维奇！"他们不但这么说，还用手指对他做出威胁的姿势，见状他立刻发出呼哧声，蔫了，把一头喷过香水的头发弄得乱糟糟的。

老牌和新派贵族阶层，早就对一切俄罗斯的东西感到绝望了，他们认为国际旅行和漫游，才是唯一适合上流社会做的事情。一些耶稣会士在彼得堡的寄宿学校教一些达官显贵家的孩子拉丁文祈祷词和法国神学哲学，受教的有加加林家、戈里岑家、罗斯托普钦家、舒瓦洛夫家、斯特罗加诺夫、诺沃西里佐夫家的孩子。地主贵族太太们则急急忙忙皈依天主教。天主教修道院的院长先生茹尔丹和休留特先生，都是他们的教师。邻家的小儿子尼古连卡·特鲁别茨科依，如今也被送进彼得堡的耶稣会士教育。

谢尔盖·里沃维奇满意地聆听着儿子说法国话。瓦西里·里沃维奇喜欢和他长时间地谈话——和他聊天时，他好像觉得自己是在卡布齐诺

① 法语：噢，这个轻浮的家伙。——译注

夫林荫道上。

莫斯科的老年人们都让了一步。他们从此以后在彼得堡就没有什么分量了，就退休了，就遭到漠视了。因此，他们都站在反对派立场上。很快他们就被迫关注一位新来的天才。

他距离名誉很近因而陶醉于这种荣誉。他受邀去拜访——赫拉斯科夫——当今莫斯科业已退休尚在人世的荷马。在一间古旧的客厅里，在一种无声无息的寂静中，瓦西里·里沃维奇朗读了自己写的仿贺拉斯之作——《致缪斯的宠儿》。一家之主，在这首诗中被称为维吉尔的，早就认识并赞赏他。

> 哪儿有黄金杯？我们坐在炉前！
> 多么想让宙斯掌管这个宇宙呀。

这种自由思想令所有老年人们赞不绝口——让他们那些人在彼得堡随心所欲地掌管一切好了——只有他们的宇宙除外！黄金杯在哪儿？瓦西里·里沃维奇的吟诵伴随着呼啸声，就像带有强烈但又迅疾消逝的感情的塔尔玛①。

> 竖琴在哪儿？我们要歌唱。福玻斯把我们联结在一起。
> 罗斯各国的维吉尔以其在场
> 让我们滋生对科学的向往！

---

① 塔尔玛（1763—1826），法国演员。——译注

这里科学就指莫斯科大学，这家的主人曾经担任过其督学，而非诗人蓬勃的虚构和想象。

眼看着赫拉斯科夫也摆动起来，头上的白发随着晃动。这家里从前的那些太太夫人们，全都一致凝视着他。

而我将闻名于世界——

瓦西里·里沃维奇声情并茂地朗诵道：

啊，多么高兴，多么喜悦！因为我，我是一个诗人！

他像是就要虚脱了似的用手帕擦着额头。坐在安乐椅里的维吉尔站了起来。出席晚会的所有太太夫人们全都知道：他马上要与其亲吻并把竖琴传给瓦西里·里沃维奇。

可就在此时，瓦西里·里沃维奇伸进裤兜里的手在摸到手帕的同时，也摸出了那首即兴诗，一阵狂喜袭上心头。昨天他的即兴诗大获成功，这样的成功一生中也只能有一次。他觉得自己所做的一切，都是为了宣扬荷马和维吉尔，眼下，为了让太太夫人们开颜欢笑，他非常想朗读一些能令人愉悦的小品诗作——《致缪斯的宠儿》这首，对她们而言，也许有点儿像阳春白雪。他没看正在起身的赫拉斯科夫，而是做了个手势，大家全都安静下来。诗人开始朗诵。就这样一个重要的时刻被放过了：赫拉斯科夫又重新在安乐椅上落座。不过，听到题目，他的脸上现出赞许的神情。一个热情洋溢的作诗者！他认出他了！诗人在朗读他自己的《谈谈生命、死亡与爱情》。

从第一行起人群就涌起一阵慌乱。

如今我该如何起头？我发现当给巴拉班（鼓）

押韵时，"巴兰"（公绵羊）一点儿都不合适；

朋友们啊，想必你们也知道，寒鸦不等于野鸡，

而我都全心全意地爱你们，而且这不是什么骗局。

瓦西里·里沃维奇觉得那些可爱的女性们和荷马—赫拉斯科夫本人，马上就要灿然微笑了，便接着往下读他的限韵诗：

什么是我们的生活？——一部小说而已。

什么是我们的死亡？——一阵迷雾而已。

什么是最好的食物？煎牛排和咸鳕鱼干。

而如果我死去，那么我的尸体

也会被一只凶残的大乌鸦随心所欲地吞食……

坐在椅上的长者，莫斯科的维吉尔赫拉斯科夫，瞪大着一双黑眼，憋足了劲儿，招手请这位新出现的天才到自己身边来朗诵。

……死亡是一头凶恶的猛兽——卡巴（野猪）……

……坟墓也不是什么沙发，

而我只能坐进行李箱……

这时所有那些喜爱并了解文学的并且参加过赫拉斯科夫家的晚会的

莫斯科的太太夫人们，全都一下子突然爆发出热烈的掌声。朗读者感到十分幸福。一位老诗人颤颤巍巍地用一只颤抖的手拉着拐杖、或曰手杖，怒火冲天。老诗人脸上红涨，像小婴儿似的。他一口气喝掉一杯冷水——不是水杯而是喝酒的高脚杯——拂袖而去，不但没有传递他的竖琴，甚至连道别也免了。

第二天这位老诗人在谈到瓦西里·里沃维奇时，口气十分冷淡。

"一脑袋糨糊。"

而且出乎意外地又补加了一句：

"像公绵羊似的一头卷毛。"

4

兄弟俩的竞争结果昭然若揭。一个披着荣誉的光环，是公认的诗人，是莫斯科的浮华子弟。另一个却默默无闻，沦为无名之辈，正如年轻人喜欢说的那样：是许墨奈俄斯①脚踩的奴隶。

两个著名的怪人成为瓦西里·里沃维奇交往圈中的常客："堂兄"阿列克谢·米哈伊洛维奇·普希金和彼得·伊万诺维奇·沙利科夫。一个是一名伏尔泰主义者和最严格属性的嘲弄者；而眉毛浓密的另一个却总是感伤而又悒郁，和蔼而又温柔，可一旦发起火来，却又狂放不羁。前一个穿衣戴帽随随便便，大大咧咧；另一个却时髦而又讲究，扣襟上总别着一朵小花。这两个人都有独特性，这两个人和瓦西里·里沃维奇形影不离，一起出现在所有的客厅，引起人们的普遍关注。瓦西里·里沃维奇尤其与"堂兄"的关系好，"堂兄"常常调侃他，两人在一起就

---

① 希腊神话中婚姻之神，类似月下老人。——译注。

像是在二重唱。人们也正是管他俩叫"二重组合"："两个普希金。"在这个二重组合中，谢尔盖·里沃维奇是个多余人，他无论在什么地方露面，人们都会管他叫"普希金的弟弟"。谢尔盖·里沃维奇自身的存在以及名字已荡然无存。从人们总是透过夹鼻眼睛打量他，从人们如何向别人介绍自身某方面，他都能感觉到这一点。于是渐渐地，他开始努力回避"这两个普希金"，只参加这两个人不会到场的晚会或儿童节庆祝会。同样到处都有人在注意纳杰日达·奥西波芙娜，莫斯科那些老太婆们总是在私下里嘀嘀咕咕地议论她，相互用眼神指点她，于是，谢尔盖·里沃维奇即刻就重拾过去的信心，恢复了过去的独立步态。这位"普希金的弟弟"暗中嫉妒兄长的声望及其对阿列克谢·米哈伊洛维奇的关系而感到痛苦。为此他愤恨不已，心如止水，可爱可亲的面容也消失不见了，上流社会因此很难原谅他。

和莫斯科所有诗人一样，瓦西里·里沃维奇总是心不在焉，漫不经心，他猜出兄弟疏远的原因，而这对所有人来说都是不言自明。兄长的地位于他颇为有利。可当谢尔盖·里沃维奇不再在其以前经常造访的家庭中出现时，他开始担忧了。直到这时他才领会到"许墨奈俄斯的奴隶"这种说法的内涵，感觉到弟弟社会地位的下降。由于生来就斜视而且动作敏捷，迄今为止，他很少留意弟弟屋里蹦来跳去的那些孩子。有一次他偶然看见一个穿着奇特制服的家庭裁缝的孩子，这套衣服令孩子的样子像个小丑，像个 d'un bouffon①，他大笑不已，说：

"Oh，c'est un fran original②。"

---

① 法语：小丑。——译注
② 法语：这可是真正的原版。——译注

此刻他却陷入突如其来的沉思中。谢尔盖的命运——迄今为止很少占据他心头，但普希金家族却理应处处受欢迎，处处闪光辉呀。在老头子赫拉斯科夫那里遭到的小小挫折，根本不足以挫其锐气——如今一切都处于流变之中，作为一个半法兰西人，他对陈腐的老头子的意见不屑于理睬。他开始经常到弟弟家，并强迫自己关心萨什卡和列尼卡——从前他常把二人搞混。列尼卡眼下还只是个小孩，但却拥有超人的记忆力。瓦西里·里沃维奇有一次在有列尼卡在场的场合下，朗读了自己的一首即兴诗作，而列尼卡居然当下就把全诗复述了下来：

的确，我们是在此地欢乐地消磨着时光！

日日夜夜不间断地打着波士顿牌，

要不就是老不吭声，要不就是责备邻人……

真的，这样过日子真可以称之为天堂……

无与伦比的快速记忆力！这预示将来他能成为一个诗人。到那时在"两个普希金"之后便可以缀上第三位年轻的竞争者的名字了。一位法国佬在阿尔哈洛娃太太家的舞会上对两位普希金说过的那首牧歌，给瓦西里·里沃维奇留下了强烈鲜明的特点：

"普希金家族的名字极大地促进了机智的格言警句的发展，——你们全家人非常热爱语文学。"

列尼卡性格急躁，萨什卡性格倔强，野性未驯。不过，安涅塔姐姐看样子似乎对他尤为严格。小弟弟谢尔盖小时候同样令人难以忍受，他的性格也许就是这么形成的，他的性格中有时候常识占上风。

5

父母在不同的客厅里过夜。在此，在家里，仅仅是他们存在中的一个片段而已。家对他们犹如客栈，可以在此打个盹儿，歇口气儿，吵几句嘴，冲女仆们孩子们和仆人们嚷几句，最后，还可以在此过夜。他们根本没想到这个家和这样的生存方式就正是他们孩子和仆人们的生活方式。

亚历山大喜欢动身前的这段时光。父亲晚间打扮时他也在场。谢尔盖·里沃维奇是在书房换衣服的。在他身上，一个穿戴讲究的资深纨绔子弟苏醒了。他动作迅疾地用剪刀和小刷子清理指甲，仔细观看尼基塔如何用发烫的小夹子为他卷发，而拉杜洛克如何指挥他操作，并不时提出精细而有用的建议和指导。这之后他穿上紧束腰身的新燕尾服，在屋里来回走动，脸上做出各种表情，抿着嘴角，不时说几句断断续续的评语。他对着镜子不时拍打几下发型，看见站在自己身边的亚历山大，他会不自然地，有几分宽容地并且不无几分惊讶地对一个并不在场的人说：

"啊！你们也在这儿呀！"

说完，脚后跟咯噔响着，走出书房。

屋里忽然安静了下来。母亲脚步轻盈轻快，目光炯炯地走了出来。父亲同样打扮得光鲜亮丽，对母亲既恭敬有礼，又漫不经心，像对待某个别的女人那样。有一次亚历山大透过半开的门缝，看见已经打扮得西服革履的父亲，一头卷发，身上喷了香水，在门外等母亲，尖细的嗓音哼着某个曲子，浑然不觉有人正在观察他，忽然他微笑着嘟囔了句什么，动作优雅地蹲了下来。他在跳舞。母亲出来了，像每次晚会前一样呼吸急促，神采焕发。依旧姿势优雅地下蹲着的父亲，揽住母亲的细腰，母亲也欢天喜地地，温婉顺从地和他一起翩翩起舞，轻盈地迈动着一双短腿，凸凹有致的胸部剧烈地喘息着。少顷，母亲停下脚步，两人双双出门而去。

女仆屋里传来悠长的歌声，阿琳娜叹息连连，小声唠叨着。屋里很冷——为了省钱不怎么生火，莫斯科的木柴很昂贵。

有时候他会问父亲他们要到哪儿去，父亲咬着嘴角很不情愿地说："去看别洛谢利斯基老人。"

当时，莫斯科人全都纷纷去看望这位以喧闹而又多彩多姿的方式度过其风烛残年的，业已破产了的别洛谢利斯基老人。

"去布图尔林家。"

此时此刻，他会觉得儿子说话的声音令人不快——抑扬顿挫，声音严厉，甚至就连儿子所提的问题，也觉得很不体面。他小心翼翼地故意对儿子隐瞒上流社会的秘闻。可儿子懂得：这是一个奇妙而又无法穿透的社会。

6

但在这个冷冷清清，游牧部落式的家庭里，也不乏一切大为改观，洋溢着家庭特有的温馨气息、色彩、趣味和意义的时光。这就是冬天。

初雪给人留下了不可磨灭的印象。

阿琳娜表情庄重地走进屋里。

"夜里下雪了。"她伤心地说。

夜里在人们睡觉时，下雪了。

"这是什么兆头啊。"纳杰日达·奥西波芙娜犹疑地说。她非常害怕各种凶兆，对预兆深信不疑。在汉尼拔家族里，阿琳娜从年轻时就以舞者、歌手和女占卦者而著称。

"这个冬天会很冷。"阿琳娜小声说。

孩子们安静了下来。谢尔盖·里沃维奇略有些不安，遂反驳道：

"冬天冷有什么征兆吗？"

"雪多。"阿琳娜不太情愿地说。

"胡说八道。"谢尔盖·里沃维奇脸色泛白地说。

"当然是胡说。"纳杰日达·奥西波芙娜觉得阿琳娜似乎还有话要说，便连忙绝望地附和道。

中午时如果冰非常坚硬，边缘不易碎的话，说明冰在这一年都会很坚硬。而睡梦中下雪预兆将下大雪——没说的。大家全都乐了。

奶娘阿琳娜懂得很多父母不懂的知识，父母对她明显有所敬畏。家里笼罩着一种迷信的欢乐。亚历山大暗中希望奶娘说得对，希望这会是一个多雪的冬天。

白白的雪花覆盖了一到秋天就被所有人忘记并弃绝的变得黝黑的小小的园子，接着变成白茫茫的一片。屋里的灯火很早就点亮了，壁炉里噼噼啪啪、烈焰熊熊，像是有数十人在吵架。烛光显得分外明亮。燃烧的劈柴发出的刺啦刺啦声、噼啪声和呼呼声，充斥着全家。瓦灰色的炭在炉子里燃烧。

紧接着圣诞节来临了，风在每条街道上狂舞肆虐。铃儿响叮当，三套车在奔驰，骠骑兵们坐的无座雪橇在奔驰，在狂笑，在歌唱，打卦的时刻来临了。

纳杰日达·奥西波芙娜总是做噩梦，睡不实。谢尔盖·里沃维奇则睡得像婴儿一样沉，鼻子里总是吹着一个无休无止的怨怼的调子。随着冬季的到来觉也越来越多，纳杰日达·奥西波芙娜每天夜里总会梦见点什么。家里有一本破破烂烂的旧书，是斯拉夫字体，上面有所罗门王的黑色圆形标志，亚历山大对此书有一种迷信式的恐惧。这是智者马丁·扎杰卡的释梦——圆梦的古书。每个梦都有其意义。纳杰日达·奥西波芙娜的梦一般都很长，混乱不堪。如果梦一开头预兆破产和骗局的话，梦的结尾就会预言一笔意外的横财。谢尔盖·里沃维奇同样也做梦，但无论他怎么努力，总是记不住。只有一次他把梦给记住了：他梦见海军上将的老妻阿尔加玛科娃。纳杰日达·奥西波芙娜打开一本预言书。书上说老太婆预兆着精神的不快和朋友的欺骗。于是她又看了看"海军上将之老妻"这个梦——梦的谜底随即被揭穿。梦见海军上将之妻——圆梦的古书告诉她——预示着温存。于是谢尔盖·里沃维奇的梦就实现了。

　　一般说来谢尔盖·里沃维奇的梦远比纳杰日达·奥西波芙娜的梦糟糕贫乏，有时甚至很难猜测梦的含义。有一次，他在梦中用一个毫无关系的女性名字称呼纳杰日达·奥西波芙娜，而且对她分外温存。他说他又梦见海军上将夫人了，可这次没人信他了。此后很长时间他一直赌咒发誓，说这一切全都是纳杰日达·奥西波芙娜的幻觉罢了，说他实际上还是和平常一样叫她纳吉尼来着，但却无法说服人。一连两周他遭到鄙视，直到参加上流社会聚会时，纳杰日达·奥西波芙娜的怒火才烟消云散。

　　纳杰日达·奥西波芙娜对自己的梦深信不疑。有一次她要出门去会一位老情人——双泪长流，山盟海誓，快速出行，路途遥远。她哭了一整天，夜里也只睡了一小会儿。谢尔盖·里沃维奇唉声叹气，终究没敢问她那位早年的情人究竟是谁。纳杰日达·奥西波芙娜自己也不确定知道这个人的名字——他也许是个近卫军军官，早在认识谢尔盖·里沃维奇以前，就和她有过一次秘密约会，而这次约会差点儿以一场灾难收场。不过话说回来了，这样的结果未必会出现。此人早就结了婚，是一个苦哈哈的酒鬼，而且纳杰日达·奥西波芙娜此前从未有过一丝一毫想到过他。纳杰日达·奥西波芙娜不知道这究竟是个什么人而一个劲儿地哭鼻子。过了一个月，两个月，那个老情人始终没出现，但他毕竟会出现，梦是不会撒谎的。用别的梦来置换，对梦进行曲解在释梦中是可以允许的。

他们就这样以梦境来改变和充实自己的生活。

有时候纳杰日达·奥西波芙娜在做过类似的梦以后，会突然热力上升，心血来潮，要女仆们把桌子、橱柜重新摆放，重新变换房间的位置，俨然是到了另一个城市，住进了另一个家。

然而他们的生活中什么都没变，他们哪里都不去。

阿琳娜手拿一副脏兮兮的纸牌坐了下来，这副样子总是能在已经发誓不再赌博的谢尔盖·里沃维奇身上引起一阵愉悦的涟漪。惠斯特牌戏中的所有大牌，全都按顺序出现在他面前。

"打家庭卦，打感情卦，什么卦灵，什么会错，什么使心境平和。"

结果是道路，而使心境平和的是操劳。如果出来一个黑桃爱司尖儿朝上，纳杰日达·奥西波芙娜便会一句话也不说地把牌打乱，于是阿琳娜便重新开始打卦。打感情卦时出现一个方块王，还很年轻，心灵由于一笔钱和一封官方来信得到了安宁。或许是一笔遗产？命运就是这样决定的，也是这样被人蒙骗的。

孟德福也装出一副忧愁感伤的样子，严肃地请求阿琳娜给他算一命，阿琳娜推算出这位先生有危险，将要和红桃王有一番厮杀。

当人们把这个结果——此外并无其他结果——翻译给他时，孟德福是真的生气了。

亚历山大屏住呼吸，坐在角落里，观察着奶娘那双手的灵巧动作。父母的脸则时而苍白得毫无血色，时而又笑意盈盈。命运就是如此。

女仆们打的卦，要比这更可怕，更恭顺，也更悲伤。

有一次他看见女仆们打卦。父母出门了，阿琳娜领她们干活儿。孟德福喝了香树脂，递了一小杯给阿琳娜。

"先生，你腿脚不利索了，"阿琳娜谢了谢他后说，"总是香树脂香树脂的。"

这天晚上家里很安静，弟弟列利卡和妹妹奥莉卡早早就被安顿入睡了。阿琳娜附在亚历山大耳朵边上悄悄告诉他，说今天她要打一卦。保证他能安安静静无忧无虑地睡个好觉。等她打开一道门缝轻轻走出去，他又等了一会儿，等妹妹和弟弟都睡着，迅疾地穿好衣服，悄无声息地走出屋门。在遮阳棚下他披了件女士短毛皮大衣，戴上男士大檐帽。他走到院子里，躲在门后面，就在此时孟德福赶上了他。孟德福的好奇心丝毫也不亚于亚历山大，于是两人便开始一起躲在门后等。亚历山大的心脏怦怦直跳。

阿琳娜脚下踩着吱吱作响的积雪在院子里走动。他悄悄跟在她身后。她把女仆室的门欠开一道缝，压低声音对里面严厉地说：

"孩子们，出来吧。"

女仆室溢出一股温热的蒸汽，塔尼亚、格鲁斯卡，卡季卡一个接一个鱼贯地走到严寒中，手里捧着靴子。姑娘们赤着双脚走到洁净的雪地上，她们跑到院门口，每个人都把手中的靴子远远地抛在门外。

"呆头呆脑的家伙，"阿琳娜口气严厉地说，"才在这里打卦算命，那城里呢？谁给你们缝靴子？眼睛不管往哪儿看——都能看见莫斯科，你的靴子被盗，这下你可得找算命的。把雪地上的靴子拿开，你们真够笨的，有你们的苦吃。回答我的话。我们这儿根据声音算命。"

说到这儿，她才看见亚历山大，哎哟一声惊叫。亚历山大紧紧拽住奶娘的下摆，他答应不把这件事告诉给父母。

"不然咱们就糟了，真是老不中用了——万一谢尔盖·里沃维奇醒来，老天爷呀，咱们可得吃不了兜着走了。"

姑娘们这下都害了羞，都不想当着少爷和老师的面算命。

"亚历山大·谢尔盖耶维奇还是个孩子，"阿琳娜说，"当他面可以，先生则比较任性，再说和咱们也不是一路人。当他们的面是可以的。"

于是姑娘们各自散开跑到一个胡同里。

卡季卡被猜出来了。周围静悄悄的，忽然从远处传来一阵细碎的、纯净而又频密的钟声——几辆雪橇飞驰而去，一会儿就没有了踪影。

姑娘们全都呼吸粗重，而卡季卡哭了又笑了。

"你往这边走，"阿琳娜赞许地说，"铃声很好听，幸好还很远，还得一会儿。"

格鲁什卡算中了——很快从胡同里传出说笑声，三个喝得半醉的小伙子笑着走出来。其中一个说："哎哟，胆真小！"看见姑娘们，他们笑得更厉害了，另一个本来已经开口唱了，忽然又忧郁而又好心地骂了起来，声音相当清晰。

格鲁斯卡叉开腿站在那里，石头一样的目光死盯着阿琳娜。

"没事儿，聊得挺好，没恶意，"阿琳娜说，"接下来该谈大事了，谈婚约了。嗓音不错，至于骂人嘛——这不好。"

说得格鲁什卡抽泣了起来。

塔基亚娜也算中了——原来就在眼前，从邻屋跑出一个毛茸茸的小黑狗，对着严寒，一声比一声更凶地吠叫着。

姑娘们都乐了。阿琳娜冲她们嘘了一声。姑娘们害怕了，连忙住口。

"丈夫生气了，"阿琳娜严肃地说，"看，这是一条多么毛茸茸的难看的狗哇。本地从前根本没有这种狗。"

塔基亚娜把脸藏在袖筒里，压抑着声音号叫起来。孟德福抚了抚她的脑袋。

"别哭，"阿琳娜说，"再忍一会儿。马上就会有个先生怜惜你的。"

"我的命真苦。"塔基亚娜上气不接下气的声音颤抖地说。接着她突然高兴起来，猛然响亮地吻了孟德福一下。姑娘们都乐了。

"喂，散了吧!"

说完，她又搂住孟德福的脖子。孟德福和大家都乐了。

阿琳娜生气地吐了口唾沫。

"你们这些臭不要脸的，有你们好瞧的。"她生气地说。说完便领着亚历山大睡觉去了。"这不合适，让妈妈撞上了，我和你们，我的老王爷，还有亚历山大·谢尔盖耶维奇，都有好瞧的。"

亚历山大很快地问了奶娘一句——塔基亚娜为什么哭。

"推算出一个爱生气的丈夫。昨晚姑娘们点火把了，她的火把怎么也点不着，这下不高兴了。这不就哭起鼻子来了。你们，我的老天爷，还不快睡觉去。不然老爷该骂了。"

亚历山大迟迟睡不着。孟德福没回来，最后终于回来了，喜不自禁的，悄悄地在黑暗中一个人乐儿。他轻轻叫了亚历山大一声。亚历山大装睡着了，法国人开始脱衣服，嘴里小声哼着一支不知什么歌儿。然后，他喝了点儿香树脂。他竭力不吵醒孩子们小声哼着一首疙疙瘩瘩的小曲儿：

Oh，l'ombere d'une brosse[①]。

尔后，他幸福地打了个拖长的哈欠，这法国人一沾枕头就着。

而亚历山大根本就没睡。

在他头脑里，严寒，姑娘们踩得积雪咯吱咯吱作响的玉腿，铃铛清脆的响声，狗的吠叫，他人的悲欢喜乐，奇妙地搅成了一团。

一轮像松采夫叔叔秃顶的月亮，透过窗棂。壁炉里的煤已经燃尽，已经奄奄一息了。阿琳娜悄悄地偷窥了门里一眼，走进来，蹲在炉前烤手。

他睡着了。

他能用法语说和写，就连思维方式也是法国式的。他的脸长得像那位黑人爷爷。但他的梦却是俄罗斯式的，和阿琳娜和塔基亚娜在这天夜里所做的梦一模一样。塔基亚娜在睡梦中抽噎地说："除了雪，还是雪，要不就是风，或者就是家神在角落里穷忙乎。"

---

① 法语：呵，刷子的鬼魂。——译注

第八章

1

他已经十岁了。作为一个不招人待见的儿子，他和孟德福睡一个房间，学一些十岁的孩子该学的一切知识，但只要一捧起书本就精神焕发。他和他的老师两人常常一起散步，如今亚历山大对莫斯科的了解，比孟德福还熟悉。他熟悉所有胡同，知道哪儿的房子不大透光，像坐在这里长椅上的老人似的，还知道庄重典雅的库兹涅茨桥和宽阔的特维尔大街——那里的房子都很大，很宽敞，几乎都是二层楼。家家门口停着轻便马车和四轮轿式马车，农夫们熟练地做着馅饼生意。在库兹涅茨桥附近的法国小杂货铺里，出售闪闪发亮的丝绸。

散步是他最感到惬意的时光。有一次他看见一个奇特的大门，一个老人骑在一匹高头大马上，前呼后拥的都是些有钱人。马身上披着金线缝制的鞍垫，挽具全部都是用金银链子制成的。一班随从骑在马上，默默地跟着后面。老人抽着烟斗，脸上满是皱纹，吃了一惊的孟德福连忙鞠躬致敬，还以为自己碰见了土耳其大使。原来这是诺沃西尔佐夫老人在饭前散步，前呼后拥的都是他的仆人。另一次他看见一辆银皮外包的四轮轿式马车行驶在特维尔大街上，车后跟着一群好奇的路人：原来是加加林老人在去往玛丽娜森林的路上。

几位莫斯科老爷坐在装饰考究的以纵列驾车方式行进的四轮轿式马车上，几位黑人站在后踏板上。特维尔大街的贵族俱乐部门前，也停着一大片四轮马车。莫斯科所有那些怪人们，失宠的达官显贵们全都在这里奢华地安度晚年，对牢固的前途不抱任何幻想。

孟德福在透过夹鼻眼镜观察行人，他的步态不稳，双手也颤抖不已。他的地位每况愈下。阿琳娜在保护他，为他的弱点打掩护。有一次，因刚喝了香树脂而脸上红扑扑的他，晚上刚溜进女仆屋，就和纳杰日达·奥西波芙娜撞了个满怀，是阿琳娜提了些家务事，才把她的注意力引开。还有一次这位法国人给阿琳娜倒了一大杯香树脂，而她竟然连眉头也没皱，说为了这位法国老爷和亚历山大·谢尔盖耶维奇的健康而一口干掉。

孟德福有非常过硬的后台，住在彼得堡的哲学家兼耶稣会士德·梅斯特尔伯爵是他的庇护人。塔基亚娜曾哭着承认她罪孽地暗中倾慕过伯爵，这事最终主要是因为懒惰而崴了泥，而塔基亚娜被放逐到了米哈伊洛夫斯克的牲口棚。现成还有另外一件事——那法国佬有一次用他的香树脂款待了他的那位学生。嘴里灼热但味道却很好，亚历山大的脑袋发晕，嘴里一些莫名其妙的话语脱口而出，诗句中还夹杂着咯咯的笑声。老师和他的那位学生，两人都喝得烂醉如泥，沉入深深的、愉悦的梦乡。

毁了孟德福的是另一件事：他居然起意和尼基塔在前厅玩傻瓜游戏，被纳杰日达·奥西波芙娜抓了个正着。使人生气的是，他哪儿玩不行，偏偏在前厅，而且还和仆人玩。这下任何伯爵身份也挽救不了他了。谢尔盖·里沃维奇鄙夷不屑地耸着肩膀说：

"开头玩傻瓜，接着玩滚猪，然后玩尼基什，最后玩敲鼻子！不是挺合适吗?"

他就这样三言两语勾勒了一幅孟德福堕落流程图。这次他是以一个老赌棍的口气说话的。

第二天,把自己的全部财产装进一口结实的大旅行箱捆好后,法国人与亚历山大告别,凭记忆给他画了一匹快马,在下面用法语写了一句:"生命中最重要的是荣誉,其次才是幸福。"然后在这句名言下签署了自己完整的爵位封号和姓氏。

毁了孟德福的还有另外一件事,耶稣会士的学生、尼古连卡·特鲁别茨柯依借短期度假之故来看望父母,其间顺便拜访了一下邻居。他穿了一件黑天鹅绒,带领口和袖口的衬衫。他说起话来语调平稳,声音有点儿像是尚未睡醒似的,从始至终没有一刻提高或是压低自己的嗓门。听着儿子平稳而又体面的说话声,谢尔盖·里沃维奇忽然悲从中来:他儿子的法语说得十分刺耳,磕磕巴巴,很简单,但在他看来似乎显得有几分粗鲁。法语对两个儿子似乎都已经成为母语,可尼古连卡说法语像是修道院院长在说话,而萨什卡说话却像是个街头混混。尼古连卡在述说什么时,提到波瓦尔捷,发音像法语,读如"Povarskaja"。和朋友告别时,他说的是拉丁文:"vale。"(拜拜)而萨什卡和他比简直差远了。孟德福作为老师难辞其咎。

新来的教师丝毫也不像孟德福。他叫卢斯洛。

这位老师有一撮小胡子,鼻孔阔大,傲慢自负,他对自己有很高评价。阿琳娜从一开始就痛恨此人。

"那位先生是个二货,"她叹口气说,"愿上帝赐他健康,这会儿说不定又耍酒疯了。这匹公马。"

纳杰日达·奥西波芙娜和谢尔盖·里沃维奇对他的评价却截然不

同。纳杰日达·奥西波芙娜如今很少出门。有一次她穿着一件女短上衣，戴着早晨戴的包发帽。她的一只手微微抬起，见到这一幕的那位法国人怎么也无法掩饰或是根本不想掩饰他的赞美之情。她只是一笑了之：恭维话当然令她开心。从此以后，卢斯洛先生就俨然成了一家之主，成了苏丹和沙皇，像公鸡一样趾高气扬的。他和亚历山大说话时，话说得十分简短，断断续续的。他把自己打扮成一个老刀客，给亚历山大讲刀术课，像对士兵一样颐指气使。有一次他偷偷侦察到亚历山大潜入父亲书房看书，就惩罚他，严厉禁止他再这么做。如今师生二人已经很少一块儿散步了。卢斯洛逼着他坐下读有译文的法语单词本和算术。卢斯洛还是诗人，他还亲耳聆听过拉辛的朗诵。谢尔盖·里沃维奇偶尔也会玩玩朗诵。接着他就开始朗诵自己的诗作，纳杰日达·奥西波芙娜日常喜欢这些诗作。这些诗作一无例外地都是献给一个骄傲的太太，这位太太的魅力令他倾倒，但却让他可望而不可即。其中有一首哀诗的结尾描写一位由于爱情而濒临死亡的诗人的叹息：

Ah', je meurs! je meurs①

纳杰日达·奥西波芙娜吃饭时把较肥的一片肉夹在了他的面前。卢斯洛先生脸上泛起了红晕。

有一天一辆黑色的四轮轿式马车停在普希金家门口，一张脸色黑黄黑黄的老人的脸，头发微黄中泛白，眼睛却很显年轻。从车里往外看。一个老法国人仆人，头发稀疏，身穿仆役制服的老仆，跳下后踏板，问孟德福伯爵在不在家，德·梅斯特尔伯爵欲求一见。

谢尔盖·里沃维奇慌了。德·梅斯特尔伯爵是撒丁王国国王终身使

---

① 法语：哎呀，我要死了，我要死了！——译注

臣，虽然被剥夺了领地，但据传闻，是个耶稣会士，是彼得堡的神秘名流，哲学家。

谢尔盖·里沃维奇请德·梅斯特尔伯爵进门。老头子在他家只待了5分钟，听说孟德福早就不在这儿了，看见向他弯腰鞠躬的卢斯洛先生，老头子用锐利而又生气勃勃的眼睛盯了他一眼。谢尔盖·里沃维奇张口结舌：这目光是睿智的，他想象中的耶稣会士的目光，也正是如此。他絮絮叨叨地说了一大篇，说遗憾的是，孟德福伯爵出门了，说在眼下这个艰难时世教育孩子的费用很高昂。谢尔盖·里沃维奇的话匣子逐渐给打开了。他表示非常喜欢孟德福伯爵，对他的弱点总是无休无止地惋惜，但他的弱点对于一位教师而言，是完全可以原谅却无法容忍的。法律要求具备的知识日益增多，一想起孩子的教养问题就让他头疼。

老人用习惯而又凝注的眼神看了小男孩一眼，心不在焉地笑了一笑，然后重又盯着卢斯洛。

"应当教育孩子的，不是智慧。"他望着卢斯洛说。卢斯洛不由得端起了架子。"况且教人以智慧这很难，这和以智慧著称不是一码事。"卢斯洛眼望着一边。"不应该让孩子背负沉重的知识的负担。应当教育孩子一些别的什么。您对教育在巴黎所取得的成果是熟知的吧。"

接着他由于怕冷而缩了缩脖子，把一条黑披巾系在细瘦的脖子上就走了，丢下一群人困惑不已。

很快德·梅斯特尔的四轮轿式马车就消失了。

谢尔盖·里沃维奇开始向所有人讲述德·梅斯特尔伯爵造访的故事。他根本不看萨什卡和列尔卡，对奥莉佳的在场似乎也一无所知，只是一味喋喋不休地说什么如今的教育是一件十分艰难的事业，当耶稣会士们断言，说最重要的事情，不是智慧，而是趣味时，他们说得太对了。上帝保佑所有科学！德·梅斯特尔伯爵百分之三百是正确的。

对于这条意见以及有关德·梅斯特尔伯爵造访的消息，人们都在毕恭毕敬地聆听着。

谢尔盖·里沃维奇的讲述往往是这样开头：

德·梅斯特尔伯爵最后一次到我家时……

2

出乎所有人意料，莫斯科的一切发生了彻底的改观，就连空气本身似乎也变热了。老人们的骄傲和自豪达到了前所未有的高度。他们对所有人都笑脸相迎，老相识们之间的联系重新恢复了。人们之间的亲缘也重新被想起了。谢尔盖·里沃维奇忽然想起贵族学院也 600 多年了。于是又一次打开证明册。很快他很久未曾谋面的卡拉姆津就温暖了他的心。

造成这一切的原因是国家和彼得堡层面的。莫斯科一直孤零零地独自过着自己的生活。老人们总是在大声喧哗，像聋子在人群中说话总是声音过大一样，因为他们总觉得别人听不见。作为一名退休人员，他一门心思总想往莫斯科跑，以便有机会大着嗓门哇啦哇啦地嚷叫。在莫斯科所有人都听老太太的。莫斯科是个女人的王国。她们像大蟾蜍似的坐在贵族俱乐部的大安乐椅上，威风凛凛地观望四周。她们每个人都有自己的仆人和敌人。她们对所有往事都记忆犹新。所有人都牢记不忘，奥弗洛西莫娃的褒贬臧否和有关希特洛娃的逸事笑话，在莫斯科早已取代了公报的地位，因为后者人们只在战时才会读。整个冬季莫斯科就像一个新娘集市，把未婚女子们装进马车里，从四面八方小心翼翼地掖好藏好，然后在整个秋天，把这些稀世罕见的商品通过条条大路运到莫斯科，而在关卡前马车都不得不停下来。教堂的尖顶被涂上了一抹金黄，园林黄了又绿了，未婚的女孩子们的心脏也紧缩了起来。随后便有人把她们展示给莫斯科那些老太婆们过目，老太婆们看后，便会挑一些将其置于其庇护之下，很快在某次舞会上，姑娘们的命运就被决定了。老太婆们下判决，穿衣服，扯闲篇。然后又开始撮合上。许墨奈俄斯的所有奴隶，屈服于石榴裙下的小男人们，破产的赌徒们，仕途不知为何总是不走运的人，构成了莫斯科的中间年龄层。谢尔盖·里沃维奇在莫斯科自我感觉绝佳，因而痛骂彼得堡。褒贬和传播新闻是他的一大爱好，也是今日莫斯科处于中间年龄层的人们的一大爱好。

　　莫斯科的年轻人全都举止轻浮，嘟嘟哝哝，多愁善感。他们说起话来全都软绵绵的，所有男性全都在说话时避免说粗鲁的发音而 с、ж 不分、总爱说：женщина（女人），нослег（过夜）。

　　彼得堡有宫廷，有国家机关，就连彼得堡的文学也别具一格：有陆军上将希什科夫在那里坐镇。他对莫斯科那帮唏嘘之辈嗤之以鼻，甚至就连卡拉姆津本人也不放过。他对所有法兰西老师们和那些贩卖时尚的小铺子都颇为警觉，建议人们都读《月书》①。加夫里洛·罗曼诺维奇·杰尔查文还在喷泉街上苟延残喘，还在为子孙后代书写冗长的有关颂诗的通报。

　　但问题不在他们身上，也不在老年人身上，更与年轻人无关。问题在于，当莫斯科仍在呼吸，仍然在因油腻的薄饼而发胖，因瓦西里·里沃维奇、勃莱兹的馅饼而赞叹不已的时候，出乎所有人意料的，一个书

① 一种祈祷经文和使徒汇编。——译注

吏掌握了政权。

老人们都习惯这么叫斯佩兰斯基。① 起初有一些流言蜚语在流行，说沙皇随身带了善于"奉承讨好"的书吏，紧接着流言就被证实了。随后又有流言传来，说波拿巴曾和这位书吏亲口说过话，似乎对他还相当客气。这些老人们尽管一味地千方百计地指责拿破仑，但仍然感到自己落伍了，随后他们就断定，书吏和拿破仑是穿一条裤子的。而当诏书一个接一个颁布时，所有老人全都明白了：拿破仑时代已经到来了。第一道诏书是关于宫廷各类头衔的，第二道是关于文官等级的。从叶卡捷琳娜二世时代起，就开始有上流社会的存在了。地位崇高的上流社会人士是在上流社会人士的消遣活动中度过一生的，他们从摇篮时期起就荣膺了宫中低级侍从和与其相适应的五品官衔。婴儿在向他们那肥硕的妈妈展现着笑容，被从一个保姆手中转到另一个保姆手中，慢慢变成宫中高级侍从官，和与之相应的四品文官官衔。然而，空闲时间塑造了他们的品位和趣味，随着时间的迁移，这种品味或趣味会被彼列库西希那的近侍女官所看重，而即使没有出现类似的幸运机遇，他们最终也依然会混到高级官衔，从而得以参与国家事务。贵族所享有的自由便是如此。

1809 年 4 月 3 日，如今已经在彼得堡站稳脚跟的书吏，发布了一道诏书，从而结束了一切。宫中低级侍从和高级侍从的称谓的确不足以赋予其以任何官衔，因而只被视为一种功劳。与此同时，任何人都有责任在两个月期限内选择其所从事的实际公务类别，而不显示其愿望者则

---

① 米哈伊尔·米哈伊洛维奇·斯佩兰斯基（1772—1839），俄国国务活动家、改革家，共济会会员。出身贫穷教士之家。其改革措施由于触动了贵族利益而遭到强烈反对，加之改革过程中出现失误，最终导致失败。其本人也于 1812 年被解除职务。——译注

被视为辞职。许多无论是在其生活方式还是思维方式方面都未能做出任何改变的高尚人士，忽然在两个月之后被退休了。特鲁别茨基－科莫德家的三代人全都具有官衔，也都具有公职，和往常一样坐在家里，坐在自己所在的科莫德，忽然就被解职了。全家上下都一片惊慌。那个曾经称拿破仑为布阿纳巴尔特的老头子，威胁说要到彼得堡揍那个吃教堂饭的家伙，而使所有人更加恼火的税赋越来越重了。

"这家伙吃饱了，"老头子们说的也不知是斯佩兰斯基，还是沙皇，"还不如死鬼保罗呢。"

夏天，当莫斯科的老人们都在纷纷议论税赋问题，威胁说只要能不交钱宁愿去死的时候，那个书吏颁布了第二道诏书。从此以后任何人如果不通过考试或某种证明文件都休想晋升为八等文官。官吏阶层被责成抛弃一切旧有的习惯，一切自己固有的目标，不但不能和好心肠的捐赠者在家里促膝长谈，反而还得针对自然法和数学基础课复习准备应付考试。

如今所有荨麻种子都开始起而反抗了。

人们传说有一个书记官在欢迎贵宾的地方，在普鲁特卡当中痛哭流涕，还用一块又大又软的薄绸擦拭眼泪，以此吸引了普遍的关注。与此同时，那些看不出继续存在下去有何目标，并对应付考试也就是对于获得八等文官官衔感到绝望的在衙门工作的官吏们，要求给予这样的酬报，以至于光是这一笔支出本身便足以令国家的根基发生动摇。所有这一切都会导致非常严重的后果。

在第一道诏书颁布时就在所有方面谴责"荨麻种子"的莫斯科那些老爷们，如今开始称斯佩兰斯基是牧师的儿子和免去教职的教士。

各种品味和癖好由于普遍的危险的存在而暂时被忘记了。莫斯科街道的人流变得很稠密：从早晨起人们就纷纷往外跑，以便了解公众的看法。谢尔盖·里沃维奇每天早晨开始履职。所有办公室如今都在做一件事，那就是重抄针对斯佩兰斯基的新诗。谢尔盖·里沃维奇每天都带回一些新作，读过后便珍藏在自己的秘密抽屉里。

这些诗都写得很尖锐。有一首写办公室里的哭泣的作品被称作《哀诗》：

哭泣吧，办公室的办事员、科长和秘书们！

这首诗里有一句非常辛辣的诗，当即就成为一句俗语：

哎呀呀，好一个可望而不可即的文官八品！

不过这首诗的写作更多的是出于嘲讽官吏捍卫诏书的目的，那些官员们刚开始还来不及分辨，所以，抄写时把有关诏书"貌似反动"的内容也一并抄录下来了。

谢尔盖·里沃维奇倒是比较喜欢"萎靡不振的贵族这一思想"，全诗写得很糟糕，但表达却十分有力：

贵族至今都无法忍耐留里克，
但大家却都把俄国当作主人。

关于"牧师的儿子"诗中写道，说他"像个肥皂泡似的飞来飞去"——接下来："俄国被一把木剑斫伤，混沌也得以久长。"

针对斯佩兰斯基的题诗则是另一类的——题诗写得很短，出自那位把拿破仑称作布阿纳巴尔特的将军的兄弟之手：

牧师之子展现了伟大的奇迹，

忽然用科学令所有贵族折腰。

大家都对科学发怵。医生学医学，神父学神学。贵族中也不乏怪人和艺术科学事业资助者，他们读的是拉丁文书，但却一定得学习各门科学去做医生却不是贵族该干的事情。贵族是依据其精神的品性和所建立的功勋而获得爵位的。在科学、贵族爵位和封号之间没有任何关联。宗教学校学生发起了混沌，把一切都给搅乱了。

谢尔盖·里沃维奇不知为何比别人更加气愤填膺。一想到宫内低级近侍和宫中高级侍从从此以后再也不算是一种爵位而只是"称号"这一点，就让他难以忍受，虽然无论他环视其亲戚中的任何人，都不曾是前者也非后者。他气得连话也不会说了。"这个当官的斯佩兰斯基是个 cette canaille de。"① 他谈及斯佩兰斯基的样子就好像此人早先曾经在他领导下的部门当过差似的，说及其姓氏时带着鼻音。

一般说这的确是谢尔盖·里沃维奇性格中的一个特点——他很容易与任何一种反对派立场认同。有时候他会对着壁炉唧唧私语，和母亲奥丽嘉·里沃芙娜一模一样。有一次他甚至一字不差地重复了她的话，呼哧呼哧地说一切不幸都来源于奥尔罗夫一家——居然挤进了达官显贵行列，从此便乱得不可收拾了。无论你说什么，贵族称号使人有权摆出上

---

① 法语：浑蛋。——译注

流社会的文雅风度，而上流社会人士的文雅风度本身，如果用好妈妈奥丽嘉·里沃芙娜的话说，就代表着恭敬礼貌客气，总而言之，就代表着一切温良恭俭让！而且它不但意味着客气礼貌，也意味着善于炫耀的能力，意味着幽默和机智。而谁如果不懂得这一点，谁就不值得与之交谈。虽然谢尔盖·里沃维奇的历史概念极其模糊，但他的感情却极端强烈。

在这些日子里莫斯科有多少支羽毛笔在嚓嚓嚓地书写——官吏们在纷纷抄写贵族写给沙皇的那些诗句。其至就连坐在自己书房里的谢尔盖·里沃维奇，面对一张白纸，也用细细的笔尖写下了如下字句：

最仁慈的君主！

但接下来却什么也没写下去。

大家全在等待着卡拉姆津发言。

3

老朋友们都说卡拉姆津变得孤高自傲沉默寡言了。卡拉姆津觉得自己和所有人的关系都断了，而眼下还要进行非常繁重的工作，他断然决定长期离开莫斯科。最后，他终于得以在姑妈的阿斯塔菲耶夫庄园创办了一家酷似于鲁索夫宫式的艾尔米塔什。广阔的园林，活水池塘，浓密的菩提树荫取代了朋友抚慰着他的心灵。善良而又年轻的妻子如今对他而言成了历史的缪斯科丽娅。莫斯科人开始对他感到有几分敬畏。偶尔他也会回来说三两句重要的话，丢下某种意见和神秘的笑容。在他身上，对别人身上的恶习的宽容如今成了重要的特点。好心人松采夫——

妹妹丽泽特的丈夫——怕他如怕火。此刻在莫斯科浮荡的骚乱把他从隐居中召唤回来了几周时间。

谢尔盖·里沃维奇高高兴兴地前来把他拜访。他们两个很久没见面了。他花了好长时间思考什么时候去合适，主要是怕妨碍主人工作，但最后仍然选择不了合适的时间。他想了一会儿还是把那些莫斯科诗稿塞进口袋，穿上一件新的燕尾服，叹了口气就出门了。

他受到了很好的接待，没有别人，只有他们两个人坐在半明半暗的书房里，坐在简简单单的家具上，而且卡拉姆津连灯都没点。卡拉姆津话说得很少，甚至令人觉得坐在深深的安稳的安乐椅上的他始终在打盹儿，倒是谢尔盖·里沃维奇无话不谈地说个没完。而且最先谈及的，是彼得堡陆军上将希什科夫的野蛮行为，此人居然敢于公开辱骂尼古拉·米哈伊洛维奇。不久前，他还写道，说什么瓦西里·里沃维奇是个不信神的愚昧之徒，是个放荡鬼，是御座的死敌。

卡拉姆津微微一笑，轻微地表达了自己赞许的态度。他根本不是什么法国迷，把他的名字和瓦西里·里沃维奇相提并论这种做法稍许显得可笑。

他问谢尔盖·里沃维奇他可爱的妻子身体如何。谢尔盖·里沃维奇对之表达了真挚的谢意，开始抱怨教育孩子有多么多么难。如今对贵族阶层也要实行考试和科学了，这让人不能不为贵族的前途担忧。前不久到过他家的德·梅斯特尔伯爵说的或许对：重要的是培养孩子们的趣味感和对父母的尊敬，其余就随他去吧！他作为一个正在成长中的儿子的父亲，对此深有同感。

此时卡拉姆津轻轻地告诫他，说不能把实质上截然不同的概念混为一谈：考试是一回事，教育是另一回事。无论是莎士比亚还是鲍涅托夫，没有教育都是不可能产生的。精致的大脑远比无知和愚昧距离自然更近，高尚的认识终究会理解这一点的。关于德·梅斯特尔伯爵，他的话说得有几分冷淡，说他不知道伯爵在莫斯科逗留过。然而，哎呀呀，考试却将持久地伤害科学本身！

谢尔盖·里沃维奇很快就忍耐不住地朗读了卡拉姆津的《一个萎靡不振的贵族的想法》。

这下子卡拉姆津似乎被激活了点。他凝神倾听着这些诗，有一页他还要求重读一遍。他两颊飞红。很快他便小声向谢尔盖·里沃维奇耐心而又和蔼地讲解所发生事件的意义。

谢尔盖·里沃维奇一动不动地凝坐在昏暗中。他贪婪地聆听着卡拉姆津说的所有话，而所有这些话语都是在提高他和巩固他。他两颊支在白白的衣领下，坐着，忘掉了纳杰日达·奥西波芙娜、萨什卡和列里卡，忘掉了债务和自己的家务。他再次成了他理应成为的那种人——一个拥有六百年家族史的贵族，一个上流社会人士，一个常常被人邀请去讲话的人之一。他陶醉于意识到这一点而给他带来的愉悦感中，以致卡拉姆津所说的话，有一半他竟然没听。他仅仅只是发自内心地对精微细腻地嘲笑书吏的话语发笑而已。

在未点燃蜡烛的半明半暗的昏暗中，卡拉姆津说如今的国会主席必须懂得荷马和忒俄克里托斯①，参政院巡按也必须懂得氧气和所有气体的特性，而副省长则必须懂得毕达哥拉斯为何许人……

谢尔盖·里沃维奇轻轻地笑了笑。

"……疯人院院长也得懂得罗马法……"

———————————

① 前 4 世纪末—前 3 世纪前半期，古希腊诗人。——译注

这一条谢尔盖·里沃维奇竭力想要记得牢牢的。

"氧气，毕达哥拉斯、疯人院院长。"他嘴唇翕动着重复道。

但两人谁都没察觉诏书和"诏书的睿智"这样的说法其实文理不通，文体风格太花哨，太阿谀奉承，如果此话无误的话，也可以说是带有神学气。

谢尔盖·里沃维奇想起自己带在身上的那张白纸上写着：

最仁慈的君主！

他像一个小学生似的红着脸，亲口向卡拉姆津承认自己太大胆了，太调皮了，但幸福而又充满自信的他相信自己会得到赞许的。他本来打算给皇上写一个奏折……这反映了他的心声！伟大的上帝呀！可是在莫斯科谁不想给皇上上奏折呀……

卡拉姆津住了口。他住了口，小心翼翼地咳嗽着，回答着谢尔盖·里沃维奇的絮语和浅笑。

谢尔盖·里沃维奇困惑地走出门，为什么今天起初卡拉姆津以真挚热烈的谈话对他表示尊重，可到后来却又对他那么冷淡呢。然而卡拉姆津自己也在其僻居独处的阿斯塔菲耶夫面对一张白纸一坐就是好几个星期，他自己也给皇上上过一封有关这位书吏给俄罗斯国家历史输入的精神问题的奏折。

4

从卡拉姆津那里回家后，坐在雪橇上的谢尔盖·里沃维奇碰见了亚历山大。儿子的模样令他一头雾水。

他一到家，就唾沫飞溅地、着急忙慌地、一刻不歇地、毫不犹豫地对纳杰日达·奥西波芙娜转述了卡拉姆津对她的问候和他们的谈话。

纳杰日达·奥西波芙娜在重大事务上从不与丈夫意见相左。他这种奇特的坚决果断把她置于一种左右为难的地步：谢尔盖·里沃维奇永远不习惯于让步，但一旦做出让步，就无法容忍拖延，他会情绪激动，呼哧带喘地像爆竹。恰好这天家里把谢尔盖·里沃维奇一件旧的燕尾服交给了德国人街上的那个裁缝，好让他给亚历山大改做一件制服。纳杰日达·奥西波芙娜在法国人的小铺子里买了花边。她花了好长时间对着镜子穿衣打扮，一早就出门买东西去了。家人全都活跃了起来，开始对孩子实施新式教育法。最后，制服终于做好了。戴着夹鼻眼镜的纳杰日达·奥西波芙娜上下打量着亚历山大，此前还跟那位德国裁缝拌了几句嘴。谢尔盖·里沃维奇消停了一个礼拜。可是，自从去过一趟布图尔林和苏什科夫还有不知什么人家以后，他忽然福至心灵地发现，高贵人家的子弟一般都被送到姚格尔那里学习舞蹈。

姚格尔是一个时髦的舞蹈教师，是他首次开始在莫斯科办班教孩子们学习舞蹈，组织孩子们在他那里举办化装舞会，家长们纷纷把自己的儿女送到姚格尔那里接受教育。制服就是根据他的建议缝制的——英国旗舰水手服，假发套，三角制帽，一切的一切，都事先经过温柔的母亲和裁缝的审查和检阅。

姚格尔的大厅被照得灯火通明。姚格尔老人本人个子很高，背稍稍有些驼，穿一身黑色燕尾服，他走到台上，拉起了一把口袋大小的微型小提琴。孩子们脸上挂着与其年龄相适应的淡漠的表情跳起了舞，跳得规规矩矩有模有样的。舞场周围坐着一圈莫斯科的老太太，她们坐在一起品评着每对父母，不时地把孩子叫到身边赏他们吃刚才口袋里拿出来的蜜糖饼干。姚格尔家的晚会渐渐成了一种时尚。老太太们骂这个德国人教得不好：孩子们像着了魔似的挤挤擦擦，闹闹哄哄，每家的母亲都骂他收费昂贵——可却往脸上贴一副俏皮膏，一窝蜂似的往那儿跑。

谢尔盖·里沃维奇对纳杰日达·奥西波芙娜说该把亚历山大和奥莉佳都送到姚格尔那里学习去。纳杰日达·奥西波芙娜高高兴兴地同意了。于是决定把亚历山大打扮成个土耳其人，而把奥莉佳打扮成希腊女人。纳杰日达·奥西波芙娜逛了三天时尚用品铺。她为孩子们的化装舞会所购买的丝绸，价格非常昂贵。她欣赏这些丝绸欣赏了两天，最后决定还是把它们留给自己用。谢尔盖·里沃维奇咬了咬嘴唇。他非常渴望到姚格尔那里去，有一次吃饭时他宣布说光荣的舞蹈教师佩恩果已经同意教孩子们舞蹈了。

"他比姚格尔更棒，"他不够自信地说，"姚格尔不过是个老骗子而已。"

前来参加午宴的安娜·里沃芙娜姑妈对兄弟丝毫不愿意为教育孩子多付出的决定感到吃惊。

"哎呀，谢尔盖呀谢尔盖，你会后悔的。"她说。

谢尔盖·里沃维奇自己也多少有些为佩恩果的邀请感到困惑。

他在屋子的两角之间走来走去，而安娜·里沃芙娜则仔细地观察着孩子们的反应，看样子他们还无法评价父母对自己的关怀。

尼基塔点亮了客厅里的蜡烛，而光荣的佩恩果来了。他个子不高，很瘦，两条腿细得像麻秆，穿着带扣绊的矮腰皮鞋和丝袜。他年纪已经很老了，但精神饱满，虽然脑袋总在摇晃。

母亲领着奥莉佳和亚历山大的手，把他们领到房间中央，安娜·里沃芙娜坐在三角钢琴前，舞蹈课开始了。

"Глиссе，滑步。"光荣的佩恩果用撕裂的嗓音说道并发出沙沙声。他的脚步不够坚定，他醒目地摇晃了一下脑袋，想要起跳却跳不起来。

亚历山大怀着一种不可描述的厌恶领着被吓慌了的奥莉佳。奥莉佳竭力想要下蹲，嘴里发出无声的嗫嚅：

"Un，deux．trois...① un，deux，trois..."

谢尔盖·里沃维奇看着光荣的佩恩果，却并未关注女儿和儿子。安娜·里沃芙娜使劲敲击着钢琴。

"Тур сюр пляс！Тур сюр пляс！②"

佩恩果让孩子们停下来。他们不懂得节拍，踩不到点儿上，就是走路，而且不会旋转。他稍稍兜起燕尾服的后襟，努力在脸上保持微笑的模样——奥连卡就应在脸上露出这样的笑容。佩恩果满是皱纹的脸上两只眼睛发出冷冷的光，像公鸡一样迈着轻快独立的步伐，脑袋由于年老而始终摇晃着——而亚历山大就应当这样出场。随后他开始缓慢地转起了圈子。他拧着眉头忧郁而又冷淡地看着父母，他既笨拙又冷漠，而且还踩不到点子上，弄乱了节奏。

姑妈一边演奏一边点头打着节奏，同时固执地用双脚打着节奏。

"Ан аван！③ Ан аван。"

佩恩果累了，用带花边的白手绢擦着额头的汗水，然后坐在安乐椅上。

这时纳杰日达·奥西波芙娜站了起来。她早就死咬着手绢，脸上浮起了一块块红斑。她透过眼前的一层云翳看着孩子们，泪水涌上了眼眶。这一整天她都感到很不自在——佩恩果如是说。此刻她看着自己的孩子们，感到自己受了屈辱，感到茫然不知所措。她以往一直是或一直

---

① 法语：一、二、三。——译注
② 法语：原地转弯。——译注
③ 法语：向前。——译注

觉得自己是个美人，人们都叫她漂亮的姑娘。而这个眼睛长得像猴子似的，皮肤暗淡，脚步笨拙简直像丑八怪似的小男孩，居然是她儿子。这个拱肩缩背、鼻子尖尖身材瘦小的、眼睛滴溜乱转的、头发平顺看不出颜色的小女孩，居然就是她的女儿。她感到莫名其妙的厌恶、愤怒和对自己苦涩的怜悯。她站起身来，紧紧抓住儿子的一只耳朵，拽住女儿的后脖领子，像扔小猫一样把他们扔到门外。

"丑八怪。"她连自己也没听见地嘀咕道。

佩恩果站了起来。

"孩子们有的行，有的不行，但根据第一次小步舞是无法评判一个舞者的。光荣的杜邦小时候照样也很笨拙。"

佩恩果说话和他跳舞一样很机械。他教了20年，老一套了，对一切早已习之若素了。

安娜·里沃芙娜使劲逼着自己对法国人笑了笑。她对纳杰日达这种奇特的表现感到屈辱：当着法国人的面不应该这样没素质。

谢尔盖·里沃维奇朝纳杰日达·奥西波芙娜奔去，和往常一样丈二和尚摸不着头脑。可她已经安静下来了。

光荣的佩恩果从此以后再未受到邀请。奥连卡啜泣了一阵，但很快就平复了：她对母亲的出格举止已经习惯了。临睡觉前，躺在被窝里的亚历山大忽然大声叹了口气——而儿童是从来不会这样叹气的。

母亲不喜欢看他，有时候会故意把目光转过去，似乎觉得不好意思。而他也总是不让母亲触摸自己。他以前从未想过这件事，而此刻却忽然全明白了。他是个丑八怪，他长得很丑，这令他很伤心。他回忆自己和奥莉佳妹妹随着音乐走台步时，总是由于屈辱而哭泣不已。此时此刻谁都不会走到他身边安慰他：阿琳娜在很远的某个地方。那个法国人坐在桌前，表情抑郁而又专心致志地、不问世事地用小剪刀和小刷子修剪着指甲。

5

瓦西里·里沃维奇请弟弟到他家便宴。纳杰日达·奥西波芙娜生病了。谢尔盖·里沃维奇随身把儿子也带来了。他不想带儿子去，可纳杰日达·奥西波芙娜非要他带。如果谢尔盖·里沃维奇拒绝的话，她便会以为人人都在欺骗她，会以为所谓便宴实际上还有即兴的芭蕾表演和法国演员参加。于是谢尔盖·里沃维奇便勉强带了儿子来。但其实瓦西里·里沃维奇家的便宴是没有女士参加的。他在莫斯科结交的新朋友都以不喜欢女性著称，他们都是些厌女症患者。

他的这帮朋友可都是些最时髦的人物。他们全都担任"档案馆里的士官生"职务，而人们简称他们是"档案馆的"。他们所担任的职务同样也很时髦：他们都在外交事务档案馆里工作或是隶属于这家档案馆，如今这家档案馆已经成为培养品行高尚的青年人的一个学校。他们全都在德国的哥廷根那里受的教育，因此人称其为"哥廷根分子"，或简称之为"德国人"。如今他们这些人正一个接一个地被伊万·伊万诺维奇·德米特里耶夫——此人正如老人们说的，在"司法部"任部长——从莫斯科吸引到彼得堡。在莫斯科他们反而成了过路客。他们的做派、习惯和趣味全都是新派的。他们待人彬彬有礼，彼此之间说话大都小声用德语交流，说话声就像乌鸦叫。他们的目光饱含着忧郁，他们相互对视的眼神充满了柔情，而以高傲的眼神看待他人。

瓦西里·里沃维奇起初本想发火，随后感到惊奇，而很快他就明白原来这是最新、最时髦的时尚潮流，而他和他那法国通的法语格言警句已经多少有些老掉牙了。就天性和秉性气质而言，他是个时髦人士，他认可和承认新出现的名流。况且他们这些人士都很有礼貌，"很可爱"——正如关于这些人人常常喜欢说的那样——他们和那些来自莫斯科各家俱乐部里的年轻浑蛋们不可同日而语，对后者，他是避之唯恐不及。在莫斯科，这帮人以"屠格涅夫的雏鸟"和"德米特里耶夫家的一窝幼崽"而著称，而他和所有人一样，十分尊重老人屠格涅夫和德米特里耶夫。他与之交情最好的是亚历山大·屠格涅夫，他发现自己和此人在精神上有几分相似之处：年轻的屠格涅夫是个爱好饮食的食客，活泼好动，一刻也坐不住。人很可爱，双颊下垂，大肚能容，他善于到处传播新闻逸事。他性格安静平和：柔情似水，大滴大滴的眼泪常常滴落眼眶，而饭后坐在餐桌前的他常常很快就打起盹来。他常常把哥廷根和德国人挂在嘴上，但就其天性而言，瓦西里·里沃维奇对他可谓莫逆于心：饕餮汉，好忘事，急脾气。

其他哥廷根分子就没有那么可爱了：勃鲁多夫是个饶舌鬼，但很狡猾；乌瓦洛夫外冷内热，心地善良，就是有点儿甜得发酸。达什科夫圆滚滚的，性情安静、高傲、动作迟缓。瓦西里·里沃维奇和以上这些人都很要好。不过话说回来，他有时候也觉得这些人很难理解：他们之间一定有些秘密，眼神飘忽躲闪，说话吞吞吐吐，欲言又止。他最不喜欢的是他们那种暧昧的嘻嘻奸笑——声音压得低低的，既淫荡又恶毒。有时候这些人忽然又变得一本正经起来，就好像他们知道某种他所未知的东西，于是他发怵了。大家本来正开着玩笑，忽然全都开始压低嗓门悄声低语起来，于是瓦西里·里沃维奇知道，他们这是在纵论国事。转眼之间，他们似乎看不见他的在场了，也似乎听不到他的提问。他胆怯了，说起话来也结结巴巴的。于是他们开始安抚他的自尊心：夸奖他的诗写得好。对此类赞扬他总是全心全意地予以反应，迎着夸奖就像鱼儿迎着诱饵游去一般。

总之他被这类夸奖搞糊涂了。这些乳臭未干的小二们远比那些老头子们更顽固，更 solide①。他们似乎很早就成熟而又很早就凋萎了。黄口小儿乌瓦洛夫接受了某种重要的委托出国深造机会，并在国外和一个叫斯坦因的德国人私交甚笃。斯坦因！普鲁士人的首领！他的名字永远都挂在他们的嘴上。他被拿破仑放逐，隐居于维也纳，炽热地热爱祖国，并在拿破仑眼皮底下组建了自己的民军和后备军。这个放逐者公然幻想全人类的自由——即摆脱拿破仑的自由，然而要知道就连拿破仑自己同样也——根据瓦西里·里沃维奇偶尔也会一读的《总会通报》判断——在幻想全人类的自由，而且首先是幻想摆脱了斯坦因的自由。对于瓦西里·里沃维奇来说，所有这一切都是天书，是胡说八道，子曰诗云。但他因此更加尊敬自己这些新朋友。

他那种迷信似的恐惧让他们都有了事情可干：乌瓦洛夫在做一些和希腊有关的事，他能自如地用希腊语写作。达什科夫甚至懂得土耳其语。而瓦西里·里沃维奇对于事关希腊的事物，他只知道阿那克里翁，而且还读的是诗人的译本。至于土耳其嘛，他只知道土耳其人有他们的后宫，后宫里有许许多多的宫女。瓦西里·里沃维奇有时候不得不与之一块儿吃饭的那位大司祭，在受惩罚期间，总是会引用这个事例作为耻辱和淫荡的反面例证。但瓦西里·里沃维奇不明白，这些年轻的老者们哪儿来的兴趣去钻研古希腊和土耳其，解析他们那些带弯钩的花体笔画

---

① 法语：更体面。——译注

和卡拉库里羔皮，对这类玩意儿，他是 pas un brin①。这类杂学是无法被纳入高尚教养的范畴里去的。这是些实用事务，干好了也不说明你能干，只是在浪费时间罢了，岂有他哉。只是当和土耳其人的战事爆发以后，他才对这些雏鸟们的高瞻远瞩钦佩不已：这下卡拉库里羔皮派上用场了。他们这帮人全都成了外交家。瓦西里·里沃维奇却对外交官阶层心存忌惮。

哥廷根分子们的学问压迫着他，令他感到发怵。总之他们身上有许多奇特的地方——他们几乎从不谈论女人，根本不喜欢女人，只承认友谊，一写信就大谈苦闷忧愁。他们的一个朋友，灵感勃发而又勤于笔耕的茹科夫斯基，对柏拉图式的爱情深表赞同。而如今这同样也成了当今最新的时髦——年轻的人们纷纷堕入沮丧和失望中无法自拔，整天讨论的都是如何自杀。乌瓦洛夫写法文诗大谈年轻时死去多么有益，这些诗被人们相互传抄，口耳相传。太太们在读这些诗时哭哭啼啼：年轻时死去的好处在他们看来是无可置疑的。达什科夫发表了一篇论自杀的文章遭到了友人高尚的反驳。他们怀着炽热的热情想要去赴死，但却又希望仕途上飞快晋升。

出现了一些新的类型的工作。瓦西里·里沃维奇从未怀疑自己可以，比方说，主持某个听取外国人——耶稣会士、萨满教徒、穆罕默德和犹太种族——忏悔的部门。他觉得这样的工作实在是太黑暗了。但如今亚历山大·伊万诺维奇·屠格涅夫恰好就任职于这个部门，在戈利岑伯爵的领导下工作。况且就连戈利岑自己起初也不过是个臭名远扬的小

---

① 法语：一窍不通。——译注

丑和百无一用的无懒汉，喜欢伽倪墨得斯①，而如今却担任一个最具有神秘意味的职位——主教公会的厅务总监！终其一生都充满了各种各样五花八门的职位。而那些新朋友，那些忧郁而又感伤的人们，他们对这座迷宫可谓心知肚明，在人们尚未觉察时便摇身一变成了干练而又招人喜欢的必不可少的人物。

尽管他们的性格各异，但瓦西里·里沃维奇很快就成了他们这帮人的志同道合者和文学战场上的同伴和战友。

在两个首都里，一场文学战争早就开场，持续好几年，一直未中断，反而愈演愈烈。看起来，除了卡拉姆津以外，似乎文坛不可能会有另外一种趣味，除了高雅品位外；除了真正的追求外不可能有另外的追求，除了卡拉姆津以外不可能有另外的文学先知。可忽然间彼得堡一个陆军上将希什科夫登场了，他发起了一场激烈凶恶的战争，起而反对真善美的朋友们。卡拉姆津本人也受到了攻击，继其之后，是德米特里耶夫，而瓦西里·里沃维奇在其之后也遭到了抨击。

反抗法国人的远征是希什科夫宣布实施的。而如果这次远征是针对不行的法国政变和雅各宾主义的话，瓦西里·里沃维奇兴许会十分"侯爵"——正如他对那些上流社会诗人们的称呼那样。而如果他起而仅仅反抗法国 outchiteli②的话，谁也不会和他争论的：这些人即使消失无影了——瓦西里·里沃维奇也会感到无所谓，而希什科夫却对法国人的时髦小铺发起了一场战争！而且这还是一场反对情感语言的战争！反对哀诗的战争！

---

① 希腊神话中特洛伊少年，因美貌异常被宙斯掳去，在奥林波斯山上成为宙斯的宠儿和酒童。——译注
② 按照俄语发音用法语字母拼的单词：教师。——译注

他的表现煞像一个真正的名副其实的野蛮人——在一位朋友们写满了诗的可爱女性的纪念册里，他用半真半草字体写了一首野蛮的音节体诗：

> 你呀，小姑娘，无须白粉，却奶白奶白，
>
> 无须红粉，你却粉红粉红。
>
> 你是父亲和母亲的光荣，
>
> 也是年轻小伙子心中的隐痛。

令大家感到无比愤怒的，是诗中那个"小姑娘"词儿。"Cette noble① '小姑娘'!"瓦西里·里沃维奇说。

"哥廷根分子们"和德米特里耶夫的关系良好，而勃鲁多夫则是他们的亲戚，他们敬仰卡拉姆津，对上将及其"小姑娘"极尽嘲弄之能事，而瓦西里·里沃维奇却觉得自己在所有方面都堪称他们的志同道合者。他的心胸是为新朋友们开放的，对沙利科夫伯爵也同样如此。只有阿列克谢·米哈伊洛维奇·普希金极不恭敬地称他们是鼻涕虫，但他一般说却享有著名的牢骚鬼和投机者的美名。

瓦西里·里沃维奇心中不无忐忑地等着新朋友的到来，他对他们多少有些害怕。答应要来的有屠格涅夫、勃鲁多夫、达斯科夫；茹科夫斯基在莫斯科郊外的米申斯克村休养，正在全身心地钻研自然和柏拉图式的爱情问题，没必要对他寄予希望。他不来更好：瓦西里·里沃维奇在他面前总是发怵。乌瓦洛夫正准备动身去彼得堡也来不了。这倒没什

---

① 法语：这很高尚。——译注

么——他饭量很小，对饮食也不大讲究。老朋友里他在等沙里科夫和阿列克谢·米哈伊洛维奇表弟。就这些了，啊还有弟弟谢尔盖和他的黄嘴小儿萨什卡：这是他那个娜嘉穆拉托女人强迫所致。瓦西里·里沃维奇充分感觉到自己家庭所处地位的全部优越性所在：他在自己家里俨然就是个苏丹王、红公鸡，而安努什卡却像个忠实的奴隶，任何事情上都不敢违背他的意志。她照管着家务，关心老爷和家人，而一旦来了客人，却悄悄藏在远处的屋子里。

客人们拍了拍年轻的亚历山大的肩膀，而屠格涅夫甚至拥抱了他。

新生智者和爱说俏皮话的老年忍耐的相会可以说是再愉悦不过了。和所有干练的人们一样，智者们也喜欢无所事事。他们都是些臭名远扬的活宝，智者勃鲁多夫还写过一篇关于裁缝的爱情表白：

啊，是你往我的胸口

打上了补丁——

这首诗就放在谢尔盖·里沃维奇所工作的那个局里。

大家全都被这个裁缝搅得神魂颠倒。于是，紧接着就出现了官员、执事、医生、警察分局局长及其他阶层人士爱情的表白。

阶层及其语言和文化教养的程度——所有这一切，都是斯佩兰斯基在人们耳边喋喋不休絮叨的内容。这些各阶层人士不是各用自己特有的方式来表白其爱情了嘛。这的确很可笑也很微妙。

的确，新朋友们的无所事事和瓦西里·里沃维奇的无所事事似乎具有截然不同的内容。他们慵懒娴雅，生活奢华，但却带有某种东方的特点。或许这是因为勃鲁多夫和达斯科夫都是富人，年收入达到几十万的缘故。况且他们的欢乐也具有截然不同的内容。这不是一种机智俏皮，或伏尔泰和匹隆的 esprit①，这是一种德式笑话，很笨拙，很肉感，也很奥妙，叫诙谐。当那些智者们开玩笑时，瓦西里·里沃维奇强作欢笑地笑了笑。他得以因此而珍藏了一件珍贵的新闻：赫沃斯托夫伯爵的新文集出版了。

赫沃斯托夫伯爵是文学战争中涌现出来的一个杰出人士。在卡拉姆津那些极其年轻的朋友们中间，有许多人受到了赫沃斯托夫伯爵的影响，他们以赫沃斯托夫伯爵为生活唯一的内容，从早到晚在各家的客厅里讲述着有关赫沃斯托夫伯爵的新闻。这首诗中的所有内容都与无神论者阿列克谢·米哈伊洛维奇关于虚构性的学说相吻合。赫沃斯托夫娶了自己的侄女苏沃洛娃为妻，而喜欢胡说八道的大元帅因此而庇护他。伯爵在其诗作中表现得不光是缺乏才气，而且还显得无比胆大妄为。他深信自己乃俄国唯一有才华的写诗者，其余人都是在迷途而不知返。他称自己是来自库勃拉——这是一条流经其庄园领地的河的名称——的歌手，并且非常乐意把自己比作贺拉斯，因为他和贺拉斯一样写作的题材体裁非常丰富：他写寓言、颂歌、牧歌、献诗、题诗，还翻译过许多作品。他是个学者，收集整理了许多古代文学资料。他还有一个极其强烈的爱好——虚荣，即使是身上一文不名，他也无私地为其献身。人们传说，他在驿站等驿马时也会对驿站长们朗诵自己的诗作，驿站长们会即刻把驿马分配给他。许多人在从有赫沃斯托夫伯爵做客的客厅离开时，口袋里往往会塞着赫沃斯托夫伯爵的作品，是他本人或是仆人塞进去的。对那些表扬他的文章的作者，他往往会付以重金酬劳。他把自己的

---

① 法语：内心。——译注

诗作如雪片一般投给各家杂志和文集，以至于文学家们已经形成了一种与其交流才使用的特殊的语言，这不是伊索式语言，而是彻头彻尾的赫沃斯托夫式的——礼貌恭敬到了嘲讽讥笑的地步。赫沃斯托夫每月都要给其寄诗作的卡拉姆津，并未将其发表，而是给他礼貌地写了一封封的回信："可爱的先生阁下！您的来信及其附件均已收到。"等等。他称赫沃斯托夫的诗作是"附录"。

彼得堡的海军部门口有一尊伯爵的胸像。这尊胸像稍稍经过修饰：伯爵的脸很长，有一只肉乎乎的鼻子，整个胸像的线条简直带有古典的特点。他的名望甚至传到了外省。在一幅悬挂在许多驿站的木刻漫画上，表现了这位写诗者正在给一个鬼读诗，而鬼却急于跑开，写诗者着急地拽着小鬼的尾巴。在特维尔，人们以为他是个雅各宾党人。伯爵自费花钱出版的作品接二连三地出台，不久前还刚刚出版了一本伯爵最新的寓言全集。瓦西里·里沃维奇故意买了一本，寓言故事里的伯爵显得特别大胆。

于是很快就有了一种游戏：每个人轮流翻开书，看也不看一眼，随意用指头指定一页中的一个地方，就得从那里开始朗读。

由勃鲁多夫开头，他打开书，一指：

苏沃洛夫是我的亲戚，而我在编织诗文。

勃鲁多夫说：

"几句话就写了一部完整的履历。"

比这更好的开头就连瓦西里·里沃维奇本人也想不出来。大家全都容光焕发，一场追逐诗坛猎物的角逐就此开场。

这本书转到了阿列克谢·米哈伊洛维奇手中。他用指头碰了碰，读道：

> 脚下滑，
>
> 但不要跌倒。

谢尔盖·里沃维奇翻开的是寓言《蛇与锯子》。这标题本身就足够大胆的。伯爵喜欢把遥远的事物连贯起来。谢尔盖·里沃维奇尤其喜欢开头的几行诗：

> 钳工的工作台上有一把钢锯，
>
> 一条蛇不知为何爬了上去。

他好不装腔作势地读了这句诗，对此诗他只是不久前听人说过，但却并未完全理解：

> 钢锯的愚蠢里有某种崇高。

这句诗大获成功，人们怀着感激和敬仰之情聆听这首诗，而达斯科夫甚至显然在为谢尔盖·里沃维奇话说得如此得体而感到惊奇。

对自己极其满意的谢尔盖·里沃维奇本来还想继续游戏，但瓦西里·里沃维奇却无法忍受下去了。他坐在椅子上始终显得坐立不安，扭来扭去，随后他头很低地俯身看书，以致他的鼻子都开始妨碍谢尔盖·里沃维奇翻书了。谢尔盖·里沃维奇很懊丧，经过一番短暂的争执后把书让给了哥哥。本来书在他手上，可瓦西里·里沃维奇却冒着撕烂书的风险硬是把书夺到自己手里，就在这时赫沃斯托夫走到他身边了。

兄弟之间短暂的争执被大家看在了眼里。亚历山大觉得勃鲁多夫似乎向达斯科夫使了个眼色。

瓦西里·里沃维奇遇到了一篇非常幸运的寓言。于是他上气不接下气地，吐沫飞溅地朗读了起来——但却无法出声。

> 狗鱼把鱼钩吞下肚里；
> 为此心里闷闷不乐……
> 于是它又挣扎又嚷叫……

一股激情大发作攫住了他。诗句像子弹一般射出来，带着口水和呃逆：

> 我痛恨……我……自己……
> 狗鱼……感慨道……

大家全都哈哈大笑起来。亚历山大龇出了满嘴白牙。但他很快就觉得人们嘲笑的已经不是这篇寓言和赫沃斯托夫，而是在嘲笑伯伯本人。瓦西里·里沃维奇已经笑得浑身瘫软，不断大声地打着喷嚏，竭力想要说句什么，终于在喷嚏和呃逆之间的间隙，嘀咕了一句什么话。他的处境很可怜。人们给他拿来了水，到最后，他叹了口气，把 я 读作 и，说了句话，并终于醒过神来。达斯科夫没有朗读，对此他有自己不读的原因：达斯科夫诗歌结巴。

于是便轮到沙利科夫伯爵了。沙利科夫睁开眼，用眼睛寻找了一番，惊奇地发现众人的在场，他读了几句诗，丝毫也不好笑甚至有些很出色。这原来是给《寓言》一诗写的题词：

> 这是一部罕见的书，却冒充是一篇虚构的故事
> 书在课堂上被人弄得浑身斑点和墨迹；
> 这书是一部喜剧，剧中有许许多多的人物，
> 故事发生地就是广袤的宇宙。

听的人全都半信半疑地斜眼瞅着。屠格涅夫要过书来，打开，翻了一页，读道：画面上表现的是一个农夫；全仗着手中的木棒，他居然把一头雄狮驯服。然后又随意翻了一页，再次读道：狗在飞跑，后腿踢后腿。

书这回到了沙里科夫手中，这回发生了奇迹，他碰上的是理性的诗歌。屠格涅夫狡猾地眯起双眼，突然叹了口气。勃鲁多夫和达斯科夫相互交换了一个眼色。游戏中止了，因为游戏开始把不好的一面转到瓦西里·里沃维奇一边来了：沙里科夫和他那些年轻的朋友们吵起来了。

问题在于，作为卡拉姆津的同道者和门徒，沙里科夫伯爵最近和一个人有了秘密交往，而此人不是别人，正是赫沃斯托夫伯爵本人。这些智者们并未对伯爵加以抱怨，但在他之前就有谣言传来，说他们在嘲笑伯爵，也嘲笑赫沃斯托夫。他曾经在一位智者们正在苦心追求的可爱的女士那里见过一本画册，上面画有以他为嘲讽对象的漫画：画上画着一位花花公子，眉毛黑黑的，袜子薄薄的，鼻子大大的，扣眼里别着一朵小花。画的就是他，他大发雷霆，骂不绝口，刹那间对那位女士的好

感荡然无存。在人行道上常常有一些人怀着崇敬而又嫉妒的眼神盯着他看，他有时甚至能听见人们在他身后悄声议论："沙里科夫，沙里科夫"，而如今当他在什么地方一出现时，所有花花公子们却全都嘲笑不已。他是老了。卡拉姆津已经不再发表伯爵寄给他的诗歌作品了，但他也不发表赫沃斯托夫伯爵的诗歌了。

沙里科夫伯爵对所有嘲笑者都充满敌意。他感觉到：在文学斗争中，所有美的朋友，卡拉姆津的朋友全都会为了一枚小钱而出卖他的，会退却，会把他连头带脚地卖给敌人。他写了一封嘲笑撒丁王国伯爵的信，并且和他缔结了同盟。

在亚历山大面前展开了一场文学战争和对所有战略法则的背叛。

瓦西里·里沃维奇感觉不妙，便立刻改变了手中的武器——他开始向客人们展示他的图书馆。他收集了许多珍本书籍，而平常普通的版本和著作他根本看不上眼。他向客人出示了他从巴黎带回的极其罕见的珍本书，书里的图画放荡到了不可想象的地步，以致沙里科夫起初还嘿嘿直乐，随后却用手帕遮挡住了眼睛。大家全都震惊地盯着那幅画，人群中还有亚历山大。

这时阿列克谢·米哈伊洛维奇把事情给搞坏了。

"老兄呀，你究竟有多少这样的画呀？"他问道。

瓦西里·里沃维奇瞥了一眼这本小册子上白白的一页，上面被图书管理员画了许多有关这本书的各种符号、道道和杠杠，便回答道：

"30幅。"

"我有40幅呢，"表弟冷漠地说，"老兄，你被巴黎人给骗了。"

瓦西里·里沃维奇脸白了。书是他最大的爱好，如果别人也有一本一模一样的书，那这本书对他来说便会失去任何价值。

“你的是另一本。”他沮丧地说。

“和这本一模一样，只不过没有污点，边角也没有唾沫点。”表弟反驳道。

达斯科夫、勃鲁多夫和屠格涅夫显然开始对两个普希金的在场越来越感兴趣了。瓦西里·里沃维奇嘟囔了句什么话，便急急忙忙把客人领到餐桌边。

便餐很成功，餐桌被细心地收拾过了。安努什卡从早忙到现在。勃莱兹生平头一次有模有样地做了一道法式鱼。瓦西里·里沃维奇亲自从一大早起就给勃莱兹以指导，巴黎的菜谱被他抄在一本小册子上了。马特洛特的确和他在 Gros-Caillou① 吃的一丝不差。小饭馆主人亲自对瓦西里·里沃维奇披露了制作这道菜的秘诀。只是所用的鱼是另一种，不是海鱼，而是江鳕，但这没有什么实质性差别。问题的关键在胡椒、盐、醋、芥菜及其比例。

客人们吃得很美也很多，唯有达斯科夫例外。

瓦西里·里沃维奇问他喜不喜欢马特洛特。这是对 Gros-Caillou 马特洛特的精确复制。

达斯科夫慢悠悠而又冷淡地说：

“不喜欢。”

达斯科夫诗歌结巴，很自尊，自视甚高。瓦西里·里沃维奇略有些生气。

阿列克谢·米哈伊洛维奇表弟面无表情地坐在那里，和往常一样拧着眉头。他说这道马特洛特似乎缺了点儿什么，接着还对英国餐饮支吾

---

① 巴黎一家餐馆名。——译注

了句什么。瓦西里·里沃维奇提高了警觉：表弟夸奖英国菜式这还是头一次。他到过英国，但除了潮湿、生牛肉和各种蛋类外，根据他的看法，英国一无所有。勃鲁多夫笑了笑。他低声说那里还有牛排。阿列克谢·米哈伊洛维奇用同样一种乏味而又颤抖的声音问瓦西里·里沃维奇，英国发明新机器时，他是不是正好在那里……

"是啊，难道不是你告诉我的吗？"他严厉而又不耐地盯着瓦西里·里沃维奇，心里回忆着，忽然说道："想起来了，就是你！可如今你却骂起英国人来了。"

"我说过什么了？"被搞得摸不着头脑的瓦西里·里沃维奇问道。

"说机器，你在伦敦见到过不是么……"

旁边坐的可都是旅游者。在瓦西里·里沃维奇身上，一个旅行者首次讲述吸引人的事物的自尊苏醒了。

"记不清了，也许见过吧。"他漫不经心地应道。

于是大家开始请求阿列克谢·米哈伊洛维奇讲讲这种新发明的机器，可他却只顾自己吃着马特洛特，好像什么也没听见似的，随即朝瓦西里·里沃维奇点了点头。而瓦西里·里沃维奇则耸耸肩膀，示意要表弟来讲。他无论如何也不记得自己曾经对他讲过什么机器的事儿，因而带着一种作者的自尊期待着自己的叙述出场。

客人们也在等待着。

最后，阿列克谢·米哈伊洛维奇断断续续而又不太情愿地冲着瓦西里·里沃维奇点着头，讲了机器的故事。在英国伦敦，刚发明了一种机器，样子很普通平常：铁条，小梯子，煞像一辆小马车。瓦西里·里沃维奇总算模模糊糊想起点什么。人们让公牛沿着梯子上去……但这显然是瓦西里·里沃维奇对于伦敦动物园的回忆。

"……活的公牛。把公牛领上……"

瓦西里·里沃维奇的确讲述过他所见到的伦敦人转运动物的情景。他朝表弟点了点头。

"……然后关上门。但关上的只是入口，而从另一面出口处，过一个半小时后，从机器里面便会吐出分离出来的牛皮、已经切好的牛排，牛下水，牛蹄子……"

瓦西里·里沃维奇张大着嘴坐着。他被这个故事给震惊了。

阿列克谢·米哈伊洛维奇从所有方面看都说得上很严肃。他显然是把瓦西里·里沃维奇和一个什么搞混了。不过，话说回来，如今英国机器的发明的确是日新月异，一个比一个奇特怪异。精神涣散，实际上只听见最后一句关于牛下水和牛蹄子半句话的谢尔盖·里沃维奇觉得自己好像在什么地方读到过有关机器的事儿。

"好像是在《欧洲信使》上有这么一篇文章。"他说。

屠格涅夫哼了一声从盘子上抬起头来，快速咀嚼着，突然笑喷了。这下把大家都给打断了。

瓦西里·里沃维奇同样也笑了，但不知为何紧接着就出了一身汗，便连忙用手帕擦了擦额头的汗。

"不不，"他微弱地反驳道，"我没见到过这样的机器，而且我对机器不怎么感兴趣。我只在一家咖啡馆见到里面有个女人，你只要付钱她就给你展示一番。"——于是瓦西里·里沃维奇上气不接下气地，唾沫飞溅地讲述了他所见到过的这个英国女人，由于窘迫他多少撒了个小谎。

"你是在哪儿见到的她？"表弟一字一顿地问道。

"在伦敦。"瓦西里·里沃维奇回答道。

"看一次要你多少钱?"表弟问。

"一英镑。"瓦西里·里沃维奇不情愿地瞥了一眼表弟,有点儿生气地说。

可是阿列克谢·米哈伊洛维奇却好像并未察觉这点似的。

"你是不是一分钱不花就想看一看这样的女人?"

"是啊。"瓦西里·里沃维奇恶狠狠地回答道。

"既然这样,老兄,你去马拉谢伊卡街的库切洛娃家右手边好了。去伦敦多远呀。"

于是,又和往常一样,一旦伯父和父亲因为赫沃斯托夫的"寓言"而吵起来时,亚历山大觉得人们似乎都在笑话他们两个人。他觉得勃鲁多夫眯起了眼睛,朝达斯科夫使了个眼色。可达斯科夫却不动声色,只用嘴角轻轻地短暂地露出一抹微笑。

伯父瓦西里·里沃维奇实际上也真的是很搞笑:亚历山大也忍不住飞快而又短暂地笑了起来,而那时大家已经沉默不语了,于是他连忙咬住舌头不敢出声了。客人们略有些好奇地瞥了一眼这个龇着满嘴白牙的小丑,他的一双眼睛滴溜溜乱转。从所有迹象来看他了解的远比所能期待的多,而且了解得比应该了解的还要好。

谢尔盖·里沃维奇即刻便开始抱怨教育孩子之难。需要海量教师呀!没有一个人能把所有这些氧气呀,毕达哥拉斯呀的知识全都集于一身,而这些知识如今却是就连监督员也必须知道的,因为这是出于monsieur de Speransky① 的意志,因为他认为法国文学——尽管这不太

---

① 法语:斯佩兰斯基先生。——译注

符合 ce diacre de Speransky① 的意愿——对于培养感情、舞蹈这些无论如何都在优雅地发展中的艺术来说是极端必要的。噢，还是德·梅斯特尔在最后一次拜访他时说得对，说得十分对：上帝与这些东西同在，与所有这些物理学呀气体呀同在。况且就连尼古拉·米哈伊洛维奇也认为舞蹈对于青少年十分有益——这很有道理！但每个教师都或者只懂得氧气或者只懂得舞蹈。而为了要教育儿子，他可以说尽其所有，家里请来的教师无计其数：佩恩果教授舞蹈，大司祭教神学课，鲁斯洛先生教法国文学——而且从早到晚，毫不间断。好像只有耶稣会士能够提供优良的教育。

"老畜生佩恩果教孩子们小步舞，就是山羊和挪亚跳的那种舞。"阿列克谢·米哈伊洛维奇冷漠地说。

这位从前的普希金毫无来由的恼怒是全莫斯科人都了解的，这就和晚饭一定得有胡椒和醋一样自然。可是，谢尔盖·里沃维奇无法忍受他的这句冷言冷语，和以往一样，感到很恼火。

"佩恩果是老维斯特里斯的弟子。"他干巴巴地说。

便宴结束了。大家品着黑咖啡坐在舒适的安乐椅上，都显得比平时更和善。屠格涅夫和勃鲁多夫解开了西装背心的纽扣，如果他们不是吃得这么饱的话，他们是不会讨论教育问题的。

"可您为什么不把孩子送进大学附设的寄宿学校呢？"勃鲁多夫淡漠地问。

谢尔盖·里沃维奇很窘迫。的确，萨什卡长大了，他的同龄人的去向都已经定了，只有他一个，孤零零的还像个浑浑噩噩的少年。大学附

---

① 法语：这个魔鬼斯佩兰斯基。——译注

设的贵族寄宿学校旁边就有一个，离得不远，把萨什卡送到那里简直是再简单不过了。可是，娜嘉什么也不关心，全部重担全放在他肩上。他沉默不语，小心地瞥了勃鲁多夫一眼。不，这寄宿学校嘛……上帝保佑。他宁愿……要不彼得堡？

"您想把他送进耶稣会士的中等学校吗？"勃鲁多夫问。

谢尔盖·里沃维奇稍有些恼火地回答了。无论是他关于斯佩兰斯基的话，还是他和德·梅斯特尔的友谊，都未引起大家的注意。

"是啊，"他叹了口气说，"只能是上中等学校了。还能往哪儿去，就剩下中等学校了。"

谢尔盖·里沃维奇并不想把亚历山大送进任何一个中等学校，去彼得堡那是最起码的。他不满意的是这场有关教育的谈话是由自己挑的头。

屠格涅夫被一阵从胃里涌上来的呃逆折磨，显然，和呃逆进行的这场斗争，时而是他胜，时而是自然获胜。他把手放在肚子上，转身对着谢尔盖·里沃维奇，用浑浊的眼神瞥了亚历山大一眼，急急忙忙地说：

"去彼得堡，彼得堡吧……"

这时达斯科夫凝然不动地像个纪念碑，不动声色，全身心关注着侄儿——普希金。随后，他用眼角的余光扫了一眼谢尔盖·里沃维奇，说：

"耶稣会士那儿收费贵。"

谢尔盖·里沃维奇觉得自己很屈辱。他把身子仰靠在椅背上，急速转身对达斯科夫，干巴巴地问道：

"这些神圣的教父们，这些 ces reverends peres① 会收多少教育费呢?"

达斯科夫再次用平静的眼神看了他一眼，更加简要地回答说:

"我不知道。"

就其职务本该知道这件事的屠格涅夫同样也忘了。

"一千五，两千吧。"他说。

此时亚历山大忽然看见父亲的脸色全变了。他的嘴角显出微笑，稍稍眯起了眼睛，这似乎有点儿像是一种骄傲。这种骄傲煞像一个撒谎者和好嫉妒别人的人那种绝望的骄傲，他表现于父亲的全身上下，父亲以一种真挚的惊讶并未提高声音地问屠格涅夫:

"一切全包了?"

"是啊，"屠格涅夫说，"全包了。"

"可这也并不多呀。"谢尔盖·里沃维奇平静而又缓慢地说。

达什科夫看了他一眼。一千五到两千这价钱实在是不合理，而彼得堡那些耶稣会士们规定这个付费标准的唯一目的，是把优秀的少年吸引到自己的寄宿学校里来，为的是他们从此以后不再受任何贵族习气和穷人的打扰。谢尔盖·里沃维奇此时此刻忘掉了世界上所有的数字——即纳吉尼给法国人小铺子借了多少钱了，而自己又该给小杂货铺多少食油，醋和鸡蛋。不过他正在期待很快便从波尔金诺来一下补充的。

早在等待时机的沙利科夫断定属于自己的时机来临了，他用粗哑的嗓音朗读了一首自己写的罗曼司。可遗憾的是没有吉他他就不会唱了，结果客人们爱听不听的。达什科夫脸上的表情是石雕般凝固的，是冷淡

---

① 法语:这些神圣的教父们。——译注

的，屠格涅夫平稳地呼吸着，和气喘的斗争越来越稀疏了下来。谢尔盖·里沃维奇内心对自己答复达什科夫的话感到十分满意，现在只有他一个人在注意听这位艺术家演唱。

没有人注意亚历山大。他在房间里随便走动着。在他一直以为是不住人的旁边那间屋里，他看见一个年轻的女人正在绣架前绣花。女人见到他连忙站起来鞠躬。他们聊了起来。她的一张脸很有生气，很宽，一双白皙的巧手飞快而又灵活地操纵着钩针。亚历山大从谈话中模糊了解到，安娜·尼古拉叶夫娜住在伯父瓦西里·里沃维奇家里，安娜·里沃芙娜姑姑有时候还会按照往日的习惯叫她安卡。忽然之间他全明白了。

她问他午饭怎么样，得知午饭做得很可口时，她高兴得脸都红了。很快他就开始帮她缫丝了，干了一会儿她开始把他往外赶。

"小心挨骂，"她担忧地说，"伯父会骂人的。"——说着说着，她勇敢地摸了一把他的脑袋，笑了一笑。

"去吧，去吧，亚历山大·谢尔盖耶维奇。"她语速飞快地说，挥动着双手轰他出去。

他无论如何也不愿意离开这个房间。他不喜欢那些客人，他们全都那么傲慢自负。他也不喜欢达什科夫。而在这个小屋里却是那么温暖，安努什卡的眼睛是那么欢快，这个性情温顺的女隐修士，他非同寻常地忽然爱上了这个房间。此刻正在客厅里忙乱，而达什科夫却对其嘲笑不已的伯父瓦西里·里沃维奇，在他眼里重新变得高大起来。他不想离开，他死皮赖脸地赖着不肯走。于是安努什卡抱了抱他，抓住他两只手，突然以一种出乎意料的强大的力气，一把把他推出了门外。

的确是时候了：人们已经在喊叫他了。客人也都离开了，正在前厅里热热闹闹地穿外衣。脸色红润心怀不满的沙利科夫，心情抑郁地正在把手伸进袖筒里。他演唱的罗曼史没有获得成功。歌曲演唱到最柔情的时刻忽然肚子咕咕叫，引得大家哄堂大笑：亚历山大·伊万诺维奇未能和自己体内的自然取得协调。新来的朋友们也笑了——看样子是在笑所有人——即彼得堡那帮老头子们，也笑卡拉姆津那些朋友们。沙里科夫决定今天就写信给赫沃斯托夫伯爵，只有此人才会像这帮乳臭未干的雏们这样评价朋友。

路灯已经点亮时分他们才回到家。莫斯科已经沉浸在酣睡中了。

谢尔盖·里沃维奇对于儿子的问题——谁是勃鲁多夫——沉默了好久，随后不太情愿地叹了口气，怨气冲天地皱紧眉头，回答说：

"他们全都是外交家。"

亚历山大什么也没问安努什卡。他觉得这没必要，关于这个欢乐的女隐修士，是不能随便打听的。

第九章

1

　　在娱乐中的父母却显著地变衰老了。谢尔盖·里沃维奇那一头柔软得像亚麻式的头发变得稀疏了，垂落在两边太阳穴上，头顶秃顶的地方已经泛出玫瑰红的肉色。纳杰日达·奥西波芙娜也发胖了，面部皮肤也变得粗硬了。他们生了个儿子巴维尔，可是很快就死了。

　　他们过着蜉蝣命短的生活，心里暗中认为仆人们、家庭教师们和孩子们都是受苦受难的。假如有人忽然问谢尔盖·里沃维奇，他是否富裕，是否有名，他对自己是怎么看的——只会得到两个答案。他从心底认为自己是富人，但出于谨慎而花钱吝啬。他认为自己属于名流，那是根据出身，况且他有过爵位和封号：军粮部代理人，七品文官。这是他竭力不愿意面对的粗陋的现实。有时候给儿子 50 戈比硬币买小玩意儿——这孩子已经年满 10 岁了——他也会揪心不已，儿子千万可别丢了啊，常常会去检验一下那硬币是否还完整无缺。可是只要一有钱，他就在裁缝那里给自己定制时髦的燕尾服，并给妻子买了枚以纪念爱情的信物——镶嵌宝石的戒指。

　　尽管这样忽然有一天他们仍然破产了。

　　灾难和往常一样总是来源于汉尼拔这个家族姓氏。

小叔子彼得·阿勃拉莫维齐不忘往日的屈辱，忽然以一个货真价实的恶棍的面貌出现了。

玛丽娅·阿列克谢耶夫娜本想在自己的庄园里度过一天中剩下的时光，不愿意回忆自己青年时代的黑色岁月。她甚至都不去米哈伊洛夫斯克村继承遗产。关于汉尼拔家族的记忆本身对她来说也是无法忍受的。

可现在她的庄园和安宁，和青年时代的时光一样，再次成为过眼烟云，结果竟然使得自己无容身之地。不但如此就连米哈伊洛夫斯克村自身也岌岌可危。

等到彼得罗夫斯克终于在自己的小村子情绪安静下来以后，他似乎已经开始渐渐平和的终结着自己作为饮料和饮品爱好者的岁月，这个非洲人忽然向奥波切茨基法庭递交了一份已故长兄奥西普·阿勃拉莫维齐的一份商借信。这几封信是在对"胖子"——伍尔夫喜欢这样称呼她——残忍情欲的日子里写给已故者的，看起来似乎早已被兄弟两人个忘记了。根据这些信件计算这是一笔巨款，因为那位已故黑人生前曾经对为赢得美人青睐做出再大的牺牲也无所谓：仅据其中一封信（给乌斯季尼娅一套金餐具和一座花园），就值3000卢布，根据另一封信（一匹带有深色圆斑点的枣红色马和水晶），值842卢布。

彼得·阿勃拉莫维齐看起来就是以一个为汉尼拔家族曾经遭受到的所有屈辱而复仇的复仇者。很快米哈伊洛夫斯克村就来了一位主席，带着一个小公务员，帕拉什卡称此二人是吸血鬼，虽然陪同的那位斜眼中尉宣告这家人一文不名，也无济于事，来人还是放出了侦探狗，对财产进行了登记造册。

与此同时，向玛丽娅·阿列克谢耶夫娜出示了传票，很快扎哈罗沃就被拍卖了。谢尔盖·里沃维奇和纳杰日达·奥西波芙娜接到中尉的信后，很长时间不敢相信他的话，只是当透过窗子看见前来送信的马车时，才信了。谢尔盖·里沃维奇双手乱挥，跺了跺脚，终于像孩子一样号啕大哭起来。在一天当中他曾两次抻得手指啪啪响，紧接着就暴跳如雷，唾沫星子飞溅，大声嚷叫说伊万·伊万诺维奇·德米特里耶夫是不会放过这种坏事的。这个老黑人活着的话得被流放到西伯利亚和进修道院，傍晚时分他安静了下来，吩咐尼基塔送他回卧室。

第二天全家人把中尉的来信又读了一遍。中尉在信中提到自己那条警犬与主席进行厮杀的地方，受到了全家人的赞扬。

"好样儿的，"玛丽娅·阿列克谢耶夫娜说，"一眼就看出这是个正派人。"

对于欠债的数额她不太相信，但最终还是一摆手算了。

"我知道这人。给他付的款不少于两千卢布。他要两倍的钱是为了喝酒，这个可恶的酒鬼！"

在此之后谢尔盖·里沃维奇当即着手给伊万·伊万诺维奇·德米特里耶夫写信。他在此信开头的两页中表达了自己对那些心肠冷酷恶毒的人们的愤慨，同时希望友谊的赞助能够多一些，从而使生活的优越性得以保持。接下来需要说明情况，他写到了钱的问题，这个堕入罪恶中的老年少将荒谬地要求那些并无任何过失，而且，除了欠上帝外不欠任何人的人们缴纳 3840 卢布，而如果这么一算的话几乎就是全部款项了——两千多卢布——已经交讫。在此谢尔盖·里沃维奇引用了玛丽娅·阿列克谢耶夫娜的话。他几乎多次深信不疑，而且备受侮辱的尊严感也在向他做出如此这般的暗示。所以，债务只剩下 1000 卢布了，而为了千八百卢布他故意把好处说得天花乱坠。

接下来该写一写被这个恶人描述的乡村和人的数量了。

他问纳杰日达·奥西波芙娜属于米哈伊洛夫斯基庄园名下的乡村有多少。

纳杰日达·奥西波芙娜回想起了一件公文摘抄件，是公务员出具的，上面有火漆印，是一个黑乎乎的胡萝卜馅的农家大馅饼，而且，无论如何也不愿意承认乡村实际上并不存在，她回答道：

"20个。"

谢尔盖·里沃维奇就照这样登记了。

"那么，我的天使，一共有多少农奴和仆人？"

纳杰日达·奥西波芙娜想了想。她想起了一群仆人和穿着土粗呢外套的农民。

"200。"

谢尔盖·里沃维奇在给诗人的信里伤心地写到这件事：凭1000卢布，就变卖了家族庄园米哈伊洛夫斯克及其下属的20个村庄，200名农奴，而且这笔交易是违法的，是恬不知耻的和违背良心的。关于玛丽娅·阿列克谢耶夫娜的庄园，他也给部里写了信，但不是像在谈论一件毫无希望的事情，也不是在申诉和斡旋，而她也并未求他做此事。

玛丽娅·阿列克谢耶夫娜重新栖身于顶层楼上，在家里走动时活像个影子，无声无息，细瘦苗条，总是找不到该做的事儿，总是战战兢兢唯唯诺诺的。她总是叹息着摸一摸孩子们的脑袋，惊奇不已地端详着孩子们的模样：

"长高了。"

"坐化了，"阿琳娜小声对孩子们说，"就像蜡烛。"说着，一挥手。

谢尔盖·里沃维奇的那封信他很细心地用火漆和戒指碾压地封好，封好后，轻松地长出了一口气。

尼基塔被打发去向瓦西里·里沃维奇通报所发生的不幸，姐妹们也都来了。

安涅塔搂着哥哥的脑袋吻了吻他那肉色的秃顶。谢尔盖·里沃维奇被感动得落泪，此时此刻他才真正感受到这件不幸事件的深刻程度。他拕掌着双手一筹莫展。

接到尼基塔通报的瓦西里·里沃维奇来了。处于强烈悲痛中的他把皮大衣扔在地板上，迈着小步走向弟弟，其间还亲吻了弟妹。

谢尔盖·里沃维奇倚靠在哥哥的肩膀上。

"Oh, mon frere。①"说到此处，他不由得想起了拉辛，于是嗓音突然中止了。

随后，他拥抱了专注地凝视着他的萨斯卡和列里卡，把他们紧紧地搂在怀里，就好像是要保护他们不受外来的侵犯似的，这姿势煞像拉奥孔和他的儿子们那幅雕像，只见他感慨了一声，转对弟弟说：

"我不是在为自己而惋惜。"

儿子们的鼻子紧紧地贴着父亲混合着香水和烟草味道的男士西装背心。儿子们叹息着。

"兄弟，兄弟!"安娜·里沃芙娜嗫嚅道。

瓦西里·里沃维奇感到一分嫉妒，这是一个演员高尚的嫉妒。塔尔玛无袖长披肩令他平添了几分生气。他自己也心甘情愿用心去做这些动作——拥抱和呻吟。弟弟制止了他。

他忽然冷漠地眯缝着眼睛开口一字一顿地说道：

---

① 法语：啊哦，我的兄弟。——译注

"Cela ne vaut pas un clou a soufflet.① 这连一个铜板也不值，你听我的没错。"

儿子们感受到父亲拥抱的力度越来越减弱。他们好奇地斜视着伯父。大家全都盯着伯父看：谢尔盖·里沃维奇张大着嘴，妹妹丽泽特则一脸惊恐。

瓦西里·里沃维奇在屋里走了个来回，高昂着头。

"Pas un clou a soufflet。"他慢慢悠悠地嘀咕了一遍。他怎么也想不明白事情会这样。在往弟弟家的路上，他还以为弟弟死了呢，此刻却得费尽心思地想说点儿什么好或做点儿什么好，自己又该怎么解释自己所说过的话。

"啊哦，弟弟呀，弟弟呀。"安娜·里沃芙娜声音颤抖地说。

"我要给伊万·伊万诺维奇写封信，"瓦西里·里沃维奇仍然眯缝着眼睛说道，"明天就取消这一切。你就放心吧。"他继续说，"他们属咱们管。"

于是谢尔盖·里沃维奇放心了。瓦西里·里沃维奇作为长兄，表现出了如此坚定不移的决心，他甚至觉得，比他本人的决心还要更加坚定和顽强。谢尔盖·里沃维奇的易于轻信简直令人震惊。但他却不愿意或是无法摆脱悲伤的心境。他用指头指着亚历山大，叹了口气说：

"啊哦，同行们……"

他油然想起了有关耶稣会士的幻想和他们对富人的答复。一切都分崩离析了，这就是他如今大发感慨的原因所在。

看见姐妹们和纳杰日达从四面八方向他投来的热情的和不大信任的

---

① 法语：这一钱不值。——译注

217

目光，如今这大发感慨地对自己也感到吃惊，于是他用平静的语调说道：

"我亲自送他到彼得堡见那些耶稣会士。"

他四下里打量了一番。纳杰日达·奥西波芙娜半张着嘴，安静地坐着，像个小女孩一样，眼睛睁得最大地盯着他。

"放心吧，我的朋友们，"瓦西里·里沃维奇说起了一句急语，"都包在我身上了，所有的事儿……而且包括所有这些——pas un clou a soufflet。"

他苦恼地回答了吊在他脖子上的姐妹们一个吻，挥了下手帕，便把呆若木鸡的大家丢在身后，走出门去。他坐上自己的轻便敞篷马车，神情困惑地扫视着四周。车到特维尔大街上，他擦了擦额头上的汗，摊开了双手。他自己也什么都没搞明白，宽容大量的心胸再次吸引着他的心，他像一个调皮的中学生似的鼓起了下唇做了个鬼脸。在特维尔大街上走了一段后，他吩咐马车停下来，他走进一家糖果点心店，买了些自己熟悉和喜欢的糖果点心，对朋友们说，他要带到彼得堡，送给接纳侄儿的耶稣会士。朋友们都兴致盎然地看着他，看样子对他的表现很满意。很快沙里科夫伯爵就来了，他和平常一样手里攥着一块雪白雪白的围巾拧来拧去的，脸上现出对所有人都一视同仁的微笑。他穿的裤子紧贴在身上，是最新款的时髦样式。瓦西里·里沃维奇对他的新裤子有时候公然表现嫉妒。听说瓦西里·里沃维奇要带着自己的侄儿，年轻的朗诵者读书人去彼得堡上耶稣会士的学校，伯爵就放下了盛着巧克力的大碗，并紧紧地拥抱了瓦西里·里沃维奇，并一连吻了他 3 次。他管糖果点心店的老板叫伽倪墨得斯，老板即刻给他拿了一瓶波尔多葡萄酒。在场的人都为瓦西里·里沃维奇的健康而干杯，并与之真挚地相互一一亲吻。

伯爵请求他一定向那位无可比拟者转达最真挚的吻。大家全都为无可比拟者的健康而干杯，感觉并且懂得自己这是在为伊万·伊万诺维奇·德米特里耶夫干杯。

有人问瓦西里·里沃维奇这次去要多久？

"时间很长。"瓦西里·里沃维奇心情郁闷地说，"很长"这个词儿听起来似乎也含有忧伤的意味。

随后人们问要不要再来一瓶波尔多，然后是阿夷香槟酒，最后才是便餐。

瓦西里·里沃维奇坐车回到家里时，尽管腹胀如故，但自我感觉绝对幸福无疆，坐在车座上打盹儿，样子就像雷加米埃夫人，直到傍晚才醒酒，他一拍自己的额头，于是安努什卡听见他似乎宣告道：

"堆了好大一堆呀！"

说完，他转向她，叹了口气说让她把东西收拾一下，他要去彼得堡。

安努什卡问要去多久，瓦西里·里沃维奇阴沉着脸，神秘地看了她一眼，回答道：

"去很久。"

安努什卡害怕了，开始急速收拾上路的东西，可瓦西里·里沃维奇又一挥手，说他一个月以后才出门。

对自己十分不满的他一夜没睡好，折腾了好久睡不着。

第二天一大早，还躺在被窝里的他，清晰地想象到了自己彼得堡生活中的一幕。被想象所吸引的他，感到十分喜悦，因此自己又可以在涅瓦大街上走一走了。他已经背会了自己最近写的那首诗，想象自己已经坐在伊万·伊万诺维奇·德米特里耶夫家的客厅里，在一个漂亮的女听众之后用勉强听得见的声音朗诵道：

"Bravo! Bravo!"① 嚷着，他站起身来，抖掉身上的睡袍，啜了一口茶，又开始纵任想象力翱翔：要不要带着全家——带上安努什卡——去彼得堡呢？

他非常喜欢这个想法。彼得堡有许多朋友，而且彼得堡无论怎么说都是国家的首都。瓦西里·里沃维奇则是一个根深蒂固的莫斯科人，忽然觉得如今和彼得堡比，莫斯科简直根本无法与之相提并论。莫斯科已经陈腐不堪了。

和所有普希金家族的人一样，他性格善变如风中芦苇。

2

亚历山大经常在家里的各个屋里走来走去，视若无视，闻若无闻，嘴里咬着指甲，傻傻地，以一种游离恍惚的，旁观者的目光看着所有人和所有物体，看着鲁斯洛先生，看着阿琳娜和父母，看着周围的东西和物体。折磨他的，是一些音响，是一些虚拟而又可疑的诗句，他自己也搞不清，却把这些诗句都记下来，几乎不加任何改动。这是些法语诗歌，语句通顺，语义贫乏：韵脚早于诗句来到他的大脑。他在嘴里默默地重复着这些诗句，有时候会忘掉一两个词，便用其他的词来代替。每天傍晚临睡前，他会怀着甜蜜的心情回忆着那些半被遗忘的韵脚。这些诗句不全是他写的，但也不全是别人的。

谢尔盖·里沃维奇夸奖鲁斯洛不无原因。鲁斯洛是十足意义上的教

---

① 法语：好极了。——译注

育家，他十分严格地要求学生遵守算术和语法规则，为此首先必须正确判断时间。一堂课学会后，他才允许学生玩游戏。他已经与孩子们喜欢的你追我赶相互追逐的游戏妥协了，如果亚历山大不曾两次选择了仆人家的孩子为玩伴儿的话，在肢体能力正在发育和成长阶段的孩子们，是应该好好尽情地玩才对。但他不喜欢孩子们跳椅背和凳子背这种游戏，最后，他还根本不赞成孩子们疯狂地奔跑和乱跑乱撞，每到那时，亚历山大就会像中了邪似的丢掉手中拿的一切东西，撞到路上碰到的一切东西，嘴里还一个劲儿地嚷着喊着，或是哼着一句不知所云的、歪歪扭扭的词句。

可是，如果亚历山大听到叫他却不答应，而是一味沉浸在某种思绪里难以自拔，这种粗俗无礼的心不在焉和沉默不语——这从他那种波澜不惊的眼神就可以看出，这往往会令他怒不可遏。是啊，到他这个年龄应该不会这样了啊。鲁斯洛先生开始密切关注他和警惕他：小家伙儿是在偷偷地写什么东西，每次都偷偷地四下里瞅一眼，显然是生怕别人察觉。

事情很快就明朗化了，鲁斯洛发现了几张纸，被藏在褥垫底下旁人很难注意到的地方。纸上抄写了几首法语诗，鲁斯洛先生根据诗句之间松散的联系判断，这其实是亚历山大自己的诗作。他毫无任何愉悦感地笑着读完了这几首诗。鲁斯洛自己也是个写诗的人，他曾三次想要让自己的诗作印成书，把它们寄给了《诗歌选刊》。可是三次他都碰了壁，这使作为诗人的他分外生气。他怀疑这是那些已经成名的诗人们的阴谋和对他的绞杀，而其中许多人依照他的标准写得还不如他。因此鲁斯洛在读这个淘气的孩子写的诗时，心里酸酸的，这孩子从幼儿时期起就喜欢在纸上画，喜欢胡编乱造。尤其令他自尊心受到伤害的是，这孩子的诗写得工工整整的，但里面却充满了许许多多违反正字法的错误。鲁斯洛顺手改动了这些错误，而对那些最严重的错误，他会在底下画两条横杠。除此之外，他会在旁边用铅笔打一个大大的问号，以此表达自己对诗歌的实用性的怀疑。

纳杰日达·奥西波芙娜对这个法国人呵护有加，因而法国人在普希金家里觉得非常自如。谢尔盖·里沃维奇巧妙地利用这个法国人的影响力以安排自己的事物，一旦想要溜号，便挑逗法国人讲故事。纳杰日达·奥西波芙娜喜欢听鲁斯洛讲故事，听得入迷时往往察觉不到丈夫溜号。就这样鲁斯洛先生成为一个必不可少的家庭成员，他有时甚至会充当夫妻吵架时的调停人。纳杰日达·奥西波芙娜穿裙子时也会听听他的意见，法国人的恭维话她听起来很舒服，法国人的意见总是能体现这个以往的法国市民对他的关心，并且也总是会涉及腰的高度和开口的高低问题。

鲁斯洛先生一般在午饭后开始工作。他以一种枯燥的声音宣称，作为一个诚实的人，他很快就不得不辞掉自己的职责，因为觉得自己已经成了一个多余人。纳杰日达·奥西波芙娜和谢尔盖·里沃维奇听了吃了一惊：这番话没有过任何先兆，表面上看，从一早起来，鲁斯洛先生就很高兴，吃饭时还轻轻地吹着口哨。虽然比平时显得忧心忡忡，显然在想什么事儿，但吃得却很多，胃口依然很好。他一说这话，谢尔盖·里沃维奇最后甚至都伤心了起来。对人家的提问鲁斯洛先生迟迟不愿作答，随后便颇不情愿地仔细斟酌着用语和说法，开始抱怨亚历山大，说他很懒，无所事事，说他真的是对他毫无办法了。亚历山大拧紧了眉头，忽然简短而又粗暴地说：

"这不是真的。"

纳杰日达·奥西波芙娜想要把他从餐桌旁赶开，可是，法国人制止了她。

　　法国人从口袋里掏出叠得整整齐齐的几张纸，开始读诗，他读得很慢，加重着语气，似乎是在模仿某个悲剧角色，读完每句诗，还要惊奇地扬起眉毛。他的朗读发生了惊人的效果——纳杰日达·奥西波芙娜响亮地哈哈大笑起来，而平时不苟言笑的谢尔盖·里沃维奇也很高兴，心想这个鲁斯洛会留下来的，这一切不过是场闹剧罢了。

　　于是大人们便都瞅着萨什卡，都对他充满了感激，因为是他带给了他们以欢乐。小男孩坐在餐桌的一角，手里绞着一角桌布。母亲敲了敲桌子，和往常要孩子们遵守秩序时常做的那样。他根本就没听大人们说话，而是继续迅疾地把餐桌布绞在手指上。母亲叫了他一声，他这才站起来，看了一眼大人们，却似乎对他们视而不见，似乎什么也没弄懂的样子。他脸色发白，晦暗，嘴唇扭动着，眼睛红红的。忽然，他动作敏捷地扑向鲁斯洛，像捕食动物的小老虎一样，一眨眼间就从他手里夺下了诗稿，随着一声"啊哦"，跑出了餐厅。

　　大人们全都愣住了。感到受辱了教育家和善于说俏皮话的鲁斯洛一言不发，等着父母表态。然而，纳杰日达·奥西波芙娜却安静下来，而谢尔盖·里沃维奇也一声不吭。他一次也不参与吵架或是劝架，到处吃请让他没有时间干这个。他很生大家的气——连一天也不闲着，这简直太荒谬了，简直就像坐在火山口上。

　　鲁斯洛想起了自己的职责。他亲自去找这个家族的后代进行解释。纳杰日达·奥西波芙娜心情郁闷忧心忡忡地坐等着。而谢尔盖·里沃维奇郁闷地回忆起自己那逝去的美好时光，回忆自己在潘克拉季耶芙娜处喝过的美味肉汤，和格鲁什卡以无可挑剔的热情殷勤地为他一个人服务。格鲁什卡是不是还活着，而最重要的，她身体是否仍然健康？他再次强烈地感觉得到自己仍然十分向往这种无忧无虑的生活，向往那个由单身汉、戴绿帽子及与行为放荡的姑娘们组成的交往圈。然而此刻他却坐在餐桌前，刚吃过饭，正在等着例行的争吵如何了结。正在这时从育儿室传来一阵尖细抱怨的喊声。孩子们急忙往那儿跑。喊叫的是鲁斯洛，他在叫人帮忙。

育儿室的壁炉点了火，壁炉前有一堆乱扔在那里的一抱劈柴，乱七八糟地堆在角落里，炉炭上有几张白纸，正在燃烧，时而发白，时而发黑，时而卷了起来。鲁斯洛站在壁炉前，身子紧贴着壁角，伸开一双手，正在喊人前来救助。亚历山大面对他站在那儿，像一个小小的魔鬼，幸灾乐祸地龇着牙，手里攥着一根圆滚滚的木头块。法国人的处境着实可怜。纳杰日达·奥西波芙娜扑向亚历山大，试图从他手中把木头块夺下来。使她备感意外的是，她竟然无力把木块夺下来，儿子居然比她预想的要有力量得多。亚历山大弓着腰，像一个弹簧，紧紧地攥着手中的武器，母亲竟然无力掰开他的手指头。

最后，亚历山大把木头扔在角落里，飞也似的冲出屋子。

鲁斯洛在重重地喘息，他感到自己受到极其严重的侮辱。很快他开始了讲述：他一进屋就发现亚历山大正蹲在地上烧自己的这几张破纸。他叫他站起来，小男孩却不听话。于是他用手碰了碰孩子的肩膀，同时再次命令他站起来。可这孩子非但不执行老师的命令，反而抓起一根木棒对老师扑了上来，老师甚至都来不及对自己进行任何防护。鲁斯洛幸运地闪躲了过去，全仰仗自己身体灵活，因为他曾经当过刀客。鲁斯洛请求辞掉教育这个古怪男孩的职责。

父母当即松了一口气，争先恐后地劝说他继续留下来。法国人却坚定不移。最后，纳杰日达·奥西波芙娜提出要增加薪水，这位教育家的决心才开始有所动摇。谢尔盖·里沃维奇违心地中断谈判，生怕妻子又增添什么不必要的条款。最后，教师满怀感激地深鞠一躬，说自己之所以愿意留下来完全出于一种父母所表现出来的高尚的情怀。

家人到处找亚历山大，最后在阿琳娜那里找见了他。

令他万分惊讶的是大人并未动他一指头。

可是，从此每天夜里他常常从睡梦中醒来，心脏怦怦地激烈跳动，眼睛闪现着一种强烈的仇恨。他仇恨而又冷漠地仔细打量着梦中人的脸庞。自从这个法国人亲自用他那只脏手把他那几张手稿丢进壁炉起，他就顽固而又强烈地萌生了想要他死的愿望。假如他年长几岁，他肯定会向这个家伙发起决斗的挑战的。孟德福给他讲述的决斗的程序，以及他给他示范的剑术第四式中的弓箭步，这不会是徒劳无功的。可是，他手头没有剑，再说也没有胆量。

他的注意力不知不觉间被想象力所吸引而去。他跑出屋子，跑出莫斯科，在条条大路上游荡，他全身被荣誉所环绕。他头脑里浮现出一早醒来发现自己不在屋里的鲁斯洛那副愚蠢的样子。有一次他甚至蹑手蹑脚地翻身起来，藏在门后，窥视着鲁斯洛乍然醒来的那一刻，并透过门上的锁眼，尽情地欣赏着睡眼惺忪的阿耳戈斯束手无策的样子。这个法国人后来终于发现了这个小小孩子的古怪之处，他认输了，开始像对成年人那样对待他，小心维护着孩子的自尊心。每天睡觉前，他都会借口窗外有风，而把自己的床铺挪到门口，把夜壶也挪个位置，然后像刻耳柏洛斯①似的躺在门槛上入睡。

---

① 希腊神话中守卫冥土大门的三个头的恶犬。——译注

225

3

12 岁时，穿上家里裁缝缝制的臂肘细尖的制服的他，煞像家里的一个陌生人。他就像一个惊弓之鸟的小狼崽子，眼睛滴溜乱转，走向早餐桌，并且颇不情愿地吻一吻母亲的手。故意曲解父母谈话的原意往往能带给他许多快感。12 岁那年，他开始无情地用一种冷酷的先知的法官的口气评判父母的行为。父母对他这一点丝毫无任何怀疑。不过父母感到沉重和压抑的是，他们都开始急不可待地等着瓦西里·里沃维奇想起自己许下的诺言。这一年似乎事事不顺，家里永远显得空空荡荡，冷冷清清。

4

谢尔盖·里沃维奇有一个有助于他生活下去，并且业已成为其幸福的保障的珍贵特点：他不会长久地沉浸在悲伤情绪中难以自拔。哭过后他马上便会精神抖擞，心里想着昨天听来的尖锐刺耳的言辞或好笑的事情。好在在莫斯科，好笑的事情永远都不会缺乏。沙皇在访问过莫斯科以后，在贵族大会上挽着的第一个人儿，是阿尔哈洛娃老太太，而此时这位太太却感觉自己的内衣滑落下来了。作为一个古老的罗马女人，老太太眼不斜视，丝毫也不让人看出自己的失态，她踩着掉在地上的内衣，神态倨傲地和沙皇并排就座。莫斯科那些老人们对此津津乐道，赞不绝口，他们断言如今那些时髦女郎们没有一个能在这样的场合下处变不惊：

"连眼皮都不眨一眨！"

这一切都是谢尔盖·里沃维奇在失去米哈伊洛夫斯克村的第二天给

人们讲述的。

给伊万·伊万诺维奇的信发出去了，必要的措施已经采取了，剩下的就只有等待了。谢尔盖·里沃维奇每逢傍晚就会回忆自己在姑妈家做客的情形。在他的回忆中，米哈伊洛夫斯克村是一个广袤的庄园领地，周边环绕着密密的森林和湖泊，那湖大得简直可以和海相比。那是片"海子"——谢尔盖·里沃维奇如是说。住宅很宽敞，很舒服，很温暖，也很古老。服务设施配置得也很合理，周围的森林广袤无边。纳杰日达·奥西波芙娜只是听着却不置一词，而玛丽娅·阿列克谢耶夫娜用手帕擦着眼角的泪水，在为其扎哈罗瓦哀伤不已，女婿说的话实际上没有一句不是和他自己有关。最后她给女婿和女儿一个建议，叫他们直接写信给那个恶人。

"也许，这会对他起点儿作用，要不然他又会改主意了。他们这帮人平常就是这样的——意见常常变来变去的。弄不好醒过闷子来了，就反悔了。"

谢尔盖·里沃维奇皱紧眉头，坚决拒绝了这个建议。

"哎，不至于，"他心绪宁静地说，"他会反悔！不会的。我才不写信呢。"

就在那天傍晚，他手指丝毫也不颤抖也毫无厌恶感地给少将写了一封信，请求他撤回起诉书，中止案件的审理。如果不行的话，阁下可以自己暂时现金短缺为借口和撤诉。他说相信叔叔以其贵族的高尚情怀，会最终给他一个答复的。不过话说回来，叔叔平常也是极其忠诚的，等等。纳杰日达·奥西波芙娜在信末加了一个简短的附笔。

可是，无论是伊万·伊万诺维奇还是那个黑人，都没有给予答复。

谢尔盖·里沃维奇开始抱怨。他对自己的损失记忆犹新，此刻他已经不再期待拯救了。他抱怨伊万·伊万诺维奇·德米特里耶夫，说此人居然如此傲慢，连给老朋友回封信都不肯，此外他还抱怨政府。最后，他竟然走到公然宣称彼得三世短暂统治时期是史上高尚的治理时期的地步。

"他如果能再多执政三年，"有一次他竟然说，"那就不是我向伊万·伊万诺维奇寻求庇护了，而是他向我求情了。"

正如被剥夺的米哈伊洛夫斯克村在会议中变成一个广袤无边的领地一样，被他父亲丢弃掉的普希金家族在往昔的意义也变得成为一种绝对强大的存在了。

"随后就是 tous ces coquins,①，他们这帮骗子、马倌、这些人嚷得声嘶力竭——他们嚷嚷什么呢？天知道。可如今你和谁谈？Chute complete!"②

如今他对所有这些职位、部门、法庭法官席，统统采取谴责态度：

"告密者就是告密者，而官员永远都是挂衣钩，舍此无他。"

忽然，当人们都已经不再等待时，他收到了来自伊万·伊万诺维奇的一个包裹，包裹上打着厚厚的火漆印。

谢尔盖·里沃维奇拆开包裹。他的双手抖颤，就像那个值得记忆的夜晚，当他输钱时却忽然时来运转那样：幸运女神塔利亚向他微笑了。

伊万·伊万诺维奇给谢尔盖·里沃维奇寄来的，是普斯科夫省检察官报告的复本。谢尔盖·里沃维奇读了，便将其丢弃在地板上，还踩了几脚。他脸色苍白。

---

① 法语：所有这些坏蛋们。——译注
② 法语：彻底堕落。——译注

显然这位检察官是老黑人液体饮料和果酒浸酒的崇拜者，他写的这份报告既不体面又很粗野。首先是一组非常奇特的数字——"看样子，此人数数时已经醉眼迷离了"——谢尔盖·里沃维奇说道。米哈伊洛夫斯克村的仆人和村里的农民总共是男人 23 个，女人 25 个，而非谢尔盖·里沃维奇和纳杰日达·奥西波芙娜所一直以为的 200 个。"普希金先生的起诉根本就是毫无道理极不公正的"——这个坏蛋接下来这样写道。——ce faquin de prikazny① 因他之故而支付的两千卢布却根本哪儿也看不到。

　　"看不到呀!"他脸色煞白地说着，又笑了一笑，"写得绝妙之极：就是看不见。"

　　除此之外，少将汉尼拔向法庭提交了他的侄女、纳杰日达·奥西波芙娜和她的丈夫谢尔盖·里沃维奇的一封信，他们在信中请求他，汉尼拔，由于缺钱……

　　谢尔盖·里沃维奇略过了两行字……可是他，汉尼拔，无论如何也不同意。而且，显然，普希金家人所写的那些文字，给官府在抄写时只能徒劳地制造一些麻烦而已。

　　"我这就去找皇上，"谢尔盖·里沃维奇冲尼基塔喊了一声，"换衣服!"

　　在此之后他才通读了伊万·伊万诺维奇的那封信。这位诗人十分客气，他说起诉书他已经交给检察官了，他将检察官的报告复本寄给谢尔盖·里沃维奇，执行判决此案的命令已经延期，不会引起任何迫害和压制。遗憾的是，他认为重新审理此案的依据不足。接下来他请求向他可

---

① 法语：这个骗子官。——译注

229

爱的妹妹们问好。他说他将单独写信给瓦西里·里沃维奇汇报结果。

谢尔盖·里沃维奇立刻就安静了下来。他把那个可恶的检察官的报告从地上捡起来，丢进炉膛里，烧成灰烬。

第二天已经没有人再说什么，谢尔盖·里沃维奇前不久还口口声声要去找皇上，对政府骂骂咧咧。判决执行期延期这才是最主要的。这一延期就五年十年地拖下去了，到最后究竟如何——说不定，老天帮忙，叔叔也就死了。不，彼得三世以后凑凑合合还可以过得下去。当然，伊万·伊万诺维奇也许会撤销这个案子，但请上帝保佑他吧。话说回来，邮寄某个复本这完全多余，所有这些提交报告的渠道都属他管。你可以是个达官显贵，但却并非上流社会人士；你可以是个诗人，但却丝毫不懂得什么是真正的礼貌和体面。谢尔盖·里沃维奇忽然觉得自己已经不再喜欢伊万·伊万诺维奇的诗作本身了：诗里处处都有牵强附会的痕迹。

米哈伊洛夫斯克再次归属于他了，从前从他手中夺走的庄园和领地里，再没有比它更大的了。那里的住宅很舒适，屋顶覆盖着茅草。

至于萨什卡及其命运的安排问题完全不必操心，一切都安排得再好不过了：兄弟瓦西里把他送到彼得堡，交给那些耶稣会士。在那里，萨什卡就将和所有那些年轻的无所事事之徒，像什么戈利岑们，加加林们以及 tutti quanti① 一起受教育。Ces reverends peres② 将塑造他的性格，说句实话，他的性格真让人受不了。家里永远都是乱哄哄的，不是和列利卡打架，就是和鲁斯洛吵架——给谁都得烦死了。

---

① 法语：及其他人们。——译注
② 法语：圣父们。——译注

奥连卡不很自信地在屋里走动，她全身心地感觉并且知道自己并不招人喜爱。她害怕母亲，害怕到两腿发抖，母亲一看她她就会脸色煞白。她耍心眼儿，她藏藏掖掖，她一遇事就撒谎——甚至就连根本没必要撒谎时也这样。

"我保证是实话。"每当对方不相信她时她就如此这般地嗫嚅道。

如果她走路不是那样蹑手蹑脚，像一个知道自己淘气的小姑娘那样的话；如果她不害怕惩罚，目光也不那么游离不定——那种眼光任何人一见就知道是在撒谎——眼睫毛也不是那么毫无色彩，她的模样兴许该说是十分可爱的那种。她浑身上下长得特像谢尔盖·里沃维奇。

也许只有粗糙的鼻子和嘴唇像母亲。她的头发在鬓角处打着卷儿。短期光顾的家庭教师——这些家庭教师每年两次到家里，待一个月或是一星期，掌握她的教育问题，然后就消失不见了。孟德福根本就不曾注意到她。作为勤奋努力的家庭一员的鲁斯洛偶尔教她一些法语语法和算术法则。一段时期中一个总是喝得醉醺醺的德裔舞蹈编导教她弹奏击弦古钢琴。此人自己弹得不怎么样，只不过收费便宜罢了。奥连卡老也踩不到点儿上，他就用尺子抽奥连卡的手背，抽得很疼，她抽咽啜泣，弹出的音乐令纳杰日达·奥西波芙娜很厌烦，于是乎，奥连卡的音乐教育便告休矣。平常日子里，击弦古钢琴上放着堆满果核的碟子，一旦家人在等待客人到来时，碟子及其他杂物便会被收起来，灰尘也会被打扫掉，但是击弦古钢琴却没人会演奏，像一具棺材，孤零零地矗立在客厅里。

奥连卡喜欢萨什卡的处事方式：她最乐于观看的，就是他和母亲以及鲁斯洛吵架。每当那时，她就会躲在门后面，津津有味地偷听着鲁斯洛的训斥，母亲的哭诉和萨什卡的回答——那是一种奇特而又简短的扑哧扑哧声。

她曾经一句话不说地充当了萨什卡攻击鲁斯洛事件的见证人，她当时透过锁眼，屏住呼吸，张开大嘴，睁着火辣辣的眼睛，目睹了这个场面。他们的房间是相邻的。从那时起——尤其是因为家人并未因此处罚萨什卡——她开始对萨什卡充满了敬畏之情。

忽然有一天早晨，她发现自己原来已经不再是个小孩子了，她走路的样子里出现了某种新的东西，晚上来家的客人纷纷发现了这一点，他们都说：都长这么高了哇！好一个漂亮的妇人！——听到客人这么说，把纳杰日达·奥西波芙娜给吓了一跳。难道她真的已经 36 岁了吗，而她女儿——还是个少女，是个姑娘，但也许很快就该当未婚妻了呢？她呆呆地坐在镜子前，连衣服也没穿，眼睛一眨不眨地盯着镜子里的自己。她发现自己除了眼睛和牙齿外，脸上没有什么是年轻的了。但脖子、胸部和臃肿发福的、曾经令谢尔盖·里沃维奇夜不成寐的腰身——难道她真的已经是个老太婆了吗？儿子们都长大了，但这不足以令她心态变老，况且她也很少有机会想到他们。萨什卡脾气很不好，但他很快要被送给耶稣会士们教育去了，只有列乌什卡胖乎乎的很招人喜爱。但她不喜欢人们对她说：您女儿已经是个未婚妻了。生活在飞速前进，生命消逝得无影无踪，留不下激情，背叛，事件。她希望在遇到谢尔盖·里沃维奇以前，她生活中不曾与那个近卫军炮兵和酒鬼有过灾难和不幸。顺便说说，他也不曾是个酒鬼。对这个男人在壁炉前的表白，他的俏皮话、他的宽大的睡袍和他走路的样子，都令她厌烦已极。

她于是开始严格管教奥连卡，孩子们让她濒临破产——光是穿衣服

232

就得有多少花费呀！奥连卡如今只穿廉价粗布衣。阿琳娜给她织补长袜，打补丁，始终默默无语。奥连卡悄声细语地对奶娘抱怨诉苦，但阿琳娜对她的抱怨和诉苦已经习之若素了，始终不吭声。

有一天奥连卡忽然觉得无人可以倾诉了，那是一个傍晚，父母都出门了。鲁斯洛也出门了。她在父亲的书房发现萨什卡正在看书，于是语速飞快地和往常一样，开始对他抱怨母亲和父亲，抱怨兄弟列利卡，因为每次吃饭，最好的一块肉总是给他的。最后，她怀着感情说自己很高兴有萨什卡这么个哥哥，说萨什卡的所有作为都好极了，而鲁斯洛简直就是个牲口。

友谊就是这样建立起来的。

奥连卡的表白令他很感动，她一双眼睛里几乎充满了迷信一般的惊悚和喜悦。可是，他看不起她那种悄声细语的表情，她的胆怯，他不喜欢她对所有人抱怨所有事情，不喜欢她总是怀着感激之情盯着妈妈，希望能得到妈妈的欢心。

他很为她惋惜和懊丧。

"你就是个鼻涕虫，而我是个淘气鬼，我不怕他们。"他飞快地对她说。

第十章

他知道自己很快就该离开了。家里所有人开始对他另眼相看，家人再也不对他吹毛求疵了，因此他得以尽情展现自己的性情。而他本人也开始从旁观看这个家，观看自己的小屋，以及坐落在壁炉和书橱之间的角落，他经常待在那个角落里，一边咬着指甲，一边读书，而且又一次甚至差点儿把自己的老师给打了。他如今看家里的一切都显得那么贫乏，小得可怜。就连他曾经以为个头很高的父亲，原来也是个小个子。不过话说回来，他很少想他的家人。他的思绪已经走上一条大路，他已经超越了路上所有的旅人，他似乎已经到了彼得堡这座奇迹般的城市，父亲每谈到这座他熟悉的所有老人都会痛骂不已的城市就唏嘘感叹不已，而且对儿子十分羡慕嫉妒。

他的步态不知不觉中变得轻快起来了。

他走路的样子很特别，很特殊，很轻快，身子微微前倾，而脚步稍稍滞后。如今他在莫斯科花费很多时间散步，无论好自尊的鲁斯洛如何徒劳地提醒他入学考试的事，他都坚持这个习惯。对入学考试感到恐惧的，是鲁斯洛，而非他的这个学生。

如今，他还开始以一种全新的眼光——一种陌生人的、迅疾飞快的目光——看待莫斯科，莫斯科的街道，莫斯科的房屋和人。莫斯科街道上走着看不见头尾的载重马车队，马车发出吱呀吱呀的声音，慢慢悠悠地不慌不忙地走着，旁边同样也慢慢悠悠不慌不忙地走着马车夫，车上载的都是乡下拉来的贡品。就在此时，胡同里忽然传出一阵笑声，只见一些莫斯科的淘气鬼们坐在一辆三套车上，响着铃铛，飞驰而过，车上的小伙子们冲街边的一切挥了一下手。房屋时而隐藏在花园里，这里那里不时会冒出一些建筑物的石头底座，煞像一帮性情执拗耳聋眼花的老年人，一上来就踩了行人的脚。

莫斯科宽敞广阔的街道此刻在他眼里看上去却不是那么协调。

达官显贵们的住宅，大都隐藏在像森林一样浓密得不透风的园林里，这就是莫斯科的城堡。躲在城堡里的人成天嘲笑彼得堡，嘲笑那些只知道把自己打扮得漂漂亮亮的人，在一群群老太婆、一对对仆人、黑人、女仆们的簇拥下，日渐衰老，忽然不期而然地从远处传来一阵牛角音乐：原来是老诺沃西尔佐夫在饮茶。

伴随着一声叫喊："慢一点儿！"一辆奇特的四轮马车像飞毛腿一般飞驰而来。亚历山大惊奇地发现一个入口马车的后踏板上站着 5 个黑奴，前面的那个黑奴穿着一套奇形怪状的服装，头顶的帽子上还插着白色的羽毛，原来是一帮信差，他们气喘吁吁地大声喊道：

"慢一点儿！"

接下来就是主街道了，这里的房子一幢比一幢更奇特。涅格林街上有一幢中国式宫殿，像孔雀一般身上涂着绿色和金黄色。一条条巨龙冲着莫斯科街上的行人张开大嘴，而在宁静的壁龛里，则放着黄嘴的木头人，头顶撑着伞——木头人是个满洲人。一些房屋住宅晦暗的窗户里透着奢华、幽静和凉爽，但看起来里面无人居住。此时一扇大门慢慢地，带着莫斯科特有的吱呀声，渐渐被打开——这是老头子捷米托夫要出门散步。

他沿着特维尔大街走下去。

沙利科夫伯爵拧紧眉毛，从旁边走过，没人发现他的到来，他直接走进糖果点心店。可是很快他就发现：他的那位年纪还不算太老却皮肤松弛的父亲，脸上挂着无忧无虑的笑容，瞪大着白蓝相间的眼睛，正在街上一步一步蹒跚而行，此刻停下来通过夹鼻眼镜眯缝着眼仔细观察一位路过的老太婆，脚下蹲坐一条莫斯卡狗。谢尔盖·里沃维奇向老太婆鞠了一躬，老太婆停住了自己坐的那辆轿式马车。亚历山大像闪电一般迅疾地拐进一角胡同。

一个月以后，他的行期确定了。他跟着叔叔瓦西里·里沃维奇去了彼得堡。

2

那是春天，是候鸟回迁的季节。小花园里人行道两旁的树木和灌木丛里，出现了一些引人注目、嗓音异常尖细的小鸟儿。其名字，就连身为城市人的瓦西里·里沃维奇也说不上来。在莫斯科城郊的萨尔蒂科夫伯爵家里，他曾经听到过两次夜莺的叫声。他对夜莺那婉转滴溜的啼鸣喜欢得不得了，甚至就连模仿夜莺的叫声他也喜欢：在波兹德尼亚科夫家的舞会上，一个仆人隐藏在酸橙书的阴影里，学夜莺叫。

候鸟儿飞来了，瓦西里·里沃维奇也该动身去彼得堡了。

他先给彼得堡的朋友们写信，而且还在莫伊卡河边的杰穆特加给自己租了两间舒适的屋子，价钱并不贵。瓦西里·里沃维奇想在彼得堡多住几个月，和上流社会多接触接触，进一步巩固和德米特里耶夫的已经有些冷却的友好关系——最后，就是还得把侄儿子安排进耶稣会士开办的寄宿学校。该干的事情有很多。

动身的时候到了。瓦西里·里沃维奇已经在驿站预订好了一辆供老爷坐的四轮马车和一辆载仆人和行李的四轮马拉大车。

谢尔盖·里沃维奇急了。儿子动身的日期逼近了。可是，老天像是故意为难似的，发生了和老黑人令人不快的事。于是不得不花点儿钱好把这个贪婪的非洲黑人的嘴给堵上，玛丽娅·阿列克谢耶夫娜从此以后不叫这个老黑别的，就叫他坏蛋。而且还给了那些当官的多少钱呀！谢尔盖·里沃维奇再一次确信他一直都仇视的本国的官员们的心肠究竟有多黑，有多么自私和冷漠呀。

但无论如何，数了数自己的家产后，谢尔盖·里沃维奇发现家产流失很严重。于是决定做出牺牲：本打算在夏季开始前给自己缝一件绿色带花的、带有高高的胸领的优质燕尾服，甚至就连衣服上的花样也选好了，而且谢尔盖·里沃维奇已经屡屡做梦，梦中的自己穿着这件燕尾服；剩下唯一要做的事，就是给扣眼里插一朵花了。家人甚至想过要把格鲁什卡卖了，她现在干活儿偷懒，再说家里总的说来也不需要她了。父母平常都节省到了吝啬的地步了，普希金家庭里的饭越来越难吃。波尔金的贡品也抵不上什么事儿。此时已经是 6 月了。有一天谢尔盖·里沃维奇忽然时来运转：他以波尔金的农奴抵押，一夜之间变成了富人，过起了心安理得的生活。燕尾服立刻就订制好了。亚历山大也尽可以在耶稣会士那里学习了。

然而，谢尔盖·里沃维奇在搞到钱以后，和往常一样，变得趾高气扬起来。似乎就连世上最富有的人也不配和他为伍。他不时会以一种神秘的表情窥伺着纳杰日达·奥西波芙娜的脸色，在其逼视下，纳杰日达·奥西波芙娜常常恐惧得心都凉了：她总是觉得谢尔盖·里沃维奇形迹可疑，甚至处境十分危险。就在诸如此类的日子里，他从报上读到一条决议，政府要在皇村开办一所寄宿学校，读完决议的他心情激动不已。对寄宿学校他没有一个比较清晰的概念，但却突然福至心灵地有了一个念头。于是他和朋友们商量了这件事的可行性，有一种传言，说这所学校将以培养大公为主。

在上两个沙皇执政期间，支配着生活的偶然性在再次出现时也会带来出乎意料的幸运。年轻人可以成为未来的恺撒游戏中的伙伴，或是在散步时偶然在树林里遇见皇帝和他的皇后。无论如何，他的命运都已经决定了。人们能回忆起人人都能耳熟能详的前沙皇执政期间的各类笑话和逸事。谢尔盖·里沃维奇想到，如果萨什卡在皇村受教育的话，那不就等于是在宫中受的教育吗，他突然明白了一个道理，认为这样的机会可一而不可再。耶稣会士在他心里已经没有那么大的吸引力了。与此同时，他从心底深处相信，亚历山大绝对不会被新的教学机关所录取。他的自尊心一直都很强。他的手在发抖。瞒着妻子他准备试试自己的运气。他的爵衔、名望和地位远远不够，而提交的申请一定很多，他担心自己会被拒绝。于是，他瞒着纳杰日达·奥西波芙娜，偷偷寄发了帮儿子申请入学的申请书。一边担心，一边又决心绝不让步：或是普通中学，或是皇村中学。申请书写得很好，但仅仅写得好是无济于事的。

光是开具其家族具有古老的世系的证明书，就费了他牛劲儿了。他不得不寻求伊万·伊万诺维奇·德米特里耶夫强有力的保护，还必须把证明文件寄去。可是诗人所在的代表委员会却令谢尔盖·里沃维奇再次确信了一点，即诗人和部长都是些学究和迂夫子。证明书后面司法部部长德米特里耶夫和萨尔蒂科夫伯爵的签名，显得无关轻重，甚至意义含糊。高官显贵们证明，少年亚历山大普希金的确是军需部七品文官谢尔盖·里沃维奇的合法婚生儿子。类似的证明文件，毫无疑问，可以在本堂神父的记录里找到。

一个曾经遭受到法维辛嘲笑过的古老的语词"少年"，用在自己儿子身上，不仅令他感到委屈，而且在某种程度上甚至令他感到害怕。

"合法不合法，老实说，这和您，老爷，无关。"他嘀咕道。

可是，部长的签名和纸上符号就足以说明问题了。

谢尔盖·里沃维奇违心地向兄长瓦西里·里沃维奇袒露了自己的计划，赋予他以在耶稣会士和寄宿学校之间做选择的权力，并且还给亚历山大·伊万诺维奇·屠格涅夫写了一封十分委婉的短信。父亲曾经两次隐隐约约对亚历山大提到过皇村开办了一所中学的事儿，但他当时正在忙于描写风景因而顾不上说什么，就没说什么。

耶稣会士那儿似乎更可靠一些，他们那里办事比较正规，不过话说回来，他们也未见得就可靠。一切的一切都有赖于瓦西里·里沃维奇就地解决。作为一个老赌徒，谢尔盖·里沃维奇相信运气，与此同时，他的自尊心很早就已经受到过伤害。

此刻他不无几分忧伤地看着儿子——儿子究竟值不值得这么精心培育和操心关怀呢？此时的儿子正是他情感最旺盛的时候——却在毫无任何感情中长大。有时候在傍晚时分，他会像一个富有、见多识广生活智慧的长者那样条分缕析地给儿子下达各种各样的指示和教导。渐渐地，他回想起了彼得堡的每个最微末的细节，涅瓦大街，近卫军青年军人的生活，仕途的失意，忽然之间，他极端渴望亲自去一趟彼得堡，去一个少不更事的青年人待过的那个地方。而萨什卡在彼得堡能有什么发现呢？说实话他有什么必要非得去彼得堡呢？在莫斯科也能受到良好的教育。可要教育孩子他得花费多么巨大的劳动呀！

况且此时此刻再改变主意已经晚了。

他叹了一口气，忧伤地开始教导儿子：

"百货商场的梭形面包和馅饼绝对不能买。那些小商贩会把你围在中间一个劲儿地嚷嚷：'梭形面包，热腾腾的梭形面包！'这些梭形面包是毒药，我有一次吃了差点儿没死了。"

"在涅瓦大街上，记住，你也许可以碰见皇帝，据说现在他每天都沿着涅瓦大街散步。看见皇帝，你得这样，瞧瞧，得这样鞠躬。"

谢尔盖·里沃维奇教导萨什卡如何鞠躬敬礼，但很不满意。

"是这样，不是这样！"

他到过宣令局：就是在那里，胖子松采夫给他发放了给亚历山大的证明，证明他出身于古老的贵族世族普希金家族，其家族徽章已经被列入公共徽章图册。亚历山大的命运就这样被安排好了。谢尔盖·里沃维奇为儿子做了一切他力所能及的事情，就暂时把他忘在脑后了。

所有这些准备工作，萨什卡的妹妹们也都参与了——安娜，安娜之后还有丽泽塔。无怪乎安娜·里沃芙娜每天早晨要读《女性晨读读本》，这是她的案头书。这本书非常实用：书后面的几页都是打了干净的格子的——一个栏目是访客和拜访、舞会；另一个栏目是牌戏记录，赢和输；第三个栏目最大，是记录笑话和尖刻的俏皮话的。安娜·里沃芙娜非常满意地从事着记录工作。在笑话栏目里，她塞进了几乎所有在莫斯科流传的关于女性不忠实的传闻，而在俏皮话栏目里，则收录了出自她兄弟们的俏皮话。这本小书的第一个栏目是"名女人"，这是她最喜爱读的一部分。她对庞贝奇特可怕的风习，对福里维和克列奥帕特拉的事迹都耳熟能详。对厚颜无耻以浑身赤裸挂满玫瑰花的维纳斯的样子展示给近臣们看的岑佐尼娅或米洛尼娅，永远都能引起她的同情和怜悯。但紧接着旁边就是性情比较温顺的女英雄画廊，其中有女皇叶卡捷琳娜一世，她为了把自己的丈夫从土耳其的俘虏中赎回来，牺牲了自己所有的珠宝首饰。安娜·里沃芙娜竭力想要在亲人们中间扮演的，正是这样一个女性拯救者的形象。

3

5月、6月相继过去了，而瓦西里·里沃维奇仍然一点儿都不想动身上路。谢尔盖·里沃维奇不敢提醒他上路的事儿——他们兄弟二人思考问题的方式和角度各有不同。亚历山大很郁闷，常常在半夜醒来，发觉自己一身冷汗。那个法国人想要炫耀自己教育下一代的知识成就，差点儿用带译文的法语读本和算术法则把亚历山大给淹死了。亚历山大总是显得漫不经心，心不在焉。时间过得很慢很慢。

最后，当7月过完，瓦西里·里沃维奇宣布要走了。于是定下了起身的日子。

这天，阿琳娜起得比平常还要早，一切的一切都早就洗涮晾干整理一新，缝缝补补整理停当。亚历山大·谢尔盖耶维奇随身携带的课本，被她分放在两边，避免马车颠簸中散了架。她还在窗台上找到一本被人忘记的小书，想了想，也塞进了他的箱子里。那本小书是伏尔泰的赞美诗。随后，又从谢尔盖·里沃维奇的书架上小心翼翼地拿了一些小版本皮封面的书来——亚历山大·谢尔盖耶维奇花了好多时间读这些书，况且这些书尺码较小方便携带。谢尔盖·里沃维奇很早以前就不再光顾这书架了。她把这些小书也悄悄地塞进箱子里，看样子不少于20本。

"谁还读这些破书呀。"她皱着眉头严肃担忧不无几分胆怯地嘀咕道。

这些小书的内容原来是十分喜兴的：庇隆、格列库尔、格莱塞最新笑话编。亚历山大·谢尔盖耶维奇平常每读这些书都会笑个不停。

"到那儿会笑得更欢的。"他断定。她根本就坐不住，又跑进厨房，厨房里正在炖路上吃的小牛肉，于是便再一次地刷洗了一下裙子。

再没有什么活儿可干了，她不觉有些伤感起来。她偷偷瞅了眼门里：亚历山大·谢尔盖耶维奇睡得正香。他这副无忧无虑的样子令她吃惊。

"还小，还完全是个孩子，"她对尼基塔说，"这是送给谁呀。"

尼基塔不喜欢和她聊天，认为女人都头发长见识短。

"这不为了学习吗。"他不情不愿地说。

"为了学习，"阿琳娜感情真挚地重复道，"到别人家学！如果遇上个坏先生怎么办？"

身为教师的孟德福给阿琳娜留下了最为美好的印象。

尼基塔都不认为有必要反驳她。

"任何人都会受屈的。"阿琳娜说着用围裙擦了擦眼睛。

"先生们是不会受屈的。"尼基塔平静地反驳道。

仆人们最无法忍耐的是鲁斯洛。

"东西全在家里。"阿琳娜说。

尼基塔一挥手走了。

那是一个炎热的早晨，太阳炙烤着大地。母亲、父亲、姑妈都一本正经、一言不发地坐在那儿，用一种无关的、旁人的眼神打量着就要离开的人。阿琳娜脸色煞白地站在旁边，脸上似乎没有了一点儿血色。她在门槛上对他画了个十字，嘴里念念有词——说的什么他也没听见。他的心紧缩了起来。

马车走上了特维尔大街。

家人把他们一直送到第一道岗哨。

瓦西里·里沃维奇私下打量了一眼四轮马车，最后觉得还是不满意，对那个驿站长破口大骂。所有出门人都有这么一种习惯。

临分手时安娜·里沃芙娜一眼都不看侄儿子，而是看着兄弟俩，交给萨什卡一个封了口的信封。

"这里有 100 卢布，是给你买零食的，"她郑重其事地说，"小心别丢了啊。"

谢尔盖·里沃维奇抱拳着双手，温柔地责备着妹妹。她过日子很仔细。瓦西里·里沃维奇显然很吃惊。他说自己会保管好这笔钱的，便把信封从亚历山大·谢尔盖耶维奇手里拿了过去。捧着手里不知该往哪儿放好，最后还是揣进了兜里。

安娜·里沃芙娜对自己给兄弟俩留下的印象感到很满意。萨什卡表示了感谢，但看样子并未被感动或感到吃惊。不过，除了感谢没有任何别的什么，这多少令她感到有些出乎意料。

马车夫坐上车座，铃铛丁零零地响了起来，他终于动身了。

在转弯处，瓦西里·里沃维奇郑重地望着他——这个小鸟儿平生头一次离开父母的家园。这时他吃了一惊：这个年轻人的目光在燃烧，嘴是半张开的，脸上的表情是奇特的。对此表情，瓦西里·里沃维奇怎么也弄不明白。他觉得这个小家伙似乎在笑。

| 主编·汪剑钊 |

"俄罗斯文学译丛"系
"金色俄罗斯丛书"平装版

普希金（第二卷）

Пушкин

[苏] 特尼亚诺夫 / 著

张冰 杜健 韩宇琪 / 译

张冰 / 校

四川人民出版社

图书在版编目（CIP）数据

普希金/（苏）特尼亚诺夫著；张冰，杜健，韩宇
琪译. —成都：四川人民出版社，2024.1
（俄罗斯文学译丛 / 汪剑钊主编）
ISBN 978－7－220－13480－7

Ⅰ．①普…　Ⅱ．①特…　②张…　③杜…　④韩…
Ⅲ．①普希金（Pushkin, Alexander Sergeyevich 1799－1837）
—传记　Ⅳ．①K835.125.6

中国国家版本馆 CIP 数据核字（2023）第 202108 号

PUXIJIN

普希金（第一卷、第二卷、第三卷）
［苏］特尼亚诺夫　著

张冰　杜健　韩宇琪　译　张冰　校

责任编辑	张　丹
装帧设计	张迪茗
责任校对	唐　婧
责任印制	祝　健

出版发行	四川人民出版社（成都三色路 238 号）
网　　址	http://www.scpph.com
E-mail	scrmcbs@sina.com
新浪微博	@四川人民出版社
微信公众号	四川人民出版社
发行部业务电话	（028）86361653　86361656
防盗版举报电话	（028）86361653
照　　排	四川胜翔数码印务设计有限公司
印　　刷	成都东江印务有限公司
成品尺寸	140mm×203mm
印　　张	23.875
字　　数	569 千
版　　次	2024 年 1 月第 1 版
印　　次	2024 年 1 月第 1 次印刷
书　　号	ISBN 978－7－220－13480－7
定　　价	98.80 元（一、二、三）

■版权所有·侵权必究
本书若出现印装质量问题，请与我社发行部联系调换
电话：（028）86361656

第二卷

|寄宿中学|

第一章

1

部长的一天过去了。

今天他既未去国务委员会，也没有进宫觐见皇上。午饭后，他那儿来了一批客人：最后一位客人是来自秘密发行处的一个很不起眼的小官吏，默默地交给他一包东西就走了。这个客人平常来也是办完事儿就走，绝不耽搁。

德裔秘书无声无息地透过门缝窥视了一眼，只看见部长那宽阔的驼背。他一动不动地坐在那儿写东西——秘书透过他的背部就知道——部长是在给皇上写呈文。他已经写了一两个小时了，一刻不停，一刻不缓地写呀写，就像一架机器，用均匀的圆体字写满一页又一页。办公室里很安静，部长要求绝对安静，绝不容许任何人违反这个规定。办公室那架英国式挂钟均匀单调地发出嘀嗒声。办公室的女主人斯蒂芬斯女士穿着软拖鞋生气地在房间里走来走去。10 年前，当部长还只是一个名不见经传的发行官时，他的妻子，一个英国女人产后死了。他却对刚生下的婴儿连看都不看一眼就离开了家，在外面失踪了两个礼拜。他甚至都没有出席妻子的葬礼，大家都以为他也死了。他回到家时遍体鳞伤，浑身湿透，脏里吧唧的。他的眼睛游移不定，所有活物中他注意到的唯有

247

他的女儿。他沉默了一个月，随后就开始为职位奔走。他从不进死者的房间。他的心已然破碎，生命在他眼里已经结束了，可在现实生活中他的生活却刚刚开始展露端倪。

如今他已经 40 岁了，他当上了部长和国务秘书。实际上整个国家的职责除了军事事务以外，都担在他的肩上。他权力无边，他有很多政敌：贵族阶层在诋毁他，官吏阶层在诅咒他，宫廷内部的人对他是又怕又恨。如今他住在谢尔盖街，住的是一幢不大的二层小楼，妻子一去世他就搬了过去。这幢住宅很舒适，家具都是英国式的。办公室在楼上并不很大，他就在办公室的皮沙发上过夜。办公室的窗户朝着空旷冰冷的塔弗里达花园和波将金娜低矮的宫殿，它已经长达 4 个世纪之久没有住人了，窗户已经开始劈裂，这隔着树木也看得出来。只是偶尔，遇上亚历山大·康斯坦丁耶维奇和伊丽莎白的命名日，这座宫殿才会突然恢复勃勃生机，灯火辉煌，光照四方。花园里所有甬道都被打扫得干干净净，穿着华丽的人们重新开始在园中散步，怀着各种不同的感情从各个角度观看谢尔盖街。随后，伊丽莎白的命名日和皇室贵族的命名日过去后，窗户再次被钉死，仿佛一场大雪掩盖了波将金娜宫，使其煞像一座空荡荡的剧院，剧院里已经没有了任何演出，到处游荡的剧团也离开了似的。

他避开上流社会而独居，远离交通干线，谁也不接待。偶然有几个近处的朋友来造访部长：矿主拉扎列夫、保税人佩列茨。拉扎列夫是精明强干，身体健壮的亚美尼亚人，连同自己所有的本家和亲戚定居莫斯科一个胡同，这个胡同因此而被称之为亚美尼亚胡同。拉扎列夫最近正在考虑为本族同胞开办一所泛东方学校，为此进程和部长商讨有关问题。佩列茨在财政金融方面头脑灵活，思维敏捷，胆大心细，常常能为部长提供一些出乎意料的新理念。

最后他不再阅读并且一下子站了起来。

部长个头很高，手很长，骨架很大。脸色很白，额头是斜的，中国人式的眼睛半睁半闭。他把一沓纸小心翼翼地比齐了，搁在写字台暗藏的文件格里，打铃，吩咐秘书到他办公室里来。

弗朗茨·伊万尼奇是部长的私人秘书，听见铃声立刻进来。

"伊利切夫斯基到了吗?"

"已经来了两天了，请求今天接见。明天听说就要走了。"

"伊利切夫斯基今天见不了。"

"如果不更改的话，会不会得罪他呀。"

"弗朗茨·伊万尼奇，可爱的朋友。"部长说，"准备酒水。我要高质量但普通的波尔多葡萄酒。上次给贝京寄了点特殊的波尔多，对他不需要这样，他不好这口。而沙托－马尔戈又全都喝腻了。我不知道他为什么变得这么挑剔。"

部长笑了，满嘴坚固的黄牙牙床全都露在外边。

今天晚上他在等客人来访。伊利切夫斯基——他在进修班时期的同窗——被任命为托木斯克省长，马上就要出发去任职地点。

部长把沉甸甸的双手放在一沓纸上。

"请您考虑另选一位报告人，要有特点的，懂点文化有点墨水的。不然的话，我们还得费劲儿。"

长长的窄条纸被一折两半，一半到折叠处都是抄写员一行行手抄的，都被划掉了，而旁边——也就是在纸的背面——就全都是部长所写的了。

"我们找了一年也没找到。特点问题不该我们操心，我们该想想普通关系问题。"

"这帮怪人。"部长无不遗憾地说道。

"我恭顺地恳求您更换这帮人。"弗朗茨·伊万尼奇突然声音更小地嗫嚅道。

两人都沉默了。

"你说。"部长换了一种口气说道。

"拉扎列夫昨天塞给了伯爵的室内男仆丘别伊100卢布,打听伯爵昨晚去哪儿了。他是个暗探。"

部长和秘书再次沉默。

"我会很高兴把他撤掉,"部长用枯燥的嗓音说道,"可用谁来代替他呢?找不到可靠的人呀。"

办公室又只剩下部长本人了。最重要的时刻来临了——查阅来往信件。

他捡起一包方才收发员送来的邮包,开始仔细阅读起来。这些信件都是经过邮局暗中检查的,是专门为他复印的。消息不妙。从奥地利写给法国侨民的信件说到战争,就好像战争实际上已经在进行似的。来自特维尔的信件证实了他所知道的一切——一份内容丰富的"哭诉"已经被呈给沙皇,这次行动肯定即将展开。

大公夫人叶卡捷琳娜·帕夫洛芙娜是皇帝最挚爱的妹妹,住在特维尔,极力想要领导哥哥,向他提交一些受压迫贵族的笔记,这些笔记被部长称为"哭诉",并且已经安之若素了。最近一次的"哭诉"按信中所署是卡拉姆津。他把此信丢进壁炉。他拿起火钩,把灰烬搅了搅。除了卡拉姆津的名字外,对他而言这批来信里没有任何新东西。卡拉姆津是个可怕的对手。有一次他果然得以挡了他的路:卡拉姆津从未被任命为教育部长正是由于他的坚持己见。不过，拉祖莫夫斯基[①]并不见得比他好多少。战争的事情尚未定下来，对此他要比这封信的作者懂得更多一些。

他在壁炉前坐了一小会儿，眼睛盯着火苗，一边用火钳搅动炉灰，搬动炭块，一边静静地观看它们如何慢慢变为灰烬。战争作为一种混乱和偶然性是他所憎恶的，而且战争的后果是不可预料的。目前一场大战不可避免，但他对此次战争将使一切失败和毁灭这一点没有丝毫怀疑。因此他早就决定，在政治中也和在生活中一样，不能而且也没必要事先把一切都考虑得十分周详严谨，把一切都彻底严密地规划好。这是事物自身所拟定的法则，他必须迫使自己像一个中学生一样屈从于这一法则。

他忽然不再思考已经威胁了国家一年之久的战争的问题，就好像战争的危险压根儿就不曾存在过一样。但卡拉姆津呀卡拉姆津，卡拉姆津才是最危险的敌人。这才是今天就必须仔细周密地想好的急事，而且刻不容缓。

他从书架上取下一本《堂吉诃德》，随意翻开一页，开始阅读。平常一本喜爱的书能使他心灵安宁。肥胖的潘斯与干瘦的贵族的友谊是他所曾见识过的最崇高的诗意。孤独消失了，一切都恢复了牢固坚硬而又便于观察的了。他读了半小时，放下书本用自己特有的圆润的字体在纸上写了一行字："关于特殊寄宿学校。各方面的状况。"

这是一桩新型的事业，极端之重要：事关培养大公的大事，而且其

---

① 指伯爵阿列克谢·吉利洛维奇·拉祖莫夫斯基（1748—1822），俄国国务活动家，曾担任国民教育部部长。——译注

中一位将注定成为王位的继承人。这件事似乎是在不经意间，皇帝亲自在上次会面时交给他办理的，同时还夹杂着许多重要的谈判问题，沙皇做这些事驾轻就熟：就好像这不是一项任务，而仅仅只是一个从他那方面看并不见得非办不可的小事而已。

2

近来一件事变得日益鲜明，即从今年开始皇帝忽然几次谈起其兄弟的事儿。他从未有过兄弟之情。父亲死去那年他快年满 10 岁，而在此期间，他只见过自己的兄弟两次。他的弟弟们全都被交给母亲抚养，如今时而住在加特齐纳，时而住在巴甫洛夫斯克，玩打仗游戏。他却没有去过加特齐纳。如果不是某一次，在和母亲谈及其弟弟们时，他察觉母亲脸上浮现出一种他非常熟悉的表情——恐惧和憎恶的话，他兴许会对他们采取与此不同的态度的。

他自身的礼貌恭敬地束缚着他。从童年时代起，他就对所有事情负有罪责。对皇后，他的罪责是当着皇后的面对父亲表现亲昵了，但不表现亲昵是不可能的，因为他害怕父亲甚于世上的一切。而在父亲面前，他起初没有罪责感，随后在现实生活中却产生了罪责感。他如果事先知道阴谋的事情，也许会参与谋杀父亲的行动，简言之，他也许会成为一个弑父者的。如今他在母亲面前已经背负罪责 10 年之久了，而母亲默默无言地自认为自己乃被害人当然的无可争议的继承人，而儿子面对她——被害者的妻子——是个罪犯。他还是个孩子时就被娶了妻，对他这位巴登公主出身的冷漠而又性冷淡的妻子，他有些轻微的厌恶。虽然夫人成为俄国皇后已经多年，但还是无法习惯俄国人的生活方式，骨子里仍然是一个巴登公主。他总是气冲冲地强迫自己在她的交往圈出场。

波兰女人纳雷什金娜是他的情妇。他喜爱的那个妹妹叶卡捷琳娜，对任何事都勇往直前，放荡不羁，特像他的弟弟康斯坦丁，她同样也能令他感到一丝安慰。如今她已经嫁人，住在特维尔。

他嗓音干哑，性格像他父亲一样暴躁，但他从童年时代起习惯于控制自己的脾气，对自己的老师、宫廷中人和外国人露出迷人的微笑。接着就出现了对阅读、内容微妙的谈话、自己独处时的自言自语和幻想的喜好。他已经习惯于一连几小时地露出笑容，而一刻也不让笑容从他的脸上消失，他能眼观六路而又一无所见。曾经在这样的时刻见到过他的弗列因娜说他有一种天使般的笑容。他的眼睛是蓝白相间的，脸很宽，肤色犹如少女一般白皙，脸上总是挂着一种甜蜜的不出声的笑容，嘴唇也十分丰满圆润。他的目光十分散漫，带有一种神秘的特殊的谜一样的表情——原来他是个近视眼。犬牙式的咬合不齐反倒赋予其一种任性的表情，但却与公认的绰号"天使"无任何抵触。

他身上最真挚的爱是爱自己：爱自己走路的样子，爱自己日渐沉重的身体，也爱自己白皙的双手。宫廷生活教会他一种精微细腻的生活态度，这已经近似于一种女性的矫情，一种卖弄，但却很难被人所识破：他非常喜欢黑色的制服，因为它能突出他皮肤的白净。如今他已经成为一个渐入老境的衣着讲究者。他像女人一样，怀着嫉妒之情关注着每条皱纹的出现，关注着头发的日渐稀疏。他起初梳的是一种蓬松发式，随后又喜欢闪闪发亮的白色龟甲皮。很快社会上又时兴起了早秃顶。他走路的样子是那种摇摇晃晃式的，因为腿脚发软，可他本人却相信，他之所以这样走路是因为想显得轻松自如而已。

从青年时代起父亲就教育他喜爱打仗，但他之所以热爱父亲，不仅因为他长期抚慰着他，更重要的是在离婚期间思想的缺席所致。在大家眼里他是一个背信弃义者。的确，在他眼里，突然背弃许下的诺言这根本不算什么了不起的事儿，甚至毫无必要地破坏诺言违反诺言在他看来也不算事儿。他之所以会这样原因在于他头脑的动摇不定：他说，许诺和反驳都是机械地进行的，而思考则是过了一段时间以后才进行的事儿。在国外期间，他头一次明白自己居然管理和统治着半个世界，自己居然以高不可攀者闻名。他只热爱国外的城市和外国人，因为在国外他感觉自己才是真正的主人。在俄国，除了他在其中居住或停留的几座宫殿外，其他宫殿还是很舒适的，而城市除外——绝大部分城市很小也很不规则，他记忆最深的是俄国的道路，很粗糙，坎坷不平，坑坑洼洼，脏里吧唧的，处处都透着一种大粪的臭味。农民脸上都有一副凶恶的野兽相。他非常看重地图上俄里数字所表示的空间的打动人心的力量，那地图就挂在他的书房里，此外还令他感动不已的是人口的数量：五千万人口。当他在俄国时，这个数字和空间让他吓了一跳。在欧洲他特别喜欢谈论这一点，而一谈到这个话题，有时候连他自己也会被吓到。

阅读、教养和长期在敌对的女人和父亲中间度过的宫廷生活，使他养成了精细的品质，思维的模棱两可，闪烁其词，对人性格的深入了解，以及善于利用偶然性事件的能力。他能敏锐地感知威胁或是有益于政权的一切征兆。虽然对政治问题他所知不多，辨析不清，但由于处在欧洲事务的核心，他似乎把整个国家都租给斯佩兰斯基来经营似的。必须把自己所有的时间都用来研究欧洲的必要性并向他提出了许多之前尚一无所知的问题，任何想要使统治变得体面或看起来体面的愿望，都意味着要很好地研究这类问题。斯佩兰斯基身为神父的儿子受过特殊的教育，因而恰好对研究此类问题情有独钟。他善于进行逻辑的思考，也善于提出问题。他有处理公文的特殊才华。

神父之子的谦虚，以及他那一口流利的口才，周密审慎的礼貌恭敬，加上超越常人的热爱劳动的精神，都令他感到很高兴，但近来他却积攒了许多相反的证据。这些证据是斯佩兰斯基那些政敌们提供的，而且具有相当高程度的可信度。除此之外，斯佩兰斯基本就是一个能力超群的人才。拿破仑曾经把自己的一幅肖像赠给他，这种过分亲密的举动甚至带有一定的侮辱性，因为这位神父的儿子之所以因出众而被遴选，正是由于他谦虚贤明的品格。他以两个签名加强了斯佩兰斯基的命令的分量，这两份圣旨都旨在反对达官显贵们的无知愚昧。他对自己青年时代的好友斯特罗加诺夫的建议记忆犹新，他丝毫也不犹豫地主张签署命令，向贵族阶层征税。

命令颁布后从四面八方传来的载道之怨声——对此，斯佩兰斯基曾经警告过他——令他害怕了。蒂尔西特协议令贵族阶层怒火填膺，苛捐杂税令他们怒不可遏。波兰人在维尔诺向他抛出了谤文，其胆大妄为飞扬跋扈到了闻所未闻的地步，和拿破仑的战争已成势在必行了。他并不是一个勇敢者，但近五年他一直生活在战争中，但却无论如何也无法适应战场血腥的厮杀、尸积如山、战场的恶臭。有一次在战事进行中他居然哭了鼻子，像个女人似的哭哭啼啼。如今他毫不怀疑如果战争打响的话，挨揍的将是俄国人，到那时他的统治便自然会垮台。他开始怀疑国务秘书的忠诚度，这秘书完全可以背叛他，利用战争这个机会建立新的国家秩序。他和拿破仑的友谊以及作为部长对拿破仑的崇拜，都是人所共知的。根据各方面来的情报可以看出，他不时地会提高政权的可信度，所有这一切都是危险的征兆。来自秘密办公厅的桑格连已经监视斯佩兰斯基的家半年之久了。皇帝把其父忠实的仆人阿拉克切耶夫召到身边，此人心地单纯，没受过教育，也是贵族出身，在谈话中总是自称

"忠实的奴隶"。这种老式的忠诚令他感动不已。在和斯佩兰斯基谈话时，他总觉得自己说的每句话，似乎都和欧洲人说的一般无二，以致关于所有问题，只要他签字了，就会在下一期《莫尼特尔》的一篇文章中大获赞赏。这的确是一种声望，可这一切预示着很大的危险，同样也令人反感。而对他本人来说，按照他的信念，这样做既无必要也很有害。有时候斯佩兰斯基以其见解的突然性和忠诚度令他感到吃惊，于是他又会怀疑，伤心和嫉妒。

阿拉克切耶夫不懂法语，但却懂得炮兵射击和前线打仗的艺术——在后一个领域里他们是两个无私的竞争对手。周围的人们或者和他一样知道他的父亲是被杀害的，或者是曾经亲自参与过谋杀的。只有阿拉克切耶夫是父亲唯一忠实的仆人，和他的友谊证实并且也抵消了弑父之罪。和阿拉克切耶夫谈话，他觉得是和自己的老叔、和父亲的仆人谈话一样的感觉，觉得自己都年轻了似的。

他的父亲被谋杀和自己的统治时期很快就要满10年了。他的身材和体形变得臃肿了，肚子也大了，他不得不系上弹性束腰宽带了，他的脸色也变得越来越煞白了。就其出身而言，他是个德国人，但在旅行中他的脸失去了特点，就像那些世界闻名的演员一样。他脸上只有那种微笑和白色的脂肪还是德国人的。

他忧郁而又散漫地看着自己那些小弟弟们，莫斯科人的议论他心知肚明。每个弟弟都在窥伺时机，等待着一举取他而代之。他曾经失去两个还在婴儿期的女儿。一位英国御医起意想要安慰他：皇上还很年轻，将来还有继承人的。他仔细地盯着那位英国人，陷入了沉思。

"不不，我的朋友，"他对御医说，"神祇不爱我的孩子。"

得知这一点的德国先生说皇帝不愿意有孩子，因为不想拥有提前到

256

来的皇位继承人，而现在他本人就是无可争议的皇位继承人。

他的小弟弟们令他枕席不安。他自己也知道也许这只是他个人的疑心罢了，但却总是模糊朦胧地预感到危险的临近。尤其令他感到奇怪的是母亲在近两年冬季的行为：她竟然带着她的孩子们从就近的巴甫洛夫斯克搬迁到早已被人忘记的加特齐纳。宫中女官沃尔康斯卡娅不久前说过，皇后摒除了儿子们身边所有的伙伴们，特别是那些最能引逗他们开心的人。母亲女友的儿子小别肯道尔夫就是这样被摒除掉的。皇帝自己很难也无法对自己周围的人进行了解和监视，而母亲却像一头母虎一般呵护着自己的虎崽子。打断这层关系或减弱这层关系的唯一办法，就是把他们迁出加特齐纳，迁到自己的宫殿里，根据童年时代的回忆，他对加特齐纳从小就十分害怕。他甚至都物色好了给他们安排的房间和住处。宫殿内新的厢房过去曾经住过他的妹妹，现在都空着。妹妹们都出嫁了，走了。但必须寻找一个借口，不然的话母亲无论如何也不会同意的。这时发生了一件事，对这件事周围人都在议论，而他打听到的情况是这样的：已经年满14岁的尼古拉大公，把自己的老师阿德龙格给咬了。阿德龙格教他伦理学和拉丁语。大臣们告诉皇帝说，被伦理学折磨得烦闷无聊之极的大公，走到阿德龙格身边，假装和他亲密的样子，在他肩膀上狠狠地咬了一口，还狠狠地踩了他的脚。他还找了个借口——是教训教训他。弟弟们野蛮的风习简直令人无法容忍。他随口对斯佩兰斯基说了自己想要开办一所特殊的教学机构的想法。

3

要接见客人的部长连忙穿上正装。他喜欢也善于着正装，从小就是一个爱好穿扮的人。浅灰色燕尾服，白色的袜子，他这是在模仿英国人的时髦。

他下了楼，穿过女眷的住处，来到客厅。客厅很宽敞，四面墙边都摆满了家具，沿窗户摆着一罐罐的花。

这里的任何东西都不会令人想到这是一个国务活动家的家。窗下立着一株正开着花的茶树，淡淡的幽香弥漫了整个房间。一张封闭的办公桌放在这里已经两年了，里面锁着一项重大举措的计划，对这个设想，部长还不曾向任何人透露，决心等自己将来得以摆脱各类琐事之后，专心致志地干好这件事。这是一部哲理和日常生活风习类长篇小说的创作计划：《一家之父》。杂事总也干不完，计划也就一直期待去实现。这是他心里的一个秘密和一个真挚的希望。他私下里认为自己是一个天生适合从事文学工作的人。

第一个到来的是伊利切夫斯基。此人曾和部长在亚历山大罗夫中等师范学校坐过同一条板凳。不久前他才想起自己这位老同学，于是便任命他为托木斯克省长。在波尔塔瓦中等师范学校教授修辞学的这位老同学，特意前来表示感激和感谢的。

此人个头高大，肩膀却很窄，头发发白，脸色白净，一双浅灰色狡猾的眼睛。在中等师范学校人们给他的绰号是"蜡烛"，管他叫"帕捷尔·达米阿努斯"。部长已经五年没见过他了。

看样子老同学很胆怯，一双眼睛炯炯闪烁。

"万分尊贵的父亲。"他带着北方口音，狡猾而又恭顺地盯着斯佩兰斯基，恭恭敬敬地对斯佩兰斯基说道，并用眼神询问自己和他保持怎样的关系合适。

"你好，达米安。"斯佩兰斯基回答道。他以他的回答告诉对方，自己并未忘记中等师范学校那段时光，而且对老朋友还记忆犹新。在中等师范学校期间，这两个人都曾是优秀学生。当时大家公认伊利切夫斯基在诗歌创作和修辞学方面是大拿，而斯佩兰斯基则在演说术和哲学方面首屈一指。在待人接物、礼貌礼节、委婉话风等艺术方面，二人却又是竞争对手。老校长称他们两个是"阳光"，因为他们像"阳光一样，往往都会从手中漏下去"。

可是，伊利切夫斯基却被贪婪之心攫夺了。尽管他的眼睫毛是低垂着的，但他仍然早就把房间里的一切看了个一清二楚。屋内摆设的简朴显然令他有几分吃惊。圆桌上方银制的枝型吊灯吸引了他的注意力。朋友在生活方面早已远远地超过了他。

"你兄弟科兹马和妈妈有信吗?"他问部长，"他们生活得怎么样?"

"很健康，谢谢。"斯佩兰斯基答道。

斯佩兰斯基的弟弟是一个县里的神父，而母亲则是个烤圣饼的女人，独居于一个小镇上。

忠实于自己的法则——把亲近者分散到帝国各个地方以便收集情报，从这些情报中嗣后总能产生新的重大成果，为此部长任命伊利切夫斯基担任托木斯克的省长。由于此人比较自私，因此部长今天准备和他谈谈如何在西伯利亚根除贿赂和高利贷的问题。

另外两个客人很快也到了——萨姆波尔斯基①老人和他的女婿马林诺夫斯基。部长飞快而又深深地给老头鞠了一躬。萨姆波尔斯基老人从童年时代就是斯佩兰斯基的恩人，部长的夫人和她的母亲就是这位老人把他们从伦敦带回来的，因为老人曾经为了布道而在伦敦当过神父。嗣后老人还当过当时曾是皇位继承人的亚历山大的忏悔神父，此后还在匈

---

① 指安德烈·阿法纳西耶维奇·萨姆波尔斯基（1732—1815）。——译注

牙利他的妹妹那里待过。老人到过许多地方，如今独居，在宫中拥有很大影响力。

就其外貌而言老人丝毫也不像一位俄国神父，他脸上刮得干干净净，说英语。他的女婿马林诺夫斯基瘦骨伶仃，笔杆条直，衣服上所有的扣子都扣得整整齐齐，脸色红润，眼睛炯炯有神，略有几根白发，煞像一个英国人。他在伦敦生活过多年，伦敦是他最喜爱的城市，在他身上打下了不可磨灭的烙印。他搀着耄耋之年的老丈人进的屋。

斯佩兰斯基打铃吩咐上茶，茶是英国式的——即刻当下，就在桌前。弗朗茨·伊万尼奇也来了。

这次谈话是半公开半公事公办式的，部长喜欢这种谈话方式，因为他作为一个演说家和雄辩家可以引导谈话，在这方面他堪称大师。萨姆波尔斯基老人对宫中的一切都耳熟能详。他从不直截了当地提任何问题，也不直截了当地追问答案，斯佩兰斯基善于了解他需要了解的一切信息。马林诺夫斯基是老人的女婿和一个忠诚的人，但伊利切夫斯基今天却是个多余人。部长在引导谈话的进行。他边笑着边回忆在中等师范学校时，伊利切夫斯基如何在牌戏中赢了他的往事。

"但对我来说早年苏兹达尔那些雄辩家们更要我的命，他们一来就玩'敲鼻子'。修辞学有一次差点儿气歪我的鼻子。"

马林诺夫斯基笑了笑，伊利切夫斯基精神稍稍一振。

"我早就不玩牌了，"斯佩兰斯基说道，"因为我发现玩牌很容易生气，而且很容易让赢我的人成为敌人。在我的地位上这很危险。但我承认我有时候很惋惜。《旧约》里的亚当很强壮。"

他带着同样的笑容，中间不加任何停顿地对萨姆波尔斯基说：

"就这样，似乎受过文职教育的人理应如此。"

从各个方面，通过形形色色的各类人等，斯佩兰斯基力求对大公的教育是文职教育，而非军事教育，受过此类教育的人可以为贵族阶层提供榜样，从而得以进入高校。这样一来，引起如此大风波和喧嚣仇恨的关于考试的法令，也就成为必不可少和十分必要的了。萨姆波尔斯基对他的意图了如指掌，并深切同情。

要准备入大学考试，大公们可以在任何一所中等学校进行。这就可以使他们免除参与宫廷内部的钩心斗角，飞短流长，无事生非，这对大家都有好处。"特殊寄宿学校"正是这样一个教学机构。

伊利切夫斯基恭顺地端坐着。这里的人都是自己人，只不过都比来自波尔塔瓦的诗歌教授要略高一点。他的眼睛灼灼有神，他入神地用手指拨弄着银制枝型烛台的底座。斯佩兰斯基察觉后微微一笑。他突然谈起西伯利亚根深蒂固的高利贷贿赂公行的事，别斯捷尔总督坐镇首都对那里实行遥控，而奇迹总归要发生，总有一天，你会发现西伯利亚已经不在原地了，它被抢夺一空了。

"这不，如今我们只能指望达米安了。让他先在托木斯克实施整顿，然后再推广到……"

伊利切夫斯基挪开了抚摸枝型烛台的手。

"手下没人呀，安德烈·阿法纳西耶维奇，除了手头这一小撮人以外，再也没有人了。"斯佩兰斯基对萨姆波尔斯基说，"老人陆续都凋零了，新人凡是诚实的，说话都没人听。万物之初始于话语，可我们的官吏至今连一句完整的话也不会说。"

这是他喜欢的谈话和抱怨。或许该用整个体制的力量来整顿、贯彻、思考和有序化。法律理应协调而又严格地贯彻执行。扩张了帝国疆域的将军们，不仅未能创造一种被视为管理之焦点的均衡，反而成为帝国的敌人，因为他们不明白什么是秩序和法制。可是，国家缺乏低级管理层官员，而且善于理解体制的助手也早就告缺。

"我们缺乏一种共同的精神。"马林诺夫斯基忽然开口说道。

斯佩兰斯基满意地看了他一眼。他懂得他的思路。

他半闭着那双中国人似的圆咕噜的眼睛开口说道，就好像对周围的一切都视而不见似的，宽大的前额光溜溜的。他说起来毫不停顿，小声而又平稳，他的交谈者像是入迷一般望着他。在这场绝对要求所有交谈者都保持静默的谈话最后，在他头脑里必定会产生新的想法，法律的条款，新的使命和机构，但看起来与这场谈话并无显著关系。他年轻时代曾经做过布道，而如今也和从前一样，他对他头脑里想象出来的完善和谐景象感到十分愉悦。

办公室是他习惯的谈话地点。他瞥了一眼英国式座钟和钟上嘀嘀嗒嗒不紧不慢、按照机械的、他无法理解的法则行走的、透过玻璃门能够看见的钟上的秒针，他的确需要秒针，它和这些围绕着他的沉默的交谈者一样，都是他必不可少的。

部长说话时也知道这里的任何人都不会打断他说话。他对自己言语的力量心知肚明，并且也在宫中尝试过。皇帝从不打断他的发言，而且到谈话终结时，看上去似乎已经被他说服了，对他的所有建议都同意了，可部长刚一离开，这种逻辑就轰然解体——沙皇被他的谈话搞得心情沉重，过后就忘了。

部长谈到他所需要的人手，谈到这些人的性格，他也在思考皇帝。我们需要的究竟是感情炽烈的人还是懂得规则的人呢？表面上看，似乎善良的心地比什么都更重要。可是，是谁说的，感情丰富的人往往会想：这是一个不遵守法则的人。感情丰富的人犹如一部机器，对自己的工作流程一无所知，只会按照盲目的，由教育启动的习惯运行。

卡拉姆津那些女读者们是无法理解这些道理的。

窗外是一片寂静。20 年前，患有抑郁症的波将金曾经在这里休息，烦躁时他会咬指甲或摔碎贵重的花瓶。此刻周围是一片寂静——小女儿和她那位爱唠叨的奶奶躲在后面的屋子里。最不爱说话的、对这种谈话已经习惯离开的弗朗茨·伊万诺维奇，坐在旁边。座钟喑哑而又不紧不慢地敲了 11 下，搅乱了部长的思路。

于是，他急忙比预想更早地结束谈话：他需要一个本质上善良的人，需要理智，需要一个服从感性和为其既定的规则的人。没有这样的人就不会有稳定的秩序。理性应当像如今的习惯那样用来教育人。习惯在即教导人们如何搞好家庭生活，但习惯却无法教会人以理智。贵族在家里有的只是淫荡，而在教会人士那里只有无知。

伊利切夫斯基的眼睛发亮了。这位老年的中等师范学校的哲学家和雄辩家回忆起了校长和代表的布道词。他摩挲了一下小胡子，像在中等师范学校时那样说道：

"仁慈的父亲！理性只是部分的考量，而只有美德之士才能获得完整的知识。"

"是啊，"他的前同学说道。"la vertu est un element，peut-etre，le plus rare。①"中等师范学校用的语词"美德之士"在法语译文中忽然有了雅各宾党人的意味。

伊利切夫斯基在向斯佩兰斯基诉苦。他的儿子奥洛夏正在长个儿，孩子头脑非常敏捷，想象力相当出色，写东西写得非常好，非常快，诗

---

① 法语：美德或许是一种罕见的品质。——译注

写得非常棒，还没有语法错误。可现在上大学又有点早，而上中等师范学校又不合适，因为他的爱好属于文职类的，而非宗教信仰类的。把他带到托木斯克去，一定会毁了他的才华。

这番诉苦来得再合适不过了。

斯佩兰斯基连忙高高兴兴地给予回答：

"本城有好多优秀的法语学校，英语学校柯林斯，法国人的缪拉尔特、德布阿，而如果不想去法国人的学校，就可以再等等看。也许我们能找到个合适的。达米安，总之肯定能给你的奥洛夏找一个合适的学校的。"

托木斯克的省长很快就告辞了，他和斯佩兰斯基像从前那样道别，说的是拉丁语：

"Pax t'ecum. Ave. ①"

斯佩兰斯基却把萨姆波尔斯基老头子和马林诺夫斯基留了下来。门刚一关上，他就小声说起刚才他只部分想到的而忽然又开始整体的一个想法。

如果把大公们送进大学学习，就得及早培养他们。要想让他们及早戒除队列操和贵族的生活习惯，把他们从那些溜须拍马之徒手中解脱出来，对他们进行严格的教育，就应该专门为他们设立一所特殊的中等学校，关于这个机构的名称，他已经部分地想好了，他在阅读普鲁塔克时忽然想到一个体面的名称，不如就叫法政学校或吕克昂②。这所法政学校，伯爵及其他学生都可以上。到时候从这些学生中一定会产生国家各

---

① 拉丁语：再见，愿主与你同在。——译注
② 亚里士多德于公元前 335 年创办的古希腊哲学学校。——译注

个重要部门未来的工作人员。

这是一个新型的事业。

萨姆波尔斯基表示怀疑，沙皇究竟愿不愿意这么办，而最主要的，是特维尔那个妹妹是什么意见。马林诺夫斯基对后一个问题非常关心。他的脸也因此而变得红扑扑的。关于所需人员问题，新人问题，以及教育新人的方法问题，这是他近五年来一直在研究的问题，当然他研究的还有好多其他问题。他比斯佩兰斯基大六岁，在工作岗位上已经工作了30年，因此总是能凭借嗅觉考虑新的位置和新人。他是莫斯科慈善委员会的奠基人，也是劳动者之家的主席。他本人从青年时代起就是个新人，在英国传道待了三年，并且在那里娶了萨姆波尔斯基的女儿。伦敦生活的经历给他打下了深刻的烙印。他终其一生都煞像一个英国人，并且说英语像英国人那样流利。可是，当说到最动人的时候，才搞明白，他是教会人士。他在英国研究了一种对于俄国全新的产业——纺织工厂——并且对纺织工业对于俄国的益处深信不疑。随后还在土耳其管理过外交事务，懂得土耳其语，还曾把《圣经》从欧洲语言译成俄语。但他一直致力于成为政治活动家。住在英格兰时，他得出一个坚定的信念，即俄国政府是一个专制贵族政府，或地主领主达官显贵的政府，人民处于最底层，受到迷信和无知愚昧、奴役和酗酒的压迫。奴役制既毁掉了奴隶也毁掉了主人，应当把代表们聚集起来，拟定新的法律，创造一种新的为俄国所缺乏的精神。只是现在他青年时代的理想才趋近于实现——如果不知餍足的波拿巴不妨碍的话。此外还有一重障碍：那些老朽官员们都已经腐化堕落，秘书们公然受贿，当官的懒惰奢华成性。我们必须做的，不光是要毫不留情地彻底改变官吏阶层，而且还有创造新人。为什么一切要从少年开始抓？我们无法单纯选拔优秀人才——俄国面临的仍然是同样一种灾难：偶然性和庇护。假如没有机遇和庇护——遵守教规者就不会产生，而既然有机遇和庇护，也就难免有坏蛋留下来，全部困难端在于此。

斯佩兰斯基对他的问题连一个也没有回答。实际上，到底该如何创造新的人才呢？但他只是微微一笑，就好像诸如此类的问题和怀疑他早已经有了答案似的。

部长手里即刻便出现了一沓纸和铅笔，一言不发的弗朗茨·伊万尼奇立刻把铅笔削得尖尖的。一份特殊法政学校的蓝图很快就拟定好了。新的中等师范学校应当起一个古代法政学校的名称，更确切地说，应当叫吕克昂，即亚里士多德在游玩时，由他的学生们所创办的雅典郊外学院门廊上写的那几个字。国家要人的新人中应当在与家务家庭家族彻底隔离的状态下产生，年轻人要从社会各个阶层进行选拔，对他们的生活习惯和最初的知识要进行考核。他们应当构成一个社会团体，在写字桌和服装方面，和古代的吕克昂没有任何差别，教学用俄语进行，学生的生活方式和相互关系应当贯彻完全平等的原则。马林诺夫斯基所说的集体精神就是这样形成的。学生永远都不会出现在宫廷，宫廷想要把这所中等师范学校搬到宫殿里去，但课要在学校里上，不然的话人心就散了，纪律就松弛了，御前侍卫和宫中侍役总管们的生活习惯只会败坏新的人种。学生也许只有穿着家庭的服饰才可以在宫廷里露面——为的是和伯爵们进行自由和私人间的游戏。不含任何鄙俗气息的同学之间的情谊应当是神圣的。人数吗？成绩优秀者应当和总人数成反比，年轻人总共只要 10 人，无论如何不多于 15 人。学生的年龄就按尼古拉和米哈伊尔大公的年龄比齐。学生学习历史、地理、逻辑学、雄辩术、数学、物理和化学、抽象概念体系、自然法和民法、民俗学后，逐渐从一门学科转向另一门学科，并通过自己的努力学习掌握全部科目。任何人都不会给学生详尽无遗地进行讲解，而只能用问题激发他们的求知欲，从而培养他们的能力。而受到同龄人精神感染的大公们，会随着时间的迁移而具有美德，即使在才能方面没有进展也罢。因为在这一过程中，已经可以听到自然的声音，可以把才气吹进本来不具有才气的人心里，部长认为这不是不可能的。国家未来的命运就取决于他们。那些染有不良习性的学生会在学校教育中得到矫正。学生不会像所有那些弟兄们一样，不会因为父亲的遗产问题而轻易发火和愤怒，就像如今的恺撒一样，也不会有虚假伪善和背信弃义。学生从这所学校毕业以后，头脑清明而又开放理性，绝没有他们父辈身上那种因循守旧的习惯，从而得以更好地为国家和祖国服务。因为这些年轻人聪明而又正直，能够洞悉国家的思想和理念，从而得以保卫这个行将衰老的国家。国家政治生活中的重要岗位都将由他们来继承。

"到那时会不会有体罚呢？"马林诺夫斯基忽然小心翼翼地提了一个问题。

看起来他是个实干家，而实干家的品质恰好是斯佩兰斯基所十分喜欢的。

"不会有的，瓦西里·费多洛维奇，"他简要地回答道，"这既非为了贵族的自由，也不是因为体罚带有侮辱性，使受体罚者终生抱屈。我们很走运：为了大公们，藤条被废止了。"

但是，还有一件重要的事情——挑选教师的问题。

适于教导这些新人才的人又在哪儿呢？外国人都很冷漠，很遥远，他们无法理解许多事情。有什么必要永远处于监护中呢？即使没有外国人也未见得就找不到：用母语应当什么都能教。不妨就让马林诺夫斯基当教师好了，今天就是他拥护为新人才和新的教学机构搞个浸礼盒的。在此之前就连部长也没想到过这个问题，这个想法是突然蹦出来的。

"关于您的事情我和马尔蒂诺夫谈一谈，问题就会解决的。"

马林诺夫斯基恭敬地表示了感谢。年轻的库尼岑或许更配得上他来培养吧？

库尼岑是特维尔一个中学教师，他的命运斯佩兰斯基曾经有过参与。他在海德堡和哥廷根学习已经是第三年了，据传言，学业成绩十分优异。他在那里学习哲学和法律，前不久刚刚回国。

"库尼岑人不错。"

于是记下来库尼岑的名字。

矮个儿的萨姆波尔斯基挪坐到比较舒适的皮安乐椅上，一动不动地坐着。他那张瘦瘦的脸上平静无波。他睡着了。

时间已经到了深夜。马林诺夫斯基小心翼翼地把老头子从安乐椅上扶起来，就好像从摇篮里抱婴儿似的。他把老人包裹在毛茸茸的大衣里，小心翼翼地扶着坐上马车。部长把他的教师一直送到大门口。

一条黑影在对面的塔夫里达花园里闪了一下，消失不见了。或许是个夜间的酒徒正在回家，抑或是个强盗正在伺机作案。但也可能是个暗探？不过大门很坚固，门闩也很牢靠。

部长返回家。弗朗茨·伊万尼奇他已经打发睡觉去了。旁边那间屋里睡着他最亲爱的——女儿——和她那位爱唠唠叨叨，凶恶的老太婆，是一个带有预兆性的梦给他带来的，意在身体力行地昭示：对女人生活安排不好会有怎样的后果。他迈着毫无声息的大步在屋里来回走动，走在绒绒的地毯上，周围一片静谧。只有他一个人还在办公室，只有他一个人还精神饱满，意气风发。渐渐地灵感消逝了。他给风纪监督员增加了一个条款，即每四个人就必须有一位风纪监督员。放荡会毁了这所崭新的教学机构的。风纪监督员应该本着同一个计划采取行动，应该对主要领导部门做汇报和总结。对学生总是与否应当取决于学生的学习成绩，为的是杜绝宠儿和暗探的出现，就像当年在他那所中等师范学校里一样。不久以前，就在这张桌子前，曾经就坐着这样一个人物——伊利切夫斯基。他可千万别在托木斯克犯事儿：达米安这人很贪。他的儿子倒是可以送进这所学校——也许比他父亲强。最主要的任务，是不要让设立新的教学机构的方案落到教育部长拉祖莫夫斯基——他的死敌——的手里。他决定就此问题公开请示皇上。

他把新的蓝图放进特殊事务文件夹里，开始阅读和修改早晨刚刚写成的给皇上的呈文。他的脸色渐渐变了。能对亚历山大产生作用的，是毫不掩饰的恭维、百分之百的无边无涯的奉承，而对谈者与此同时却似乎融化于无形了，像雪人似的化了，忽然之间就不存在了似的。脸色煞白的他扭转了这种风气：总是在不必要的地方插话，对皇上说："皇上！"或是"天底下最仁慈的皇上！"他管这称之为恭维奉承话。他一边润色手稿，一边欣赏自己清晰而又简洁的笔迹。他之所以写得一笔好字全赖他有个好的开端。

写完呈文，他长长地呼了一口气，活动着手指，走进窗前。波将金的城堡掩映在死气沉沉的树木中间，显得暗哑而又空旷。波将金当年也曾是莫斯科大学的学生，一度因为懒惰和不听课而被退学，是一个才华和罪孽都非同一般的人物。

他在窗前站了一会儿，观察着周围的一切。

他忽然缓缓地笑了一笑，笑得牙床都露出来了。

"全都是我，全都是我一个人干的，格里高利伯爵，"他笑着小声嘀咕道，"你就别费力寻找了吧。"

4

他们站在窗前，而皇帝和往常一样，当他想要注意聆听时，就把手掌贴近耳朵。

大公们将在一个和俄国各个阶层的孩子们完全平等的环境下接受教育，毕业后同样都可以进入大学读书。为了实现这一方案，斯佩兰斯基提议任命马林诺夫斯基为校长，他有丰富的教学经验，并推荐年轻的哥廷根学者，他本人也认识的库尼岑为教授。

实话说，此时的皇帝本人对所有这一套方案，还没有形成任何个人的看法，但他却已经能清晰地想象母后将会如何震惊和愤怒。他们就站在他办公室的窗前。他的卧室在宽敞的叶卡捷琳娜宫里有着一种轻柔的色彩。他希望屋里的一切陈设都能简朴，甚至稍稍显得有些慵懒也无妨，但千万不要亚洲式的大红大绿五光十色，后者是叶卡捷琳娜所喜欢的。屋里没有把丝绸混搭起来，荷兰式的壁炉，印度的花瓶，金子不多，只保留最必要的物件。和非常奢华的拿破仑的宫殿不同，亚历山大皇帝在一切方面都追求线条的简单，空旷的空间和蔚蓝色的天空。他就是穿衣服也很简朴：在所有的军服里，他为自己挑选了一套带有银色纽扣的黑色制服。老太婆专门为他建造了一座特殊的宫殿，但他不喜欢，根据某些回忆材料，他更喜欢庞大而又古老的旧宫殿，住在那里面他会觉得自己很年轻。

他觉得林荫道上走着的，是要塞司令的女儿，一个美丽的尤物。他刚才在听部长汇报时吹着口哨，时不时地眯缝着眼睛望一眼窗外。他总是稍稍显得炫耀地夸大自己眼睛近视的程度。他的眼神如谜一样深邃。

他的耳朵稍稍有点儿聋。即使他不像今天这么精神涣散，反正许多汇报也会被他疏漏掉。把弟弟们都送进大学，从而得以让他们远离军队这个想法，他朦胧中觉得很喜欢，但与此同时又觉得有些荒谬。

斯佩兰斯基特别坚持的一点是，千万不要把新开办的教学机构交给教育部办，因为这是一个特殊机构，因而要求特殊的监管和审核。拉祖莫夫斯基和斯佩兰斯基一直都是对手。皇帝答应不把草创蓝图交给拉祖莫夫斯基。在和斯佩兰斯基谈到孩子或是家庭时，他总是会觉得有一种优越感，因而对他总是不自觉地有些居高临下。部长谈到孩子们时总是带有一种感情：如今这个世道喜欢流泪也成了一种时髦。斯佩兰斯基的家庭生活占据着他的身心，所以，关于自己的家庭，他总是无论巨细都一清二楚。部长是个鳏夫，住的是个小房子，非常喜爱女儿，等等。所有这些都不算什么，也是亚历山大所喜欢的。与此同时，这些特点也足以在亚历山大身上唤醒优越感。唯一能引起亚历山大某种尊敬感的是这样一个传言，说部长和他已故夫人的妹妹关系很近。

透过窗户可以看见老花园的远景，可以看得很远。卫戍司令的女儿几乎还只是一个小女孩，玫瑰色的脸蛋，却从那次以后再未出现过。他提议斯佩兰斯基去看看新的厢房，却突然真的眯缝起了眼睛：他似乎觉得在他周围部长那张中国式的看不出喜怒哀乐的脸上，隐隐显出一丝笑意。他皱紧眉头于是看见：其实并无什么笑意。在斯佩兰斯基的脸上，和往常一样，看不出什么表情，如果硬要说什么表情的话，毋宁说这是一种谄媚逢迎的表情。

雪已经开始融化了，宫中内侍帮皇帝穿上厚厚的棉花制服。宫殿墙上的狮子也张开了大嘴——这是上个世纪人们的口味，如今看起来十分荒谬。看见沙皇黑色的制服和旁边部长的大衣，沿着宫殿墙边排列的哨兵无声地挺直了身板。皇帝看了哨兵一眼，不由得在心里品评着他端正的姿势是否标准。空气清冷，他不觉缩紧了脖子。

斯佩兰斯基看了厢房觉得很满意，但要求扩建一系列附属建筑。

厢房坐落在一个非常醒目的地方，很便于监视学生，于是，关于兄弟们的教育问题便这样定下来了。

关于这所未来的寄宿学校，皇帝脑子里的概念还很模糊。他说，他兄弟的那些同学们，一周内可以一到两次骑马去彼得堡。可是，一个马车夫从皇村到彼得堡须付 25 卢布。显然，他认为，来自各个阶层的学生们应当有马骑，或者需要知道雇一个马车夫会花多少钱。对此，部长并未反驳。他从不会用一些细小的考量麻烦皇帝。

然而，在公众女官的厢房里却乱成一团——几颗女人的脑袋刚一出现在窗口，便又倏忽不见了。当沙皇带着部长回来时，他们两个看见沃尔孔斯卡娅老太太带着年轻的侄女，两人都行起了半跪礼。皇帝听见自己身后通常有的小声嘀咕："notre ange。"① 他痛恨这种小声嘀咕，但却不知道假如自己没听见的话究竟该怎么应对。他放走了斯佩兰斯基走进自己的办公室。他还想在园子里继续走走，他希望能够偶然见到那位卫戍司令，那司令的女儿是个天生的尤物。

宫中侍役总管递过来一个托盘，盘子里放着一封信。他飞快地读了信，信是母亲寄来的。在信里她总是用第三人称指代自己，如同过去在普鲁士宫廷里对臣下说话的惯例。一周后便是父亲去世的周年纪念日，母亲很固执，事先已经提醒过他一次，生怕他忘了或是记不得这个日子。如今这个日子已经成了母亲永久的纪念日，而对他来说却是一个不

_____

① 法语：我们的天使。——译注

堪回首的日子。彼得保罗要塞在进行永无止境的祈祷法事。母亲高高地站在父亲的坟墓旁边，而他和其他人则在下面站立。这就像是一场话剧，对他来说是不堪忍受的，就好像是当众对他的一次羞辱。

母亲的这种提醒显得很粗鲁。

在园子里散步并且和卫戍司令相遇看来是不可能的了。他气得脸色煞白，巨大的下巴也颤抖了起来。他双泪横流而这是一种生理现象：泪水如冰雹一样砸在他胸前。流泪之后他觉得轻松些了，但他克制着自己，于是脸色越发煞白。宫中仆役总管站在那儿等着吩咐。

他呼吸声粗重起来。他用有点儿喑哑的嗓音突然磕磕巴巴地问道：

"又嗅鼻烟了吗?"

他狠狠地掐了仆人一把，靴子腾腾地踩着。地面，双脚突然变得似乎沉重了，他走了几步路，躺倒在安乐椅上。

眼泪又一次夺眶而出。

仆人们把靴子从他脚上拽下来，放松了弹性束腰宽带，肥白的肚子解脱了束缚，呼吸也变得轻快了。他看着仆人那长有几根金发的白白的头顶，心绪渐渐平静了下来。

过了五分钟，一切都过去了。他重新把握住了自己。他把沃尔康斯基叫来，平静地下了一道道指令。随后他把公文包交给拉祖莫夫斯基部长，公文包里躺着特殊寄宿学校的建设蓝图，应当对斯佩兰斯基实施检验。寄宿学校规划中"各个阶层"这个词组显得如此大胆，却又是那么理智。

5

接到新——又一个新的举措！——教学机构规划草图的老拉祖莫夫

斯基，起初并未对它给予多少关注。恰好此时他有些抑郁，女儿、仆人和官员们都对他的抑郁非常担心。

去年，为了让他履行教育部长这个闲差而把他从莫斯科招来，迄今还没有接待过任何人，因为他一直忙于豪华住宅的建设工程，同时对莫斯科的住宅依依不舍。在莫斯科，在豌豆宫，他有一座货真价实的老爷豪华住宅，全是用整块的橡树方木建造的，光园子就有四俄里见方，池塘里还有罕见的鱼。他当时就住在如画般的美景、书籍和鲜花的包围和簇拥中，赶跑了妻子，儿子也囚禁在了什利谢尔堡要塞里，不放任何人进来，甚至连亲戚也不例外。他生活在骄傲和孤独中，恐吓着忙忙碌碌的莫斯科。人们都在传说伯爵残酷的性格。

作为一个放牛的牧人之子，拉祖莫夫斯基却很快就成为俄国第一位达官显贵，但他并不拥有一个仆人、官员。他喜欢鲜花。在莫斯科近郊的戈连卡，他在自己的园子里种满了鲜花。从国外来的园艺师在园子里培育了新的植物品种，称其为"拉祖莫夫斯卡娅"。原来就是刺柏，细小的叶子，绿莹莹的，带有奇妙的尖刺。秋天刺柏会挂满熟透了的野果，伯爵对这些植物具有一种父母般的情怀，给这种植物起了他的名字，而没有给女儿起。温室里一条小甬道的两边种了满满两排"拉祖莫夫斯卡娅"，而且故意把植株搞得很密，灌木丛的尖刺喜欢钩客人的衣服。老头子笑了，他觉得这很好玩。当皇帝在莫斯科时，他曾向皇帝推荐了这种玩法。老头一口流利的法语令亚历山大很开心——老侯爵式的口音和模样，几乎全吃荤不吃素的饮食习惯，把玩着夹鼻眼镜的瘦骨伶仃的双手，稍稍驼背而又十分灵活的身板，以及他那在从未见识过南方歌手的人眼里煞像侯爵时的身材。就这样，拉祖莫夫斯基被任命为部长。

迁居到彼得堡后，他建造和改建了自己的豪宅，买了丰坦卡街上的一块地和巨大的园子，园子位于奥布霍夫和谢苗诺夫桥之间，却从未到过部机关。他很怀念戈连卡，因此只有建造新的豪宅和园林才能使他开心。要找他只能通过唯一一个人——约瑟夫·德·梅斯捷尔——子虚乌有的撒丁国王的使者。老头子和他常常把自己关在自己的图书馆里，里面连一本俄文书也没有，一连几小时地聆听一个热情洋溢的法国人讲话，偶尔小声打断他一下。到这个图书馆的人，会有一个老仆人递上一杯黑咖啡——老头子在时髦玩意儿中顶不喜欢"巧克力"这个暴发户，也是在这里，在一尊中国式的瓷罐子里，栽种着他喜爱的"拉祖莫夫斯卡娅"。

　　只是过来几天后，他才注意到皇帝寄来的一个公文：特殊寄宿学校规划蓝图。名称中的"特殊"二字令他吃了一惊。他想起这里指的是年轻的大公们，于是连忙打发人把约瑟夫·德·梅斯捷尔请来。他们关起门来密谈。伯爵的抑郁症尚未痊愈，对戈连卡的怀恋，手头缺乏心爱的书籍，部分书尚未从莫斯科搬运过来，以及他本来就很不喜欢的彼得堡的外观更是令他心情沉重。然而他却对寄宿学校的计划方案突然感起兴趣了：他本人一度也曾在位于瓦西里岛第10条的特殊游戏"学院"受过教育，这所学校当时只有几个学生，曾经受到旧宫廷的极度关注，称其为"10条学院"。

　　"寄宿学校"这个名称他很不喜欢。这令他想起自己如此出乎意料的一去不复返的、并且一下子就被老年所取代的青年时代。曾经在巴黎也有一个寄宿学校名噪一时——女子学院，是国王和达尔图阿伯爵两个人给予庇护的。马蒙泰尔和拉加尔普在那所学校教文学，孔多塞教数学。一些巴黎最美丽的太太们把约会定在那所学校，政变以后一切都被取消了，相当一部分教授和女职员的脑袋都掉了。

约瑟夫·德·梅斯捷尔不吭气，只是感到惊奇。他笑了一笑：伯爵回忆起了一首歌唱寄宿学校的巴黎歌曲，便小声哼唱起来：

La，tout le beau sexe s'amuse

Du carre de Ihypothenuse

Et de Newton. ①

他也正是因此才喜欢拉祖莫夫斯基的。当他们坐在他的温室或图书馆里，法兰西生活风习就依然在俄国这个达官显贵的密室里继续：不曾有过政变，也不曾有过可恶的波拿巴。他熟悉拉祖莫夫斯基的家谱：但没有必要。因为这位仍然是像儿童一般残忍，有学问而又非常轻浮的侯爵。

约瑟夫·德·梅斯捷尔边回忆边哼唱着：

Voulez-vous savoir la chimie，

Approfondir Iastronomie. ②

他们在谈话。约瑟夫·德·梅斯捷尔是一个在宫廷充满流言蜚语的诗人，宫中的人称呼人都只叫外号。纳雷什金的夫人是皇帝的情妇，而他却是一个"幸福的丈夫"。这个法国人称斯佩兰斯基是"你们那位雅

---

① 法语：美丽的女性在这里游玩/直角三角形的立方/和牛顿。——译注
② 法语：难道您不想弄懂化学吗/难道您不想深化您的天文学知识吗？——译注

各宾党人"，部长也跟在他后面称他是"我们的雅各宾党人"。渐渐地部长的面目被抹黑了，只要一提到神父的儿子他就反感得要命。

"所有哲学中等师范学校学生的外貌，"他说，"都有某种古风，但难道你不觉得他们身上都缺乏树木的美德——沉默如金——的品质吗？"

当约瑟夫·德·梅斯捷尔离开时，"拉祖莫夫斯卡娅"尖利的刺钩住了他的袖口。他们两个又大笑起来——法国人这次笑带点强制性：而约瑟夫·德·梅斯捷尔伯爵却是在心疼自己的制服。

两周后特殊寄宿学校规划草案被拟订修改好了。部长还在草案后面附了一张斯佩兰斯基的草图，是别人寄给他的，此外就是自己的一份报告，以及约瑟夫·德·梅斯捷尔的一个详尽无遗的笔录。在新近作家群里，就这种形式掌握的程度而言，任何人都无法与之相比——此即朋友私信的形式。

接受计划草案后，皇帝立即着手阅读。他喜欢阅读，而且对语言熹微精妙的地方颇能体察。他对具有很大诱惑力的罗曼史不感兴趣，把草案从头到尾读了一遍，有些地方尤其是不允许的地方，他用铅笔勾了并且做了记号。与此相仿，某些哲学家颇能引起他的愉悦感来。是这个时代迫使他成为一个懂礼貌的人，他大谈教育与美德，这一点上他和欧洲那些国王们别无二致。在刚刚签署的办校宣言中，总是会谈到俄罗斯人民，东正教战斗精神，公民的美德和俄国崇高的使命。他连读都没读就签署了这份文件。因此，那些敢于否定他由于名号所系而不得不对之加以宣扬的东西——俄国的伟大，对所有俄罗斯风物的热爱等——的哲学家，都令他感到分外愉悦。

拉祖莫夫斯基完全认同约瑟夫·德·梅斯捷尔的思想，后者敢于起而反对用理性的方法和广泛的知识加以论证的理性和知识。俄罗斯人是否生来就是求知的？他们尚未用任何论据证实这一点。罗马人是彻底的无知愚昧之徒，他们没有过伟大的画家、雕塑家和数学家，但他们都曾是伟大的战士。西塞罗称阿基米德渺小可怜微不足道，知识和理性作为新制度的推行者，使人一般来说不适于从事伟大的事业，鄙视别人的意见，批判政权。知识对于俄国来说是不必要的，国家骂学校，而学校空无人烟。学校是一个任何人都不会旅游的国家最好的旅馆。在学校里，人们会往青少年的大脑里灌输多余科目的一大堆废物，其中对于青年人的大脑最有害的，是体系性叙事和抽象概念史。

法国的国家体制在于引进唯物主义。青年一代应当了解一点：人所创造的神祇在社会上使得政府成为必要的，而服从政府成为一种必然。其他一切能够过早唤醒哲学思维的，甚至是由那些具有良好愿望的人所阐述的学说，都具有很大危险性。在法国此类研究所产生的后果，人们可以说是耳熟能详。

接下来，自然科学史同样也毫无益处。拥有好姓氏的年轻人都同意这样一句说法，宁愿参与三个坏团伙打六次仗，也不愿意学习化学。化学是空洞无物的科学。对于俄国这样一个具有强烈好战精神的国度来说，科学不仅无益，而且还有害。科学能剥夺人们的勇气。优秀的教育家都是神父，当然了，是指非俄罗斯的和半文盲的神父阶层。新的教育机构应当按照耶稣会士的创举为典范来创办，青少年不应当与外部世界有任何联系。他们应当生活在一个孤岛上。青少年应当既灵活又听话。监管人应当一刻不停地对他们实施监管，严格的沉默法则应当统治所有的地方。夜里学生们每人睡一个单间，好避免不必要的交往。通往集体宿舍的门都是玻璃的。集体宿舍本身要从四面八方照亮。一个可靠的保安要在集体宿舍周围彻夜巡逻直到早晨，保证少年们的平安，就像保护病人的安宁那样。每隔15天出台一次给予成绩优异者的以示鼓励的小十字架，有点儿像弗拉基米尔和安娜勋章，但用普通金属制作。

他翻了一页，翻到拉祖莫夫斯基的笔录，读到了技术学校的宗旨这一条——本校旨在培养来自俄国最为显赫姓氏家族子弟担任国家最重要的岗位职责。计划草案后面还附有斯佩兰斯基的草图。第一条是关于担任最重要岗位和来自各阶层青少年的。在一张特别的纸上写了马林诺夫斯基和库里岑的名字。

皇帝心情激动地读完约瑟夫·德·梅斯捷尔用清晰的笔记工工整整抄写的这一页。他用铅笔勾掉了他特别喜欢的有关青少年睡觉地方、玻璃门以及夜间执勤那一段。厢房里搞一个游廊就足以解决这些问题了。腐化堕落在任何情况下都是不能允许的。他对弟弟康斯坦丁所耽迷的、每次读书前都要哈哈手气擦擦手的愚蠢的习惯感到厌恶。他喜欢未知的烟云，喜欢一切笼罩在模糊和朦胧烟云下的一切。有时候他会列举其国家某些涉及反道德行为的法律：吸引他的不光有涉及法律的规定本身，而且还有这样一条，即在所有调皮捣蛋行为中，想象力是一个法则，对其的研究是受到尊崇的。显然，智性的愉悦是只有那些优选者才得以问津的一种愉悦：对此种愉悦而言，他那位头脑简单性格朴拙的弟弟康斯坦丁是无缘问津的。谈到小十字架那段文字，令他笑了一笑给画掉了。法国人不懂得俄国人的习俗：弗拉基米尔和安娜勋章笃定会在所有女性倾慕者中，惹出一场轩然大波来。那些臭小子们便会挑衅打斗，会故意破坏纪律。他读完开头的两封信，在办公室里走了几步，走出白色大厅，然后又走回来，为的是延长心中的愉悦感和快意，推迟阅读文件的时间。接着，仍然还是为了同一个目的，他下了楼，把双手背在身后在园子里散起步来。副官在几步开外跟随着他，但皇帝不愿意和他说话交谈。他只是偶尔断断续续发表几条意见,对此,那位年轻人便会恭恭敬敬地用长句子来加以回答。

"空气很新鲜。"

"是啊,阁下,春天早就该来了,可不知怎么还是没来。"

"有风。"

"是啊,阁下明鉴,从一大早起就吹着劲风,也许傍晚时分会变得暖和一点吧。"

他喜欢这种无特定话题的谈话。

将军站得笔挺笔挺的:看见皇帝来了,他把整个身子都朝皇帝倾斜了过去,并且和往常一样幸运地得到了皇帝的拥抱。两人开始了一场谈话,这种谈话两人都喜欢,谈话中贯穿着叹息,忽然展现的微笑以及意味深长的沉默。阿拉克切耶夫凝然不动眼睛一眨不眨地望着皇帝,他的眼神十分晦暗,枯黄的脸上露出悲戚的神色。一种隐秘的忧伤时时刻刻压迫着这位简单朴实、神色严峻、干练实在的炮兵司令。对这位司令,你可以在一切方面完全信赖他——这和有时候会引得他本人也涕泪滂沱的忧伤是一样的吗?皇帝为能有机会安抚这位将军而感到特别高兴。在他们两人的谈话中,间隙发生得越来越多——这是精神疲惫的征象——当皇帝用毫无意义的目光久久地凝视着前方时。每逢这种时刻,阿拉克切耶夫重要的是保持沉默,就好像他原本就知道沉默有着非同寻常的意义。间歇过后,两人都笑了起来。

皇帝为将军翻译了约瑟夫·德·梅斯捷尔笔录中的几句话。这位法国人对于数学的反应忽然引起了阿拉克切耶夫的警觉。

"不不,老兄,阁下,"他沉吟了片刻,突然用尖细的带有鼻音的嗓音说道,"没有地理学是无法教会人们筑城学的,而没有图纸是弄不懂炮兵的。只有文官才不需要懂得这些。"

将军认为文职官员最重要的美德是不要妨碍或是妨害军事行动和军纪，但他明白培养此类人才的重要性。

但这位将军却觉得自然科学史和历史是不必要的。

"关于自然你想得越少，睡得越甜。至于历史——好在有神祇保佑。"

两人都笑了起来。

"老兄，阁下，"阿拉克切耶夫忽然变得柔情万丈地用歌唱般的语调说道，"我是几块铜板铸造成的，如果培养年轻人是为了重要的国务岗位的话，那我们该选拔谁好呢？只有善人才是忠实的仆人。虽穷，但可靠。我就是这么认为的。"

皇帝点了点头。在和斯佩兰斯基谈话时，有着广袤空间的国家只是欧洲极其巨大的一部分，而在与阿拉克切耶夫的谈话中，国家却成了他的巨大封地和领地，那里有许多忠实和不忠实的仆人。

"至于体罚，我认为，应当取消。"

阿拉克切耶夫此时挠了挠前额。

"要不，"他狡猾地说，"那些大公们还都是些少年郎，假如他们亲眼看见别人怎么受体罚，自己就会往好了学。"

在这个问题上皇帝没有让步，他摇着脑袋，但神色显然变得欢快了起来。

两人很快就开始懂行地研究其寄宿学校的校服样式来，列举了各种色彩，关键是不要与军队的色彩混淆，还要让人看了舒服，最后敲定了早已被废止的老立陶宛鞑靼团的制服颜色：单排扣的长外衣、深蓝色带红色立领和红色翻袖口的制服。领子上带两个襻儿：低年级的是银色绣花，高年级的是金色绣花。

皇帝勾掉了拉祖莫夫斯基计划草案里关于"必须是声名显赫的贵族姓氏"这句话，而在斯佩兰斯基的笔录里勾掉了关于"所有阶层"这句话，然后大笔一挥签了字，但未署名，这意味着读过并赞许。

对伯爵们的教育应当只限于在寄宿学校里，而这种学校在权力方面和大学是平等的。学生从贵族出身的少年中选拔。人数不少于 20 人，不多于 50 人。每个学生都分给一个单间，有特殊编号。

校长任命四等文官马林诺夫斯基担任，寄宿学校的校舍责令立即进行翻修。

此件尚待皇后批准。

6

皇后－母后这个夏天住在巴甫洛夫斯克，在皇村对面，规模适量而不算大，来人探望也容易。其父亲的品位就是这样，一切方面都和女人的品位相反。

皇帝弯下腰来让两个弟弟亲吻。干瘦苗条，穿一身军服被绷得像一只高脚杯似的尼古拉，用嘶哑的嗓音致了欢迎词。皇帝无不惊奇地望了他一眼：他长高了。母亲和往常一样，在宫人、随从和一群德国老女人的簇拥下接见了他：老太太李文和贝肯多尔夫一成不变地永远陪伴在他身边，就像女保镖似的。母亲衣着和父亲在时一样，穿着厚厚的高跟鞋，身板笔直，像哨兵一样。她头上戴一顶高筒直礼帽，上面插着一根鸵鸟毛，光溜溜的脖子上戴着项链，左肩上一个黑色蝴蝶结，蝴蝶结上有一个马耳他白色十字架。她穿一件和她的年龄不相符的高腰裙子，带有皱褶的小袖口，胖乎乎的手上戴着细羊皮手套，一直套到肘部以上。

她身上的衣扣都系得紧紧的，很快地，口齿不清、发音不纯正地，差点儿没捯过气来地说完欢迎词。

旧宫是新宫的政敌，来自皇村和有关政变的传言在这里很有市场。不过，关于这一切，皇帝都心知肚明。

按惯例在院子里的散步就长达一个多小时，园里的一切和无多大内容的闲聊都令人想起父亲。他担心地时不时地偷着瞅一眼他的弟弟们，很快就胆子大了起来。他们在湖边分了手，于是弟弟们之间的谈话声立刻大了起来。和他们走在一起的教师拉姆兹多尔夫是个身体孱弱的德国人，皱纹满脸，就像埃尔米塔什的老太太的雕像。看样子这些雕像根本就没有留意他的存在。另外一个男伴身体虚弱，但看上去要比他聪明也固执得多。

母亲和老太太们在和皇帝交谈，竭力想要引起他注意，而他则仔细谛听着。他耳朵有点儿聋，谈话他听不清，只能听见弟弟们的说话声。

在谈话中尼古拉几次打断弟弟的话，他的声音很尖锐，说到忘乎所以的地步时，他竟然突如其来地大声而又粗野地笑了起来。看样子米哈伊尔显得很委屈，说话的声音带着哭腔，好像马上就要哭出来了似的。老太太李文忽然脸红了，跑到前面去，气喘吁吁地、急剧地打断他的话。皇帝听见她对弟弟们语速飞快地用德语说了几句什么话，浑然忘记了礼节要求在此场合下说法语，弟弟们断断续续而又任性地回答了她。

弟弟们全都没有受过教育，都很粗野。

母亲依然迈着慢吞吞的小碎步走着，父亲活着时，每逢出席正式场合，她都是这样一种步态。

不远处走着一位宫廷少年侍从，扛着一把普通的椅子，椅子上有一个草编的垫子——这是一把只供皇后坐的椅子——从开始执政起，她就一直保留这样一个习惯：这样一种毫无品位的简朴当时正是一种时髦。皇后肥胖，习惯坐草垫。他们在池塘边歇下来，皇帝坐长椅，皇后坐自己随身带的椅子。母子俩欣赏着被朝霞映红的湖水。太阳下去了。已经对特定的情感有了某种习惯的皇后，在巴甫洛夫斯克时总爱欣赏落日和朝阳景观，和从前自己住在这里是一样。而在加特齐纳，令她联想更多的，却是丈夫尚武和勇敢的习性，于是，她也像丈夫那样射击那些被猎人直接朝她驱赶而来的兔子。

当圆形大厅里高高的铁制烛台上的油脂蜡烛被点亮时，公众女官中那位最年轻的，坐在拨弦古钢琴前。宫廷少年侍从在其身边伺候着。突然，她头也不回地向后伸出一只手，只见那个宫中少年侍从连忙把一把扇子递在她手中，和他的父亲当年对他那样。油脂蜡烛发出嗞嗞响，冒出了一缕缕的烟，火苗跳跃。皇帝提议尼古拉和他一起打台球，这可是示好的表示呀。台球是儿童用的，规格要小一轮，是专门为大公们制作的，而球本身则是皇后亲自打磨出来的，她善于也喜欢打磨骨头做的球。老李文为了恭维她，说在整个俄国只有两个皇室家族从事这种艺术：彼得大帝和她。皇帝身上有弱点，对此两宫中人都知道：在所有游戏中他都喜欢占上风。拉姆兹多尔夫把身子附向大公，以便警告他这一点。可是尼古拉性情急躁而又相当用力地把老头子推开了。

游戏开始了。尼古拉准头很好，而皇帝却像故意似的，输掉了一球又一球。随从们开始关注这两个游戏者，渐渐地所有人全都屏息静气。入迷的尼古拉绕着台球桌飞跑，一边瞄准一边大声笑，但每发必中。他的两颊绯红，看得出来，他的想象力已经被彻底激发出来了。皇后最担心的就是皇位继承人身上的这种特点：和他父亲一样，他也忘乎所以了。打出一个幸运的反弹后，尼古拉高呼道：

"Hourra!"①

皇帝做了一个不得不如此的样子。他突然放下台球杆，中断了游戏。

在丈夫在世时习惯于在这种游戏中诚实不作伪的皇后，看起来开始有些担心了。不过，话说回来，谈话仍在继续进行。皇帝问拉姆兹多尔夫，弟弟们学习怎么样，最近一次作文练习是以什么为题的。皇后对教师使了个眼色。教师回答说成绩表明他们正在变好，最后一次练习题目是"和平优于战争的好处是什么"。皇帝表示赞许地点点头。他看着已经平静下来的尼古拉问，关于这个重大问题，他写了什么意见。坐在那儿的皇后脸上没有了笑容，明显不满地听着他们的对答，却并不参与他们的谈话。

老头子拉姆兹多尔夫沉吟了一会儿，忽然回答道：

"没什么。"

皇帝默默地看了他一眼，又看看弟弟，忽然转身，走了，就好像从未提过这个问题似的。而皇后脸上红扑扑的，立刻把身边的人都打发走。

的确，对于男伴给出的、拉姆兹多尔夫刚才提到的那篇作文的题目，大公在笔记本上什么也没写，没写一行字，一个字，以此表现了一个少年人的执拗和任性。皇帝的不满实在是太明显了。

只剩下了母子二人。

皇帝眼皮都不抬地问母亲，她是否认为在对其儿子们的教养和教育中，有必要实行某种改良了呢。他提请其关注正在叶卡捷琳娜皇后宫开

---

① 法语：棒极了！——译注

285

办的一个新的教学机构——寄宿中学——他亲自担任该校的庇护人。校长他想任命现担任弟弟们男伴的格林卡。她对此又什么意见？最后这个想法皇帝是在散步时突然想到的。所有这一切都是因为，他补充道，偶然性是无法预见的，也是未知的，谁将最终站在最后一层台阶上还未可逆料。

他追加了后一句话，是因为他不相信她。关于继承人的问题他总是绕过母后。比他只小两岁的弟弟康斯坦丁，是一个不懂得节制的家伙，他喜欢他，可母亲却嫉恨他。使母亲宽慰的一个想法是，王位的继承人最好任命尼古拉。他还知道母亲暗中希望能活过他。只须暗示一下，说他可能会任命尼古拉为继承人，就足以抚慰她了。可实际上他并不打算这么做，无论如何在最近的将来他不打算这么做。

说到此处他抬起了眼睛。母亲脸红红地坐着，就连肩背上也充了血，她压低眉毛看着他，接着垂下头。她呼吸急促。她脸上的表情他十分熟悉的：贪婪、犹豫不决和对他的恐惧。

她气喘吁吁地回答他说，男伴格林卡的优点她知道得很清楚，他很有学问，人也谦虚，但她却认为没必要中断他业已开始的对大公们的教育。

过了几分钟，皇帝就离开了巴甫洛夫斯克宫。

为了教育和培养大公们而开办的寄宿学校，马上就要开张了，虽然大公们现在仍然还在皇后身边。

1811 年 1 月颁布了寄宿学校的诏旨。

7

在向莫斯科新娘市场运送姑娘们的同时，一些贵族子弟们被送到彼得堡来学习。

时过境迁了。父亲们忽然明白了，这些小鸟儿们如果没有在彼得堡受教育的经历，就会出不了门，就会被人遗忘，就会被人超越，到那时非但不可能把他们留在身边，而且留在身边还会产生危险，就和从前那些纨绔子弟那样。没有受过教育休想有个人前程。尽管所有人都不清楚将学习什么科目，但这并不重要。只有某些实在太老的达官显贵们照旧采取原有的方式在国外教育子弟。

关于开办寄宿学校的法令激起了父母们的希望和自尊心。

尤其是那些仕途受阻或中断的父辈们，尤其热衷于这一理念。

在彼得三世失势以后立刻堕入衰落、终于爬到极其高尚的训练少校职称的戈尔什金的儿子，八等文官，托木斯克宗教事务省长，其领地早在其出生时就已拍卖了的留里克维奇伯爵，保罗在临终前将其调到身边但也未能因此而获得提升的前巴甫洛夫斯克长官，所有这些人都开始紧密张罗把自己的子弟送进这所学校。根据苦涩的经验大家都知道，必须有人从中庇护，没有强有力的靠山，这事终究没戏。于是大家纷纷开始开发人脉和关系。

第二章

他刚一醒过来，就只穿着内衣跑到窗前。窗下是骏黑深邃的沟渠，沟渠有着光滑的河床，周围都是石头和墙壁。朋友们为瓦西里·里沃维奇在莫伊卡河边的杰穆特旅馆租了三间房，都很阴暗。现在，在较大那间屋里，住着叔叔，旁边是亚历山大的屋，后面那间黑暗的小屋带有隔断，是阿努什卡住的。隔断后面是厨师和室内男仆住的。床很沉重，窗户上的窗帘很密实。

在阿努什卡的侧屋里喝饱了茶后，他急急忙忙出门，连她嘱咐的话也顾不上听。

"千万别迷路，亚历山大·谢尔盖耶维奇老爷。"

叔叔还在睡觉。可丫鬟们已经聚集在走廊里，一个没戴头巾，另一些稍稍穿扮了一些，戴着包发帽，还有几个睡眼惺忪的仆人，整个房间里挤满了人。

他出了楼门走上沿河的石板路，他不知道这条路的名字，除了他们暂住的莫伊卡外，这座陌生城市的外观令他惊奇，和莫斯科没有一点相像之处。没有宽阔的林荫道，没有躲藏在绿荫中的庄园，没有每到春天便盛开丁香花的胡同，也没有赋予莫斯科街道以大车店模样的大门，更没有其墙根土台上蹲坐着莫斯科乞丐和破衣烂衫穷人的大大小小的教堂。在一条长得看不见尽头的街上，他看见两三个拉丁式教堂，更像是普普通通的楼房，而不像教堂。这就是谢尔盖·里沃维奇说过的涅瓦大街，卫士扛着明晃晃的大斧在巡逻。他转了个弯儿，沿着一个方形的广场走下去，看见条空荡荡的河——像一条沟渠，河床衬砌着大理石。他沿着此时宽阔无人的滨河路走下去，越走越远，最后，终于走过桥。前面是低矮的房屋，这里是最贫穷的地方，看起来，这个贫民窟比莫斯科的更加可怕也更加触目惊心。桥边站着一个人，穿着破破烂烂的衬衣，透过家织粗麻布的衣服窟窿能看见其身体，赤裸着细瘦的双脚，脸上漠然无任何表情。

他往更远处走去，但却没有迷路。他不向任何人问路，随着路的走向转弯。这里没有莫斯科式的小胡同：街道直直的，花园，石头，河。涅瓦大街上走着几辆四轮轻便马车。人明显多了起来。

叔叔早就起床了，他很生气：亚历山大居然说都不说一声，不知去了什么地方。他开始理解谢尔盖·里沃维奇了，他实在无力对付这个家族的野蛮习性了。他嘀咕了几句，开始向侄子解释彼得堡是怎样的一座城市。

"你如果往左转，就会走到一条特别像伦敦的邦德街的街，不过，这条街还应该更长一点才是。还有，如果你来到一条街，既看不见它的头，也看不见它的尾的话，那么，我的朋友，这就是涅瓦大街了。哎，夏园就是夏天的园子，你自己也猜想得到。等你不再嘀咕你的规则了，走了也就差不多半个小时了。但你就不要再走了，大中午不要在外边走——皇上一般都在这个时候散步。也不要走得太远，因为这会迷路。要想不迷路，就得常问路：杰穆托夫酒馆。是个人都能告诉你在哪儿。"

叔叔瓦西里·里沃维奇对他说过街道的事儿，此刻他已经走在街道上了，而且，看起来他对这些街道熟悉的程度，不亚于叔叔。

瓦西里·里沃维奇睡了好长时间，一直睡到午后，随后就出门不知去了哪儿。夜里很晚他才回来，那时亚历山大已经睡着了。可亚历山大白天在城里逛够了，直到逛饿了才回到家。就这样在最初的几天里两个人差不多都没有相互见过面。叔叔恢复了自己过去的关系：去拜访了达斯科夫、勃鲁多夫家，朋友们争先恐后地邀请他做客，不是吃午饭，就是去吃晚饭。文学战争也在火热进行中，他的事情多得要命。而侄儿应该重复自己的全部规则，复习所有这些算术和语法，以便能应付父亲一辈的耶稣会士们所提的问题。瓦西里·里沃维奇在吃饭时向朋友们告了那些耶稣会士们一状：

"如果预先就要求学生们具备一定的学养，像所有那些圣父们通常所做的那样的话，ces reverends peres,① 那样的话要他们还有什么用？可怜的孩子们已经被那些科学折磨得够苦的了。我这次来把侄儿带来了，他很有灵气也很有求知欲，可到这里非但无法满足他的求知欲，还不得不复习这些运算规则。让那些圣父们都见鬼去吧！"

瓦西里·里沃维奇一有机会就喜欢吹毛求疵，为的是弘扬彼得堡自由卫士的荣誉。不过，他只是没有机会，也不愿意检查侄儿的水平。有一次他在侄儿的桌上发现一本伏尔泰的赞美诗和庇隆的长诗，起初感到吃惊，继而读得放不下了，于是把书拿到自己屋里，甚至都忘了告诉亚历山大一声。

过了两天谁都说不出瓦西里·里沃维奇拿走的那些书在哪里：窗台

---

① 　法语：那些神圣的教士。——译注

和地板上，到处扔的都是书。对手的书叔叔是不会用剪刀剪的，而是用叉子叉，像是开膛破肚，而亚历山大立刻就认了出来：这几本书就是乱堆在地板上的。叔叔瓦西里·里沃维奇一直以文学斗争为生活的养料。无怪乎希什科夫以其瓦良格－罗斯式的口气挑逗他说：叔叔在冲向战场。

有一天深夜，亚历山大醒来了：听见旁边那屋有人悄悄地发出呼哧呼哧声，呼噜呼噜声，呻吟声。他蹑手蹑脚地走到门口。叔叔只穿件衬衫坐在板凳上，地板上放着一只燃着的蜡烛，被光照亮的他的手里端着一本书，瘪瘪的肚子一起一伏。他看了吃惊的亚历山大一眼，继续笑个不停。最后，他用手帕擦了擦额头，叹了口气，对亚历山大说：

两匹马！

他朗读道：

是谁在那里驾驭着双轮马车奔驰，

骑在敏捷的两匹骏马身上？

"两匹马就是一对儿"，他最后做了解释，"这用的是人家的语言，而用瓦良族罗斯人时代的语言，意味着一对儿。例如，他们的弹唱诗人，他们的希赫马托夫公，这个浑身是毛的小丑，这样写道：两匹马。这是精神病院，是烟草，我的朋友。半夜的黎明！"

大伯向四面八方吐着唾沫。

他把整首诗给亚历山大读了一遍：

除了"两匹马"外，令他感到伤心的是，此诗中连一点值得他留意的东西也找不到。

"无聊，"他说，"多么无聊！这就是所谓的弹唱诗人！这种弹唱诗人最好的地方是阁楼上！阁楼才是他应该待的地方。"

令亚历山大惊奇的是，大伯居然也会说脏话。他又从地板上捡起一本书，是希什科夫的词典。

"打响嗝，"大伯读了头一句，忽然发火道，"瞧！这是把广场和酒馆里的脏话往诗歌里拽呀！而所有这些做法都受到鼓励！还能印成书！这个老家伙是在组建自己的喽啰和团伙吧。这个酒馆里的小鬼！这才是他所谓'座谈'的实质！这得让所有人都知道！什么才是真正精致的品位呢！想一想都觉得可怕！"

"仁慈的先生们，你们称我是'为品味而奋斗的斗士'，"他嚷道。"是的，我是一个品位斗士。但你用的词太荒谬，太下流，是魔鬼的语词。但从今往后我也开始采用这个词了。我是品位斗士！我生来就这样，死后也如是。"

文学激情使他像是换了个人似的，亚历山大头一次看见他如此激怒。

"指甲——见脚；刀——见脚，"大伯读着希什科夫字典，"裸体——见脚；除了脚还是脚。灰尘——见火药。我为什么看灰尘偏要看火药呢！"

旁边屋里的人同样也没睡着，从简短的说话声和点钱声可以断定，墙那边正在进行牌戏。

"打呼噜——见发出呼哧声。"大伯读着读着摊开了双手。

"在梦里打呼噜是一回事儿，"他对亚历山大说，"在大庭广众中发出呼哧声则是另外一回事。前者是一种不幸的习惯，后者却是教养的标志。由此可见，我偶尔会在睡梦里打呼噜，但压根儿不会当着女人面发出呼哧声。希什科夫所受的教育却是，对他来说，全都无所谓——打呼噜还是发出呼哧声。"

随后他立刻就从"两匹马"的出处的那本书中，读到克雷洛夫一首新的寓言，按照他的观点，写得很粗陋，那种和谐是受到外界排斥的一种：

一根长长的树条，

农夫赶着鹅进城卖！

"Иной——иной——ык——гу——гнал，"[①] 瓦西里·里沃维奇嘟囔道，"这叫什么发音！"

新的寓言以其道义性激起了他强烈的怒火。

"是啊，我们的祖先是拯救了罗马！是的！是的！是的！"大伯嚷道，"而且拯救成功了！而您的，仁慈的先生，却在放鹅！多么显著的差别呀！您和您的寓言离德米特里耶夫远着呢。"

大伯灵心大发。他此时已经不再称呼其对手的名字了：希什科夫是个老家伙和老爷子。在他嘴里一个叫马卡洛夫的被称作马拉科夫或简言之，曰马拉卡。

"《圣经》中的索多玛和疯人院！"说到此处，连他自己也吃了一惊。

他从板凳上跳了起来，忽然记下一个韵脚。他在连自己也未能察觉的情况下，为了捍卫禁止的品位，使用了一些极其强有力的表达法。

在旁边那间屋子里，牌戏结束了——有人透过牙齿吹着口哨，忽然

---

① 这些是瓦西里·里沃维奇认为毫无韵律的俄语发音，没有特殊含义。——译注

又小声嘀咕道：

> 那个被时代召唤来的头发灰白的老头
> 整整一路都在陪伴自己的时代。

大伯突然安静下来了。

他静静地偷听了一会儿，庄严地冲着墙那边对侄儿说：

"沙里科夫，西斯马托夫的歌儿莫非现在没人唱了吗。"

亚历山大听得津津有味。他喜欢这一切——窗外的夜色，大伯的万丈豪情，墙那边的歌声，以及大伯参与其中的文学战争。大伯的文学观点对他来说是无可争议和不容辩驳的，他全身心地站在大伯一边。最后大伯轰然一声倒在床上，打发亚历山大去睡觉，一分钟后，两人就都睡着了。

2

杰穆托夫的房子，一直延伸了三条街，三条街上各种各样的居民，在各条走廊里跑来跑去的女仆们，脸色阴沉的室内男仆们，以及重新敞开的门里突然传来的杯盘叮哐声——所有这一切都在很大程度上吸引着他的注意力，他的眼睛忽然睁开了。根据走廊里一行飞快闪现的窄窄的脚印和匆匆忙忙披上的纱巾，他知道这是有人在约会。沉默寡言地坐在安静角落里的那位外国人，却原来是个小提琴手，每天早晨演奏着同样一首练习曲。这是一个新的世界，丝毫也不像莫斯科，也不像哈利托尼耶夫胡同，没有什么东西令他想起尼基塔打盹儿的那个前厅，父亲的书房，以及他本人在壁炉前长待的那个角落。有一天晚上，他忽然在自己的那堆东西里，发现一包硬硬的蜜糖饼干，是阿琳娜塞进去的，这令他想起阿琳娜，他心里想着阿琳娜把饼干吃了。

瓦西里·里沃维奇对首都很不满意。天气热得他实在受不了，他从早到晚坐在窗前，擦着汗水，吞着柠檬汁儿。一些团队不时会在涅瓦大街上训练队列步法，这让他想起自己从军的时代：黑海战争始终在没有胜败的情况下继续。大伯读了《北方蜜蜂报》并嘀嘀咕咕。只有在巴黎才有化装舞会和旋转木马，是为了庆祝刚刚诞生的罗马国王的，而在其他地方，到处都是除了火灾还是火灾，威苏维火山时不时地有发生喷发的危险。在瓦西里·里沃维奇为了了解最新诗歌动态和时尚而购买的《欧洲博物馆》里，有一篇文章是论述如何为出发进行远征的士兵生产汤粉的，还有一篇文章是哲学方面的：《是否可以把自杀者当作疯子?》。

"当然，可以呀。"瓦西里·里沃维奇吞了一口柠檬汁儿，生气地说。

杰穆托夫门口有人在打架。早晨，瓦西里·里沃维奇命令酒馆仆人给他送一杯——仆人送来了一杯巧克力：主人不肯还空器皿。作为一个名副其实的恶棍，他竭力想要到处抓私心。

大伯骂仆人是傻瓜，并在仆人背后喊道：

"强盗!"

瓦西里·里沃维奇在彼得堡作为一个闻名遐迩的纨绔公子，希望能够更新英国刀具中烫小型发卷的夹子的储备，指甲锉刀，但很快他就得出结论，什么都得不到——由于大陆体系的原因轮船根本就不行驶，于是不得不用卷发纸来替代。这在阿努什卡和仆人那里引起了哄笑，他们一看见戴着卷发纸的老爷要去睡觉，便会四散而逃。瓦西里·里沃维奇在一切方面奴隶般的遵循时尚，购买了一顶带有平面帽身和小帽檐的圆形帽，戴上后使人觉得他的脸是圆圆的。出门散步时，他会不无几分厌恶地把细窄条的卷发纸紧紧绷在头上，再蹬上骠骑兵的靴子。他的两腿和裤子都细溜溜的，锁芯新的时尚放在他身上压根儿就不合适，但在彼得堡人们都是这么穿衣服的。此外时而是玫瑰水不够了，时而染须剂不够了，室内男仆阿列克谢简直快跑断腿了。瓦西里·里沃维奇家的厨艺似乎大大落伍了。如今时尚的是散发着奇特恶臭的奶酪和空心包子。热包子却没蒸够，犹如小说里描写过的那些嗜血的野兽。有许多新菜品是勃莱兹从不知道的。

一大早，还在吃早饭时，大伯就向厨师定制了午餐。勃莱兹嘟囔道：

"好的。随便您。可以放在空气里吹一吹，就成了空心包子了。这个城市里没有温室。热包子欠火这不难办，这里没有什么奥妙。"

他眼望着别处，气狠狠凶巴巴的样子。

老爷严厉地追问了勃莱兹。而勃莱兹最隐秘的自尊是他的厨艺，此时受到了深深的重创。他把勃莱兹带到彼得堡不是无缘无故的：他最危险的对手就被排除了，而勃莱兹最危险的对手就是厨师塔尔季夫，他把法国大使科连库尔的餐桌变成一则神话。沙皇温室里曾经流传着这样一个关于 7 只奇妙无比的梨的故事。两年前，塔尔季夫花了 700 卢布买了这间温室用于给厨房供应食材。沙皇给科连库尔送去了 10 只梨，可路上梨被人偷走后运到了莫斯科。小偷被抓住后送去当兵了，梨也找到了，其中 3 只梨腐烂了，剩下的 7 只梨塔尔季夫花了 700 卢布在彼得堡给买了下来。瓦西里·里沃维奇耸了耸肩膀说，这一切都是科连库尔自己杜撰出来的，他是一个长于搞阴谋的阴谋家，而他的勃莱兹丝毫也不亚于塔尔季夫本人。如今既然科连库尔已经被召回，而瓦西里·里沃维奇又对其厨师塔尔季夫的名望无丝毫同情，所以，便想用勃莱兹谦卑的才华使其彼得堡的友人们小小的吃惊一下。勃莱兹是他亲手缔造的，可是，他发现原来他夸大了勃莱兹厨艺的优点和长处了。他的厨艺已经落伍了，而他却在许多方面与时俱进。有一次他家的午餐被拒绝了，安娜·尼古拉耶芙娜打发人去酒馆买外卖。每天夜里他都疼得直叫唤：胃在折磨他，新菜品于他并不合适，所有菜都撒胡椒面，干巴巴的，或是又薄又酥。口味的法则就是如此，对此是不容分辩的。

很怪就有一条消息令勃莱兹激动不已，城里到处都买不到牡蛎，因为轮船停运了。瓦西里·里沃维奇还在路上时就对亚历山大讲述了国外牡蛎的事情，并且已经在没有实物的情况下教会他如何食用牡蛎：稍稍洒上些柠檬汁儿就可以食用。他的嘴已经因为回忆美食而扭歪了。他还指望在彼得堡的地下室里能找到牡蛎，然而此刻却怎么也找不到牡蛎了。这令瓦西里·里沃维奇怒不可遏。

"涅瓦河干了，comme mon cul①。"有一天早晨他绝望地对亚历山大说，"没有牡蛎了。法国人不让英国人的船进来，而法国人自己又受到了禁令的限制。这就是大陆体系所结下的恶果。我认识拿破仑皇帝，我承认他身上是有许多值得尊重的品质。可这都是次要的。多么可恶呀！"

3

有一天瓦西里·里沃维奇表情怪怪的——这种表情他在父亲脸上也曾见识过——对亚历山大说：

---

① 法语：像我的屁股。——译注

"今天咱们去一趟伊万·伊万诺维奇·德米特里耶夫那里。他告诉家里人说 6－7 点之间他在家。"

他看了一眼侄儿，感到不太满意。

"亚历山大，你可得对他客气一点，得十分客气才行。记住，你的命运就取决于他。"

亚历山大拧着眉毛看着大伯，脸上看不出丝毫客气的迹象来。

瓦西里·里沃维奇几乎转眼间就陷入了绝望和嫉恨：这小家伙满脑袋糨糊，而且事情办得也不顺利。天主教修道院院长尼果尔听说寄宿学校就要关了。屠格涅夫正在到处奔波，跑动，求人，你根本抓不住他的人影。总之在彼得堡每个人都在忙自己的事，对别人的事根本就不想过问，和莫斯科人截然不同。至于寄宿学校那更是想也别想，没有重要人物做后台，想进去门儿也没有。伊万·伊万诺维奇·德米特里耶夫是这个家最早的保护人。文学界的人脉关系，他娶安娜·里沃芙娜妹妹而未遂的婚礼，所有这一切都拉近了他和瓦西里·里沃维奇的关系和距离。他向侄儿解释了事情的现状，重申一句，希望侄儿能非常客气殷勤才是。如果亚历山大能偶然在德米特里耶夫脸上看出作为关心的征象的德米特里耶夫特有的表情的话，那该有多好哇！于是他立刻想象这应该是怎样的一种情形。"别人的解释"太冗长，"时髦的夫人"太诱惑，寓言故事太短小。他从最新出的书里选了两则寓言："公牛与母牛"和"大象与老鼠"，建议侄儿读一读，自己则准备找时间听一听。而亚历山大却仍然拧着眉头看着大伯，看样子一点儿也不急于朗读德米特里耶夫的寓言。大伯等了一会儿只好自己朗读起来。

六点整他们动身去见德米特里耶夫。

德米特里耶夫笑着迎接他们到来。他头发已经花白，但脸色却十分红润，眼睛有点儿斜，眼神带点怀疑的神色。他请求瓦西里·里沃维奇原谅：他分配给友谊的时间不能超过一小时。

"我在这儿住的不是我自己的房，我的家在莫斯科。"他说。说完就开始抱怨，显然他这么抱怨已经不是第一次了——成天就是处理来往信件，发送公文，礼节性地拜访宫廷，不断地给人家投送名片。人人都能剥夺我们的时间，而这些时间我们本来可以过得更有意义一些，或至少会给我们自己带来真挚的欢乐也行呀。这种宫廷学问里有多少繁文缛节呀！

他接待他们时穿的是普普通通的家常衣服，并且一开口自己就说到这一点：

"把我的带星星的肖像授予茹科夫斯基多么丢人！对于公众来说，我又不是什么部长，而是个文学家而已。"

"诗人！"瓦西里·里沃维奇补充道。

"写诗需要时间，"德米特里耶夫说，"红门附近我那座小院子怎么样？"他脸上挂着明显的忧思问了一句，却当即打听其卡拉姆津的近况：身体健康与否，为什么不写信来，是不是一劳永逸地冷淡诗歌了？

"咱们在莫斯科举办的诗歌晚会多么出色呀！"他摇摇脑袋，对瓦西里·里沃维奇感慨道。

他始终都没有注意到亚历山大的存在。

他有意使自己的表述简洁，他对话语的简洁十分关心，他也以说话简洁这一特点著称，因此，他说话和所有人都不一样。他的书房也归置得十分简朴：长长的写字台上一尊皇帝的胸像，角落里一个带着玻璃罩的蒙着眼睛的忒弥斯胸像，墙上一个普通的挂钟，一个书橱，窗边几个插着菊花和蜡树的大罐子——主人喜欢花草。然而，尽管如此，这个书房却很宽敞，甚至可以说太宽敞了，用花缎装饰的糊墙纸和软和的安乐椅都很奢华。德米特里耶夫住的是公家的房子，四面墙上挂的都是大画。其中一幅上描绘的是在昏暗的树林里举行的夜宴，另一幅表现的是某次战役。

"有时候我头脑里会浮现出这样一个念头，即我生来之适合在莫斯科生存，别的地方都不适合我。而在这里有时候你会想要出国去，想要离开俄罗斯。"

瓦西里·里沃维奇立刻抱怨彼得堡的生活：哪里也找不到牡蛎，找不到洗手间，洗手间事情虽小，却是生活必需的。这一切都是因为轮船不通航的缘故。

德米特里耶夫斜着眼仔细地看了他一眼，对他的这番话不置可否。

"是啊，莫斯科，莫斯科。"他重复说，而这次瓦西里·里沃维奇感觉到他这位从前的朋友——正在想着自己的心思的部长，不愿意和他讨论重要的话题。

"你说哪儿有牡蛎呢。"他慌窘地说道。

"我的朋友，"德米特里耶夫最后略带责备地回答说，"您要是在我的故乡，塞兹兰，吃过我们家乡的小鲟鱼，您可能再也不会想什么牡蛎了。"

在塞兹兰他也没待多少年，但午饭后的时间他喜欢沉湎于回忆。可是瓦西里·里沃维奇却无法迫使自己在彼得堡思考塞兹兰。他准备谈一谈"座谈"的事，并且已经开始呼哧发声了，但却未能成功。伊万·伊万诺维奇在所有问题上都和"座谈会"观点相左。一些可笑的令人沮丧的传言传到他耳朵里了：据说在"座谈会"上人们私下里在嘲笑他新出的诗集《我的无所事事》这本书的题目。诗集的名称一度有其特殊的含义，因为卡拉姆津当时出版了诗集《我的无所事事》。把自己的诗集命名为《我的无所事事》，伊万·伊万诺维奇想表明自己的观点与卡拉姆津完全相同，同时也表示了自己的谦虚谨慎态度。不过，传言毕竟需要进行检验，而目前暂时还不能否认"座谈"是礼貌周到的：他们选举伊万·伊万诺维奇作为庇护人，和扎瓦多夫斯基、莫尔德文诺维奇以及拉祖莫夫斯基平起平坐。

"如果就连他们也迷路了的话，"他对瓦西里·里沃维奇说，"那么，应当说他们的目的还是值得尊重的。他们推选卡拉姆津为荣誉会员。"

德米特里耶夫就年龄和地位来说都比他高，此刻，作为卡拉姆津的朋友，他曾经也和杰尔查文友谊甚笃。他在文学界主张和平。

瓦西里·里沃维奇顺便说到伊万·伊万诺维奇新出的寓言《三个旅人》和《大象与老鼠》引起了人们的议论。在莫斯科人们正在贪婪地阅读。尤其是《三个旅人》甚至都不能被称之为寓言，从各方面来看应当是一首长诗。

伊万·伊万诺维奇忽然脸色大变；他的一双斜眼炯炯放光。

"寓言是一种忘恩负义的体裁，无论如何都写不好，"他笑着说，"我们的语言怎么也词不达意。"

"那么《公牛于母牛》呢？《三个旅人》呢？"大伯略带责备地反驳道。

"这的确是寓言，或按您的说法，是长诗，应当算是我最好的诗作之列。"德米特里耶夫漫不经心地说，"看样子莫斯科人还记得我。"

这时瓦西里·里沃维奇说起了克雷洛夫的寓言，说这些寓言的语言别扭，关于道德只字不提——全都是为官方编撰的。

"农夫赶鹅到城里去卖……嘎嘎叫的一群鹅！——Ык-гу-гнал-гугу！"①

德米特里耶夫笑了。

"这里的和谐是模仿所得！这只有在他们'座谈会'人的笔下才可以见到！鹅嘎嘎地叫！"

这时瓦西里·里沃维奇才斗胆说，惊动耄耋之年的加夫里拉·罗曼诺维奇，是希什科夫的罪过。"座谈会"会给他带来多少麻烦，这不难想象！据说每逢他们聚会，喷泉街人车都无法通行。敌视"座谈会"的聚会是在老朽的杰尔查文家里举行，老人为这些聚会提供了他家里的一个很大的客厅。"座谈会"的成员被称为贡献给祭坛的祭品和牺牲，反对派则认为老头子发疯了。

渐渐地德米特里耶夫身上的官气就消失了，看样子他对文学界的赞誉还是很敏感的。

他摇晃着脑袋，怀着深沉的抑郁谈起了自己伟大的朋友：

"现在他正在兹瓦克休养。人也老了。只是有时候唱唱老歌，但精神饱满，精力旺盛。有时还会进宫，哪儿都敢去。正在从事文学批评，还是写颂歌。"他叹了口气，摇着脑袋说。

他用斜眼四下里瞅了瞅，嘀咕道：

"天哪，千万不要让他受二茬罪了！"

大伯最后终于想起自己此行的目的。侄子在他身边成长得很快，记忆力惊人，也是伊万·伊万诺维奇的崇拜者，已经开始胡涂乱抹地写诗了。

---

① 这里是瓦西里·里沃维奇模仿鹅的叫声。——译注

德米特里耶夫头一次认真地看了亚历山大一眼。他看样子似乎不大高兴，小男孩已经开始胡涂乱抹地写诗了——他的眼神变得严峻起来。

"让他还是先学学押韵吧，"他说，"年轻人最好是先读读别人的东西，而不是一上来就写自己的。"

大伯急忙表示，他把自己的侄儿带来，是想把他安排到寄宿学校去读书。

"这个主意我很赞赏。"德米特里耶夫说。他瞅了一眼钟表，"这毕竟是机构。总算开始用母语教孩子们了！不然的话哪儿都找不到几个善于用母语写作的人！"

大伯心惊胆战地听着钟表嘀嗒声，犹豫不决，不敢打断朋友的话。

"不过米哈伊尔·米哈伊洛维奇·斯佩兰斯基和阿列克谢·吉利洛维奇是同意了的，"德米特里耶夫说，"我也渐渐地想要创办一些教学设备齐全的法律中学，在什么地方都行。没有许可证我是不会允许司法稽查官到法庭奔走的。我们已经过了愚蠢的学徒期了。"

他身上文学和作家的细胞忽然消失不见了，任何人也不会认为半个小时前这里的人还在讨论诗歌的事情。

最后，瓦西里·里沃维奇直截了当请求他介绍侄子入学。

已经晚上七点了。

伊万·伊万诺维奇斜着眼郑重其事地盯着这位少年郎。少年郎头发卷曲，脸色稍稍有些发黑，眼珠滴溜溜的。他身上可看不出有什么求知欲。

"我说说吧，"部长一边起身一边说，"我和阿列克谢·吉利洛维奇伯爵见面时说一说。可这人现在变得那么笨重臃肿，不近人情，滑头滑脑的，连我都说不上什么时候能见到他。"

他朝客人们笑了一笑，用硬邦邦的像木头一样的手掌拍拍亚历山大的脑袋，送他们出门。

走出门外，大伯四下里打量了一番，评价部长住的这条街道：

"好阴暗的地方。"

彼得堡在他眼里是个他不认识的庞大而又陌生的城市。大伯很生亚历山大的气。侄子不爱与人交往，身上稍稍有些野性。在准备去见德米特里耶夫时，瓦西里·里沃维奇对于这次会面的想象可是和这完全不一样的。

一切都进行得很顺利，而分手却很冷淡。

亚历山大忽然问杰尔查文住在哪儿。

"在那儿，"大伯一挥手回答道，"在喷泉街。加尔诺夫斯基家旁边。房子很好，可据说老头子已经老得不成样儿了。戴着包发帽在院子里走来走去，像个老太太，穿着带条纹的睡袍。整个一个鞑靼人的穆尔扎。像个小鬼似的鼻音很重地嘟囔着赞美诗。"

他们沉默了好久。随后大伯欢快了起来，对亚历山大说：

"随它去吧，这个寄宿学校。咱不去寄宿学校了，咱去找那些耶稣会士吧。你看见过他们的校舍吧？他们的建筑物很漂亮。至于关于三个旅人的寓言，无论你怎么说，也还是一则很普通的寓言，绝对不是什么长诗。"

4

最后，屠格涅夫终于出现了。他一直忙得脚不沾地。他一边用手帕挥赶着苍蝇，一边轰然倒在安乐椅上，说他本来邀请了尼果尔院长来家里坐坐，以便介绍他和瓦西里·里沃维奇认识，向他推荐一个他未来的学生的，可几天前情况突然变了：尼果尔院长突然关闭了自己的修道院。他忽然生了一种奇特的流行病，这种病把许多学生都给撂倒了。院长大人对彼得堡很不满意，而彼得堡也对院长很不满意。斯佩兰斯基总是和他作对，而拉祖莫夫斯基是支持他的。他那所寄宿学校的骨干教师、耶稣会士谢普塔沃神父，死了。尼果尔绝望地去了奥德萨他的朋友里舍里耶那儿。耶稣会士们取代了那里原来的嘉布遣小兄弟会修士和方济各会修士以及加尔默罗会修士。戈利岑认为这是一件好事，而对于他亚历山大·伊万诺维奇来说，却无所谓，而且他也看不出有什么特殊理由要赶走那些加尔默罗会修士。他们这些修士们对于建设克里米亚来说都是有用的人才。尼果尔院长想要开办一所新的寄宿学校，想把其在奥德萨的学校也叫寄宿学校，可是耶稣会士同事们马上就要被驱赶出去了。总而言之，安排亚历山大入学的时机实在是太不走运了：稍等上半年一年的，一切问题就都不存在了。

瓦西里·里沃维奇惊呆了。他分辨不出耶稣会士修士和嘉布遣小兄弟会修士的区别，而且也和克里米亚没任何关系。新的寄宿学校和奥德萨寄宿学校把他给搞糊涂了。他听明白的只有一点：就是他想把亚历山大安排进去的尼果尔那所寄宿学校，从今往后再也不存在了。彼得堡的一切都发生了急遽的变化。他后悔当初自己屈服于毫不计较的亲情自告奋勇地提出安排侄子进寄宿学校，而这家寄宿学校如今关门了。妈妈喜欢说的那句口头禅意义多么深刻啊："咸吃萝卜淡操心。"此时才理解其中的深意。他仔细瞧了一眼亚历山大，心里很迷惑，今后该怎么和他相处，该把他往哪儿塞呢。

亚历山大看样子感到很窘迫：谈话涉及他本人的命运。他已经完全认同了今后将要和耶稣会士们一起生活这种想法了。这种生活的新意吸引着他，令他向往。他在头脑里想象耶稣会士之家高高的穹顶，死气沉沉的同学们一言不发，拉丁话语，僧侣戒条的规范严谨——对后者，他在内心已经在时刻准备加以违反了。如今所有这一切都轰然倒塌了。一想到自己还得重新回到父母的家，就令他怒不可遏。彼时彼刻，他毫不犹豫地立下决心，哪怕付出多大代价也绝不回头。他皱着眉头看着大伯和屠格涅夫，屠格涅夫察觉到他的窘迫了。

"得把他送进寄宿学校去，"他说，"那里将采用新的教学法教育孩子，也许大公们都将进去学习。斯佩兰斯基亲自担任庇护人，我甚至听说，皇帝本人也要做庇护人。耶稣会士们都气疯了。"

他答应给戈利岑递个话儿，需要的只是等待合适的时机：伯爵此时正在生气，这种时候他总是非常易于发怒。

"那家寄宿学校很好，"亚历山大·伊瓦诺维奇解释道，"据说这不是一般的寄宿学校，而是一所中等师范学校，不是大学，但和大学是一体的。说它是寄宿学校是因为里面一切齐备，说它是中等师范学校是因为那里面将不会有超龄生，说它是大学是因为那里教课的将是教授。库尼岑，我们熟悉的尼古拉申，是刚从哥廷根学习回来就被任命为教授了。"

瓦西里·里沃维奇恢复了元气：戈利岑要比拉祖莫夫斯基厉害多了，至于德米特里耶夫那更是不在话下。他感情真挚地拥抱了亚历山大一把，又和对方握了握手，就好像正在把侄子交给对方来监管似的。亚历山大的命运一眨眼间就决定了。

原来，瓦西里·里沃维奇很早以前就对耶稣会士们感到怀疑了。例如，他听说为了在学生们身上培养盲目服从的品性，他们强迫学生们在菜园里一行行地种植手杖，就是那种货真价实的带有手杖镶头的手杖。

结果呢？他们还强迫穷人们每天浇灌这些手杖，就好像那些手杖镶头会长出来是的。这帮畜生！老实说大家早就对耶稣会腻烦透了。话到此处感到幸福而又无忧无虑的瓦西里·里沃维奇想起布瓦洛的一句俏皮话。布瓦洛有一次和一些耶稣会士的教父吵架，耶稣会士们派遣了两位成员对他进行劝诫。布瓦洛问他们是什么人。他们回答说：耶稣会的。于是布瓦洛又问：是正在诞生的耶稣还是正在死亡的耶稣？因为耶稣是在牲口圈里诞生的，而是在两个强盗中间死去的。

瓦西里·里沃维奇喜悦异常。一想到侄子即将到宫中受教育，就令他喜不自胜。他不由自主地骄傲地望着亚历山大这个在一秒钟前还被他看作累赘的侄子。彼得堡命运之神的反复无常，这种偶然性的游戏，这种命运的突然转折，令他感到触目惊心。于是他说起话来就没个完。

屠格涅夫也笑了，他喜欢普希金一家人原本就是冲着这一点。整天和彼得堡的人事打交道，什么都是第一个知道，对彼得堡的所有变化都能深刻感受得到，同时还要忠实于一种重要的哲学——德国的和意大利的——这可不是一件轻松的事。亚历山大·伊万诺维奇打心眼里喜欢莫斯科的灵魂。当着大家的面不断改变其关于耶稣会士的观点和看法的瓦西里·里沃维奇，显得十分可爱。

不过，笑归笑，他对瓦西里·里沃维奇的一个观点难以苟同：耶稣会士可以是有用之才。在萨拉托夫那些德国人以及高加索各民族人民中间，在莫兹多克草原，在中国边界地区，他们的工作不是没有益处的：任何人都不会愿意自动前往那些地方，而耶稣会士却毫无怨言地迎难而上。

瓦西里·里沃维奇挥一挥手，他再也不想耶稣会士的事儿了。寄宿学校还是中等师范学校——反正是侄子即将进入的学校就是了。

屠格涅夫自己也搞不清楚。两人最后决定用那个词好一点：就寄宿学校吧，听起来更豪放一点。

大伯又要了些酒，要亚历山大把自己杯中的酒喝干。彼得堡原来是世上最幸福的城市。此时屠格涅夫忽然回忆起自己是带着怎样的好消息来见瓦西里·里沃维奇的。原来他带来了巴丘什科夫的新作。

巴丘什科夫是引起彼得堡和莫斯科两帮朋友们纷争的那颗苹果：茹科夫斯基和维亚泽姆斯基无论如何也不放他离开莫斯科。彼得堡的格涅季奇可谓羡慕嫉妒恨。近来一种更加温柔的关系把他更牢地固定在莫斯科：阿列克谢·米哈伊洛维奇·普希金的夫人，叶莉扎维塔·格里果利耶夫娜，一个聪明而又美丽的女人，成了他的朋友。话说回来，导致彼得堡和莫斯科争吵不断的这位诗人，对这一切纷争已经厌烦之极。他会不时地躲进自己那恰好坐落在两大首都之间的庄园里去。亚历山大·伊万诺维奇得以比莫斯科人更早得知的诗歌新作，正是题献给那些莫斯科的友人们——茹科夫斯基和维亚泽姆斯基的。亚历山大·伊万诺维奇相信瓦西里·里沃维奇还不知道这首新作的存在，但他却把诗稿忘在家里了。这首题献诗题目是《我的桑梓》，长达 200 行。瓦西里·里沃维奇张开双手惊呼道：

"两百行！是什么诗呀！"

屠格涅夫只记得开头两段：

这个时代头发灰白的上帝

紧跟在我们身后蹑足而来

他用无情的镰刀

割掉了草地上的花草，

> 我的朋友，让我们快点追赶幸福
>
> 在生活之路上迅跑，
>
> 让我们赶在死神前面
>
> 把甜蜜的琼浆满饮！

"多么迷人。"亚历山大忽然赞叹道。

"很迷人，"大伯困惑地重复道，"他超过了所有诗人！"

于是让他再朗读一遍：

> 让我们赶在死神前面
>
> 把甜蜜的琼浆满饮……

瓦西里·里沃维奇慌了。

"而莫斯科还什么都不知道呢。"他为莫斯科那些仍年轻的朋友们，那些当初不肯把这些诗作向他展示的朋友们感到沮丧。

亚历山大的眼睛在燃烧。他在莫斯科时对于彼得堡对于诗歌的这种狂热竟然一无所知。酒精和巴丘什科夫这些美妙的诗句在他头脑里搅成一团。他忘乎所以地请求屠格涅夫重新再朗读一次，屠格涅夫就又读了一遍。蜡烛点亮了，月亮升起来了，窗户是敞开着的，空气变得清凉起来。三个人坐在那儿，都被彼得堡的新闻给打倒了。

夜里他从睡梦中醒来。他的头脑在沸腾，在翻江倒海。天色亮了，像白昼一样。房间里充斥着巴丘什科夫的美妙诗句。

5

瓦西里·里沃维奇忽然像是变了一个人。从前，他会长久地缠绵在被窝里，长久地机械地打着哈欠，拍着巴掌时而把仆人叫来，时而叫厨师——总之，在出门之前，他会以一种怅然若失的状态投身于慵懒。忽然便会有一个幸福的梦境向他袭来，让他突然发出声震屋宇的鼾声，以致安娜·尼古拉耶芙娜每次一听见他打鼾，就浑身颤抖。如今一切都变了个样儿。他夜里再也不睡觉了。鹅毛笔尖沙沙响个不停，墨水飞溅，肚子一起一伏：大伯哈哈大笑了。安娜·尼古拉耶芙娜有时会惊恐地从门口探头进来，每次看到的都是同样的景象：瓦西里·里沃维奇漫不经心地把睡袍披在身上，那睡袍眼看就拖在地上了，勉强盖在他凸起的肚子上。他坐在写字台前，哈哈哈哈笑个不停，写满一页又一页纸。头上几根稀疏的头发直立着。安娜·尼古拉耶芙娜悄悄地画了个十字，这才躺下睡觉。亚历山大有时候会好奇而又带有欣赏的意味观察大伯的行为。有一次他发现自己干扰了大伯，连忙小心翼翼地退了下去：瓦西里·里沃维奇看见他，却又好像没看见他的样子，发出一种呻吟声，煞像牛的哞哞叫声。墙那边时不时地会有呼噜声和呼哨声传过来：这是大伯在朗读诗作。随后他擦擦手，发出哈哈大笑声，忽然就风平浪静下来。一片寂静——很快就传来了鹅毛笔的沙沙声。就这样，大伯始终不脱睡袍，忘记了世上的一切，在书房里一坐就是两个星期。两星期之后，瓦西里·里沃维奇像是换了个人。他把头发烫了卷，嘴上抹了唇膏，身上喷了香水，就从家里消失了。房间里出现了一个老年写手，带着一束鹅毛笔，开始誊抄瓦西里·里沃维奇的文件。安娜·尼古拉耶芙娜最见不得官样文章，对这一切都冷眼旁观。可是写手却削尖了笔尖，舌头微微伸出来，勤奋地誊抄文件，她也只得与之相安无事：有时候还会吩咐下人给写手端杯伏特加。有一个现象很快就让她心安理得了：写手在誊抄时常忍不住嘿嘿直乐。安娜·尼古拉耶芙娜觉得受辱了似的，下令不再给写手送伏特加。第二天，瓦西里·里沃维奇在出发去做客以前，不善于掩饰自己的欢乐——他表情庄重地给裤口袋里塞满了纸张，并且特意望了亚历山大一眼。他眯缝着眼睛向他坦诚地表白道：一首极其特殊种类——既调侃又不无英勇豪迈的——新型长诗问世了。当然了，亚历山大对这类事情还不在行——因此，遗憾的是，大伯当然是不会为他朗读一字一行的。所有那些神父之子们，仆人们，头发灰白的老爷爷们，希什科夫家人们——全都统统完蛋了。遗憾的是，这首长诗作者的名字，暂时尚不得而知。

但他当时很清楚，作者就是大伯。

就这样，他来彼得堡本来是为了安排侄子上耶稣会士开办的学校，而且对究竟能上一所怎样的教学机构尚不得而知时，却意外地寻找到了灵感。这一切来得十分突然，连他自己也不知道是怎么回事。他怒火万丈地痛骂了希什科夫手下那些起而反抗的信徒和追随者们，时而骂他们是仆从，时而骂他们是魔鬼，这种语词在"座谈会"会议上，经常被人使用，人们用这样的语词形容酒馆，但绝不在家使用，而这首长诗是自动产生的。他写作时就好像处于一个恶魔的掌握之中。事情是这样的，有一天他和往常一样慵懒地走到写字台前，欲胡乱在纸上涂抹点什么，好把涌上他头脑里的一个有关希什科夫的想法给写下来——忽然，脑子里忽然涌现出了好几首诗。他自己也吃了一惊，喜不自胜，呼哧带喘地，笔舞龙蛇地，他竟然读出了声：这都是些幸福的诗句。诗句像泉水一般涌现出来。他大张着嘴把这些诗句飞快地都写在纸上，很快就都写完了，修改比写作花去了更多的时间。长诗故事发生的地点是一幢住宅，有点儿像是著名的潘克拉季耶夫娜的殿堂，对这座殿堂，他以及弟弟谢尔盖·里沃维奇都记忆犹新。诗歌最后以一场来家里做客的客人之间的一场鏖战了结，和荷马笔下描写的一模一样。其中一个客人是本堂诵经员，他挨的揍最多。瓦西里·里沃维奇在他身上宣泄了自己以往所受的全部屈辱，即在其有名的和齐尔齐娅的离婚案审理期间，他从本堂神学界那里受到的冤屈和侮辱。况且直到此时诵经员们也很不听话：希什科夫把他说成是一个不信神的家伙。他活该！

至于那个拉皮条的女人，她和两打客人都曾是沙霍夫斯基喜剧的崇拜者，是"座谈会"成员，希什科夫的朋友，茹科夫斯基和卡拉姆津的敌人。瓦西里·里沃维奇用有力的笔触描写了他们的外貌和体形。他称长诗是"危险的邻居"。瓦西里·里沃维奇如今在彼得堡到处跑，到处朗读他的长诗。

他的成功是语言所无法描述的。办公厅局里那些芝麻官们，誊抄员们，都忙于抄写瓦西里·里沃维奇的长诗。这是名副其实的声望，虽然来得有点儿迟。当他在路上行走时，所有的目光都向他集中。使他伤心的只有一件事：要想发表简直连想也别想。有一次他起意要和亚历山大谈一谈，后者对此感到有些困惑：瓦西里·里沃维奇忽然开始论证，最优秀的作品创作出来不是为了印成书的。荷马当时写作不是为了印成书，因为在那个时代印刷术还没有启用，和书报审查制一样——他补充这一点显然带有几分恶毒。瓦西里·里沃维奇非常想要给侄子读一读自己的作品：年轻人，无论怎么说，是懂诗的。侄子有品位——按照大伯的见解，品位在很大程度上是普希金家族固有的特点。与此同时，大伯又羞于让侄子了解他称之为长诗之精髓的那种东西。在他留在家里的第一个晚上，他就给安娜·尼古拉耶芙娜朗读了这首长诗，借以对长诗的感染力进行了一番考察，而当时亚历山大就在普希金家。感染力是最出乎人意料的：安娜·尼古拉耶芙娜竟然哭了。某些地方用语稍嫌粗鲁了一点儿，但这丝毫也未能令他感到窘迫。而那些文学曲笔和暗示隐喻，看样子她没弄明白，但她却把某些虚构的诗中人物当真了，而瓦西里·里沃维奇就是以此虚构人物的口气代替他本人进行叙事的。由于这个人物参与了整部戏剧，这位善良的女人便开始为瓦西里·里沃维奇担心了。就连他本人也稍稍有些窘迫：这一虚构的人物造访了一幢没人住的住宅，经历了嗣后所有的冒险和危险，不多不少和他本人十分相像——人们对他公开的忏悔记忆犹新，他说他也许经受不住诱惑：

细碎的光影熄灭了，身边只有一只箱子……

安娜·尼古拉耶芙娜在舞台朗读过程中哭了，她哭的时候正有一位警员走进酒馆。

"哎呀，我的心肝，"沮丧万分的瓦西里·里沃维奇说道，"这样的事儿实际上是不会发生的。"

"那你为什么还要这样写呢？"安努什卡擦着眼泪说。

瓦西里·里沃维奇一摆手，心里只后悔给她读了长诗。但他却似乎是偶然的把那几张写有长诗的纸落在了桌子上。亚历山大读了这首长诗。《危险的邻居》的确写得很好，非同一般地搞笑。亚历山大如今怀着由衷的尊敬甚至是喜悦看着自己这位大伯。

瓦西里·里沃维奇对侄子的这种目光并不是没有感觉的。他全身心地感觉到并且知道：这就是声誉。于是他不由得眯缝起眼睛并发出吱吱的声音。

"逻辑，我的朋友！"他感慨道，"很难达到完善的程度！我通读过

313

全集的有迪马尔斯、布丰、卢梭、蒲柏、仲马、布瓦洛、方特内尔——直到成为……成为人们认为我的那样！"

6

如今他已经是带着新的感觉走在彼得堡的街上了。他知道并且相信自己再也不回莫斯科了。这座城市里的一切都令他惊奇不已，首先是它的空间。望着一幢幢楼房，他自己觉得自己长高了，他的步态也显得更加坚定有力了。

他只有一个人。

他在街角大胆的小商贩那里买了馅饼，忘记了父亲的嘱咐，有一次甚至在一个沉默寡言的楚赫纳人那儿喝了一大杯牛奶。他们一到大伯就给了他三个卢布，并且像以前姑妈安娜·里沃芙娜那样，在给卢布的同时不忘告诫：

"小心别丢了。"

父亲和姑妈的嘱咐在他记忆里变得模糊了，甚至就连姑妈的模样本身也变得模糊不清了。瓦西里·里沃维奇费了九牛二虎之力，才强迫他给父母写了一封平安信。

这座新城市和瓦西里·里沃维奇的临时住处的一切，都无法令他回想起莫斯科来。童年消失了，就好像从肩头卸下重载一般，似乎从来就不曾有过。在第一个星期里，他已经忘了妹妹和弟弟的存在，就好像一个星期前他并未和弟弟妹妹一起游玩过似的。

有一次，在通过涅瓦大街时，他忽然听见人的说话声：

"皇上……"

于是，他立刻就把谢尔盖·里沃维奇的嘱咐给忘了，他拔腿往前赶，心里很好奇，但却什么也没看见。

有两个戴着黑色制帽白色缨子的人走在前面，几乎和他并排走着。一个肥胖且脸色红润衣着十分讲究的人，向四面八方挥动着手帕，周围的人全都相互不再打招呼了。

"不是，"衣着讲究的人对什么人说，"他现在在石头岛。"

通常他走河的右边，左边是冬宫和有着黢黑的卫士胸像的屋顶。他沿着莫伊卡河走，两边都是一堵墙，就好像这是杰穆托夫旅馆走廊的延续和延伸似的。有一次他走到察里津草地，察里津草地很空旷。走到这儿他才头一次看见并且不假思索地明白，原来城市都是在空地上建造起来的，原来城市的周围都是更空旷的荒地。他的脑袋开始犯晕。前面，在一大片单调的田野后面，就是涅瓦河，河床上堆砌着石头，河面上也是空空旷旷。在这座城市的这个地方，一切都是那么单调，那么和谐，而又那么荒凉。

一道铁丝网栅栏围住了夏园，绿荫湿润，隔着树木无从看到的涅瓦河，其实在此处也有它的存在。半身雕像矗立着，孩子们在游玩，但丝毫也没有让他分心。他走向天鹅桥。在沟渠里，有两只又脏又老的天鹅，伸着脖子游来游去。空旷无人的城堡，煞像一座无法攻克的要塞，矗立在岛上，四面环绕着沟渠，要塞里面没有任何生命存在的征象。他从一位路过的老人嘴里得知这是米哈伊洛夫斯基城堡，10 年前，保罗皇帝就在此居住，在此薨逝。他知道这个皇帝是被人杀死的。根据父亲的讲述，这位皇帝曾经见过亚历山大，那时他还只是个婴儿。

"先生，那时候世上还没有您呢。"老人察觉到陷入沉思中的他，便说道。

"不不，有了。"他固执地说了一句，便继续向前走去。

在莫斯科一切都离他那么远，而在这儿一切又那么近，比他从前所能想象到的还要近。

这天晚上他很早就睡了，不想和大伯说话，当大伯叫他时，他闭上眼睛装出已经睡着的样子。

夜里，他谛听着彼得堡城市的喧嚣，没有巡夜人咣当咣当的敲打声，也没有迟回家的路人的笑语声，楼下的石板路上有什么人走过发出的脚步声。他望了窗户一眼：这是一个明亮的夜晚。迟迟不着家的浪子也都回家了，石板路在他脚下发出嚓嚓声。大伯瓦西里·里沃维奇在旁边的屋子里翻身打呼，这动静和父亲不一样，比父亲的动静更大更邪乎。他忽然感到很高兴自己有这么一个邻居。

7

很快大伯就介绍他认识了两个未来的同学，罗蒙诺索夫①和古里耶夫。

"喏，我的朋友，这就是你在寄宿学校的伙伴。"他让两个少年介绍一下自己，就飞快地走了。

他们相互对视着。

罗蒙诺索夫浅色头发，彬彬有礼，动作灵活。他给瓦西里·里沃维奇施礼很轻松自然。他很爱笑。古里耶夫比较沉闷，圆鼓鼓的。他们不无几分惊奇地看着亚历山大，而他则拧着眉头盯着他们。他们用法语聊了起来，亚历山大就也用法语和他们对话。罗蒙诺索夫是七个从莫斯科

---

① 指谢尔盖·格里高利耶维奇·罗蒙诺索夫（1799—1857），普希金的同学，后成为外交官。——译注

大学附属寄宿中学转学过来的学生中的一个，他谈起了他的同学们：我们都是莫斯科人。他故意对古里耶夫说，他和古里耶夫以前就认识，说的是半隐语：

"你还记得吗，我对你说过关于丹扎斯的事儿？"

两人都嘿嘿笑了。

古里耶夫问亚历山大是谁把他介绍到这所寄宿学校的。

亚历山大稍稍感到有些窘迫。他理解大伯领着他拜访德米特里耶夫的意义何在，也知道大伯有关戈利岑和拉祖莫夫斯基所说的一切意义何在，但他绝对不知道，究竟谁是他的庇护人，而且也竭力不去想这个问题。他身上父辈遗留给他的骄傲感在此表现出来了。他想起谢尔盖·里沃维奇的斜眼，当他和他说起德米特里耶夫时。

"没人。"他说。

两人吃惊了，忽然一声不吭了。

"我的庇护人是康斯坦丁大公，"① 古里耶夫说，"他是我的教父。"

他们二人忽然开始跳椅子，相互追逐，似乎根本没有察觉他，探头看看正在忙着做事的安娜·尼古拉耶芙娜的房间，飞快地道别后就走了。

亚历山大对新同学的想象却和这完全不同。他忽然为那些在修道院里无精打采的僧侣们感到惋惜，而他就要在这些穿着僧侣服的人群中，在耶稣会士们中间生活了。新同学们的冷淡、漠然和动作迅速令他感到慌窘。他隐隐感觉到一种屈辱，虽然并没有任何人得罪他。

---

① 指康斯坦丁·瓦西里耶维奇·古里耶夫（1800—1833）。——译注

8

夏天明显地就要结束了，夏园里的绿荫已经开始枯萎并落满灰尘。树上已经出现了一簇簇枯萎了的黄叶。8 月来临了。这一年的夏天轰轰烈烈，下了多场雷雨。马路瞬间被冰雹铺满，泛着白色，就好像覆盖着一层冰雪似的。亚历山大被选为寄宿学校的候选人，这个消息也还是那个屠格涅夫一大早带来的。大伯转身对亚历山大简短地说：

"你是候选人了。"

还需要提交给部长，8 月 8 号要进行考试。那些还没到的候选人应当不迟于 12 号抵达，最晚不得超过 8 月 18 号。

屠格涅夫刚离开，正坐着喝巧克力的瓦西里·里沃维奇，想要检查一下侄子的知识。他拿着希什科夫的书考亚历山大俄语语法和逻辑学知识。

"我的朋友，меч 和 мяч 是不是同一个词？"他问。

亚历山大吃了一惊，对于 мяч 是什么他知道得很清楚。大伯对他的回答很满意。

"很好。嗯，希什科夫，我的朋友，他却认为这两个词在所有方面都是一样的：它们都来自动词 мечу，метать，因为它们的用法都是表示行为和动作的。这个野蛮人！"

"那么，我的朋友，你可以说一说物体的一般属性吗？"大伯问道，吃惊地看着时刻表。

侄子的回答再次以其简洁和准确而令他感到满意。物体是坚硬的，流动的，气体的。瓦西里·里沃维奇吃惊地确信自己给"物体"这个概念赋予了另外一种完全不常用的含义。

在小学地理基础知识方面，大伯问亚历山大，法国最著名的河流是哪条，伏尔加河的起源是否像人们常说的那样，也是来自特维尔省的某个县。由于瓦西里·里沃维奇自己去过奥斯塔什科夫县，以近卫军的身份在那里生活过一段时间，所以记得这些地方。历史方面，他问亚历山大知不知道亚历山大大帝。算术方面，瓦西里·里沃维奇没有考察侄子。侄子回答说他懂得三则运算，他就放心了。和所有中年人一样，他连一个算术法则也不记得了。水库里的水泄了又重新注满，还有小贩如何在自己人中瓜分利润，这一切都只能引起他的厌恶。除此之外，他用俄语和法语向亚历山大口述了两首自己写的四行诗，以便检验一下他的书写是否正确。亚历山大听写的这两首四行诗都很自如和轻松，没有官方的铁钩和加粗的线条，笔走龙蛇，笔记虽然有些漫不经心，但更规整。但在正字法上犯了许多错误。从这些错误和笔迹看的确不失为孟德福的弟子。

大伯决定侄子最好是最后报到，8月12日报到。新概念意义上的考试由斯佩兰斯基主持，因其不确定性而令他发慌。

9

拜见部长那天瓦西里·里沃维奇天刚亮就起床了。身体强壮的宫内侍从带着狗在等他，把他裹在一席托加里和扑粉用的披肩里，开始为他卷发。最后大伯身上给喷了香水，竖立了高领，把他稍稍拍松一些，好像这样能使他更加轻盈似的，然后他仔细地打量了侄子一眼，就好像生平头一次见到他似的，吩咐侄子梳理一下头发。大伯的宫内侍从神色忧郁，不爱说话，沉默了一会儿，他对亚历山大说：

"您不需要夹子。您的头发天生带卷儿。"说着，用刷子刷了刷肩膀，托了托男士西装背心。

亚历山大好奇地看看镜子，两人出发了。在门槛上，大伯忽然拦住了他。

"亚历山大，"大伯对他说，"最重要的，是不要显得笨拙。"

自以为自己比较严谨行动比较自然的亚历山大，立马卡了壳。

大伯很伤心。

"我的朋友，在上流社会，步态有很深的意味，如果不是一切的话。人们都在看着你，上千双眼睛在看着你，你是否有前程，你能否顺利自如地过关，全看步态。不然的话你就完了。"

于是挺着大肚子的瓦西里·里沃维奇轻松而又自如地走到门口。

在门槛上他又给了亚历山大一个建议：声音不要太高。亚历山大的嗓音立马嘶哑了。

拜见部长持续了一眨眼工夫，但他们却和一群在亲人和教师陪同下的候选人在部长的客厅里等了足足两个小时：拉祖莫夫斯基昨晚睡晚了。亚历山大如处云里雾中：那么早出门，长长的客厅，那么多的同龄人在一起，这令他晕眩。大伯把他介绍给某个新同学，此人看起来也很窘，他用晦暗的眼神看了亚历山大一眼，然后就久久地握着对方的一只手。

最重要的时刻来临了：一个官员叫了他的名字，他站在部长面前，不敢正眼瞥部长一眼。随后一切都混淆起来了，大家全都走下楼去，最后一个身材笨重的守门人拿着一根槌形仗向他们致欢迎词——他的命运就这样决定了。

他觉得全部过程似乎只用了 10 分钟，无论如何不会多于 10 分钟，但他们去宴会时竟然还是迟到了。

大伯嘟囔道：

"我的朋友，上流社会，丝毫没有任何变化。他们通宵达旦地游玩，而到早晨，当你把可尊敬的人们叫来时，发现他们都在睡觉。走吧，我的朋友，找一家糖果点心店——我已经饿得一点儿力气都没有了。哪怕吃点儿巧克力呢。大家都这样：把儿子送进了要塞，由于父亲的缘故儿子的爷爷蹲了监狱。这是他们身上的血统在作怪。你的爷爷履行了自己的职责，而且的确没当过唱诗班歌手。"

在铺子里吃了点儿巧克力后，大伯平静下来了。

"总算卸下了一副重担，"他说，"我认为考试只是走形式。你回家后赶快给你父母写封信，告诉他们你已经被录取了。"

10

的确，8 月 12 日进行的那场考试，只持续了几分钟而已：一切都已经定下来了。

除了亚历山大以外，有三个人迟到了：身体孱弱肤色黝黑的耶萨科夫，始终都在无声地嘀咕着什么话，显然是在背诵法则。亚历山大已经认识的白白的、胖胖的科尔夫①和古里耶夫。一个官员分头把他们一个个叫进一个屋子，屋子里一张桌子后坐着部长和几个官员，极有可能是教授。拉祖莫夫斯基的宫殿这次在亚历山大眼里显得潮湿，像是一幢未完工的建筑，根本没有初次见到时那么辉煌壮观，他本人也不过是个乏味的老人而已。那官员身上衣服包裹得紧紧的，像一个无声无息的影子似的走来走去，弯着腰，小声附在部长耳边低语几句，而部长却没有回

---

① 指莫德斯特·安德烈耶维奇·科尔夫（1800—1876）。——译注

答一个字。他凝神观看着自己修剪过的指甲，只有一次漫不经心地把夹鼻眼镜挂在眼前，露出一抹笑容。人们要亚历山大随便读点什么。一个坐在桌前，个头矮小，年龄已经不算年轻的法国人，表情生动地问亚历山大最熟悉的法国诗人是哪个，得到的回答是：伏尔泰。他不满意地笑了一笑。

两天后，部长的警卫带来一个正式的公文夹，里面是一份通知，通知说亚历山大已被录取为皇家寄宿学校第 14 号学生。他还得到校长处领制服。

大伯很满意。

"你那位校长兄弟我认识，他曾经帮助过尼古拉·米哈伊洛维奇读过所有这些证书，编年史和家谱，很费力的劳动呀。我见过他，不爱说话，但很肯帮人。代我向你的校长问好。"

他在校长住处见到了同学们，许多都是一面之交，而且在拉祖莫夫斯基的接待厅里和开始的时候，始终就像在雾里似的。校长的儿子，是一个和他年龄相仿的小男孩，也进了寄宿中学，此时扮演了主人的角色，接客，送客，介绍所有人相互认识。

宽敞的屋子以其空荡而令他震惊：校长家里的家具少得只有最必要的几件，墙上既没有肖像，也没有木刻。一切都十分考究也十分乏味。一张高高的斜面的写字台后面，站着一个大胡子的男人，穿着便服，记下了尺寸。三个或四个候选人只穿着内衣站在房间中央，亚历山大犹豫地停下脚步，为自己身上只穿着阿琳娜给缝制的内衣而感到羞涩。但是同学们身上穿的，也并不比他更好。于是他胆子大了起来。大伯在部长处介绍他认识的普辛①，也在这里。大家全都仔细打量着彼此，像刚刚刮了前额的新兵似的。大胡子的男人和管家商量着衬料和附件。其中一位少年的个头看样子令他很不满意。

"但配料留多少合适呢。"他皱着眉头问管家道。

总之，在校长家里没有什么东西令人想起寄宿中学，和他在拉祖莫夫斯基家里想象的截然不同。制服的制作也完全是以家庭的方式制作的：满是麻子的管家请裁缝下料，让把料备好，千万别耽误了。

"放心吧，"裁缝说，"宫廷呢料，在背心上还将有白色凸纹。我们这里量体，那边就已经动手缝制了。学生们穿 20 年没问题。"

"哪怕穿六年也够本了呀。"管家说。

这些数字领他们感到惊奇。大胡子的男人一副凛然不可侵犯的样子，居高临下地看着管家。他的嗓门非常粗厚。亚历山大从未见过像他那样的人。他离开后，戈尔恰科夫问管家：

"这个男人是什么人？"

管家回头看了一眼，小声嘀咕道：

"这帮人就好农夫一样，保持着农民的穿着，只有一点不同，此人是马尔金先生阁下的大裁缝，非等闲之辈。"

亚历山大紧靠着普辛，他还不习惯这么多同龄人聚集的场合，很容易感到窘迫怕生。他们两个人结伴一起量体，而且最后衣服做成也是一起。他们两个人心醉神迷地彼此对望着，手里把玩着圆滚滚的绒毛帽子。他们身穿夏天穿的带裤子的夹克衫，里面是毛衣、短筒靴。他们的

---

① 指伊万·伊万诺维奇·普辛（1798—1859），普希金的朋友，在皇村学校读书时的同学。普辛也是一名十二月党人。——译注

样子忽然大变样了。校长指示并且吩咐量一下正式场合穿的三件套和每天每日都离不开的呢帽，而把管家始终锁在要塞里。许多人出出进进都顺边走，来时小心翼翼，去时无声无息。学生之间开始相互认识，他则认识了戈尔恰科夫。

戈尔恰科夫穿戴上比别人都更讲究，并且竭力想要做到八面玲珑。他常常眯缝着眼睛，因为是近视眼，或是因为骄傲。亚历山大想起了父亲隐秘书柜里藏着的那个笔记本，笔记本里戈尔恰科夫的名字下面签署的字是"夜莺"。这个名字在笔记本里经常出现，而且，还总是签在有害的剧本名下。他问这个同学，他和诗人是什么关系，虽然两人还并不熟悉。

"叔叔。"戈尔恰科夫漫不经心地说，而亚历山大明白，他说的不是实话。

马林诺夫斯基是校长的儿子，总是跟在个头矮小，身材干瘦，长着雀斑的一个叫瓦尔霍夫斯基的寄宿学校学生后面。此人极端沉默寡言，而且从来都没有笑容。当给他量三件套时，他把双脚合拢站得像一个军人那样。他性格果决，看样子，他和马林诺夫斯基在所有方面都是空前一致的。

个头最高的那个人，其身材令裁缝很为难，他比亚历山大和所有同学年龄都大。他非常瘦，却很好动。他长了一副永不安分的样子。他叫丘赫尔别凯。①

淘气捣蛋鬼立刻就从中涌现了出来，无所畏惧的样子和慢条斯理的

---

① 指威廉·卡尔洛维奇·丘赫尔别凯（1797—1846），俄国诗人，社会活动家，十二月党人，普希金皇村学校的同学。——译注

步态瞬间就把他们给出卖了。有着浅色头发和眉毛的，脸色阴沉，眉毛高高挑起，脑后勺还有一绺卷发的，叫丹扎斯。他做事很专注，看得出像是在等待时机。胖乎乎，黑乎乎的法国人勃罗格里奥，有一只鹰钩鼻。一眼就可以看出，他们在学校将会表现出自己的个性。到喝茶的时间了。大家都坐着，相互斜着眼睛拧着眉毛打量着，大家面临着同等的命运。那个名叫丘赫尔别凯的，动作笨拙，倒完茶水，他脸色泛白，端茶的手在发抖。淘气鬼们迅疾而又默默地交换个眼色，亚历山大明白了，高个子的命运决定了。使他惊奇的是，很快大家都用同样的眼神望着他自己了：他一时半会儿的忘乎所以，坐下时把一只腿压在了身子底下，像在家里那样。纳杰日达·奥西波芙娜曾经徒劳无功地竭力想要帮他戒除这种不良习惯，但并未见效。他觉得自己的一条腿发麻，但却一直坐到茶喝完，而且始终处于大家目光的注视下。他决定绝不屈服。

11

瓦西里·里沃维奇给弟弟写了一封信：他已经把亚历山大安排进寄宿中学，关于侄子的命运，看起来以后再也不用他操心了。新学期10月开始，结果是皆大欢喜。屠格涅夫帮了许多忙，德米特里耶夫也给了应有的支持。看过一场尤苏波夫的话剧，伯爵询问娜嘉的身体健康与否，并要我代问好。演出了一个老旧不堪的戏剧，跳舞倒是跳了，说不上好也说不上不好，但在莫斯科谁都不会相信：权杖一挥，仙女身上的衣裙就全都飘落了！这种效果是语言所无法描述的，可以说大获成功。别的没什么可说的了，等我回到莫斯科，会把经历的事儿全都详尽无遗地给你讲一讲。德米特里耶夫新的寓言比从前那些差远了。"座谈会"发出喧嚣和威胁。涅瓦大街和从前比增加好多优点：两边的房子都粉刷了，还种了许多许多的树。但牡蛎和人们的期待相反，在彼得堡哪里也找不到，因为轮船不通行了。剧院要和莫斯科比简直没什么可看的。沙霍夫斯基在舞台上无耻地喧哗，在剧院里颐指气使，像个暴君。人们都叫他卡尔塔文，因为他在谈话中发音不纯正，唾沫飞溅。备受赞誉的小谢苗诺娃我见到了，和大谢苗诺娃一样，实在很好：从她身上一眼就可以看出一种丰腴之美。扮演皮利托伊的勃勃洛夫像室内男仆尼基塔一样，总是摩挲着双手，这对角色而言很不体面。巴丘什科夫的新作就其所包含的思想而言很幸福。在他给茹科夫斯基和维亚泽姆斯基的题献诗里，一共有 200 行。

瓦西里·里沃维奇如今天亮才回家：彼得堡让他生气焕发，令他油然想起自己的青春年华。他每天起床很晚。穿着带有长袖的新睡袍，他坐在写字台前，飞快地记录下自己的想法和意见。亚历山大不止一次充当了大伯灵感勃发的见证人。

"你可算不上我的朋友，我的朋友，别打扰我。"大伯边忙着在一张白纸上书写边说，"真正的诗歌很难打扰。"随后上了早餐，大伯把餐巾挽成个结，吃得很满意，此后，他穿好衣服出了门。

有一次吃早饭时，他久久地皱紧眉头，咬着嘴唇，看样子像是在故意向亚历山大隐瞒什么秘密似的。这是在尤苏波夫那里观剧后的第二天。

"舞蹈多大程度上要取决于衣服呀！"他叹了口气说。

想要一吐为快的冲动令他感到压抑。沉吟了片刻，他又补充道：

"穿得越少越好。"

奇怪，亚历山大看了他一眼，就好像猜测到了或是知道了。这个少年的目光显得很狡猾。瓦西里·里沃维奇怔住了，在一个小本子上记下了几句什么话，然后比平常更早地出了门，在门槛上碰见了普辛，并且很豪放地抱了抱对方。

12

亚历山大的孤独结束了。普辛住得并不远，就在莫伊卡河边，住在一幢老式的家族祖居里。每天一早他就来找亚历山大。普辛胖乎乎的，脸圆圆的，灰色眼睛亮晶晶的，一点儿也不像亚历山大。有一次，瓦西里·里沃维奇和往常一样，正在镜子前忙于打扮自己，忘情到居然不记得自己身边有个少年郎，他们相互对视了一眼，两个人都对自己很满意。这位新朋友的一双眼睛完全是骗子式的，他们两个人都对自己的家事绝口不提，他们的答案和他们的问题一样都很简短。对于自己的父亲在哪儿这个问题，普辛的回答简明扼要，"在参政院"。他们都知道自己的父亲母亲叫什么名字。普辛的父亲叫伊万·彼得罗维奇，母亲叫亚历山德拉·米哈伊洛夫娜。随后两人相互对视了一眼，普辛就移开了视线。从此之后两人再也没问过彼此的父母，但却十分热烈地一个谈起自己的爷爷——海军上将，另一个谈起自己的诗人——爷爷。亚历山大为普辛朗读《危险的邻居》。普辛对这首长诗喜欢得不得了。两人都说到这首诗无法出版，因为是自由诗，但不出版对他来说丝毫无任何妨碍。普辛的爷爷同样也曾经非常迷人：性格执拗，神情忧郁，稍稍有些怪异。是他带着孙子去找到部长，结果把官员训斥了一顿，说部长让他们等他。普辛说，要不是爷爷，拉祖莫夫斯基会一直把他们折腾到晚上。他非常情愿地提到那些姐妹们，按照他的说法，她们发号施令都超出了必要的范围。

普辛的父母很少有时间看管自己的孩子。他的父亲是个性情急躁的、非常严肃的人，是个舰队上的军需官，不久前刚刚进入参政院。不幸的爱情毁了他的前程，对地位低级的女性的爱是他被迫离开家庭和孩子的主要原因。母亲发疯了，闭门索居，从不出房门半步。在家里实际管事的是不喜欢弟弟的姐姐们。

他们现在常常一起去逛彼得堡，时而彼此用知识使对方震惊。他们有关爱情的知识就是这么来的。在此之前，他们每个人都曾经以为，只有自己一个人才知道爱情那令人惊叹的细枝末节，同龄人中任何人都不懂得也不可能懂得这一点。亚历山大对普辛竟然和他知道得一样多而感到十分惊讶。他们彼此对对方充满了尊重。

他们一旦饿了就回家，而安娜·尼古拉耶芙娜会给他们做饭。

安娜·尼古拉耶芙娜在彼得堡找不到自己的位置：无所事事和炎热酷暑折磨着她。她在邻近一家一位路过的法国女时装师那里梳了个时髦的发型：d'Anne d'Autriche。① 从此以后一大早就在镜子前捣饬，把头发梳向太阳穴，以便让头发能螺旋性地卷起来。她的辫子很长，她把辫子分为五股，然后在头顶把这五股盘起来。瓦西里·里沃维奇对她的捣饬赞不绝口。梳着安娜·奥地利斯卡娅发型的安娜·尼古拉耶芙娜，走起路来像天鹅游弋，摇摇晃晃，走进每家都会炫耀。她心里惦记着自己那个留在莫斯科的半大小少爷，她还要为亚历山大和普辛操心，让他们喝泡有悬钩子的茶。两人都喜欢果酱，无论给他们什么他们都能吃个干净，这使她的自尊心得到极大的满足。

"祝您健康，吃吧，请。"她一个劲儿地说。

望着他俩，她叹息不已，手里的织针织个不停。瓦西里·里沃维奇

① 法语：安娜·奥地利斯卡娅发型。——译注

328

吩咐她，不要让亚历山大·谢尔盖耶维奇和伊万·伊万诺维奇玩物丧志，但这两个人实在是太能玩了。头一天晚上，刚玩回来，就开始互相打斗，竭力想要把对方的手拧过来，揪倒在地板上。他们厮打了好久，都很顽强，气喘吁吁，都不看对方眼睛，此刻头脑里都只有一个念头，怎么来战胜对方，把对手压倒在地板上，随后骑在对方身上，或跨坐在对方脖子上当马骑。普辛在厮打中动作慢但很顽强，而亚历山大动作快又灵活。最后，普辛开始占了上风，再使一个脚绊儿就可以很快决定胜负了。安娜·尼古拉耶芙娜本来想要实行瓦西里·里沃维奇的命令，冲上前去拉开了两个朋友。但一分钟后她就躺在了地板上，一个人扭住了她的双手，而另一个则抱住她，压住她，以便使她失去反抗力。最后两个人都脸红脖子粗，两人的眼睛都潮乎乎的了。等安静下来后，两人和解了，就又出门去玩了。安娜·尼古拉耶芙娜窘迫地梳理了一下头发，轻轻地，带着几分惊奇地，就像瓦西里·里沃维奇有时候那样吩咐道：

    "真是太调皮了……"

第三章

亚历山大·彼得罗维奇·库尼岑的日记

我住的那家烤圣饼的女人说，市场上有人对她解释了星象的意义：据说她出生在大车上这不可能是无所谓的。在大车下，可以看得见，她和她的竞争对手都认识大熊星座，而此刻在它旁边闪闪发光的就是彗星。

我向她解释说彗星是物理世界的一种现象，是徒劳的，老太太怒不可遏。

所有的一切都打上了阴暗的战争即将打响的传言，一切都屏息静气了。我不相信，尽管在巴黎已经没有人再找我兑换俄罗斯纸币了。

今天去了一趟科尚斯基①家。他住在一个邋邋遢遢的房子里，房间的一半被一个体形臃肿的厨娘所占据。他却只管在人群中出风头——我们这位花花公子在家里只穿粗帆布衣服，生怕把衣服穿破到衣衫褴褛。尼·费对所有事物都居高临下，都脸色阴沉，也许自认为是俄罗斯第一号诗人吧。他严肃地批评巴丘什科夫新近创作的诗作，认为其表现了反

---

① 指尼古拉·费多罗维奇·科尚斯基（1781—1831），语文学家，翻译家，皇村学校教师。——译注

对规则的滔天大罪。我认为这是出于嫉妒。"显然，我不得不——"他说，"出版诗律课。"我担心，哥廷根也滋长了他的傲气，而智慧和才华却未能有所增益。

科尚斯基朗读自己写的诗，这把我给折磨苦了。他的哲学是最为简单的那种——歌颂寂静。话说回来，这种做法和罗蒙诺索夫的做法别无二致。最后五个诗段是献给米哈伊尔·米哈伊洛维奇·斯佩兰斯基的。

最后在桌上出现了一瓶烧酒，压根儿就不是什么哥廷根。厨娘递过来萝卜——诗人便开始用酒来祭奠巴克科斯，而我就回家了，第二天是星期天，我还会和弟弟见面的。

好像刚才我才离开哥廷根。屠格涅夫、加利齐、卡尔佐夫刚把我和凯丹诺夫①送到兰杰尔一申坑，大家一块儿过了最后一夜，虽然心里有点儿压抑，但还是挺欢快的。那是一个有月亮的夜晚。屠格涅夫以其惯常的冷静叫醒了准，强迫他又拖来一瓶瓶的红葡萄酒。遗憾的是，卡维林去了耶拿——不然的话我们一定会把这最后一夜称之为疯狂之夜的！月亮，稠密的菩提树，尼古拉·屠格涅夫本人对往昔生活的回忆，甚至尼古拉·屠格涅夫都被迫甩掉了他那长烟头杆，甩掉了他惯常的傲气。而这一切都突然消失了，像如烟的梦。

我在哪儿，我的那些同学们怎么样了呢？他们已经变得认不出来了。全都被从伟大梦想的整齐有序抛入了脏脏的实在中去。

我去过亚历山大·伊万诺维奇·屠格涅夫家。我知道，所有我们这些哥廷根分子，正如凯丹诺夫所说的那样，都由那些教授们加以考察然后一群群地赶进寄宿学校。什么是寄宿学校呢？亚历山大·伊万诺维奇

---

① 伊万·库兹米奇·凯丹诺夫（1782—1843），俄国作家，历史学家。——译注

对我的问题这样回答，说对这个问题，很难有一个正面的答案，但反面的答复却很容易找到：寄宿学校不是中等师范学校，也不是大学，也不是贵胄军官学校，但却既是这儿，也是那儿，还是第三种，只要人们一天搞不懂它究竟算什么，寄宿学校就仍将这样存在下去。这就是全部理由和根据。

亚历山大·伊万诺维奇和其弟弟性格不同，他没有遵守教规者那种冷漠的博古通今和对可怜人类的不完善性投以最高的蔑视的傲慢。相反，他忙着款待那个女人，嘴里不停絮絮叨叨。他说得很对，说无论是我还是尼古拉·伊万诺维奇都不懂得俄语——我们语言的书写方式很笨拙，很费力，应当设计得更短一些，更简单一些才是。我尽量说话，不用任何修辞格。

我对他到死都负有责任。我用什么来支付，什么时候支付？我绝对不能欠账，因为我没有钱还账。弟弟米哈伊尔讲述了皇家骑兵队的故事，他在里面待过，现在一想起来还浑身战栗，牙咬得咯咯响。迄今为止他一直从亚历山大·伊万诺维奇处按每月5或10卢布的领钱，穿的大衣也是从他身上脱下来的。我尽其所能地表示了感谢，允许他阅读弗朗松——他的书在巴黎很难找到——向他讲述巴黎和哥廷根——亚历山大·伊万诺维奇说："和我没什么账可算的，但您得很好地感谢阿拉克切耶夫。给他写一封漂亮的信，写得活泼一点，然后再上门认识一下。"而本人看起来窘迫得脸都红了。比较这两首题献诗，我读着读着就哭了，只不过不是由于感激之情。弟弟米哈伊罗是伯爵办公厅一个当兵的，因此，说他是他的仆人，也都一样。不但如此，人们让我从旁理解到，在彼得堡还有快乐的尼姆法女文官谋士普加洛娃，有伯爵的安慰，还能很好地用外国的新奇玩意儿来对她表示孝敬。我在海德堡给母亲买了条纱巾，的确花的是一点儿小钱，却不得不为此缩减自己的面包。得知地址后，我给女诱惑者寄去，还附了一封语气相当恭敬的信。

伯爵没有接待我，这得谢谢他。怎么回事？弟弟是个士官生，规定给他发的薪水一次不能多于60卢布。

我这是在准备什么——这连我也不知道。我问过马林诺夫斯基。他有一些庞大的计划。营造共同的氛围，培养没有恭维奉承和盲目服从的交往方式，培养人的自尊心。——须知他们今后是要成为国家栋梁的，但是不是称职呢？他们的劳动会不会白费呢？——如果我这么想的话，我一定会拒绝。劳动是否会白费？——假如我真的这么想过，我也会即刻摒除它的。向皇帝请求，给省长的证明。就是没受过教育的人也能做到这件事——教育谁以及为了谁我们才从事教育呢？——为了立法工作。这项工作或早或晚都得着手进行，以便使俄罗斯人的精神更加高尚，在全世界人面前展现其理性的风采，并且增强他们的自信心。而我们却在培养人们趋向其他的目标。根据条例，我们应当为国家部门中的重要岗位培养人才。他承认8年以来什么也没有发表，一直在准备从事公民工作，准备将要召集的参政员名单。土地分配还不够——还有许多荒地，老爷们强占了这些荒地，妨碍着土地分配，而那些为自己占地的人，也就只会为自己开发。奴隶制在使人腐化，使人精神空虚。俄国人最大的不幸是被人认为他们不善于拟定自己的法律——人们在为社会契约和公民理论而争执不休——原初的社会条件仅仅只是理想状态下的，俄罗斯人可以在直观自己的理性基础上建设自己的更加可靠的法律，而非外国的法律等。我同意一些人，不同意另一些人。然而我却沉默了整整8年！谢谢您，费德，您让我发言，这篇讲话我会在寄宿学校开幕式上宣讲的。我感到很新奇。我要说一说皇村中学良好的氛围。从我所说的一切——连一个字也不会透露。小心些，看起来不是多余的。费德建议我也写一篇发言。我立刻就同意了。

卡尔佐夫像狗一样凶；加利奇心地善良，不住地喝酒；卡维林是个可爱的小疯子，人还在哥廷根。

在沃兹涅谢尼娅见到了凯丹诺夫，他很干练，据他说正在出一本书。会是本什么书呢？残忍地玩弄法语语词，每个字母都要发音："нус，ле вьез стюдианте де Геттиген"，也就是说："我们都是哥廷根老同学。"如果不是法国人，就得背会。为什么要给别人的嘲笑提供口实呢，你难道就无力对其加以反驳吗？我们师范学校教育、无知和夸口吹牛的可恶的遗迹。

在彼得堡漫步。彼得堡总是这样吗？我已经开始不太习惯房屋、街道和行人的外观了。这座城市很安静，很阴郁，所有人的步伐都匆匆忙忙。秋天忽然到了。那个烤圣饼的女人说得对吗？战争真的不可避免吗？我想象巴黎的拉丁区，亲切可爱的、兄弟般的把我迎接的同学们，将给我献上鲜艳的野花的肤色红润的玛丽——可我不信。

今天在给马林诺夫斯基讲述巴黎时，提到了照亮整条街道的巨型反射灯。说到此处前老头忽然抓住脑袋："我们怎么能和他们打仗。"我反驳道：第一，灯不是大炮，射击不是用灯；第二，大炮也无法保证胜利，保证胜利的是军队的士气；第三，也许没有战争也能过得去。瓦西里·费多洛维奇只是叹口气。

一天夜里写了一篇发言。我不知道会不会被接受，我是在小夜灯下写的，写得我满眼泪花。我把发言给马林诺夫斯基，他却不置可否，我是不是大胆得过分了，和那些把自己的生活全部建基于祖先的功勋之上的贵胄子弟们所表现出来的真正的英勇，是不是截然相反呢。"这很好。

俄国从安娜开始就已过渡到贵族时代了。可是，要知道还会有皇帝，国务委员会，第一批官衔；更加锋利些的，人心惶惶的时代。"我开始为流淌到纸上的内心最真挚的感情而感到受屈。

很久没有去米哈伊尔·米哈伊洛维奇那里了。他忙得不亦乐乎，像人们常说的，门锁都没开过。最后总算接纳了。他脸白了，人瘦了，态度冷淡了，但脸上的笑容就是此刻也觉得很美丽。谁如果像我一样见过那些意大利老艺术家的画，谁就会懂得这种笑容征服人的魅力。任何东西都无法战胜我对这个人的感情——无论是经验，还是岁月，还是哪怕我对他的虚与委蛇心知肚明。这就是国家。我们的座谈持续了半个多小时。遗憾的是，一个叫加乌恩斯尔德①的人当时和我在一起，此人外貌是最阴暗的，是个奥地利人，勉强能说几句俄语，是乌瓦洛夫的朋友，——米哈伊尔·米哈伊洛维奇向我介绍他时，就是这么说的。他本人向我自我介绍说他是维也纳学院成员。维也纳学院是个什么机构？在此之后他举起小拇指，神情严肃地看着我。我知道这是共济会的欢迎礼，但却觉得对这个维也纳院士没必要回答什么。就这样，我们的谈话一半用德语进行。不过，我用俄语陈述了我想在寄宿学校开幕式上讲话的内容，米哈伊尔·米哈伊洛维奇精神为之一振。他很喜欢这篇讲话，实际上他觉得这篇讲话写得很成功。尤其是当我说到我们闻名史册的祖先们并未给予人以尊严，一个会思考的人应当自行做主选择自己的祖先那段文字。他要求补充点什么。唔，这就是瓦西里·费多洛维奇的指示。他抓起铅笔开始勾画他最喜欢的重点语句，最后他笑着对我说：

---

① 指费多尔·马特维耶维奇·加乌恩施尔德（1783—1830），奥地利学者，皇村学校德语教师，1818 年起为俄罗斯科学院通讯院士。——译注

"很好！我们早就该做俄罗斯人了！"

他很喜欢，他说，喜欢我到处都宣说祖国，是祖国承担起呵护和教育的责任，而没说政府、皇帝等的慷慨。

我们谈话时，加乌恩施尔德也在场，虽然一句俄语也听不懂，看样子却还很开心，而且他还补充说，他的这个想法最动人，最能抚慰人心："除了德国人外，我们这里的俄罗斯人还少吗？而且这都是什么人呀！"说到此处他相当可笑地看了肖像一眼，其中一幅笔触非常规整，描绘年轻时代的 И. А一ра：长得圆滚滚的，像少女似的，红唇，笑靥如花（如果不是这种笑容，哥廷根小酒馆《在金黄色的鹿旁》里的丽兹倒是满可以做个模特的）。桌子的右首挂着一幅罗蒙诺索夫的肖像；墙上挂两幅肖像便显得有些拥挤。斯佩兰斯基摇了摇脑袋，看出我明白了他的意思，便用指头威胁了我。随后，他的目光依旧蜻蜓点水式地从一幅幅肖像上掠过，对我讲述了"半带游戏性质的"教育，这种教学法在叶卡捷琳娜宫廷里成为最新的时尚：人们看孩子就像看小玩闹儿。我们如今的部长拉祖莫夫斯基伯爵，原来就在瓦西里岛十条半游戏性质的"学院"里受过教育，那所"学院"名叫"十条半学院"。对于那些几乎还是些孩子们的学生，院士们，耶稣会士们也都来看望——等到 15 岁时，他们就把俄语给忘了，被那些囫囵吞枣式半知半解的豪华学问给喂饱了。宫廷里人都拿这所所谓"10 条学院"打趣，就像拿小狗打趣一样。米哈伊罗·米哈伊洛维奇警告我，寄宿学校另一方面也可能成为一种玩具，最危险的事情莫过于欣赏幼儿的童稚。

维也纳院士聚集了自己脸上所有肌肉的力量咬嚼着甘草，竭力想要搞懂谈话的内容，因为这谈话部分也和他有关。斯佩兰斯基投向肖像的那种目光，他是明白的，伟人的性格里这种童稚般的无忧无虑令我分外吃惊。不但如此，房间里还站立着一个狡黠的仆人。告别时，斯佩兰斯基和刚开始一样，继续谈论那个教学计划，说学校要培养理性，而非盲目和乏味的感性，感性不是别的，就是一种机械式的惯性，"或许咱们的团队要补充新兵——会找到合适的人的！"

加乌恩施尔德在干扰——如此阴暗丑陋的嘴脸看上去怎么可以是一个正派人的。他在许多方面破坏了我们的会面。

米哈伊罗·米哈伊洛维奇说，此时此刻他把话全都说了出来，这尤其好。或许他所受的那场战争，别人头脑里也已经有了，如果口头上尚告缺失的话？

告辞时米哈伊罗·米哈伊洛维奇说："我需要那些提前结束寄宿学校学业的毕业生。我很快就需要你们来接班了。我们很快就要出版一种政治杂志，有点像是《监视》，您将担任它的主编。"几句话夸得我轻飘飘的。回到家，我立刻就把杂志的计划丢在脑后。我已经不再年轻了，再过两年就年满30岁了，夜深人静，暗地里，私下里，在哥廷根我一夜一夜地睡不着觉，总是在想，说句坦白的话，不是在想如何教育孩子，而是在想公民的事业，就是不想非理性的和盲目的战争。

斯佩兰斯基在我的演讲词里勾画出来的那几句话，看上去似乎正好回应了他的想法：

……不适合炫耀自己外在品质的技巧，而是真正的理智和心灵的教育……如果一个公民忘记了要使自己的私欲服从于社会利益这一责任的话，那么社会福利便会遭到破坏。而在其坠落过程中，个人的幸福也会被打翻……祖国赋予你们以保卫社会幸福的神圣职责……你们当中那些人会可怜巴巴地受骗，他们以为自己祖先的名望可以成为自己的依靠……祖国在为那些伟丈夫们的记忆祝福的同时，却又摒弃了他们多有不配的子孙……为不是依据功勋而获得的称号而骄傲有何益处，须知每个人的眼里都蕴含着鄙视、仇恨或诅咒？……被世世代代传扬的古代的种族部落……在荒野和森林里，凝神关注着一度曾经战无不胜的俄罗斯的武器，我们将赋予你们英雄般的光荣使命，那就是战胜敌国。你们肯定不愿意成为我们人类中最后一名，不愿意把自己混同于庸庸碌碌的、匍匐在未知中的众生……对于名望和祖国的热爱……双倍地得到了强调——在荒野和森林中。这样来称呼皇村兴许太大胆了，但我们必须唤醒他们的想象力：难道不久前这些园林不也是荒漠吗。谈到祖先——必须先破除他们所持的空虚的傲慢，而从另一方面说——我们要和他们竞争，唯一的办法就是迫使生活无忧的人从事劳动。另外一个办法也许更加沉重——那就是贫穷。但这已然是教育者的事情了。

　　今天有一个怪人来拜访我。有人敲门。我以为是尼基什卡又来聊彗星的事儿。谁知进来的是一个陌生人，我还穿着睡袍，但客人却不容我换衣服，于是我只得穿着睡袍接待他，结果使我感到很窘迫。来人很特别：瘦得像骷髅，眼窝深陷，黑制服长到脚面。他小声而又愉悦地对我说话，说他听说我和我们所有哥廷根大学毕业的学生们，都要到寄宿学校担任教师，作为未来的学监，或是寄宿学校的督学，他特意前来认识一下，并自称为马尔丁·皮列茨基。原来，五年前，他也在哥廷根学习过。

　　我都不知道该说什么好了，这在我眼里实在是太可笑了。这时客人开始干正事了，他问我知道不知道我学习是为了干什么，我不得不说我不知道。

客人从口袋里掏出一沓小纸片，**叠得整整齐齐方方正正的**，要我读一读全体学生名册以及有关其父母的简要信息。

我谢了谢他，读了一部分，但我马上就意识到，有关家长的这些信息收集纯粹都是警察局干的。每个学生的年龄，甚至关于学生父母的各种传言也一并收集齐全：父亲和谁同居，母亲和谁同居，或简言之，父亲笛卡儿派，父亲是高利贷者等。

我愤怒地拒绝再往下读。他看样子丝毫也不感到吃惊。随后，他藏好小纸头，以一种严肃的态度对我说，离开学总共只剩下一个月了，而他又该如何为学校的道德和教学工作负责呢，所以，"时不我待"。他明白，他以一种嘲笑的口气说，他对我的不满很理解，但是，如果你连受教育者是怎样的人，来自怎样的家庭，年龄几何都一无所知的话，教育的目的又如何能达到？（这种手法很下流，但却相当具有说服力。）他继续并且很快地对我阐述了一个中心思想：学生中的绝大部分来自放荡赤贫等家庭。要想培养完善的人，他们应当消除对于其家庭的记忆本身。

"但不能消除关于自己本身的记忆吧？"我终于问了他一个问题。

"也包括关于自己本人的记忆。"他坚定地说，"学生应当与外界彻底隔离，应当像一泓清水。"渐渐地他变得活跃起来，他说，有关某种依恋的想法应当被彻底消灭，只有一种依恋除外，那就是对于上帝的依恋。

他的双颊绯红。他好像有点儿忘乎所以了，一次也没有提高声音，他向我陈述了他有关何谓道德监督的想法。他不会让学生们感到烦闷，但他们将时时会感觉得到他的道德存在，无论是孤独自处，还是进行隐秘的谈话和耳语，甚至在沉默的时刻，在只有用表情来相互表达隐秘的思想的时刻，学生也将知道自己的所作所为都有人在听着看着。这会拯救他们，使他们免于犯罪和诱惑，而在别的情况下，犯罪和诱惑则是不可避免的。日日夜夜无形的，或换句话说，无形的道德的存在，也就是监督和观察，会妨碍他们沉湎于放荡行为，至于班级嘛——将会有家庭教师管理。

"您所说的放荡行为是指什么呢？"我问。

"和您所指的一样。"他恶毒地回答道。

他的脸在发烧。

"绝大多数人放荡不羁，这是您说的，"我尽量心平气和地打断他的话，"可为什么要让另一半品行端正的人受苦呢？"

他像是突然醒过神来的样子，沉吟了片刻，不情愿地回答说，在中等师范学校里，将既不会有行为放荡者，也不会有品行端正者，就如同既不会有富人也不会有穷人是一个道理。所有人在最高长官面前都得恭顺听话服从。

他所说的最高长官指的是谁呢：是指他自己，善良的瓦西里·费多洛维奇，还是指天主和上帝，这我就不得而知了。我直截了当地告诉他，他这是在培养僧侣。在这种情况下，他这么做是对的。至于我嘛，我从来就不敢培养神圣的僧侣，而只敢讲一讲道德哲学课，目的是让年轻人变得更加理智一些，但就这也很不容易。

我的客人发现我的写字台上放着一本卢梭的书《爱弥儿》，笑着拿起这本书，放在他那决然不像是人的长长的手指间，然后把五指攥成拳，放了下去。

"那么让·雅克①教父也可以算作圣人了是吗？"他露出狡猾的微笑

_____

① 指卢梭。——译注

问道。

他刚一离开，我就打开窗户，把清冷的空气放进屋子里。清新的空气很快就驱散了他来过的痕迹。这位先生道德存在的缺席产生了生命创造的作用。但是加乌恩施尔德和皮列茨基先生毕竟是一种能给人以欢笑的同事。仅靠逻辑来反对他们，看来是不够的。

在屠格涅夫家度过了一个愉快的晚上。他家当时有一位写诗的普希金和他的侄子，我未来的一个学生。我们聊了很多城里的流言蜚语和小道消息。我应当给普希金讲讲在哥廷根大学学习期间有关卡维林的几个故事，讲他如何决斗等。无论是屠格涅夫还是普希金都不相信会有战争。

我们谈到了斯佩兰斯基筹划创办的政治杂志的事情，但即刻就后悔了。亚历山大·伊万诺维奇非常热衷于这个想法。他差点儿就把自己当作整个编辑部了。普希金打哈欠了，发音不准地问道，这份杂志登不登诗歌，杂志的名称是什么？

普希金多么不像我们平常想象中的那种诗人呀！他充其量不过是一个老花花公子，而且还是个大肚汉，不修边幅，邋邋遢遢。在谈及希什科夫和杰尔查文时，他两次使用了强烈的表达法，这在少年人侄子在场的场合下是根本不合适的。普希金对彼得堡时尚店女老板的被流放感到十分愤慨。他们虽然是法国女人，但也还是我们需要的人——按照他的看法。"你们倒是想想看，"他说，"我们那些美人们又该到哪儿去穿扮呢？她们很快就只能穿萨拉凡了。而且，每一个正直的人一旦想要见见这位迷人的女性，总能在这些店里找到那一个房间，有高靠背小沙发，有一杯杏仁茶，而所有这一切又不贵，享用起来又舒适又体面又有礼貌。请你们相信，她们根本不会想念拿破仑的。"诸如此类，不一而足。而这些话是当着侄子的面说的。然而，所有这一切，看样子他那个侄子已经完全都安之若素了。如果皮列茨基往这里面瞅了一眼的话——准会大闹一场的！在这些家庭里，那种当着孩子的面什么也不避讳的现象，仍在如复一日地上演。侄子不像大伯喜欢沉默寡言，还多少有些野性，说话结结巴巴，可谓惜字如金。我和他聊了几句，他看样子像是变得欢快了一些。而关于我的杂志的名称问题，说实话我还没想过——诗人至少是在这个问题上说对了。

然而，早在哥廷根就开始写作的虚伪论文马上就该扫尾了：《伊非卡，或关于法的科学》。其中关于激情与冷漠，理性与迷信这一章写得很棒。我不知道谁会出版？

我在瓦西里·费多洛维奇那儿认识了许许多多人：认识了尼康尼科夫（家庭教师），法国人德·布德利先生和加里尼奇[1]。尼康尼科夫不大但很可爱，只是胆子有点小，身上老有一股伏特加味儿。加里尼奇将来会教书法，可他写字手老抖。法国人德·布德利先生人高马大，不苟言笑，戴一副带卷儿的假发，身躯肥胖，人很傲慢。他请他我到他家做客。

米哈伊尔兄弟请了一天假来看我。一见我穿着燕尾服，像是就要出门的样子，便怯生生地对我说："您。"我好不容易安顿他坐下，连眼泪都差点儿憋不住要下来了。米沙怎么样了！他可是个士兵，他生来就像

---

① 指福基·彼得罗维奇·加里尼奇（1788—1851），皇村学校习字课教师。——译注

个当兵的，腰板挺直手贴裤缝，脸上是一脸的愁眉苦脸。我不知道对一个大活人能否进行教育，但对于如何把一个人教育成动物却深信不疑。

去过大卫·伊万诺维奇·德·布德利家，但详情想不起来了。我承认他那涂了过厚的油的、扑了过多的粉的、天鹅绒的无袖短上衣以及在姓氏前面特意加上的表示贵族傲慢的"德"——很不对我的胃口。我看见的是一个陷于贫困中的法兰西达官显贵。这些被严寒从原地惊飞起来的鸟儿，和法语一起正在教我们的小少爷们学习风度，怎么拿叉子，怎么行礼，等等。贫穷反向刺激了他们的骄傲感，而知识并不重要。

老德·布德利住在拉兹耶日街。走到他门口，我立刻看见他的脑袋出现在一楼的窗户前，他坐在窗前，没戴假发套，戴着眼镜，正在抽烟读书。

一开始他没有认出我来，接待我的神情非常庄重，我打扰他了。我向他提醒自己道，老头子立刻活跃起来，严肃庄重的表情立马消失不见了。

我们聊起了我这次在德国旅行的事情。我回忆起自己的行程，德累斯顿，而谈到当地的古斯塔夫二世胸像雕像时未免有些尴尬，这座雕像令我吃了一惊：德国人的制作可笑之极，戴着一个巨大的假发套煞像马鬃。此时德·布德利恶狠狠地看了我一眼。我为自己立下的规矩是对于自己的粗心大意一定不要矢口否认，于是就告诉他，说我嘲笑的不是假发套，而是雕像本身。

德·布德利虽然冷静下来了，但久久地沉默不语。

我说我并不想在寄宿学校待很长时间，因为我的目的是出版杂志。他的回答相当严峻，说他无论是年轻时代还是后来，都从未想过要当老师。而在这里，在俄国，他有一家金带工厂，可是保罗皇帝在服装上实施改革，致使他破产了。

德·布德利听瓦西里·费多洛维奇谈到我的尚未发表的发言。他问我我即将教授的是什么样的道德哲学，因为他听说，道德哲学和神学讲授的内容是一样的。是谁给他胡说八道了？我反驳说，神学既不研究激情，也不研究理性，更不研究社会契约，而这也正是我的伊非卡开头时候所讲的那一套。此时德·布德利忽然在屋里飞快地来回走动起来，但却一言不发，把双手背在背后。接着，他停下脚步，面对着我，开始张口急急忙忙地说了起来，我不得不请求他说慢一点儿，因为我对法语的反应慢。他重申了一句：这是他的一位朋友、数学家的一个判断。根据这一判断人的身高相当于蝴蝶的身高，而青春时代最危险的事情莫过于像蚕蛹那样一动不动和缺乏生命力。让蝴蝶飞起来，这就是学问的全部任务，但为此就必须具有正确的思维方式。我很喜欢这一想法，但我要说的是，有时候飞起来的蝴蝶不是我们期待的、我们已经认同的那只。他所说的那位朋友叫罗姆，他的肖像就挂在墙上，脸色很阴郁，眼窝深陷。老头子解释说，他是在彼得堡见到罗姆的——差不多已经 30 年以前了，他们都曾经是教师：德·布德利在萨尔蒂科夫伯爵家里，而他的朋友——是年轻的斯特洛加诺夫的教师。罗姆很快就带着学生去了巴黎，从那以后他们再没见过，随后罗姆就死了。

说到这儿老头子用指头敲了自己的脖子一下，他的脖子很健壮。他以此要我明白自己朋友死亡的方式，并冷酷地说罗姆回到巴黎后就当上了议会主席。

此时他的夫人——一个尚年轻的德国女人——走进来，我们坐下来吃晚饭。

344

在餐桌前，大卫·伊万诺维奇明显变得欢快起来。他喝了点酒，承认自己非常想去瑞士待一段时间，那是他的故国，他已经 30 年没回去过了。他出生和成长在布德利城，随后在日内瓦研究哲学，有一次还亲眼见到过让·雅克本人，但却不敢走到后者身边。他所能记住的，只是这位智者的驼背和他那身灰色的制服。我不由得尊敬地看着他。

老头子又以一副行家里手的样子啜了几口酒：他青年时期最喜欢的饮料是法国麝香白葡萄酒，可他已经 20 多年没喝过了。他渐渐地似乎变得年轻了，开始回忆自己的家庭。他父亲是撒丁岛人，他说，而母亲是瑞士人。关于他喜欢的妹妹阿丽别尔季娜的命运他一无所知。墙上挂着她的肖像，是一个生手画的。"我是根据记忆画的她。"德·布德利对我说。妹妹的脸很瘦，而眼睛很大，是黑色的：不过，德·布德利是个差劲儿的画家。画框也是他亲手制作的，画框做得很好。

旁边挂着另外一个人的肖像，那人已经不年轻了，头发修剪过，眼睛像火炭一样黑漆漆的，露出一抹笑容。

"这是我弟弟，"德·布德利说，"他是个伟人。"

接下来他对我讲述他的弟弟是有个有名的医生，出版了论述可怕的梅毒病的论著。他更多的是一个私心的敌人，以此招致同行医师们的仇恨，因为他要求开诚布公地公布江湖医生们处心积虑想要向由于不幸的病态而积累的恶疾的人类隐瞒的全部医学秘密。这个想法很新颖，于是我开始向大卫·伊万诺维奇打听他这位做学问的弟弟的著作。老头子的态度明显缓和下来了，看得出，他身上古老的人类自尊心又复活了。他为弟弟感到骄傲。他的弟弟，他说，有很高的智慧，他对点火本质的研究可以给人类带来极大益处，如果法国科学院不反对他的话。他的弟弟成了在学术讨论会上绞杀伟人的沙龙学者，他一生充满不幸和风暴。在已故女皇时期曾经邀请他来俄国工作——教育青年一代，但他拒绝了。大卫·伊万诺维奇对此诗感到十分遗憾。

我略感吃惊，因为我从未见到过德·布德利先生弟弟的名字，既然他这么有名气。使我惊奇的还有，他故乡城市的名字和他的姓氏一模一样，关于这一点我问了他。这时大卫·伊万诺维奇吃惊地看了我一眼，问我是否认为他是个有爵位的贵族，我感到十分窘迫，他从我脸上看出我仍有疑问，就解释说，他的外号"de Boudri"仅仅意为"来自布德利"，因此和他故乡的名字吻合。我则更加疑惑了。最后，大卫·伊万诺维奇看出这一点，不情愿地嘀咕道，他真正的姓氏——马拉特——在这里被认为不太合适。我即刻变得十分慌乱，找不到更聪明的询问办法，就只是问了一句，问他是不是很早就和弟弟分手了。我明白自己的问题很愚蠢。马拉特不情愿地回答说，他在青年时期就把弟弟给丢了，从此以后再没有机会见到他，直到他去世。

我不由得看了一眼圆桌旁边放着的那张给女主人坐的空空的椅子，想象着坐在这张椅子上的马拉特——在彼得堡，在弟弟家里做客，便不由得打了个冷战。老头子斜着眼看着我，没说话，看样子他在为自己不合时宜得陷入回忆感到有些惋惜。看样子，他没有预料到自己的故事会发生这么大的作用，便皱紧了眉头。此后在整个就餐期间他再也没说一句话，而我也勉强等到他结束，终于可以起身了，走时感觉不到自己的脚步是怎么迈的。

今天在彼得堡逛街，却没认出他来。在炮兵广场和铸造街，一排排大炮在正步行进，开进来，排成队，炮手们手里端着炮捻，凑近点火器，马路发出呻吟。

有人告诉我，说阿拉克切耶夫正在视察炮兵，但看样子这已经是名副其实的战争了——就是我怎么也不相信的那场战争。

我沉思地在城里走着走着，忽然看见加乌恩施尔德。我本想向他施礼，但他却并未看见我，把衣领高高地竖着，捂着耳朵，回头看了一眼，就走过去了。他的行为令我感到很奇怪。他看了看他从中走出来的那幢房子，在门口看见奥地利使馆的国徽。梅捷尔尼赫大楼有着相当阴郁的外观。我起初压根儿没留意这一切，等回到家，喝厨娘递给我的茶的时候，忽然惊呆了，一个愚蠢的念头涌上我的脑际：我想加乌恩施尔德弄不好是一个奥地利间谍。我开始回忆在斯佩兰斯基家里见到的那位维也纳院士，就差不多肯定我的判断了。这是怎么回事儿？

今天夜里我久久未能入睡：风在烟囱里呼啸。接着我想让自己冷静地判断一番，却怎么也做不到。

战争越来越像是真的了，寄宿学校也并未开学。学校的老师们：耶稣会士，雅各宾党人，间谍和我，亚历山大·库尼岑。我回想哥廷根，无论如何也不相信，才过了半年，在哥廷根岗哨浓荫覆盖的橡树下喝酒，到现在才过了10个月，拉丁街区就有人为可爱的玛丽举杯了！

我为杂志想了几个名称：《阿杰涅伊》《教育的精神》等，但看起来似乎都不合适。

寄宿学校开学才一星期，喧哗声消退了，可脑子里还是一团乱麻。开始上课了，可学生们怎么也不听话。

然而《北方邮报》和各种杂志上所描写的事件，到处都要提到我的演讲词，等我出版这份演讲词时这会有助于我的工作。

瓦西里·费多洛维奇两天前叫我去皇村，可怎么去却没说。我雇了辆马车，可车钱贵得吓人——25卢布。谁家的父母会为了与心爱的孩子们见一面而付出如此繁重的税务呢！看起来这倒是不失为按照大纲要求把父母引开把学生孤立出来的好办法。可以等待官方提供机会，可是官方似乎把我们给忘了，而请求带有宫中侍役总管的宫廷六座敞篷马车吧，家族荣誉感又不允许我这样做——担心遇到宫廷领地农民的傲慢。

于是我廉价地匿名地雇了一个沉默寡言的裹在斗篷里的楚赫纳人。

颠簸摇晃了一路，却没有哥廷根那儿的马车夫那样轰隆轰隆，而是一路上无声无息地，尽管不是大马路。在炎热和酷暑中——尘土飞扬倒是很安详，而一旦淋雨就脏兮兮的。石头的路标柱煞像墓地里的石碑，或许更像一座体面的大型墓地，提醒我自己正在前往著名的叶卡捷琳娜宫。很快我们就追上前面拖拖拉拉一里多的一辆马车。生猪肉，一桶桶的猪油、生羊腿，再加上叮叮当当的酒桶，害得我们过不去。楚赫纳人恭顺地颠簸在最后一辆马车后面，对我让他快点超过那个车队的请求或命令置若罔闻。最后，我狠狠地吐了口吐沫，问对方运这么多吃的东西干啥呀？楚赫纳人脸上无任何表情地回答说："为了吃呗。"这回答赶得上第欧根尼了。

礼拜二晚上我们终于抵达皇村，天已经黑了。直到开幕式那天我才知道导致我迟误的那一车队货物，乃拉祖莫夫斯基伯爵膳食用食材。这些生猪肉是为那些尊贵的客人准备早餐用的，而在定期出版物中如今已经名闻遐迩的早餐，现在人们常常把它和波将金家的宴饮相提并论。我所见到的那些生猪肉，就是为了效法波将金烤公牛用的。据说，光是一顿长达两个小时的早餐，拉祖莫夫斯基就耗费了11000卢布，而只是为了让那些父母们，老师们和学生们脸上有光罢了。从厨房的大动干戈忙忙碌碌来看，你会以为这是开餐馆呢，而非开办学校。

我承认我的精神很激动，我咬紧牙关，为这一切而痛骂我自己。瓦西里·费多洛维奇一言不发，干枯老硬，内心胆怯。看见他这样我精神略有些提振。

四轮轻便马车从一大早就开始陆续抵达，鲜明靓丽的制服晃瞎人眼。老皇后带着近侍女官和身为大公夫人的女儿12点半从加特齐纳赶过来，当她得知皇帝还没到时非常生气。她甚至都想立刻打道回府，不想再等下去了，这引起宫廷仆人们的一阵慌乱。好不容易才把她安抚下来。

最后，皇帝带着随从到了，做过祈祷后，寄宿学校开幕式开始了。瓦西里·费多洛维奇致开幕词。他脸色苍白，说话打磕巴，声音小得听不见，干巴巴地读了一遍学生的花名册，紧接着该轮到我了。

我还没来得及开口说话，忽然一阵嘀咕声打断了我。我仔细听了一下，简直都不相信我的耳朵了：原来大家还在等待阿拉克切耶夫伯爵，他的名字在一行行人群中传递着。

我开始朗读自己的发言稿，心情很不愉快。我读的声音很大，因为正如瓦西里·费多洛维奇事先警告过我的那样，皇上耳朵有点儿背。果然，他的脸上起先是漠然涣散，只见他透过夹鼻眼镜这里看看，那里望望，然后对坐在身边的康斯坦丁说了句什么，而后者声音很大地回答了什么——回答什么无法分辨。两位皇后都非常关注，或许是因为不懂俄语之故。伊丽莎白皇后还上过格林卡教授的俄国文学课，看来是白学了（听说俄国作家他最看重的是伊丽莎白二世）。她身边坐的就是长得最像皇后本人，但却稍胖和朴实的巴登公主阿马利亚：无论她怎么努力，也还是抵不住瞌睡地在打盹。所有人中我记忆最深的是瓦尔弗洛梅伊·

托尔斯泰伯爵那张脸，脸上没有任何表情。他的脸很白，像女人，眼睛很忧郁，嘴唇很甜润。仪式过后马林诺夫斯基告诉我，说他在后宫里藏着个漂亮的农奴出生的女演员。我的发言在他看来应该很生硬。

大学生们，换言之，孩子们规规矩矩地站在地上，就为这些人提供了榜样树立了典范。不过，大家全都望着皇上。在两三个孩子的脸上，我捕捉到关注的眼神和表情，这是针对他们的发言，他们怎么能不关心呢。想到此处我也开始看着孩子们，但却不像瓦西里·费多洛维奇那样看他们。瓦西里·费多洛维奇说过："亲爱的学生们！"——可说话时眼睛始终盯着皇上。

渐渐地我的窘迫感消失了。忽然会场上安静了下来，我明白这是阿拉克切耶夫终于到了。皮列茨基偷偷摸摸无声无息地溜到门口，所有人的脸齐刷刷转向门口。沙皇本人抬起眼镜，在往那个方向望。我不知道自己该怎么办，几秒钟内慌得手足所措了。他的名字笼罩在他自己散布的神秘氛围里，关于他的流言蜚语满天下，这些似乎捆住了我的舌头。不过，我从纱巾这件事上就开始比别人更了解他了。我振作精神，很快就不再想他了，而当人们开始抨击那些只知道以祖先为傲的贵族时，才重新抬起眼镜。几个客人皱紧了眉头，拉祖莫夫斯基伯爵透过眼镜看了看我，毫不隐瞒他的不满，而皇上则把手掌贴近耳朵，仔细地听着。康斯坦丁在打盹，两位皇后和他一样。阿拉克切耶夫没来。当我结束发言时，全场报以一片寂静，但皇上却鼓掌了。然后全体跟在皇上后面也开始鼓掌：拉祖莫夫斯基伯爵是两根手指拍两根手指。伯爵的二指禅我非常理解，就知道他不怀好意。瓦西里·费多洛夫在走廊里赶上我，握着我的手，赞美地说，我的发言一次也没有提及皇上——这种事儿闻所未闻！——好在一切还算顺顺利利，平安无事。而我却认为恰恰相反，皇上喜欢的正是这一点，阿谀奉承并未总能奏效。

随后吃早餐，就是妨碍我进入皇村的那顿早餐。又是一番忙碌——学生按班级进餐，母后尝了尝早餐汤——我发现一个人脸色苍白，浑身颤抖，像在打摆子——原来是管家。汤做得很好，随后就是有名的弗雷什特克，一直持续到晚上。宫中侍役总管给宫中上菜，是从拉祖莫夫斯基家雇来的。犒劳我们的比较简单，像是著名的剩下的弗雷什特克。

接着，用宫中侍役总管的话说，在午餐之后人们到内室相互告别，允许缺席的那些人去了加特齐纳，而剩下的人则回彼得堡。最后只有我们和瓦西里·费多洛维奇留下来，后者请我到他那里过夜。

空气很新鲜，雪已经开始融化了。大家全都离开了。只有三两个穿着制服戴着星徽的重要人物留下来，在等马车时，热烈地聊着什么，但声音很低。忽然，其中一个对等车厌烦已极的人，响亮地拍了声巴掌，几乎直接对着我的耳朵嚷嚷道：

"奴隶！奴隶！"

他这是在喊马车夫，这一声断喝结束了我忙碌的一天。

我不记得自己是怎么倒下去睡觉的。

嗣后我才知道昨晚一个来自参政院的老人为阿拉克切耶夫的事来了一趟，得知他迟到就转身回去了，如烟一般隐形了。

今天瓦西里·费多洛维奇祝贺我得了勋章——这是为了我的发言。

我还要记下开幕式那天的一件事。

18日那天涅瓦河水涨了，忽然下起了雪，软绵绵的小雪粒，像绒毛一样——村庄都被雪覆盖了。19号，学生们是坐着雪橇来的——这指的是那些和父母一起来的学生。而那些雇不起马车的学生，则坐着专门为此事预备的宫廷六座敞篷马车。（瓦西里·费多洛维奇对我说起过的瓦尔霍夫斯基就是这么来的。他个人向瓦西里·费多洛维奇求情，被允准。他亲自去找了瓦西里·费多洛维奇，开诚布公而又勇敢诚实地说明了情况，把后者给打动了。）

来的人全都穿上了制服，但他们却不听大叔大伯们的话，开始玩起了雪仗。所以，等皮列茨基来时，差点儿没喊哑了嗓子，把打雪仗的人强行分开。不知是谁抛出的雪球砸在他身上了，他拿出惩罚册，想把两个犯过错的人记录下来，但学生们不肯，因为寄宿学校还未开张。

1812年。1月。

很久没写一个字了。

我压根儿没想到我还得给在校生讲课。仔细观察了一下这些学生以后，我决定不做任何改变，按照早先的想法草拟教案。

看样子他们每个人都从父母的家里带来许多匪夷所思的怪癖，几乎所有人都有一些杂七杂八听来的传闻，因而，对于道德哲学的了解和普通人无任何差别。

我首先碰到的一件事是，我的那些听众都非同一般地冷漠超然，根本不愿意听课。我决定和这种涣散现象斗争。我遇到的凯丹诺夫，神色像乌云一样阴郁。他告诉我说他骂奴隶"三孙子"，如果奴隶三心二意，就骂他们"牲口"。

"我就这样呼唤他们：雅科夫列夫－先生，牲口－先生，没关系，他们能忍。对他们应当加以教育。"

他说着停下脚步，样子煞像一位喜欢画画的中等师范学校的老师。我不喜欢这种蠢样子，我对他和对卡尔佐夫一样都很严肃。我决定要把自己表现得像是真的认为这些少年就是大学生似的，同时不允许任何亲昵的表现，我确信这会使小男孩们的自尊心得以加强。我强迫这些用布德利的说法是在课堂上打盹儿做鬼脸的木偶听课——也许能够化蛾成蝶呢。

今天我讲了亚里斯提卜，结束时讲了斯多葛派芝诺。

我认为不懂逻辑学就不会懂哲学，尤其是道德哲学，没有逻辑学的帮助要想解释和说明道德哲学的法则和三段论是不可能的。全班注意力不集中就是对我的回答。不但如此——我把班里几个学生叫起来回答问题，确信他们根本没有理解。

看起来他们只是觉得三段论的内涵本身好笑罢了，比方说："人皆有一死，N 先生是人，所以，N 先生也是会死的。"这样的真理实在是太简单了，说 N 先生也是人，这引得普希金发笑。我问他为什么要笑，他回答说：

"我承认我对逻辑学没有搞懂，但有许多比我优秀的人也不懂。逻辑学的三段论很奇特，莫名其妙。"

但学生们非常莫名其妙的入迷而又热情地列举三段论的修辞格，把这当成维吉尔的创新点。

我们毫不费力就可以证实三段论是有意义的，就好像这些诗句本身是无意义的，它单纯只是为了让人易于记忆而写的一样。达利亚和恺撒看起来让他们震惊了。

今天我谈到天然自由的黄金时代，得以再次击退我的学生们的打盹儿潮。

通常不注意听讲的不是那些听懂的学生。我在特维尔的中等师范学校教书时就了解这一点，我懂得学生中间颇有些人给你一种表面上很用功的样子，这是一种非常讨厌的行为。从他们的眼睛里，除了想要赢得赞赏的欲望以外你看不到别的内容。因此我是不会去谈论什么撒夫拉索夫、特尔科夫、米亚索耶多夫（彻底的人渣）、科斯坚斯基及其他人的。但是那些能听懂或可能听懂的人，通常却不怎么用心听课。

戈尔恰科夫很聪明，但太爱修饰自己，就像一个自恋地望着自己在水中的倒影的纳西塞斯。瓦尔霍夫斯基无可挑剔。玛丘什金很安静。丘赫尔别凯一看就是全班的活宝。在一切方面都很过分——写作很勤奋，以至鹅毛笔常常折断，时而说话，而由于他耳朵有点儿背，所以常常会大声反问对方。勃罗格里奥是没指望了。达纳阿斯也同样如此：老是做鬼脸，对一切都满不在乎，好像这样就是对的。普希金总是咬笔尖，常在纸上画画，糊涂乱写，因为做功课时思考得深，陷入沉思中，就会入迷到仿佛班上除了他没别人的地步。

杰尔维格①在睡觉——是实实在在在睡觉。科尔夫要比所有人都更加体面。

我对他们讲述了在人类尚未懂得签署社会契约的时代，同时也尚未被暴君毁坏的原始时代的自由，人的自然状态，人类的童年。这次他们听得很注意，有几个看样子甚至感到震惊。丘赫尔别凯和瓦尔霍夫斯基在做笔记。从来就不提任何问题的普希金，忽然在课后问我：地球上还有没有生活在这种状态下的人民？我回答他说，一些野蛮人还保留着原始社会的淳朴，但他们的数量越来越少了：教育也渗透到窝棚里去了，和教育一起渗透进去的，还有普遍的人类的罪恶。比方说，像夏多布里昂所描写过的印第安人，就是既野蛮又无辜的。这个问题多少令我感到

---

① 指安东·安东诺维奇·杰尔维格（1798—1831），俄国诗人，出版商。——译注

吃惊：他们不仅在思考，而且一下子就能思考一些真正的问题。

我和伊孔尼科夫①的关系越来越好。他非常穷，简单地说吧，是个赤贫。比他更奇特的外国教师还没有见过，但与此同时，他对孩子们的影响力是真实而有益的。他是一个真正的甘迪德②：对所有人永远说真话，只说真话。我听过一次他和戈尔恰科夫的谈话，戈尔恰科夫用法语和他谈话本想是为难他的，所以说的话特别可笑。伊孔尼科夫听了好长时间，忽然用法语回答说，如果戈尔恰科夫不立刻向他道歉，他就会认为他是个无知汉。这话说得他很尴尬。如今他获得了大家的喜爱。他们给他朗读自己的作文，并且非常看重他珍贵的趣味。除此之外，写东西的还有雅科夫列夫、普希金，此外还有五六个学生。他们当中的一个，是雅科夫列夫或是普希金，伊孔尼科夫甚至吻了他的手，奖励他对日里德所翻译的阿那克里翁《玫瑰》的转述，这件事是齐里科夫给我讲的。

只有一个科尚斯基搞不清楚——伊孔尼科夫注定会倒霉。他的命运十分奇特：他是著名演员德米特里耶夫斯基的儿子，自己演戏也不错，还在外交事务委员会当过翻译，在矿业学院当过执勤军官，在那里讲授过地理学、历史和法语——但干什么都待不长。他穿衣服很邋遢，以致我不止一次想要帮帮他，但他的骄傲阻止了我。

今天我们一起散步。我不喜欢在花园里散步，因为一不小心就会不是碰到树丛里的雕像，就是碰到哨兵，再不就是总能感觉到别人的目光在把你监视：这里的执勤部门时时刻刻紧盯着人——这么说吧，这里有道德监理在场。而一座小城里的街道，居民的小房子和小铺子，却要远

---

① 指阿列克谢·尼古拉耶维奇·伊孔尼科夫（1789—1819），九品文官，诗歌爱好者。——译注
② 伏尔泰小说《老实人》中的主人公，此处指"老实人"。——译注

比这舒适得多了。到处都是厚厚的雪，但街道却很干净。伊孔尼科夫给我读了几首他的诗作——令我震惊。这都是些短小的哀歌，带有最真挚的感情，是我们那位科尚斯基绝对无法比拟的。但这些诗全都尚未完工，写得也太粗心。我问他为什么不发表。"害怕被拒绝。"他实在是太贫穷又太骄傲了。

最后，他对我承认正在写作一首长诗，他今后的幸福就取决于这首长诗是否成功。但他绝对拒绝给我朗读这首长诗中的任何一段。他之所以对我坦诚这一切，他说，只是因为"他觉得我是个诚实的君子，比别人正直诚实"。甘迪德的这番坦白令我不由得笑了起来。他感到受了屈辱，快走几步离开了我。我赶上他表示和解，但却再也套不出他的话了。今天我和瓦西里·费多洛维奇谈到他，后者立刻要我保证不说出去，谁也不要告诉，然后他向我读了皮列茨基写的伊孔尼科夫的小报告。小报告里说，伊孔尼科夫已经两年没有参加圣餐仪式了，说他是个全身心投靠法兰西的亵渎圣物者和酒鬼。我劝告瓦西里·费多洛维奇不要扩散这份小报告的内容，就此打住。关于伊孔尼科夫的酗酒，我们这位宗教裁判官也许不全是撒谎——至少表面看是如此，的确，他身上有时会散发一股酒味。

我的关于芝诺的课，旨在教会学生让激情服从理性，这触动了听我课的所有学生，大家全都要求给他们讲讲情欲的事。我想起自己和伊孔尼科夫的那次散步，就说我会讲一讲骄傲的事的。这时有几个人——即丘赫尔别凯——想要我讲讲正义的事。戈尔恰科夫要我讲怯懦，而普希金要我讲讲吝啬。有人笑了，但我却认为在大家所提的这些题目里，吝啬是唯一的激情，因为正义和怯懦并非实质意义上的激情，并答应下次课上讲各啬。

丘赫尔别凯激烈地反驳，说正义也是激情。瓦尔霍夫斯基支持他的观点，声称善良也是激情。杰尔维格开始启用诡辩术，并起而证实最强烈的激情是无畏，结果引起了哄堂大笑。

最后我对他们说，善良就意味着事物与某些用途的适合性，其意如此，不多不少。事物之所以是善良的，是好的，是因为它们可以为达到某种目的而服务。由此可见，善就是对于幸福的追求。学生们看样子被解决这个问题的方法竟然如此简单而震惊。瓦西里·费多洛维奇会说这是厚颜无耻。我的目标达到了：我生动地揭示了这一点。而我在给他们尽其所能地讲授什么是骄傲时，一开头就引用韦斯的观点：一旦成不了暴吏萨图拉普，要想成为一个斯巴达人，就应该根据傲慢的程度来限制自己的费用。

谈到傲慢，我还说到，虚假的傲慢更多的是建立在想象的基础之上的，想象对于傲慢没有提供任何根据，只能中伤别人，抬高傲慢者自己。我引用了康斯坦丁皇帝作为想象的例子，这位皇帝由于个头矮小身体羸弱，在班师凯旋时，驱马跑到巨大的凯旋门下，故意歪着头，想要告诉大家，如若不然的话，门楣就会碰着他的脑袋。讲到此处课题里掀起一阵骚乱。戈尔恰科夫不由得歪起了脑袋，而马林诺夫斯基用指头指着戈尔恰科夫和米亚索耶多夫，声音很大地感慨道："就是他们这样！就是他们这样！"

我没料到我的解释会有这么强烈的效果，而且这么快地就被人实际印证。糟糕的是，外国教师伊利亚·马尔丁诺夫兄弟开始谴责夸夸其谈者，根据也是其兄弟的耶稣会士的条例劝诫劝谕，并且迫使他们"忏悔"。我请校长把他开除出去。戈尔恰科夫的傲慢建于爵衔之上，犹如建于飞快流逝的记忆。米亚索耶多夫的父亲在参政院工作。

今天响了警报：皮列茨基在学生之一的普希金身上发现了一本伏尔泰、庇隆等的赞美诗，正如他所说的那样，这是一本非常恶劣的书。他坚持彻底没收并烧毁了这本书。瓦西里·费多洛维奇在他走后抓住脑袋，对我说这还让不让人活了，更何况我们这个学生压根儿就不是个驯顺的小绵羊。寄宿学校暂时还没有一家图书馆，而伏尔泰赞美诗选又是一本允许阅读的书。这又不是什么讽刺诗选！恐惧与战栗！这更像是诵经员来自寄宿学校教堂的巴伊西，把伏尔泰当魔鬼。

新的指令比前一个更加愚蠢：禁止学生写诗，因为这会分散学习的精力。看样子这一想法来自外国教师伊利亚，也许还有给加利尼奇削笔尖削得厌烦了的科尚斯基？如今连学生也变得认不得了：尤其是普希金——还是总在课堂上咬笔尖，总是在不断地写着什么。我对瓦西里·费多洛维奇说，要他把伊利亚彻底开除算了。看样子非但禁令不起作用，反而皮列茨基（这条法则的拟定者）想要出版一份学生杂志。

到处风行着关于战争的流言。在皇村我就听说，不仅我的厨娘在用星象占卜，而且就连皇后也向星相学家请教呢。很快我的学习生涯就结束了：新编杂志的大致内容粗略拟好了。下周我将请求斯佩兰斯基接见。

关于战争谁都不知所以——是正在进行还是尚未进行？《北方邮报》关于战争只字不提，而又没有什么敢说，于是，看起来不敢说也有其理由。皇上正在旅行中，拿破仑也在旅行中，局势还不明朗，折磨着人心，就像行将临头的雷雨一样。科尚斯基已经再次涂改了《我们这个时代》的结尾部分——他起初用的是萨福诗体，而现在又改用颂歌体。大学生（抑或按照凯丹诺夫的说法——"小伙子们"）对一切的感知不亚于我们，但在散步游玩和班级上课时，却一切照常。

皮列茨基简直忙不过来了。在寄宿学校告密真的是一件很可恶的事儿，我发现人们都恨他，并且毫不掩饰对他的仇恨。只有布德利一个人很平静，和往常一样。有一次我问他（先是前后左右看了一眼——瞧瞧都到什么地步了!），关于战争他有什么看法？他说战争是不会发生的。"可大家都在谈论战争呀，"我反驳道。"On dit—c'est un menteur"① ——他回答道。"可如果战争开始了呢?"我问道。"如果战争打响，将会有很大震动，但震动不会比从前更大了。"老头子见多识广，你要想打破他的平静简直是不可能的。

战争看起来似乎是打不响了。然而任何人似乎也毫不怀疑我们将被打败：皇村中皇宫中人的脸都拉长了，据说都已经开始收拾东西物件了。多胆小呀！

关于我的杂志斯佩兰斯基再未提到。我做了个计划，编完了第一期。杂志分好几个栏目：官方——事件——哲学——教育——俄国古代法学史，格言警句。杂谈。

严寒忽然加剧了。

昨天晚上斯佩兰斯基被抓了，而且作为一个坏人隐藏得不知去向。任何人任何消息也没有。

———————————

① 法语：据说这是个撒谎者。——译注

加乌恩施尔德像渡鸦一般张开他的燕尾服的后襟在走廊里飞来飞去。皮列茨基在课间休息时整理着自己的笔记。旁边，在宫廷里，一切都安安静静的。宫中侍役总管正在冷漠地铺地毯。一般说来仆人们总是最后对历史的震荡发生反应。难道说米哈伊尔·米哈伊洛维奇的一切举措全都完了，中途而废了吗？看起来是这样。在这种情况下，还有没有能够赋予活着、思考和行动以意义的尊严呢？我和米哈伊尔·米哈伊洛维奇一样，和马林诺夫斯基一样，和我们所有"哥廷根分子们"一样——都是诵经员的孙子。可我让自己的理智得到了启蒙，我相信启蒙造福于社会的伟力，相信社会契约的神圣性，我想看到一个人的新的领域——难道他们可以把我送回到原始时代那种野蛮和缺乏愿望的状态吗？我在慌乱中给这一年做了个总结。公民的舞台对我来说忽然关闭了，一如诗歌的舞台对于科尚斯基也关闭了一样。我必以前双倍努力去讲课：布德利的榜样感染着我。这个老头子看样子完全理解这些变化的全部重要意义，但无论什么都难以撼动他。他是一系列非常重大的事件的见证者，他对我说过。今天宫里十分忙乱：人们在花园里走来走去，而这些人以前却从未见过。

窗子很快就被打开了，花园发出暗色调，园中有两三点火光：那是寄宿学校和宫中女官所住的厢房。万籁俱静，月亮像一年前那样明晃晃的。我在其中一位市民家里过的夜，接着就是瓦西里·费多洛维奇的夫人生病了。主人脸上的表情很平静，家里很舒适，壁炉里煤炭在噼啪响。我是多么喜欢这种可爱的生活习惯呀。

我自己也不知道自己写作是为什么，因为我现在正在把写出的东西全部烧毁。想要把自己的印象传递到一张纸上这种激情，难道不就是同样一种渴望不朽的社会渴望吗？

我到过亚历山大·伊万诺维奇·屠格涅夫那儿。详情是，亚历山大·伊万诺维奇的罪过搞不清楚。拉祖莫夫斯基说，这是个自己想登上宝座的雅各宾党人，但他却未察觉这里有个矛盾——或是雅各宾党人，或是王位。许多人称他是共和派分子。我们这所寄宿学校的母亲，巴枯宁太太在见面时对儿子说，她总觉得每当米哈伊尔·米哈伊洛维奇在她身边时，她总是能闻到他身上有一种硫黄味儿，而从他眼睛里可以看到一种蓝莹莹的地域之火。人们在把陷落当作对于法国人的首次胜利大过对暴君本人的死亡来庆祝，但沮丧也同样很强烈。

从哥廷根以来过去多久了，我们如今在何处呢？像投石器发射的一块石头，在这半年中我充当了上升和坠落、希望和绝望的见证者。战争离我们日益逼近。我在想我们自己的，米哈伊尔·米哈伊洛维奇将其交给我的后代。而就连他们在这半年中也经历了许多孩子即使是在五年当中也未必会经历的事情：父母家庭的巨大变化，如今很快又要打仗了，这将是一场震动朝野的战争。

分手时，亚历山大·伊万诺维奇特意问我普希金怎么样，因为他多少也和他的命运有关，并请我对他多加以关照，因为他的童年是在没有欢乐中度过的。阿列克谢·伊万诺维奇知道普希金的父母都是善于忘事的人，所以请我不要忘了他。这使我很感动，我答应了，但却坦白地说，在这个问题上，需要一个比我更加真挚的人：我会努力对他们的理性发挥影响力。我们的外国教师都很不好，非常希望他们相互之间能建立友谊，可实话实说，他们在早年生活中获得的印象彼此之间差异是如此之明显，以致令他们相互隔离。亚历山大·伊万诺维奇所关照的普希金，身上带有其早年所受教育的一些非常不幸的痕迹。他很聪明，但又很腼腆，他很固执，思维很敏锐，脾气暴躁到了疯狂的地步，但又很可笑。更多的评价暂时我还说不出来。

出事后我觉得似乎再没有人可以依赖了，很难找到适合给年轻人当教授的人选。现在只有我在做学生的工作，我想给他们开一门关于祖国和公民义务的课。我坐下来备卡拉姆津一课，当然我国没有什么人能像卡拉姆津那样写起东西来雄辩滔滔。但把对祖国的爱分为三种——生理之爱，道德之爱和政治之爱——这种冷酷的做法，是我所不喜欢的。第一种爱是自然的事情，是人人都具有的。第二种爱是年龄的事情，而第三种爱则要求进行判断，而且只有受过教育的人才得以问津！爱当然可以分为三种，虚伪的语调容易激怒听觉，而虚假到了一定程度则容易激怒理性。

我依然沉浸在如此这般沮丧的心境中继续开导米哈伊尔兄弟。他在生病，住进了战地医院。医院规定非常严格，是不可能放我进去的。于是我坐了好长时间的冷板凳。这个可怜人令我很高兴。长官虽然仍在隐瞒战争的事儿，但对大家来说，进行军事准备已经是有目共睹的了。他在等人，他回想起了我们在特维尔村子里度过的童年——那早已成了往昔：母亲如何在壁炉里烤面包，面包的香气如何被当时的我们当作世上所有的一切中最美好的东西。而我对这一切却早就忘了。关于战争的传言并未使他感到害怕，他请求分配他上前线，而且看起来十有八九能批准。他相当清醒地推断着法国军队在敌人的国土上行动有着诸多不利的因素。他对我说当他被忧伤或是屈辱所折磨时，他总是会自言自语地说："不要胆怯，米哈伊尔·彼得罗维奇。"这句话能够给他支持下去的力量和勇气。就像此时此刻那样："不要胆怯，米哈伊尔·彼得罗维奇。"——把背囊背在背上，拿起短剑就出发。

在可怜的士兵米哈伊尔身上所表现出来的爱，是否也属于卡拉姆津所说的那种类型呢？

难道真的只有受过教育的人才具有理性，而没有理性就不可能有对祖国的热爱吗？而什么是教养呢？真实是不是像天和地一样远离世俗和琐碎。

我读到让·雅克·卢梭的一段话："是什么推动心灵，以及学生是如何开始热爱祖国和她的法律的？我敢不敢这么说？在那些肤浅的人们的心目中，和孩子游戏是无所谓的联系。"

"教育应当赋予心灵以人民的形式，从而引导舆论和品位，以便让它们就其癖好、激情和必然性而言也能成为爱国者。真正的共和派人士往往会伴随着母乳吸吮了对祖国的爱，吸吮了对祖国法律及其自由的爱。如果共和派只有他一个人，他等于零；如果他没有祖国，他就根本无法存在下去。如果他不死，则他会比死者更糟糕。"（让·雅克）

在回忆米哈伊尔兄弟时，我想到了米哈伊尔·米哈伊洛维奇，想到了他对我说起过的寓教于乐的教学法。我们必须不带任何稚气地说，他们看起来全都能很好地理解一点，即人们在关心着他们的成长。糟糕的是纵容他们的弱点：当前阴郁的观点、老气横秋（戈尔恰科夫）和一种喜爱炫耀的反复无常在他们中间已经成了一种时髦。

我仍然没有来得及把自己的笔记本烧掉。我读了一遍，半年以前我们还怀抱着希望和某种青春时期的自我满足，而如今在我看来却是那么可笑，现在该是变得老成持重的时候了。我到过瓦西里·费多洛维奇那里，我们做了一次开诚布公的谈话。他依然很沮丧，被吓坏了：看样子是把自己的笔记本《论参政院议员的召集》给烧了——这是他集聚了8

年心血的成果呀。一旦战争打响，我想以一个普通士兵的身份上战场杀敌，像米哈伊罗兄弟那样。瓦西里·费多洛维奇来时似乎吓慌了，说寄宿学校就剩下豪森西尔德了，而他对付不了这一摊事儿的，说不定又得有一件事给他搞砸了，我答应考虑考虑。我想起了米哈伊尔·米哈伊洛维奇。他说他那里应该有一本小说，是斯佩兰斯基青年时期写的：《一家之主》——从标题就可以看出是模仿狄德罗的。

今天向普希金转达了来自亚历山大·伊万诺维奇·屠格涅夫的问候，履行完诺言后，我和他聊了起来。对来自上面的举措感到奇怪，但绝对谈不到仇恨。如今他已被外国老师划入顽童行列，而实际上他也的确是个顽童。看来，他还以这一称号自豪。他请亚历山大·伊万诺维奇给他寄一本布瓦洛的书。"你从哪儿得知布瓦洛的呢？""我在父亲和大伯的图书馆里读过他的书。""你最喜欢的是他的哪本书？""《读经台》。"长诗写得很不体面：的确，大伯让他读了。大人对他从不隐瞒什么，好像对他总是像同龄人平等对话那样平起平坐。他酷爱思考而又非常机智，读过伏尔泰、布瓦洛、庇隆，以及整个法国谐谑文学。他不喜欢科尚斯基的文学趣味（我也不喜欢）。使我惊奇的是，他喜欢古代智者。我给了他几本关于斯多葛派和昔尼克派的一本书《哲学箴言集》——对于少年来说，这本书里的笑话比别的教科书里包含着更多的智慧。他问我为什么要在自己的讲话里称皇村的园林是空荡荡的森林？我说这块地方前不久还曾有过森林，而周围则是一大片旷野，以致园林直到现在仍然保留着处女般的原始风貌。他什么也没说，但看样子对我的回答很满意。不过，他们散步时有时候走得很远很远，常常走到人迹罕至之处，然后才走到空无一人的路上。我惊奇的是，他对我在半年前开幕式上的讲话中所说过的话记得那么清晰。告别时我问他，想不想要我通过亚历山大·伊万诺维奇给他父母带句话。他沉吟了片刻。"不用了。"看样子他并不想家。科尚斯基错了：他丝毫也不凶。他嘲笑后者的宣言也是对的。H. Φ被伤害了。普希金带着简直可以说是童稚般的笑容——今天还和瓦尔霍夫斯基谈过。此人更加干练，下课后，他走近我问道……

第四章

1

　　头一天他就在几步开外见到了库尼岑背着别人，咬着嘴唇，心里忐忑不安地说起过那个对象——宫廷。皇帝肥厚的驼背正对着他，皇帝身上紧紧裹着软绵绵的呢子。皇帝、几个老太婆还有几个肩上裹着披肩的年轻女人也在这儿。穿制服和燕尾服的人们坐在一个不大的厅里，他认出其中还有大伯瓦西里·里沃维奇。大伯此时的样子和他实际的样子相仿：个子并不高，眼睛斜视，而且穿得很滑稽。

　　库尼岑奇个头不高，肩宽背阔，神情果决，穿着燕尾服，络腮胡子，读了一篇几页纸的讲话。这是这一天里第一个也是唯一一个曾经关注过他们的人：他面朝他们，看着他们，向他们发表了讲话。他们站在所有人后面。当那人讲完后，许多人转过身来，惊奇地看着他们，就好像生平头一次看见他们似的。这是库尼岑，教授。他记住了这场突然发生而又突然中止的轻松的谈话；晚上戈尔恰科夫对他说，大家这是在等阿拉克切耶夫，但他没有来。亚历山大问谁是阿拉克切耶夫，但戈尔恰科夫看了他一眼，狡狯地眯缝着眼睛，耸了耸肩膀，然后满意地嘿嘿笑了。亚历山大立刻就全明白了。

　　随后，第二天，人们立刻就把他给忘了。他们每天都是天一亮就起

366

床，一到 6 点，值班的外国教师伊利亚就把他们排成"队列"，领上二楼的食堂，让他们在那里喝茶水。伊利亚根据弟弟的嘱咐，对上课前楼上卧室以及二楼喝茶的情况监督得尤其严格，绝对不允许玩游戏，因为大家都在毫无必要的分散活动。随后从 7 点到 9 点是上课时间，课后学生可以散步游玩，吃饭，在年级大厅里做功课。接着又是上课，一连 3 节。课后，第二次散步游玩，下午茶点，晚饭，第三次散步游玩——10 点又是一次"站队集合"，学生们几乎从未在这个时间段内处于被观察状态，他们各自回到 4 层楼自己的宿舍，每个人身上戴有自己的号牌。亚历山大的牌号是 14 号，旁边，隔着一块木板隔板，15 号普辛在轻轻地吹着口哨。在一次法语课后，大家已经给普辛起了个法语外号"让诺"。

他们住在宫殿的厢房里，宿舍都在一起，每个小单间里都有旧式写字台，或如马特维叔叔所说的，斜面的写字台，一个抽屉和一张铁床，床底下有夜间用便鞋。在昏暗的过道里，有穹顶天花板，门上有供受督导员窥视的孔，门上的猫眼是透明的，外观像是僧侣住的地方，这一切有时候令他觉得好像是他终究未能进去的耶稣会士的修道院。

每天他们都被带去散步游玩三次，而散步游玩的意义比上课都重要：马林诺夫斯基认为对于孩子成长来说，皇村的空气是最重要的因素，他和他生病的妻子都认为皇村的空气是可以创造奇迹的，少年儿童应该这样的空气中自由活动，而房间是为了准备功课和睡觉用的。外国教师两两成行地领着他们去散步游玩，齐步走，但队伍很快就散了。很快他就和花园处熟了，觉得世上没有比这座花园更美的了。他学会如何区分旧式的、伊丽莎白的、宁静恬静广阔深邃的花园和新式的叶卡捷琳娜式的、刁钻古怪的、带有附属建筑物、纪念碑和英国式以外的花园。

伊丽莎白的园子坐落在宫殿和埃尔米塔什之间，带有凡尔赛式剪短的篱笆栅栏，有茂密的树丛。当他们走过小树丛时——他忽然觉得自己好像认出了这个地方，竟然差点把它当成自己童年时代常去游玩的尤苏波夫花园了。

他的头脑里涌现出了一些闲极无聊奇特古怪的想法。他从不记得自己有过类似的想法，而且从此以后也再未复现过这样的想法。有时候一想起来他就会笑一笑。和他一块散步的普辛，对他的这种表现已经习惯了，所以总是说个不停，根本不在意他是否在听。

学生们被领到玫瑰田野。透过灌木丛可以看见前方有一幢轻型的小房子——土耳其式的售货亭，还有用异国他乡的石头砌成的一个凉亭，齐里科夫告诉他们说，这石头都是古希腊时候的。凯丹诺夫在其课上讲到那些土耳其人时，总要适时地补充一个形容词"凶恶残暴的"，但在这里并不残暴凶恶。小池塘都挖得很小很小——是为了纪念土耳其月亮的。

有一次齐里科夫领他们散步时，总是陷入自己思绪中的他落在了后面，忽然看见一扇窄窄的窗户。透过窗户他看见在这座空空如也半明半暗的豪华宅邸里有地毯和沙发，一看里面住的肯定是一个后宫的统领主。一切都收拾得整整齐齐，就好像那个主人，那个重要的土耳其人，刚刚离开，很快就会回来，吸他的放在角落里的水烟袋似的。这里其实从来没有住过任何人。喜欢奇思妙想的叶卡捷琳娜的确在这里坐过，休憩过。

池塘上面简陋矮小的小屋是天鹅过冬的地方——每个小屋里都有一对天鹅：干燥的芦苇草垫上，一只老年天鹅用鼻子触摸着女友的羽毛，感觉到它们正在走来，在睡梦中嘶哑而又低沉地嘀咕着什么——这是个睡眼惺忪、全身肮脏的宙斯，由于勒达的缘故，不得不在棚子里冻得打战地过冬。

他们正在路过一座宏伟空旷的宫殿，齐里科夫拧紧了眉头，压低声音，要大家通过时不要喧哗，队列整齐，快速通过。他那张被晒得黝黑的有麻子的脸紧张地抽搐。亚历山大瞅了窗户一眼，窗户上挂着厚厚的沉重的窗帘。沉默无语的卫兵站在门口，学生们朝玫瑰田野走去。

玫瑰田野是一片规整的小块草地。草地上还有几棵玫瑰灌木丛冻得瑟瑟发抖，这是叶卡捷琳娜栽种的。但现在已经没人照看它们了，灌木丛因此野化了，它们存活的时间也屈指可数了。

谁都没有留意外国教师，大家全都走下小路，玩起了打雪球。从沉思中被惊醒的齐里科夫从这边跑到那头，手拍着胸口，嘶哑地哀求学生停止混乱无序状态：皮列茨基特别不喜欢打雪仗这种混乱无序，不喜欢规规矩矩的游戏，而只允许玩正规游戏，如猜谜，猜字谜等。

一道石头的玫瑰门是为了纪念奥尔洛夫建造的，因为他曾制止了一场在莫斯科流行的造成大量人员死亡的瘟疫，右首的大理石上不疾不徐地叙述了这位英雄的故事。一切都按照这样一种顺序，就好像英雄应该马上就骑马进来，齐里科夫慌慌张张，万分警觉，冲着学生们嘘声不断的样子，似乎也在证实着这一点。园子里已经住满了人，比那座带有窗帘、半明半暗、空旷无人的宫殿更有生气一些。

2

通常天还黑着时他就醒来了。睡眼惺忪的福马老爹轻轻地敲着门，呼哧带喘地说：

"先生们，该起了！天哪，还睡呢！"

接着，他的声音又在身边，从普辛门口传来，接下来，整条走廊都是他的声音，这声音呼哧带喘，而且还必定要加上一句：天哪，还睡呢！

他懒得起床，普辛便敲一敲他们中间的隔板。天还没亮他们就起床了，六点，走廊里还亮着蜡烛，窗外还是黑漆漆的夜——半明半暗的冬天的清晨。对面就是宫中女官住的厢房——从角落数第二间——透出一线微弱的灯光：这是娜塔莎，老沃尔孔斯卡娅的女仆，已经起身给自己的太太穿衣服，太太一夜又没睡好。他们在散步时见过娜塔莎，他也已经习惯于根据她的灯光起床了。

他是在一阵微弱的敲击声中醒来的，他睁开眼睛开始认真谛听。天还黑着，旁边屋里还一片寂静，普辛还在睡觉。他瞅了一眼窗户——娜塔莎的窗户还没有亮起来。

然而敲击声在继续，声音很轻，很低。——福马老爹平常总是用他那骨节粗大的手指敲门，绝不这样敲呀。他飞快爬起来，把脚伸进便鞋，抚摸了一下头顶的睡帽，偷偷地望外看了看。

通常每天夜里值班的外国教师穿着睡衣，坐在壁炉前打盹。值班的老师不是体形高大威猛的大汉加里尼奇，脸宽脖子粗，睡在安乐椅上，仰着身子，睡得很死，很甜；就是小个子的，无孔不入的齐里科夫，他通常蜷缩着身子，低声打鼾。有时候他们也会睡不着，于是便穿着轻软的便鞋啪嗒啪嗒在走廊里巡逻。有时候他能感觉到别人的目光晒在他的背上：门的上半部门是代栅栏的薄纱做的帘子，只能遮住房间的一半。睡梦中的他颤抖了一下，嘀咕了句什么。外国教师慢慢地已经不习惯偷看他房间里的情况了。他们通常都缩在值班用的小屋子里，一睡睡到天亮。

此刻安乐椅上是空的，整条画廊都黑乎乎空荡荡的。忽然同样的敲击声又响了起来——几乎就在身边，离得很近。他仔细看了一眼，看见一个穿着黑衣服的体形瘦长的人影。此人跪在墙边，额头紧贴着石板，慢慢腾腾地，无声无息地鞠躬。

他想起来了，今天学监自告奋勇要值班，站在那儿一动不动。马尔丁·皮列茨基在地上铺好小手绢，跪在石地板上，双手靠近心口，弯下腰，整个人身子蜷缩在一起，显出极其谦卑的姿态。只有那双硕大的黑色便鞋鞋底才能使他保持住一个人的形状；而这双鞋底活像一个死人的脚掌。

走廊里很冷；尽管努力去学习，但这篇关于耶稣的祈祷词仍然显得冷冰冰的；额头就像摆锤一样敲着石地板。

亚历山大站着，一阵寒意向他袭来，他转过身子。一种无法解释的厌恶感让他不能入睡。额头敲击地板的声音停止了，脚步声也听不到了，可能是马尔丁在地板上睡着了。

他又回到床上，很生气，因为别人妨碍了他睡觉——然后就不知不觉睡着了。他感觉自己好像在教会主日学校，这是他的伯父瓦西里·里沃维奇安排他入学的。在清晨的半睡半醒中，他对此一点儿都不感到奇怪。

过了不久教堂的钟敲了六下，他听到了熟悉的，间断的敲门声；福马大叔透过门上的小栅栏望了一眼，说：

"愿上帝保佑你们！小少爷，起床吧！"他往窗外望去，娜塔莎家的烛火闪烁着。夜里的事情让他感到古怪发笑。修士的大脚掌铺在石地板上，占满了整个空间。他突然想起一首古老的法国诗歌①。大伯瓦西里·里沃维奇很喜欢这首诗。这首诗讲了在一次祈祷中修道院院长把圣书放在读经台上宣读，见习修士鞠躬时一屁股拱了这张桌子。见习修士那双便鞋直立在地上，就像马尔丁那双似的。就像阿琳娜说的，修士都是真正的魔鬼，是伟大的伪君子。而这一点也是外祖母玛丽娅·阿列克谢耶芙娜严格禁止提及的。现在则没人能禁止他想这些，他想什么都行。戴十字架的灵魂牧师、耶稣、穿魔鬼制服的修士，以及一整夜都在克丘特斯河②岸边游荡的学监马尔丁·皮列茨基。

3

他是一个人成长起来的，所以现在很难适应集体生活。戈尔恰科夫这样描述小老头：

"快瞧，我们的老病缠身又来了！"他叹一口气，学他一瘸一拐地走路。

"我们，老病号。"他嘲弄地说道。他把所有东西都看得很轻，并以此为荣。他曾有很多崇拜者，罗蒙诺索夫和科萨科夫③在各方面都以他为榜样，教授们都很器重他，他很快就在班里名列前茅了。他的记忆力很好，不费吹灰之力就能一字不落地把他读过的东西背出来。他学习非常勤勉。现在他很健忘了，尤其是人的名字，但是，他好像对这样的情

① 指法国诗人布瓦洛的打油叙事诗《读经台》。——原注。
② 克丘特斯河是希腊神话中冥府五大河之一。相传去世后未被埋葬之人的灵魂会在该河边游荡，无法进入轮回转世，故发出阵阵叹息之声。所以该河亦被称作"感叹河"。——译注。
③ 尼古拉·亚历山德罗维奇·科萨科夫（1800—1820），皇村学校学生，后在外交部供职。——原注

况很满意。

"这个……他叫什么……啊对，福马。怎么就记不起来了呢？"他提到福马大叔，用手摸摸头，就像老年人一样，也可能像他的舅舅，诺夫哥罗德省的省长。

亚历山大羡慕他，还有点怕他。

瓦尔霍夫斯基一夜没睡，努力在班里抢占第一名。

勃罗格里奥最会给人下脚绊了，亚历山大有两次差点儿上当。勃罗格里奥和丹扎斯都是不可救药的学生——马尔丁这样评定。

他俩相互比赛——在被处罚方面。每当马尔丁斥责他时，丹扎斯习惯性地报以冷笑。看到这个不可救药的学生厚脸皮地笑，这个老头子的脸色就变了。一旦丹扎斯发现学监的弱点，他就开始滥用自己的勇敢。通常的惩罚对他不起作用，人们就找到一种新的惩罚方法：学校里留了一件儿童礼服，人们就惩罚他穿着这件童装待上一昼夜。这件礼服的尺码非常小，很寒酸，而且做工粗糙，从而引起大家的嘲笑，这样惩罚就起到了作用。制服才能把学生从寒酸、儿童礼服以及父母修改过的儿童衬裤中解救出来。看了一眼丹扎斯，亚历山大欣然发笑。就像小丑一般，丹扎斯感到很可笑。但是，他很快记起自己穿上这件衣服的样子，就慢慢不笑了，他无论如何也不想让自己穿上这件旧的儿童礼服。

他们一如既往地在教室里重复着老师指定的任务，每个人坐在固定的斜面课桌后。教室中间是一张黑色的桌子。丹扎斯和勃罗格里奥由于其不规矩的行为，通常是由于怪异的、不成体统的、不懂事的行为受罚，被教师伊利亚罚坐在黑色桌子后边。最近一次，教师伊利亚还没等到这两个活宝做出什么出格的举动，就直接让他们坐在黑桌子后边了。他俩对这张桌子非常熟悉。丹扎斯甚至厚脸皮地宣称坐在这张桌子后边比坐在斜面课桌后更舒服。由于德语对话沟通不畅，有一次加乌恩施尔德没给杰尔维格准备早餐。还有一次，由于疏忽，杰尔维格没温习功课，于是早餐他没得到茶，而只是一杯水就黑面包。这是对他懒惰的惩罚。

作为学生，普希金也会由于在习字课上大笑而引起加里尼奇先生的不满，或者由于在加乌恩施尔德先生的德语文法课上乱画一气，从而受罚，坐在黑桌子后边。但是，普希金还没有到"不可救药"的地步，只不过当时他比较调皮，带有孩子的野性劲儿。当时除了普辛，没人能和他合得来。

他不像丹扎斯和勃罗格里奥那样，有贵族头衔，身强体壮。但是，他能像法国人那样说一口流利的法语，他从家里带来了很多非常有意思的书。一到晚上，大家就让他读点什么。开始他是拒绝的，但后来他会读些伏尔泰①的诗歌，其中有一首很有意思，不过好像是禁诗；其余的就不那么有趣，但看上去这些诗更出名。他非常愉快地读诗，有时候还会流露出悲欢离合的感情。有人吃吃发笑，这时他就会啪的一声合上书，皱着眉头望一眼。戈尔恰科夫说他很有品位。

很快，所有人都发现，他在课上经常奋笔疾书——画些什么或者记下些什么。人们认为他在做课堂笔记。有人在课后想去找他，他就像丧失理智一样，什么都不想，而是准备和人打一架。这种时候，有两次授课的教师找他进行严厉地谈话，并连续给他两次"不可救药"的评定。他课上很忙，但看上去似乎是个局外人，好像什么都没听。有一天，当

---

① 伏尔泰（1694—1778），法国著名的启蒙思想家、文学家、哲学家。伏尔泰曾和俄国女皇叶卡捷琳娜二世多次通信。——译注

加乌恩施耐尔德让他背诵时，他什么都没背出来。这个德国人①大发雷霆，但是普希金一点儿也不怕。他似乎并不害怕成为"最差生"，而且他好像有一套自己的学习方法。顽皮的孩子们开始关注他。大概他在写诗？个子高高身体却很瘦弱的伊利切夫斯基②有些失落。他也写诗，但有人妨碍他时，他并不生气。他把诗丢到一旁，跑出去散步，和其他人一样准备功课，然后在空闲时间，当别人在走廊里散步，或者读书绘画时，他写诗。这没什么奇怪，也不好笑。雅科夫列夫模仿教授们说话，科萨科夫学唱歌，杰尔维格说瞎话，而伊利切夫斯基写诗。这只不过是消磨一段有趣的或者有益处的时间。大家要求他读诗，同学们都很喜欢这首诗：这是一篇寓言，很像德米特里耶夫③那篇，就是那天科尚斯基给他们读的那篇。大家请求普希金读，他拒绝了，脸上泛起红晕，好像有人打击了他似的，开始害羞起来。也难怪他埋头苦写——大家也都明白了，他的创作并不顺利，没写出什么好诗。

随后，人们发现，不怎么懂俄语的丘赫尔别凯，也在写诗。

十四号学生④怕见生人，于是捣蛋鬼们决定捉弄一下他。有一次，当勃罗格里奥将他顶到墙角时，他突然脸色变白，气喘吁吁，还粗野地骂了一句，以至于勃罗格里奥很是窘迫。看来他在上学前就学会骂人了。他们大概不知道，他的大伯瓦西里·里沃维奇几乎总是在骂他。于是他们放开了他，让他安静一会儿。

---

① 原文为德国，加乌恩施耐尔德应该是奥地利人。——译注
② 应指阿列克谢·德米亚诺维奇·伊利切夫斯基（1798—1837），诗人，皇村学校最早一批的毕业生之一。——译注
③ 应指伊万·伊万诺维奇·德米特里耶夫（1760—1837），俄国诗人，寓言作家。——译注
④ 指普希金。在排名表上普希金位列第十四。——译注

大家有点害怕他的知识了。他很古怪，也很调皮，虽然不像丹扎斯和勃罗格里奥那样，但和其他人差不多。所有人在晚上都会给家里写信——有些人每晚都写。而他未曾写过。

有一天他们在喝晚茶，他们的学监皮列茨基风风火火走了进来，宣布今后再也不会准许他们回家。亲属则可以在每周日和节假日来探望。

开始他们都没明白。科萨科夫和斯捷文①还问，啥时候能让他们回家，皮列茨基说：

"等到你们将来毕业的时候。"

一片寂静。科尔夫②哭了几声。大家大眼瞪小眼，不知所措地坐着。茶变凉了。丘赫尔别凯闷坐着，努力不让自己哭出来，不过眼泪掉到了茶杯里。亚历山大同情地望着他们。随后他也想起自家儿童室光秃秃的墙面，角落的炉子，父亲。于是他皱了皱眉头，将杯子里的茶喝光。晚上，躺在床上的时候，他拿了一本阿琳娜塞给他的伏尔泰，给大家读一首关于弗雷龙的短诗③：毒蛇咬了弗雷龙，弗雷龙没死，蛇却丧命。他微笑着，对这首诗很满意，将书放到脸颊旁。书皮是软软的精装，已经很破旧了，就像老奶娘的脸颊。他睡着了，脸上还带着一丝微笑。

4

他们经常朝着湖的方向，沿着池塘散步。头两个池塘间的沼泽地被

---

① 指费多尔·赫里斯迪安诺维奇·斯捷文（1797—1851），毕业后在芬兰供职，担任过维堡市市长职务。——原注
② 应指莫德斯特·安德烈耶维奇·科尔夫（1800—1876）。——译注
③ 指针对伏尔泰的政敌，记者和出版商艾利·弗雷龙（1719—1776）的一首讽刺诗（《讽刺的家伙》）："那一天，在深谷之中，一条蛇咬了弗雷龙。你知道出了什么事？那条蛇却倒地而死。"——原注

称作"鬼桥"，这里有乱石堆，其中包括大理石和花岗岩。这些难看的人工产品似乎已经在这儿放置了一个世纪。再往下是冒着泡沫的水，翻滚着流下来。一座用灰色石头做成的，朴素的原始风格的纪念碑立在这儿，船的造型向四周突出，让人联想起大海。只有当湖面结冰时，他们才能够走近纪念碑，阅读铜板上的铭文。就像旧时的铭文一样，篇幅很长，先是浇铸在铜上，然后再刻在石头上。铭文上词语很多，重复着古老的话语。这是为了纪念费多尔·奥尔洛夫在什么时候取得了海战胜利而修建的。① 人们回忆起了半岛、地中海、维杜罗港、莫顿港②。大家谈论起攻克拉萨沃、别尔多尼和斯巴达的巴尔科夫③舰长，以及让阿卡迪亚屈服的多尔戈鲁科夫④舰长。这个名单的最后是准将汉尼拔⑤。

"纳瓦林要塞是汉尼拔准将攻克的。"他没对任何人讲过这件事。他听说，愚蠢的米亚索耶多夫⑥不知道读了什么，跑去和没脑子的蒂尔科夫⑦说：

"汉尼拔，准将，是，煮粥的⑧"。

---

① 在皇村中修建的纪念碑是为了纪念费多尔·格里高利耶维奇·奥尔洛夫（1741—1796），1768—1774 年俄土海战的指挥官之一。1770 年，在希腊南部地中海一带，俄罗斯和土耳其之间爆发海战，史称"切什梅海战"。俄军以较少兵力击败土军，从而达到了扩张海上势力范围的目的。——原注，译者补充。
② 均为当时海战所涉及的港口。——原注
③ 应指加夫里拉·米哈伊洛维奇·巴尔科夫（？—1795），俄国将军。——译注
④ 疑指瓦西里·米哈伊洛维奇·多尔戈鲁科夫－克里姆斯基（1722—1782），俄国将军。——译注
⑤ 应指伊万·阿勃拉莫维奇·汉尼拔（1735—1801），曾参与俄土海战，是普希金母亲的伯父。——译注
⑥ 应指巴维尔·尼古拉耶维奇·米亚索耶多夫（1799—1868），普希金皇村学校的同学。——译注
⑦ 应指亚历山大·德米特里耶维奇·蒂尔科夫（1799—1843），普希金皇村学校的同学。——译注
⑧ 此处应是米亚索耶多夫将 Наварин（纳瓦林）错看成 наварил（煮，熬）。——译注

而蒂尔科夫答道：

"汉尼拔……这可是老早之前的事了。"

还好，他自己也不清楚这是哪个汉尼拔。在家里人们也很少提及汉尼拔家族。可能，这就是外祖母玛丽娅·阿列克谢耶芙娜经常用大把泪水去回忆的那个外祖父？或者，是那个想抢占他父亲领地的外祖父？他们都是海员。他本想把自己的疑问告诉普辛，但又迟疑了。但每次当他们经过湖边时，他都会望向那块朴素的带条纹的暗蓝色石头；带有绿色铜锈的石船造型伸向四周；古老的石柱矗立在黑色桥旁。这就是他的外祖父。

他偷偷地，以免让其他人发觉，将制帽压到额头上。受检阅时戴的三角帽已经收走，被管家锁到了柜子里。

他向外祖父鞠了一躬。

5

大伯瓦西里·里沃维奇并没有给钱；这些钱是他的妹妹安娜·里沃芙娜保存在他那儿的。亚历山大给父母写了一封信。他从谢尔盖·里沃维奇那儿收到一封饱含父母亲情的回信。信中谢尔盖·里沃维奇埋怨儿子为什么不写信：这么长时间才写了两封信。母亲让他转告，她非常心疼她的亚历山大这么早就要起床：六点钟。这超出了她的想象。姑母安娜·里沃芙娜只是和他们简单讲了孩子在学校的情况。想到这一切，能够在善良的校长开设的学校里受到照顾，亚历山大自己就应该勤奋，而不是惹老师生气。谢尔盖·里沃维奇认为，长期分离是让人难以忍受的。他要去看儿子——就这么定了。至于钱，没说任何相关的话。

与此同时发生了一系列意想不到的事。科尔夫让他精明的舅舅，留着黑色小胡子的列昂季去一家德国点心店买蜜饼。列昂季自己竟然在楼梯下的斗室里开了一间波兰咖啡馆。他在那儿支起一张桌子，盖上干净的小桌布，根据顾客需要，能够变出一壶咖啡和面包圈。真是脑洞大开啊！孩子们在列昂季那儿吃早饭，就像他们的父亲在巴黎皇家宫殿的小餐馆吃早饭一样。有一次戈尔恰科夫在他那儿喝了一杯烈性甜酒，然后晕乎了两天，还好当时没有老师在旁边。他说他自己喝醉了。他们把兜翻个底朝天，然后充满善意地交给列昂季，换杯茶喝。只有亚历山大、瓦尔霍夫斯基和丘赫尔别凯没钱。亚历山大和瓦尔霍夫斯基一点儿钱都没有，而丘赫尔别凯有两个卢布——这是他需要留到第一学年末的伙食费。

根据皮列茨基的命令，他们从家里带来的书籍要被收走了。教师齐里科夫①一个个宿舍去检查。亚历山大决定不交出书籍。他无法想象，没有伏尔泰、庇隆插图故事的书籍，该如何去消磨时间。他遇到了前来收书的齐里科夫，希望他能够退出宿舍。齐里科夫是一个瘦弱的人，面色黑黄，留有生过天花的痕迹，待人总是彬彬有礼。他叹了口气，斜着眼望着亚历山大，摊开双手。亚历山大把书交了出去。

吃早饭时，老师对孩子们说，在他们长大后会把书还给他们，而且还会有一种可能，那就是皇上会很快请他们参观自己的图书馆，里面收藏了他年轻时读过的书籍。那个时候图书馆在学校和女士厢房之间，也就是被称作拱门的地方。

现在，他再也没有从家里带来的东西了。

---

① 应指谢尔盖·加夫里洛维奇·齐里科夫（1776—1853），皇村学校教师。——译注

6

谢尔盖·里沃维奇去了皇村。这对他并不轻松。纳杰日达·奥西波芙娜得知他要去彼得堡后，默默地开始打点行装。谢尔盖·里沃维奇吃了一惊，他打算一个人去，而现在对于他来说，这趟行程的诱惑已经减弱了。最终他们商定，纳杰日达·奥西波芙娜给自己缝一件旅行穿的皮衣，因为旧的那件是不能穿出去了。然后她再去彼得堡找丈夫。谢尔盖·里沃维奇想出的计划，现在看来，已经被破坏了。同时，他的这趟行程也是有公干的。莫斯科军需部门的七等办事员，不管怎么讲对于他是有损尊严的。挣得不多，担惊受怕倒不少。他去彼得堡看亚历山大，顺便也是为了了解能否调到首都①去；如果不行，那是不是能谋到一个更满意的职位。如今形势不稳，这给他带来了些许希望。对于所有人来说，战争的临近是显而易见的。各种调动、任命等也是经常发生的，军需部门也是战时部门。他并不渴求自己的事业能怎么样——也不会怎么样了。但是他就像老赌徒一样不能忘记，一切都有可能发生。在莫斯科没有什么更让他开心的事情了，去可爱的潘克拉季耶芙娜那儿鬼混的时光一去不复返了，天晓得这个老鸨子是不是还在人世。他有时候会和当年近卫军的老战友们一起打打斯托斯②纸牌，当然不玩钱。这也未必能激起他对纸牌的热情。这些老战友现在厅里供职，也不是什么大官。再者，他对纸牌算命着了迷，一个人玩，乐此不疲，不会输，但也不会赢。他的姐姐安娜·里沃芙娜清楚游戏规则，还说打牌是罪过，但不打

① 指圣彼得堡。
② 一种纸牌游戏，盛行于 18 世纪末 19 世纪初。——译注

牌又很枯燥。老早前他的梦想是去趟巴黎，这个梦想起初是出自对他哥哥的羡慕。当然这个梦想现在也早就不记得了。时光如梭，沧海桑田啊！现在去趟彼得堡竟然都成了难事。

就在他离开前，他突然痛定思痛，下定决心，向纳杰日达·奥西波芙娜声明，他手头已经没钱给她做新皮衣了，要等到今年庄园的岁贡收上来才行。纳杰日达·奥西波芙娜明白，这是在骗她，并甩给他一巴掌。她生闷气，泪眼婆娑。但是令她吃惊的是，谢尔盖·里沃维奇精力充沛地经受住了这一切。他快速地吻了吻孩子们，就走了。

路上他的心情很好。在头一个驿站他和过路的官员谈论当下的政治新闻。虽然他对拿破仑不怎么支持，但最近拿破仑下的一道逮捕帽商，以和帽商划清界限的命令，博得了他的尊敬。看来那个官员被谢尔盖·里沃维奇的自由思想吓倒了，只是简短地回答："啊是。"

在瓦尔代①，他遇到了路过的骠骑兵，一群自由奔放的瓦尔代姑娘追着他，和他饮酒作乐。骠骑兵丝毫没注意到谢尔盖·里沃维奇，也没邀请他共度良宵（当然顶多就是些下流勾当）。木屋里挂着一面制作粗糙的镜子，谢尔盖·里沃维奇看着镜子里的自己，也明白了原因：他的模样很正经，脸发胖，身材臃肿。他已经是一大家子的父亲了。他耸了耸肩，决定在回程时好好犒劳自己，堕落一番。在彼得堡一切都很顺利，虽然关于他的职务问题他还没来得及说，当然也没人问他。他造访了伊万·伊万诺维奇·德米特里耶夫，给他带去了卡拉姆津的问候。

捷穆托酒店的仆人以礼貌交谈而著称。而谢尔盖·里沃维奇最终在这儿感受到了自己是独立的。

---

① 俄国城市，位于诺夫哥罗德省。——译注

屠格涅夫①本想和他一起去皇村，但是他要忙其他事。这使得谢尔盖·里沃维奇很是遗憾，因为少于 20 个卢布，车夫是定然不会去皇村的。

想同亚历山大见面，就要严格遵守制度，也就是只能在礼拜日见。谢尔盖·里沃维奇就在第一个礼拜日前往皇村了。

道路让他感到很新奇——这是他第一次走这条路。路上遇到了一些过路人，感觉他们的目光冷冰冰的。他命令车夫在花园的入口处停车。

在去宫殿的路上，谢尔盖·里沃维奇把腰带束紧，整理衣襟，小步快走过去。能够偶遇皇上的想法让他感到惊奇，这个想象使他着迷了。他带有贵族般的率直，向皇上陈述他目前职务的缺点，恳请皇上安排他的职务，并突然得到一个满意的，而且是重要的任命。离宫殿越来越近了，除了卫兵，路上谁也没碰到。谢尔盖·里沃维奇顿时感到泄气，精神萎靡不振，消沉下去。

在学校，一个极不友好的人带着挑剔的目光接待了他，态度很差。他对谢尔盖·里沃维奇解释说，会面要推迟了，因为上午的会面时间已经过去，很快就是学生们的散步时间了。所以，要等到傍晚才可以。或者是最好下个礼拜日过来。谢尔盖·里沃维奇顿时大喊大叫起来。房间里还有一些家长在同他们的儿子说话，谢尔盖·里沃维奇一个都不认识。其他家长都惊奇地看着他。这个不友好的人——后来才知道是学监，还是什么管理员——什么也没说，只是冷冷一笑，去找亚历山大了。

亚历山大在台阶上碰到了皮列茨基。马尔丁面带微笑看着他，这微笑亚历山大可受不了。这个微笑只是昙花一现，眼睛里可丝毫没有笑的感觉。要知道马尔丁总是面带微笑看着他。

---

① 指亚历山大·伊万诺维奇·屠格涅夫（1784—1846），俄国历史学家。——译注

从台阶上走下来时，他正巧碰见在房间里前后乱走，处于激动之中的父亲。

谢尔盖·里沃维奇穿着带有小花点的灰色燕尾服。他的穿着有点不合时令：勒紧的衣领子支撑起他日渐衰老的脑袋。

亚历山大和父亲有点疏远。他发现，莫吉尼卡·科尔夫的父亲在大厅里一动不动，头顶卷发，像一只山羊，好奇地望着父亲。他突然为父亲感到可怜，为他的肥胖以及衣着的过分仔细而感到害羞。一只旧的怀表坠子——上面还有一个小图章——在谢尔盖·里沃维奇的肚子上起伏着。他规矩有礼地抱了儿子。他觉得他们在宫殿里，不允许他将儿子揽到怀里，激动落泪，等等。然后他和儿子说话，嘴里带着浓重的苦味：

"我的儿子，您的曾祖父，曾在这儿受到接见。"

谢尔盖·里沃维奇没和儿子说，曾祖父在皇村受到接见这件事情未必真实，而且不合礼仪。总之，所有人都明白，谢尔盖·里沃维奇没有把学校和皇宫，把学校老师和皇家总管完全区分开。关于在皇家院落上开办学校的故事，让他刻骨铭心。

他很快就平静下来，瞅了一眼科尔夫爷儿俩，他问儿子的成绩怎么样，并表达出想和校长谈谈的愿望，时而提高音调，询问亚历山大·伊万诺维奇·屠格涅夫是否正如他承诺的，来看过儿子。谢尔盖·里沃维奇是从尼古拉·米哈伊洛维奇·卡拉姆津那儿听到这个承诺的。

其实，谢尔盖·里沃维奇并不是从卡拉姆津那儿听说这件事的。他的哥哥瓦西里·里沃维奇请亚历山大·伊万诺维奇不要忘了他的侄儿，并和谢尔盖·里沃维奇说了这件事。至于卡拉姆津，只不过是谢尔盖·里沃维奇出发前去拜访了一次而已。这一长串名字生效了。

科尔夫很兴奋，公共谈话开始了。轮到学监皮列茨基了。科尔夫对父母谈话的方法很反感。

"我的儿子，"他说，"因此可见，我对他同对我的个人一样，有着权利。我不能容忍私自使用法律进行惩罚。"

老科尔夫是个法学专家。

亚历山大询问母亲和姐姐的情况。母亲抱怨说他的信太短了。他还询问阿琳娜的情况——她在哪儿？

谢尔盖·里沃维奇发现这些问题不是很合适。

"Cette begueule d'Arina et toute la dvornia ①，她们都很好。"他微微一笑，说道，"她们在干什么？您不想问问您的兄弟吗，我的儿子？"

谢尔盖·里沃维奇终究还是问了亚历山大是否需要什么东西。

亚历山大出乎意料答道，他需要钱。

谢尔盖·里沃维奇很惊讶，有点不悦。

"但要知道你的姑母，安娜·里沃芙娜，给过你……我记得是一百卢布。"他低沉地说，"这不是一个小数目。另外她让你，我的朋友，不需要花得那么详细，这都是你的钱。但你说说，你是怎么花光的。"

当得知亚历山大从伯父瓦西里·里沃维奇那儿只得到三个卢布，而且全用去买坚果了之后，谢尔盖·里沃维奇慌了。

"我的朋友，你记得都准确吗？"他喘吁吁地问。

然后，他相信了，眼睛瞄向一边，快速地说：

"我会给你寄钱，用快件，也会提醒你伯父。我的朋友，给母亲写封信。"

对他也没说过多的话。科尔夫的父亲老早就离开了，但是那个不友

---

① 法语：那个温顺的阿琳娜，以及所有的仆人。

好的人又出现了，告诉亚历山大准备去散步。谢尔盖·里沃维奇皱了皱眉头，脸色发白。亚历山大跑去穿衣服。铃响了，谢尔盖·里沃维奇还是站在原地。很显然，会面结束了。他和儿子也没多说什么，但是没人——即便是学监、御前近臣或者大元帅本人——在铃响之前有权力中止这位可敬的人同儿子的会面。一队小孩子走过去——去散步。谢尔盖·里沃维奇迅速起身，披上制服，匆忙地飞奔过去。学生在一个相貌不佳的老师带领下去散步。亚历山大走在队伍最后，披着不整齐的制服。他追上了他。谢尔盖·里沃维奇把那个带队的丑老师的暗称作军曹。那个丑老师正在马虎地指挥学生们列队，步伐都没弄整齐。

"看起来，mon cher①，你可没在近卫军里干过啊，"谢尔盖·里沃维奇不满地想，"一切都一团糟！不害臊！"

道路很狭窄，他不得不迈着小碎步，穿过树丛，沿着路的边缘快走，要不然就被落下了。年轻的人们惊讶地望着他。在撵上亚历山大后，他发现亚历山大不会对他说什么了，只不过礼貌性地表示：

"亚历山大·伊万诺维奇·屠格涅夫就要找你来了。他会告诉你更多关于我的情况。我的朋友，请原谅。"

他看了一眼那个军曹，也就是被他起了绰号的齐里科夫，谢尔盖·里沃维奇很不满意，他瞅了瞅宫殿，向车夫走去。他曾经充满热情地设想（同皇村的达官贵人们会面以及让自己的事业来一个意外的转折）并没有实现。仅仅是儿子在皇村学校。学校那些粗野的，自以为是的老师们——tous ces inspecteurs，instructeurs etc ②，他一点儿都不喜欢。

---

① 法语：老兄。——译注
② 法语：也就是那些如监管者和教师的人。——译注

第五章

1

马尔丁·皮列茨基装作没看到他。他总是迈着飞快的步伐急速经过他身边,都差点碰到他,如入无人之境。他对于日常生活的管理欲不知从何而来,他要求学生们在面对神祇请罪时要像耶稣会士们一样既恭顺又骄傲。所有人都怕他。

他安排他的兄弟伊利亚当学校的教师。

他兄弟很崇拜他,总是在所有人面前向马尔丁鞠躬,就像下属向上级卑躬屈膝。他的身影在走廊里游荡。上课的时候他坐在别人看不到也听不见的角落里。不听教授们上课的时候,他就注意各种声音动静和悄悄话。他手头总是带着一个又窄又大的,黑色封皮的本子,并分分钟把他观察到的情况记录下来。

马尔丁有自己的崇拜者。他会找他们进行长时间谈话。苍白面颊,红红嘴唇的莫吉尼卡·科尔夫似乎就很关注他。罗蒙诺索夫很伶俐,也很客气,对马尔丁来说很可靠。尤金①受到了良好的教育,也很机敏。

---

① 指巴维尔·米哈伊洛维奇·尤金(1798—1852),普希金的同学,后从事外交事务工作。——原注

科萨科夫则是去巴结讨好。马尔丁暗中对他们都很亲近。他在壁龛、窗边或者连接女士厢房的长廊里单独和莫吉尼卡·科尔夫谈话。他让科尔夫要小心，莫吉尼卡是个很讨人喜欢的人，同学们可能会对他施加不好的影响。他应该像信任精神导师那样信任马尔丁，并忘记自己的生父。这个"修士"抚摸着科尔夫的头，放他走了。很显然，莫吉尼卡对马尔丁给予他的信任感到有点发窘。丹扎斯逗他玩，给他起了个绰号：小丫头莫德娘。莫吉尼卡·科尔夫哭了，马尔丁摸着他的头，安慰他。

当古里耶夫因其恶行而被学校开除时，没人感到伤心。古里耶夫很粗鲁，没有朋友。莫吉尼卡·科尔夫经常抱怨他。

马尔丁准许科萨科夫出版编辑杂志，并写了一个建议：将所有具备写作才能的青年人聚在一起，成立一个协会。协会的所有成员都应在两周内至少完成一篇作品，否则会被协会开除。协会之外的人士则禁止写作。他的兄弟伊利亚告诉他，普希金在课上不间断地写下一些和课程无关的东西。有一次他将一个写好字的纸团扔了。经过研究发现，纸上有一行删去的字："我不是当权者的情妇。"根据伊利亚的想法，这句诗确实出自普希金之手。伊利亚说，禁止写作的命令执行得还不够严厉，这张字条的出现也很可疑。因为普希金是很顽劣的，要不然字条也不会平白无故地出现。总之伊利亚请示马尔丁下命令了。

马尔丁知道，伊利切夫斯基、杰尔维格和普希金在写诗，诗中会出现一些可怕的内容。从普希金那儿收来的伏尔泰和庇隆的书就证明了这一点。其中一本从普希金收来的册子里甚至有一个章节被冠以"遗言集"的名字。这个片段是粗野的绞刑犯、巴黎的渎神者、下流的浪荡子弗朗索瓦·维庸①所作。这个人在历史上的记载可以说就是个笑话。

马尔丁同他的追随者很有耐心，但对他们不会宽容。他决定让所有人都依顺他，直到最后一个学生。最后一批学生是丹扎斯、勃罗格里奥和普希金。但是同其他人相比，对普希金应该早些控制住，因为他对其他人的影响是不可估量的。

他将科萨科夫的杂志简单地称作《皇村报》。科萨科夫写得一手漂亮的字，所以马尔丁让他做编辑。科萨科夫需要把自己的杂志给科尚斯基过目，征得他对刊登文章优点的评价，并请马尔丁做道德方面的审查。

与此同时，他需要他的"追随者"们要充分信任他。他们应该告诉他行为举止——他们自己的，以及其他同学的——甚至思想。马尔丁并未向他们许诺什么，不过作为精神上的导师，他会给他们公平正义的。他们也应该自愿承认他这种导师般的权力。莫吉尼卡·科尔夫和科萨科夫开始是很喜欢这样做的：他们有了庇护者，而且总是会准备保护他们，当然也要视情况而定。

2

科萨科夫写得一手好字，非常漂亮，他也成了名副其实的编辑。写字这方面能比得过他的也只有丹扎斯了。

他们很喜欢上写字课。加里尼奇是一个大块头，不爱动，脸上带有一副庄严的神情。他是评判者，精通自己的专业并非常喜欢。

---

① 弗朗索瓦·维庸（1431？—1474），法国中世纪杰出的诗人，市民文学的主要代表。其作品颠覆了中世纪贵族骑士抒情诗的传统，因而在当时为上流社会所不容。代表作有《遗言集》等。——译注

他同时也是不成功的。作为一名身材魁梧，唱功优秀的唱诗班歌手，他从南方被带到叶卡捷琳娜宫廷合唱团，以期在合适的时候出人头地。他的榜样就是歌手拉祖莫夫斯基，也是伊丽莎白女皇的情人。他被所有人铭记。但很不幸他的嗓子坏掉了，出人头地的机会也没了。他自己也永远成为过去不幸宫廷生活活着的纪念品。他字写得非常棒，他曾负责誊写乐队总谱。

他要求写出来的字线条有力，不能加粗变宽，尤其是不喜欢在开始写和快写完字母的时候停顿，以致形成一个顿点。他认为这样写不能登大雅之堂，是小官吏，小文书的写法。他同样也不喜欢"卷体字"，也就是字母的结构比较宽，间距比较大。在家里，德国识字教师就是这样教科尔夫和丘赫尔别凯写字的。

"花体字你们还写不了。"他对他们说道。

签名中的花体字和花笔，他认为这是所有事情中最不容易完成的。

"那些写字不清楚的人，可见他们的心神不安，没有思考。"他经常这样说，不过，也没有什么能证实他的这一想法。

对于亚历山大的字，他的态度要和缓许多。

"这是最新法国风格的字体，潇洒，但不够连贯。伊利切夫斯基的字则显得更整齐，但偏向卷体字风格。"

现在他们经常到处签名，只要是他们觉得合适的地方，哪怕是在随便什么碎纸片上。个人的签名占据了亚历山大的生活。他不仅是普希金先生的儿子，七年级的学生，或者是著名诗人普希金的侄子。他自己就是普希金，是诗人。

他们想方设法改变自己的以及同学们的姓氏。丘赫尔别凯这个姓实际上并没有多大难度，他们写成了"别凯丘赫尔"，他的绰号则成为

"赫泽尔"①。加乌恩施尔德稀里糊涂把所有的姓弄错了，当然除了丘赫尔别凯之外。所以他把伊利切夫斯基称作"伊利西西"。现在连伊利切夫斯基自己都称自己是某西西。

亚历山大喜欢自己的签名。他的签名带点官方特点，有点花体，有那么一两个短小的字母，倒着写：金希普。14号——这是他在皇村学校的学号，1号、14号、16号——字母顺序：名字的第一个字母和姓氏的最后一个加第一个字母"亚·金普"。有一次，在誊写自己的诗作时，他瞄了一眼自己的签名，想起了那座饱经风霜的祖上纪念碑，就签下了"安尼拔"这个名字。各式各样的名字以及签名让他很惊奇：每一次，不光是名字，就好像是他自己也换了个人似的。

他喜欢这些写在笔记本（这些本子要在马尔丁的圈子里公开的）上神秘的不真实的名字。作者用字母、数字以及文字游戏隐藏了自己，其他人都争论、猜测作者的身份。

加里尼奇最认可丹扎斯写的字了：

"字体平稳有力，圆润，架构精细。适合写公报和命令。"

想了想，他又加上了一句：

"他就是很淘气，所有人都抱怨他。但他并不是在所有方面都是落后的，上帝给了他一只会写字的手，这样的字可是没处去找啊。"

另外，加里尼奇教他们用两种方式写字。

"如果你们是给自己写字，就要努力写得一致，字迹清晰，以便让你自己明白写了些什么。但是，要是写给别人看，就要满足对方的好奇心。你签名所用的笔体，远胜于你自己的想法。要让人一下子就能看出

---

① 在德语中该词有"帮手、学徒工"的意思。——译注

来，这是谁写的：如果写字方方正正，而且从中能看出多角字体的风格，那么这个就是官员所写；如果字体平稳有力，那这就是战士的字。但是，如果字迹工整，横平竖直，不带顿点和飞体，那么这个人还有很长的道路要走。这是一个公开的字体，换句话说，是官方字体。"

科萨科夫的字体就是那种官方风格的。他很麻利，性格温顺随和，也有点不爱交流。他醉心于"编辑"这一头衔。当有人问他，皮列茨基和他谈了什么，他从不直接回答。看起来，他很重视皮列茨基对他的信任。他经常在任何情况下说谎，全面效仿戈尔恰科夫，因为戈尔恰科夫模仿皇帝走路的样子。所以科萨科夫是一个双倍的伪君子。

皮列茨基很赞同第一期报纸，但是他发现，应该刊登更多的诗歌作品。比如，挑选普希金的诗歌刊登。亚历山大从没向杂志投过稿子。

同时，他噘着嘴，皱起眉头，不经意地快速瞄了一眼，并偷偷起劲儿地啃着指甲的边边角角。在课上，伊利亚·皮列茨基，就是那个老师，经常对他进行特殊观察。当他被人叫外号，或者被招惹到时，他哆嗦一下，带着厌恶且略受惊吓的目光看过去。很快所有人都不搭理他了。当他写下周围人所有言行时，这一刻他显得很可怜，同时又不讲理，假惺惺，不配当一个讲话的人。有一天罗蒙诺索夫拽了他的袖子，他竟然蹦出一句骂人话。

3

马林诺夫斯基走路总是四平八稳、规规矩矩。这是他从英国带回来的习惯。这些天，他走路有点着急，还有点晃。

有一天他从学校对面的家出来，像平时一样，穿过街道。两个学生从窗户看到了他。突然，他们发现，校长眼神空洞，朝向天空望去，用双手捂住了脸。这也就是一瞬间的事，他们感到些许不安，也没对任何人提及这件事。

这天库尼岑脸色苍白，和平时一样，当学生们不再听他上课时，他嘴唇紧闭，脸上表情坚定：被打断上课是不能被容忍的。这一天，他没有回答平时学生们喜欢向他提出的问题。学生们认为他在生他们的气，不听他们讲话。

老师们沉默不语。这些天皮列茨基从他们手中收走了从父母家中带来的书籍。数学教师卡尔采夫平时喜欢讲些不怎么逗人的笑话，现在也默不作声，而且好像对那些在黑板上用粉笔写字发出吱吱响声的人很生气，粉笔从肥胖的手中滑落。加乌恩施尔德忘我地咀嚼着甘草，声音很大，速度很快，以至于没来得及读完德国诗人奥皮茨的诗歌。他们把这件事当作笑谈。

这一天斯佩兰斯基被解职了。过了一周后他们才知道这件事。担任要职的米亚索耶多夫的父亲，和他儿子一样，胖胖的，在探视的时候将这件事告诉了他儿子。

只有老仆人咔嚓一声劈断桦树枝，生好炉子，低声咕哝着。炉子冒烟了。生火是老仆马特维的活，他也因为炉子没少和管家吵架。管家说已经很暖和了，而老仆马特维反对道：

"我知道冷暖。再说您自己那儿也生火。喏，炉子就这么热，而学生们在长身体，他们需要温暖。请买点儿木柴吧。"

皇村的人开始变少了：亚历山大皇帝去军队巡视了。一些传闻（学生们对这些传闻一知半解）不胫而走：斯佩兰斯基突然落马——已经被处死或者被拘禁；他被指控是叛徒。在莫斯科，马丁主义者们开始密谋。学生们并不知道什么是马丁主义者。皮列茨基向他们解释，他冷冷地瞄了一眼普希金，说马丁主义者是法国人，那些为法国献身的人，嘲弄别人的人，哲学家，以及不懂礼貌，准备干任何事情的人。他们心中无视一切，任性——这就是所谓的马丁主义。现而今马丁主义即将走到尽头。伤风败俗的最重要的源头——莫斯科和彼得堡那些时装店和法国书店，都已经被纷纷取缔。学生们也没必要了解更多相关的东西。

在布德利的课上，当老头子解释完历史分期后，普希金问他，马丁主义是什么。布德利跌倒在扶手椅中。他严厉地看着普希金：

"您是从哪儿听到这个词的？"他问。

突然，他严厉地望着所有人，将假发从头上扯掉，摔在讲台上。没人敢笑。老头子被剪断的头顶和方正的前额露了出来。一双黑眼睛像炭一样冒着火。他开始讲话，声音不连贯，嘶哑刺耳。好像他不在教室里上课，而是站在大街或者广场上。

"马丁主义——是一种危害极大的迷信，"他说，"就和光照派一样。马丁主义者是神秘主义者。他们滥用对上帝的理解，迷信者在任何时候都丧失了理智。很多人都成为牺牲者——有多少人曾被异端裁判所处以火刑！这些刚刚迷信马丁主义的人难道忘了过去的人和事吗？空洞的神秘感，不幸的偏执！莫里哀在达尔杜弗身上出色地描绘了这种迷信的威力以及这个迷信者的虚伪。这就是马丁主义。"

然后他不动声色地戴上假发，扶正，让普辛对不规则动词 coudre① 的所有时和体进行变位。普辛弄错了，布德利开始唠叨：

"要多用功！要多注意！您从不发言，只是在底下闲聊！"

他是一个好心肠的老头子，一位严格的教师。

---

① 法语：缝。——译注

所以，马丁主义者就是伪君子。皮列茨基的名字就是马尔丁。从今后，马尔丁做的所有事情，都被认为是马丁主义。他的告密者——科尔夫、罗蒙诺索夫、科萨科夫和尤金——则是马丁主义者。

下课的时候，亚历山大管科尔夫叫马丁主义者，然后哈哈大笑。科尔夫没明白原因，但是抱怨了起来。他张开嘴，深蓝色的眼睛里变湿润了。

科尔夫受到了大委屈，哭了。

他是个爱哭的孩子。

4

就像生病一样，他坐立不安，不放过一个词，加上韵脚。然后他读出来，大吃一惊：词并不是那些想要的。他删去了一个又一个词汇。韵脚留下了。他开始试着习惯：词不对，韵脚却相当多；无论怎么样，这是诗，可能这也是错的。他不能不写，但后来绝望地撕掉了。

有时候晚上他会梦到诗，早上就忘掉了。有一天他梦到了娜塔莎；一整夜他都在说梦话，热烈地、沉重地；黎明时分他醒了，非常吃惊——好像发生了什么他不能解释的事情，发生了什么永远改变了他的事情：他记起了一行诗，是半句："娜塔莎——我的光明"[①]，而代替韵脚的是亲吻。他弄不明白，这个夜晚他梦到的是什么。娜塔莎，还是诗？但是他把这半句记在了一张小纸片上："娜塔莎——我的光明。"

他没对任何人读过。好像对他来说，承认会作诗是一件很沉重的事

[①] 普希金曾经有一首诗，名字叫《给娜塔莎》，其中有 "哦，我的光明，我的娜塔莎！你在哪儿？为什么看不见你？"（查良铮译）这样的诗句。——译注

情，就好像在承认自己犯罪一样。

除了科萨科夫，伊利切夫斯基和戈尔恰科夫也加入了杂志社，这对新成立的杂志社来说氛围更加宽松了。杂志社甚至同一些"温顺"的人达成和解（因为之前杂志社高高在上，得罪了他们）。因为普希金从来不向杂志社投稿，他们很懊恼，很快普希金就被除名了。当得知这件事后，他大笑起来，而随后却很生气。

现在，他在学校有了一个喜欢的地方：在那儿他能躲开皮列茨基，一下子就藏起来。这就是连接学校和宫廷女官厢房的长廊：拱门横跨过道路。长廊里最终建成了一个图书馆，他们可以在那儿借书，当然大多数是比较枯燥的书籍：十字军历史，尼罗河游记，伏尔泰的书则只有《查理十二传》。但是他喜欢这些枯燥的书籍。他喜欢这些对事件进行从容不迫地，详细地描写，甚至喜欢那些一带而过或者鲜为人知的情节。他尤其喜欢哲学书和名人格言选。那些简短的富有哲理的，有时候非常显而易见的小句子，组成了诗歌。

同科尚斯基的课相比，库尼岑所讲述的关于理智、情感和公民性的内容，更能让亚历山大想到诗歌。科尚斯基只是单纯说些和诗歌相关的内容，在库尼岑的分析中没有任何多余的东西。"自由""理智"和"情感"这样的字眼看上去更像是为诗歌准备的——韵脚自然而然就出现了，同时也指出了思想的正确性。青年阿那哈尔西斯漫游雅典的故事占用着他的时间。

他开始阅读这本书，品味其中对青年斯基泰人游历的描绘（这种描绘是不急不慌的）和产生的印象。斯基泰人就是来自马林诺夫斯基的故乡，过去古代的梅奥蒂斯湖，他就居住在湖岸边。梅奥蒂斯湖不是别的地方，就是现在的亚速海。他的思想在驰骋，心灵如少女般纯洁。同雅典的智者一样，他成为梭伦①的朋友。他敏锐地关注着雅典诡辩者的说教，但不完全信任他们。

皮列茨基在观察着他。有一天，在娱乐时间，他看到普希金在大厅里玩球。普希金的动作飞快，百发百中，精力充沛。他沉浸于做游戏的热情之中，并未察觉周围发生的事情。他没发觉皮列茨基，因为遵于道义上的原因，皮列茨基的出现是不易察觉的。马尔丁有时藏在柱子后边，有时藏在门后。还有一次普希金同雅科夫列夫非常急速热烈地谈论着什么，皮列茨基无法听清楚。雅科夫列夫集中精力，张着嘴，惊讶于他所听到的事情。普希金快速地说着什么，非常心甘情愿地说，有时稍稍喘口气。突然他马上沉默下去，一句话也不再说了。

有一大他发现普希金同学生杰尔维格（曾经因为懒惰而引起特别关注）相遇。就像平常一样，正如教师齐里科夫说的，"那个挺着腰板儿，怕生的小孩"，普希金走了过去。突然普希金无意中看到了杰尔维格，没有任何事情或者缘由朝着自己走来。他的表情立刻变了，微笑显露了出来，双眼闪着光。也没有什么原因，他笑了。两人拥抱了一下，肩并肩一起走了。平时普希金不怎么爱说话，也不愿意回答同学们的问题，很少有笑容，说话也断断续续，毫无热情。而现在则常常和同学们谈天，也露出了笑容，他像小鸟一样说个不停。看起来他接受了杰尔维格。皮列茨基望着他俩，带有一丝困惑，停在他们看不到的地方。看得出来普希金是一个热心肠，他性格中的矛盾特点是不为人所理解的。

书柜有时候会忘了上锁，普希金就坐在窗户边上读书。他在这儿逃

---

① 梭伦（前638—前559），古希腊雅典城邦的改革家、政治家。在出任执政官期间进行了改革，史称"梭伦改革"。同时梭伦也是一位诗人。——译注

了数学课和德语课。他无论如何也不想强迫自己背那些德语单词。对于他来说，德语太糟糕了。加乌恩施尔德嚼着甘草读奥皮茨的诗，腮帮子鼓鼓的，喊出一堆单词，而剩下的就是不清楚的嘶嘶声。这读的不像是奥皮茨的诗歌，而是在骂人。

皮列茨基跟着他。他藏在通向宫廷女官厢房的大门后边，但被发现了。有人冲他竖起了手指，但什么都没说。这一天库尼岑给他读了关于人类简朴纯真的黄金时代的故事。这个时代只是存在于原始人的社会。

经过普希金身旁时，皮列茨基突然转过身，微笑着扶住他的肩膀，做出一副像是信任熟识的样子，并表现出想独自面对面谈一谈的意愿。亚历山大难为情地转过身去。他很小心，并不想被碰到。皮列茨基开始笑了笑。他问亚历山大，为什么不想把自己的诗作交给科萨科夫。说不定亚历山大是因为助学金不够花，因而想赚点助学金呢。如果有合适的诗作，就告诉他，他会把一切搞定的。

亚历山大没有回答关于诗歌的事情，而是突然提及了一本本阿琳娜给他装在行李袋中的书籍，也就是后来齐里科夫按照马尔丁的命令收走的那些书。这些书籍正是他想得到的。

"我亲爱的，您知道吗，"马尔丁问，"这些都是什么书?"

还没等到回答，马尔丁用干巴巴的语调笑着说：

"请忘掉这些书籍吧。我给您三天的时间去忘记这些书，然后请来找我。我会等您的。"

快走的时候，他简短地问亚历山大，这些书是从哪儿来的，是谁给他的。

当得知这些书来自他父亲的藏书时，皮列茨基讪讪一笑：

"你老爹没给你很多书啊。"他点了点头，笑着说。

然后他带有一丝悲伤的眼神望了望亚历山大，静静地问他，读没读过《耶路撒冷游记》①。如果想读，他就把这本书给亚历山大，亚历山大是不会后悔他在这本书上所花费的时间的。皮列茨基快速走开了，他总是乐于给所有的灵魂铺平道路，给所有人加以指引。

　　亚历山大望着他走了，想起了那天修士鞠躬礼拜时伸出的那双巨大的拖鞋。

　　他没读《耶路撒冷游记》这本书，但是他回想起了谢尔盖·里沃维奇的笔记。要是把这些笔记带过来藏好该多棒。他还想起了一部长诗的主人公亚姆西克·叶里赛②。那首《读经桌》的诗也不错：见习修士的裤子罩在了虔诚修士的读经桌上。

　　同父亲会面的感觉是淡淡的。亚历山大很少想起父亲。他为父亲感到害臊。父亲穿着燕尾服，戴着紧身衬领，眼部浮肿，神态庄严，说起话来喋喋不休，迈着小碎步。马尔丁只是在楼梯上瞥了一眼，父亲的这一切装束神态就足以让马尔丁嘲笑了。

　　看来皮列茨基在嘲笑谢尔盖·里沃维奇，因为他用"老爹"这个词称呼他。亚历山大突然发抖，他能猜到皮列茨基是怎样用"老娘"这个词称呼他的母亲纳杰日达·奥西波芙娜。无论他的父亲和母亲多么糟糕，他们都是不能被嘲笑的。他记起在炉子旁的角落，阿琳娜那双土黄色的手把木柴摞在那儿。这些事情他很少想起来了，只有在他快入睡的时候才会回忆，而其他时候也记不起来。突然他发起火来，没人有权利嘲笑他的父亲。没有人！除了父亲自己。父亲谢尔盖·里沃维奇，这个

---

① 应该是《圣经·新约》里的内容。——译注
② 指瓦西里·伊万诺维奇·迈科夫的诗作《叶里赛，或者被激怒的瓦克何》。——原注，译者修改。

结实的矮个子（现在他变矮了，而之前，他在家里是多么高大），慌里慌张，无助地站在学校的接待厅里，皮列茨基还笑话他。从那时起他就讨厌皮列茨基。

这一天，当粉红色卷发的戈尔恰科夫摇摇晃晃，蹦蹦跳跳——据他说这是在模仿学校开学时皇帝出席时的步伐，还咳嗽几声，瘸着右腿（他抱怨起自己的老足痛风）——和马丁主义者科萨科夫走过长廊时，亚历山大骂他是一个放荡的波兰婊子。

戈尔恰科夫没生气，只是很吃惊：他半张开粉红色的嘴，眯缝着眼睛看着普希金，然后飞速跑开了。一瘸一拐地跑了。亚历山大跟在后边哈哈大笑。这一切都被马尔丁的兄弟，教师伊利亚看在眼里。

也就是在这一天，马尔丁的兄弟发现，普希金嘲笑米亚索耶多夫的父亲，也就是供职于枢密院那位。米亚索耶多夫在平时谈话中不止一次提及自己的父亲，甚至由于自己的傲慢而受到其他人的责备。但是这个普希金不只是嘲笑米亚索耶多夫的父亲，还嘲笑枢密院有失体面。他听说，普希金发出笑声，并不屑地读出涉及枢密院的诗歌，很显然这诗歌是不当的。当时他没能听明白这些诗，只是听到了一些词，可是也是些不体面的词："黑暗"啦，"毒瘤"啦。经过询问，米亚索耶多夫说，普希金确实给他读过这样的诗：

枢密院在尘埃中，被黑暗覆盖，

"站起来吧"——吾皇亚历山大说道；他站了起来，身带毒瘤。

在表扬过米亚索耶多夫的记忆力后，教师伊利亚·斯捷潘诺维奇要求他忘记这些诗。普希金是从哪儿弄来这些涉及枢密院权力改革的诗的？老师很纳闷，也不知道。但是总之，在这一星期，普希金表现得很粗野，很懒惰。比如，他乱丢擦鼻子的手绢，借口缝得太紧而不系上常礼服的第一颗扣子，还咬着羽毛笔胡思乱想。这些羽毛笔可是由福基·彼得罗维奇和加里尼奇先生认真清洗过的，却已经被啃掉不少了。

马尔丁的兄弟要求尽快得到准确的指示，如何处理普希金。如果批评使他怀恨在心，那么可能会出现一种情况：他不听从斥责，而是在抗拒中带有一丝绝望。这样人们就可以等到他绝望至极。或者另一种情况：批评斥责正合他的心。那么黑桌子的惩罚措施就不够了，他就会像勃罗格里奥和丹扎斯那样，经常炫耀自己已经习惯站在黑桌子后边。

5

科尚斯基受到了刺激。他感到很委屈，皱了皱眉头，在大厅里走动的时候他仔细听了听：没人谈论他。他的衣着打扮中带有某种黑色的成分：勒紧的衣领子，黑色的领结，在走动的时候就好像乌鸦的翅膀一样啪啪响。他是新一代比较讲究穿戴的人，带有一丝忧愁的风格。茹科夫斯基是第一个这样穿的：解开领子，额头上耷拉着一缕卷发，目光若离若散。然而科尚斯基的卷发盖住了假发，他的头发变得稀疏，已经谢顶。一身黑的诗人决定不能靠近妇女了，爱情不是为他们准备的。开始科尚斯基只是模仿这一切，但逐渐他自己也真真正正变成这样了。

诗歌和漂亮女人，是科尚斯基打算将自己一生奉献出去的对象，但是这两样已经和他断绝来往了。他的诗作没有取得太大成就，他也惹女人们发笑。可能是由于过于谨慎的衣着打扮和年轻容颜不在的缘故吧。女人和诗是最不领情的。科尚斯基很欣赏诗和女人，而自己却没收获任何东西，他没有收获幸福。现在他的写作风格是悲情的——以女性人物之死为主题。他那部关于卡萨金娜－罗斯托夫斯卡娅公爵夫人之死的诗作发表在《文学新闻》上。他的哀伤之情迫使他觉得诗人在生活中应该更接近美丽的女人，而不是像他过去生活的那样。很快一些女性开始回避他。有一天，一个女人看到他，噘了噘嘴，小声说了一句话，对于他就好像是错觉：

"棺材匠。"

酒，也就是他认为荒淫的东西，多少安慰了他。他要求学生，没有知识的年轻人不要写诗。但这是徒劳，他们也写了。他自己开始给学生们布置题目，文本等。对这些习作进行评判成为他的爱好，他的知识面很宽，学生们都很畏惧他的评判。他也感受到了自身极强的优越感，有时候也比较宽松，在心里他把自己的评判称作"救命的藤蔓"。

最近学生们在学校墙上写一些荒唐的小诗并吟诵。作为次于校长的主要管理者和资深教授，他希望在马林诺夫斯基退休后接替他的位置。在斯佩兰斯基下台后，他认为马林诺夫斯基的退休是不可避免的。所以，为了能更深入地融进学校生活，他经常顶替皮列茨基去值班。

当听到安静的小曲时，他也曾想离开这个位置去休息。起初他也是不无乐趣地听学生们谈话：年轻人觉得没人听他们的话。也许第二天他们就能凭借自己的洞察力让别人吃惊，并且在小诗里他们精辟地嘲笑了加乌恩施尔德。加乌恩施尔德想当校长。但是很快这种乐趣就消失了。对于他们来说没有什么是可以被禁止的，他们可以拿一切消遣开心。的确，安静的小曲过后就开始了演员表演。有一段时间学校里会有小丑，没脑子的蒂尔科夫做鬼脸，试图吸引大家的注意力。但是雅科夫列夫可是个十足的坏蛋，就像演出里的角色一样，不管是谁都应该被禁止。未来的校长突然听到了自己的名字，随后传来了雅科夫列夫的声音：

"领结！领结！"

似乎他在索要领结来进行表演，教授解下了自己胸前的领结。

演出开始。观众的呼吸变得不均匀，紧张起来，这也说明演出开始了。雅科夫列夫的好奇心突然袭来，但是克制住了。

同时，雅科夫列夫开始用低沉的喉音和鼻音小声咕哝，根本就不像教授的声音。

　　用美丽的麦穗装扮的伏尔加献出自己的杰作！产品通过条条运河！跨越千山万水！金黄的麦穗——令里菲也弯下了腰——它又怎么能不弯腰呢，这个干燥的懒婆娘！所有人都弯腰鞠躬——往高脚杯里倒进蜂蜜，诸如此类，不一而足。①

这些都是荒唐话，胡言乱语的堆积。但是，他说的这些准确来讲，是在解释杰尔查文的作品，他在这方面也是有功的。在读诗的时候，他也给出了对诗不寻常的理解。他有意在读诗时停顿，加入一些让人振奋的解释和评论，以让学生们理解并领略到这些诗中所包含的愉悦之情。但是能够理解到这些的人并不多。他努力让学生们接触一些能够表达出高尚思想的词汇，使学生感到陶醉和愉悦，这些对于理解诗是必需的。因为，没有解释怎么能理解？不久前，他试着诵读了两句诗：

---

① 这段话改编自杰尔查文的作品《塔夫利宫波将金节颂》。里菲是乌拉尔山脉的别称。——原注

用麦穗做成的面包给伏尔加河加冕，

　　乌拉尔山也弯下腰，向杯中斟满蜂蜜。

　　学生们没有任何反应，嘴巴张着，就好像是无关紧要的人读了什么，完全是一副漠不关心的样子。普希金认真地咬着指甲，而丹扎斯则拿着小玻璃片去照阳光，形成斑点。他向学生们指了指同样坐在那儿的伊利亚老师。随后，课堂的秩序恢复了，他站了起来，碰翻了椅子，开始快速小声地解释。所有人都听明白了。

　　学生们觉得这是别人白白告诉他这些解释？当然不是！他用亚麻布手绢擦干额头上的汗水。他将诗歌带入了学生们的心中和思想里。他的努力得到了回报：所有人的注意力都集中了。

　　现在，那些孩子们跟在那些不能信赖的妇女身后，也在笑话他。似乎他们没把他当作一个诗人或者一名教师看待，而是当成了一个演员。学校中这种嘲笑的现象成为教学过程中的一个症结。他毫不怀疑，这现象背后的始作俑者是谁。这个始作俑者是家传的，嘲笑别人也是他一贯的作风：他就是普希金。他听到普希金的笑是突如其来的，不连贯不体面的。而其他人的笑至少还比较安静。就像他的伯父用下流和轻浮的诗句湮没了帕纳萨斯山①一样，这种风气也传给了他身边的人，他的侄子。他伯父的诗确实很轻浮，就像一吹就跑的蒲公英一样。

　　关于自己的讽刺歌他倒是没有听到。但谁能保证，这个小魔王没有嫌疑？他可能会通过自己美好的记忆，在第二天又煽动些什么挖苦话，讽刺歌，哑谜什么的。这是他卑劣的诗歌特点之一，从年少起他周围的

---

①　古希腊神话中文艺女神们的居住地，此处指诗坛。——译注

人就这样了。他习惯和诗人中嘲笑别人的人接近，这些人在定期出版物上发表作品，现在已经看不到这些报刊了。他——曾是陋行的始作俑者，现在又在学校里唱高调。教授依据自己的辨别，对这一点毋庸置疑。他曾想自费出版自己的诗歌，这都是些糟糕的诗，荒谬刻薄，他已经指出了这些诗中不合规范的严重错误。教授根据自己的辨别认为，即便作者是一个小孩子，也可以根据他的文体来了解他。就像根据人的性格来了解犯错误的人及犯的错误。文体题材是作者的特点和脸面，在这些毫无联系的诗句中，人们可以感受到淘气包普希金的天马行空和极糟糕的粗心大意。普希金是所有嘲笑歌曲的作者，没有别人能像他一样有如此敏锐狡猾的目光，能把别人的弱点分析得透透彻彻。这是真正的害群之马！他决定教训普希金。至于雅科夫列夫，他认为这不是什么难事。雅科夫列夫就是一个装模作样的人，从他身上得不到什么。没人抱怨他。普希金，还有杰尔维格，自命不凡。他们凭什么这样？凭着傲慢。他们写诗，但从不征求别人的建议。他们愿意模仿别人，但不去刻意模仿。而只有这种模仿才是有根基的，同时，人们看到一个学生很有希望：伊利切夫斯基。他不发什么议论，也不掺和什么讽刺活动，清楚自己的位置，而且还续写征求别人的建议，求得别人的帮助。他的诗纯粹，细节修饰之处认真仔细。这些都会使他随着时间的推移而成为诗人。他的诗和同学们相比，已经不在一个水平上了。按照老师的吩咐，修改自己一个又一个的过错，他在这个过程中逐渐接近完美。

第二天上课，他便以自己擅长的语言开讲。教授整夜没睡，一直在想自己的命运，背自己喜欢的诗歌：杰尔查文的和自己创作的，并加以深思熟虑，语言的优势究竟是什么。*语言简洁是指说写统一。*① 有些我们称之为低级的只是因为他们不高级。但是在这种文体中，表达方式、词汇和思想并不低级，它们很普通，但很高尚。

他吸引了同学的注意力。丘赫尔别凯做着笔记，笔吱吱响。就连普希金，在平时不专心，眼神游离让人捉摸不透，现在也望着他，看起来已经明白并记下了。

思想、感觉和文体的单纯性，在书信、谈话、中篇、长篇、科技作品、寓言、童话、喜剧、讽刺作品、牧歌及短诗中都会遵循。但是在哪儿能学到这种单纯性呢？

他很高兴。大家都在集中精力听，而且都在等问题的答案。伊利切夫斯基写寓言，而普希金似乎在写喜剧和讽刺作品。单纯性则是最难的，孩子们已经感受到这一点了。他们白白把自己的手稿撕成碎片扔到角落，不知道需要什么，差了什么。他们差的不是思想——他们暂时还没形成，差的不是音韵——他们满脑子都是别处淘来的声音。差的正是这种简洁朴实。

教授顿了顿。

"不要去空场上找单纯性，因为那里是粗野的风格，而要从上流社会人们的谈话中去找。"

他们中的很多人都没体验过上层人士的圈子，而教授也只是在第三天参加了拉祖莫夫斯基的招待会。瓦西里·里沃维奇·普希金，口喷唾沫星子的诗人，无论如何也不会被列入上流社会的。而德米特里耶夫则是另一回事了。教授让他们记下文体清晰的规则：对事物的了解，思想

———————————
① 原文为斜体。——译注

的连贯，用词的准确。规则无可争辩，但是普希金喜欢用诗歌的形象让干巴巴的理论变得生动，所以他和其他人一起接受了：文体清晰就是白天的月亮的和太阳的。他的想法很有道理，观察合理，对诗歌充满热情，也没有骄傲自大。教授看到一些学生认为最后这点不需要记下来，很伤心，这些学生中就有普希金。

他把话题转向文体的弊病。

他从口袋里抽出了丘赫尔别凯的作业——翻译圣－兰伯特①的诗《大雷雨》，语速缓慢地，边读边评价：

> 铜钟轰鸣
>
> 令人惊恐
>
> 人群拥进
>
> 神圣的殿堂
>
> 天哪，快看，人多得乌央乌央
>
> 是人都向你求告……

所有人都笑个不停。普希金和雅科夫列夫哈哈大笑，但他自己应该保持安静。

"这首诗毫无意义，"他说，"并不纯洁，高出了诗歌本身的风格。因为即使尝试，也没达到诗歌本身。这里诗句间没有任何联系。我们只可以把这首诗同特列加科夫②的诗做比较。"

---

① 指让·弗朗索瓦·德·圣－兰伯特（1716—1803），法国诗人。——原注
② 应指瓦西里·吉利洛维奇·特列加科夫（1703—1769），俄国诗人。——译注

他没有提及作者，只是说了毫无意义的原因：

"没有比崇高文体更能俘获年轻人的想象力了。年轻人单纯关注于模仿，却陷入了模糊、空话、无意义和胡扯之中。他们的问题不流畅、拙劣、粗野、生硬、冷漠、夸大、不自然、粗糙，充满了空话和低级趣味！"

语言的魅力把他俘获了，他忘记了谨慎。丘赫尔别凯坐在那儿，惊慌失措地看着他，大眼睛里流露出害羞的眼神。所有的目光都盯着他，只有他才会写毫无意义的话，应该给他一根救命稻草。他没考虑到词和词之间的联系，就刺溜钻进了诗人的行列。真是未寻渡头，切莫涉水啊！对这种执拗应该加以惩罚，但也不应该一味嘲笑。大家都在嘲笑，是不体面的。雅科夫列夫笑了，但是普希金、杰尔维格，还有马林诺夫斯基笑得更欢。只有伊利切夫斯基控制着自己，保持风度：他只是小声咻咻发笑。应该转向另一个话题了，给出另一个思考的方向。于是教授转而谈论*不体面的*[①]文体。

"疏忽大意是不成体统的。法语词汇之间毫无关系。低级词汇和高级词汇，戏谑词和庄重词混为一谈。描述对象有失大雅：酒和欲望成为诗歌的最新潮流。文体空洞无聊，放肆，中心思想变来变去，整体不稳，没有阶段性。嘲笑所有事物，没有一点善意。语句简短不完整，充斥着小调和脏话。"

这不仅是在上课，也是教授的诉苦。他决不能忍受这种嘲笑、轻浮、挖苦、摇摆、小调式的、杂言碎语式的诗歌。而这种诗歌却充斥在

---

① 原文为斜体。——译注

周围，迷惑众人。普希金①的诗就是这种类型。看起来，他的侄子继承了伯父的特点。重要的是，甚至一些阴暗面——竟然是诗歌中的优点。看来普希金②能感到这话在说谁。这一次他在小桌子后边坐立不安了。终究教授没有不管他，他只不过是把这些联系特别加以说明。

批评过后，教授开始谈论那些体面的文体，只有少数人能掌握这些文体。他也想看看，这些具有天分的、尚未成年且乳臭未干的、精力充沛的孩子们中间，谁能掌握。

"语言流畅和蔼，和谐悦耳，字斟句酌，新意迭出，稍显尖刻，便显活跃，新鲜自然，美妙如画，气势恢宏，用心良善，热情如火！"

他眯起眼睛，带着他在妇女协会中常有的微笑，一字一顿地轻声说：

"优美娴雅，犹如珠宝玉器，你们中间没人能写得出来。"

6

傍晚科尚斯基值班。黑暗降临在学校的建筑上。就在这半明半暗中他吃完了饭。饭是马特维大叔送来的，很难吃。他决定，只要他一当上校长，就把管家开除。管家是真正的小偷。孩子们给他看的那些意见强烈的小诗本身就是对的。他没有发牢骚。酒，就是和布莱尔③的修辞学以及他上课用的笔记一起装在结实的大包里带过来的酒，安慰了他。又一次有人告诉他，教师伊利亚值班巡视时，总是在竖起耳朵探听动静。而他自己简直就被酒俘获了，听到这些他也没说什么。现在，火还没生

---

① 此处应指普希金的伯父，瓦西里·里沃维奇·普希金。——译注
② 此处应指本书主人公，亚历山大·谢尔盖耶维奇·普希金。——译注
③ 指休·布莱尔（1718—1800），苏格兰修辞学家。——译注

起来，他吃完了饭，休息一会儿。最让人高兴的就是饭后欣赏这静谧的黄昏，愉快的心情又回来了。他的知识广博，这一点大家都承认。而尤其是他的职位很快就要变了，变得令人尊敬。他严厉，也很宽容。带着一丝忧愁，还有点微笑，他不急不慌地走过大厅。学生们在大厅里追逐打闹。普希金则和杰尔维格说着什么——很显然是关于课程的东西，或者是他听到的消息，很可能是别人偷偷和他说的。科尚斯基想去鼓励一下他，酒精总会让他变得温柔。年轻一代不能为他的或者其他人的伯父担责。谈话开始了。马林诺夫斯基、科萨科夫以及其他学生围过来，都想听听老师的谈话。科尚斯基不想批评他们，宽容对于这些渴求荣誉却玷污诗歌的天才少年们来说是必要的。他问普希金，他在读什么，想读什么。

普希金刚刚读完了德米特里耶夫的《摩登老婆》。科尚斯基很勉强地笑了笑。德米特里耶夫是一个很好的诗人，但就是这《摩登老婆》不体面，不正经。对于这位无可指摘的诗人来说，这个诗作可以说是他创作过程中一个小小的污点。不正经的老婆，有外遇的老公，一切都是轻喜剧的特点。毫无疑问，普希金是从家里带来的这本书并藏了起来，或者用不可告人的方式弄到的这本书。可能普希金很喜欢这种时尚的生活，可以给他的喜剧提供素材。他热衷于喜剧。而且他也很熟悉克雷洛夫那些关于时尚生活的戏剧。情况越来越糟了。这部戏里庸俗的文体往往会变成粗野的。而戏的开端和末尾有很多不体面的东西。他和普希金说了这一点。

而普希金笑着回答说，实际上克雷洛夫准确地描写了那些彼得堡和莫斯科所有 marchandes des modes① 的房间，这个更不体面了。而那些粗野的文体实在让他讨厌。

教师伊利亚·皮列茨基从远处的角落赶过来。普希金受到了特别关注：他需要最严厉的监视。马尔丁的兄弟一贯为他的事情操心，从不把他放在自己的视线之外，前后脚跟着他。他记得自己兄弟的指示：甚至要观察他的面部表情语言，密谈，哪怕是一瞬间的工夫。对普希金采取这种措施实在是过分，他会受到伤害的，实际上他还是个调皮的孩子。对于他本不需要用道德上的惩罚，只需要用简单普通的方法。听到学生们的笑声，看到教授生气地耸肩，伊利亚靠近了些，伸长脖子去听。普希金的话非常大胆。他说的是和那些时尚店铺相关的事情。也就是那些被驱赶的。但是什么事情，他没听清，也害怕听清楚。他听到这个学生的话直发抖。科尚斯基的脸越来越红，生气地说：

"我比你年长，比你有经验，但确实，我不会臆想出如此荒诞无稽之言，况且没人往我的脑子里灌输这些。"

马尔丁的兄弟光凭脑子有点记不住了，他偷偷打开黑色的笔记本，开始做记录。

科尚斯基好像陷入了沉思，但是看到了正在往本子上记录的教师伊利亚，突然对他竖起了手指。教师伊利亚本要问：

"怎么了？"

但是教授突然转身走开了。在转角处，他身子突然歪了一下，教师扶住了他。

教授本来有的好心情全没了。这个孩子的种种放肆行为，把他逼进

---

① 法语：时尚商人。——译注

了死胡同。

他想教训一下这个顽皮的孩子，从而让他受到严厉批评。这个淘气包猜到了，但一点也不感到难为情。教师伊利亚好像发现了他的晃动。"怎么了?"科尚斯基小声咕哝。现在的老师都不学无术，都不去教育学生了。突然他脑子里闪过一丝怀疑。难道不是因为普希金打头说这些时尚店铺的事情，他才和很多皇村里的人一样，认为他是花花公子吗? 普希金不是也想让大家知道这些吗? 他知道这一点，但认为反驳会降低自己的身份。科尚斯基的目光越来越忧郁。作为一个尽职的教师，未来的校长，他今天本想去巡视所有学生，但是后来把这个想法取消了。回到自己房间后，他解开领结，扔到床上。他甚至都没重读自己发表在《文学新闻》上的诗歌《卡萨金娜—罗斯托夫斯卡娅公爵夫人之死》，就睡着了。教育这些年轻人让他感到疲倦。

7

科尚斯基的批评产生了影响。所有人，甚至那些很安静的学生，都有了戏弄刺激丘赫尔别凯的想法。戏弄他的走路，个头和耳朵不好使。丘赫尔别凯很勤奋，但也很固执，虚荣心强，气量小。他不擅于说，就一整天不离开自己的小桌子，不停地读写。半夜他也会跳起来在黑暗中写作。伊利切夫斯基教他写诗，让他放松，但是自己也偷偷写关于丘赫尔别凯的挖苦小诗。丘赫尔别凯还打算写小说、戏剧、诗歌、颂诗和哀诗。

现在，受到科尚斯基的批评后，他的诗众人皆知了。

听到学校教堂宣告清晨的钟声后，学生们开始喊：

铜钟轰鸣

令人惊恐

排成队列散步时，他们喊：

人群拥进

神圣的殿堂

天哪，快看，人多得乌央乌央……

树叶覆盖在皇村路上，描写夏日傍晚的词也从"坐下"变成了"洛下"。雅科夫列夫发誓着这绝对是丘赫尔别凯写的。①

同他在一起，大家都不敢公开欺负他：丘赫尔别凯是个暴脾气。他随时准备就地干掉欺负他的人。如果是在饭桌前，他就用叉子刺透对方。课上则直接扔墨水瓶。散步时他则踢坏对方的腿。所以学生们的密谋开始了。他们偷偷嘲笑他，而且背地里捏造关于他的挖苦诗。他们叫他唐吉绍特②、小威廉、威利尼卡和威利姆什卡③。学生们喜欢他。每天傍晚他们底下私语，互相咬耳朵，说些关于丘赫尔别凯的坏话。他成了献给嘲笑之神摩摩斯④的祭品。他的裤子、鼻子、固执的脾气和诗都成了嘲笑的对象。他诗歌中主人公的名字取自古旧的德国书，让大家吃

① 这里应该是暗指丘赫尔别凯用词不准。——译注
② 应指伊万·伊万诺维奇·德米特里耶夫的诗歌《唐吉绍特》的主人公。——译注
③ 这三个名字都是丘赫尔别凯的大名"威廉"的别称。——译注
④ 希腊神话中的嘲弄讽刺之神。在文学艺术作品中摩摩斯通常被描绘成喜欢戴着面具嘲弄别人的人。——译注

惊：扎米、祖丽玛、杰拉斯科。总之，他的一切都让大家感到古怪。

除了亚历山大、伊利切夫斯基、米沙·雅科夫列夫，别人也在写挖苦诗。这时候让人意想不到的事情发生了。所有人都写不好这种类型的诗歌。这种类型的诗歌是最难的。米沙·雅科夫列夫写得最简单：他去描写丘赫尔别凯生活上的小事情。威利的裤子裂开了——讽刺。威利通过从家里带来的书学英语对话——另外一个讽刺。所有的描写都引起大笑：

妈呀老天爷，多么丑的一个人！

塌鼻子，大嘴巴！

善良的玛秋什金和科莫夫斯基充当抄写员。丘赫尔别凯还纳闷大家为什么笑话他。但是大家笑得越欢，他就越固执，不停写诗。他曾读到，人们基本上都会嘲笑诗人。在抄写沙普兰①那首著名的关于圣女贞德的长诗时，他在序言中也读到人们是如何嘲笑不幸的诗人布瓦洛②，几乎直到他死，人们还在笑话他。他不喜欢嘲笑类型的诗歌。布瓦洛完成了高乃依③的悲剧《阿格西莱》：

J'ai vu l'Adesilas

Helas!④

---

① 指法国诗人、文学批评家让·沙普兰（1595—1674），曾创作了著名长篇史诗《圣女贞德，或解放了的法兰西》。——原注
② 尼古拉·布瓦洛（1636—1711），法国著名诗人、作家、文艺批评家。——译注
③ 皮埃尔·高乃依（1606—1684），法国古典主义剧作家，代表作是悲剧《熙德》。——译注
④ 法语：呜呼！我看到了阿格西莱！——译注

根据丘赫尔别凯的看法，这种诗是很容易创作的。确实，勃罗格里奥，这个最粗心大意的落后生，总是在学校吹着小曲闲逛，既不想了解布瓦洛，也不想了解沙普兰的学生，也会散布关于杰尔维格的小诗：

哈哈哈，嘻嘻嘻，

杰尔维格会写诗。

有一次别人胡乱塞给丘赫尔别凯一首关于他的讽刺诗，还屏气凝神，等着看他的反应。丘赫尔别凯读了两遍，虽然脸色发白，喘着粗气，但还是控制住自己，勇敢地说，这首诗看起来糟透了：文笔粗野，没有针对性，音韵也很差。

雅科夫列夫感到自己受了侮辱，就让他自己写。

这时候流传着一首关于"新拉加尔普"① 的讽刺诗。丘赫尔别凯是所有愤怒的人中笑得最欢的。

但是，和所有人一起继续写关于威利讽刺诗的亚历山大，坚信这些诗的确很糟。

他是支持拉加尔普的。

在谈话中，关于拉加尔普的每一个刻薄的评论，都被称作"讽刺诗"。但是真正的讽刺诗的创作应该来源于机敏和简洁的思想。每个人都可以创作讽刺诗，但是天才诗人就在于在每首诗中采用了准确和敏锐的方法。

---

① 应指弗里德里克·谢扎尔·拉加尔普（1754—1838），瑞士人，国务活动家，俄皇亚历山大一世的老师。——译注

关于丘赫尔别凯的讽刺诗一点也不短小简明。

亚历山大没有把自己的诗给丘赫尔别凯看。在读其他人的诗的时候，这位不被承认的诗人陷入了深深的忧郁之中。他斥责别人时发出的冷静的声音，精明能干的作风，还有他有板有眼的微笑，都离他而去了。发现错误后，科尚斯基凶猛地从年轻诗人手中夺去诗稿，激动地为他删去不需要的或者没意义的词汇。同时写上自己的修改意见，他发现了一个重要特点：对于这位年轻诗人来说他的错误正是不注意文体，不注意文法。不成熟的诗歌，好像使他的自尊心受到了伤害。诗人这个职业是学者，是技法成熟，富有经验的人从事的。而他们在试图玷污这个神圣的职业。成功的诗歌突然落得到处都是，落在这些孩子手上。这是不公正的事情，同时也让他开始怀疑自己。

8

亚历山大在父亲家的时候，习惯于讨论诗歌。当大家讨论诗歌、剧院、女人和纸牌中的幸福时，伯父、父亲和他们的朋友眼中都闪着特殊的光芒。幸福的诗歌能唤起人的笑声、赞赏和羡慕。就像是漂亮姑娘出嫁，孩子在父母跟前调皮，或者给赌徒带来好运的一圈好牌。如果一首好诗很悲伤，所有人就像阴谋家一样，带着令人神秘的、威严的眼神，互相眯缝着眼睛看着对方。如果诗歌的内容不是那么体面，所有人不再作声。当母亲、姑母或者女客们坐到桌子那边的时候，他们调皮，幸福，用自己的知识暗示，并挑起人们的好奇心。科尚斯基用平稳的语调读诗，时而在主要的段落批评几句，和别人耳语交谈，或停下来进行解释。他比伯父瓦西里·里沃维奇懂得多，但有些地方他也不明白。在亚历山大看来，伯父的诗就是写诗的方法。他看到了还没有枯萎变黑的叶子；他知道当诗歌受到欢迎时，诗人就会自夸。科尚斯基最看不惯不谦逊和虚荣，经常斥责这些。伯父抨击杰尔查文，埋怨德米特里耶夫。科尚斯基只是责备特列加科夫。那些曾经享有荣耀的人，都会得到他的尊敬。但是当科尚斯基批评他的诗时，他并不相信科尚斯基。每一句诗行都不准确，缺乏音韵，不流畅，但他从未谈论过诗歌的整体。他有对的地方，也有不对的。当他谈论高雅的诗歌时，他会翻起眼睛。谈论起妇女时也是这样。他的优雅就是装腔作势。

亚历山大也有自己的诗评人，那就是教师伊孔尼科夫。他是真理的爱好者，神情忧郁，面色苍白，由于过度饮酒而导致双手发颤，眼光敏锐。这是一个不幸的狂妄的人。他喜欢自己的以及别人的诗歌。但很少去谈论，几乎不去做任何修改。他将手指靠近发白的双唇，然后倾听诗歌，这时候他的脸色更苍白了。有两次他干巴巴地对亚历山大讲，诗写得很不好。亚历山大也没有生气。他突然明白，诗写得确实不好。第三次亚历山大给他读诗，自己都认为这诗就是胡言乱语。但是伊孔尼科夫给了他一个拥抱。这个面色苍白，狂妄的堂吉诃德，好像知道什么秘密。确切地说，在这胡言乱语中，他读到了优点。

很快，学校的人都知道，伊孔尼科夫被开除了。原因是他恶劣的习惯和对学生不好的行为。所有人都怀疑这是科尚斯基和皮列茨基搞的鬼。脸色苍白的真理爱好者，长长的手指颤抖着，把自己唯一的财产——一本皮子封面的贺拉斯①的诗集塞进了自己的口袋，过来和大家道别。

---

① 昆图斯·贺拉斯·弗拉库斯（前65－前8），古罗马诗人、批评家。代表作《诗艺》。——译注

他来和齐里科夫道别。矮小的，守规矩的齐里科夫和伊孔尼科夫拥抱，整个人倒在了他的胸前，用嘶哑的声音和他说：

"别了，朋友。"

所有人聚在一起看着他，皮列茨基没来。真理的爱好者走到他那儿：

"这下我让您得到安慰了，仁慈的先生，"他说，"当然我们的联系并没有切断。雅科夫列夫先生和杰尔维格先生创作的小寓言，普希金先生创作的歌曲，将永远留在我的记忆之中。我尊敬您的事业，它赢得了我的好感。"

伊孔尼科夫给自己立了一个规矩，那就是不把这些学生当成小青年、孩子，和他们讲话要有礼貌。他拥抱了小科莫夫斯基，将他抱在胸前：

"原谅我，亲爱的，"他说，"我们之间的友谊将会因离别而更加坚固。"

他紧紧握住普希金和杰尔维格的手，向他们行了一个旧式的鞠躬礼，然后迈着军人般有节奏的步伐，离开了。

亚历山大看到了他的友谊、癫狂、正直、骄傲和贫穷。后来他再也没见到过这个不幸的人①。

9

马尔丁对杰尔维格、米亚索耶多夫和其他人很不满意。他们的父母从家里给学校带来了很多不合时宜的东西。他们已经好久不出家门了。

---

① 原文为斜体。——译注

那些陈旧过失的，从另一个世界带来的东西，带着一丝傲慢，也有一些胆怯，每逢节日的时候，就聚集在学校的接待大厅里。丘赫尔别凯夫人长长的德式披肩拖曳在地板上。这披肩在保罗皇帝①时期可能很流行。瓦尔霍夫斯基的老爹穷得像一只皇宫里的老耗子。不难理解，他们这些家族早已失去了自己存在的最初目的，或者根本就没达到过。

杰尔维格的祖父和亚历山大的祖父一样，都是荷尔施泰因派②成员。杰尔维格的祖父得到了彼得三世③的信任。从那时起，他们家族闪耀着光辉，但是没有地位。丘赫尔别凯的父亲是德国学者和诗人，差一点就得到了保罗皇帝的宠信。在执政末期，皇帝是很亲近他的。他本可以成为丘赫尔别凯伯爵的，但是没成。瓦尔霍夫斯基的父亲总是在中级官职和贫困中止步不前。穿上常礼服，军大衣，戴上围巾，把自己收拾整齐这些事情，他都很难办到。学校里的所有人都比马尔丁更了解这件事，而马尔丁则力图不想让父母去见自己的孩子。

在接待以及短暂的会面时间，这位主日学校的教师总是在接待大厅里，面带着几乎看不出来的微笑，让人捉摸不定。他不参与谈话，但是去听所有的谈话，而且并不隐藏这一点。有时候，当母亲拥抱自己的儿子久久不放手时，他会淡淡一笑。就好像不想让父母见自己的孩子一样，他去拥抱学生，将他同父亲或者母亲分开。他出自好意，去谈论学生的父母，甚至给他们起绰号，想表现出他同别人相比没有不同之处。

---

① 应指俄国沙皇保罗一世（1754—1801），1796 年至 1801 年在位。——译注
② 荷尔施泰因派是瑞典的政治派别，目的是支持荷尔施泰因－戈托普公爵登上瑞典国王王位。——译注
③ 彼得三世（1728—1762），俄国沙皇，荷尔施泰因－戈托普公爵同彼得大帝之女安娜·彼得罗芙娜所生。1762 年在位。在彼得三世统治时期，俄国宫廷的德国势力达到了顶峰。——译注

"但是，您那个……波拉马尔巴斯①。"他温柔地笑了笑，对米亚索耶多夫谈论他肥胖的父亲。

谈话之后，米亚索耶多夫说他父亲离开潮湿的学校，不待下去了。他处事简单，而且还固执。有时候他咕哝几句骂人话，所有人都知道，他是在骂学监。马林诺夫斯基叫住了他。

"是啊，你不想听听，"米亚索耶多夫带着哭腔说，"不想知道，他是怎么骂你父亲的吗？"

"怎么骂的？"受打击的马林诺夫斯基问道。

"就是那样。"米亚索耶多夫回答。

"怎么样啊？"强壮的马林诺夫斯基扔不罢休，继续问。

"就是那样。"米亚索耶多夫有点害怕，回答道。

他告诉马林诺夫斯基，学监想"抓住"校长的"把柄"，然后把他"搞下台"，自己再坐到校长的位置上。他还听到，马尔丁是怎样和自己的兄弟伊利亚骂校长的。

"他，校——校长，就是个软蛋，娘儿们！"就好像学监马尔丁亲自在说这些，"他算什么啊！"

马林诺夫斯基攥紧了拳头，米亚索耶多夫开始颤抖。

"他是好人。"马林诺夫斯基说，眼泪在眼睛里打转。

在学校，也有人是幸运的。

例如，戈尔恰科夫的母亲没来看他，因为她基本总是在国外给她的小儿子治病。他的监护人，舅舅，写信告诉了外甥这件事。信中的字刚

---

① 这个词意为"爱吹牛的人"，出自郝尔拜的喜剧。路维·郝尔拜（1684—1754），作家、散文家、哲学家。——译注

劲有力，就像加里尼奇说的，是军人的字体。姨妈用法文给他写信。戈尔恰科夫在天黑前给姨妈写回信，和姨妈抱怨说他困倦的双眼都睁不开了。

"我给鬈头发的姨妈写信。"他这样和别人说这些信。

"妈妈不喜欢维也纳，"他说，"那儿刮暖暖的风，她都感冒了。"

收到来自维也纳、巴登和巴黎的信，对他来说算不了什么。马尔丁不去问他和父母相关的事，这也让他产生了一丝敬意。

"别舒洛夫舅舅，"戈尔恰科夫笑着和普希金说，"会写信的，因为我给他寄去了学校里创作的诗歌，而且还打算再寄些。当然还没收集全，你没有新创作的诗吗？我这儿有三首讽刺枢密院成员的诗，非常有意思。"

马尔丁原谅了巴枯宁①。

母亲带着姐姐来看巴枯宁。他们只是在接待厅待了会儿，然后不顾学校的禁令，到处跑来跑去。巴枯宁阻止了她们，告诉她们学校的规定。姐姐身材苗条，大大的眼睛。母亲又高又壮，是个话痨。她可是个有名的宫廷八婆，她的到来就意味着俄国宫廷驾到皇村。皮列茨基并没有对她们的到来表示出不满，他制止了她们到处乱跑，惊讶地问她们，为什么在这儿。他容光焕发，可能是他准备好了要消除这种不当行为，也可能是他喜欢小巴枯宁。至少普希金和杰尔维格是这样认为的。

有一天，马尔丁叫住了普希金，问他：

"我们的诗人很快又要光临了？"

---

① 应指亚历山大·巴甫洛维奇·巴枯宁（1797—1862），普希金皇村学校的同学。——译注

亚历山大脸色苍白。自从学校开学后他就没见到过伯父瓦西里·里沃维奇，马尔丁说的不是他，而是谢尔盖·里沃维奇。现在他管他叫诗人，就像一个月前管米亚索耶多夫的父亲叫波拉马尔巴斯一样。

亚历山大看着皮列茨基，鼻孔喘着粗气。他的脸突然变黄，变得很难看。他没说一句话，牙齿咬得咯咯响，踩着鞋后跟，转过身走开了。

"哟呵。"皮列茨基跟在后边说。

10

皮列茨基懂得相面这门艰深的学问。没人能瞒得过他。他所遇到的没有表情的脸，躲闪的眼光，以及干巴巴、简短的回答，不会表现出对方的坦白和率直。总之人们的行为变了，之前救世主般的畏惧不见了。父母在信中抱怨自己的孩子不写信，似乎信件在邮局被耽搁了。几乎不给家里写信的普希金不得不站出来提醒大家，并大声强调信被学监从信箱里拿走并被拆阅，然后就消失了。作为精神教父，皮列茨基极力建议自己的亲信去检查学生们的信件，而且更多的是从语法修辞方面进行检查。但对那些亲信来说，这是他对他们的信任。他们是完全自愿去做这些事的。伊利亚·皮列茨基向兄长报告，说普希金两次大声戳穿了学监做的这件事。不论白天黑夜，伊利亚如今感觉不到平静。学校里似乎在酝酿着什么，学生们三五成群聚在一起，或是在大厅，或是在走廊，争论着什么。看到伊利亚后，就立刻散开了。诚恳的科尔夫和罗蒙诺索夫一如既往，毫不隐瞒自己在写关于学监的诗歌，或是申诉书一类的东西。有一天，当伊利亚在履行自己作为教师的职责——藏在门后边偷听时，意外地撞见了普希金、杰尔维格和马林诺夫斯基。

他们开始不友好地走近他。马林诺夫斯基不知道为什么，甚至卷起了袖子。杰尔维格和往常一样，假装什么事情没发生一样，但他们并不信任伊利亚，问他在做什么，想从他们那儿得到什么。可能他在这儿是有目的的。伊利亚是个心中没数的人，看到学生们不友好的眼神，他反过来问：

"怎么了?"

让他吃惊的是，他们并没有生气。普希金发自内心地笑着，杰尔维格则很安静。伊利亚打起精神，也问道，是不是需要什么帮助，他马上就可以帮他们。

他们不需要帮助，平静地散开了，只剩下他一个人。伊利亚·皮列茨基望着他们的背影，小声说：

"一群捣蛋鬼。"

据伊利亚说，当普希金生气的时候，立马会让他想起捣蛋鬼。现在他要去他兄弟那儿报告这件事。

11

科尔夫是个品行端正的学生，避免卷入闹事冲突之中。他从别人那儿得知学监管他的父亲叫小公牛，他呼吸开始变得急促，很长时间都不知道该怎么办。最终，眼睛里含着泪珠，他直接去找了皮列茨基。学监安慰他，让他确信自己没有讲任何粗野的话。同时他知道，谁是主谋者。戈尔恰科夫什么都不去想，顶多就是琢磨琢磨，人们看到他无辜的眼神，扬起的眉毛，打哈欠的嘴，也不会害怕什么。他的眼睛是灰色的，冷冷的感觉，就像小冰块一样。罗蒙诺索夫模仿戈尔恰科夫。他们集中关注于所有——言谈举止——当然是上流社会的。看起来他们通晓上流社会及其游戏规则：无忧无虑、保持礼仪得当并有适当的热情，以及一副漠不关心的样子。戈尔恰科夫耸耸肩，罗蒙诺索夫也耸耸肩。

"学监就是学监。"戈尔恰科夫有把握地说道。他觉得，这个mot①，就像宫廷用词一样，似乎经常被提及，但如果需要时它却不会出现。他们置身于事外，并做出一副什么都不知道的样子。

他们并没有让亚历山大感到惊奇，反而是老朋友普辛的冷静，瓦尔霍夫斯基的平静和伊利切夫斯基的小心引起他的注意。当别人当着他的面骂学监的时候，他皱起了眉毛。他不太满意地听普希金说话。瓦尔霍夫斯基和玛秋什金和平常一样埋头学习。他们和普希金一样，不喜欢皮列茨基，总是躲着他，也得不到他的好感。尽管有一天普辛管罗蒙诺索夫叫"告密者"，但他们其实都是有礼貌讲道德的人，他只不过淘气了些。他们都是机灵鬼，他只不过有点张扬。他们平静的眼神，温和的话语让他失掉了自控力而发火。他感到被残忍地侮辱了。他们对马林诺夫斯基校长的话言听计从。可能他在暗地里让他们保持平静，希望避免出乱子？对于他来讲这没什么不同。只有杰尔维格完全同意他，非常高兴地听他说话，讨厌皮列茨基的程度不比亚历山大差。另外还有蠢蛋米亚索耶多夫、强壮的马林诺夫斯基、勃罗格里奥和丹扎斯。这些人能干出任何事情。

现在皮列茨基总是在学校里跑来跑去，同所有人进行谈话，但绕过他们，避开他们。亚历山大看到，马尔丁同瓦尔霍夫斯基和普辛谈了好久，劝导他们互相离开，不要搞小团体。他听到学监对瓦尔霍夫斯基说的最后一句话：

"您的名声会得到保证的。"

----

① 法语：字眼儿。——译注

午饭时，他毫不隐瞒，大声地带着一丝嘲笑问瓦尔霍夫斯基，这样不仅同学们，教师伊利亚也能听到：

"你担心自己的好名声吗?"

瓦尔霍夫斯基愁眉苦脸地看了看他，没回答什么。他最近才有的这个习惯。他的朋友马林诺夫斯基丝毫不听他的劝说，完全站在普希金这边。

"马尔丁在规劝你，"普希金笑着说，"喏，现在我们是淘气包，我们在笑话他。"

勃罗格里奥和丹扎斯气冲冲地点头。

现在，他好像很喜欢挑起事端。大家都讨厌的皮列茨基现在躲开他，所有人都看到了，这也让他很高兴。有一天他推了蠢蛋米亚索耶多夫，现在站在他这边的人。他生气了，硬要打一架。他又推了一下。普辛也在那儿站着，他推了普辛。普辛脸色发红，但什么都没说——出于理智或者自尊。带着挑衅，亚历山大对自己的老朋友米亚索耶多夫说：

"等着吧，你会对你自己的错误后悔的。我是摆脱了。"

12

马尔丁通常不太注意自己的穿着，也不在乎俗气的客套。这次则穿了一身新。勒紧的领结，就像是在他胸前挂了一枚奖章。福马大叔向他深鞠一躬，就像对主人一样。马尔丁这一天都很安静温和，花大把时间同学生们谈话，声调平稳。开始他去找科尔夫、罗蒙诺索夫，安静的叶萨科夫①。他知道他们的缺点，知道他们到处惹事。但上帝更为他们感到痛苦，让他们悔改。然后他去找瓦尔霍夫斯基、伊利切夫斯基和普辛。他对他们说，他知道他们很坚强，要受到奖励。他没去打扰丘赫尔别凯——这个勤劳的学生正在誊抄沙普兰的长诗。

马尔丁没去找普希金、马林诺夫斯基、勃罗格里奥和丹扎斯，径直走过去了，就好像他们在他眼前是空气一样。

这时候有了传闻，皮列茨基要前往拜会部长拉祖莫夫斯基，马林诺夫斯基马上会被替换，马尔丁将被任命为新校长。喜欢的人自然做出谦逊、满意的样子。不安的学生们感到很丢脸。同时很多不安的人前往校长马林诺夫斯基那儿，向他抱怨学监皮列茨基。

13

最忙碌的活动开始了，马林诺夫斯基到处转了转，然后很快就消失了。想起当时辉煌的开端，以及同斯佩兰斯基的谈话，他力图维持起初起草的学校草案，哪怕作用是苍白无力的。

一开始他就遇到了困难，这是他没有预料到的。上级官员憎恨他。第一年末他想进行嘉奖，想出了奖励办法：在白色板子上刻上镶金的名字。白板已经在大厅里放好，戈尔恰科夫和瓦尔霍夫斯基的名字已经刻在上面，并请所有人来完善这份名单。这本是件好事。部长拉祖莫夫斯基下了一道特殊命令，要求撤掉板子，并撤销之前的嘉奖。部长开始深切关注一切同学校相关的事情，逐渐地，几乎所有老师也开始回避失宠

---

① 指谢苗·谢苗诺维奇·叶萨科夫（1797—1831），普希金皇村学校的同学。——译注

的校长，并向部长报告个人情况。斯佩兰斯基的下台决定了一切。马林诺夫斯基在学校里孤单地走着，周围的人，除了老仆，其他人开始不怎么注意他了。管家佐罗塔列夫开始肆无忌惮地偷东西，学生们的怨言此起彼伏。德语教授加乌恩施尔德丝毫不隐瞒自己常去部长那儿进行个人报告的事情。暂时他还没取得什么成功，然而，渐渐地，除了布德利和库尼岑外，几乎所有人都公开表示想坐上校长的位子。科尚斯基有自己职业道路上的野心，他已经向部长介绍了自己。皮列茨基看起来已经考虑到能很快当上校长了，并做了他想做的事。

学校本身也已经失宠了。马林诺夫斯基也没准备向学生们谈论关于任命新校长的事情。学校还有一个靠山：老萨姆波尔斯基在宫里还没有完全失势。不过早晚人们都会抛弃这儿。现在已经没人来找他了。

斯佩兰斯基下台了，战争准备开始。他的活动没来得及开始，已经停下来了。学校的课程依旧进行，不过授课目标已经改变。校长把自己锁在屋子里，越来越沉迷于一种神秘的嗜好。这种嗜好使他变成了一个孤独的、安静的但毫无希望的酒鬼，并因此受到折磨。这也是俄国不幸的原因之一。他很少去他的办公室，办公室里摆满了书，桌子里锁着纸张，在架子上和杂志下边也胡乱堆着纸。现在他把秩序看成是另一件事情了：他自身的嗜好仍和之前一样。他很随意地往杯子里倒满酒，然后每次都喝掉一定的量，再把剩下的倒回酒瓶。他一辈子都在追求的，从青年时代就开始描绘的秩序，现在他在失意之中找到了。

在他的行动中表现出酒鬼的仔细和缓慢。他寻求安宁，这在之前他从没有过。和往常一样，教授之中只有两个人经常去他那儿：库尼岑和布德利。库尼岑很年轻，敏锐，充满热情和希望。校长见到他后感到很羞愧。听完年轻教授的话后，他现在什么事情都同意他的看法，即使有些事情在之前同很多人争论过。这个人的年轻朝气让他想起了自己。布德利对校长很不满意，经常皱着眉头。有一天他直接对校长说他这个嗜好是一种不比邪恶更差的恶习，但更危险。马林诺夫斯基喜欢听他这样说。这是一种充满美德的规劝，这种美德他也并没有总是遵循下去。但是，当他不再忙碌，安下心来的时候，他获得了学生们的信任。儿子伊万经常和瓦尔霍夫斯基一起来找他，瓦尔霍夫斯基已经完全成为他家庭中的一员，就像他的第二个儿子一样。耳朵不太好使，脾气依然很怪的丘赫尔别凯和安静勤奋的玛秋什金也会来。普辛很聪明，虽然很调皮。但是有时候校长突然觉得皇村让他感到厌烦。皇村里立着他的雕像，还有人工修剪的自然景观。在遥远的顿涅茨有他的庄园，这是他妻子的陪嫁。庄园距离伊久姆和卡缅克大约七俄里①。他基本没怎么去过那儿，繁重的事情一直缠着他。他很想在卡缅克有几栋带菜园子的小房子，周围有几株杨树。他在那儿可以干农活，教育那些没文化的邻居和穷人。但他也很清楚，实现这个梦想对于他来说是一个新的考验。村子早就属于萨姆波尔斯基家，只是无人继承。更早些时候，很多粗暴的农民被流放到那儿。但有时候，教育他们对于他来说，比教育皇村的青少年更容易些。大家并不齐心，同部长的交往让他感到讨厌，并逐渐成为累赘。在家里，勤奋的他对教育犯人这一壮举是很熟知的。

被流放的斯佩兰斯基的保护人，校长的岳父老萨姆波尔斯基来拜访他。他的思路和过去一样，还算清晰，只不过在失宠后，以及斯佩兰斯基被流放后，他在宫中的地位就不再坚固了。老人一再谈到乡村活动的益处，并强烈建议马林诺夫斯基在卡缅克尝试一下从英国订购的犁。而

---

① 1俄里约为1.0668公里。——译注

木犁的拥护者，莫斯科的总指挥罗斯托普钦[①]，也就是保罗皇帝的红人，发表文章，反对使用英国犁。这激起了老人的愤怒。在斯佩兰斯基倒台后，按照他的观点，农业活动成为唯一的适合有才能的人所从事的活动。其他一切领域都变得不稳定，变化无常，就像在保罗皇帝时期一样。

有一天老人在朋友那儿蜷着身子躺在巨大的英国圈椅里，安详地睡着了。那时候马林诺夫斯基刚刚认真听完他的话，就安静地站起身，悄悄从架子上拿下瓶子，倒出来一点酒，很精确地斟好，又斜着眼看了一眼睡着的老人，快速叹了口气，喝光了。他突然碰翻了一个杯子。老人什么都没听到，也没醒过来。

突然，校长对自己的堕落感到害怕。他很后悔，看了看睡着的老人，这个老人并不知道他的酒瘾。警察的一纸命令，断送了斯佩兰斯基，也让他过去无可指摘的工作和将来即将完成的业绩化为乌有。一切和过去一样了。俄罗斯人毫无自尊。皇帝在开始也是有一丝希望的，现在也不想和过去皇帝所拥有的古老的权力告别。用这个权力，皇帝可以把好人或者坏人流放到西伯利亚，鞭打他们，砍死他们，绞死他们。俄罗斯人继续怨气冲天，他们借酒浇愁。可能有一天，喝醉的人们揭竿而起，砸断农奴身上的枷锁。一切和过去一样，旧怨又添了新仇。不要说召开枢密院会议了，就连他教育小孩子都是徒劳的。

战争的阴云临近了。就在八年前，他还完成了一个永久和平的计划。

---

① 指伯爵费德尔·瓦西里耶维奇·罗斯托普钦（1763—1826），俄国国务活动家。——译注

萨姆波尔斯基醒了。

"波拿巴骑上了一匹烈性马,"——马林诺夫斯基看着他红肿的眼睛,慢悠悠对他说,"俄罗斯的儿女在哭泣,成百上千新入伍的战士和他们的母亲妻子分离。别忘了这些可怜人。"

他扑通一声跪在地上,两手一拍,哭了起来。他身上所有的英伦范消失了。

14

即便喝酒上瘾,他也依然向往高尚的德行。但是,在宫里,在部里,在彼得堡的街道上,这种德行似乎是不可能存在的。这种德行是一种乡村的个人的品质,就像他现在回忆起来的那样。让上帝摆脱这种恐惧,和平的东西就是善良的。他本想去试读新诗,但诗歌湮没在愤怒之中了。所有的一切都是因为恐惧。他痛恨庞大的上层社会:俄国人已经忘记了旧俄罗斯舒适庄重的衣着,开始穿雕塑一般古板的衣服。而且除了露脖子,现在裙子也变得越来越薄,以至于自己身上的一切都能看得清清楚楚。一阵风刮来,毫无羞耻之心。上层社会的男士们就好像没穿衣服一样。上衣的后摆又短又瘦,整个身子都套在裤子里,胸口处装饰着带褶的花边,就好像癞蛤蟆,或者确切地说,像条鳗鱼。曾经在学校的开学仪式上,一个诗人就穿成了这样:是普希金,也就是这里一个学生的伯父。风吹过头顶,吹动燕尾服的后摆。大家都去妇女那儿请求原谅,就好像去上帝那里祷告。他不幸的妻子却躺在隔壁的房间里。多么大的误解啊!妇女,还有孩子,如此不幸,在傍晚时分祈祷请求宽恕。他喜欢杰尔查文的哲理诗,没有过分的抒情和当下流行的造作,也没有那些过分的爱慕。

他经常戴上眼镜去读。

周围在发生着可怕的事情。在宫里，丈夫把不忠于他的皇后抛弃了，皇帝居心险恶。而就在学校里，可怕的事情更多。皮列茨基兄弟没日没夜折磨着他。科尚斯基吞下了苦果。只有两个正派的人——库尼岑和马拉特的兄弟。

他开始明白了，有人到部长那儿告发了他。他脸色苍白，手指咯吱咯吱响，什么也没说。

皮列茨基来造访他。校长很怕皮列茨基。他苍白的微笑，放光的眼神，轻柔的动作让人感到害怕。他也很局促不安。即使自己能不屈不挠，有自尊地独自做出决定，在皮列茨基面前他也变得软弱了，皮列茨基能给他带来很多无法想象的事情。马尔丁在校长办公室里一点也不见外，甚至能明显看得出他很高傲。他就像一个快要接任这个位置的人一样，将他上上下下仔细打量了一番。

皮列茨基要求校长采取果断措施。学生间的风气已经变得很糟了，如果再不打压不正之风，那么所有人都会被传染，道德上的败坏已经很明显。丹扎斯是不可救药的，勃罗格里奥非常轻率，而普希金道德败坏。如果把这三个人开除，学校就会受益良多。

马林诺夫斯基询问相关的事件。情况非常糟糕，一个人在大厅里举着别人的球，朝着瘦小的叶萨科夫大嚷大叫："我要把你的脸打开花！"而原因就是叶萨科夫不想玩球。

"这很无礼，"马林诺夫斯基皱了皱眉，说道，"还有吗？"

"还有，"学监说，"在加乌恩施尔德的课上，所有人都听懂了，就马林诺夫斯基不懂。"

"您应该立刻告诉我。"校长马林诺夫斯基皱了皱眉。他和皮列茨基都不会偏祖任何人。

皮列茨基安静下来。声音也变得平和，举止有礼。校长表现出自己的反对。显然他把皮列茨基的评定说得很淡。勃罗格里奥只是很淘气，丹扎斯和杰尔维格比较懒。确实他们的调皮反映出他们的不礼貌。普希金总是嘲笑别人，但是他很机灵，爱说话，有时候心肠也不错。

"您为什么要开除他们呢？"校长问道，"开导他们不是更好吗？"

皮列茨基不再坚持开除头两个人，虽然勃罗格里奥和丹扎斯不仅是调皮，而且头脑迟钝，科学课上什么也不懂，老师们认为他们希望渺茫。但是应该立刻开除普希金。他一直在对抗老师，而且易怒。

"普希金在诗里嘲笑了所有的老师，而且在这些诗里，不好的东西占了主要部分。"

"但不是唯一的部分。"校长喘了口气，说道。

他们沉默了。然后皮列茨基带有一丝怜悯，看着校长，安静，但是很勉强地说：

"普希金应该从学生名单中除名，因为他对上帝不敬。"

马林诺夫斯基的脸突然变白。马尔丁静静地，带着满意之情看着校长。

皮列茨基平静地说，这个充满创作热情的少年能够背出18世纪所有渎神的、下作的诗歌，而且让他忘记这些是不可能的。连他自己都不知道，在他，这个尖刻自信、暴躁易怒的少年面前，一个深渊已经打开。和他进行谈话不会有什么结果，因为皮列茨基发现，所有情形，尤其是不知羞耻，不信上帝，会让普希金自己感到很高兴。所以他不会改正自己的错误。所有这些，尤其是不信上帝，会影响别人的。学生杰尔维格就有受到影响的嫌疑，虽然他的懒惰让这种嫌疑变得不是那么危险。

马林诺夫斯基的脸变得越来越白。皮列茨基说得对，这一点他也不怀疑。皮列茨基带来一份由教师记下的学生操行情况。他告诉校长，想让普希金改正自己错误的尝试可能会引发别人极大的愤怒。他又一次提醒校长，要尽快采取措施并将记录留下，然后离开了。

校长仔细地阅读了教师伊利亚的记录，对他大量的拼写错误感到吃惊，然后陷入沉思。他向窗外望去，窗外通向一个凉亭。透过小花园，他看到齐里科夫带着学生们在散步。每个人都是不一样的，迈的步子不一样，思想、谈话也不一样。普希金，也就是皮列茨基认为不能容忍的那个学生，个头很小，很灵活。他出身于一个以举止轻佻而出名的家庭，而且这家人总是互相嘲笑。他很高兴，看来这里新鲜的空气对他起到了良好的作用，有利于他保持心情愉悦。校长总是认为，皇村的空气是有益于身心健康的。突然，普希金开始笑了起来，指着旁边正在行走的普辛。校长顺着普希金手指的方向看过去，但没看清楚有什么。他的微笑是善意的，大睁着眼睛。校长马林诺夫斯基笑了，只见丘赫尔别凯往上跳，扯着脑袋，摇着双手。

"瞧瞧这些孩子。"校长惊讶地说，就好像是第一次看到他们似的。他看着他们，带着一丝担忧，就好像老母鸡看护小鸡一样。

他将马尔丁兄弟的记录锁到了柜子里，柜子里还有一个空酒瓶。

15

当普希金和其他人突然来找他，情绪激动地要求开除学监时，马林诺夫斯基听完了他们的抱怨，似乎并没有什么不满。他看到自己的儿子也在这些人之中：伊万长大了。他在自己的父亲面前，和其他人一样，没有任何畏惧。马林诺夫斯基很高兴。

他慢慢解释说，开除，就和任命一样，是部长的事，而不是学生的事。他笑了笑，因为这件事，他突然发现，这就是公开的不顺从，也是部长不赞赏的事情。因此，不要反对自己的上级。他们应该回到教室，忙于学习。此外，他还希望他们品行端正，不要再出现这样不听话的事情，尤其是关于开除学监的事情，这就是一件不能实现的事。

"走吧，"他若有所思地说，"平平静静地走吧。"突然，他笑了笑，念了两句诗，没有明确地指出和谁相关：

不要吹嘘，你去参加宴会；

要吹嘘，你能从宴会回来。

马林诺夫斯基喜欢旧时的歌谣和俗语。但是这两句诗同反对学监的学生相关还是和学监本身相关，没人能清楚。

从这一天起，校长的羸弱一扫而光。他又一次开始出现在学校里，从早上开始，扣紧所有的扣子，迈着从英国带回来的步态。在他生病期间，他满脸皱纹，脸色发黄，就像是一个重病号。

16

一切照旧。马林诺夫斯基没有采取什么措施，皮列茨基也一样。拜访部长之后，他开始很少出现在学生之中了。

现在每天傍晚，淘气的学生聚集在一起。在学校里开始流传歌曲和讽刺诗——这是秘密创作的结果。

终于，在教授加乌恩施尔德的班上，教师在课后成功发现了诗作。

诗作在杰尔维格那儿。杰尔维格和从前一样，神态安静，甚至没有把诗作藏起来，不让教师看到。

杰尔维格老早就受到关注了。他表现出的安静是哄人的，并没说明他有好的意图。他表现出的美好品德过分得多，就像说笑话一样。他从来不预习功课，他甘愿在节日临近时出现在教授们面前，准备背出点什么东西，以博得表扬，实际上什么也没做。

但是伊利亚并没能够拿到诗作。课后他要求杰尔维格给他，但杰尔维格拒绝了。伊利亚没管这些，试图用手抓住诗作，抢过来，突然意识到有人打了他一下。

马尔丁的兄弟确信，是普希金踢了他。普希金站在一旁，眼睛闪着光，鼻孔喘着粗气，冲向他人喊：

"您怎么敢抢我们的纸？"

教师假装不明白，问道：

"怎么了？"

但随后就不需要装什么了。他需要解释，拿过来只是为了检查，随后就还给他们。于是普希金朝他喊道：

"也就是说，您要从信箱里拿走我们的信？"

最让教师感到吃惊的，是瓦尔霍夫斯基。到目前为止，他还是安静的，有理智的，而且认真不乱地怂恿胆小的人不要落后，要表明自己的立场。他脸上装出一副冷漠之情，但也开始动摇了。

他安静但清晰地喊道：

"别胆小，别害怕。"

学生丘赫尔别凯的行为最奇怪了。整个一星期，当学生们每天傍晚聚在一起讨论讽刺创作时，丘赫尔别凯就显得特别有规矩：他不喜欢学校里的讽刺创作，因为大部分创作都是和他直接相关，所以他从不掺和这些事情。更何况整个一周他全身心地去抄写沙普兰那部关于圣女贞德的颂诗。他虽然受到了嘲笑，但也是善意的。他耳背，所以也不参加学生们的悄悄话。上课的时候他就陷入自己的沉思之中。临近周末时，伊利亚发现他的行为有点不稳定。尤其是马尔丁·斯捷潘诺维奇读了他的信件，这让丘赫尔别凯很生气。马尔丁的兄弟听说，因为这件事，丘赫尔别凯说了不雅的话。

就在他想夺走诗稿那天，丘赫尔别凯很安静。突然听到普希金的责难，很多人聚集在教师伊利亚·斯捷潘诺维奇周围吵吵，丘赫尔别凯挥动双手，也闯进了人群，直达教师前面，开始叫喊，不但要求伊利亚·斯捷潘诺维奇离开，学监马尔丁·斯捷潘诺维奇本人也应被开除："让他滚！"然后，人们转向碰巧路过的科尔夫和罗蒙诺索夫，骂他俩是下流胚，因为他俩没参加到这场空前的创举之中。

不仅如此，丘赫尔别凯在后边推那些胆子小的，挤在一起的人，让他们直接撞到教师那儿。他的脸上一副狂怒的样子，起劲地喊着：

"不要后退！"

他和普希金都很擅长做这些捣乱的事情。伊利亚被丘赫尔别凯这种突然的举动吓到了。看到自己被四面八方拥来的人群挤在一起，他更谈不上去拿那份诗稿了，这可是他多日搜查的目标。突然，他从米亚索耶多夫和杰尔维格中间钻了出去。人们转过身，没找到他。但是，不声不响，一动不动，面带惨白微笑的学监本人，这个修士，心灵上的牧师马尔丁·皮列茨基，就站在离他们两步远的地方。

他静静地站着，两手背到后边。当看到人群慢慢后退时，他笑了。他不说话，学生们也沉默着。他们站着走廊的窗户旁边。明亮的阳光透过大窗子照了进来，看上去非常漂亮。皇村的路被树木环绕着。但是在此刻没人注意到这些。所有地方都像小修道院一样，无法激发人们的感情。

他们讨厌他，并准备好做任何事去赶走他。但是他安静的样子，漫不经心的微笑让学生们感到很奇怪。他们头一次发现，学监瘦瘦的脖子上有一个大喉结，就像是一个黑色的丝质围巾小心地缠在脖子上。他看着学生们，观望着。最终学生们勇敢地打破沉默。

米亚索耶多夫突然大声地嘟哝着：

"您为什么骂我的父亲是波拉马尔巴斯？就这一点我不同意。"

马尔丁好奇地看着他，就像是在看一个动物或一只昆虫。这种冷冷的眼神，就不像是人发出来的，似乎能决定一切。学生们害怕这种冷漠，胆子却更大了。胆小的科萨科夫感到了不安，喊道：

"因为您，伊孔尼科夫才离开的，因为您，他被赶走了。"然后他哭了。

马林诺夫斯基不慌不乱，带着一丝忧郁看了看两边的人，平静地说，他们要求的第一件事，是马尔丁不能再议论他们的家长。第二件，不能读他们的信件。第三件，把伊孔尼科夫召回学校。

皮列茨基仍在等着。

这时候杰尔维格，学生中最安静的一个，说，如果他不同意这三条，他们就立刻离开学校。

这时候马尔丁还是沉默不语，好奇地看着那些倔强的吵吵闹闹的学生。其中就有那位自认为自己是诗人的学生，他上衣的扣子都快掉了；有懒学生杰尔维格；有校长的儿子，四肢发达头脑简单。看来他同校长进行私人谈话的结果就是目前的局面。同时他绝非应该取消这些权力，应该比别人更多地去见学生的家长。

马尔丁突然微笑了。学生们愁眉不展，等着他的回答。普希金皱着眉头，像小狼一样看着他。他的眼睛里闪着光，似乎脸色发白。丘赫尔别凯长长的胳膊在乱晃。

马尔丁陷入沉思。他没看他们，而是看他们的腿，看学校的石地板，目光幽邃深远。可能这个老师的行为让他感到不幸，同时学生其他的活动让他产生了错觉：那些人群就好像发抖的教徒，其中还有盛装的妇女，她的腿上布满灰尘。

皮列茨基微笑了。

"先生们，都留下来，留在学校里。"他突然说道，然后朝出口走去。学生们听到他走下了楼梯，然后沉默了，在观望之后会发生什么。

他们站了好长时间，很吃惊，都不明白发生了什么。他们安静地谈论这个修士将来会做出什么事情。然后他们往窗外望去：一辆四轮马车在路上慢慢行驶。车上坐着马尔丁，还带着一捆书。毫无疑问，这个修士离开了，他离开了学校。

普希金突然笑了，就像汉尼拔笑的那样，牙齿咯咯响。这是他第一个胜利。

这时候他躲在图书馆他喜欢的安静角落。他向窗外看去，路上空荡荡的，马尔丁的足迹已经消失了，就好像什么也没发生一样。普希金打开柜子，拿出那本《青年阿那哈尔西斯游记》，坐在窗户边上，咬着指甲，开始从马尔丁打断的那页读起来。

学校的学生们还在琢磨，这一切都是马尔丁的诡计，他会突然回来的。大家都在争论。科尔夫、罗蒙诺索夫和尤金对马尔丁突然的举动感到吃惊。但是他确实走了，没有同老师和学生们告别，就走了，就像影子一样。留在人们记忆里的就剩那条宽阔的道路，还有慢慢悠悠、越来越远的四轮马车，驼背的马尔丁带着一捆书坐在车上，失神的目光望着远方。

18

首先他找到了同学们。之前别人都叫他法国人，因为没人，甚至连戈尔恰科夫都不会像他一样，用法语写和说。戈尔恰科夫有时候和他的小跟班们随口提了一句，说普希金讲的不是法国话，是巴黎话。只有一次，他无心地加上了一句："街心花园里的人都那样讲。"他还被叫作猴子。这个绰号和许多其他的皇村同学一样，是米沙·雅科夫列夫给起的。米沙·雅科夫列夫自己也被叫作小丑。他有一副好嗓子。他们和科萨科夫一起曾在皇村教堂的唱诗班唱歌。教堂执事帕伊西说，如果他不那么着急地升高音调，他的歌会唱得更好。他才华出众，尤其对音乐有很高的天赋，新的浪漫曲他一听就明白。但是这个才华被用在了描述人的艺术上了。当然如果存在这门艺术，那么雅科夫列夫将会是时代的佼佼者。尽管在彼得堡一个卫兵早就因此而轰动，这个卫兵能够在打雷的时候惟妙惟肖地模仿闪电。

米沙·雅科夫列夫能够通过人行走的步态和一些不易发现的习惯，猜到人的特点。在课上，当一些人在谈话，其他人在画漫画或者做其他事情的时候，他就一动不动，斜眼看着同学们及老师、教授，就像是一个艺术家在看自己的模特，找出模特的特点。

关于普希金他说不是普希金像猴子，而是猴子像普希金。他这样描述普希金：一个人在教室里上蹿下跳，咬着指甲，突然看着教研室的老师，陷入沉思。顺便他也描述了教授科尚斯基：手交叉放在胸前，忧郁的目光望着四周。

他非常成功地模仿普希金的笑声：突然、简短而且不连贯，而且很欢乐。这让同学们都笑了出来。

现在，在皮列茨基走了之后，雅科夫列夫管他叫"老虎"，可能是因为当他生气的时候，他的步子变得很平稳，步子之间的距离很长。

亚历山大发现了一些说好话的人。小科莫夫斯基长着一张狐狸一样的小脸，油头滑脑，狡猾。之前他总是好意地去指责普希金，现在则非常关心他，还借给他笔记看。后来普希金的笔记也就有毛病了。他只喜欢杰尔维格。杰尔维格是个懒汉，总是在重复古代第欧根尼①的话。在课上他凝视着老师，没有听课，但也没有闲谈。他在想什么？他的眼神很迷茫，但突然又充满活力。这种充满活力的眼神让人难以理解。杰尔维格创作凄凉的歌曲，而且这些歌曲很受欢迎。他很高兴地去读，但是，他好像和对待其他东西一样，对自己的歌曲一点也不重视。

马林诺夫斯基身体健壮，明白事理，爱发笑。雅科夫列夫爱开玩笑。丘赫尔别凯则是个怪学究，而且疯疯癫癫。沙普兰完全吸引了他，他的诗也遭到了所有人的嘲笑。玛秋什金是个好心肠。他和普辛吵了一架，但突然就能和他手拉手，用明亮的眼神看着他。亚历山大还拥抱了

---

① 第欧根尼（约前412—前324），古希腊哲学家，犬儒学派代表人物。该学派主张清心寡欲、回归自然、独善其身，对任何事物都抱有消极态度。——译注

他。其他的人他就不怎么接触了。瓦尔霍夫斯基像个斯巴达人①，总是让自己接受严格的考验。他像一个斯多葛派哲学家②，勉强让自己平静下来。他的脸色发白，但是声音平静。亚历山大有点怕他。瓦尔霍夫斯基品行高尚；戈尔恰科夫则自傲，快乐，这一点谁都比不上。科萨科夫和罗蒙诺索夫则努力去效仿他。白头发的"瑞典人"斯捷文，蠢蛋米亚索耶多夫，红头发的蒂尔科夫——蒂尔科维乌斯，精明的科斯坚斯基，不爱说话、眉毛发白的格列卫尼茨③，以及其他人都不会让他感兴趣，而且他和他们没说过几句话。对于他来讲，他们是不存在的，他们也感受到了这一点。

---

① 此处指刻苦耐劳之人。——译注
② 斯多葛学派，由哲学家芝诺（约前336—约前264）创立。由于该学派哲学家经常在雅典集会广场的画廊进行讲学，故该学派又被称作"画廊派"。"斯多葛"是古希腊语"画廊"的音译。——译注
③ 指巴维尔·费多罗维奇·格列卫尼茨（1798—1847），皇村学校学生，毕业后在外交部门供职。——原注

第六章

1

谢尔盖·里沃维奇带着从伊万·伊万诺维奇·德米特里耶夫那儿得到的问候，又一次去找卡拉姆津。

时间变得越来越让人焦虑。斯佩兰斯基下台了，他受到了一致地抨击，然后突然就下台了。斯佩兰斯基如此迅速简单地落马，也让大家感到有些恐慌。莫斯科的老头子们多少还是痛恨他的，同时也感到一些欣喜。正像他们那一张张没有表情的脸露出的愤怒神色：为什么不早点处决这个叛徒，而只是判处他流刑。大家都在等待，尼古拉·米哈伊洛维奇·卡拉姆津会得到重要的任命。谢尔盖·里沃维奇非常满意地看到，他盼望已久的升迁时刻终于要到来了。作为国家栋梁之材，尼古拉·米哈伊洛维奇不会忘记拥护爱戴他的人们。斯佩兰斯基下台一个月后，老头子希什科夫①被委托起草了募兵公告，他自己也被任命为国务秘书。那些被认为是野蛮人和守旧者的人，开始振奋起来。谢尔盖·里沃维奇的前程又被耽搁了。更何况情势急转，谢尔盖·里沃维奇和瓦西里·里

---

① 指亚历山大·谢苗诺维奇·希什科夫（1754—1841），俄国作家，国务活动家。1812 年接替斯佩兰斯基，担任国务秘书一职。——译注

沃维奇感到自己地位的不稳固。罗斯托普钦公爵掌握了莫斯科的防务。很快，马丁主义者的阴谋开始公开化了。一方面，很早之前，人们就称斯佩兰斯基及其所有追随者为马丁主义者；另一方面，马丁主义者是莫斯科共济会会员，是卡拉姆津本人的青年朋友们。除此之外，马丁主义者和雅各宾党人①一样都是自由主义者。

同时，谢尔盖·里沃维奇突然发现，人们随便把那些习惯于国外所有事物的人都称作马丁主义者。他对此一点都不理解，不过他也惊慌起来，去找他的兄弟瓦西里·里沃维奇。这些日子兄弟俩又一次互相走动了。但是瓦西里·里沃维奇自己的状态也很低落，在寻求支持。希什科夫说他是不信神的，现在他可是身居高位，备受尊崇。他要给予希什科夫适当地回击。在给朋友的一封信里，他对希什科夫进行了批判。"我受过教育，知识渊博，"作为对这个老头子的回应，他写道，"在塞纳河畔，我在诗中歌颂我心爱的祖国。"然后他将圣－皮埃尔、戴利尔和封丹②搬出来作为证人，证明他和他们熟识，而且他们可以随时站出来支持他，说他为自己是俄国人而自豪，俄国人非常正直。

但是无论人们怎么说，他们人在巴黎，而希什科夫就在彼得堡，而且现在是国务秘书。

瓦西里·里沃维奇屈服了。

很多事情，都可以作为他建立自己名声的基础：巴黎之旅，并得到德米特里耶夫的诗歌相赠；同亲爱的 m-me③ 雷加米埃保持友谊；而且

---

① 指法国大革命时期雅各宾派成员，后多指自由主义者。——译注
② 圣－皮埃尔是法国作家；戴利尔是法国诗人；封丹是法国作家，政治活动家。——原注
③ 法语：夫人。——译注

同拿破仑本人见了面——这谈何容易啊！但是突然，这些审美趣味，带有稍许的自由主义思想，以及轻松的诗歌不仅成为没有意思的东西，而且直接成为令人怀疑的东西。这对于他很艰难，但他准备好随时放弃"危险的邻居"授予他这位歌手的荣誉。甚至他说出，这首诗是属于已经过世的巴尔科夫。和他说话的人很吃惊，说巴尔科夫在半个世纪前就去世了，而且在"危险的邻居"中希什科夫被嘲笑了。瓦西里·里沃维奇懊恼地反对道：

"根本不是希什科夫，而是沙霍夫斯科伊。不过，您可以保留自己的观点。"

他在必要时可以否认他曾面见拿破仑这种荒谬的言论，以及散布出来的流言。那时他是第一任领事，而且早些时候他喜欢和别人谈及面见拿破仑这件事。

"我怎么会见过拿破仑呢？"他带有明显的轻蔑之情说道。

而且他被迫隐瞒自己老早就有的擅长烹饪的爱好。有一天，当他参加宫里的聚会时，一个朋友习惯性地把他当成法餐专家，问他问题，瓦西里·里沃维奇立刻叫喊起来。他声明，他决定不再喜欢任何一道法国菜，而且比起所有菜肴，他更喜欢荞麦粥。事实上，这倒是不假。不过对于瓦西里·里沃维奇而言，他这样承认，应该是出于战争的到来。瓦西里·里沃维奇现在一整天都在市里东奔西跑，打听可靠的消息。对于刚开始的战争，他什么都不明白。传言使他感到烦恼。可是，他努力去弄明白新的军队调动令，在家里去大声阅读消息。对于马丁主义者，他坚信他自己永远反对那些空谈者。逻辑是一回事，那些误导人产生错误的认识，是另一回事。他到处乱窜，精力充沛，咒骂法国人。但是当他茫然若失地回到家，迷茫的眼睛望着安奴什卡时，他承认他自己极度忧郁。

"为什么那些该死的法国佬不在家里好好待着?"他这样谈论法国人,善良的安奴什卡哭了。

他非常激动地说出这些话,然后突然,他沉默了,不再说话。他陷入了失落之中。

这两兄弟现在经常去找卡拉姆津,弄得卡拉姆津有时候觉得他俩是累赘。

2

卡拉姆津确实有些烦这两个老朋友了。可怕的时候到来了,他带着几分恐惧和惊讶,看着自己的崇拜者,举止优雅的朋友慌乱奔跑。日子一天天过去,他们好像并不明白即将到来的事情意味着什么。卡拉姆津早就看明白他俩了。他们毫无希望,总是被小事所累。而且令他更惊讶的是,他非常生气,因为五年前他们就让人感到厌恶,而且他们过于敏感,让人觉得很幼稚。每次当谢尔盖·里沃维奇做出优雅的姿势,或者阅读瓦西里·里沃维奇美好的诗歌时,他就能不安地看出这对老古董对他的嘲笑。瓦西里·里沃维奇尝试了各种方法,想让自己的诗作在人们生活中占有重要地位,这些尝试也就成了他荒唐可笑的一部分。他被公认,当然他也承认,他自己是马屁精的头头。有几次,在一些重要的宗教和道德问题上,他的举动让别人很生气。他不受人尊敬,而且很可能是一个无神论者。谁知道呢? 善良的希什科夫可能是对的。现在,那位贵族的狂妄宿敌,同时也是历史学家①的私敌,牧师的儿子斯佩兰斯基已经被流放了。所有人都期待卡拉姆津能委以重任。普希金兄弟甚至前

① 这里指卡拉姆津。——译注

444

来祝贺尼古拉·米哈伊洛维奇，弄得他很是不好意思，就好像已经到了即将履职的前夜。而这一重任最终被他们文学上的仇家希什科夫荣膺。

这种苦恼让卡拉姆津很是不爽。他取得了胜利，果实被他人获得。罗斯托普钦被任命为莫斯科总指挥，他从来都不是他的朋友。但是现在从各方面都传出了马丁主义者的密谋。这里人们不仅把斯佩兰斯基的支持者，而且把卡拉姆津的朋友们也指成了马丁主义者。这位历史学家陷入了矛盾之中。一切都变了，他，作为改朝换代的描述者，反而成了历史的局外人。

他曾同一些文学上的守旧者进行过和平的论战。而现在他清楚，这些突然身居庙堂之位的人们在写他的告密信。在信中他们坚持认为他的所有作品都充满了自由主义和雅各宾思想的毒药。他自己也图谋成为西哀士①那样的人，或者成为执政官那样的人。哎！这些都是他谈论斯佩兰斯基时说的话。他说斯佩兰斯基是无神论者，崇拜伏尔泰和卢梭，应该消灭他这样的人。确实，他得到了暂时的宁静。但是，所有人都决定避开瓦西里·里沃维奇并不再接待他。

卡拉姆津不知道怎么样才能摆脱那些容易听信别人的话而且喜欢四处打听消息的朋友，其中总是包括普希金兄弟俩。他俩特别容易受蒙骗，而且比任何人都提心吊胆。同时，兄弟俩的一个特点让卡拉姆津很吃惊。他俩，就像众人所说的，也可以理解，总是因为什么小事而害怕得发抖，敏感胆小。但是，过了两分钟，他们竟然就完全适应新的情况了，就好像从没发生过什么不快或者不幸的事情。他们甚至还能想起什么笑话，唾沫横飞地去争论两位著名舞蹈演员的优点及胖瘦。两兄弟的

---

① 西哀士（1748—1836），法国大革命时期的主要理论家。代表作有小册子《什么是第三等级？》。他支持拿破仑发动雾月政变并协助其掌权。——译注

这种情况，对于大家分析他们的性格来说，可是不容易。

刚刚发生了什么事，谢尔盖·里沃维奇突然一阵激动，对战争临近的危险感到兴高采烈。他大声读了所有的募兵令，读到战功卓著的人的姓氏时故意降低声音。他朝巴拉什卡发火，因为开门的吱吱声打扰了他，就像有人妨碍他读莫里哀一样。

现在他一整天都在莫斯科转，还大声喊叫，吓到了纤弱的纳杰日达·奥西波芙娜：

"让没用的人滚开！"

起初纳杰日达·奥西波芙娜不明白，谢尔盖·里沃维奇说的是谁。是拿破仑，还是巴克莱①？他多次提到过巴克莱，而且强烈指责他的退却策略。

有一天，他气喘吁吁地跑回家，怀疑地看着尼基塔和清扫女仆，把他们打发走了。然后他看着纳杰日达·奥西波芙娜，给她做了一个让她靠近些的手势。纳杰日达·奥西波芙娜不能忍受这种夸张的手势，不过她还是靠近了些。

"不要将任何事托付给尼基塔和阿莉什卡，rien de rien②，"谢尔盖·里沃维奇意味深长地说，"仆人们是我们这儿头等坏的人。"

这是一个重要的消息，应该像提防敌人一样提防所有的仆人。纳杰日达·奥西波芙娜想起来一些不正常的事情。就在不久前有人在女仆房里做了不好的事情，她的脸色一阵发白。然后谢尔盖·里沃维奇在房间里跑来跑去，向她叙述自己的行动计划。现在还不确定敌军的推进方

---

① 米哈伊尔·波格丹诺维奇·巴克莱－德－托利（1761—1815），俄国陆军元帅，后来该职位由库图佐夫接任。——译注
② 法语：完全不要。——译注

向——不是朝着彼得堡就是朝着莫斯科。如果是朝着彼得堡方向，他们就应该不动；但如果是朝着莫斯科来的，他们就要立刻收拾东西赶紧走。但是房子里一片杂乱，密不透风，架子上覆盖着厚厚的灰尘。纳杰日达·奥西波芙娜的小玩意儿也特别多。盛香水的小瓶子，装首饰的小匣子。很明显，为了以防万一，把所有东西都收拾好是不可能的。纳杰日达·奥西波芙娜无论如何也不想丢下她的大镜子。谢尔盖·里沃维奇改主意了，什么都不拿。在危急时刻，应该人自己离开，把所有东西留下来，让那些仆人们照看。他还担心，这样做是不是就更方便轻松了。

"要把孩子送走。"他突然想起还有孩子，悲伤地说。

"送到哪儿?"纳杰日达·奥西波芙娜同样悲伤地问道。

孩子们似乎没有地方可以送。谢尔盖·里沃维奇生气了：

"啊，我不知道，亲爱的，"他说，"所有人都把孩子送走了。大概我们可以送到米哈伊洛夫斯克去? 那儿连乌鸦都不会去。"

"我不会和列乌什卡分开的。"纳杰日达·奥西波芙娜低声说。

单单把奥利尼卡送走是没有意义的，也是很麻烦的。

谢尔盖·里沃维奇突然觉得这些麻烦事让他感到很厌倦。世上再没有什么事情比危险情况下的家庭更烦琐更不顺的了。所有东西都要收拾，所有人都要离开。

"或许，等等，我亲爱的，"他平静地对纳杰日达·奥西波芙娜说，"他们还可以去彼得堡。我今天答应人家了，要去尼古拉·米哈伊洛维奇那儿，所有事情就会都清楚了。但我恳求你，关于这件事千万不要和马大哈阿莉什卡及尼基塔说什么，pas un mot①。尼基塔让我很是怀疑。

---

① 法语：一个字都不行。——译注

上一周他的眼神是模棱两可的。不需要把他们从家里弄走。他们在外边会和杂七杂八的人闲逛的，toute cette canaille①，然后被带坏。那些人仅次于罗斯托普钦自己。"他竖起手指头说，"他做了宣传画，来安抚tous ces Nikichka，Palachka!②尼基塔，穿上衣服！"

他启程去卡拉姆津那儿了。

关于敌军是不是会去彼得堡，这个他们没有讨论。彼得堡还很遥远。关于萨什卡③这一次他们没想起来。天啊，亚历山大·伊万诺维奇·屠格涅夫也在那儿。最终他是在宫里，和当地人一起度过这段日子。何况他不是自己，是和一群同龄人，教师、所有这些 lyceens④、督察、仆人。

3

和平时一样，每天他们要被带出去散步三次。学校开学那天下的雪还没有融化，在傍晚他们就去玩雪。行动敏捷的娜塔莎是凶巴巴的老太太沃尔孔斯卡娅的清扫女工。娜塔莎经常在路上碰到学生们。她照旧在路上走着，低下眼睛。她是黑眼睛，大脸盘。有时候他们打架，在古板的老头子布德利的课上做恶作剧。老头子把他们留在身边。有时学生们由于他们的粗鲁行为或不明白数学而被留下来，不给茶喝，或者被罚坐在黑桌子后边，还可能被罚穿几个小时的旧衣服。

他们要在学校待上半年，雪还是没有融化。但是父母的家永远为他

---

① 法语：所有这些无赖。——译注
② 法语：所有这些尼基什卡、帕拉什卡。——译注
③ 指亚历山大·普希金。——译注
④ 法语：中学生。——译注

们保留着。他们在宫里住着，所有事情都比他们父母知道得早而且准确，主要是他们能更早感受到对这种重大变化的担忧。

有一天晚上，亚历山大听到响亮的马蹄声。孤零零的马蹄声突然慢慢变大，飘了过来，然后停止了。可能是信使来了。要是他们回到家，他们会不认识很多父母的。这种父母的权力，正如法学家科尔夫解释的，在逐渐变弱。

4

三月了。他们坐在布德利的课堂上，听到从遥远的喇叭里传来什么声音，开始他们听不懂这是什么。但是布德利突然陷入沉思。他戴着假发，愁眉苦脸地坐着，并没有看他们，而是忧郁地紧闭他细细薄薄的嘴唇，听着学生们发言。这个时候。雅科夫列夫在向他转述《小格兰迪森》① 的情节内容。布德利要求那些入学前没学过法语的人背下这段。雅科夫列夫老早就说完了，但是布德利还是坐在那儿听。最终他醒过来，朝雅科夫列夫点了点头，说——不知道是关于"格兰迪森"，还是关于其他的事：

"那，就到这儿吧。"

第二天在散步时间，他们不顾齐里科夫的反对，转而跑到大路上去了。

整个大路望不到头，一队军人——是重骑兵，在行军。无论是服装，还是马的步态，都无法和亚历山大那一次在彼得堡看阅兵相提并

---

① 指英国作家塞缪尔·理查森的小说《查尔斯·格兰迪森爵士传》。这里所说的《小格兰迪森》应该是法国作家安东尼·普列沃斯翻译的法语版。——译注

论。马儿在打滑。士兵也没戴金光闪闪的大军帽，所有人戴的是制帽和暖和的护耳，穿的制服。铜质饭盒挂在马鞍子那儿叮当直响。风在吹，天气很冷。

"仔细瞧瞧这队人马。"齐里科夫说，他对骑兵很熟悉，"所有人都穿着制服，但是有些没有。这是要受到惩罚的。"

"为什么受到惩罚？"瓦尔霍夫斯基问。

"肯定是因为什么事情。看，右边第二个，马鞍子卷起来了。第一排的制服都脱了。"

军官们穿着暖和的军大衣，这让他们看起来更像马车夫。前边开始唱歌了。骑兵连通过了。

跟在骑兵连后边的是市民的轻便马车，绝望地慢慢行走着。送行队伍里有几位母亲无法停住脚步。她们穿着带风帽的大衣，不敢望着前面，而望着两边。就好像前边那些行走的战马，那些穿着军上衣的背影，都不是她们的丈夫或者儿子。但是她们还是跟在骑兵连后边，不知道是回去还是停下来。

现在，他们每天散步的时候，都能看见这些送别士兵的人。他们知道，这些士兵要去加特契纳和卢加，然后去博尔霍夫，最后去阿伯奇卡。亚历山大知道，他母亲的领地，米哈伊洛夫斯克，就离阿伯奇卡很近。戈尔恰科夫的舅舅别舒洛夫的领地离得不远。

还没有宣战，但是每天都有部队通过皇村。他们的样子很快就变了——近卫军过去了，现在是哥萨克团。他们的下巴留着胡子，小胡子打上蜡，朝上撅着。他们坐在马上，双手叉腰，一副漫不经心的样子。他们看上去比其他那些坐在椅子里的人要结实得多。他们大声唱着旋律慢悠悠的歌，还吹口哨。他们脸色严肃，并不往学生这边看。前排有两个哥萨克发现了他们。他俩仍然面容严肃，互相眨了眨眼睛，然后同时从马鞍子上跳下来，互换了位置，然后互相骑在了对方的马上。他们的动作非常敏捷，就好像他们一直坐在马上，什么都没发生一样，脸色仍然是一副冷静严肃的样子。只不过右边的那个哥萨克眯缝起眼睛，笑了。

加里尼奇跟在后边，盯着他们看，忘了一切。当加里尼奇朝他们走去的时候，他们并不认识他。他的脸上显现出夸张的骄傲之情，眼睛眯缝着。

"手里握着火枪，牙里咬着子弹。"之前那个哥萨克瞧了瞧他，对他说，"嗬，你这个捣乱的人，我心爱的小鸟。"

马林诺夫斯基对他说，他也是哥萨克。他们的村子离伊久姆不远。加里尼奇看了他好长时间，有点羡慕，又好像不太相信，然后就笑了。

"哥萨克是哥萨克，要有骑士精神。所有的哥萨克头领是要剃光头的。"

所以，马林诺夫斯基就这样成了哥萨克。散步之后，他开始学着一摇一摆的走路，两手叉腰，挺直身子，还眯缝眼。就像他认为的，要有礼貌，而且要懒洋洋。他和父亲，也就是校长马林诺夫斯基说了哥萨克经过的事情，而且非常高兴。校长也很喜欢别人随便给他儿子起的这个绰号：哥萨克。他和儿子讲，哥萨克身上古老的自由、机敏、不顾性命，有时候还会去冒险，奔放的精神，是受到人们喜爱的。在即将开始的战争中，他寄希望于俄国军队能够打败敌军。儿子很高大，调皮，现在他喜欢冒险。马特维大叔也是一位老哥萨克，只是瞎了一只眼睛，所以来到学校当仆人。马林诺夫斯基现在和他聊天，并学到了反映哥萨克勇猛彪悍的民谣。

由于完全不会德语对话，他得到了加乌恩施尔德的一个警告，并要被老师记到黑色本子上。他使了个眼神，说：

"受苦的哥萨克是不会哭的。"

管家给他们的伙食很糟糕。马林诺夫斯基坐在桌子后边，说：

"水虽少也要喝完，饭虽少也要吃光。"

这些事情都让加里尼奇得到了安慰。哥萨克部队走了之后，加里尼奇也开始怀念故乡。在值班时他开始自己吹口哨，低声哼唱一些小曲。这些事情人们都不知道。如果碰到了老师或者教授，他会保持沉默，但如果是"自己人"，也就是一些学生，他就不再难为情。有一次亚历山大听到他在哼一首忧伤的歌：

噢嗨，荞麦上的白花

凋零了；

深爱着姑娘的哥萨克

离去了。

他的嗓音很醇厚，但他不想破坏学校的宁静，就用假嗓唱完了这首歌。

民兵部队通过了皇村，整整三天。民兵们穿着灰色的衣服。这让学生们想起来他们的吝啬鬼管家给他们吃的面包。他们垂头丧气，满身灰尘，没有近卫军的派头姿势，并不像近卫军——非常直率的人。

他们脸色发黄，目不斜视，通过皇村。他们沉重的脚步让土地发出了低沉洪亮的叹息声。他们走路左摇右晃，丝毫不像战士，而像乡下人。他们也在唱歌。曲子很长，调子也拖得很长："不是因为雪而变白。"亚历山大想起了马车夫的歌，就是在彼得堡载着他和伯父的车夫。他唱的歌也是这样，不慌不忙，声音不大，四轮马车颤动不稳，有时候还停下来。而车夫唱的懒洋洋的歌却没有尽头。这首歌声音大而低沉。

说是歌曲，还不如说更像叫喊和叹息。

"应该武装起来去战斗，"加里尼奇说，好像自己要尝试建立起自己的部队，"心爱的小鸟，爱吵闹的人啊!"

有一天来了一个骑马的民兵。他很年轻，是一个军官。他在路上疾驰，好像要把路踩坏了。他用军刀拨开潮湿的树枝，树枝则抽打着他的脸，遮住了他的眼睛。他笑了，拨转马头，他朝学生们走来，问库尼岑住哪儿。绿色的树枝把他挡住了，形成了一个十字。水和眼泪流满了他的脸。他洁白的牙齿嚼着树叶，看上去好像喝多了。他有一张娃娃脸，微笑着。

有几个人不听加里尼奇的话，忍不住挥舞着手喊道："过来吧，调皮的人，小鸟儿，没准你就能碰到他。"他们指给他小房子，现在库尼岑就在里边。加里尼奇也明白，现在他无法要求他们严格遵守规定了。

这个民兵急匆匆过去，大家也跟着进去了。

他拥抱了库尼岑。这是哥廷根人卡维林①。五分钟后，他和所有人都熟识了，虽然总是弄错他们的名字。他来不及听完别人对他说了什么，就不停地和学生们说话。他很喜欢普希金，拥抱了他。

"普希金，我亲爱的，你这么讨人喜欢。我们一起去打仗吗？不想？那就留下吧。"

他对普辛说：

"你这个胖子，我亲爱的，不会骑马吧？那就来做炮兵吧。"

总之，他觉得所有人都和他一样应该上战场。库尼岑笑着看着他，库尼岑可不是总有笑脸的。

"你错了，萨沙，不对，"卡维林说，"给我点水喝，你这个俗人!"

---

① 指彼得·巴甫洛维奇·卡维林（1794—1855），俄国军事活动家。——译注

他慢慢地喝了一大罐子水，冲普希金点点头：

"普辛，你准备好了吗？"

他拥抱了库尼岑，说：

"走吧，别偷懒，你这个懒人，坏蛋，俗人。"然后他拥抱了普希金：

"走吧，萨沙！"

他管库尼岑叫萨沙，有时候会叫对普希金的名字。

当他们回到自己的房间时，每个人都觉得，好像是自己的哥哥上了战场。夜晚，普希金突然想立刻追上他——他望了望大路，然后琢磨，在哪儿能搞到一匹马，然后就勉强睡着了。

5

他们还送走了穿着长靴的近卫军。他们碰到了穿着灰色衣服的民兵。他们没穿衬裤，而是穿的灰色的裤子。上身则用灰色的短瘦的上衣替代了蓝色带红领的半军上衣。他们的作息也改变了。他们不再要求去散步。有一天他们碰到了沃尔孔斯卡娅老太太。老太太走得很慢，笨重地扶着娜塔莎的手，呼吸急促。她的鼻子发紫。娜塔莎看到学生们之后，就和往常一样，低下自己狡黠的眼睛。她大脸盘，黑眼睛，胸脯高高的，身材挺拔，高视阔步，和老太太站在一起。这让人想起了神话里的情节：普赛克①、杜申卡②、有名的普洛塞庇娜③。老太太照旧停了

---

① 古希腊神话人物。普赛克是一个国王的女儿，美丽无双，心地善良。但是她却引起了维纳斯的嫉妒。维纳斯欲使计谋让她嫁给一个野兽。但是维纳斯的儿子，爱神丘比特爱上了普赛克。最终经过种种磨难，普、丘二人成婚。普赛克也被封神，成为天使。——译注
② 俄语里有"心肝宝贝"的意思。——译注
③ 罗马神话人物，在希腊神话中对应为珀耳塞福涅。是朱庇特与其妹妹克瑞斯的女儿，后被冥王抢走，成为冥后。——译注

下来，让学生们过去。娜塔莎低垂着眼睛，但是，她好像什么都能看到。

"你怎么不告诉我，今天都祷告什么了?"老太太用低沉刺耳的声音问，"瞧，唱诗班来了。"

他们听到了。他们互相看了看，确定现在他们的制服已经和宫廷少年唱诗班的制服没有区别。这些穿着灰色短瘦上衣的唱诗班经常路过学校，前往宫廷教堂。戈尔恰科夫，以及其他人的自尊受到了强烈的打击。他们很讨厌老太太沃尔孔斯卡娅。

他们不再是小孩子、中学生、大学生，甚至也不是什么隐士、修士，正像他们在自己的"僧房"里描述的一样，他们是宫廷唱诗班成员。

碰到了民兵，这一点倒是安慰了他们。所有人都是穿的灰色制服。这是他们的行军服装。这是战争，给他们提供的伙食开始变少了。早先，当管家给他们喝清汤淡茶时，他们就在满学校找管家，管家藏起来了。现在，他不躲起来，反而故意出现在他们面前。当学生们问道，为什么是清汤，他摊开手，傲慢地说:

"这是命令。"

他红色的络腮胡修理得很整齐。

几乎在所有方面，他都非常吝啬。

现在，皇村发生着变化。在开学时，马林诺夫斯基说这儿是一个和平的居所。他们之前都没发现，在这里有很多关于战争和胜利的惨烈的遗迹。土耳其亭、卡古利大理石雕塑、切什梅圆柱、带着铭文的奥尔洛夫门①。宫殿空荡荡的，很荒凉。亭子那边总是无人问津，现在已经被废弃了，所以就成了真正的人造遗址。而用石头建成的那座希腊风格的亭子，看起来是真正的遗址，是由土耳其人建造的。达芙涅②、赫罗娅③、费利斯④——这些名字老早之前就在诗歌中出现过；只有老头杰尔查文按照俄国习惯，管这些年轻姑娘叫作帕拉莎和娜塔莉亚。现在，古希腊和罗马那些名人的名字成为战争的荣誉：巴格拉季昂⑤是伊巴密浓达⑥；库里涅夫⑦是德西乌斯⑧；拉耶夫斯基⑨和孔诺夫尼岑⑩是斯巴达双王⑪。

战争动员令已经宣布。涅曼河⑫成为法国人的另一条斯提克斯河——冥界之河，只能渡过一次⑬。

---

① 这些都和俄土海战有关。——译注
② 达芙涅是希腊神话中的人物，在古希腊语中，"达芙涅"的意思是"月桂树"。——译注
③ 赫罗娅是古希腊作家朗格斯作品中的人物。——译注
④ 费利斯是希腊神话中的人物，在古希腊语中，"费利斯"的意思是"叶子"。——译注
⑤ 彼得·伊万诺维奇·巴格拉季昂（1765—1812），俄国将军，在第一次卫国战争中伤重不治。——译注
⑥ 伊巴密浓达（前418—前362），古希腊时期底比斯的将军。——译注
⑦ 雅科夫·彼得罗维奇·库里涅夫（1763—1812），俄国将军，第一次卫国战争英雄。——译注
⑧ 普布利乌斯·德西乌斯，父子同名，古罗马执政官，均在萨莫奈战争中阵亡。——译注
⑨ 尼古拉·尼古拉耶维奇·拉耶夫斯基（1771—1829），俄国将军，第一次卫国战争英雄。——译注
⑩ 彼得·彼得罗维奇·孔诺夫尼岑（1764—1822），俄国将军。——译注
⑪ 古希腊斯巴达城邦实行双王共治制度。——译注
⑫ 涅曼河发源于白俄罗斯山区，流经白俄罗斯、立陶宛和俄罗斯，最后注入波罗的海。——译注
⑬ 在古希腊神话中，凡人碰到斯提克斯河水就只能进入冥界，无法返回。——译注

第七章

1

战争于6月22到23日的午夜开始。拿破仑率领四十万大军从距离考弗诺①不远的地方渡过了涅曼河，进入俄罗斯。大军中一半是法国人，剩下的一半则是德国人、囚犯和拿破仑的崇拜者。有普鲁士人、撒克逊人、巴伐利亚人、符腾堡人、巴登人、黑森人、威斯特法伦人、梅克伦堡人。有奥地利人、波兰人、西班牙人、意大利人。有荷兰人、莱茵河对岸的比利时人、皮埃蒙特人、瑞士人、热那亚人、托斯卡纳人、不来梅人、汉堡人。他们日夜兼程，只给战马很短的喘息时间。他们找到了大道。拿破仑不止发动过一次战争。这次战争则伴随着被弃的村庄、空荡荡的城市，没有居民和饲料，只有虚幻的胜利。这可激怒了大军的统帅——他可是期盼着一场正常的战争：同敌人进行公开的大规模的会战，占领首都，然后让对方被迫接受和平。莫斯科的老人们同样很生气，为什么不和敌人进行大战。

敌人进军神速，大部分力量不知道是前往彼得堡，还是前往莫斯科。众说纷纭。

①　立陶宛城市，现叫作考纳斯。——译注

457

2

校长马林诺夫斯基和库尼岑一起，在办公室里闭门不出。蜡烛点亮了，朝向花园的窗户打开了。四周一片寂静，只有嫩绿的叶子。夏日的和风吹来，烛影摇曳。一切看上去那么平和。学生们都入睡了。

"我好痛心啊，"校长把手指放在胸前，咯吱咯吱直响，"在这样美丽的夜晚，我们要考虑一下我们目前的处境。"

他很沮丧，而库尼岑，对他这种软弱感到惋惜，对他这种精神低落感到生气。他不太满意地等着校长发牢骚，并准备好进行反对。在当下，精神低落可以说是个罪过。确实，马林诺夫斯基没办法不低落，因为整个学校现在一团糟。所有人都能体会到这一点，就好像皮列茨基还在，一切事情都很乱。所有人，从教师到仆人，已经不再谈论他们的敌人，比如像加乌恩施尔德。库尼岑决定离开学校，这个不稳定的，容易受到外界影响的地方。更何况，他已经打算参军上战场。他非常喜欢自己的职责，也喜欢这里的一些老师——说是喜欢老师，不如说是喜欢他们的认真好学，这也慢慢地改变了他——他甚至习惯了这幢大楼。但他不想看到像加乌恩施尔德这样的人占领学校，就像皮列茨基一直没有得逞那样。这里，周围人思想上的慌乱，很容易让你陷入恐慌，而且互相传染。他最不喜欢一张张发白的脸，大睁的眼睛，杂乱无章的思想——这一切，要比害怕和恐惧更讨厌。他相信自己的思想和原则，但是恐惧则不是人思想应有的一部分，而单纯是动物的属性。他积极地谋划自己的未来，之前好像无法实现，但现在未来又明朗了。他要准备去上战场。对祖国的爱，公民的责任，这些东西他都曾对学生们讲过，而现在则成为他毫不犹豫要去履行的职责。

"现在已经大军压境了，"马林诺夫斯基脸色发白，说道，"我听说，敌军马不停蹄往前赶。如果照这个速度，一个月后我们就要离开这儿。我们要去列韦里①。现在谁都不知道这件事，也不应该知道。你要做好准备。"

他说他不想把所有东西带到列韦里。有些人，愿上帝保佑，不想走。比如，加乌恩施尔德，是不能离开彼得堡的。这样更好。他猜到大部分教授是不想走的。这样到了列韦里，库尼岑就要临时雇来教师，这个希望就寄托在他身上了。总之他要亲手把学校交给，也只能交给库尼岑了。这所学校从一开始就伴随着不幸。按照马林诺夫斯基的话，他也不打算走。

"我不走，"马林诺夫斯基强调，"我不想走，而且年纪大了，累了。"

"您不去，他们在疏散中会走失的，而且我不和他们在一起。"

马林诺夫斯基在房间里走来走去。

"不知道兄弟那儿有没有什么信息，屠格涅夫打算怎么办？"他问道。

库尼岑的兄弟已经出征一个月了，没有传来什么消息。尼古拉·屠格涅夫，就是那个哥廷根人，冬天去莫斯科那位，现在住在彼得堡，处于苦恼之中。他要不害怕，要不就充满希望，不知道自己该做些什么。库尼岑每天都看到他。他诉苦，抱怨，脸上带着听命于人的表情，还有粗鲁和醉态的印记。一些上层社会人士的没有教养，严冬，随后就是酷热，这一切都使得他不可能在祖国生活。但他要选择去哪儿？他不知

---

① 爱沙尼亚城市，也就是现在的塔林。——译注

道。最近，他又振奋起来，维特根施坦①的行动又激发了他的希望。

马林诺夫斯基笑了笑。

"去列韦里或者奥布②，我们所有的仆人都和您一起过去。"马林诺夫斯基说，"我们的毕业生和留在这里的人一起，开始新的生活，一切仍然继续。至于谢尔盖·加夫里洛维奇，"他谈到了齐里科夫，"我会给他一个委托书，所有粗鲁不当的行为都会被列入行为日志中。不久前，丹扎斯骂了马特维，还追赶管家，揪着他。我要求对这种行为给予极大的关注。自傲自大、急躁以及像仆人那样的低微感，都是由于我们的教育、生活以及仆人般的礼节造成的。我们对这种行为早就感到愤怒，自己业已习惯于此。没人敢对外国人说这些，告诉他们自己像奴仆一样。你的兄弟，或者那位同乡来的秘书这样做了。俄罗斯的优良品质正在消失。我和您讲这些不是为了这个，您没看到这一点，也不知道这些。相反，您很快要扭转这一点，就像现在您和我讲的一样。"

这位经常受到自己病痛困扰的校长，这一次如此坚决地说了这番话。

"您经历过火灾吗？"他问库尼岑，"战争之火，风把这火吹得更广了。还有城市被战火焚烧，您经历过吗？我看到过，大地一片焦黑，只有黑色的烟囱竖立着。这就是我们的房子，我们的家，我们的亲人。俄罗斯的烟囱竖立着！为了在疏散中不失去，像您说的，关于家的回忆，应该照看好所有小孩子的东西。杂志、歌谣甚至他们创作的小诗等，这些看上去微不足道的东西。在我们抛弃家园的时候，这些正是我们所需

---

① 指彼得·赫里斯季安诺维奇·维特根施坦（1769—1843），俄军指挥官。——译注。
② 芬兰城市，现在叫作图尔库。——译注

要的。"

库尼岑头一次满怀好感地看着他。

"我抽空去看过他们了，"马林诺夫斯基说，"他们的房子很不结实，现在就要塌了。"

他们望向学校和一排排黢黑的窗户。要是不点上灯，没有发黄的灯光，整个学校在这个时候和荒无人烟差不多了。

突然库尼岑下了决心似的，对他说：

"没有您是走不了的，您在这儿哪儿都去不了。"

"我力不从心了，走也是白走，"校长平静地说，"我现在最需要安慰了。一切曾经隐藏起来的不好的东西马上就会显现出来。像盗窃公家财务，抢劫，就像在敌人的阵营里一样。大肆地洗劫马上就会来的。斯莫利亚宁，就是我的朋友，给我写了一封信：阿什男爵，就是一个省长，得到了很多推车。这些车子占满了广场。人都过不去了。你说双方谁想打仗？国王不会，达官贵人们则掩盖住了他们的洗劫行为。"

夜深了。校长的小花园很安静，就好像是荒漠一样。校长的手指咯吱咯吱响，看着库尼岑，说道：

"尤其是新手会感到担心，"他摊开双手，说，"人们不愿意信任俄罗斯人的优良品质，认为恐惧是他们主要的冲动。"

库尼岑脸色发白，沉默了。校长突然停住了。

"我不止信任，"他突然带着一丝愤怒说道，"我不止信任维特根施坦，那位卓越的将军，我还信任农民，信任哥萨克，信任他们的努力和奋斗。我们只是了解他们精神上的这些，还有他们对我们谦卑的态度。一切都是歪曲的，而这种歪曲仍未被消除。敌人也不知道。"

他转向了精神。

"一切都有可能发生，"他安静下来，说，"但是俄罗斯人要证明自己的品质，这品质最终会得到自己以及敌人的信任。要不然生活就成为我的负担了。我们相信，农奴制会被废止，会消失，就像一块烂痂从身上脱落一样。三年内您是无法理解俄罗斯的。我的事就是耕作织布，并不是什么教书，也不是当校长。"

他笑了。

"确实，所有这些都是令人发笑的幻想罢了。现在敌人可是已经逼近斯摩棱斯克了。但是希望的破灭，就意味着丧失生活。我很自豪，因为我集中了一切精力去思考。我很同情拉祖莫夫斯基，他那道关于搬迁的指令下得过早了。我还就怕这道指令泄露出去，和他共事我真感到疲倦。"

他们分开了。

"我现在不要求您给我最终的答复，"他对库尼岑说，"但我请求您不要急着离开这些小孩子，逐渐适应我的位置，接替我。最主要的是，我们应该努力不让学生们猜到，所有东西都被战争毁灭了。"

3

地图被钉在大厅的墙上。加里尼奇用红色铅笔准确地在地图上标注部队移动的方向，笔迹秀丽，像书法家一样，宽粗的红色线条慢慢向上走，他在地图前站了好久。

他的心情沉重，一动不动，脸上没有任何表情。每天他都在地图上标注部队的行进方向，这一次他被吓到了。他仔细地看了看地图，又看了看周围。普辛、马林诺夫斯基和普希金走了进来。

他低声读着城市的名字，然后就像突然睡醒一样，说：

"心如刀绞啊。"

学生们站在加里尼奇画的红线前面，一句话也没说。马林诺夫斯基看看其他人，安静地说：

"现在该去阿里斯塔尔库斯①那儿上课了。"

他们拥抱了一下，一句话也没讲，信步离开了，不急不慢去科尚斯基那儿，也没有平时的调皮。

马林诺夫斯基学会了沉默，和其他人不同，他的沉默就像哥萨克那样。他们互相也都明白。

第二天，地图被收起来了。

亚历山大永远都记得从莫斯科到彼得堡的道路：低矮狭窄的驿站房在雨中竖立着；木头柱子裂开了，表皮脱落；房檐下的麻雀竖起羽毛。老驿站长永远不会直视你的眼睛，而是看着大路。车夫哼唱着永远哼不完的小曲，车上的铃铛叮叮直响。迎面而来的车队发出吱吱的声音，还散出一股焦油的味道。现在，骑兵在这条路上奔驰，驿站房里也挤满了敌军，他们在这条路上无阻碍地行进。看来，这条路同他从伯父瓦西里·里沃维奇那儿过来的路没什么区别了。人家的马在路上奔跑，骑马的人让他感到疲倦。通过这些人的行进，他们了解了俄罗斯的地理情况。看起来俄罗斯遍地是城市、县城和农村。在战况报道上他们吃惊地读着这些地方的名字。敌人已经逼近斯摩棱斯克了。

---

① 阿里斯塔尔库斯（前215—前143），著名学者，埃及托勒密王朝国王托勒密八世的老师，曾担任亚历山大城图书馆馆长，有过很多关于语法的论述。此处应指下文的科尚斯基。——译注

4

以所有罗斯托普钦那样的人为榜样，现在学校里的作家们都在写东西。米沙·雅科夫列夫文章的主人公是下诺夫哥罗德的地主，苏沃洛夫的大尉，西拉·西洛维奇·乌谢尔多夫。苏沃洛夫那种不连贯的谈话，现在成为大家创作的准绳。米沙·雅科夫列夫努力以罗斯托普钦为榜样。"法国人，"他写道，"用双脚践踏金科玉律；把头发弄得乱蓬蓬，还龇牙咧嘴地笑，能干的人一个没有，全在那儿胡说八道，还挺直身子像小鹰一样。应该用手杖打他们所有人！"

亚历山大读完之后什么也没说。这些不能让他想起敌人的残酷，秘密快速地行军，一些人的下台，另一些人的升迁，以及分离，死亡，城市在燃烧，还有现在被敌军骑兵挤满的驿站房。这些尖锐的俏皮话很多但并不尖锐俏皮，粗俗的语言贫乏无力，言过其实，就像老头子的嘟嘟囔囔。米沙·雅科夫列夫很生气：普希金是在自夸自己的文学品位。他要立刻把普希金的自傲描绘出来。作为一个名副其实的艺术家，他喜欢观察人，尤其是普希金。这个是他的杂志中最难出版的一期了。轻松、快速、顺畅地完成这一期可并不容易。这一期需要特别的灵感。在想出如何描写普希金前，他不停地跳椅子，转脑袋，吹鼻孔。他坐在椅子上，没有提前下笔，不知道怎么才能像描写其他人那样描写普希金。亚历山大饶有兴致地看着他的把戏，这让他想起了小丑。有时候，他突然从他这不连贯的动作中认清楚的不是自己，而是他的父亲，谢尔盖·里沃维奇。米沙·雅科夫列夫只是不喜欢，在创作的时候他也不明白这一点。他愁眉苦脸，有时候就像"发疯"一样，为伊消得人憔悴。他同意自己也是诗人，也明白该如何轻松地创作。他在创作的时候哼着小曲，吹着口哨，下笔如有神。

瓦尔霍夫斯基的主人公是苏沃洛夫。他也以此人为自己的榜样：吃又干又硬的面包干，每晚把床垫撤下来，睡在光秃秃的床板上。他是个斯多葛派哲学家，给自己定了目标。他只和自己的朋友马林诺夫斯基说过自己的目标，并努力实现，还严厉斥责别人的调皮行为。

戈尔恰科夫的主人公是皇帝。他完全效仿他——在镜子前卷自己的头发，把头发卷到梳子上；还晃悠悠地走路，眯缝着眼睛。他还记得学校开学那天。

5

马林诺夫斯基的主人公现在是顿河哥萨克的首领普拉托夫①。普拉托夫宣布要将女儿嫁给生擒或者击毙拿破仑的那个哥萨克，并附上50000金币做陪嫁。校长马林诺夫斯基经常给儿子讲普拉托夫，讲他的朴实和勇敢。

丘赫尔别凯的主人公是总指挥巴克莱。巴克莱和他有点亲戚关系。丘赫尔别凯把他的肖像钉在自己房间的桌子上。光秃的额头，光滑的脸，无神的眼睛——这才是英雄的特点。独眼的库图佐夫很壮实，有着像鹰一般的嘴和鼻子。他本身也像一只强壮的有经验的鸟，时刻准备在空中和其他鸟去打一架，啄眼睛。巴格拉季昂很胖，有着士兵一般的眼睛，炯炯有神。普拉托夫脖子粗，脸盘大。唯独巴克莱没有那种英雄般的独特之处。

有人问丘赫尔别凯关于巴克莱的事情，他这样称赞：

_____

① 指马特维·伊万诺维奇·普拉托夫（1753—1818）。——译注

"他很高。"他说道。这样形容有些苍白，丘赫尔别凯自己也很高，伊利切夫斯基也是。

"他从不和别人讲话，"丘赫尔别凯说，"他只是抚摸我的头，什么都不说，然后马上就走了。就是这样。"

总指挥总是沉默不语，现在在敌人面前又急速撤退，这并未激起人们对他的同情。有一天，米亚索耶多夫从他父亲那儿听来，又向大家宣布，总指挥的姓改成了"博尔达伊－达－托利卡①"。但是现在亚历山大从丘赫尔别凯那儿知道了，他不爱说话。

"他总是在沉默。"丘赫尔别凯茫然地说。

6

亚历山大记起了挂在他伯父瓦西里·里沃维奇办公室的拿破仑肖像：目光呆滞，就像花园里立着的神像，没有笑容，特征异常精准，制服朴素。那个时候，这些特征让人感到很简约，很美。

现在，这张脸让他感到无情和冷酷——死人的脸。库尼岑说，不遵守社会公约的暴君应该毁灭，是要受到人民的惩罚的。将苏拉②称作奢侈屠夫的凯丹诺夫说，拿破仑对任何事物都是无情的，是个冷酷的残暴者。世界会因他的屠戮而毫无生机。

学生们围着布德利，向他询问关于波拿巴的事情，急切地等着他的回答。

---

① 意为：对，只是闲谈。——译注
② 指卢基乌斯·科尔内利乌斯·苏拉（前138—前78），古罗马政治家、军事家。前88年当选为执政官。前82年逼迫元老院任命其为终身独裁官。随后施行恐怖统治，大开杀戒，捕杀自己的政敌。——译注

法国老头阴郁地看着他们，好像并不想急着回答。很明显，他的脸上显现出一副悲伤的神情，浑浊的小眼睛半睁半闭。然后，他就像敲碎木块一样敲着讲台，声音嘶哑，发着牢骚：

"他会受到惩罚的。没有任何充分的或者理性的理由能够解释他的胜利，所有理由都是其失败的注解。因为他和他的追随者放纵，而且屠戮。"

随后，他好像不再想谈论关于拿破仑更多的事，就严厉地对他们说：

"都回到座位上。你们不去练习对话，不去背《小格兰迪森》。你们应该多加练习，要不然你们永远不会讲法语。还有句法和圆周句！你们对这个一窍不通——还有你们要学习正字法。我们今天要读让－巴基斯特·卢梭①的诗，这对提高你们的记忆力有好处。跟我读！"勃罗格里奥讨厌学习，他宁愿在班里当最后一名。无人管教！丹扎斯很懒。杰尔维格意志坚强，但是他不懂法语。戈尔恰科夫学习不错，但他很自负。科萨科夫觉得自己啥都懂，很自满。普希金完全凭借自己的好记性，不再学习，无忧无虑。

7

天气热得让人无法忍受。加里尼奇带着学生们去散步。他平时沉默不语，突然用花色丝质手绢擦了擦脸上的汗，含糊不清地说：

"冬天，小鸟儿；严寒，吵吵闹闹；这就是我们要看到的！"

所有人都笑了。马林诺夫斯基对加里尼奇说：

---

① 让－巴基斯特·卢梭（1670—1741），法国诗人。——译注

"这哪儿是冬天啊！"

但是加里尼奇的大脸毫无表情，只是笑了笑，反对道：

"夏天越热，冬天越冷。"

这是一句古老的民谚，其中所包含的内容，他们也没有核实过。他们都沉默了。

8

传言满天飞。人们都说有三个巴伐利亚军团投降了，因为德国人和西班牙人倒戈，拿破仑自己跑回法国了。决战即将到来。按照拉耶夫斯基将军的话："远离敌人的最好方法就是消灭敌人。"

7月，一个振奋人心的消息传来了。人们争相传阅《北方邮报》①。巴格拉季昂的部队同巴克莱的部队会师了。而由拉耶夫斯基率领的巴格拉季昂的先锋队促成了这次会师。7月11日，巴格拉季昂命令他向达武②元帅的部队发动进攻，以拖住敌军，否则部队无法会师。拉耶夫斯基有一万人马，而敌方则有六万大军。战斗在池沼周围打响。在最后一次进攻时，斯摩棱斯克团在没有火弹的情况下，凭着刺刀，在敌军火力下向水坝靠近。快要到达水坝时，突然遭遇敌军。拉耶夫斯基在一片混战中，带着自己的儿子们上了战场：大儿子亚历山大刚满十六岁，小儿子尼古拉还不到十一岁。他把儿子们安置在一个团里。在进攻时，拉耶夫斯基和儿子们一起在最前列冲锋陷阵。小儿子则由父亲拉着手。在一次进攻中，旗手战死了，军旗同旗手倒在地上。大儿子亚历山大举起了

---

① 《北方邮报》，1809—1819年，在彼得堡出版的一份报纸。——译注
② 路易·尼古拉·达武（1770—1823），法兰西第一帝国元帅。——译注

旗。战士们向前冲锋，击退了敌军。巴格拉季昂达到了目的。今后在斯摩棱斯克附近再也没有敌军妨碍部队会师了。

有人问父亲，儿子们是否知道为什么父亲带着他们上战场。小儿子回答：为了战死在一起。

9

斯摩棱斯克保住了。据说，总指挥在斯摩棱斯克放火，城市成了一片瓦砾。大火烧了三天多，就连法国人自己都把这惨状比作维苏威火山的爆发。当地居民都跑到了林子里。城里只剩下了老人和病号。维亚济马河也在燃烧，上面漂着烧着的碎木板和绳子。

斯摩棱斯克的农民们藏在林子里；敌军找到了他们，从他们身上抢走了最后的财产，以补充自己的军需。法军对那些躲藏起来的地主允诺，恢复他们在农民身上的权利。这些农民由于战事而出逃。另外法军也允诺给予地主战时保护，以防止他们被打劫。同时地主需要为他们提供面粉、伏特加、谷物、牲畜、燕麦和干草。饲料是没有的。此外比战争更可怕的瘟疫开始流行。8 月 17 日，大火终于熄灭，随后维亚济马河也停止了燃烧。在不远处的莫斯科，很可能会遭受同样的命运。巴克莱在敌军面前退却，没有组织战斗，这一点让旁人很是惊讶和不解。

10

一个胖胖的、威严的贵妇住在皇村，而且经常来看巴枯宁的儿子。她有一双忽闪忽闪的大眼睛。她怀疑巴枯宁的儿子是不是很调皮。当皮列茨基还在掌管学校的时候，她经常和他低声谈话；她对什么都那样好奇。在一次见面时，她对儿子说巴克莱是叛徒，这是确凿的，而且很快就会被撤职。

所有人都焦急不安，苍白的丘赫尔别凯不同意大家的观点。但是，在对巴克莱深信不疑的同时，他突然将巴克莱的肖像从墙上扯下来，撕成碎片，还用脚去踩。然后，他失望地看着这些碎片，将它们放在了柜子里。

这些天学校里都在议论巴克莱被解职的事情。普希金不说话，只是听。在他身上突然体现出一种没人怀疑的性格：谨慎。虽然他以热情急躁著称。当米亚索耶多夫管统帅戏称作"博尔达伊－达－托利卡"时，他似乎并不赞同。当狂怒的丘赫尔别凯说现在应该把自己之前的偶像处决时，普希金只是静静地听着。在斯摩棱斯克附近，普拉托夫的哥萨克迫使法国军团后撤，法军遭受了损失。这个撤退令人费解。但是普希金并没有像其他人那样，即使是那些最温和的人那样，去批评指挥官。甚至他带着一丝嫌弃之情去听别人的骂声。似乎无人能够阻挡或者牵制住敌军的持续前进。教授们的脸阴沉沉的，马林诺夫斯基的脸总是那么苍白。在外边，在街上，到处都是不寻常的寂静，他们也马上就要离开这些寂静的地方了。周围一切都在发生着变化。

现在，人们都在学校里十分安静地行走，努力不发出声响，就好像在家中有了亡者一样。数学教授卡尔采夫平时嗓门很大，总是在咳嗽、擤鼻涕、说笑。现在他嘴里就好像灌满了水，一句话都不说。凯丹诺夫给他们讲授的地理课内容也突然发生了变化：就在国家腹地，出现了敌军。

有些学生——科尔夫、科萨科夫和科莫夫斯基——心情极其沮丧，开始央求放他们回家。老师们也安慰了他们好几次。他们开始想念妈妈，收到的每封信上都会洒上他们的泪水。有一次，加里尼奇发现丹扎斯在笑话那些哭泣的学生。也有一些调皮的孩子说科萨科夫是胆小鬼。而普希金则让老师们很意外，他在这一周里并没有什么不好的表现。那些哭泣的人让普希金感到很难办：他就不再出声，只是带着一种好奇的眼光看着他们，一句话都不说。这些天他一直和杰尔维格在一块儿。

他喜欢杰尔维格。杰尔维格马虎懒惰，但也勇敢大胆。尽管他从不招惹别人，攻击别人，但齐里科夫一提及他，就说他是不可救药的人儿。他学习很差劲，看上去他倒是很享受懒惰这个感觉；他的记忆力也很差。

"我要抓紧时间背诵《小格兰迪森》中的对话，"他说，"我要赶在时间的前面。"

他的懒惰可不是一时的，他总是这样。

快到傍晚的时候，他说：

"时间过得好快啊！这就快到晚上了。我不能浪费时间，傍晚之前要学习对话。"

晚上，他说：

"布德利肯定不会来了。对话就放一放吧。"

他从来都不会去嘲弄别人，但是加里尼奇说：

"他总是故意去引人发笑，去挑事儿。"

有一天，在卡尔佐夫①枯燥的课结束后，害羞的科萨科夫泪眼婆娑地承认，他想回家。战争可能会拖很久，他担心战争会把他和家分离开。

---

① 指雅科夫·伊万诺维奇·卡尔佐夫（1784—1836），俄国早期教育家，皇村中学的老师。——译注

杰尔维格看了看他泪汪汪的眼睛，撇了撇嘴，说：

"这一点都不奇怪。在一次战争中我就把父母弄丢了，差点被抓去做俘虏。后来我又找到了他们。"

听了他的话，所有人都吃惊地看着他。他没说笑话。科萨科夫撇净眼泪，大张嘴巴。普希金也吓了一跳。

看着来自四面八方迷惑的眼神，杰尔维格慢慢地、淡淡地说，在1807年的一次行军中，他和母亲在父亲的车队里。那时候天色变暗了，母亲想起来，她忘记把护身香囊交给父亲。据她认为，这个东西可以保护父亲免受伤害。

她陷入绝望之中。她把儿子留给勤务兵，请求他帮忙照顾，然后一个人，带着女仆和一个士兵，去找自己的丈夫去了。杰尔维格睡着了。但是在睡梦中，他好像觉得自己周围轰隆直响，马儿在嘶鸣。不知道自己是在船上，还是在大车上来回晃。

但是当他每一次梦到这些东西时，他觉得自己并没有醒过来。轰鸣声又响起来了，脑袋上下颠簸，撞到了坚硬的行军枕头上。可当他每一次醒来时，勤务兵都会对他说："睡吧，小少爷。"然后他就又睡着了。早晨，他在林子里醒来了——在大车下边。旁边躺着勤务兵——手臂血迹斑斑，似乎敌军在夜里袭击了车队。但是勤务兵记住了夫人的托付，不要扔下小杰尔维格，也不要走开。他认为最好同其他的大车一道，飞快冲进附近的林子，然后从车上拽下睡着的杰尔维格，一起躺在大车下边，等待战斗结束。

"就是说，整个战斗期间你一直在睡觉？"吃惊的瓦尔霍夫斯基问道。

"是的，在睡觉。"杰尔维格摊开两手，回答道。

确实，杰尔维格睡觉不是一般地死。每天清晨，福马大叔拼了命地喊："上帝保佑，先生们，起床啦！"也未必能喊醒杰尔维格。有时候他在课上睡着了，尽管这样，他还是能准确说出之前老师们讲课的内容，但就是不明白其中的意思。他慢悠悠地和别人讲述自己的那段奇遇，没有任何多余的话。所有人都不出声，都很吃惊。瓦尔霍夫斯基让杰尔维格讲些关于行军的细节。杰尔维格就讲了勤务兵的故事，讲他的机灵、拼命、勇敢、爱喝酒，还有他的口头禅：

"打仗的时候别难过"，"当兵一辈子，挣钱还不到一百块"，等等。科萨科夫和其他人显然不那么害羞了。大家谈论着杰尔维格的奇遇，散开了。普希金追上他，静静地对他说：

"这些事都是你编出来的。"

"老天，当然不是，"杰尔维格说，"我发誓，要是我编的，就让魔鬼抓走我。"

晚上，当他准备入睡时，亚历山大听到服侍杰尔维格的马特维大叔在走廊里发牢骚，抱怨管家，现在他和福马一道，对抗管家：

"服役一辈子，一百块钱都得不到。"

他笑了。朋友没有欺骗他。他只是个诗人——永远都是不慌不忙，心情愉悦。

11

每个晚上，校长马林诺夫斯基经常邀请学生们到自己家去做客。他并不邀请所有人，而是有选择性的。经常去做客的有瓦尔霍夫斯基、普辛、玛秋什金。这些都是他喜欢的学生。

瓦尔霍夫斯基身材矮小，胸窄窄的，是个正直的人。他的声音很平静。他把上课、吃饭和睡觉视为一种责任，有时候是一件不愉快的事情。他曾准备好冷静地去牺牲自己，这一点谁都不曾怀疑。在学校里，人们叫他斯巴达人。等到把皮列茨基赶走之后，大伙儿都笑话他什么都不干，就像古代的斯多葛派哲学家一样——他热衷于维护学校的秩序。校长把他看作自己的第二个儿子。普辛经受了各种事情，对什么都不相信，但是他很明理。他的头脑健全，自己也很淘气，但并不过分。玛秋什金很谦逊，勤奋，渴望去旅行。校长曾在土耳其和英国居住过，喜欢回忆起那些他不再希望造访的国家。玛秋什金对这方面的关注让他很满意。丘赫尔别凯急躁鲁莽，任性，在读诗的时候口齿不清，而且易走极端。可是，他的心肠很好，非常崇尚公平。儿子伊万应允要帮助他。所以做客的这些人都是校长从学校的学生中选出来的。现在他们每晚都在校长家聚会。校长的妻子去世了——善良的女儿安娜用茶配面包招待他们，有时候面包很硬。瓦尔霍夫斯基把这个想象成宿营。他在目前简单贫乏的生活中寻找到了乐趣。他们并不是幸运的宠儿，幸福的追寻者，光明的爱好者。校长默默承认戈尔恰科夫的才华，愿意极力赞赏他的才华，但好像又在回避他的交际圈子。

"他不需要谈论他出众的才华。"他说。

显然，他圈子里那些调皮的人都被排除了：勃罗格里奥，丹扎斯。他们非常精，急躁，而且精力总是那么充沛。

"随着时间的推移，勃罗格里奥是有希望改变的。但是，他需要时间，"他说，"很多时间。"

诗人之中，他邀请了伊利切夫斯基。校长很喜欢他的勤奋，高雅的品位，明理和谦逊。

"他完全清楚自己的实力，不会去乱作乱为。"他说。

他并不回避杰尔维格和普希金，很乐意在学校里和他们交谈。但是他一般不邀请他们做客，怕受到他们的嘲笑。普希金很聪明，像个机灵鬼，似乎总是从令人发笑的角度理解事情。这对于校长来说完全是新闻。诗歌对普希金影响很大。有一天，他看到普希金在读巴丘什科夫的诗时，脸色变白了。而且，他坐在那里，一点也没笑。校长很了解雅科夫列夫。这个学生对音乐饶有兴致，经常哼唱，吹口哨，踩着节奏唱歌，容易记住，而且喜欢嘲弄人。但是，在读诗的时候脸色不会变白。

现在，一种胆怯在学校里弥漫开来。而普希金和杰尔维格胆子则很大。

第二天，在长舌妇巴枯宁娜——在斯摩棱斯克陷落那周，她公开说巴克莱是叛徒——造谣过后，杰尔维格和普希金，以及瓦尔霍夫斯基、丘赫尔别凯、普辛一起，去校长那儿做客。

燃烧的蜡烛，代替生病的母亲①前来料理的小女儿，以及坐在空荡荡桌子前的学生们，都让校长回想起了英国的学校。他难以相信，就是现在，敌人在摧毁俄国的村庄，驱赶着马，疾驰在俄国的大路上。

"现在，我们在座的听众对于收到的这些消息感到很愤怒，因为没有大的会战。我们需要胜利。但是战士和公民们也经受住了这样的忍耐。这不是在玩打仗游戏，所有的民众已经起来反抗了。"

然后他转向杰尔维格，让他讲述他幼年时期的奇遇。杰尔维格没预料到会这样。于是就好像什么都没发生过一样，他重复了自己的故事，还加进去一些之前未提的细节，甚至还改变了一些情节。比如，现在他说自己在大车下醒来时孤孤单单，没人陪着，而且还说了自己当时很

---

① 原文如此。前文写到校长的妻子已经去世。——译注

害怕。勤务兵只是晚些时候才过来，手臂受了伤，血迹斑斑，用一块破布包裹着，还拿着一大块面包和一小撮盐。似乎是觉得饿了，于是勤务兵去附近的村子里找面包，在那儿中了流弹受伤。就这样，他们躺在大车下，开始吃早餐。

"这个勤务兵叫什么名字，脾气如何呢?"校长笑着问，好像还要让他讲下去。

"他叫伊万。"杰尔维格犹豫了一下，快速地说。他的眼神开始变得迷茫。

"他总是在唱歌，"他低声快速地说:

> 我收到一封姑娘寄来的信，
>
> 眼含热泪，我开始读信，
>
> 我的小红脸写啊写啊:
>
> 快来吧，我的小伙子。我病得不轻了。

亚历山大看着他。昨天晚上杰尔维格刚刚把这首歌抄下来，还给他看了。现在他静静地坐在一旁，为自己的谎言感到内疚。

"他死了，"他静静地说，"死在了军队的医院里。"

他撇了撇嘴，为伊万感到伤心。

回到宿舍后，杰尔维格对普希金说，勤务兵伊万用白粉擦拭父亲的武器时，总会唱《雪不是白的》这首歌。

"还有什么吗?"普希金问道，带着一丝渴求的眼神看着他。

"他还唱关于哥萨克的歌。"杰尔维格说:

476

"哥萨克

　　离开了他深爱的姑娘；

　　就像那白花，

　　从荞麦上凋零。

　　他在临死前还在唱这首歌。

　　他们手牵手，在睡前走了走，想起了什么：杰尔维格想起了姐姐，普希金想起了阿琳娜，而两个人都想起了伊万。

12

　　敌军继续向莫斯科推进。愤怒和恐慌的情绪开始蔓延开来。巴克莱被解职了，大家都喜欢的库图佐夫则被任命为总司令。

　　十天后，他们读到了关于波罗金诺大捷①的战报。没人敢相信这是真的。面色苍白，紧扣所有上衣扣子的马林诺夫斯基爬上讲台，向大家读了战报，用嘶哑的嗓音向大家祝贺胜利。他站在讲台上，颤抖着嘴唇，还想说些什么。他忘情地看了看学生们，走开了。傍晚他把教师齐里科夫叫过来，说应该庆贺战胜了敌人。学生们应该感受到这期待已久的胜利的喜悦。他建议在学校里排一部戏，把一个人的戏本排出来，在他的指导下学生们三两天就能上演。齐里科夫表示反对，说这样的戏本是没有的。马林诺夫斯基不客气地打断了他，坚定，还带着一丝怒气地说，学生们两天之内就能写出戏本，戏也应该就能准备好。齐里科夫反

---

①　1812 年 8 月（俄历 9 月），在莫斯科以西 125 公里处的波罗金诺村，俄法两军进行了会战，双方均伤亡惨重。但是通过此战，俄军达到了在防御中消耗法军的战略意图，从而开始逐渐掌握了整个战争的主动权。——译注

对说，由学生创作戏本是被禁止的，学生们也早就要求撤销这个禁令。马林诺夫斯基立马就这个禁令向部长呈请，请求无条件允许学生们进行创作。并根据齐里科夫的转述，校长还加入了学生们的请求。

"请立刻着手做这件事，"他对齐里科夫说，"这种禁令没什么意义，也没人去考虑这些。"

他呼吸急促，不容得任何反对，双手也在颤抖。

齐里科夫听从了校长的话。他本想在学校里排演自己的作品《北方英雄》，但他很快就放弃了这个打算，因为两天的时间是来不及的，而且没人能够出演戏里的角色。布德利好像说过，他早先给学生们写过一个戏本。确实，在布德利那儿找到了这个合乎规矩而且不是那么复杂的戏本：《L' Abbe de l' Epee》①。这个戏本讲了一个有声望的教士是如何教育聋哑人的。主要角色是聋哑人，而且这个角色不是通过语言，而是要通过手势来表现。学生们很快就能学会这出戏，而且雅科夫列夫也可以饰演聋哑人。可怜的、来访友的伊孔尼科夫给他带来了一个自己创作的戏本《好心地主》。这个戏很适合排演。在这出戏里，善良的地主多波洛夫②先生，拯救了蒙受不白之冤的兄弟和仆人。慷慨宽宏最后获得了胜利。剧中角色有地主多波洛夫先生，其兄弟，善良但犯错的阿尔伯特，中士和警官，还有那些所谓的陪审员。角色已经分配好了，普辛饰演阿尔伯特·多波洛夫，他充满生气，嗓音明亮，非常适合这个角色。出于个头的考虑，中士由伊利切夫斯基饰演。警官由充满喜感的雅科夫列夫饰演。阴郁苍白，两眼浑浊的校长则是总导演。齐里科夫开始全身

---

① 法语：军中教士。——译注
② 这个姓氏出自俄语"善良"一词。——译注

心着手准备这出戏，去剪裁绘制布景。马特维大叔用大钥匙打开了检阅大厅的门。这扇门自打学校开张后都没开过。大家摆放好椅子，钉上幕布。学校里一片忙碌，仆人们跑上跑下。

库尼岑不会参加一系列的庆祝活动。他面色苍白，脸上没有一点血色，也没有参加晚会。

13

晚会结束了。天气很热，所以窗户大开着。空气仿佛凝固了一般。女士们穿着轻快的裙子。同法国人已经打了半年仗了，但是时尚风格可没有跟着变：还是那些法兰西式的风格。灰色的那不勒斯式的软帽配上带子打的花结；用马赛丝做成的裙子配上里昂花边的裙带。讲述爱情和四季的卡德里尔舞①，也就是去年拿破仑的妹妹们跳过的那种舞蹈，仍然决定着时尚风格，到现在也没改变。

圈椅里坐着陌生的老太太。她们的胳膊肘上佩戴着饰物；两肩裸露，还扑着香粉；惨白的脸颊上贴着黑色的假痣②。她们并没有关注舞台，而是研究学校里的人。突然挂在小链子上的长柄眼镜垂了下来，老太太们开始大声交谈。她们尖锐地看着那些学生们，而学生们则根据她们的要求被呼来唤去。这些学生没有任何讲究，也没体现出什么教养，也没过于的放肆。他们集中注意力为老太太们服务，只不过不是很机灵，笨手笨脚。他们习惯了这些人的命令，也都知道，很快这里的一切就要结束了，人们也会忘记他们。现在在打仗，他们会被派到更远的地

---

① 法国宫廷的一种舞蹈。——译注
② 脸上涂白并贴上假痣是法国贵族圈里流行的装扮。——译注

方，然后在那里被忘记。戈尔恰科夫被人叫走，来人和他谈着什么。托尔斯泰伯爵同瓦西里·里沃维奇相识。他看到了亚历山大，向他点了点头。亚历山大还是无法抑制住自己的害羞之情，这可能就是母亲曾经带着一丝神秘和快乐所谈论的上流社会吧。她的黑眼睛那么明亮，面颊绯红，静静地微笑着。他想起了母亲的微笑。演出间歇托尔斯泰开始向别人介绍他。

托尔斯泰有一张忧愁的脸和一个肉乎乎的嘴唇。他满意地看着亚历山大：和普希金家族其他人一样，亚历山大让人觉得很滑稽。老太太面色发灰，集中精神看着亚历山大。她年纪很大了，感觉即将作古。亚历山大被介绍给她，他行了个鞠躬礼，有点害羞。

"他们今天怎么这么笨手笨脚。"老太太说。

两位女士看着他，其中一位还是个小姑娘。他在散步时碰到过两次。她的头很小，身子清瘦，像芦苇秆。这是柯楚别依家的人。他们住的地方离学校不远。大家同他谈论，并问及伯父瓦西里·里沃维奇，但是还没等他讲完，人们就忘记他了。

他跑出大厅，躲到一个角落里。从那儿他观察着女士们。他好像突然开始怕见生人。福马大叔从他身边经过，差点碰到他。

客人们散去了。他往下跑，好像要去等什么人。她经过他身旁，好像在找他。她环顾四周，在寻找什么人。事实上她确实在找他。亚历山大轻轻碰了碰她的手，知道所有人都看见了。其实没人看见。她同他告别，向他点了点小小的脑袋。

晚上他无法入睡。他无法原谅自己在告别时突然的紧张。这些都让他睡不着。他走到长廊里，经过睡着的人，走进门廊。加里尼奇张着嘴在那儿睡觉。他没有注意，差点碰到他。还好，加里尼奇没有醒。他走下台阶，没有遇到任何人。冰冷的石地板刺痛了双脚。他想追寻她的足迹，慢慢走过所有的台阶，一直到了大门口。什么都没有。他碰了碰沉重的大门，门开了。可能在忙乱中人们忘了锁门。他站在门旁，看着黄色的烛光，感到绝望。突然逃跑的念头涌入脑海。他想和她道别，拥抱她，然后跨上战马跑掉。他要沿着卡维林的道路走。

这个女孩也叫娜塔莉亚。

14

已经很晚了。凭着校长马林诺夫斯基的坚持，戏剧演出结束了。人们并不怎么高兴。库尼岑面色苍白，不是很满意。大家觉得不应该用这种世俗的戏剧来庆祝胜利。而且，除了那些达官显贵带来的单调乏味，人们也没感到什么。多么不幸的事！库尼岑就在这个不太合适的时间去找校长告假：他的兄弟在波罗金诺附近受伤了，胸部被子弹打穿。他想去见见他，可能这是兄弟俩最后一次见面了。第二天他就要出发，他敲了敲门，没人回应。他往里面张望。

马林诺夫斯基穿着长衫，坐在桌子后边，身子弯得很低，两手抱着头。他抬起头，用暗淡的眼睛看了看库尼岑，眼泪流了下来，但他没有感觉到，也没有去擦拭。

"牺牲了多少人啊，"他嗓音嘶哑地说，"如今全世界的人都搞明白了，和他们打交道的究竟是个什么家伙。你的人民够荣耀的了！"

15

在这场突如其来、乱糟糟的庆祝过后，皇村学校里人心惶惶。很快，校长马林诺夫斯收到了部长拉祖莫夫斯基的一个严厉警告。这些天拉祖莫夫斯基心里很是不爽，而且极度愤怒。他一直认为，同拿破仑硬碰硬是不明智的。现在，他从自家园丁斯捷文——也就是他的儿子经过自己的举荐在皇村读书——那儿得知，拿破仑军队中的符腾堡①人袭击了葛连基②一带，把那儿抢得一干二净。园丁非常难受，做出这些事的不是那些无法无天的法国人，而是符腾堡人。不管怎么样，葛连基一带被侵占了，被糟践了，被毁了。按照园丁的建议，只有通过赎买，才能使这些"胜利者"离开庄园。得知皇村上演这部不应景的戏剧后，拉祖莫夫斯基找到了愤怒的发泄点。将来要严格禁止学生们在生人前进行什么戏剧演出。由于 8 月 30 日在皇村举行的这场不当的晚会，校长——就像是一个涉世未深的青年——被给予警告。至于通过齐里科夫送来的关于允许学生在课余时间进行戏剧表演创作的请求，在这种情况下自然是被拒绝的，即使他们不是公开进行。

校长马林诺夫斯基很明显失宠了，这瞒不过任何人。与此同时，加乌恩施尔德拜访了部长，然后大家都明白了，即便不是权力，部长也给予了他一些承诺。他得意扬扬地在学校走来走去，嘴里嚼着甘草念叨着什么，还和科尔夫说了一堆话。他喜欢科尔夫的举止。有一天他断断续续呼着气对科尔夫说，学生之间不大可能会出演员。他还嘲笑了其中的几个演员。然后，他把手放进兜里，鼓起长长的后摆，哼着小曲走了。人们从未见过他的心情如此之好。

16

丘赫尔别凯收到了母亲的一封信。被撤职的巴克莱其实很忠诚，他

---

① 符腾堡地区位于德国西南部，现在是巴登－符腾堡州的一部分。——译注
② 葛连基是拉祖莫夫斯基家族的领地，今莫斯科州巴拉西哈一带。——译注

不被人理解，还遭人嫉妒。现在他很顺从，听命于新的指挥官，在新任的领导下，他的自尊做出了极大的牺牲，表现出了一个爱国人士的真正品格。在波罗金诺，他像普通士兵一样，被派到前线打仗，派往最危险的地方。他冒着枪林弹雨冲锋陷阵，渴望能为国捐躯。但他没有牺牲。他在波罗金诺一带救了很多人，就像他之前担任总指挥时一样。从长远上看，不战而退，他可能是对的。他心无恶意。在不理解他所做的一系列战略决定的内容意义前，人们就对其进行妄加评判是不对的。"背叛"这个词不应该让这些人头脑发昏而妄下评论。他们应该等待高层的决定和历史的评判。

丘赫尔别凯立刻把这封信读给了普辛、普希金和瓦尔霍夫斯基听。早先瓦尔霍夫斯基非常积极地参与到对巴克莱的指责之中。他尊敬苏沃洛夫那样的英雄，赞同用武力和子弹，用古老的战争和部队的移动去和敌人作战。但是巴克莱的行为一下子改变了对他的见解。在睡觉前，这个小苏沃洛夫尝试进行耗体力的操练，而且逐渐养成了这个习惯。普辛则完全赞同宣告巴克莱无罪。普希金没说什么。这位引发非议的不幸的统帅在波罗金诺附近出生入死。突然他咬紧嘴唇，脸上泛起了红晕。他埋怨了几句，然后慌张地跑掉了。只有在非常激动的时候，他才会这样做。

17

秋日非常暖和，阳光明媚。在皇村的花园里，落叶遍地，漫步其中使人心旷神怡。马特维大叔照看着园子，把落叶扫在一起。一片寂静，没有风也没有雨。加里尼奇却感到很羞愧，因为他预言会很冷。加里尼奇摊开两手：

"我说的也不是秋天啊，"他固执地说，"我开始就是说的冬天，很冷。"

叶子落在地面上，一片金黄。阵阵微风徐来，沙沙作响。

加里尼奇把雅科夫列夫叫到橡树这儿，默默指着叶子快掉光的树枝。人们都不希望叶子掉光。雅科夫列夫没明白这是什么意思。

"叶子没掉干净，"加里尼奇骄傲地说，"这就说明，冬天会很冷。"

他对自己的预兆很有信心，也不想再去传扬。确实，第二天就突然刮起了风，下起了暴雨。园子里的树被风刮得呼呼直响。

就在这一天，莫斯科被放弃了，敌军攻占了莫斯科。

18

他们听说了摧毁莫斯科的大火，大火从四面八方燃烧。火是先从萨良卡，也就是雅乌扎桥旁边开始的，然后烧到了城对面。很快，大火烧遍全城。就连莫斯科的花园都没保存下来。大树被烧焦，树叶枯萎。

莫斯科达官显贵的大宅被烧了，大市场化作灰烬，教育部也受了火，莫斯科河两岸一片火光，而且这些天风特别大。

库尼岑从屠格涅夫那儿带来了关于普希金父母的情况：他们安然无恙，没有受到伤害。他们和伯父伯母一起，在下诺夫哥罗德。父亲精神饱满，很快亚历山大收到了一封内容详尽的信。

第二天，马林诺夫斯基向头天值夜班的齐里科夫询问学生们的情况。齐里科夫说，值班时他发现有些学生翻来覆去，没有入睡。他们叹气，发牢骚，都表现出担忧之情。齐里科夫也曾叫了他们，但是他们没回答，假装自己睡着了。后半夜齐里科夫自己睡着了，所以也就没说什么。至于被问到谁没入睡，而且显得很担忧，齐里科夫首先叫出了普辛和普希金。

的确，普希金没有睡着。他从战报上得知了敌人放的那场摧毁莫斯科的大火。但是开始他自己都无法想象这是真的。

哈利托尼胡同的家已经没了。那里曾经多么美好，炉子旁边铺着磨出毛边的小毯子。但是一场大火摧毁了一切——他曾经漫步过的街道，也不复存在了。莫斯科，或者莫斯科大部分，被烈火包围着。

他曾沿着熟悉的林荫道漫步。而现在他无法想象这些地方冒着浓烟，成为废墟。*花园都烧没了*①——库尼岑这样说的。在黑暗中，他听到钟敲了一下，自己也颤了一下。他要习惯什么都不惧怕，也不能像科萨科夫那样哭鼻子。他没去想逃难至伏尔加河沿岸②的父母处，甚至没去想阿琳娜——他想的只有莫斯科，他出生，成长，而后从未回去过，现在却再也回不去的老宅③。现在他孤单一人，躺在床上，睁大双眼，望向四周的黑暗。他想起了熟悉的房子，一座接着一座。这些房子很有可能也被烧毁了。他甚至都不知道去向谁询问。这个时候，皇村就是一片荒漠。他静静地敲了敲墙壁，立刻传来了微弱的回应声。普辛也没睡着。他平静下来。莫斯科不可能被摧毁，他决定再回去看看莫斯科，无论为之付出多少代价。他把这个念头讲给普辛听。普辛赞成他的想法。他好像看到了他在跑，看到了道路、莫斯科和敌人，看到了他在报仇。普辛又敲了敲墙，祝他晚安。

福马大叔过来叫他们起床。他透过小窗子往里边窥视，没有敲门：一个卷发的学生和一个胖学生，两人都没有睡觉。所以他就像平常一

---

① 原文为斜体。——译注
② 下诺夫哥罗德位于伏尔加河沿岸。——译注
③ 这个词在俄语里也有“火灾、废墟”的意思。——译注

485

样，只是喊了喊：

"少爷们，起床了。"然后就走了。

校长马林诺夫斯基希望见见亚历山大。他问亚历山大，是不是之前收到一封家里来的信。亚历山大悄声纠正道：

"是从父母那儿，家什么的都没了。"

马林诺夫斯基认真地看着他。

"现在一切就要结束了，"他平静地对亚历山大说，"所有人还这样认为，莫斯科是法国人烧的。他们都错了。法国人没那么傻。是俄罗斯人烧了莫斯科。他们挑衅活着的人，让他们狂怒，痛苦，让我们美好的东西消失。我们的一切都被烧毁了，自己也葬身其中。但是，敌人也不会有好下场的。"

亚历山大张大了嘴巴，看着他。这可是一件新闻，而且他还没怎么明白。马林诺夫斯基异常冷静，他笑了笑：

"您明白伊戈尔之死和奥尔加的复仇吗？[①]"他问亚历山大，"伊万·库兹米奇只是给你们读古代史，看来到年末才会讲到奥尔加。因为这段历史已经算作中世纪时期的了。但您至少需要读一下格林基诺改写本。对伊戈尔之死负有责任的德列夫利安人派了使者前往奥尔加处。奥尔加烧好了开水，问客人是否准备好。客人答道：'让我们为伊戈尔之死负责吧。'杀了使者之后，奥尔加前往德列夫利安人的城市科罗斯坚，吩咐在那儿煮好滚烫的蜂蜜[②]。然后她对德列夫利安人说为了伊戈尔的死，他们需要呈上轻微的贡赋：每一家上交三只麻雀和鸽子。德列夫利

---

① 伊戈尔是古罗斯大公，奥尔加是其妻子。945年，伊戈尔率兵索贡，被德列夫利安人杀死。奥尔加摄政并对德列夫利安人进行报复。——译注
② 据传奥尔加将俘虏的士兵烫死。——译注

安人很高兴，因为这样他们就脱身了。而奥尔加则让人把引火用的火绒加上硫黄，绑到这些鸟的身上，然后放飞它们。这些鸟就又飞回了自己的家，自己的鸟巢。就这样，科罗斯坚城被烧毁了。故事就是这样的。不要夸口自己去赴宴，安全归来再夸口。去吧，您不要觉得无聊，我对您是很满意的。"

不顾及普希金平时的成绩，校长最后竟然说出这样的话，是因为要给普希金一个严重的警告。原因是普希金凭着自己的好记性，总是不做练习作业，所有人都抱怨。他还拥抱了普希金。

19

和瓦西里·里沃维奇一样，谢尔盖·里沃维奇同他交际圈子里的人一起，从莫斯科出逃，前往下诺夫哥罗德。瓦西里·里沃维奇的处境很困难。在莫斯科时就赶上他手头没钱，而且没来得及运走他的东西。没有人前来帮他。一路上他只是乘坐一辆简易的大车。他这一辈子积攒的所有东西，他能想起来的所有贵重物品都落入了敌人之手。他想起了那辆轻便马车。在他还是准将的时候，他和他的那群朋友们坐着这辆轻便马车去莫斯科的妓院找乐子。现在车被扔在小库房里，估计被人偷走了。他还想起了那辆轿式马车。这辆车不久前刚刚翻新，而且还能让他家那位迷人的令人畏惧的喀耳刻①安静下来。可是天晓得现在车在哪儿。还有那些家具，就像老朋友一样，他对这些家具了如指掌。还有沙

---

① 古希腊神话人物，是一位女神。她善于用魔药把反抗她的人变成怪物。这里应指瓦西里·里沃维奇的妻子。——译注

发——和画家大卫①画的那幅雷加米埃肖像②里的那个沙发特别像。如果他躺上去，就是"微笑的瓦西里·里沃维奇·雷加米埃"——十有八九也落入了雷加米埃夫人的同胞③手中。他已经不年轻了，也习惯了这一切。他不会去想如何购置新的家产，更何况他没钱。

他的藏书也留在了莫斯科。很多珍贵的书籍，全莫斯科都知道。也是奇怪，和轿式马车比，瓦西里·里沃维奇倒不怎么惋惜这些书。他的藏书量很大，而且都是很稀有的书。这些书丢了很多，他也想不起来。只是突然，他想起了阿雷蒂诺④那本带插画的书，而且这书是孤本。他拍了拍手，愣住了。最打击瓦西里·里沃维奇的，就是他只穿了一件薄大衣就走了。所有的衣服，包括皮衣，以及他经常用的东西，他离不了的东西，都落在莫斯科，没了。

与此同时，他还抱有一丝丝希望，就是这些东西可能会回到他身边——这是不可能的，因为所有东西都没了。这一点他对谁都没有提过。他大声抱怨安奴什卡，说她没有把他心爱的东西带上。不过现在大家都缺少东西：要不就没有烟斗，要不就差条长衫。

"沙里科夫公爵管我要这个烟斗，我没给。"

或者：

"哎！现在好多恶棍，从善良人那儿抢走多少东西啊！喏，我的长衫就丢了。"

---

① 指法国著名画家雅克－路易·大卫（1748—1825），代表作有《马拉之死》等。——译注
② 指雅克－路易·大卫的画作《雷加米埃夫人肖像》，作于1800年。画中雷加米埃夫人半躺在沙发上，面带微笑。——译注
③ 指法国人。——译注
④ 皮埃特罗·阿雷蒂诺（1492—1556），文艺复兴时期意大利作家、诗人。——译注

他现在尽量不去和从莫斯科流亡至此的人谈论自己的损失。他们对此似乎从不惊讶。在他们中间甚至出现了一种"比谁最惨"的现象。头一次大家聚集在比比科夫或者阿尔哈罗夫家里,这是比较有教养的两家人。然后大家就开始争吵,谁的损失最大。瓦西里·里沃维奇开始也是叹气地说,自己几乎损失了所有个人财产,但是大家以冷漠回应他。这里有很多人损失得更多。

"损失的都是什么啊?"老阿尔哈罗夫不是那么友好地问道。

当听到损失的是一些珍贵的图书后,他平静地说:

"图书?那就去书铺里买新的。我家的地板还坏了呢。"

从那时起,瓦西里·里沃维奇就只和下诺夫哥罗德的女士们谈论自己的损失。她们也乐意听他讲这些。她们说的话让瓦西里·里沃维奇感到很有意思,也很可爱。她们说话时会在字母 o 上拉长声音。很快,他开始追求漂亮的叶丽扎·萨拉玛诺娃。下诺夫哥罗德这些迷人的姑娘和莫斯科的姑娘相比显得有些笨笨的,不是那么灵巧,但瓦西里·里沃维奇却很欣赏这些不太一样的姑娘。

他住在农舍里,秋天也非常冷。而他却没有皮衣。但是白天的生活开始变得充实起来,仿佛又回到了之前已经遗忘的旧生活,也联系到了之前好久没音信的亲戚:在下诺夫哥罗德有一位堂弟——另一个普希金,阿列克谢·米哈伊洛维奇①。这个堂弟衣冠不整,还很凶。他同瓦西里·里沃维奇讲话时非常随便,嗓门特别大,亲吻②的时间特别长。

---

① 阿列克谢·米哈伊洛维奇·普希金(1771—1825),普希金家族成员,俄国作家。历史上他应该是诗人亚历山大·谢尔盖耶维奇·普希金的堂兄弟。莫斯科被法军攻占前流亡至下诺夫哥罗德,在那儿他沉迷于纸牌游戏。——译注

② 在俄国,男人之间有亲吻礼。——译注

他大声询问家里所有人是否身体康健，而且他还特别强调了一番，看来是想询问安奴什卡怎么样。现在瓦西里·里沃维奇和别人谈话时就说这个人只不过碰巧姓氏一样，并决定拒绝承认他俩之间的亲戚关系。这个同姓人从早到晚一直在玩牌，而且烟抽个不停，不停咳嗽，大喊大叫。有一次，他从一个人的家里——他在这儿已经打了两宿牌——叫住了碰巧经过窗外的瓦西里·里沃维奇。他要去美人叶丽扎那儿。

"Mon cousin^①! 你看到我的烟斗了吗?"

瓦西里·里沃维奇被这种无礼的行为吓愣住了。他耸耸肩，一句话也没说，走过去了。其实，他自己的烟斗是多年前，阿列克谢·米哈伊洛维奇在命名日那天送给他的。然而，这个烟斗也和所有财产一起，消失了。很快堂兄弟之间的不和成为下诺夫哥罗德交际圈的主要话题。远远望见他们两人和旧时一样在一起，卡拉姆津笑了。他叹了口气，满意地说:

"世上沧海桑田，唯普希金家族在坚守。"

与此同时，所有人习惯了自己的处境，甚至开始在这种漂泊不定的生活中寻找乐子。娱乐活动也就随之兴起了: 舞会，还有化装舞会。瓦西里·里沃维奇完全被叶丽扎·萨拉玛诺娃占据了。他决定以诗人的身份出席活动。他创作了一首爱国诗，向那些悲叹莫斯科大火的下诺夫哥罗德居民提出亲切的呼吁。这首诗中并没有那些夸张的称赞，没有把指挥官比作古罗马英雄。这首诗简单明了，文风清新，夹杂着少许抱怨。每节诗后还有副歌:

---

① 法语: 我的堂兄。——译注

伏尔加河哺育的人们啊，

你们接受，并保护了我们！

诗歌很成功。有名望的音乐爱好者，莫斯科的教授，同大家一道出逃至此的费舍尔，给这首诗谱了曲子。每段诗节由独唱完成，副歌则是合唱。在市长克留科夫家的舞会上，瓦西里·里沃维奇的这首抒情歌曲获得了巨大成功。歌手的声望令至今都冷冷的叶丽扎惊奇。在彼得堡甚至都提及了这场晚会。瓦西里·里沃维奇非常高兴。在街上，下诺夫哥罗德的女士们互相用胳膊肘提醒对方，向身着单衣路过的诗人使眼神。瓦西里·里沃维奇斜眼瞅了瞅，冷静地走了过去。

很快，他开始遭到和他同姓的人的嫉妒。阿列克谢·米哈伊洛维奇被激怒了，说瓦西里·里沃维奇这首带副歌的诗让他想起了囚犯。囚犯在窗户下边向路人乞求施舍，转身就谩骂那些逗弄他的街上的小孩子。这个同姓人把诗歌中副歌部分号召抵御外敌的词称作是骂人的话。这一次瓦西里·里沃维奇忽视了他的污蔑，装作什么也没听到。与此同时，人们都说就连尼古拉·米哈伊洛维奇·卡拉姆津的微笑都显得那么不体面。瓦西里·里沃维奇把这件事同安奴什卡讲了：

"在这间农舍里总是摆脱不了诽谤中伤。"

安奴什卡立刻开始为瓦西里·里沃维奇的大衣奔波。很快，她不知从哪儿弄来一件商人穿的外套。但是瓦西里·里沃维奇愤怒地拒绝穿上它。安奴什卡同下诺夫哥罗德的裁缝一起，改了好长时间。瓦西里·里沃维奇勉强穿上了。他对着镜子看自己，想起了曾经在巴黎舞台上看到的贝利萨留①。他穿上了这件大衣，也让他糟糕的样子得到了改观。他摆了摆手。严寒开始了，还是一分钱都没有。尤其让他生气的，是他的同姓人不光四处打牌，有一次还赢了不到八千块。

但是，他很快也不怎么受穷了。在一次晚会上，他卷入了一场文学上的争论。谈话是从法国文学开始的。伊万·马特维耶维奇·穆拉维约夫－阿巴斯托尔②，一位可敬的人，但脾气古怪。他谈到了反对法国文学。瓦西里·里沃维奇在莫斯科曾发过誓，不再那么热烈尖刻地谈论什么，以免罗斯托普钦像对待马丁主义者那样对待他。但是这里远离莫斯科，远离罗斯托普钦。瓦西里·里沃维奇抖了一下，参加了争论。穆拉维约夫是"俄语爱好者座谈会"③成员，这对他不是个秘密。而且在希什科夫那儿，穆拉维约夫也是一个说得上话的领导。这可是非同小可啊。但是在下诺夫哥罗德，这个流亡者的爱慕之地，各路官员各色人等聚集于此，言论思想也很自由。瓦西里·里沃维奇说，比起尼康④，人们更觉得伏尔泰是一位修辞学家。没有逻辑，就谈不上优雅的文体。格雷塞⑤是诗人，而希赫马托夫⑥则不是。

争论开始了。所有人都很惊讶，都对瓦西里·里沃维奇时髦的论证

---

① 贝利萨留（505—565），东罗马帝国查士丁尼一世的名将，曾经征服了意大利和北非。——译注
② 伊万·马特维耶维奇·穆拉维约夫－阿巴斯托尔（1762—1851），俄国作家，外交官。——译注
③ 俄语爱好者座谈会，是一个俄国文学团体，存在于 1811—1816 年，由希什科夫等人创立。该社团主张不要崇洋媚外，要从人民群众那里汲取文学营养。但也拒绝一切外来语，反对一切新鲜事物。与之对应的是"阿尔扎马斯"社。——译注
④ 应指俄国东正教牧首尼康。——译注
⑤ 让－巴基斯特·路易·格雷塞（1709—1777），法国诗人，剧作家。——译注
⑥ 谢尔盖·亚历山大罗维奇·西林斯基－希赫马托夫（1783—1837），俄国作家。——译注

以及热情感兴趣。他看到自己又成为众人瞩目的中心，眯缝起眼睛，就好像一个被扔到悬崖边上的人。他凭记忆背了两页格雷塞的诗。然后清晰地加以解释：一部分是关于战争的，另一部分则是诗歌的品位。回到家后，他叫醒安什卡，让她把被褥准备好。看到他阴郁的样子，安奴什卡悄悄地哭了。瓦西里·里沃维奇抖了一下，不知是因为这件他称作贝利萨留的大衣太薄了，还是因为害怕。安奴什卡把床铺弄得暖暖和和，然后他就睡着了。

第二天他坐在小屋子里，从早上开始，就收到了三份请柬：邀请他去参加晚会，化装舞会和比比科夫加的戏剧晚会。瓦西里·里沃维奇振奋起来，还有点害怕，这可和他平时不一样了。从这一天起，他就成了这个交际圈的抢手货，所有人都在叫他去吃午饭，吃晚饭，跳舞，参加化装舞会。活动接连不断，也不用再挨饿了。现在他连战报都没时间读了。

他在伏尔加河畔的饮食里找到了自己喜欢的菜肴。伊万·伊万诺维奇·德米特里耶夫曾经和他提及过的江鳕鱼肝和鲟鱼汤，最终将法式炖鳗鱼从他的心里挤了出去。他完完全全安下心来，又一次拥有了愉快的自信，也找到了自己在这儿生活的意义。是的，现如今他在这儿，伏尔加河和奥卡河的交汇之处，用自己的面粉和鱼，是整个俄罗斯富饶的地方。他向别人卑躬屈膝。这就是命里注定的啊！还能怎么办呢？他甚至都没时间吃晚饭，也不知道吃什么！他称赞那些名扬彼得罗巴甫尔的女士们。他也曾穿着讲究的衣服，乘坐昂贵的轿式马车和灵巧的四套马车。他曾和其他人一样，拥有沙发和镶木地板。但现在他不去吹嘘这些了，就像他不会说自己有法国油灯和铜质奖章一样。上帝啊，他之前也是挥霍浪费！而在这儿，就是另外一回事了。作为一名流亡者，他过着寄人篱下的生活。但是并不是所有人都是一样的，他瞧不起那位赢了八千块钱的"方块爱司"——特别是赢的手段不干不净。小屋子，便宜的床，两把椅子，羽毛笔和纸——这就是他的全部家当。那位特别喜欢庇隆的善良女仆，维持着他安宁的生活。他是诗人，胡乱写了一些诗。有些同姓人就利用他的名望，强行攀亲戚。听到有这些荒唐事，他也就付之一笑。还能怎么办？他什么也不说。忍耐、纯洁的品位，以及贫穷和安然的内心——这就是现在的他，一个诗人的心境。即使敌人夺走了他的轻便马车、轿式马车、家具和珍贵的藏书，这种心境也是夺不去的。

他和迷人的叶丽扎，还有其他一些漂亮的女士说了这些，但是没有提及那位喜欢庇隆的女仆。看到他后，叶丽扎就像莫斯科那些漂亮的女士们做的那样，竖起手指吓唬瓦西里·里沃维奇。瓦西里·里沃维奇仿佛又成为准将、诗人、轻佻的人。哪怕他年纪最大，他也要成为一名战士——文学上的战士。

20

谢尔盖·里沃维奇的处境则是另一种样子。他不太情愿地先把妻子的裙子收拾好，然后自己穿上最好的衣裳，手里拿着亚麻布的手绢，顺带捎上小衣橱，然后让雇来的短工披上自己的皮大衣。就这样，他和纳杰日达·奥西波芙娜一起坐在马车的木头轴上，逃离了莫斯科。他很生气地把女裙上面的绳结塞到一个角落，然后说太颠簸了，就坐在了绳结上。纳杰日达·奥西波芙娜自己没这样做，因为她怕把裙子弄皱。显然她累了。她随身还携带着著名画家薇姬·勒布伦给她画的肖像。就在那一年，有一个近卫军对她说，这世上有两位最漂亮的女士，sont les deux belles creoles①——就是她和波拿巴的妻子约瑟芬娜。如今波拿巴放火烧了莫斯科，她则在丈夫的大车里瑟瑟发抖。列乌什卡和奥利尼卡坐在马车前面，马车颠得他们上下乱窜。而阿琳娜则侧坐在马车边上，吊着腿。尼基塔则被留在了莫斯科，以守护家产。

就在快要离开莫斯科的时候，阿琳娜突然表现出了不服从的样子。要不是这样，谢尔盖·里沃维奇也不会说她造反。其实，阿琳娜早就感觉到他们要离开莫斯科。她皱皱眉头，每晚都偷偷地去喝酒。这一点纳杰日达·奥西波芙娜很清楚，但是她没有说什么，因为她有时候有点害怕阿琳娜。就在离开前夜，阿琳娜同尼基塔吵了起来：

"应该去彼得堡！"她对尼基塔平静地说，"要不然哪儿都别去。"

"您这是怎么了，阿琳娜·罗季昂诺夫娜，有人在彼得堡等您吗？"尼基塔扬起眉毛，冷冷地问道。

"难道你们记不起来落下谁了吗？他可是老早就自己一个人，"阿琳娜不顾尼基塔·科兹洛夫，又加上一句，"你们真是眼不见心不烦！"

"您说的是谁啊？"尼基塔说。

"把他一个人扔在那儿，扔在树林里，你这个不知羞耻的人。"阿琳娜大声抽着鼻子说道。

"喏，那怎么办？"尼基塔愤愤答道，"还能做些什么？难道您要去接他吗？这简直是胡扯。"

"对，我就是要去接他。"阿琳娜说。

但是，她最后还是顺从了大家。走了大概 12 俄里，她开始擦干眼

---

① 法语：两位漂亮的克里奥尔人。克里奥尔人是指在 16—18 世纪，出生于美洲的，双亲是西班牙人的白种人。——译注

泪，但还是在轻声哭泣。

现在纳杰日达·奥西波芙娜想放声大哭，她咬着手绢。而谢尔盖·里沃维奇可受不了妻子的哭声，就像鳗鱼一样，钻到大车里了。在第一个驿站，阿琳娜就消失了。大家赶忙去找——就看到她头裹着一个大手绢，在路上走。人们追上了她，把她带了回来。谢尔盖·里沃维奇很是惊慌：

"这可是逃跑，要造反啊。"他对纳杰日达·奥西波芙娜悄悄地说。

"你想去哪儿?"纳杰日达·奥西波芙娜平静地问。

"去彼得堡，"阿琳娜回答，"去瞧瞧亚历山大·谢尔盖耶维奇。可不能把他一个人扔在那儿。"

"您发疯了吗，伊琳娜①?"谢尔盖·里沃维奇大吃一惊，差点控制不住自己。

他自己甚至没注意到，用了"您"称呼阿琳娜。

阿琳娜叹了口气，坐在了大车上。所有人都上路了。

谢尔盖·里沃维奇习惯了路上的颠簸，突然感到一阵愉悦。他十分厌倦莫斯科的生活。他倒是喜欢上了这通忙乱，对路途的一无所知，生活的大变样，以及妻子眼里流露出来的惊恐——由于目前这可怕的境况。他也曾因为打碎高脚酒杯而脸色发白，而现在看到莫斯科就要沦陷，则只是感到惊讶。路上和熟人的相遇也让他很高兴：很多莫斯科人都出逃了。车队越来越长。

在下诺夫哥罗德，恶劣的生活环境立刻围绕了他：他们租到的肮脏的小农舍，让他感到受到了侮辱。

---

① 原文如此，可能是谢尔盖·里沃维奇在情急之中叫错了名字。——译注

"C' est une①牲口棚，mon ange②."他对纳杰日达·奥西波芙娜说。

他，穿着上好的衣服；而她，则穿着晚礼服。两人就这样，用开水赶走了在墙上乱爬的臭虫。

然而，他还是和在莫斯科一样，不怎么在家里露面。他在伏尔加河边漫步。在这儿，奥卡河注入了伏尔加河。也是在这儿，他同那些莫斯科的老熟人相见，也结识了下诺夫哥罗德的居民。

他不可能不受到这场战争的影响，但从总体上看，他还是比较独立的。他的儿子在皇村的学校。这所半官方的学校本身就在宫中办学。儿子经常给他写信。现在在皇村可是非常热闹：宫中出现了两个皇后③。当然，天知道那帮法国恶棍会不会向彼得堡进军。毫无疑问，这对皇村来说是件头等大事。但是还有一件事让他们夫妇俩得到了安慰——伊万·伊万诺维奇·德米特里耶夫非常关心普希金，可以说扮演了一个父亲的角色。在皇村，在德米特里耶夫的关照下，少年普希金立志将自己的命运献给皇帝。Que la volonte de Dieu soit faite!④

总之，他是普希金三兄弟之一。兄弟三人要不就是诗人，要不就是赌徒。他们在下诺夫哥罗德吸引了人们的注意力。但是，兄弟之间也突然产生了冷漠隔阂。瓦西里·里沃维奇似乎只考虑自己，以及自己的事情。曾几何时，他还写了一首献给兄弟的诗。谢尔盖·里沃维奇将这首诗视为兄弟间信任的标志：

---

① 法语：这是。——译注
② 法语：我的天使。——译注
③ 指沙皇亚历山大一世的母亲玛利亚·费奥多罗夫娜和他的妻子伊丽扎维塔·阿列克谢耶芙娜。——译注
④ 法语：上帝的旨意得到实现。——译注

在我们这个家庭里，

爱主宰着一切。

我们像孩童一样玩耍，

心中淳朴无邪。

没有苦闷，不去迎合，

我们只有意厚情深！

我们不会分离，

我们的生活不会哀伤。

　　现在，作为流亡者，兄弟们相见了，但是兄弟之间的爱没有了。更要命的是，瓦西里·里沃维奇从一开始就把姐姐安娜·里沃芙娜丢给了谢尔盖·里沃维奇，理由是他自己一无所有。谢尔盖·里沃维奇非常愤怒，因为他也一无所有，而且他的房子还不如瓦西里的。但是，两位女士互相看了看，就让谢尔盖·里沃维奇明白，这件由于安娜·里沃芙娜的到来而让人感到棘手的事情，能够用其中一人和安奴什卡合住的方式解决。现在，安娜·里沃芙娜和他们住一起了。第二件加速兄弟间不合的事情，是他们之间进行了一场奇怪的比赛。谢尔盖·里沃维奇总是觉得自己打小就是诗人。他创作的法语诗歌要比他兄弟的好得多。那个时候，他兄弟也乐于和他在一起。他还记得，当时他们两个人——

弹着七弦琴，

唱着欢乐的颂歌。

"诗歌是神圣的!"昔日瓦西里·里沃维奇激动地喊道:

我们从年少时,

就开始作诗。

作诗,让我们欢愉!

现在,谢尔盖·里沃维奇觉得自己就好像年轻人一样,身处一个焕然一新的环境中。他已经很久都没有这种感觉了,而且旧时的灵感也出现了。开始,下诺夫哥罗德的女士们把他和他的兄弟弄混,把他当作诗人来接待。当然,他自己心里也是这么想的。他首先认识了叶丽扎。叶丽扎请他在自己的相册上题写几句诗。他当然没有拒绝。他用法式的短小轻快的风格,在诗中他将叶丽扎比作溪水,这溪水滋润了他们流亡者的心灵。瓦西里·里沃维奇同样也创作了一首不长的即兴诗。按照叶丽扎的吩咐,他也应该把这首诗写在相册上。但是,当天看到旁边兄弟写的诗时,他很吃惊,脸色阴沉。无论如何,在公开露面时,兄弟俩的行为是不一样的。谢尔盖·里沃维奇甚至动了和堂兄弟打牌的邪恶念头,然后输个一干二净。姐姐安娜·里沃芙娜借给了他钱。当时,她偶然问道,侄子在皇村是怎么支配自己的钱的。萨什卡那么年轻,性子那么急,而且没有生活经验,大概就像所有人说的,他胡乱花钱吧。

谢尔盖·里沃维奇冷冷地回答道,萨什卡无论如何也不会乱花钱的,因为兄弟瓦西里把钱留在了自己身边。

安娜·里沃芙娜没说什么,但自此开始对所有的下诺夫哥罗德人起了疑心。她把《冷淡的女人》这本书藏在自己的枕头下边,书中夹着自己的纸币。

谢尔盖·里沃维奇并没有告诉别人姐姐给了他 100 卢布。不久，他向兄弟瓦西里·里沃维奇开口借 100 卢布，而且他不打算还。这样，他和兄弟就两清了。瓦西里·里沃维奇两手一拍，断然拒绝了。他还声明，第一，因为谢尔盖输掉了牌局，钱流入了那个同姓赌徒的兜里，所以他永远不会借给谢尔盖钱。第二，他自己也没钱。

有一阵，谢尔盖·里沃维奇喜欢卡拉姆津的诗：

义务、亲情和爱，

还有彼此的信任，我们一同拥有。

今非昔比啊！不要说什么义务了，还有那个不还钱的兄弟的亲情，以及脸上呈现不出的爱。就连卡拉姆津自己，这两句诗的作者，在同自己见面时，也就是勉强打个招呼。

开始，谢尔盖·里沃维奇在各处都被视作常客。但很快，他吃惊地发现，自己的地位发生了改变。这就是他同兄弟吵架的后果。谢尔盖·里沃维奇惧怕兄弟、堂兄弟的流言蜚语，就像怕火一样。自己开始的不谨慎，让自己露了陷。他觉得自己被人发觉不是诗人。大家也觉得他是一个冒牌货。叶丽扎和她的女伴们不再邀请谢尔盖·里沃维奇做客了。

有一天，快天黑时，他回到农舍。纳杰日达·奥西波芙娜打扮得漂漂亮亮，脸上扑了粉，面颊上还贴了假痣。她手里握着薇姬·勒布伦画的肖像，坐在简陋的梳妆台前。今天没有任何人邀请他们做客，泪水在她美颜不在的面颊上流淌。谢尔盖·里沃维奇突然全身发抖，发觉他们永远回不了莫斯科了。倘若这儿的居民请求他，不让他走，那么他肯定不会回去，不会回到那座不能给予他好评的城市。他职位不高，但可以不依赖别人，不去求别人，也不用向别人借钱。战争对所有人都是一样的。他自己的遭遇和别人的也一样，不比他兄弟的，卡拉姆津的，以及其他人的遭遇惨多少。现在，他们都是流亡者。而且，孩子们都已经安顿好了。亚历山大在皇村，在学校里。如果皇村完好无损，那么萨什卡也是安全的。这很明显，是时候让这些流言恶语终止了。确实，他们来到了远处，但只是离开了莫斯科，莫斯科已经不是原来的样子了。如果在这儿还想维持原样，那也别在下诺夫哥罗德待着了！

21

秋天突然就来了。狂风号叫。树枝上盖满了雪，像藤蔓一样，抽打在散步的学生们的脸上。周围的园子里空旷无人，天空也是一片模糊。硕大的卡普利斯山丘，从远处看就像一个坟堆，一片漆黑。花岗岩底座上的船头凸出来。深色、血红的月亮升起来了。他找了一本帕尔尼①的书来读。大家都这么说，园子被称作莫尔温地区②的树林，山洞则被称作芬格尔岩洞③，从前弹唱诗人奥西安④曾经讲述过这些地方。

有一天，一个不说话的男人来到皇村。他穿着旧式蓝色上衣，留着大胡子。这是来给他们做衣服的宫廷裁缝。他动作轻巧灵活，给他们量尺寸并记录下来。他嘴里咬着折叠尺，不回答任何问题。然后这个大胡子看着他们，笑了笑，说：

"别担心，少爷们，担心是没用的。今后就没有穿制服的人了。我

---

① 指埃瓦里斯特·帕尔尼（1753—1814），法国诗人。——译注。
② 苏格兰北部的山区。——译注
③ 芬格尔岩洞位于苏格兰西部的斯塔法岛上。——译注
④ 古凯尔特传说中的弹唱诗人，相传生活在公元三世纪。——译注

来给你们缝制寒冷时候赶路穿的羊皮袄。这可是东方人穿的，加了兔毛，一百年也不会掉毛的。"

毫无疑问，他们要离开了。

普辛，他们之中最干练的，立刻开始把所有东西整理好，甚至开始收拾行李。科尔夫则哭了一会儿。

莫斯科已经被烧光了。哈利托尼胡同也不在了。而皇村不过就是这些整齐的园子，要不就是修道院，树林子。很可能他们要居无定所了。同学们现在都惶恐不安，打算各回各家。他没有家，伯父和父亲去了下诺夫哥罗德，而仆人们，大概在荒芜的林子里徘徊吧。他被抛弃了，同熟悉的环境隔断了。他决心不再听从这个老头子，咬紧牙齿，带着一丝愉悦之情，准备做任何事。但有一件事，让他心生遗憾——娜塔莎，就是沃尔孔斯卡娅家的女仆。他现在是看着她窗户的灯光起床的。

散步的时候，他找了一根结冰的树枝，还弄坏了统一发放的手套。他挥动树枝，把冻住的枝叶打下来。他同这里的一切告别。第二天，在学校，学生们要见到女仆娜塔莎。他要找个时机和她说两句话。

晚上，他溜进门洞。所有学生都已经回到自己房中。他经过科萨科夫的房间，听到一阵轻轻的响声。老师们发现科萨科夫身上具有歌唱的才华，于是家里就给科萨科夫带了一把吉他。睡觉的时候，他小心地拨动琴弦。如果声音太大，会把老师引来的。齐里科夫在值班室里不知道忙着什么，或者他已经去睡觉了。整个生活的秩序看起来发生了改变——他们面临着搬迁，搬到另一个地方。所以这些纪律就没有太多人去遵守了。

他沿着门洞走，往模糊不清的窗外张望着。外边一片漆黑，伸手不见五指。路旁灯光闪烁。有时一阵风吹来，吹得玻璃叮当响。门洞里很冷，这里早就不生火了。

门没有锁，齐里科夫就住在旁边的房间，而且获准可以使用这个入口。最近他沉浸在诗歌《北方英雄》的创作之中，开始有点漫不经心。有好几次他都忘记了锁门。

他稍稍打开门，向外张望。沉重的大门已经有了年头，发出吱吱的响声。他停了下来，就这样他站了一会儿。太冷了，他直打哆嗦。他确定，娜塔莎不来了。他听到福马大叔在抱怨谁，可能是管家。福马大叔叹了一口气，说："愿上帝保佑。"然后一切复归于沉寂。他记得他只对娜塔莎说了："晚上，在门洞。"而她可能已经在这儿了，但没有找到任何人。然后他想，福马大叔可能从另一边把门锁上了，之前这个门就被锁过。他一动不动地站在那儿，角落里耗子乱窜，风吹打着玻璃。很难想象，就在旁边，普辛、丘赫尔别凯、科萨科夫和戈尔恰科夫睡得正香。他自己也应该在睡觉。

门开了一道缝。他简直不敢相信自己，心咚咚跳个不停。娜塔莎的脸探了进来。她向四周张望着，张着嘴巴。很明显，她害怕。看到他之后，娜塔莎松了一口气。看起来他吓得不轻，虽然她过来只是为了见他。然后她犹豫了一下，往前迈了一步，垂下眼睛，呼着气，手摸着围兜上的花边。他抱住了她，而她一动不动，垂下双手，只是说：

"噢，小少爷，别人会骂死我的。"

她和在散步时相比，不是那个样子了。脸似乎更宽，更白，更普通。她本身也显得更高大。他从未听过她说话，现在他抱着她，突然感到，他不能放开娜塔莎让她离开。他的手臂发沉，娜塔莎的重量他也体会到了，这和同学们的重量不太像。今天他刚刚和勃罗格里奥及马林诺夫斯基玩摔跤。

就在这个角落里，近处，耗子在乱窜。突然，她把他揽到自己的胸前，他听到了心跳。娜塔莎喘着气说：

"噢，少爷，小少爷，我亲爱的！别人会骂死我的！您呢，难道不会吗？"

她把嘴唇靠近他的眼睛，看上去并不会亲吻。他听到娜塔莎的心在咚咚跳。突然她用力推开他，挣脱了他的力量，这一点他可没想到。然后娜塔莎就像其他女仆那样，快速跑进了门里。他在后边追她，但是已经无影无踪了，他摸黑穿过一条走廊，两边的墙光秃秃的，然后走到一扇门前。他想都没想，用力推开门。他的脑袋发热，心跳得也厉害。他穿过了一个房间，摸到了楼梯。他扶着墙，伸长脖子站在那儿。他已经准备好面对一切了，他甚全没去想要是被发现了该怎么办。他会被开除的。就像粗鲁的古里耶夫一样，因为做了丢脸的事而被开除。现在，他需要马上找到娜塔莎，但是他迷路了。

突然，他咬紧牙关，沿着台阶摸索着往上跑，立刻走到了门洞那儿。他吃惊地看到，娜塔莎距离他就几步远。他有点慌张，有些吃惊。他同学生们打架时，也只有勃罗格里奥和马林诺夫斯基是他的对手。他比普辛灵巧，差不多和丹扎斯一样，很调皮。但是，娜塔莎挣脱了他，他却没追上她。这对他来说可是个打击。

他是打算和她道别的。他都准备好了开头要说些什么："我的朋友，娜塔莎""娜塔莎，我的光明""天知道何时能再见""你那个阿尔戈斯①睡了吗"，等等。但是，当他抱住她的时候，一句话都说不出来。当她跑的时候，他也没追上。他靠近自己的窗户，努力去琢磨，娜塔莎

_____

① 阿尔戈斯是希腊神话中的百眼巨人。——译注

那么快，藏在了哪儿。大概，她自己有一条脱身之路吧。在哪儿都看不到娜塔莎窗前发出的灯光。一切都是那么模糊，那么死气沉沉。那儿睡着灰蓝色鼻子，浅灰色脸蛋的沃尔孔斯卡娅老太太。他把她称作阿尔戈斯。而距离这个阿尔戈斯不远，就是漂亮的、高大的、灵巧的娜塔莎。他皱着眉头向窗外看去，看到普洛泽尔宾娜和杜申尼卡在睡觉。

第二天，他们离开了。

当时，齐里科夫也没睡觉。他穿着厚重的毡毛鞋在走廊里闲逛，时不时咳嗽几声，从门里望向下边的栅栏。夜很深了，烛光阴暗。他什么都没看到，于是想，普希金·亚历山大睡了，就走远了。

22

很明显，他们等到了学校成立纪念日那天，但是，也不会举办什么庆祝活动。因为任何庆祝，哪怕就是一些娱乐活动，都会引起部长的愤恨，都会让校长马林诺夫斯基得到一个严厉警告。况且，他们马上就要出发搬走了。他们并不是去列韦里，就像之前预想的那样，而是去了芬兰城市奥布。教授们不和他们一起走，而是由当地大学的老师们照顾他们，给他们上课。德国人加乌恩施尔德非常满意。

"这就像哥廷根一样。"他说。

马林诺夫斯基觉察到了这一点。有一天他出去了，然后带着一个矮小的白胡子老头回来了。哥萨克立刻悄悄告诉他们，老萨姆波尔斯基和他们一起走。他愿意和他们在一起，在奥布照顾他们。他去过很多地方，而且曾长期居住在国外。这一次他甘愿进行他人生中最后一次旅行。马林诺夫斯基则临时留在皇村。玛秋什金说，船长在最后抛弃了自己的船。

10 月 19 日过去了。戈尔恰科夫从早上开始就一瘸一拐的，轻声嘟囔：

"天啊，我们怎么会在这儿啊！我都成了老头了。我的痛风病又犯了！"

一年前的 10 月 19 日非常热闹，而一年之后，则过得无声无息。第二天一早，所有人按照次序站好。他们喝了热的蜂蜜水。这是在战时，吝啬的管家给他们的，用这个替代了茶。按照管家的意思，这可是积攒了好久才有的蜂蜜水。学生们齐声抱怨——这个蜂蜜水最终让他们想到了那些宫廷唱诗班的歌手。

没人和他们说茶后要集合，拖延让很多人都闷闷不乐。基本上所有人都能容忍离开皇村，皇村对于学生来说已经是陌生的了。他们已经同皇村道别过了。

历史老师凯丹诺夫不招任何人喜欢。所有和他相关的东西，笨重矮小的躯体，都不会引起人们的喜爱。他走路时摇摇摆摆，还侧着身子。在皇村教书前，他曾在佩列亚斯拉夫师范学校学习，据说这是那个时候留下来的习惯。他很狡猾，眼睛里充满狡诈。他很凶，在学生面前不得不收敛些他在师范学校养成的习惯。但学生们很讨厌他。可能是出于愤恨，他故意还保持着这些习惯。他上课时拖着长声读书，好像在唱歌，这样倒是让他想起了自己师范学校的校长。而米沙·雅科夫列夫则说这声音很像教堂执事帕伊西。偶尔的懒惰及冷漠也让他感到不安。他也曾调皮，粗暴无礼。对他来讲，欣赏别人可能有些窘迫。但是大家还都听他上课，大概他冷淡的声音和不经意的对比是主要原因。

这一天他上课的内容是"拖延者"费边①。费边被选为执政官后，决定不停地调动军队，而不进行直接会战，以达到将汉尼拔——这个全世界可怕的敌人拖垮。迦太基的首领采取了各种战术，以迫使费边进行决战。但是费边不顾对方对自己的欺辱，以及本国公民对自己的怀疑、抱怨及嘲笑，并不改变自己的作战计划。所以"拖延者"这个绰号在那个时候就给了他，为的就是嘲笑他是个慢性子。

这个老师范学校学生解释道：

"Cunctator，也就是拖延者的意思。我请大家记住这个绰号，因为将来这个绰号可能用得上。"

凯丹诺夫用浮肿的双眼看着学生们，露出满意的神情。

所有人都在听他讲课。对这位拖延时间不进行会战的统帅进行嘲笑，这个故事对于他们来说是非常熟悉的。甚至米亚索耶多夫都很困惑。丹扎斯已经卷好了一个纸球，准备丢给某人。但是他也手拿着纸球听完了课。凯丹诺夫可是等了好长时间，等着丹扎斯犯错误。他已经想好，就像平时那样，这样批评丹扎斯：

"丹扎斯先生，您真是个调皮大王。"还没等丹扎斯扔纸球，凯丹诺夫就迫不及待地批评了他。

元老院选出米努修②作为拖延者费边的助手。米努修是一个有经验的统帅，对拖延者费边没有任何好感。

新的统帅决定同敌军进行决战。汉尼拔早就等不及了，他出其不意

---

① 指"拖延者"昆图斯·费边·马克西穆斯·维尔卢克苏斯（约前 280－前 203），古罗马的政治家、军事家。在第二次布匿战争中他采取拖延战术，从而挽救了罗马。——译注
② 米努修（? －前 216），古罗马政治家、军事家。不赞成费边的拖延战术。——译注

包围了米努修。在这千钧一发的时刻，受了委屈的费边救了米努修，展示出自己广博的胸怀：他忘记了米努修对自己的羞辱，将国家利益放在个人利益之上。他从山顶向汉尼拔进军，打败了汉尼拔的部队，而且没对米努修说什么，就返回了自己的营地。

丘赫尔别凯听到这儿精神一振。他曾把母亲写给他的关于巴克莱在波罗金诺的信读给普辛、普希金和瓦尔霍夫斯基听。恐惧和惊讶的神情呈现在他的脸上。

凯丹诺夫满意地看着大家。

没有什么能够保护费边免受自己公民的猜疑和愤恨。根据公民提议，元老院又一次任命瓦罗①担任统帅。瓦罗同汉尼拔在坎尼展开会战，罗马人遭到惨败。南部的魔鬼②极为兴奋。

带着满意的神情，看着这些小坏蛋们困惑的脸，凯丹诺夫放慢了速度。他不慌不忙，擦了擦鼻子。普希金，这个爱嘲笑别人的小坏蛋，脸上现出专注的表情，眼睛一闪一闪。他突然快速地对普辛说了什么。凯丹诺夫皱了皱眉头。他敲了敲桌子，在普希金发觉前说道：

"请安静，普希金先生。请不要说话，普希金先生。"

他没有把普希金、戈尔恰科夫和瓦尔霍夫斯基称作调皮大王。然后他摆出了一副教师的派头。他的肚子突出。他发现丹扎斯这个调皮大王无动于衷地盯着他，就开始摹画他。他没有引起丹扎斯的注意。

"人民性，"他说，"在危险的状况下得到了体现。按道理说，罗马人在那个时代可以说是伟大的民族。在一片惊慌和恐惧中，罗马也遭遇

① 盖乌斯·特累恩迪乌斯·瓦罗（约前三世纪），古罗马政治活动家、军事家。他曾在意大利的坎尼同汉尼拔展开会战，但以惨败告终。——译注
② 指汉尼拔率领的迦太基军队。——译注

到了我们目前所面对的情况。每个罗马公民将自己的财产，乃至自己的生命献给了祖国，激起了所有人的荣誉感和复仇感。迦太基人企图征服世界，但是罗马人不想对他们俯首。拥有万千智慧的迦太基统帅犯了一个致命的错误。他进入了坎帕尼亚①地区，决定在寒冷的时候进入卡普阿。很快，马凯尔和光荣的西庇阿②赶走了这些可怕的人，保留住了意大利。"

他得意地笑了笑，两手交叉呈十字形放在胸前，就好像英雄一样。凯丹诺夫看着普希金，这个淘气伶俐的小魔鬼，还有无动于衷的调皮大王丹扎斯，就好像他自己就是拖延者费边，用巧计战胜了敌人。他不慌不忙地说：

"请大家在这堂课结束后，到大厅好好读一下战报。就在昨天，这所学校成立的纪念日，也就是这个 10 月 19 号，拿破仑·波拿巴撤出了莫斯科。"

他们哪儿都没去。

---

① 位于今意大利南部。——译注
② 指大西庇阿，即征服非洲的西庇阿（前 235－前 183），古罗马军事家和政治家，第二次布匿战争中罗马方面的主要将领。因击败迦太基统帅汉尼拔而名垂青史。——译注

第八章

法军引爆了炮弹和火药箱，为的是不让俄国人得到。他们把大炮埋在土里，丢弃在路两旁。拿破仑的部队落荒而逃。四十万大军到最后只剩了四万。骑兵也是步行撤退，因为马都没了。

士兵把冻住的武器扔到地上。近卫军衣服破破烂烂，步履蹒跚；掷弹兵穿着破旧的女士棉背心，五颜六色的裙子，把草席子、兽皮、面口袋裹在身上，一瘸一拐地行军。他们的头上裹着从阵亡战友身上扒下来的衣服。由于饥饿，他们全身浮肿。冻透的双脚裹着粗布衣，还捆上了破旧的绒帽子。他们在路上蹒跚而行挨饿受冻，或是被抢，或是被打死。这个曾经击败俄国军队的法军，被严寒消灭了。被烧毁的村庄没有再次被点燃，迎接这些法军的则是农民的干草叉。一场战争——农民的战争正在继续。所有人都清楚俄罗斯的寒冬，但是法国人妄想在寒冬到来之前结束战争。莫斯科的秋天是温暖的。统帅说了，莫斯科要比枫丹白露①暖和。但是俄罗斯的冬天欺骗了他们。至于俄罗斯的乡村，他们一无所知。

库尼岑和学生们讲了这件事情，他的眼睛里闪着光。他确信，三两个月后废除农奴制，是毫无疑问的事情了。

---

① 位于法国北部，曾经是法国国王狩猎之地。——译注

第九章

1

科尚斯基读完了战报：俄军攻陷了巴黎。今天一整天信使疾驰在彼得堡和皇村及巴甫洛夫斯克。春天还没有到来，但是白天已经逐渐变长，日落也晚了。

一切都变了。看上去不可战胜的敌人逃跑了，全世界的命运也决定了。而且所有的学生就在这一年好像都长大了。万物的焦点离得很近，他们伸手可及。

黎明，阳光照射在远处的卫兵室。他站在拱门的窗户旁。他在那儿倾听着简单但是极富生命力的声音。至于那本关于拉加尔普的书，他早就丢掉了。

他经过小房子，去科萨科夫那儿。米沙·雅科夫列夫在给他的诗谱曲。科萨科夫自弹自唱。米沙·雅科夫列夫显示出了非凡的音乐才华，而科萨科夫则是一个好歌手。他们之间不再有孩童般的吵架。童年就这样突然离去了，所有人都展现出了自己的才华。米沙·雅科夫列夫很会模仿别人，逗得人发笑。他在将来很可能成为优秀的演员。

就连丹扎斯也有自己的才华，那就是写大字。他的这个才华盖过了科萨科夫。他总是做些不可理喻的行为，但丹扎斯现在却非常安静。他

511

写出的字整齐纤细，非常漂亮，以至于加里尼奇看了他写的好几页字，笑着说：

"这字写活了！"

他现在一个人在抄写杂志《皇村圣贤》。就连不怎么读这个杂志的加里尼奇，也仔细地翻了翻丹扎斯抄的书页，回答道：

"这字不比印出来的差！"

有一天，他把米亚索耶多夫画成一头蠢驴的模样，还把丘赫尔别凯画成一位激情的诗人。什么都不用说了，这一切表明丹扎斯是一个画家。他现在画了很多，他甚至把自己画成了一头熊，而且画得非常像。

现在，在学校里，有自己的画家、印刷专家和诗人。

戈尔恰科夫和瓦尔霍夫斯基之间的竞争占据了一切。戈尔恰科夫的记忆力可不一般。他看一遍书，就像加里尼奇，即便对内容不感兴趣，也能记住所有的东西。他用漫不经心的语调复述书的内容，好像他就随随便便读了几页。他的法语非常棒。他很勤奋，但总是装成懒汉，还总是抱怨他做什么都来不及。

"我的老痛风病哦，彻底把我打垮了。我一行书都读不进去。"

他回答问题时准确详尽，还带有一丝漫不经心，以至于一些教授认为他是天才，而其余的人认为他很冒失。但总之大家都不相信他的知识量。他拔得头筹。瓦尔霍夫斯基的领会能力弱些，但就像斯巴达人那样，很顽强，不怕犯错误，通宵达旦坐在书桌前。学习是他的癖好。很多人都觉得，他过于追求成绩了，这很好，但有些危险。他也可以称得上是优秀学生。戈尔恰科夫和这位追求成绩的人碰面时露出了微笑，但是瓦尔霍夫斯基总是那么安静。大家都在关心幸福的宠儿和可怜的固执的家伙的争论。在见到亚历山大的时候，戈尔恰科夫刻意展示出自己同别人相比有什么优点。亚历山大无论如何也拒绝不了他的微笑；他们成了好朋友。亚历山大喜欢杰尔维格，见面时他们互相亲吻。他喜欢给他一个人读诗。从自己朋友的眼睛里，他就能知道，这首诗怎么样。然后杰尔维格好像被雨浇了，抖了一下，模仿科尚斯基的样子说：

"看得出来，你是天才。"

戈尔恰科夫耐心地誊抄普希金创作的所有诗作。讨人喜欢的莫吉尼卡·科尔夫看到后，他自己也这样做了。莫吉尼卡·科尔夫曾很讨厌亚历山大，因为他害怕他笑话自己。

荣誉突然间就来到了。

杂志社的编辑们——人们把他们称作圣贤，因为他们的杂志叫《皇村圣贤》——仿照真正的杂志编辑做法，向他约诗稿。科萨科夫就唱了自己的诗歌《背叛》，由米沙·雅科夫列夫配乐。

有一天，他没找到诗歌灵感。他写好第一诗节，然后删了一个词，然后删了所有诗节。他失去了耐性，生气了，把纸揉成一团，扔在角落里。这是在大厅。阿洛谢·伊利切夫斯基也是诗人，他把纸团拣出来，弄平整，然后写完了这首诗。

科尚斯基让他随便读一首诗，以供选择。他老早前就给这位严肃的批评家起了外号叫阿里斯塔尔库斯和佐伊尔①。他并不想给这位佐伊尔读诗，可到底他读了《背叛》这首诗。他读的时候，还记得科萨科夫吟唱的曲调。科尚斯基吃惊地看着他。普希金近乎号叫地读诗，没有体现出一点逻辑，声音时而高时而低。不过，就像阿里斯塔尔库斯说的，读这样节奏跳跃、简短的诗，或者更确切地说，律动感极强，近乎完全是

---

① 佐伊尔（约前四世纪），古希腊哲学家，修辞学家。——译注。

由韵脚组成的诗，也只能这样读。这首诗讲述了女人的背叛，很可能是一种情歌，还有当下流行的华尔兹舞曲的因素。这种风格既非杰尔查文式的朴素，也非卡拉姆津界定的那种雅致。这是一种放荡不羁的风格，极具传染性。现在出现了很多诗人，他们的诗作开始都是可以随着音乐唱和。这类诗歌更容易让人接受，就像当下流行的华尔兹一样。但是这种活力四射的诗却有些不合时宜。这位少年作者是从哪儿了解到妇女的背叛呢？

科尚斯基用欣赏的眼光看着他。他用一种别样的声音，仿佛用别人的激情来读诗。科尚斯基让他再读一遍。这位阿里斯塔尔库斯用手撑住额头，闭上发肿的双眼，鼓起嘴巴，倾听这位年轻人读诗。他也曾让伊利切夫斯基，甚至雅科夫列夫读诗，以给他们提出意见，指导他们作诗，让他们进步。但是他现在沉默了。他皱了皱眉，看着自己的学生，头一次关注他的外貌。他的眼睛充满生气，眨得飞快。脸上也浮现着专注的神情，好像还透露出一丝狡猾。科尚斯基本想说这样的三步抑扬格并不能作为作诗的规范，因为这种诗格会使诗歌听上去过于刺耳，就像马儿被车夫吓到而发出的嘶鸣声。他老早就想说出这个比方，但是他突然闭口不说了。他松了松勒紧的衣领子，又看了看这个少年。亚历山大看上去很悲伤，而阿里斯塔尔库斯自己也好像脸色变白，情绪低落。他没对这个读诗的人说什么，只是突然沉重地叹了口气，拖着双腿，慢慢地在大厅里踱步。他很清醒，只不过面色阴沉。这是一个新的诗歌流派，对这个流派他是不认可的，心里暗暗称他们是趣味低下稍嫌色情的音响淫邪派。他们所有人都在写诗，但他不能不承认，同别人的诗歌相比，其余人的诗作都显得过于生硬和沉重。音乐家即刻为其谱曲，其余人立刻把歌唱出来，紧跟着赞誉和好评接踵而至纷至沓来，这里面有什么奥妙他也说不清楚。巴丘什科夫的创作方法让他很是困惑：抛给听众一两首完美的诗作，激起他们的惊奇和喧嚣，然后自己消失个一两年——赞誉就这样轻而易举地来了。这种审美方式似乎激怒了这个阿里斯塔尔库斯。开始他把这个称作是一种神秘的审美趣味：对诗歌的审美，就像对音乐的评判，甚至是记录。有一次他听到蠢蛋加里尼奇，同样也是吉他爱好者，对齐里科夫说，辨音能力的第一阶段就是听别人是不是走调；第二阶段就是自己不走调，而做到这一点要比品评别人更困难。现在出现了很多的批评家。加里尼奇对这些批评家的指责某种程度上让科尚斯基感到懊恼。他也放弃了自己的判断。现在很多人都在解释一种对称的关系，或者合乎逻辑的手法，并将之运用在诗歌创作的架构上。

哦，心的记忆！你比

理智忧伤的记忆更有力。①

这两句巴丘什科夫的诗让他很困惑。很显然，其中的语法含义模糊不清：究竟是谁比谁更有力？心，记忆，还是理智？他们同时对女士产生作用，而这种作用无法用言语表达。这，大概就是审美的品位，也得到了其他人的赞誉吧。而这三步抑扬格，不就像那些新近流行的晃晃悠悠的步态吗？这样的诗格还容易引起许多歧义，而人们却一直喜欢这样的诗。巴丘什科夫也有一些诗作，这些诗每三行押一次韵脚，而不是通

① 这两句诗出自巴丘什科夫的作品《我的天赋》。中文版摘自《秋天的哀歌——俄罗斯抒情诗选》第 24 页，汪剑钊译，四川人民出版社 2016 年出版。——译注

常的每两行。为什么不是每四行呢？当然这只是随口一说。这位诗人还可以写出更强有力的诗句。

他试图向普希金，这位看上去喜爱诗歌且有出色才华的人解释，这些诗句会产生什么样的影响，但是他没有。普希金不会听的。他可能不用听他讲这些，自己就能猜到。这个年轻人突然获得赞誉，反而让他感到一丝反感，他什么都没得到。那些妇女确实像飞蛾一样，急匆匆投向年轻诗人的烈火之中，哪怕这些诗人是小孩子。巴枯宁娜向他询问关于普希金和伊利切夫斯基的事情。看来这些少年已经吸引了妇女的注意。有一次在和托尔斯泰伯爵见面时，伯爵想了解一些学校学生创作的爱情浪漫诗。而巴枯宁娜，这位科尚斯基私下为之创作赞美短诗的女士，仅仅期待去参加一次家庭庆祝会，为的就是邀请那些"诗人"，还向他询问这些编造诗歌的学生的近况。这可是让他无法容忍的。

赞誉并没有被那些擅于创作严肃诗歌、阅历丰富的人得到。它就像一个反复无常的少女，期待着同小伙子会面。不仅如此，它似乎会自己去寻找送到它跟前的诗人。比如，能够正确运用语言流畅作诗，清晰明了阐释自己思想的伊利切夫斯基，就一定不如普希金吗？但是也会发生这样的事情：别的年轻人给诗歌配上曲子，第三个人抄出来，而《背叛》的作者则引人注目。而且他的行为让人觉得骄傲自大，高高在上去评判别人，还嘲笑加夫里尔·杰尔查文。而他做这些仅仅是按照自己个人的审美标准，就好像别人给他这个标准，让他当权力去用。如果是他去嘲弄那些年轻人创作的不太好的诗歌，这倒可以理解，但是他自己根本不去考虑这些。如果事情闹了出来，那么他就可能被赶走，而学校本身可能就会受到猜忌。作为诗人和文学家，这样就太不值当了。

马尔蒂诺夫①，国民教育部的一个领导，向科尚斯基打听青年人是否有作诗的才华。他自然耸耸肩作为回应。但是这位领导似乎不赞成他的看法。想必他也受到了时下流行的影响？科尚斯基吃惊地感觉到，新式诗歌的简约、无拘束、轻佻、灵活、普通以及饶舌的特点对他本人开始产生了影响。他很喜欢新式诗歌。这可让科尚斯基生气了。

他去找校长马林诺夫斯基。校长已经病势沉重，大家都认为他不久于人世。科尚斯基心中的野心——他自己都不敢承认——折磨着他：他自己希望能成为校长。

2

校长马林诺夫斯基不承认自己生病了。巴黎被攻陷了，新的时代开始了。他想在学校搞一个庆祝活动。

他穿上自己的制服，离开屋子。和从前一样，这位学者一步一步，艰难地走完了从家到学校的这段路程，这条皇村小路。列昂季大叔在台阶上等着他，把校长扶进了大厅。校长气喘吁吁，面色苍白，身体瘦削，但双眼炯炯有神。他像一个幽灵，走遍了学校所有的建筑。学生们都跑过来看他。他发现学校里很冷，就下命令要求生火。他也打了个寒战。然后他签署了一个报告，要求修理火炉。

自从部长警告他，并多次申斥他之后，马林诺夫斯基开始更加关注学校的生活杂事。他签署了申请书后，感到很累，别人就把他送回家了。他还吩咐了庆祝活动的事项，这可是他期待已久的事情了。他想给

---

① 指伊万·伊万诺维奇·马尔蒂诺夫（1771—1833），俄国语文学家，植物学家，出版文学类杂志《缪斯》。——译注

整个学校的生活带来一个崭新的开始，还打算在将来的庆祝活动上为学生、教师及客人做一个长篇讲话。他想讲讲关于胜利的事情。现在所有人都在谈论这件事，但是他还想讲讲别的。

"敌人说过，对事物的恐惧，是俄国人的主要弱点。"而他要打算说的是："我们所做的勇敢无畏的事业，却印证了一个相反的观点。"他还要谈谈俄国人的优点。俄国人不屈不挠，反对欧陆人的自私自利。还要谈谈在将来，从每一个省的每一个学生身上要证实这一点，就像现在俄国的战士们已经在沙场上证实了这件事。他毫不怀疑，将来俄罗斯民族会得到荣誉，而且农民被奴役的情况也会消失。他穿过大厅，发现所有的学生都吃惊地看着他。他甚至忘了，应该先从何处下手来准备这个庆祝活动。

回到家后，他开始着手列出需要准备的事项安排。新的时代应该有新的秩序。他还记得当年在学校开学时他讲的话，现在他为当时的讲话感到羞愧。那个时候，所有人还陷入在屈辱恐惧之中。现在，胜利赋予俄罗斯民族新的意义。那个时候，不幸的米哈伊尔·米哈伊洛维奇①刚刚开始执政，而现在，一个新的时代即将开始。俄罗斯民族即将凝聚在一起。如果这个都不能实现，那他就抛下当前这些空洞无聊的工作，离开这儿，去乌法的草原上做苦工。这是他老早就打算好了的。这次学校的庆祝活动会展示出很多东西。应该把这项活动和考试联系在一起，以向世人展现学生的成绩。他甚至怀疑学生们是否有如此多的成绩，但有一点他确定无疑，那就是皇村学校的精神。

他倾注了极大的热情去构想新的秩序。数十年他都在想这件事，他

---

① 指斯佩兰斯基。——译注

甚至都确定了一个内容丰富的计划。这个计划事关国家两院、民族精神、国民教育以及世界和平。他还制定了一个用以衡量生活的按字母顺序排列的表格，据此来考量人的生活。

他坐到书桌前，把所有的东西加到这个大的计划之中，就好像这些东西要跑掉一样。所有根据土耳其以及欧洲书籍做出的计划、笔记和摘抄，他都用细绳子捆好。他的手在颤抖。"事关俄罗斯人的尊严"，他一遍又一遍地读这句话。要想彻底根除受奴役的地位，首先应该从解放农民开始，也就是废除农奴制。他甚至发现，对待外国仆人的态度和对待本国仆人的态度截然不同，原因就在于本国的仆人是农奴。

"公民教育"应该成为全民的事情，而当下在俄罗斯并不是这样。他久久坐在桌子前，制订自己的计划，身子也变弱了。儿子伊万在学校，女儿玛莎在姑姑家，没人会妨碍他。他瞅了一眼表格。在表格里他按照字母顺序，把每个人的特点都描述出来了，他本人也很欣赏这个方法。如果是好的特点，他就在旁边写下如何去发扬；如果是不好的特点，就写下如何去克服。他点了点头。这项计划把他深深吸引住了。他也越来越担忧学生们，于是就着手记录他们的特点。他老早就想按照字母顺序来做一个学生的评定表，来展示他们的才华。没准这个表格在庆祝活动上还有用呢。当然，到那个时候可以把学生的姓氏隐去，只说他们做的事情。

谈到勃罗格里奥，他敦厚老实，但很固执，易怒，知道感恩。杰尔维格慢性子，但是很调皮，性子急，爱嘲笑别人，不虚心，可是心眼不坏。马林诺夫斯基有点不安。这些学生的特点中竟然有很多矛盾之处。把这些特点都列入这个表格中似乎不太可能。三年前他曾经想要创造一个新的人种。新的人种他又是从何得知的呢？有一点很清楚，任何人身上都不应有奴性存在。他突然把评定表中的"性格"一栏删掉，只保留了"才华"一栏。这样，他轻松地舒了一口气。戈尔恰科夫成绩不错，记性很好。瓦尔霍夫斯基能力很强。普辛，成绩很棒，也很认真。科尔夫就像他伯伯一样，很谦虚，非常勤奋，但喜欢讨好别人。丹扎斯除了绘画才能外，尚未发现别的优点。关于他自己的儿子，他亲手写道：不那么忠厚，有些不严谨。关于丘赫尔别凯，他特别标注了 nota bene①：充满热情，进取心，在文学创作上永远不停歇。普希金也一样标注：审美标准高冷，敏锐，爱嘲笑别人，对文学和荣誉有一种独特的喜爱。高冷和爱嘲笑，这两点在皮列茨基到来之后就成了普希金的特点。校长本人也记起了当时对他的不信任。他非常激动，在自己的办公室走来走去，然后坐下写了两句话：致老师和学生们。他想指出，第一，我们身处一个重要的时代，那就是要从最开始狠抓学生教育，给他们充分尝试的机会，但是必须在正确的指引下，才会有好的结果。摒弃个人琐碎的利益，要为未来国家和军事事务战场的重要性做好准备。其余问题他决定要和库尼岑当面谈一谈：宫廷对学校的事业漠不关心。学生中间也会存在尚未被发现的弱点。他还提到了要谨慎从事。他把关于庆祝活动的各种事项都托付给了库尼岑，同时也把需要邀请的客人名单给了他。他早已忘记的，旧时曾有的一种满足感又一次出现了。他的头发热，眼前一阵眩晕。但他还是把这些写完，甚至忘了蘸墨水。羽毛笔在纸上吱吱响，他的呼吸也渐渐沉重。最后他签好字，点上句点，纸上撒了沙子②，倒下了。

---

① 拉丁语：注意。——译注
② 纸上撒沙子用来吸墨。——译注

他很晚才醒过来，然后嘱咐人把儿子伊万和瓦尔霍夫斯基叫来，和他们说了几句无关紧要的话，然后用忧郁的眼光看着他们。

他对到来的库尼岑说，当下战争的结果顺利平安，俄罗斯人应该着手开一个会，来证明自身的优点。可惜的是，学校里的孩子们还没准备好，将来他们会长大的。人民的眼睛就是上帝的眼睛。他要求库尼岑做好一切准备来筹备这个全民族的节日。库尼岑想，校长已经沉浸在自己的想法里不能自拔了。他皱了皱眉头。马林诺夫斯基歇了口气，望向窗外：已经三月了。

他的呼吸越来越困难，脑子也是一片混乱。他艰难地歪过身子，对库尼岑说关于他儿子伊万、女儿以及他们同瓦尔霍夫斯基之间的友谊。

"对我来说，他就是养子一般。"

无论怎么说，他觉得米哈伊尔·米哈伊洛夫斯基的计划是实现了的：这里，这些缺少家庭关爱的孩子们，组成了一个大家庭，他们需要紧密团结在一起。但是注意个人行为不要太出格：普希金就是太爱嘲笑人，当然雅科夫列夫一样，"我很担心他们"。

他沉默了一会儿，就开始谈论他的政敌：拉祖莫夫斯基和阿拉克切耶夫①。他们在将来会极力反对召开全俄人民大会。他很急躁，并陷入了昏迷。很快库尼岑吩咐所有人离开病人的房间。

病人说了很长时间胡话，很快说的话别人都听不懂了。看上去说的是土耳其语。醒来后，他问库尼岑关于巴什基尔工长的事。他坚定地说，东西已经发走了，他也就要前往乌法省。在那儿，他要开始从事农

---

① 指阿列克谢·安德烈耶维奇·阿拉克切耶夫（1769—1834），俄国国务活动家。——译注

业活动，并教育当地居民。现在已经是春天，道路马上就开冻，一切都准备好了。他要求库尼岑留在皇村，在他离开后替他照看这座学校。他挥动着瘦弱的双臂，哭了。

突然，他把双手放在胸前，眼光暗淡，似乎把库尼岑当成了其他人，对他说：

"阁下，我所负责的教育机构，它最主要的特点，就是有独立精神。"

萨姆波尔斯基很快就到了。他的头在颤，别人搀着他的胳膊。在门边，他习惯性问道：

"要举行悼念活动了吗？"

然后，他伸直了身子，迈着沉重的步伐来到垂死之人旁边。傍晚时分，几乎所有教授都聚集在校长的办公室旁，但不见加乌恩施尔德。

3

四周比平时要安静得多。他们时不时地向校长的小房子那边看去。晚上六点，齐里科夫让学生们排好队，所有人前往校长的办公室。就在那儿，不久前校长还和学生们谈话。骑兵队已经到了，校长身着制服。他的面容十分安详，高高的额头舒展开来。科尚斯基、库尼岑、卡尔采夫和小布德利把棺椁抬出来，放在大车上。

骑兵队在前方引路，后边是身穿丧服的学校看门人，灵柩前是唱诗班。两个侍者把校长唯一的勋章放在衬垫上，仆人们则牵着马，扶着灵柩。

学校师生一直送到大门的岗哨旁。在这儿他们同校长告别，五位代表继续随行，和灵柩一起前往彼得堡：儿子伊万、瓦尔霍夫斯基、普辛、玛秋什金和丘赫尔别凯。他们都是品德高尚的人。

4

人们在大厅里，在走廊里，在门洞里走来走去，进进出出自己的房间，没人待在屋子里。亚历山大和杰尔维格说现在是不是要任命科尚斯基为校长。他俩看法一致：不会任命他，因为他俩都不想让他成为校长。大家静悄悄地在暖和的走廊里溜达。他们头一次认真看着这些墙壁、拱形的天花板、马特维大叔刚刚点燃的蜡烛。他们在自己的家里。

这不仅是有修士偷偷溜过的修道院，也不是哄小孩玩的，部长拉祖莫夫斯基心中那样的学校——这是他们的家，家的主人刚刚去世。

亚历山大和杰尔维格手牵着手，望向空荡荡的校长家的窗户。今年很奇怪，不知不觉一切就都变了。这所学校，台阶，他的房间，都是那么古老，熟悉。他还能去敲普辛的墙壁。这是他的家，他的第二故乡。

瓦尔霍夫斯基、丘赫尔别凯和玛秋什金坐在角落里，没有离开哥萨克半步。他们发自内心，为校长的离去而悲痛。

似乎就在昨天，校长还来到这里，迈着沉重的步子，穿过这条走廊。校长好像会永远活下去。他的话引人深思，他的课也是印象深刻。他非常正直、严肃。有一次亚历山大听到他训斥儿子，用姓"马林诺夫斯基"去称呼他。他就像一个普通人，对学校里的一切都平等对待。他憎恶那些上流社会的习俗。他也不喜欢调皮捣蛋的学生。他曾两次训斥亚历山大，两次都很严厉。仅有一次，在战争的时候，他有一天冲他开朗忠厚地微笑，还拥抱了他。现在那座失去主人的房子空闲出来。很快，科尚斯基，或是加乌恩施尔德会像讨钱的债主、性急的继承人一样，迫不及待地搬进去。

5

突然间，皇村的一切都变了。在马林诺夫斯基去世后，所有的教授都有了野心，开始依次去造访部长，向他阐释自己关于治理学校的看法。只有布德利和库尼岑没有去过。部长苦着脸，研究着自己手上的饰品，或是活动活动脑袋，或是伸伸手来放松自己。他很困惑：等了好久，想找机会把马林诺夫斯基换掉。现在他死了，却无人可接任。这所学校是什么样的？将来要成为什么样？一切都是未知数。这所学校似乎很怪，好像一个温室，一个苗圃。老师们在其中培育新的果实。当时这所学校的命运未卜，也不可能换掉马林诺夫斯基。他当时要维持一切，同小孩子打交道。可是现在，巴黎被攻陷了。一方面，学校再给皇帝添麻烦，占着皇村的地方，显然不太合适；另一方面，这所学校究竟要办成什么样子，要把它办成什么层次的学校，谁都不知道。总之这所学校应该成为一所按照欧洲办学理念经营的机构。但是，现在学校的权力越来越大。另一方面，阿拉克切耶夫似乎一点也没提及欧洲。

部长很喜欢科尚斯基的穿着打扮，就对他进行了任命。不过让科尚斯基不满的是，他只是代行校长职务。除此之外，还有库尼岑，以及不久前新任命的学监弗罗洛夫[①]，也要参与到学校的管理之中。尤其是后者，大大刺激了科尚斯基的自尊心。就好比在文学界，大家都尊敬他，但是并不出版他的作品。现在，在学校的职务上也是这样：不是名正言顺的校长，但干着校长的活儿。鬼知道这是怎么回事！他曾骄傲地扬着头，在大厅里溜达，学生对他鞠躬行礼，他赞许地回应。但过了一周，

---

① 指斯捷潘·斯捷潘诺维奇·弗罗洛夫（1765—？），军人出身。——译注

524

他就咽下了这口苦酒。

库尼岑发现他的境况不那么好。

"你的功劳,"科尚斯基用浑浊的双眼看着他,嘶哑地说,"我承认,配得上你现在的任命。可是那个家伙呢?叫什么弗罗洛夫?我甚至都不想叫他'家伙',他就是个假货!"

其实这个弗罗洛夫也有自己的想法。他曾是军人,也经常用"家伙"这个词,而且读这个词的音调独特。

就这样,学校没有校长,每个人都可以自行处理事情。新的"假货"在学校里上任了,弗罗洛夫引发了所有人的猜想。

他负责监督班级以及学生的道德问题。他只要在学校里出现,就身着军人的制服,昂首挺胸向前走。有一次他严厉申斥了大叔列昂季·凯梅尔斯基。看上去他俩早就熟识了。列昂季大叔不管学校里的一些劣习。

弗罗洛夫睁大眼睛,朝着他大声喊叫,不断重复道:

"泽四申末?泽四申末?"①

要不是科尚斯基在一旁袒护,列昂季早就被开除了。但是按照弗罗洛夫的要求,新换了一个仆人:萨佐诺夫·康斯坦丁,一个年轻人,几乎还是个孩子。眼睛淡白,眼神游离,手臂粗壮,面色阴沉。他在弗罗洛夫面前挺直身板,直到弗罗洛夫走过去,对他轻声说:

"稍息!"

他立马把部队里的制度带到了学校:清晨萨佐诺夫·康斯坦丁随着钟声,亲切地喊三次,然后上校本人(他曾经是炮兵中校,但是萨佐诺

---

① "这是什么?"这里作者模仿弗罗洛夫独特的音调。——译注

525

夫和其他男仆称他上校）把所有人列队三次，然后命令道：

"上帝保佑！"

然后带领大家祈祷。祈祷的时候上校会严格检查队列的横竖排面。

总之，他立刻显示出了自己的活动才华。蜂蜜水取消了，茶和甜面包出现了。午饭后还有酸克瓦斯。

"在部队或者军团里，我们都是这样做的。"他用嘶哑的嗓音对管家说，管家也没敢提出反对。

之前，学生们能够自由进出自己的房间，可以在那儿做自己想做的事情。但弗罗洛夫开始发放回房间的许可证，而且是他亲自发放，还要有他的亲笔签名。

他的签名也是有军人风格的，笔迹粗重圆满。他仿照部队的风格管理学校，把军校学员作为这儿学生的榜样。

"我们在军团，"他说，"都是要列队的！这儿，都是浮于表面文章。"

他对此表示遗憾，而且对学校的自由习气不屑一顾。

萨佐诺夫把报纸和战报送到他那儿，供他审读。这位上校用剪刀剪掉那些多余的内容。

"穆罕默德是不会说废话的，"他嘶哑地说，"多余的统统剪掉。"

他喜欢拿穆罕默德和《古兰经》举例子。

他对学校的世俗教育方针让了步，但是一有机会他还是去和学生们谈话。弗罗洛夫喜欢卢梭。他对丘赫尔别凯说：

"他的《爱弥莉亚》太棒了，俺们军团的人都会背这本书。"

他把《爱弥儿》说成了《爱弥莉亚》，把男主人公说成了女的。

他对仆人们很严厉。按照他的观点，这些仆人纪律散漫。他把马特维耶夫开除了，现在由萨佐诺夫·康斯坦丁服侍亚历山大。这个眼神游离，手臂粗壮的人老是陷入沉思。有时候他会像一个孩子那样微笑。每天早晨，他走路时总是昏沉沉的。

"康斯坦丁是个忠诚的人，"弗罗洛夫说，"脑子不是很灵光，但是很忠诚。"

弗罗洛夫还想去骑马。

"骑马，要保持队形，"他若有所思地说，"马场并不远。我很惊讶，为什么没人带你们去。只有骑上马，才会有自由的神气和姿态。"

很快，他领着学生们去马场骑马。他对亚历山大、瓦尔霍夫斯基和勃罗格里奥很满意。

"弯腰，伏在马鞍子上。你们别怕马。马能理解你们的动作。"

他不屑一顾地评价戈尔恰科夫：

"骑得不错，就是姿势像个娘儿们，用脚尖蹬马镫子。"

丘赫尔别凯怎么也够不到马镫子。弗罗洛夫生气地说：

"预言家都能回答这个问题：是马害怕他？还是他害怕马？"

6

现在，在玫瑰田，他们不再听从齐里科夫。

学生们在摔跤，他们勇敢果断，而齐里科夫则前往亭子，向他们挥了挥手。齐里科夫在为他的新诗打草稿。这首诗占了他全部时间。但是学生们并不吵闹。他们喘着粗气，跌倒在地上，翻来覆去，像蛇一样。这时有一个人一高兴，没用膝盖踩住对手。大家立刻哄闹起来。亚历山大也参加了游戏，随便和一个人开始玩，但经常输。勃罗格里奥很强壮，手臂像钢铁一样结实。有一天他提议和亚历山大摔跤。亚历山大同意了，但是很快就被他抱在怀里，被他的手钳制住，动弹不得，最后输了。他的脸发白，陷入一阵狂怒，但再也没和他玩过。他对自己的个头感到羞愧：比勃罗格里奥、马林诺夫斯基、丹扎斯的个头都矮。他很嫉妒他们。

科莫夫斯基的个头更矮。有一次科莫夫斯基同勃罗格里奥摔跤，他们纠缠在一起，在草地上滚来滚去。现在的情况就是：抽出右手，就能控制住对方的脖子，从而摆脱对方的手脱身，然后用腿压到对方的身上。瘦小的科莫夫斯基像鳗鱼一样，被勃罗格里奥强有力的手臂控制住。突然，这个大力士竟然放走了科莫夫斯基。围观的人还没来得及看明白，科莫夫斯基就已经坐在勃罗格里奥的身上了。

亚历山大喊道：

"布拉沃！①"

他非常喜欢科莫夫斯基在那一瞬间脱身。狡猾的，瘦小的，伶俐的科莫夫斯基！真是出其不意，就连能描述皇村200多人容貌的雅科夫列夫，都讲不出这一刹那间发生了什么。

但是，亚历山大喜欢击剑。金属网面具、剑、沉重的手套——这些勃罗格里奥可是经不住。他确实很强壮，个子高高的，肩膀很宽，但是在亚历山大的剑锋面前，他吓得一动不动，还直后退。

瓦利威尔，一个法国老头，胡子染了颜色。他对普希金感到非常高兴。

"在三分位保护自己！"

"前进！"

---

① 棒极了！——译注

"在四分位!"①

剑锋弯曲,发出叮当的响声,大家一阵鼓掌,用鞋跟跺地板。亚历山大没有耐性等待,直接向前拼刺。瓦利威尔止住了他。

勃罗格里奥输了。

"先生们,魔鬼的个子也不高,"瓦利威尔满意地说,"为什么普希金击剑这么好?"他问,"没人知道吗?那我来解释一下:他非常认真,就好像真在决斗一样。有一次,就是在1779年,我被传唤的时候……"

弗罗洛夫来听瓦利威尔的课。他受到振奋,用嘶哑的声音安静地说:

"别往那儿走!棒极了!"

不经意间普希金博得了他的好感。

"他很坚定,动作灵巧,出其不意,速度很快。"他带着一丝敬意谈论普希金。

当他得知,普希金是诗人,而且是创作讽刺诗的,他变得阴郁起来。然后他振作精神,严肃地说:

"去嘲笑别人吧,但是,要在学校之外。杰尔查文是个好手,剑术不差。如果他不是部长,那他也是个部门领导了。他也是创作讽刺诗。听说现在他辞职了。当然他不适合干公职。普希金很灵活,击剑时的冲刺力度很大。在他的冲刺过程中似乎有一种非常强烈的欲望。"

这种欲望让亚历山大在学习跳舞的时候得了倒数第二。最后一名是丘赫尔别凯。现在是胖胖的老头居阿尔教他们跳舞。居阿尔没看到他们的动作没有放开,这样会影响舞步移动。丘赫尔别凯没跟上音乐的拍

---

① "三分位""四分位"是击剑的手部动作术语。——译注

子，挥了挥手，在老师的指挥下左右摇摆了好长时间。他很努力，但是结果不怎么样。同学们笑话他，他在跳舞的时候搞乱了整体的队形。居阿尔要求把丘赫尔别凯从舞蹈队里除名。

"就像聋子一样，"他说，"完全脱离了音乐，聋子就是这样跳舞的。丘赫尔别凯就是聋子。"

亚历山大也笑话丘赫尔别凯，但是他自己也好不了多少：看到别人在做跳跃动作，他也照样去做，不顾老头的指挥，然后直接冲到前面去了。

7

被弗罗洛夫激发出来的兴趣让他很满足。一连好几天，在学校值口的时候，他都抽长长的烟枪，弄得云雾缭绕。

"萨佐诺夫，把打火石拿来。"他喊道。

看到萨佐诺夫没反应，他喊道：

"嘿，你这个家伙！"

上校和他的勤务兵、仆人萨佐诺夫有一个重要的特点，那就是每个夜晚都不露面，而在每天早上钟声响之前，他们就会出现。有时候，早上上校就会愁眉苦脸，声音嘶哑，就好像被人勒了脖子，有时候还显得心事重重。上校的秘密很快就大白了：有一天他严厉责骂马特维大叔，说他放松纪律，把手指搭在坎肩上，突然几张油渍斑斑的纸牌掉了出来。原来上校是个赌徒。上校的脸红了，他命令萨佐诺夫把牌收拾好，胡乱塞到自己的兜里，转过身子走了。萨佐诺夫总是很清醒，也很落寞：他的目光冷淡，充满热情的时候不多。有一天他慢吞吞地走着，眼神一动不动，在亚历山大前面站了好长时间，也没听到对方的问题。亚历山大发现，他的手在抖。萨佐诺夫觉察到了普希金的惊讶，就朝他笑了笑，像孩子一般。

弗罗洛夫粗野沙哑的嗓音，以及他经常提及的《古兰经》和《爱弥莉亚》，让亚历山大感到很有意思。弗罗洛夫知道普希金会嘲笑人，就对他的一些过错睁一只眼闭一只眼：比如没系扣子，把手绢弄丢了，在不该散步的时候出去逛，等等。不过，这个哑嗓子实际上还是心肠很好的。他曾和瓦尔霍夫斯基进行过一次类似军人的谈话：

"在你们学习的科学知识中，数学是对你们有用的，能够更好地去瞄准射击。我开始就是个数学家。"

看来，他认为对学生进行非军事化教育只是暂时的。

有时候，一些成绩不太好的学生也聚集在他的身旁：米亚索耶多夫、蒂尔科夫和科斯坚斯基。他和他们讲关于拿破仑的事：

"喏，先生们，我得到一个消息：先锋队已经出现。我来指挥，然后呢？看上去是我们的部队。原来搞错了！真是令人伤心，但是，就像《古兰经》里说的，人总会不由自主地犯错误。"

讨厌弗罗洛夫的齐里科夫谈论他，说他从自己的庄园逃跑了，就在斯摩棱斯克附近的隆基。因为他听到传言，拿破仑的部队来了，就是这样。

弗罗洛夫曾是炮兵，这也是为什么他突然空降到学校。他能博得领导阿拉克切耶夫的喜爱，作为老师出现在学校里。

8

严厉、忧虑、苦着脸的马林诺夫斯基走了，留下了长久的怀念。瓦尔霍夫斯基、马林诺夫斯基、玛秋什金和普辛就好像成为了孤儿。讲究穿戴的科尚斯基，因为戒酒患上了谵妄症。大家等了他一个月。第二个月，一个胖胖的，行动迟缓的人替换了科尚斯基。这个人一点儿也不像科尚斯基——他是加里奇①。

学生们急切期待他的第一堂课。他们早已习惯科尚斯基怀疑的眼神，习惯他敲打桌子保持安静，习惯他狡猾的问题和嘲笑，以及习惯了他的叫喊和读诗时的埋怨。他们已经准备好了。

新的教授慢悠悠地舒服地坐在扶手椅里。他透过眼镜果断地看了看学生们，然后不慌不忙打开科尚斯基的书。科尚斯基总是努力去赶上课进度，根据教学计划授课。新的教授看了看教科书，然后不顾自己的学生，瞟了一眼，突然把书合上。他把书放到一边，再也没说教材上的内容。

同时，他不慌不忙，让一个人读另一本他带过来的书。这是科策布②的一部戏。雅科夫列夫读了第一场。教授止住了他，还是不慌不忙地问：

"这一场有什么问题吗?"

他们明白了，他是好人，慢性子，不追求成绩和校长的位子，甚至不对学生强求太多。关于科策布的争论开始了。

亚历山大惊讶地看着这位新来的教授：加里奇的品位很高。

然后教授打开一本破旧的书。学生们了解书的内容：这是康涅利乌斯·尼波斯③的书，科尚斯基给他们读过。科尚斯基欣赏他的每一句

---

① 指亚历山大·伊万诺维奇·加里奇（1783—1848），俄国哲学家，拉丁语教师。——译注
② 指弗里德里希·科策布（1761—1819），德国剧作家。——译注
③ 康涅利乌斯·尼波斯（约前100—约前25），古罗马传记作家。——译注

话，因此也没来得及给他们解释。

"看来我们把这本书弄得太破了。"新教授说。

头一次见面，学生们就喜欢上了他。

9

弗罗洛夫的严厉措施，同他自身的爱好习惯完全不符。面对他粗野的习气和对事情的挑刺儿，大家都学会要绕着他走。现在没人去妨碍他。他们都在和自己的父母散步：已经到了会面时间。现在的会面和马尔丁时代的不一样了，那个时代的会面和探监差不多。

谢尔盖·里沃维奇和纳杰日达·奥西波芙娜没有回到莫斯科。在华沙有一个职位，谢尔盖·里沃维奇打算去那儿。路途漫长，距离首都遥远，他没有考虑这些。光华沙本身，以及那么多的漂亮波兰姑娘，就足以让谢尔盖·里沃维奇乐颠颠去赴任了。现在他的脑子里充斥着新的想法：虽然官阶并没有升高，就任地遥远，但无论怎么说，这个职位不是受人尊重，就是充满诱惑。不过，他一点都没急着去那么远的地方赴任。因为先花掉公家给他的差旅费不是不可以的，也不是没好处的。

显然，他开始不怎么给儿子写信了。总之，见面日那天没人去见亚历山大。现在，学生们在不恰当的时候偷偷去花园散步。他们还悄悄去了趟糖果店。戈尔恰科夫无忧无虑地说：

"我们的生活多么悠闲啊！"

他们已经成为朋友了。戈尔恰科夫会讲一些轻松的话题，大家都能明白，对此也不会感到惊讶。戈尔恰科夫有很强的进取心，他追求荣誉，想轻轻松松得到荣誉。所有的教授，就连苦脸的凯丹诺夫都相信，戈尔恰科夫会有一个辉煌的未来。他高兴地听着普希金的诗，时而发表自己的看法，而且相当有道理。他分析得一点也不差。他喜欢诗，因为这些诗歌都很棒。戈尔恰科夫很优秀，他并不是对所有人都那么宽容，有时对人很冷漠。但是对普希金他流露出了好感，并为他感到高兴。

时间有很多。他们并没有进一步钻研科学。马上就要考试了，逝去的马林诺夫斯基打算把这个考试办得隆重些。现在，由于大家意见不一，这场考试也就成了他们唯一的约束和威胁，也能够杀一杀学生们的激情。

"你们要特别注意，不要懒散，"凯丹诺夫说，"科学研究在等着你们。"

10

他那首很厉害的、关于修士的诗马上就要完稿了①。在这首诗中，魔鬼在嘲笑人类。淘气的魔鬼诱惑了修士；白色的衬裙也引诱修士；而修士则骑着魔鬼飞翔②。他在稿纸上画了一个像猴子的老太太，裹着头巾：这是伏尔泰。这和他笔下的"窈窕处女"很相宜。这个菲尔奈的老头子，空谈家③，那首奥尔良姑娘④失去贞洁的诗获得了极大的荣誉。还有巴尔科夫那来自隐秘深处的粗鲁的声音。作者在诗行中画了巴尔科夫和维庸的肖像，这些坏蛋他并不熟悉。他将巴尔科夫描绘成一个高高的年轻的男子，攥着拳头。

---

① 指普希金的诗歌《僧侣》。普希金生前未发表这首诗。——译注
② "圣洁的僧侣，罪恶的堕落，女人的衬裙""我想歌咏地狱的一个鬼魂……怎样被一个大胡子老头儿骑上飞奔"（本诗的中译本均引自《普希金全集》第一卷，丘琴译，浙江文艺出版社 2012 年出版）。——译注
③ "爱情的歌手，菲尔奈的老头儿"。——译注
④ 指伏尔泰的长诗《奥尔良少女》。——译注

瓦西里·里沃维奇的形象让他很着迷。他回想起伯父的大笑声，说话时的嘶嘶声和口哨声。这简直是恶魔附体了。是的，他生来就是为了秘密的荣耀，创作不为人知的诗。他的诗都藏在秘密的橱子里，危险的荣耀引诱着他。

他现在醉心于自由之中：他没指望他的诗能够发表。他想起了挂在德米特里耶夫房间里的画。画上呆板的微笑，歪斜的有点谄媚的目光，半明半暗，白色的裙子在暗的部分。奥西安含混不清的诗歌，在帕尔尼的翻译中也没显得那么明白。他只是喜欢其中的岩洞、闪电和灰色的海浪。

茹科夫斯基颂扬 1812 年的胜利，自己用新的风格创作了前所未有的诗《俄国军营的歌手》。这首诗在特点上，让人想起了杰尔查文；整体风格上，让人想起了巴拉达诗体①；在诗歌的音乐方面，则让人想到了当下的流行歌曲。诗歌的音乐似乎违背了诗人本身的风格，能够让听者记住。现在，好像所有人都突然开始用这种风格作诗。巴丘什科夫跟在伯父后边，用诗歌笑话老头子希什科夫和他的诗《谈话》。巴丘什科夫的诗其实就是重复了茹科夫斯基那首获得赞誉的《歌手》。巴丘什科夫的这首诗风格诙谐，被人称作《大俄罗斯人的歌手》。在这首诗中，不仅嘲笑了希什科夫那座黄色的房子，还嘲笑了诗人本身。

只读一读这首诗的前四行就可以了：

战场上一片寂静，

---

① 中世纪流行于法国、意大利等地的一种诗体。每首诗包括三节八行诗和一节四行诗。——译注

> 帐篷外篝火燃烧。
>
> 朋友们，月亮给了我们光明，
>
> 天穹在我们之上。

这首诗自行成韵，就像一个魔法一样。

歌者本人无法对抗自己诗歌的音乐。他仿照这个，写了《克里姆林的歌手》，随后，在自己侄子的婚礼上，他又写了《土耳其巴拉达》：

> 土耳其的小旅店里一片寂静，
>
> 桌子上还点着蜡烛……

在皇村里，他们还唱关于加乌恩施尔德的诗：

> 学校的大厅里一片寂静，
>
> 新鲜事儿出现在我们中间，
>
> 朋友们，撒旦爬来了，
>
> 嚼着甘草，獠牙狰狞。

就连患了谵妄症的科尚斯基也嘟哝着令人厌烦的诗句。现在没人成为领头的诗人，去创作"歌手"一类的诗，来称颂那些茹科夫斯基还没来得及赞颂的英雄。这是一种赞颂之声响彻云霄的诗歌。

他依然深爱着诗歌，头两句诗就折磨着他。茹科夫斯基的荣誉是巨大的，纯洁的。这两句诗，以及《大俄罗斯人的歌手》也是大名鼎鼎，当然也显得有点滑稽。

夜里，一种焦虑的心情让他不能入睡。太阳穴跳个不停。他梦见了极为夸张、粗鲁猛烈的诗歌。一周之内他就写完了自己的《歌手》。他的歌手是一个高高的，颧骨突出的年轻人，紧握拳头。淫乱的发生地点由修道院变成了小酒馆。爱情和斗殴成为这首诗的一个部分。任何人都得不到宽恕，哪怕是灰白头发的修道院院长。他现在被排除出诗人的行列了。倘若读完了他这些充满丑恶内容的诗，那么茹科夫斯基的原作可能会令人感到恐惧。他没有对任何人读过自己的诗。他把诗稿藏在被子里，心咚咚直跳。有时他还去瞅瞅，看看诗稿还在不在。

他生病了。热度以及诗人创作的激情击败了他，他躺在医院里。医院的墙壁光光的，学校的大夫佩舍尔为他看诊。佩舍尔大夫开着玩笑，随便就做了诊断。他敲了敲病人的脸，自己露出抑郁的神色。他看了普希金好长一段时间，快速开出了药方，从公共药房拿药。这些药不会对任何人产生伤害，就像平常吃"少女的皮"和"婆婆的皮"① 一样：甘草和桂樱液滴剂。他大声吩咐仆人萨佐诺夫，后者说道："明～白！"但是不久后什么都忘了。佩舍尔大夫有自己的事情：晚上他往扣眼里插一朵鲜花，然后潇洒地登上马车前往彼得堡了。所有人都知道，大夫已经向巴克斯和维纳斯②献身了。在彼得堡他去寻找漂亮姑娘了。

仆人萨佐诺夫和亚历山大一起住在医院里，这样能照顾病号。他俩的床挨着，这样萨佐诺夫就能帮助病人，去照顾他。

亚历山大说着胡话，说他那首特别棒的诗，还在被子里乱摸，好像要找到它。有时他张开眼睛：萨佐诺夫把水杯送到他嘴边，水洒到了他

---

① 这是两种甜点的名字。——译注
② 巴克斯和维纳斯分别指酒神和爱神。这里是说佩舍尔大夫去彼得堡饮酒作乐。——译注

胸上。萨佐诺夫的脸完全没有表情，嘴巴半张。他耐心地把水杯塞进病人嘴里，不顾流出来的水。他在思考自己的事情。

11

纳杰日达·奥西波芙娜和谢尔盖·里沃维奇在去华沙的路上。碰巧这一天他们来到了彼得堡。

亚历山大说着胡话，情况很糟。有一天他睁开眼睛，看到了母亲的脸，就闭上了眼睛，想，他一定是在做梦。纳杰日达·奥西波芙娜坐在他旁边，变得更老了，脸色蜡黄，穿着老式的裙子。眼泪在她失去光泽的面颊上流淌。他头一次睡得这么沉，没有做梦，没有猜疑，更没有梦魇。第二天，他生气勃勃地醒过来。萨佐诺夫还在睡觉，张着嘴巴，打着鼾。

谢尔盖·里沃维奇这一次来看亚历山大，和以往完全不同。他和亚历山大讲了茹科夫斯基的成绩，并说，伯父瓦西里·里沃维奇请求给他寄去所有侄子创作的诗歌。茹科夫斯基仍统治着一切。而巴丘什科夫和伯父虽然得到了荣誉，但事实却并非如此。

"原因就是，我的朋友，人的嫉妒心太强了，"他庄重地说，"是的，有人会说，茹科夫斯基有耐心，而其他人更有激情。"

父亲带着一丝敬意看着他，甚至还和他讲了自己的打算，他还没有实施。莫斯科哈利托尼胡同已经没有了，都烧光了。

"家具——你还记得吗，我的朋友？壁炉旁的圈椅——现在都成了一片尘埃。我们——一无所有。我们是流浪汉，灾民，des

vagabonds①，这一个词就代表了所有意思。我现在是乞丐，一无所有。坚持住，我的朋友。现在，所有都要靠你自己了。上帝会保佑所有人的。在华沙，活动的空间还很大。走啦走啦！母亲很快就会和我过去的。经费支出难以置信。"

纳杰日达·奥西波芙娜猛地拉了拉他的袖子。

父母匆忙地和亚历山大告别。他们和往常一样，总是急匆匆。纳杰日达·奥西波芙娜吃惊地看着萨什卡：上唇都长出了绒毛。三年前，他离家来到学校时，他只是个孩子，但现在已经长大了。现在她和亚历山大有些疏远，有些难为情地看着儿子。这个小男孩很快就会用粗糙的嗓音讲话，就像那些近卫军一样。但是，她自己的青春一下子就结束了。她都成为老太婆了！她吻了吻儿子的额头，然后催促谢尔盖·里沃维奇快些出发。谢尔盖·里沃维奇总是喜欢拥抱很长时间，唉声叹气，用洒了香水的手绢擦他干巴巴的眼睛。

亚历山大逐渐康复了。病好转了，也不再受那首诗的折磨了。透过医院的窗户，他能看到树梢。他还悄悄地读巴丘什科夫的诗：

我的朋友！我看到过无数的罪行，

以及上天的报应所施的严惩：

我看见贫苦的母亲……

我在十字路口看见她们……②

这首诗是关于莫斯科的。这些重复的诗句触动了他，使他难以用语

---

① 法语：流离失所的人。——译注
② 本诗为巴丘什科夫的《致达什科夫》的一部分，中译本摘自《俄罗斯抒情诗选》（上册），张草纫译，上海译文出版社1992年出版。——译注

言表达。他陷到枕头里，无法理解，为什么自己躺了这么久。他流泪了——可是他还不明白，因为这首诗并不是那么多愁善感。这首诗描绘出了一幅燃烧的莫斯科的画面。这也是巴丘什科夫老早就看到的。

朋友们都来看望他。杰尔维格来了，亲吻了他的额头。

杰尔维格极富热情，回忆过去。这些是从哪儿来的？天知道。他作为一些事情的目击者，总是讲个不停。现在他在和亚历山大讲不久前散步时遇到的一个残疾人。这个士兵在战争中负伤了。他在医院住了好久，慢慢地往远处走去。这个士兵和杰尔维格说当时他们如何在库尔斯克附近的田野宿营，库尔斯克的夜莺在唱歌。杰尔维格说得有声有色，似乎让人觉得他肯定听到了夜莺的歌声。

杰尔维格是个诗人，只不过是转述别人的作品。每次谈话快结束时，他让大家相信他说了很多。大家只要问他，他睡得怎么样，杰尔维格立刻会说，他做梦了，而且马上就能编出他的梦。他并不是话痨。他蜷着身子躺在火炉旁，在角落里，听着其他人谈话，时不时插几句。他十分享受这种乐趣。他有时会插进来几节诗，这是大家集体创作的诗歌中的几句。他喜欢听亚历山大的诗，从他那儿传出的信息准确真实。他指出了所有多余的信息。他自己则是把诗写出来并作为正本，就好像他在小时候就听过。重要的是，他喜欢诗歌，看起来诗歌给他带去了快乐。他是慢性子，从未和别人说过他在列昂季那儿吃了点心。而且他觉得在读诗的时候，他自己也理解了诗的意思。

科尚斯基的拉丁文是最棒的，而且他沉迷在阅读拉丁文诗歌之中，连眼睛都变得迷茫。倘若有人请他翻译拉丁文诗歌，他总是拒绝，说自己不懂拉丁文，而且不想使诗歌丧失其原本的魅力。他不会完整把书读下来。他对此很得意，因为不用读到结尾处，他自己就能决定所有人物的命运。他讨厌纸、鹅毛笔和它们发出的吱吱响声。他反对用这些东西。他好奇地、悄悄地跟着亚历山大，有时候躲在墙角里，看他写诗，改诗，咬紧牙齿，看他用眼光瞟着四周，最后把笔丢掉。

他微笑着告别了：他亲了亲亚历山大的额头，告诉他，自己对尤金编造了一件事。尤金和他开玩笑，而杰尔维格冷冷地回答他的问题，让尤金这个爱开玩笑的人不知所措。编故事让杰尔维格感到高兴。

戈尔恰科夫也来拜访他。他和亚历山大讲了发生在上流社会的新闻。托尔斯泰似乎要排一出戏，想邀请学校的所有学生参演。很快他的妹妹叶莲娜要到他这儿做客。叶莲娜是个好姑娘，很快就要出嫁了。但是她有点懒散，她的人生还是一张白纸，没有写上半点字迹。他高兴地谈论自己的妹妹。妹妹不但懒散，还有点傲娇。舅舅别舒洛夫曾有一个毛病，当然现在基本上已经克服了，那就是闻鼻烟。那又能怎么样呢？叶莲娜竟然也对鼻烟上瘾了。她受到了惩罚，但是她是新娘，所以对她的惩罚实际上也没多大用。怎么样，这难道不是诗歌的素材吗[①]？

还很苍白、虚弱的亚历山大听戈尔恰科夫讲话。突然他的脸变得更白了：他想起在他房间还留着两首诗。确切地说是藏起来了。他请朋友把这两首诗带过来。

晚上，在睡前，戈尔恰科夫成功地潜进医院。萨佐诺夫不知道去哪儿过夜了。亚历山大一个人躺在病房里。两首诗都在戈尔恰科夫手上，他都读过了。太可怕了，诗的危害性可能会招致灾祸的，而且这灾祸不仅对普希金一个人。在《巴尔科夫的幽灵》[②] 这首诗里他甚至记不清内

---

① 普希金有一首诗，名字就是《给一位吸鼻烟的美女》（查良铮译）。——译注
② 这首诗讲述了一个被革去教职的教士的风流史。——译注

容了。要是在这儿，这座宫殿里，在皇帝的眼皮子底下发现这样的诗，普希金会被发配充军的。

亚历山大难为情地问道，这两首诗读起来怎么样。他自己觉得《巴尔科夫的幽灵》过于放纵了，但是《僧侣》在结尾处进行修改后，他还是想寄出去出版。偶然间他向戈尔恰科夫表达了自己的这个愿望：他希望看到诗歌的出版，结尾署上这样的暗语"1. 14. 16"①。

戈尔恰科夫摇了摇头。他对朋友的轻率考虑感到很吃惊。这两首诗都是很可怕的。他偷偷地瞅了瞅朋友的脸：他的脸上挂满了希望。他又一次重复道，他可能不会被发配充军，但是可能会被关进修道院。他反对灰白头发的修道院院长和修士，这样越轨的行为是有罪的。他可能会被关进修道院，睡在石板上。学校则会被解散、关闭。所有人会咒骂他的名字。戈尔恰科夫说了非常多。亚历山大的罪行可是不小，他已经到了悬崖边上，太可怕了。他，戈尔恰科夫，要救他最后一次，虽然很可能不会成功。

他建议两首诗都要烧掉。他会把他们放进炉子，仆人很快就会生火的。

亚历山大丝毫没有犹豫就同意了。戈尔恰科夫低声对他的规劝产生了效果。他成了罪人，而且不只是由于他嘲笑僧侣——他不能忍受这些人，他们应该受嘲笑；也不是因为他笑话女士，而是因为他嘲笑诗歌。而诗歌应该是美好的，这一点是丢不开的。他这种内容不好的诗歌的记忆，让他自己感到很沉重。戈尔恰科夫是对的，他可能会被判流刑。他

---

① "1. 14. 16"实际上是普希金自创的一种签名方式。这三个数字分别表示普希金的名字、父称和姓这三个词的首字母 A、C 和 Π 在当时的俄文字母表中的位置。——译注

会成为第二个维庸,他的名字也会不体面了,就像巴尔科夫这个名字一样。他的好奇、欲望和想象把他引诱得太远了,而且失去了约束。

戈尔恰科夫很满意,悄悄地走了。萨佐诺夫还没回来,没人看到他来过。

这一晚亚历山大没有睡着。漆黑的夜笼罩在窗外,周遭死一般地沉寂。燃烧的蜡烛滴着蜡油,古旧的钟表发出嘶嘶的响声。他并不害怕监狱,也不怕修道院:他可以逃出来。但是周围实在太安静了,朋友们都在远方,似乎这世界上只有他一个人。他开始读一本法语小册子,这是杰尔维格偷偷带过来的,上面写着:"文学创作的路径在于搜集有意思的故事、历史事件和歌谣。"这本法语小册子多多少少安慰了他。

他醒得很早。他的仆人萨佐诺夫坐在旁边自己的床上,没注意到他醒来。他正在安静地缝补衣裳,他的衣裳满是泥土灰尘。他正专注地、两眼一动不动地盯着衣服,把上边的沙子和绒毛剔除。然后,他还是没发现亚历山大已经醒过来,而是摸着衣袖,把衣服清理干净,开始看自己的手,掰着手指头,摩擦手掌心,好像要将夜间游荡的痕迹擦掉。亚历山大半闭着眼睛。萨佐诺夫突然看了他一眼,然后不作声躺下了。不一会儿他就睡着了。

12

第二天,一切都结束了。戈尔恰科夫精神焕发,高高兴兴,脸蛋红扑扑,特别对朋友说,晚上睡得特别好,两首诗都烧了。除了他自己,没人知道这件事,他也绝不会和别人说。作为一个爱管别人事情,还喜欢偷偷摸摸办事的人,戈尔恰科夫是这样做的:《巴尔科夫的幽灵》这首诗,他的确扔进了炉子。但是他觉得,如果除了他和普希金,再没别人知道这些，而这诱人的东西就这样被烧掉，似乎有些不妥。于是他暗地里给小丑米沙·雅科夫列夫看了这首诗。读到《幽灵》这首诗，小丑表现出了惊奇，高兴和害怕，同时他的眼神变得贪婪，好像要抢走这首诗。他的表现让戈尔恰科夫很满足。雅科夫列夫的记忆力很棒，但是他向戈尔恰科夫立誓，要忘掉这首诗，以及名字和作者，还有这位临时保管诗的人。就这样，和这首诗相关的一切就这样结束了。

《僧侣》这首诗看上去没那么严重。他把这首诗卷在厚纸里，然后用自己的私人印戒封好。学校里是不允许把印戒带进来的，但是他保存下来了。这是他姑妈给他的，他在等她的妹妹。他打算把封好的诗转交给妹妹，当然是以自己笔记的名义。她要向他承诺不会启封纸袋，并好好保存，直到戈尔恰科夫从学校毕业，或者身故。他喜欢秘密。更何况，所有事情都要慎重考虑。假如这个秘密被发现了，那么危险也不会那么大。第二首诗的内容远不如第一首那么严重。至于对普希金产生的那些关于监狱、修道院以及学校未来命运的印象，也让他感到满足。能够守护朋友的秘密也是很幸运的。这会让他对朋友产生一定的影响。这样做是很好的。

第十章

1

他醒了过来，感到很兴奋，还开心地笑出了声。学校医院里裸露的墙壁上映着阳光，窗户外时而传来路人的脚步声——这就是第一层楼的好处。所有的一切都显得那么美好。佩舍尔大夫身上喷了香水，领口上戴着玫瑰花去了城里，为巴克斯和维纳斯献身去了。萨佐诺夫则在寻找昨天晚上掉落的一枚二十五戈比的硬币。一切都这么滑稽可笑。

萨佐诺夫很慌张。

"二十五戈比，"他嘟哝着，"白白地就掉了。"

夜晚时的恐慌已经没有了。戈尔恰科夫把那首罪恶的诗烧掉了。一整夜，那首具有新风格的可怕的巴拉达诗让他发笑。现在，他又开始构思一首新的，轻快的，没有怨恨的诗。在这首诗里他要和茹科夫斯基告别。作为歌者，他要在每一节诗里关注一个主人公，每节诗都献给这个主人公。他要关注的是自己的朋友，同学。他列了一个清单：诗人有懒人杰尔维格、招人喜欢的伊利切夫斯基、公爵家的浪荡子戈尔恰科夫、勃罗格里奥、多年的老朋友普辛、滑稽的雅科夫列夫、英俊的哥萨克马林诺夫斯基、科萨科夫，最后还有唱出他的《背叛》的威廉①。他在这个房间里构思了一场盛宴，学校的盛宴。两节诗已经想好了。这首诗肯定会将那些不幸的、大家不喜欢的、疯狂的讽刺从他的记忆中排挤出去。他再也不会写讽刺诗了。

临近傍晚，普辛和丘赫尔别凯来探望他。

学校的自由散漫还在持续。弗罗洛夫对此也迁就下去。他挥挥手：这本来就是非军事机构，而不是部队。他也搞不清，这些年轻人到底想要什么。这些年轻人身上有很多好的品质：普希金的击剑相当准，瓦尔霍夫斯基擅于列队，玛秋什金遵守纪律。按照弗罗洛夫的看法，他们中间慢慢会形成不同小团体的。戈尔恰科夫不会站队，天生就不是当兵的料，还吊儿郎当，总淘气。但是就像《古兰经》里说的那样，他很聪明。他只对丘赫尔别凯有不太好的看法。

"我的上帝，"他操着嘶哑的声音说，"他连最简单的走路都不会，这可是最简单的事情了！"

既然学校比较自由自在，现在朋友们也可以不被阻拦，去医院探望亚历山大了。

普辛是第一次来到医院，之前他们还是在考试时见过面。那时严厉的布德利问到了他的弱处，管他叫"让诺"②。让诺胖胖的，面色绯红，一双灰色的大眼镜，行动迟缓。他本来高高兴兴，这一来弄得他很伤心，让他处于一个尴尬的局面，等等。理性、笑声和尖锐的话对于他来讲要高于一切。科尚斯基滔滔不绝地说，还总是停下来，瞅一眼他。戈

---

① 指丘赫尔别凯。——译注
② 这个词有"小傻子"的意思。——译注

尔恰科夫远远看见让诺，腿也不瘸了。不知不觉，争论开始朝向他：他高兴地进行分析。

他经常在睡前通过隔板和亚历山大小声交谈。朋友间的讽刺，不适当的羞涩和突然的愤怒让他很惊讶。亚历山大总是认同他的决定，虽然没有责备他。

亚历山大同丘赫尔别凯之间的友谊是另外一种。他可以耐心地忍受朋友丧失理智的行为和争吵。傍晚他们会争论得面红耳赤，早上，他们是朋友坦诚相见。

丘赫尔别凯忍受住了对他的嘲笑和压制，就像穆奇乌斯·斯卡沃拉能忍受将自己的手伸进火里。科尔夫怕他，据说这个人能因为一点小事就在吃饭时用刀捅人，用叉子刺人。丘赫尔别凯知道，他的朋友们把他说成了"摩摩斯的受害者"，但是他相信，诗人总是不幸的，他会成长，在成长过程中得到安慰。他身上有一串不幸诗人的清单：卡蒙斯和科斯特洛夫都是饿死的。让－巴基斯特·卢梭，被判流刑，死于贫困。这个诗人是他崇拜的。老头子布德利也喜欢卢梭的颂诗。他转动着眼球，大声喊叫，去读给卢梭带来名望的颂诗《致幸福》。布德利和丘赫尔别凯的母亲是朋友，所以也在监管他。两个人都不能忍受伏尔泰，那个嘲笑别人的人，就是他促使让－巴基斯特·卢梭的不幸。亚历山大偷偷得到了让－巴基斯特的讽刺诗集。这是那个时候阿琳娜塞给他的，后来被修士皮列茨基没收了。他把这个给威廉看，诗人呆住了：原来他所崇拜的这个蒙难者让－巴基斯特，竟然有这么多的讽刺诗。大概诗人们都在丘赫尔别凯和亚历山大的手里分裂了。比如，他们把布瓦洛也分裂了：亚历山大从齐里科夫那儿得到第一卷，丘赫尔别凯得到第二卷。

第一卷是讽刺诗和《诗艺》，第二卷则是关于朗基努斯①的《论崇高》的论文。丘赫尔别凯成了朗基努斯的学生。他怀着极大的热情誊抄文章。这种高尚的诗歌正是现在那些恶习、缺陷以及堕落的习气所需要的。而一样完美的诗歌就不需要了。因为那些不安的精神在自身堕落的过程中，就认识到了崇高。普辛说，丘赫尔别凯在自己的诗中保留了很多这样的成分。威廉因为听够了希什科夫老爷子的"斯拉夫俄语腔"，自己也成了斯拉夫俄语人了。他指出，自身高贵的希赫马托夫很有天赋，但是被瓦西里·里沃维奇的唾沫星子淹死了。同样他也把其列入受害者名单中。

希赫马托夫的诗歌《彼得大帝》篇幅很长，振聋发聩，里面也充满了很多各种各样的思想。但是齐里科夫尊崇这首诗，其诗作《北方英雄》就模仿了这个模式。丘赫尔别凯誊抄了这首诗——工作量不小——完全出于自愿，并读给愿意听的人听。看到朋友手里有希赫马托夫的诗，杰尔维格和亚历山大连忙走开了。

所有人都抄写了巴丘什科夫的讽刺短诗：

我这首未完成的诗，

大家愿意给个啥名字？

长彼得，大彼得，

或者就是伟大的彼得？

——还是没有名字。

---

① 朗基努斯是古希腊作家，唯一保存至今的作品是《论崇高》。——译注

齐里科夫——这位的诗歌不比希赫马托夫的篇幅短——反对这样的讽刺诗；丘赫尔别凯也对所有的讽刺诗感到愤慨。

晚上听到戈尔恰科夫说"普希金不会有好下场"后，他不顾之前他俩争论过多次，还是觉得他比任何时候都喜欢普希金，并请他原谅这位"摩摩斯的受害者"。现在他和普希金在一起了，他俩还互相拥抱。

丘赫尔别凯去哪儿都随身带着一个厚厚的本子，这就是他著名的词典。按照俄文字母排序，从 А 到 Я 他耐心地抄下了所有他认为优秀的东西。开始，和平时一样，他和普希金一起笑话别人，之后就不这样了。而从那时候起，他开始标注各类词语，最终词典成为他最喜欢的读物。这个勤奋的学生抄录了让－雅克、撒路斯提乌斯、席勒、贝尔纳丹·德·圣－皮埃尔以及瑞士自由主义者维斯的思想，后来自由主义思想逐渐吸引了他。他抄写了维斯的关于特权阶级的思想，卢梭关于美德的思想，席勒关于自由的。另外，别人的他也没有忽视：在 Д 打头的一栏里，他记录了多洛霍夫将军的生平，还有关于"友谊"的两种观点：培根①和瓦西里·里沃维奇的。培根写道，没有友情的生活就像是一口棺材。而瓦西里·里沃维奇说："想拥有友谊的人都想拥有朋友。"

"我四处都能发现自己的善良。"丘赫尔别凯重复莫里哀的话。

瓦尔霍夫斯基教会了他正义。

而他现在就带着这本词典和他的诗歌本。

丘赫尔别凯喜欢读自己的诗歌。他读诗的时候总是很紧张，在高潮的部分近乎尖叫，感叹高呼，然后声音立刻回落：他喘不上气。

现在丘赫尔别凯把六音步扬抑抑诗从德语翻译成希腊颂歌。他的父

---

① 弗朗西斯·培根（1561—1626），英国哲学家、历史学家。——译注

亲当初和歌德是大学同学。这让他从儿时起就产生了对高雅诗歌的热爱。只是现在还有人在争论六音步扬抑抑诗，能将这种方法运用到俄罗斯诗歌中吗？希什科夫兄弟确信可以。丘赫尔别凯选择了这种少见的方法。他借用"阿波罗颂诗"，他自己的诗也不是那么流畅。他读完了这首相当长的颂诗。普辛无法忍受他的诗歌以及他的诵读，但是并没有说出来，怕刺激到他的自尊心。最后他还是没坚持住：合上眼睛，假装睡着了。在读到第二页时，他的呼吸还是断断续续。等快到末尾，他开始轻轻打鼾了。不过谢天谢地，丘赫尔别凯过于投入，没听到鼾声。诵读结束了，亚历山大感到非常幸福，他宁可同意培根说的，没有友情的生活就像是一口棺材。同时新的诗句出现在他的脑海中，是关于丘赫尔别凯的。朋友们，大学生们一起吃饭，要求威廉读自己的诗，为的是让大家快快入睡。

他们互相批评对方。但是丘赫尔别凯几乎不同意任何人，一直在争论并坚持自己的观点，直到嗓音嘶哑，也仅仅是修改一下语法错误。相反，亚历山大经常同意丘赫尔别凯、让诺和杰尔维格的看法。奇怪的是，从来没有人去修正自己所说的话。

今天他不想争论。他的朋友害怕他的耐性和固执，学校里都说他是驴脾气。伊利切夫斯基很谦逊，雅科夫列夫整天无忧无虑，杰尔维格则让自己变得高冷。如果换个人在丘赫尔别凯的位置上，他早就放弃自己关于诗歌的想法了。丘赫尔别凯打算开始诗歌创作生涯，就好像赫拉克勒斯①要去建立功勋一样。他已经准备好一切了。

同时，在马林诺夫斯基去世后，大家不约而同都开始想自己的将

---

① 赫拉克勒斯有"大力士"的意思。——译注

来，等待他们的是什么。有人打算去参军，有人打算去学校教书。皇村学校校长的任命还是不明朗。早先他们不会去想这些，他们没人把希望寄托在父辈的庄园上。丘赫尔别凯的母亲过得很苦。他应该放弃音乐。他想成为著名的音乐家，学习小提琴。小提琴搞到手，并送过来了。但是请老师的钱却不够，他总是欠钱。在给他寄了两卢布还是三卢布，让他还清齐里科夫还是科尔夫的债后，母亲每一次都让他明白，以他的处境，欠债是极其危险的。丘赫尔别凯在自己的词典里，在瓦西里·里沃维奇关于友谊的那句话前记下了一句格言：

债务。避免债务的最好办法，就是不要欠大钱，避免欠小钱。可以和雪球比较一下，雪球越滚越大，债务亦如此。——维斯。

所有人都清楚，他借了五十戈比，到了年末，他给家里写信，要三卢布还债。

戈尔恰科夫对这种事看得很轻，他常常忘记别人欠他的债。而亚历山大对家里给他寄东西的希望渺茫。

只有瓦尔霍夫斯基和玛秋什金知道自己的未来：瓦尔霍夫斯基想成为军人，玛秋什金则想当海员。

丘赫尔别凯暗地里喜欢上了年轻的维莉亚，要塞司令的女儿。他打算和她结婚，还给家里写了封信说这件事。而他从母亲那儿得到的回复是要求他立刻中止这段感情，并告诉他，他还太年轻，只有从学校毕业，在社会上立足之后，才可以考虑婚姻大事。丘赫尔别凯坚信，他将来会是一位诗人，随着时间的推移，这会给他一个牢固的社会地位。他现在就是不幸的诗人，不能在此地停留片刻。从一方面说，他要从事诗歌创作活动，是一个唯一正确而且长期的选择；另一方面，他已经准备好接受别人的讥笑和贬低，就像在火堆上行走一样。

和其他人一样，亚历山大也笑话丘赫尔别凯，同时也悄悄考虑自己的将来。他的朋友就是要写诗，非常顽强，还很固执。在这场关于不幸诗人谈话的背后，亚历山大猜到了他的朋友在诗歌创作方面有着宏大的野心。对崇高和伟大的喜爱，是他的信念。字母 B 这一栏在他的词典中充满了关于崇高和伟大的内容。他四处寻找这些东西，并在朋友的嘲笑中得到安慰。朗基努斯就是他的圣书。他还抄录了品达①的颂诗，还有卡蒙斯的诗；搜集并抄录了勒伯连的关于里斯本地震的颂诗，这首诗模仿了奥西安。马林诺夫斯基给过他一本土耳其诗歌史，诗人米兹克也成为他的最爱。东方诗歌凭借自身浓厚的崇高色彩，而不太讲究的问题吸引住了他。他逐渐成为杰尔维格和亚历山大的活字典。

　　有一天，他向亚历山大承认，朗基努斯有一句话被他抄录在了字典里，还加上了"注意"的标记。这句话同伟大的诗人要遭遇不幸的观点不符："真正伟大的诗人要考虑到让所有人永远喜欢你。"亚历山大和丘赫尔别凯一样，感到很惊讶。这件事很奇怪：丘赫尔别凯很喜欢他这种令人惊讶的迷误和总爱走极端的见解，他往往紧抓住这些迷误不放，怀着某种幸灾乐祸之心期待他在其诗歌创作中将会遇到灾难，这种灾难对他构成了威胁，而他却不肯承认这种令其不快的真理。亚历山大不明白自己朋友的这种不祥的自豪感。他自己是想让女士的手臂翻开他的诗，泪眼蒙眬。而丘赫尔别凯则认为，真正的诗人要做到总是让人难以捉摸；而他自己则要明白一切，从小到大，当谈到荣誉的时候，伯伯瓦西里·里沃维奇和父亲就变得很机智。库尼岑则开始思索，最后以一首《阿波罗颂》作为结束。

---

① 品达（约前518－前438），古希腊抒情诗人。——译注。

亚历山大沉默不语。普辛则精神一振，好像刚从梦里醒过来，伸着懒腰。丘赫尔别凯突然死盯着他，他怀疑地看着他的每一个动作。按照丘赫尔别凯的看法，让诺·普辛是正确但平淡思想的崇拜者，还是精准的词汇，美食等诸如其他的爱好者。他也是嘲笑者的一员。他为什么伸懒腰？难道他在我读诗时是在装睡吗？他已经这样干过一次了。

丘赫尔别凯感到自己怒火中烧，牙齿咬得咯咯响，但这一阵火气马上就过去了：普希金向他借词典，有没有加入新东西呢？朋友对词典的兴趣让这位不幸的诗人感到高兴。丘赫尔别凯说，将来在出版的时候会在"颂诗"这一条里换掉一个短语。他毫不怀疑词典是要出版的。然后他打开了词典。

目前正在摘录 P 栏和 C 栏：冷漠、奴隶制、腐化、植物；力量、公民自由和热情。普辛突然警觉起来。最强烈的热情，就是由人的躯体操控下的感情。比如，爱情使血液产生波动，超过了理智；或者懒散，削弱了所有活动的动力。

只有六种主要的诱因激发热情，并产生了巨大的变化：爱情、恐惧、仇恨、任性、悭吝和狂热。

亚历山大仔细地听着。他突然记起，当时在黢黑的走廊里找娜塔莎，不就差点激起他的热情吗？至于关于懒散，就需要展示一下杰尔维格的生活了。

丘赫尔别凯在他自己的地方发现了善良：美女尼农·兰科罗[①]比任何人都漂亮。按照他的观点，她应该经常体会到什么是爱情。在她年老

---

① 尼农·兰科罗（1615 或 1623—1705），法国女作家，文学沙龙的主办者。曾经在经济上资助伏尔泰。——译注

的时候，她碰见了刚从法兰西学院走出来的伏尔泰，并资助了他很多钱。不久前，他在亚历山大的屋子里找到伏尔泰的一本书，里面发现尼农给伏尔泰写的一句话："克服掉爱情之路上的所有障碍后，你会发现最困难的是，在爱情之路上没有障碍。"

"我不明白。"让诺突然说。他两眼直盯着丘赫尔别凯。

丘赫尔别凯愉快地重复：

"爱情需要障碍，"他说，"如若没有，那就会有厌烦了。"

"你是从哪儿知道的?"普辛吃惊地问。

"从维斯那儿。"丘赫尔别凯答道。

他们怀疑这件事情的真实性。这位美女生活在 17 世纪，而且有好多个情夫，可以说在爱情上既不真实，又很轻浮。她与很多人保持友谊。其中一位朋友莫里哀来做客，称她是自己的"达尔杜弗"①。她应该知道这个可怕的词。看上去，在恋爱过程中没有人怀疑过。丘赫尔别凯只是冷冷地读了这些。他刚刚记下让－雅克的观点："哲学上的冷漠和君主制王国的平静类似：这不过是死亡的平静，比战争本身更危险。"

他们三个人完全同意关于"冷漠"的这段话。普辛还是怀疑这些热情——是不是可以说，只有热情支配着重要的变化。根据他的观点，理智也可以支配一切。

丘赫尔别凯带着一丝胜利的微笑，说：

"但是诗歌，"他说，"因热情、疯狂和狂喜而出现，而不是由于理智。这一点谁都同意，包括巴特和朗基努斯。"

"不，理智也可以产生诗歌。"亚历山大突然快速地说。

---

① 是莫里哀同名喜剧的主人公。"达尔杜弗"意为"骗子"。——译注

丘赫尔别凯被他读到的热情占据了。他坐在病床上，弯着腿，咬着嘴唇。

爱情和腻烦，悭吝，任性——这些都是热情，是他所惧怕的。狂喜不是热情，但是当他作诗时，好像也没有狂喜在里面。遗忘、突然的冷淡、能够确定的正确的韵律、得到知识时的那一瞬喜悦，不满足，所有这些，都是需要的，但没有狂喜。

丘赫尔别凯打开词典，开始争论。亚历山大只是稍作反驳，他们又变得安静了。每个人都在高兴地考虑着自己即将面临的命运。

朋友们早就离开了。第二天他也要回班里了——佩舍尔大夫说"少女的皮肤"起了作用，他痊愈了。

相信友情却不相信爱情的美女，很快就预见了不可靠的快乐。这个热情比其他所有的都要强烈。丘赫尔别凯的固执在她面前算不上什么。他想劝朋友，要从他对诗歌不幸的感情中脱身。威廉想错了，他的诗歌让人发笑，他本可以走上更好的诗歌创作道路的。

在他的病号桌子上没有药了，取而代之的是一本布瓦洛和两本帕尔尼。

2

现在他常常到公园里散步，他喜欢走进两旁栽满椴树的小径，他爱上了这个地方：因为在这里没人会注意到他。

给丘赫尔别凯的献诗已经写好。他在诗中向朋友阐述了诗歌创作的诀窍，正如布瓦洛在其第二首讽刺诗中那样。他认为丘赫尔别凯不应该期待诗歌会给他带来财富、荣誉和名声。好几天他都把自己这篇关于布瓦洛的献诗藏起来不给丘赫利亚看。他在诗里还数落了希什科夫老爷子及其"座谈会同人",说他们是导致丘赫尔别凯走入歧途的罪魁祸首。杰尔维格对这首献诗表示赞赏。最终亚历山大还是给丘赫利亚读了这首诗。丘赫尔别凯并未如预想的那样暴跳如雷,尽管亚历山大在其献诗中对他的诗歌没有丝毫敬意。

丘赫尔别凯如今也带着字典,边翻字典边漫步园中。很快他就想好了和诗。丘赫尔别凯认为他之所以那么才气横溢,是因为他属于庇隆那条路的,而庇隆的游戏之作大家耳熟能详,亚历山大自己也很喜欢。丘赫尔别凯的和诗是这样开的头:

"诗人。如果诗作者们正在饱受贫穷的折磨,他们的英勇精神或荒唐举动会迫使他们对缪斯女神说出那样一番话,正如阿格里平娜①从神谕中得知她的儿子未来会弑母称帝时所说的话: 'Moriar, modo regnet'——'他要是称帝,我就去死。'

"当时庇隆只是正想走进一位著名先生的房间,而那位先生恰好也正打开房门相送另一位达官贵人。客人出于礼貌停下脚步打算让庇隆先进。主人说道:'别杵在这儿不动,先生,这位先生不是外人,是个诗人。'庇隆便说:'现在人人都该知道我是什么人了——那我就按照这一称号所示继续往前走了。'"

丘赫尔别凯同意把处于贫困中的诗歌作者和帝王相比较,甚至对人们的规劝也不让步。尽管两人意见相左,但友谊仍在。

3

现在他常常醒得很早,并且感到十分欣悦,非常幸福,究竟为何如

---

① 阿格里平娜(16—59),古罗马皇帝尼禄(Nero,37—68)之母。——原注

此他自己也搞不明白原因何在。女性的魅力每逢清晨就会在他的梦中出现。

他一整天都在公园里晃荡，颇不耐烦地等待奇迹出现。这是一种从未体验过的幸福。眼尖的娜塔莎不见了。老太婆沃尔孔斯卡娅身边换了另一个年轻侍女。有一次福马大叔说，娜塔莎好像因为不守规矩被赶走了。他听了心里开始隐隐作痛，晚上他问福马大叔，娜塔莎去了哪里。福马认认真真看了他一眼，阴沉着脸，耸着肩答道：

"我们啥也不晓得。"

叶莲娜妹妹来找戈尔恰科夫了，戈尔恰科夫总是竭力责备她懒惰。他把亚历山大的一首人人喜欢的诗《背叛》拿给她看。亚历山大看到这位美人是如何读自己这首诗的。他多么想让这纤纤玉手触摸他的诗稿，这樱红的双唇对他微笑，这迷人的美目对他脉脉含情。女性的荣誉比丘赫尔别凯的骄傲更加甜蜜也更加可怕。他窘迫地连忙跑开了。作为对美人让自己发窘的报复，亚历山大给她写了一首不是为了发表的献诗：她常用一只小巧玲珑的金鼻烟壶嗅鼻烟。他一一列举了烟灰可能会散落其上的迷人之处。

朋友们读了他写的这首献诗。

丘赫尔别凯起而抗议。

他得意扬扬地嚷道："烟末撒落进鼻孔里，闻到的味道恶劣得很。就这么回事。这首诗不合适。"

4

但现在似乎处处洋溢着幸福的气息。宫殿和花园都恢复了生机。这已经不再是库尼岑那荒凉破败的林子了。俄国军队开进巴黎，周围所有人都渴望荣誉。在园子里，他常常会遇到加利奇。加利奇从彼得堡来，在管园人那里搭了个帐篷。因此他在园子里感觉自己就像在家里一样。他和皇村中学其他教授不太一样。那些教授有些是耶稣会会员，有些是雅各宾党人，他们得为学生们的知识和一言一行担负责任，另一些教授想把学生培养成僧侣，还有些教授则想把学生培养成有德之士。加利奇却什么也不想，他只是暂时代理科尚斯基的职位罢了。皇村中学的教学事务并未占据他多少时间，他对待中学的事情态度不像一个教授，而像一个熟人。他们两个最常讨论的话题是诗歌和艺术，而非根据教科书准备答题。库尼岑的眼里总是流露出不安的痕迹——那是内心隐秘的，未来得及实现激情留下的痕迹。加利奇总是睁着一双大而明亮的近视眼，毫无表情地观察这个世界。科尚斯基却是个形容枯槁，易动肝火的阿里斯塔尔库斯式的老学究，而加利奇则是一个快乐的先知，正如伊壁鸠鲁①的老师亚里斯提卜②。对加利奇来说，一切都是愉快而有趣的。科尚斯基教导学生们，诗歌里最重要的是情感，诗歌也仅仅是为了表达情感。丘赫尔别凯便把其字典里有关诗人的喜悦和盲目无知的字眼全都抄下来。而加利奇却说，诗歌最重要的对象是真理。

他们俩在花园里散步，雕像和宫殿使加利奇感到高兴。他是奥廖尔一名诵经士的儿子，心里铭记着自己的家乡，在德国哥廷根大学留过学，并曾游历过法国、奥地利和英吉利，懂法、德、英、西和意大利的语言及文学。作为奥廖尔人，他喜爱花园，作为欧洲人，他赞赏雕像。

椴树刚发出嫩芽，橡树便已经长出了叶子。他还记得在奥廖尔的时

---

① 伊壁鸠鲁（前341年—前270年），古希腊唯物主义哲学家。——译注
② 亚里斯提卜（前5世纪后半期—前4世纪初），北非昔勒尼的古希腊哲学家。——译注

候，老人们常说，现在是捕狗鱼最好的时候。天鹅整日在湖中游弋嬉戏，天鹅绒在水面浮荡。阳光下的雕像也焕然一新。

"这里的园子之所以美，是因为荒废。"他说，"浓密的树荫密密匝匝。在凡尔赛宫可没有这样的景观，那里的公园好像都是欧几里得①建的。"

望着宫殿，他将其与路易十四时代做着比较。那些屋顶、房檐和雕塑都曾是明亮的金色；后来叶卡捷琳娜女皇命令将屋顶都涂成绿色，但过去那富丽堂皇的奢华残迹在阳光下还隐隐若现。这条两旁植满椴树的小径，以前是一片树林，彼得大帝在打了胜仗之后，也许曾在这里散步，加利奇和亚历山大都很喜欢这里。加利奇每次都会在为庆贺战胜摩尔多瓦而建的卡古尔纪念碑前驻足，戴上眼镜不慌不忙地阅读碑文。他激烈抨击德利尔的叙事诗，认为诗中的描写掩盖了事实。一切的聚焦点都在人身上，诗歌最主要的是真理。他喜爱哀诗，并且毫不掩饰自己对亚历山大那首《背叛》的欣赏，但他认为亚历山大写得太匆忙了。他走路总是慢悠悠的，脚步渐渐发沉，他喜欢哀诗中那种慢条斯理和高傲的气质。这种高傲气质与科尚斯基所讲过的不同，科尚斯基对于长诗的高傲气质曾经毕恭毕敬地低声谈道：丘赫尔别凯一遍遍抄写弥尔顿②和卡蒙恩斯③等人的诗作，想寻到那些诗人崇高荣耀的秘诀。这是一种忧郁的、回忆的、如晚间闲来信步的高傲感。

两人散着步，有时会一直沉默，互不打扰，亚历山大尽量收着步子，紧紧跟上"亚里斯提卜"大象一般的步伐。

---

① 欧几里得，（前330年—275年），古希腊著名数学家。——译注
② 弥尔顿（1608—1674），英国诗人、政治活动家。译注
③ 卡蒙恩斯（1524或1525—1580），葡萄牙诗人，剧作家。——译注

一天傍晚，在沉默了一阵子后，加利奇对亚历山大说，他不知道还有什么比历史题材更适合诗歌了，而皇村的许多地方以及那些与其有关的回忆也可能成为哀诗的主题。这里的公园、纪念碑和桥，都与俄国人纪念战争胜利有关——从彼得大帝到叶卡捷琳娜女皇。而现在这些旧时的纪念物也代表了新的回忆：即纪念 1812 年和那位宇宙征服者在莫斯科的陨灭。然后，加利奇心情轻松也毫无顾忌地对他说，《背叛》写得很好，但如写成庄重的哀诗体更好。很快就要到秋天了，也要面临各种考试，为应付考试得读书，还将有会餐。现在人人都在寻找庆祝节日的借口，亚历山大满可以为这个节日写哀诗。届时会有朗诵会，也会有全体集会。他说：

"您该锤炼自己写作高级题材的能力了。"

说完，加利奇压低嗓音，请亚历山大不要对任何人透露这个消息：拉祖莫夫斯基这次想邀请杰尔查文出席。

他对自己出的主意和建议感到非常满意，一连数次老老实实地夸奖自己。

"永远都要考虑手边最近的事情，而这也是最难做到的。"

就在两人道别分手后，加利奇又追上亚历山大说：

"我忘了告诉您，如果您想逛遍整座园子，并从中发现最最精妙之处的话，需要在各种不同的情形下，从不同的角度来欣赏它，以免把每座雕塑给弄混。而最合适的欣赏时间莫过于阴暗，您不妨傍晚时候来，您会看到所有大的轮廓全都清晰地显现出来。但您可别像个逃难的人一样四处乱窜，夜晚是思绪自由驰骋的时刻，而早上则是检验思想的时机。"

教授双眼放光，就像是在做一个有趣的实验。

"这是诗歌艺术的铁律。"

总是温柔敦厚、自由在的加利奇，每当事情涉及真理和想象力时，他的信念就变得坚定不移。

就这样，亚历山大每晚都会出来散步，当然是悄悄的，而且也不会走太远。弗罗洛夫如今已经很少关注纪律问题，因为他正全身心关注着纸牌游戏。康斯坦丁·萨佐诺夫大叔照旧是一到晚上就不见踪影，任何人都没留意到。亚历山大现在知道的，不是弗罗洛夫的纪律，而是加利奇的另一门学科——"诗歌学"。

晚间他常去园子里走一走，这违反了纪律，但他并不怕被弗罗洛夫发现。在昏暗中，胜利纪念碑们像奥西安的幽灵一般矗立着①。这里已经看不见方方整整的园林，阴森蓊郁的森林像在彼得大帝时代一样黑压压的。

5

杰尔维格承认：他寄出这首诗作是为了刊登在《欧罗巴导报》上。诗的题目叫《攻克巴黎》，他签的是他的笔名：鲁斯科伊。部长很久以前颁布的禁止写作和发表的禁令，并未被任何人取消。现在所有人都会被重要的诗歌所吸引。杰尔维格现在是杰尔查文的铁杆支持者，他说没人能像杰尔查文那样讴歌胜利。他反对人们拿杰尔查文开玩笑，他夸赞杰尔查文用短小精悍的押韵词句来歌颂胜利，如同在圣坛上跳舞。他还说，古希腊诗人品达和当下俄国的品达杰尔查文都是他诗歌创作最重要的导师。他也作了首颂诗《攻克巴黎》，暗暗盼望能让杰尔查文知道。

---

① 奥西安，（传说中）三世纪时凯尔特人武士和游吟歌手。——译注

在这诗中，他用不押韵的几行称颂杰尔查文：

> 俄罗斯的品达，杰尔查文！
>
> 请给予我飞扬的灵感！
>
> 请赐予我永久的光荣！
>
> 让我嘹亮的竖琴
>
> 响彻四方。

亚历山大寻思起来。他从前住在莫斯科的父母家里时，大伯和父亲曾经嘲笑杰尔查文既傲慢又粗鄙。他用词老土，说他勇敢莫不如说他粗鲁不堪。瓦西里大伯好像说对了，说他的诗都是鞑靼人味儿的，但杰尔查文的声誉完全是另一回事。好像皇村中所有的纪念物：玫瑰色和蓝青色的石头，造型优美的悬崖和水中矗立的圆柱——都令人想起他的诗歌。亚历山大想起了马林诺夫斯基。校长从不与亚历山大谈论马林诺夫斯基的诗歌，也许他不喜欢这些诗，抑或是他不愿将马林诺夫斯基的诗歌和其他人的划分开来。写诗人案牍劳形是上流社会的一种通病，校长不喜欢这种风气。但有一天他在同亚历山大聊俄国文学——他如此称呼诗歌——时，忆起了杰尔查文。他突然咧嘴笑了起来。

"加夫里洛·罗曼内奇。"他怀着柔情，抑扬顿挫地拖长音调，像是在品味诗人普普通通的名字一般说道。令亚历山大感到讶异的是，怎会有人如此喜爱一个写诗者，喜爱一个如今在各种杂志上跌跌撞撞，一个被大伯和卡拉姆津百般嘲笑的老头子。

如今大家都开始想起这位老诗人，就像怀念刚刚被遗忘的往昔的荣光。就在今天，当亚历山大走过切斯缅斯基角他最喜爱的杰尔查文墓碑时，他心里想的也只是这些园林的荣光：这些荣耀不属于卡拉姆津、巴丘什科夫或大伯，而属于杰尔查文，这荣耀沉甸甸的声震寰宇历史悠久。

亚历山大并不喜欢杰尔维格那些无韵诗。他和杰尔维格都认为，自己也应该投寄一些作品给《欧罗巴导报》，这是一家最大也最重要的刊物。他们选择了给丘赫尔别凯的题献诗和《致诗友》。亚历山大将这两首诗誊写了一遍，用的是曾经被加里尼奇赞许为公文体或官方文件体，没有多余的笔画、粗笔道和花饰的字体。作品署名为亚历山大·НКШП①。他将作品寄给了报社。当时《欧罗巴导报》的主编是伊兹梅洛夫②，他是卡拉姆津的仰慕者，并乐于关爱青年人。杰尔维格本以为报社不会发表这两首诗，但应该发表亚历山大的作品，因此他幸灾乐祸地想象编辑们一读到这些作品便会给予严厉批评。

他和亚历山大都默默地微笑。两人心中都喜忧参半。

6

皇村中学现在成了一个毫无秩序的共和国。这些贵族教授们七嘴八舌纷争不断，钩心斗角，在部长面前争相告密，没完没了。只有布德利老头子、库尼岑和自由公民加利奇不参与这些纷争。校长不在，科尚斯基生了病，衣着时髦的别舍利医生关了诊所，跑到城里去勾引那些风骚女子去了。弗罗洛夫如今开始请人吃饭。加利奇和其他人也都如法炮制。大家聚集在加利奇居住的管家的房间，举起盛满柠檬汁的高脚杯，

---

① 由普希金（Пушкин）的辅音颠倒而成。——译注
② 伊兹梅洛夫（1779—1831），俄国诗人、寓言作家，在卡拉姆津之后担任《欧罗巴导报》主编。——译注

为主人的健康畅饮。加利奇被大家一致选举为共和国总统，这个好心肠的人一本正经地接受了这一尊号。马上就要面临公共考试了，而他们什么课程都还没讲完。

甚至就连对自由的普遍法则恭恭顺顺的丘赫尔别凯，也两次被人看到在德国甜食店里偷偷享用美食。

皇村的居民们注意到了他们的行为。

7

瓦尔福洛梅·托尔斯泰伯爵既是一位戏剧爱好者，也是一位科学文艺事业的赞助人。他爱好演奏大提琴，但只是个外行。他认为用琴弓子使劲拉就是演奏的主要精髓。他有一个私人剧院，他是这个剧院的经理、独裁者、导演、老爷和苏丹王。他的乐队十分整齐有序，每天傍晚都在花园里进行表演。

很快，皇村中学的人们都受到了他的邀请。伯爵排演了歌剧《一日京兆》①。亚历山大至今还仅仅是从父亲的讲述中、从父亲脸上的表情里、从安娜·里沃芙娜姑姑的眼神里，还从瓦西里·里沃维奇讲到那些女演员时唾沫飞溅的兴奋中，才对剧院有了一点概念。安娜·里沃芙娜姑姑常常严厉指责剧院，有时一提到女演员就气得浑身发抖。对于亚历山大来说，就此一点就够了：他喜爱剧院，尽管还一次也没去过。

托尔斯泰伯爵的剧院不大，但非常奢华。剧场仿照埃尔米塔什的样式，建成了半圆形。舞台上厚重的帘幕用金色的带子绑束着。观众席的

---

① 《一日京兆》是俄国诗人、剧作家德米特里·戈尔恰科夫（1758—1824）创作的歌剧。——译注

过道上站着仆人们充当的引座员：个个身穿仆役燕尾服，领子的颜色各不相同。乐队成员们也身穿带肩章的特制服装。托尔斯泰伯爵为剧院花钱毫不含糊，他最关心的只有一点：让所有来到这里的人都觉得像是来到大剧院一样。伯爵的包厢在紧邻舞台的一边，他对皇村中学的客人们予以优待，让他们坐在离自己最近的座位，他是皇村中学学生们的庇护人。由于剧院不接纳女士，所以有许多空座位。

皇村中学所有诗人都受到了邀请，包括戈尔恰科夫——歌剧《一日京兆》就是他叔叔和会弹吉他会唱歌的科萨科夫写的。瓦尔福洛梅·托尔斯泰伯爵是爱好戏剧的外行，他能感觉到皇村中学正有一批戏剧爱好者在茁壮成长。但有一点他比其他任何人都知道得更清楚，在剧场里，公众中的戏剧爱好者是最最要紧的：观众的笑声、拼命鼓掌，甚至就连不登大雅之堂的喝倒彩声，也比一潭死水、死气沉沉好。作为剧院的主人，每当有人迟到了，同引座员吵嘴，在半明半暗中踩到邻座的脚之类的事，他也喜滋滋地咂摸着味道。

原来这就是剧院。烧干了的灯盏冒着烟，灯油咝咝作响。剧院主人坐在池座里，面前放着一本打开的空白纸张的本子，手里握着根铅笔。他一拍手，乐队就开始演奏。大幕随即便吱吱响着被拉开。然后一切都沉寂下来。

舞台上是巴格达街头的夜晚：带凉棚的房屋；红色和绿色的灯在闪烁，整个布景都是仆人画的。托尔斯泰伯爵吹嘘说，这剧院里的一切都是自己制作的，没有任何外来人和外来的东西，就连大幕也是女仆们亲手缝的。未婚夫哈桑头上裹着带玻璃珠和羽毛的缠头巾，站在舞台上。然后，罗科珊娜走了出来，这时亚历山大就明白了，为什么安娜·里沃芙娜姑姑一说起女演员们，就会情不自禁眯起眼睛，还要暗暗地咂上一口。他也不自觉地眯起眼睛来。胸部丰满、肤色雪白的女演员睁着一双空洞的大眼睛，穿着不太适合溜肩的华贵的灯笼裤，脸色苍白，呼吸沉重，她无助地在台上走动，惊恐地望向伯爵池座的方向，完全没看到向她伸出手的未婚夫。

这时候托尔斯泰伯爵在本子上写了点什么。她戴着绣着金色月牙的短面纱、孱弱却浓妆艳抹的乳母法提玛走在她身边。罗科珊娜停下脚步，情不自禁唱起歌来，她的声音发抖，低垂着头，不知道把双手放在哪里。她先是害羞地把双手交叠在胸前，随后又放下了右手，左手想要叉腰，却顺着腰滑了下来，于是她又把双手交叠在了胸前。她并不看一眼哈桑，从他身边走过时还差点撞到他，然后又一次，没有任何表情地唱起来，嗓音颤抖着，眼睛扫视着不同方向，低垂下头做哭泣状：

> 只要是陷入了爱情呀，
>
> 一切都会让心儿害怕，
>
> 一切都会让灵魂痛苦，
>
> 热恋的激情，
>
> 带来的是想要毁灭爱人的，
>
> 无尽的不幸。

亚历山大忽然情不自禁地鼓起掌来。尽管这女演员唱得很糟，在舞台上也沉不住气，因为半裸着胸脯而感到羞愧无助，但她的笨拙却很动人，因为她是个美人。

不知是谁嘘了一声，托尔斯泰伯爵立马振奋起来，用铅笔敲了下本子。女演员一看见正在悄悄向自己靠近的陌生人，轰然一声跌坐在了街边的花缎面扶手椅上，但她跌坐下之前还不忘拾起了面纱，看得出来她很珍视这东西。

托尔斯泰又在本子上写了些什么。

女演员还没唱完，穿长衫戴包头的哈里发就提前登场了，急匆匆地说了台词："多美妙的嗓音啊！"哈里发很局促，慌乱地喘着粗气。观众席里发出了嘿嘿的窃笑，托尔斯泰伯爵脸涨得通红，他吩咐了引座员几句话，引座员转身离开了。

第一幕结束了。皇村中学的观众们鼓起掌来，演员们走出来谢幕。饰演罗科珊娜的女演员深深地鞠躬。直到此刻她才掌握了自己的角色——即一个女演员。她匆匆地鞠躬致意，脸上带着忧虑的神情，有些上气不接下气。

亚历山大鼓掌并大喊："好！再来一个！"

于是她向他鞠了一躬。

她叫作娜塔莉亚，托尔斯泰伯爵找到的第一个女演员，在这之前她是个侍女。

托尔斯泰伯爵邀请皇村中学的客人们参观后台，他希望这里的一切都能让人想起大剧院来。

剧场里很豪华，但后台却低矮狭窄，演员化妆间看起来像马厩。托尔斯泰对此不满意，阴沉着脸。饰演哈里发的男演员穿着豪华的长袍紧贴墙站着。伯爵抽了他一记响亮的耳光。

"我告诉你该怎么走出来，"他说，"你是哈里发，但你演得没有一点哈里发的样子。记住，蠢货，你是哈里发，是最尊贵的人。"

他伸出手指冲着娜塔莉亚做了个威胁的手势，她赶紧垂下了眼睛。

8

托尔斯泰对自己的剧院大发雷霆，这出歌剧也就只上演三四次。他对此剧感到厌烦了，于是马上打算排演一出新戏。他在三个月之内排了三出戏。亚历山大一次演出也没有错过。他成了剧院的常客，伯爵称之为"瓦克斯格尔①"，所有歌剧和芭蕾舞剧他都反复观看：《突尼斯帕夏》《后宫诱逃》《苏丹的女奴》和《塞维利亚的理发师》。他知道托尔斯泰剧院里所有台上的情节和幕后秘密。娜塔莉亚身兼女主角、侍女、舞者、歌手和情妇女主人多重身份。她永远都在烦恼、焦虑和恐惧。她已经习惯于在亚历山大面前化妆。她向他承认，她很喜欢亚历山大的到来，和他在一起她感到很平静。说这些话时，娜塔莉亚压低声音并环顾四周，以免被伯爵听到。她脸上永远都是紧张的表情：不是在回忆角色，就是在主人面前隐藏本性。她根本无心玩乐。

有一天在上演《苏丹的女奴》第二幕后，幕间休息拖延了一会儿。亚历山大走到后台，发现她在流泪：她刚刚因为没做好芭蕾舞里的空中拍足这一动作而挨了打。泪水从她的眼睛里流下，她却没有擦拭，因为不想让眼睛变红，为了不弄花脸上的妆容而倾斜着头。她紧紧抱着亚历山大啜泣。五分钟后，她继续在台上跳舞，演绎着苏丹最心爱的女奴隶，穿着白色的多米诺斗篷和黑人奴隶们旋转舞动，这后宫真正的主人伯爵则坐在其池座里，手里拿着那本令人害怕的"账本"。她的脸上只有恐惧，没有微笑，也想不起来何时应该微笑。这次她没有出错。

---

① 在俄语里这个词本意是指散步游玩、节日庆典和戏剧演出的场地。此词来自伦敦附近一个叫沃克斯霍尔的地名，18世纪时，那里曾经为上流社会建起了一座园林。——译注

过了一段时间，托尔斯泰对亚历山大逐渐冷淡，也不再给予特别关照。亚历山大预感到该分手了：剧院可能不会长久了。托尔斯泰花了太多心思，现在娜塔莉亚受到了更严格的监督。亚历山大给她写了封信，所有人都读过。信中的题词引自一位敢于给国王情妇写信的法国诗人。他认为诗人有自己的自由和权利。这对娜塔莉亚的"国王"来说无异于挑衅。娜塔莉亚只是个奴隶，却让主子沉迷于她的魅力。这件事让他觉得好笑，又很嫉妒。但他又觉得很得意，因为有诗人给他的女演员写满是溢美之词的书信。这会更让他的剧院声名大噪。

他决定教训一下这位常来看戏的年轻小诗人，让他知道该怎么做一个晚辈。看到亚历山大过于狂热地为娜塔莉亚鼓掌，托尔斯泰嘘了一声。但此时却发生了一件意料不到的小插曲，观众席里突然站起了一位小伙子，大喊一声："好！"

托尔斯泰气坏了，他想熄了灯让观众全滚蛋，但又突然改了主意。不管怎样，这是他的女演员，是他的私有财产。而他对于一件事还是很满意的：幕间休息时他在后台看到亚历山大之后，便立即吩咐打铃，并故意用所有人都能听见的声音宣布，迟到的人不得入场。

"闹够了。"他说。

对这一失礼举动，亚历山大只是笑了笑，便马上离开了后台。

回到皇村中学后，亚历山大去丘赫利亚的小单间找他，逼着他再读一遍词典里关于庇隆的内容。

"这位先生不是外人，是个诗人。"丘赫利亚用困倦的嗓音读着，"现在人人都该知道我是什么人了——那我就按照这一称号所示继续往前走了。"

"而这个人并不知道我是什么人。"他快活地说。

丘赫利亚继续为他朗读关于美德的新摘录，但亚历山大已经跑掉了。

9

当最新一期的《欧罗巴导报》发行后，亚历山大装作漠不关心。他咬着嘴唇，脸色苍白地看着戈尔恰科夫和科萨科夫翻着那本刊物。他期待惊喜和赞叹，但什么也没发生。他俩翻看完了，戈尔恰科夫问亚历山大想不想看，还说现在这些杂志越来越没劲了。亚历山大继续装作漠不关心的样子，翻了翻那本刊物，他的心跳得厉害。他不敢相信自己的眼睛：找遍了所有作者名和诗歌名称栏，都没有他的。他咬着嘴唇又翻了一遍，还是没有。他的诗歌如泥牛入海，无影无踪。他把书一丢，缩在角落里，咬着指甲。没人向他靠近，大家都在想他是在写东西。但他此刻并未写东西，而是在发愁。看来丘赫利亚关于诗作者命运的观点是对的。他感觉受到了侮辱，没人注意到他们的诗歌，没准那些编辑们还嘲笑了一番。他开始痛恨这本刊物，厚厚的封皮，粗劣的纸张，这本刊物无聊透了。杰尔维格的诗也没有刊登，但他并不沮丧，反而还挺乐呵的。

他将这本可恨的刊物又塞到了亚历山大手里。

在这一期的最后一页，用小小的字体刊印了报社的一则声明："我报社收到一篇题为《致诗友》的诗作，按照本报社规定，敬请投稿人告知姓名及地址，否则将不予刊登。本社承诺不会损害作者权利，如果作者不愿公开发表姓名，本社将尊重作者意愿。"

他们立即给报社写了信，然后等待回音。报社编辑承诺不会向任何人透露诗作者的姓名和地址，这让杰尔维格感到放心：他没忘记部长严禁写诗的禁令，发表更是想都别想。杰尔维格感到遗憾的是不能署上自己的全名。亚历山大则勇敢得多，他的姓名辅音首字母 НКШП，别人是绝对猜不到的。

之后的每一期《欧罗巴导报》他们都要仔细慢慢翻阅，并装作淡定的样子。终于在第十二期刊登了杰尔维格的诗，这一期被人们争相传阅。亚历山大坐在一旁咬着嘴唇想，他又被遗忘了。他仿佛身处一个陌生的国度，这里的规矩就是人们会迅速地互相遗忘。

现在他对于这些刊物的感觉和从前不一样了——他自己亲身参与其中了。他突然开始理解科尚斯基堕落成酒鬼的原因：这些刊物的奇怪风气和规矩真能让人发疯。

他感觉自尊被严重侵犯了，于是不再谈论诗歌和《欧罗巴导报》。杰尔维格的那种幸福感他无法体会，甚至无法靠近。那些发表的诗歌没有他的署名，而亚历山大·НКШП 的署名的确更好，更直截了当。然而亚历山大的作品却没有发表，尽管他已经看到了发表预告。他摆了摆手，彻底沉迷到剧院去了。

10

在一个不合时宜的时刻，为了不错过晚饭，亚历山大从玫瑰田野小跑着回皇村中学。他没有认出那些本来熟悉的道路，周围的一切仿佛都变了，池塘里的半圆形月亮，湛蓝的天空，都仿佛离他更近了一些。

前一天晚上他和娜塔莉亚约好今天在玫瑰田野见面，随便聊一聊，但当他去赴约时，并不相信她会来。她的主人和守卫总是紧紧盯着她，使她很难溜出来。一开始她害怕各种声音，顾虑重重，怕自己的老爷。亚历山大觉得有些难为情，因为这还是他头一次陷入女性的魅力。他很久前就从父亲书柜里那些隐晦的书籍中了解了一切，他曾花了两天时间读奥维德的《爱的艺术》①，他想按照这本爱情教科书上写的去做，但又记不得内容了。他不知道女性被亲吻脸颊后会愣住，奥维德对此一句也没提过。而后他期待着无尽的喜悦和夸张的诱惑力。而现实既不像《夜莺》，也不像庇隆和巴尔科夫的诗，更丝毫不像父亲书柜里和大伯家架子上的那些书里所写，此后的一切就像没入死寂。

他记得帕尔尼②对他的埃列奥诺拉所说的每句话，但他们二人的对话却完全不同，因为她根本没空。娜塔莉亚急着跑回去彩排了，而亚历山大只得回了学校。他遇到了瓦尔霍夫斯基、科萨科夫和米亚索耶多夫正要去吃晚饭。他们看到亚历山大，跟他说了两句话，便一道去吃晚饭。亚历山大有点惊讶，他们居然没发现有什么不对劲。晚餐和平时没什么区别。亚历山大觉得头晕，他一点也不想离开同学们，于是他和普辛、马林诺夫斯基、杰尔维格、戈尔恰科夫一起走着，不停地说笑。一切似乎比以往任何时候都好。甚至连丘赫利亚也变得可爱多了。亚历山大爱他们，因为他们对他的经历一无所知，也并未察觉到他的异样。他觉得旧的生活此时此刻已经结束。而他们所有人还和从前一样。他不停地谈笑。一切都像从前一样继续着；那些他从未留意过的亲密和兄弟情谊。随后大家回到各自的小房间，秩序井然，井井有条。

萨佐诺夫大叔帮他铺好床之后离开了。

他在房间里走来走去，然后探出窗外，朝着侍女们居住的地方张望，但什么也没看到。托尔斯泰的剧院就在那里。直到今天他都还没有

---

① 奥维德（前43—17），罗马著名诗人。——译注
② 帕尔尼（1753—1814），法国诗人。——译注

爱上她，他的心完全没有被她、她的命运以及今天的戏剧所占据。他只是觉得她窘迫的样子很可爱。他想象着她此刻在舞台上的样子，他后悔没和她一起走。他轻轻鼓掌为她祝福。然后，亚历山大的脑海里又出现了傲慢的托尔斯泰，他正威严地坐在包厢里，严厉地盯着舞台，在厚厚的笔记本上记录着，亚历山大突然大笑起来。

"你在笑什么？"——普辛昏昏欲睡的声音从隔壁传来。

"我想起莫里哀剧本里那个戴绿帽子的人。①"亚历山大答道。

隔壁没声音了，但他仿佛感觉到普辛耸了耸肩，于是便笑了起来。窗户开着，普辛也莫名其妙笑起来了。

第二天，上完第一节课之后，丘赫利亚给亚历山大展示了自己的新词典：他想给亚历山大读一读自己有幸在贝尔纳丹·德·圣皮埃尔的书里找到的关于幸福的定义。

亚历山大拿过丘赫利亚的词典翻开。

"爱情的过程：欲望、关注、狡猾、冷淡、厌恶、争吵、怨恨、鄙夷、遗忘。"

他还读了一些魏斯②的无稽之谈："应该努力使所有人，甚至包括猫和狗，喜欢自己。"看得出，丘赫利亚对爱情一无所知。

最后他读到了斯特恩③的话：

"我们生命的愉悦是在一种迹近病态的战栗中结束的。"

昨天他还和丘赫利亚一样看不懂这句话。他俩都喜欢这个奇怪的想

---

① 莫里哀的喜剧《斯加纳雷尔》中的人物。——译注
② 魏斯（1885—1960），瑞士哲学家。——译注
③ 斯特恩（1713—1768），英国作家，感伤主义文学思潮奠基人，著有《特里斯坦·香迪先生的生平和见解》和《感伤的旅行》。——译注

法。而现在他惊讶地发现：有这一体会的竟不止他一人，但要怎样谈论这种感觉？又该怎样发现它，并将其写出来呢？

快到晚上的时候，布德利从城里给丘赫利亚带了第十三期《欧罗巴导报》。杰尔维格头一个看见，便叫来了亚历山大。亚历山大脸色苍白地笑着。他凑过来，看到了第九页上印着《致诗友》。亚历山大看了看自己的诗，脸色煞白地跑掉了。

今天在托尔斯泰的剧院里上演歌剧《美国人》，娜塔莉亚在剧中扮演一个粗野的美国姑娘。他害怕会迟到。

11

一名警察中尉带着三个士兵来到了皇村中学。他们向弗罗洛夫打个照面后，又悄悄地报告了些什么。弗罗洛夫后退了一步，惊讶地张开了嘴巴。随后门被关上了，马特维叔叔脸色苍白地穿过回廊；他们跑到窗户下，看到屋里面拿着军刀的士兵们正押着一个双手被扭着的高个子男人。他身体前倾着向前走，低着头痛哭道：

"东正教徒们，请原谅我！"

一个士兵用军刀在他背后戳了一下，然后所有人都走过来向右转弯。那个被扭着双手的男人是康斯坦丁·萨佐诺夫大叔，曾经服侍过亚历山大，还和他一起在校医院睡了一夜。

一周后大家得知，萨佐诺夫曾在夜间离开皇村去做抢劫和谋杀等勾当。他和同伙一共杀了九个人。有一天萨佐诺夫在校医院怎么也找不到25戈比，而那笔钱，就是他从当晚花50戈比雇的马车夫那儿抢来的。因为不想付钱给车夫，萨佐诺夫杀害并洗劫了他。

萨佐诺夫喜欢听人家朗读诗歌，有一天他还和杰尔维格争辩过。但他并不像亚历山大从前在小说中看过的那些强盗。他长着浅黄色的头发，人不大聪明，总是郁郁寡欢。如果亚历山大很有钱的话，这个恶棍应该也会杀了他。他们曾经挤在一起睡觉，四周一个人都没有。亚历山大回想起萨佐诺夫用茶碟给他端茶的样子，一夜没合眼。

12

所有人似乎都发生了变化。每个人的声音都变得像破碎了一般，下巴上开始长出绒毛，他们开始得意扬扬地刮脸；但他们的友谊依然如初。和他比较要好的有诗人杰尔维格和丘赫利亚；伊利切夫斯基仍旧写寓言故事，他写得越发工整零碎，亚历山大和他没什么话说。他的朋友中还有普辛和马林诺夫斯基。瓦尔霍夫斯基是个道德高尚的人，常常严厉地指责亚历山大。他十分尊敬自己的养父马林诺夫斯基校长，发誓终生维护道德的纯洁。他向丘赫尔别凯抱怨道德衰落的现状，并声称，如果瓦西里·费多洛维奇在世，将会重新掀起改革的狂风，普希金也就不会变成这样游手好闲的放荡子。丘赫尔别凯虽说对他言听计从，并以感情泛滥来为朋友辩护，可亚历山大并不对这位朋友的热情表示感激。

亚历山大如今彻底沉迷在园子里。正值秋季，他沿着椴树小径徐行。朋友们怀疑他在和谁秘密约会。瓦尔霍夫斯基摇着头说："他现在什么也不做，离开了正道。"丘赫利亚绝望地听着。

对于亚历山大的戏剧激情，弗罗洛夫没什么反应，但却引起了正义之士们严厉地谴责。那些善良的人对他避而远之，并用同情的目光看他，对此亚历山大只是付之一笑。

一天，布德利看着亚历山大，对大家讲了自己年轻时，他那个既是智者又是医生的哥哥是如何保护他不让他走上放荡的邪路。当时他哥哥

575

刚好写了一篇关于献给维纳斯的祭品的论文。哥哥向他展示了痛苦，赤裸裸的创伤，以及被剥夺了理智和行动能力的半死不活的游荡汉。

亚历山大好奇地听着他的故事。布德利说话很快，他的舌头很硬实，嗓音沙哑。巴黎的医院太可怕了。但这一切都和他与娜塔莉亚的约会没有一点关系，她的魅力和喜悦，按照斯特恩的说法，总是在莫名其妙的、令人痛苦的战栗中结束。然而这种约会如今也已经停止了，剧院关门了。他不再和娜塔莉亚见面，朋友们都搞错了，亚历山大在写作。

第十一章

1

　　杰尔查文缓缓地拾阶而上，走到他那张大沙发前时被绊了一下，差点摔在上头，翘着两腿。抱在怀里的白狗仍在熟睡。冬天清晨的阳光洒在地毯上，变成金黄、绯红和蓝青色。窗户罩上了一层白霜，院子里到处都是积雪。沙发上很暖和。他打了个盹儿，嘴唇微微颤动，并没注意到帽子从头上滑落下来。他的头是秃的，像一颗长着绒毛的黄色台球。沙发就是他的王国：他将所写的东西都放在上面，还在这儿睡觉。他爬上沙发，并在脑子里打算：在他左边，不久前放石板的小柜子里，放着他承诺给拉祖莫夫斯基写的悲剧《阿塔巴里勃》手稿。他知道自己肯定不会忘了写字的石板，因此才把它和手稿放在一起。出于迷信他斜眼瞟了一眼石板，突然拿起石笔开始写诗：这种情况在他的一生中很常见。眯着眼睛拿起石笔，看着窗外的雪还有雾蒙蒙的喷泉河，写几个字然后抹掉，再写几个字，又抹掉。然后把石板放回小柜子里。小狗泰卡乖顺地坐在他怀里，温暖着他的心窝。它的名字叫戈尔诺斯泰卡，他亲昵地唤它为泰卡。

　　趁着马车还没套好，没换衣服之前，那篇悲剧中有几行需要修改一下。但突然间他又不想改了，不愿意破坏一篇最伟大的作品。除此之

577

外，他有些舍不得交出这篇作品，于是他决定不交了。他认为自己这部最近杀青的作品才是最好的，尤其是对秘鲁国王死于日食之日的描写，更是精彩之至。他一生创作的所有作品中，大部分颂诗和《阿塔巴里勃》相比都不值一提，他每次想起都为自己的付出感到不值。他有时会觉得一切仿佛刚刚开始。他有点被今天的旅行吓倒了。他的生活中充斥了许多次旅行：沿伏尔加河的旅行，在奥伦堡的草原上纵情驰骋，在彼得罗扎沃茨克、莫吉廖夫和卡卢加之间往返。然而这趟皇村之旅对他来说却变得更加艰难：穿着参议员的制服，戴着绶带，穿毡靴，戴手套，外穿毛皮大衣，竖起领子在雪地里飞奔，平静的生活因此被搅乱。除此之外别无他法，因为所有人都在等着他露面，听他说振奋人心的话，和他一起喝茶，远远地就在路上张望，看他来了没有。他从不缺席公务活动，尽量早些到场，多待一会儿，观察琢磨。那些整天待在家安逸享乐，无所不知的轻浮的机灵鬼们的成功，总会让他感到气愤。

每次省城中学的考试他都去参加。而皇村中学的考试更是不能错过：这个刚成立的教学机构声名大噪。他熟知的皇村中学前任校长马林诺夫斯基突然意外离世，现在的校长是谁他并不清楚。周围许多人去世的消息早已无法引起他的悲伤，但仍然强烈地刺激着他。好像在故意跟他作对似的，所有同龄人都死去了，然后是年轻些的，一切都开始了，但没有结局。对这个混乱的时代他已经见怪不怪，一些人主张革新，认为他已经落伍，对此他并不赞同。他不愿意在考试中遇见诗人茹科夫斯基，茹科夫斯基曾用十二万分恭敬的语气给他写信，用美妙愉悦的诗歌讨他欢心：希望他能将自己的诗歌投给由他主编的选集，引诱他，随后拿走他全部最重要的诗作，并在其主编的书里发表了。现在没人愿意买货真价实的出版物，却对茹科夫斯基的选集趋之若鹜，就这样，茹科夫斯基毫不费力，就可以在家里坐收渔利。茹科夫斯基关于1812年的诗作令人怀疑：通篇采用罗曼司的调子，还迫使人物大跳其华尔兹。不过他的确很有才华。

他一生都不擅与人相处，现在所有年轻人都对他恭恭敬敬，而实际上他们都是两面派。很多小伙子嘲笑他，这就是生活。现如今，他除了放在沙发两旁靠墙柜子里的著作外，也开始关注人了。他忙得没有空闲时间：要操心的事真多，有些刚刚获得优秀艺术家做版画插图的著作需要出版——这已经让他倾家荡产，郁郁寡欢了，还要操心房子、操心兹万卡庄园①以及继承人的事。

他没有子女，这是他的一大遗憾。他不希望杰尔查文这个姓氏就此绝后。他挑选了一个小外甥，想让他改姓杰尔查文，但小外甥拒绝了，因为觉得自己配不上这个姓氏，担不起这副重担。他没有放弃，又找了同乡一个做骑兵团团长的亲戚，想让他娶了自己的外甥女，继承这个姓氏，可是外甥女不干。女人的怪脾气他可对付不了。他又想让一个相貌标致的喀山姑娘继承自己的姓氏，也没有成功。年轻人勃鲁多夫②常来拜访他。他想把姓氏送给勃鲁多夫，但他亲爱的夫人达利亚·阿列克谢耶夫娜③把勃鲁多夫从家里请了出去。

变老是一件很麻烦的令人忧伤的事。他无论如何也不愿意变老：首先，对女人失去兴趣；其次，不愿走向死亡，或称作"彻底毁灭"。一两年前米连娜和他吵了一架，他要是没了心跳，就看不到女人淡蓝色的

---

① 杰尔查文晚年居住的庄园。——译注
② 勃鲁多夫（1785—1864），俄国国务活动家。——译注
③ 达利娅·阿列克谢耶夫娜，杰尔查文的第二任妻子，他曾在诗中称她为"Миленою"（我亲爱的）。——译注

血管如何因为充血而变红。从前他为了美人什么都愿意做。她们拥有至高无上的权力。要是有个美人一直盯着他看，他便会再次神志不清起来，而要是有个美人用竖琴或钢琴演奏巴赫或者克拉默①的曲子，他立刻就要去窗户边的书桌上拿起石板开始写作了，但是一定要让美人多留一会儿，就那样静静地坐着就好。对他来说，年轻的外甥女们是家里最必不可少的。一想到自己的姓氏将要后继无人他就特别难受，因此他总愿意在人堆里待着，喜欢细细端详别人，思量着把自己的姓氏传给谁才好。他在遗嘱中处理了自己的财产，但又来回改了很多次，他从不会一次就敲定任何事。

除此之外，他还担心自己的所有诗作会随着他的死亡消失无踪。现在他在创作悲剧。而诗歌对他和牌戏一样，年轻时差点将他毁灭。现在妻子常给他一些小钱，供他打输了用。无论是庄园还是名誉他都不能抛弃。

沙发要散架了，成捆的手稿和抄本一页页散落在两侧书橱里，放在下层抽屉里的，则是一捆捆的书稿。继承人还在世时，还能保存下来点什么，可一旦他们不在了呢？需要把自己的诗歌和才华转交给什么人，而不仅仅是抄本。因此他很生茹科夫斯基的气——茹科夫斯基本可以成为他的继承者。一些年轻人曾经来拜访他，为他朗读他们的习作，也曾一度令他重燃希望，但很快这些希望就暗淡了：很多人转而搞翻译去了（这是老头子们该干的事，而那些年轻人却不敢把自己头脑里的东西写出来），现在的人和他那个时代比，都变得琐琐碎碎，谨小慎微了。他

---

① 约翰·巴普蒂斯特·克拉默（1771—1858），侨居英国的德国著名钢琴家、作曲家。——译注

选中一个继承人，很快就忘了，再选中一个，又忘了。他不想将希望寄托于成熟老练的诗人。那些诗人的绝大部分才华都已经展露无遗，他们也不盼着名垂千古，并且他们也和那些年轻继承人一样，不愿意接受他的姓氏，也不理解他的荣誉。

他迫不及待地找寻这样的人，热切地聆听他们，盼望着他们。

今天拉祖莫夫斯基的邀请函还附有考试日程。新学校里孩子们由低年级升入高年级的考试规模很大。第一次考试共有四天，他没参加，因为他对那些永远千篇一律的考试内容（神学、逻辑学、地理、历史、德语和道德规训）不感兴趣。第二次考试他仍然没有出席，因为他不懂那些拉丁语、法语、数学和物理。但最后一门考试是俄国语文，受邀嘉宾可以向学生们提问题，于是他决定好好利用这种权力。对于考试题目他已经提出了自己的意见，并且大体上比较满意：各类语体和言语修辞格，最后也就是第四大题是朗诵自己的作品。

他喜欢年轻人用胆怯的、磕磕绊绊的、刺耳的嗓音高声朗读他们的作品。他自己有时搞混了词语便会大喊大叫起来，他出席了最后一次考试。

他还决定留到考试最后，他要给学生们传授自己的绘画、书法、剑术和舞蹈的经验。

马车夫孔德拉季套起马车来总是没完没了。他一直想拥有一辆银粉色的马车和浅黄色的马，但是一辈子都没得到，现在他的马车是灰色的。

他还在打盹的时候，夫人进来唤他："加纽什卡①，加纽什卡，你

---

① 杰尔查文的名字"加夫里拉"的爱称。——译注

该出发啦!"

他站起来,恋恋不舍地让仆人为他脱下暖和的灰鼠皮衬里长睡衣,蹬上棉靴,换上参议员制服和绶带。贴身男仆孔德拉季为他戴上灰白色的蓬松假发,弄得他摇晃了一下。然后,他被塞进毛皮大衣,挽出门带下楼,扶上马车,四面都被掖得严严实实,出发去皇村了。

2

谢尔盖·里沃维奇不喜欢谈论华沙。他现在和家人住在喷泉河岸,杰尔查文也住在那里。不过他们住在河流最下游的科洛姆纳市。不论在莫斯科的德国街①,还是在这里,在圣彼得堡,他都跟手艺人很投缘:他身边全是些手艺人、长舌寡妇和贫苦人。谢尔盖·里沃维奇说过,他在这里过得开心,只是因为这里的花园和空气,这些东西在彼得堡是很难得一遇的。他发福了。造成这一结果的罪魁祸首是虚荣心:假如他依然一门心思奔仕途——如今却没有什么值得遗憾的了。失去那些狐朋狗友,他此刻只能以孩子为借口满足自己的虚荣心了。谁又会料到奥莉加变漂亮了。他送她去和亚历山大见面时更加确信了这一点。以前他没注意到,连她自己也没注意到。但亚历山大见到她很高兴,也很惊讶,亚历山大的同学——戈尔恰科夫,还有一些他不认识的,都用那种所有小伙子特有的眼神看着奥莉加,而他自己也曾用这样的眼神看过女人。谢尔盖·里沃维奇也看了看奥莉加,头一次发现她变漂亮了。

他用陌生的眼光看着一切。萨什卡在《欧罗巴导报》发表了诗作,这种事从未发生在谢尔盖·里沃维奇身上。他很高兴,给人家展示《欧

---

① 1922年之前,莫斯科的鲍曼街曾叫作德国街。——译注

罗巴导报》，还抱怨皇村中学墨守成规：

"可怜的萨什卡，人家不许他用普希金的署名发表，您想想，他只能用一个笔名，一个字母换位的把戏，一个莫名其妙的字谜来代替。"

他把萨什卡的作品传了个遍之后，踩着小碎步回到自己的书房，立刻拿了一沓纸张坐了下来：他想要回忆在搬家中丢失的自己从前那些珍本哀诗小册子。他的藏书和书橱已经凋零了，搬家时几乎失去了一切。

但是很快他收到了瓦西里·里沃维奇的一封信，里面充满了惊叹，信中说这两首诗将是萨什卡辉煌的开端。谢尔盖·里沃维奇读完这两首诗后，也更加确信报社编辑发表这两首诗并非单纯只为了鼓励一下作者而已，这的确是一个辉煌的开端。

和所有家长一样，他收到了考试邀请函。因为赶时间，他没讨价还价，被马车夫狠宰了一顿，花了二十五个卢布和一瓶伏特加才出发了。一些重要的人物将受邀出席这次考试，和车夫还价会让人家以为他小气吝啬。

3

孔德拉季从马车后踏板上跳下，打开车门将他扶出来。他路上有点颠着了。他吩咐孔德拉季留在原地，自己要走一走，舒展一下筋骨。过了一会儿，他什么都不想，走上了那条熟悉的道路，走到了宫殿，他有点惊讶。他经常咬嘴唇。

他在大理石台阶上停下了脚步。巨大的拉克勒斯和佛罗拉雕像站在入口处，雕像上落满了积雪。

他看着佛罗拉的雕像，嘀咕道："瞧，把她都搬来了。"

然后他小心翼翼地爬着台阶，嘴里还止不住地埋怨。

天黑了，照明却很差。他忽然间有一种想把佛罗拉身上的积雪清扫掉的冲动。他伸出手杖想要拂去女神胯部的积雪，费了挺大劲才够着一点，但积雪已经冻住了；他用手杖敲了几下雪壳子就停下了，随后他从很滑的台阶上走下来，站在路上用手遮在眼睛上方往柱廊看。穿过白雪覆盖的杨树，他什么也没看到，但却感受到了一种古老强烈的欣羡。那边矗立着许多古希腊罗马智者的铜像。他发现罗蒙诺索夫的雕像也在其中，从那之后他两个月都没睡好，希望自己的雕像①也能出现在那里的想法折磨着他。为实现这个愿望，他找来了雕塑家拉舍特②和普连妮拉③，他拿了一大笔钱，把雕像做了。但它没有被放进柱廊，现在他的雕像被放在达利娅·阿列克谢耶夫娜的沙发旁边，而普连妮拉的胸像则被第二任妻子藏在了沙发里面。而他去世后，他自己的雕像也遭到了同样的命运。

他羡慕了一阵之后，突然明白了这有多不值得：周围人们对这些雕像的态度其实很冷淡。的确，在柱廊那里并不是所有雕像都完好无损。如果他的雕像在那儿也会有同样的遭遇：人们在爬上台阶时会瞅它一眼，在脑子里默默算着台阶数目。就在他现在站过的这级台阶上，他曾经在这里因为秘书给他下的套而有过一次不愉快，而且还哭过一鼻子。虽然一切都过去了，但这一切对他来说都不值得！现在他对此已经完全无动于衷了。

忽然间他忘记了那些考试，也忘了人们在等他。他希望，即便这花

---

① 此处原文是"кумир"，意为"偶像"，这里用以指雕像。——译注
② 让-多米尼克·拉舍特（1744—1809），雕塑家。——译注
③ 杰尔查文曾在自己的诗作中称呼其第一任妻子叶卡捷琳娜·雅科夫列夫娜为"普连妮拉"。——译注

园里有什么东西可以在与时间的官司中获胜，时间也总是令人感到恐惧，此时此刻时间也正从四面八方将他包围。他既不想看见这些雕像，也不想看见这些亭子，更不想往另一边略走几步去看那些尚未完工的中国村，总之他不想陷入回忆。他就像了解自己的家一样了解这座园子。在那里他曾遇见怒气冲冲的别兹博罗德科①，奥尔洛夫喜欢在这里散步，并向人吹嘘他是怎样英勇地拦住了一辆从山上滚落的双轮马车。他曾经以为是生活的一切，忽然销声匿迹了。再不会有亚洲式的娱乐和享受，华丽和奢侈，有的只是赤裸裸而又聪明智慧的亚历山大时代。是啊，就连胜利也具有别样的意味，而且他对此类胜利也缺乏理解，正如从前的他只能理解苏沃洛夫的意义一样。他的《驱逐法国佬的抒情史诗颂》不愠不火，这首诗和茹科夫斯基的《歌手》并列，却没有一个人察觉它的存在。他总是写时间和死亡，写万物如何不坚牢，但他从未预料到，这一切会在如此短的时间内尽数变为现实。要不是腿脚不便利，他现在倒是想去湖边走一趟，从前他曾和普连妮拉划着小船在湖上荡舟，哪怕湖面已经结冰，他也想拿拐杖敲敲冰面。

他朝皇村中学走去，新居民们现在住在宫中女官的厢房。

他十分疲惫，他觉得这次来皇村完全是白跑一趟。可要是不来的话，马林诺夫斯基校长会见怪的。

他走进大门，把貂皮大衣扔到看门人手上，他若有所思地看着看门人，开始怀疑马林诺夫斯基校长是不是还活着。几个穿制服的人急匆匆地跑下来迎接他，小心地扶着他的胳膊。他生气地甩掉了他们的手，费了一会儿工夫才努力地爬上楼梯。到了大厅，他想起来这位校长已经去世了。

---

① 别兹博罗德科（1747—1799），俄国国务活动家和外交官，特级公爵。——译注

他被安排坐在了一张扶手椅里。他转头四下看了一圈，立刻精神起来：许多双年轻的眼睛看着他，仿佛看着一个珍贵的宝物。他闭眼小憩了一会儿，但清楚地听到了一切声音，只不过这些声音仿佛罩着薄雾，也没有什么特别的意义。朗读开始了。他在想，以后不要再玩击剑和跳舞了，但早餐还是要吃的。

忽然间他听到了自己的名字，人家开始朗诵他的诗了。他坐在椅子上转过身，摇着头听着。读的是他很多年前写的旧诗，早就被读烂了，但他已经开始忘事了，因此听自己的诗有种陌生感，甚至被触动了。

随后响起了铿锵有力的声音。他仔细看了看，这声音很洪亮，有些断断续续，但很富有感染力，仿佛一只被风吹来的鸟。他赶紧摸索，慌忙地找长柄眼镜，发现自己没带眼镜来。这声音突然间，仿佛只对他一个人说道：

"皇村的回忆。"

他颤抖着，用他那耷拉下来的粗糙的士兵一样的嘴唇无声地重复这些词。他看着这个中学生，而学生好像也在看着他。他的视力早就变差了，他看着他，仿佛隔着一层迷雾：这学生的眼神灵活炽热。从没有人像他那样读诗：起伏有力，抑扬顿挫，好像音乐家在演奏乐器。就像在欣赏巴赫的音乐，他不理会任何人，甚至忘记了他们的存在，伸出干瘦苍老的食指打起节拍。尽管对这小孩来说还没什么好回忆的，但他听着学生的回忆，想起了自己关于这座园子的所有记忆：那些旧的和新的胜利。

朗诵者在诗中提到了他的名字。他恍惚中伸手想拿石板，但手却悬在空中。他不是在家，而是在一个公开的会议上。因此没有石板可拿，而且显然也不需要什么石板。他想写的是：

忧郁的夜的帷幕……

……这美丽的皇家园林

莫不就是我们的乐土？

当亚历山大朗诵结束后，仅有几个人看着他，大多数人都看向了杰尔查文。这位骨瘦如柴的驼背老人现在挺直了身躯，高扬着头站了起来，他的脸上带着难以理解的老年人的狂喜，在座的考官中间只有萨尔蒂科夫老人见过他这种表情。他那布满皱纹的粗糙的脸庞上老泪纵横。突然间他一把推开扶手椅，跑过去想要拥抱朗诵者。

但是亚历山大已经跑开了。

他趁着自己还没开始犯困，精神抖擞地和拉祖莫夫斯基聊起来。拉祖莫夫斯基什么都没搞懂。他表示想要教普希金写散文。

"让他成为一个诗人吧。"杰尔查文对他说完这句话后便无礼地不理睬他了。

接下来是一个时间很长的宴会，他坐在那里只能用力摇晃脑袋以保持清醒，这次他趁妻子不在身边，贪心地吃了不少，妻子总是听医生的话，不许他吃饭桌上最美味的甜食。他还喝了点酒，听了谢尔盖·里沃维奇的唠叨，甚至还回应了几句。当他坐着马车离开皇村时，已经开始昏昏欲睡了，只听他嘟嘟囔囔地对那个和老仆人孔德拉季同名的马车夫孔德拉季嘀咕道：

"快马加鞭！"

| 主编·汪剑钊 |

"俄罗斯文学译丛"系
"金色俄罗斯丛书"平装版

普希金（第三卷）

ПУШКИН

[苏] 特尼亚诺夫 / 著

张冰 杜健 韩宇琪 / 译

张冰 / 校

四川人民出版社

图书在版编目（CIP）数据

普希金/（苏）特尼亚诺夫著；张冰，杜健，韩宇
琪译. —成都：四川人民出版社，2024.1
（俄罗斯文学译丛／汪剑钊主编）
ISBN 978－7－220－13480－7

Ⅰ. ①普⋯ Ⅱ. ①特⋯ ②张⋯ ③杜⋯ ④韩⋯
Ⅲ. ①普希金（Pushkin，Alexander Sergeyevich 1799－1837）
—传记 Ⅳ. ①K835.125.6

中国国家版本馆 CIP 数据核字（2023）第 202108 号

PUXIJIN
普希金（第一卷、第二卷、第三卷）
［苏］特尼亚诺夫　著
张冰　杜健　韩宇琪　译　张冰　校

责任编辑	张　丹
装帧设计	张迪茗
责任校对	唐　婧
责任印制	祝　健

出版发行	四川人民出版社（成都三色路 238 号）
网　　址	http://www.scpph.com
E-mail	scrmcbs@sina.com
新浪微博	@四川人民出版社
微信公众号	四川人民出版社
发行部业务电话	（028）86361653　86361656
防盗版举报电话	（028）86361653
照　　排	四川胜翔数码印务设计有限公司
印　　刷	成都东江印务有限公司
成品尺寸	140mm×203mm
印　　张	23.875
字　　数	569 千
版　　次	2024 年 1 月第 1 版
印　　次	2024 年 1 月第 1 次印刷
书　　号	ISBN 978－7－220－13480－7
定　　价	98.80 元（一、二、三）

■版权所有·侵权必究
本书若出现印装质量问题，请与我社发行部联系调换
电话：（028）86361656

第三卷

|青年时期|

第一章

1

当福马大叔告诉他，卡拉姆津还有其他一些先生在等着见他时，他激动得心脏狂跳，飞快地从楼梯上冲了下去，福马大叔在身后吓得念叨了一句"神圣的耶稣啊"。

他被十四号普希金先生急遽变化的表情和行为吓了一跳。

先生们在图书馆等他。他的父母仅被允许进入公共休息室。

卡拉姆津在彼得堡已经住了一个月，到处都是关于他的传言：有人说他此行是为觐见沙皇，张罗出版自己的《俄国国家史》①。据胖女人巴枯宁娜说，沙皇张开双臂热情地迎接他，于是一切便决定了；不过话说回来，这个胖女人却不止一次告诉她儿子和儿子的同学们，说现在怎么定的还一无所知。总之，关于卡拉姆津，她不愿意多说一句。

直到头一天库尼岑来了才告诉大家卡拉姆津成功的消息：所有事情都尽在掌握，宫廷被迫同意出版。人们打算为他举办庆祝活动。而现在他竟突然出现在了皇村中学。

---

① 卡拉姆津从 1803 年开始撰写 12 卷本的《俄国国家史》。前 8 卷的手稿，卡拉姆津曾于 1816 年初带到彼得堡送呈亚历山大一世审阅。1818 年出版。——译注

他不是一个人在那儿：瓦西里·里沃维奇也背着手站在走廊里，还有一个衣着肥大，耸肩膀戴眼镜的高个子——亚历山大虽是头一次见到他，还是立即猜到了他就是维亚泽姆斯基。瓦西里·里沃维奇像平时一样拥抱了他，眼睛看着他的朋友。

维亚泽姆斯基蹙眉打量着亚历山大，并用眼神致意。

"阁下，"他对瓦西里·里沃维奇像是在提示地说，"阿尔扎马斯社的社长①。"

瓦西里大伯犹豫了一下。

"您瞧！"维亚泽姆斯基对他说。

"我记得，阁下。"瓦西里大伯精神焕发地回答道。维亚泽姆斯基柔软的浅棕色头发蓬乱地散着，后脑勺竖起了神气十足的一绺。他看起来活像一只随时准备战斗的公鸡。

他们笑了起来，卡拉姆津摇了摇头。

大伯从未称呼任何人为"阁下"，更没对在场的诸位称过"阁下"，维亚泽姆斯基就更不用说了。这种冒傻气的行为闻所未闻，而且很不像

---

① "不知名文学家阿尔扎马斯社"，成立于1815年。该文学社团的活动以反对俄罗斯科学院与"座谈会派"为宗旨。该社集合了文学界一些所谓卡拉姆津倾向的拥护者，其最鲜明的代表人物是茹科夫斯基和巴丘什科夫。与"座谈会派"官僚气派的庄严凝重截然不同，阿尔扎马斯社的集会带有半戏谑的特点。阿尔扎马斯社的参加者有茹科夫斯基、巴丘什科夫、维亚泽姆斯基、瓦·里·普希金；未来的十二月党人——尼·屠格涅夫、尼·穆拉维耶夫、米·奥尔洛夫，未来反动的国务活动家——乌瓦洛夫、勃鲁多夫等人，也系其成员。1818年阿尔扎马斯社由于团体内部思想和文学观点的尖锐分歧而终止其活动。"在针对十二月党人的审判中，清楚地表明，当时的斗争不仅存在于'座谈会'和'阿尔扎马斯社'之间，在每个文学倾向内部，也存在斗争。"身为陪审员的"阿尔扎马斯社成员勃鲁多夫，和'座谈会'主席希什科夫并排就座，而在受审者中间，有'座谈会'主席之一的穆拉维耶夫—阿波斯托尔的两个儿子，而阿尔扎马斯社成员尼古拉·屠格涅夫只是由于偶然性作祟，才免于与其同坐于受审者席"。（尤·特尼亚诺夫：《丘赫尔别凯》——《文学同时代人》，1938年第10期，第185页）。——译注

话。这是阿尔扎马斯社的社成员之间的恶作剧。亚历山大紧张得喘不过气来。

对他来说，这一切都是新鲜的。

大伯从口袋里掏出一块碎纸片，咳嗽几声清了清嗓子，把西装背心拽拽平整，就像每次即兴朗诵之前一样。

不，这根本不是诗歌。大伯几乎每个词上都要打磕巴，唾沫飞溅，卖力地读着不知是一份教会—斯拉夫语证书，还是递交给衙门的一封诽谤信：

"李别茨克大洪水后的第二个夏天，严寒的月份，二十日，在老太婆家里举行了'阿尔扎马斯社'例会。莅临的各位先生有戈洛莫波伊、斯维特兰娜和沃特。反对疯狂的'座谈会'派由于红帽子和鹅毛笔的加盟而获得加强①……——嗯，接下来说说沙霍夫斯基——还是你自己念吧——大家一致同意蟋蟀为阿尔扎马斯分子。楚……阁下……"②

"总而言之，你已经是阿尔扎马斯社成员了。"大伯简短地说，"我的朋友，这里说的蟋蟀是指你吧。至于他们也有头衔：'阿尔扎马斯社的天才'阁下。"

"阿尔扎马斯社"顿时一片喧闹。沙霍夫斯基原本打算通过喜剧方式来隆重推出可怜的仰慕者——菲阿尔金，就对茹科夫斯基的诗作进行

---

① 阿尔扎马斯社每次例会主持会议的主席都会戴上红帽子——这是18世纪末法国革命期间雅各宾党人的头饰。——译注
② 阿尔扎马斯社成员在加入社团后都会获得一个外号，大多出自茹科夫斯基叙事体诗人物名：老太婆指乌瓦洛夫；戈罗莫波伊指日哈廖夫；斯维特兰娜指茹科夫斯基；沃特指瓦西里·里沃维奇·普希金；楚指达什科夫等。——译注

了嘲讽①。喜剧《李别茨克洪水》十分搞笑，取得了轰动效应，但所有朋友都不认同沙霍夫斯基的品位。嘲讽挖苦如雨点般向他砸来。人们管他叫小丑，称他的喜剧为"李别茨克大洪水"。他们用教会斯拉夫语体写了些又臭又长的赞美歌，致敬疯狂的"座谈会派"——那些口齿不清的教会执事，是如此强势和尖刻的同盟，就像沙霍夫斯基。瓦西里·里沃维奇大伯不知疲倦地奔走于彼得堡和莫斯科之间。

渐渐地，仿佛一个秘密的阴谋，大家都开始喜欢这种反对"座谈会"的嘲讽言论了。

勃鲁多夫有一次偶然路过阿尔扎马斯市，在驿站里觉得无聊，就相想出了用"座谈会"和沙霍夫斯基的风格描述整个事件的想法。他这部绞尽脑汁的作品被命名为《围墙幻影》②。所有反对沙霍夫斯基和"座谈会"的斗士都成了阿尔扎马斯社成员，默默无闻的阿尔扎马斯市居民；于是便成立了一个名叫"阿尔扎马斯社"的组织，该组织的标志是阿尔扎马斯鹅。因为阿尔扎马斯市以盛产肥鹅著称。

茹科夫斯基积极参加各种活动。他们在各自的家中聚会，也在一些奇怪的场所——马车或仅能容纳两三人的池座里开会。他们以旧贵族自居，就像在"座谈会"里一样摆架子。他们常常称呼彼此为"阁下"。夜间戴着红帽子开会——"座谈会"将因为他们从法文中翻译的作品而称他们为雅各宾党人。他们写了些洋洋洒洒且滑稽可笑的协议纪要。茹科夫斯基本人担任秘书，以教堂执事体写作会议纪要。大多数月份都是

---

① 沙霍夫斯基在其喜剧《新斯特恩》（1805）中嘲讽了卡拉姆津，而喜剧《给调情女子的一个教训，或李别茨克的洪水》（1813，1815 年上演）通过"故事讲述人"菲阿尔金形象嘲弄了茹科夫斯基。——译注
② 《围墙幻影》是德·尼·勃鲁多夫写的一个诽谤剧，"阿尔扎马斯社"就是以此为据成立的（参阅前注）。——译注

用斯拉夫语进行重命名和重写，历法也改了。一月现在叫普洛西涅茨，二月叫柳特和谢琴，三月叫弗列谢尼，四月叫别列佐尔。他们觉得自己的姓名也很无趣，于是便用茹科夫斯基叙事诗里的人物来给自己命名：莱茵河、黑乌鸦、烟熏炉，只要是诗歌里提到的都派上了用场。他们现在唤他为蟋蟀，他是个真正的阿尔扎马斯成员。

卡拉姆津仔细打量着亚历山大·普希金——这位未来的蟋蟀。他尊重并珍视这个年纪，能全身心地快乐，在发出笑声之前就会扬起嘴角。不过，他的微笑带有一丝忧郁。

维亚泽姆斯基竖起一根手指，像县城秘书长在朗读法律条文一样，引用了这段文字：

> 燃烧的火焰噼啪作响[1]，
>
> 蟋蟀哀怨地鸣叫，
>
> 这是午夜到来的信号。

在说"噼啪作响"这个词时，他用了一种特殊的方式，即阿尔扎马斯社的方式。

"我的朋友，现在我们每个人都有一个绰号。"瓦西里·里沃维奇急忙说道，"维亚泽姆斯基的绰号叫阿斯莫德[2]，巴丘什科夫的绰号叫阿喀琉斯[3]——是根据个头起的，你见过他，个子小小的……我也有个绰

---

[1] "燃烧的火焰噼啪作响"是茹科夫斯基长诗《斯维特兰娜》里的诗句。——译注
[2] 阿斯莫德，也译作阿斯摩太，是出现在次经《多俾亚传》及犹太经典《塔木德》中的恶魔。——译注
[3] 希腊神话中特洛伊战争中最主要的希腊英雄。——译注

号，就叫沃特①。"

亚历山大没听懂，又问了一遍，因为大伯的绰号听起来一点不像个绰号。

"就这样，"大伯不情愿地重复道，"就这样定了。"

"不是就这样定了，是就这样了。"维亚泽姆斯基纠正道。

"我说的就是就这样。"大伯不满地说道。

这一切当然都很好笑：又是阿喀琉斯又是蟋蟀的，但这个"就这样"和什么都扯不上关系。

"茹科夫斯基有一些诗作，我的朋友，"大伯有些不快，解释道，"有一个美人……有人轻敲了她的门锁，等等。诗的最后写道，难道一切有何区别吗？就这样。"

他显然对自己的绰号不甚满意。

然后他又高兴起来，说道："达什科夫叫楚，而我叫就这样。"

"屠格涅夫的绰号叫两只巨手。"

大伯对绰号问题纠缠不休。

维亚泽姆斯基不再开玩笑了，他对亚历山大说：

"座谈会是一个马厩，如果有成员要出去，就会乘前后双座脚踏车或四个人同行。为什么只有傻瓜们才能聚在一起？在这里我们也像兄弟般一起生活——心连心，手牵手。您什么时候毕业？我们每周四都举办聚会。"

然后他顶着脑后竖起的一撮头发，严肃地问亚历山大，读没读过茹科夫斯基的新诗作，还有勃鲁多夫评论其的文章。他说那篇评论写得

---

① 俄语语气词 вот，意为"这就是""就这样"。——译注

很棒。

卡拉姆津问亚历山大，在皇村居住是否潮湿，特别是中国村那一片，因为他打算夏天带全家人一起来消暑。这是他昨天在去莫斯科的路上停下来看房子时才决定的。

敏捷的罗蒙诺索夫看了一眼门口，大伯回想起那些灵感迸发的美好时光，他写出了《危险的邻人》，罗蒙诺索夫和普希金是见证者，他把他介绍给卡拉姆津和维亚泽姆斯基。

卡拉姆津邀请他去自己家做客。

校长气喘吁吁地在门槛外迎接他们。他掏出手帕擦了擦脸上的汗，解释说他是以最快速度赶过来的。哦，要是有双年轻的腿就好了！他异常兴奋，一切都立刻发生了变化——维亚泽姆斯基皱着眉头看着亚历山大，见他闷闷不乐的眼神和硕大的鼻孔。校长是个虚胖、苍白的人，臀部肥大，如波罗的海般的蓝色眼睛眨巴不停。他的脸上带着纯真的善良神情，言谈举止无拘无束，还有些谄媚。他对于这些客人的到来感到非常高兴。

大家立刻不再开玩笑了。"阿尔扎马斯社"的习气也荡然无存。卡拉姆津急匆匆地请求校长允许他跟普希金和罗蒙诺索夫一道去看看离皇村很近的中国村。

他们走到了那片冷清的荒无人烟的小房子那儿，根本无法想象这里会有任何活着的东西。卡拉姆津看着自己将要来度夏的中国村，感觉怪怪的。维亚泽姆斯基说他这是要剃度出家呀，但是僧侣们也不会住在这么雅致又寒冷的亭子里。瓦西里·里沃维奇听得摸不着头脑，便说：

"朋友们，要是把厨房安排在那个帐篷里，从这儿过去就太远了，菜会凉掉的。"

他像军人一样管这些房子叫帐篷。

一个诡异的身影突然冒了出来，来到众人面前：这人像个老将军一样魁梧，喘着粗气，站在中国村的入口挡住了去路。

亚历山大认出了这个人：皇村管理员扎哈热夫斯基①来迎接客人了。不过并没有什么欢迎词。

这人口齿不清地说，中国村还没收拾利索，要求推迟查看。

他脸色苍白，眼睛闪闪发光，仿佛这些人要把属于他的房子从他手里夺走似的。

"请您吩咐开门，"同样脸色苍白的卡拉姆津平静地说道，"我们在这里等。"

这位守门大将压低声音嗓音嘶哑地命令手下撤退并开门。他自己也走开了。

一进屋，映入眼帘的是发霉的墙壁。瓦西里·里沃维奇说，尽管如此，夏天这里还是很舒服的。亚历山大看了看卡拉姆津，又看了看维亚泽姆斯基。很显然，这位宫廷侍从痛恨所有人，并忠诚保卫着皇村的每个角落，不让它遭到皇村中学的侵占，这位重要人物的出现令他感到恐慌。只见他咬着嘴唇，鼓起鼻孔轻轻哼了一声。维亚泽姆斯基皱着眉从眼镜上方看了他一眼。

"蟋蟀悲伤地叹了口气。"卡拉姆津看着大家，笑着说。

英雄指挥官在他面前败下阵来。

之后普希金和维亚泽姆斯基就像学校里的同学一样携手参观新领地。瓦西里·里沃维奇紧随其后，并不时做出些切合实际的点评。他还

---

① 扎哈尔热夫斯基（1780—1866），皇村中学管理委员会主席。——译注

发现了一个很适合挖地窖的地方。

"在炎热的天气酒容易变酸，朋友们，可得记住这一点。"

卡拉姆津从不喝酒。

维亚泽姆斯基告诉亚历山大，一场真正的战争正在进行："座谈会"很强势，学院里的一切事务希什科夫都要向阿拉克切耶夫请示；尼古拉·米哈伊洛维奇·卡拉姆津在彼得堡差点没被敌人灭掉，哪怕有鉴赏力的人全拥护他也是徒劳；小丑的花环①取得了巨大成功，人们都在嘲笑茹科夫斯基。但却并未抨击此类人士。品味、智慧，还有"阿尔扎马斯社"！

他还要给他寄来一首庄严的阿尔扎马斯社之歌：《舒托夫斯科夫的婚礼》。

2

现在他的生活就是参加一些简短的会议和一些浏览。

去年夏天，退休的中尉巴丘什科夫来皇村中学拜访普希金，亚历山大至今还记得那次见面。正如福马所言，退休中尉是个矮个子。他低声对亚历山大说，自己是特地来感谢他的来信。中尉的衣着有些寒酸：身穿灰色的军用短上衣，头戴一顶便帽。他看着亚历山大，深灰色的眼睛里满是忧郁和心不在焉，一点也不像诗歌里描述的懒鬼、智者和爱人。亚历山大就是给这位懒鬼寄了封信，信中写道：

---

① 这是指德·弗·达什科夫写的一首谐谑体颂诗，是写给沙霍夫斯基的。——译注

哲学家是活跃的诗人①，

帕纳塞斯②幸福的懒人……

现在杂志上刊登的诗人作品越来越少了。亚历山大在给他的信里写道：

难道你，年轻的梦想家，

终于和福玻斯③分手了？

现在他为此而感到后悔。巴丘什科夫若有所思，心不在焉，好像在皇村迷失了方向，不知道该怎么回家。亚历山大不禁想起了一篇关于莫斯科火灾的诗④：

在我目光所及之处，

只有黑炭、灰烬和石头堆……

只有可怜的苍白的架子！

他用低沉的嗓音讲述着宫殿建筑，以及毁掉尚未完工的建筑物的罪恶。然后他又突然问亚历山大：为何在题献诗里称他为俄罗斯的帕尔尼⑤？

---

① 摘自普希金《致巴丘什科夫》（1814）中的一句诗。——译注
② 希腊帕纳塞斯山（Parnassus），或法国诗坛的帕尔纳斯派。——译注
③ 太阳神阿波罗的别名。——译注
④ 以下所引是巴丘什科夫《致达什科夫》诗中的句子。——译注
⑤ 帕尔尼（1753—1814），法国诗人。—— 译注

关于这个问题他曾经写过一些东西，但以后再也不会了。

巴丘什科夫认为亚历山大在考试中朗诵给杰尔查文的那首《皇村的回忆》，是他最好的一篇作品。为什么不尝试写一些有关重大历史事件和英勇业绩的叙事体长诗？题献诗已经写得够够的了。

不，他既不像一个伊壁鸠鲁式的享乐主义者，也不像个梦想家。

亚历山大感到有点受了冒犯，他回答说，他正在写一首长诗，不过只是一篇游戏之作，是以玩笑口吻写的一篇关于博瓦①的童话故事——博瓦是一个民间传说中的英雄，这篇童话里还有狡猾的国王，甚至还有他白痴父亲的幽灵。

巴丘什科夫平静地说，他自己也曾经构思过这样的童话题材，突然他对亚历山大说：

"把博瓦给我吧。"

他笑起来，立马变得像那个写出关于懒惰和阔绰智者的古老诗歌的人了。然后他又发起愁来，握了握亚历山大的手就头也不回地走了。这个小个子的、干瘦的挺拔的人。

他走之后，亚历山大在学校走廊和过道来回溜达了许久，心中七上八下，惊惶不安。然后他摇了摇头，清醒过来。

当杰尔维格问他和巴丘什科夫都聊了些什么时，普希金却不想告诉他。杰尔维格随后又问他，巴丘什科夫是否喜欢他的题献诗。普希金却回答说：

"青菜萝卜各有所爱——每个人都有自己的想法。"

---

① 普希金在写完《僧侣》以后，曾经尝试写作一部比之更大的作品——《博瓦》(1814)。这首长诗充满了政治意味的暗示，沙皇在诗中被给予讽刺性地描写：一个是暴君，一个是蠢人，意志薄弱。长诗未完成。——译注

他不愿意继续去想这件事了。

当晚，他把这一年所写的东西都读了一遍。突然觉得很多内容都是多余的，于是他把那些诗行标记出来。

后来茹科夫斯基送了一首他自己的诗作。

茹科夫斯基个子很高，长长的头发挡住了额头，他爱笑且健谈。巴丘什科夫看起来并没注意到众人，只关心建筑物及其面积。茹科夫斯基环顾四周后立刻说校长长得像只猫。校长也的确像猫——总是从容不迫，吃得饱饱的，也很善良。

现在卡拉姆津、维亚泽姆斯基和瓦西里·里沃维奇大伯在去莫斯科的途中来到这里。卡拉姆津打算来皇村消夏，在这之前就有传闻说这位伟大的历史学家将要成为沙皇的顾问。瞧，进行教育就是这么简单而又轻松，它多么容易取得成果呀！

很显然，阿尔扎马斯大伯现已处于名利的最顶端——他是年纪最老的阿尔扎马斯成员，所有人都应该铭记他和"座谈会"以及没品位的迦勒底人①的战斗。亚历山大在陪他们去中国村的路上一直暗自欣喜。的确，这些带着尚未完成的旧式宫廷装饰的老房子已经上了年头，不像是住人的地方，更像无人居住的凉亭。卡拉姆津蹙着眉巡视这些房屋。天花板很低且屋内空间狭小。他挑选了一间稍微宽敞些的给自己的家人住，另一间有带房顶的通道，当作书房，第三间房屋是厨房和会客室。亚历山大似乎感觉到他叹了口气。如果有人告诉他，说他是大家都需要

---

① 迦勒底人，古代生活在两河流域的居民，大概在现在的伊拉克南部及科威特。约公元前 625 年，迦勒底人夺得巴比伦尼亚的王位，建立了迦勒底王朝，亦即新巴比伦王国。阿尔扎马斯社成员管对手叫迦勒底人，亦即野蛮无知颟顸的人。——译注

的，大家需要他，甚至甚于他需要大家的话，他会惊奇不已的。

卡拉姆津感到惊恐又悲伤。他是从莫斯科来彼得堡的，那个他曾经享誉全城的莫斯科，其重建的速度之快，已经看不见任何大火曾经肆虐的痕迹。他十二年间的重要作品都已经接近了尾声。《俄国国家史》已写了八卷，接近完成。接下来就需要印刷出版，为此必须得到沙皇的批准和经费。他写了文辞优美感情激昂的序言。他带着恐惧的心情出发去了彼得堡：因为叶卡捷琳娜·帕夫洛夫娜——深受沙皇信赖的皇姐，并没有回他的信。要是什么都解决不了可怎么办？他只得无奈地做好迎接意外和屈辱的心理准备。但现实却超出了他的期望。在圣彼得堡度过了六个星期的苦闷煎熬，度过了热闹的五旬节，可是沙皇丝毫没有要接见他的意思。彼得堡的漫不经心令他疲惫不堪，人也消瘦了不少。只有年轻聪明的阿尔扎马斯社成员们在聚会上十分活跃愉快。他们对这位伟人的不公平遭遇感到愤慨，有人还将此比作猫和老鼠的游戏，卡拉姆津忧伤而又赞同地接受了这一说法。与此同时他还不得不低声下气地妥协哀求。说起来可笑，他曾去自己在文学界最大的敌人——"座谈会"那些阴沉的老家伙那儿做过客，但没得到什么赞许的话。他还去拜见过皇室侍从长和总侍从长，请求他们帮助促成沙皇接见，但却遭到了冷漠的对待。

终于他得到允许去谒见沙皇的朋友和宠臣阿拉克切耶夫伯爵，但他却无法克制自己而放弃了这个机会。阿拉克切耶夫的一位将军朋友跟他说过，皇帝一听说要花六万来出版《俄国国家史》，好像说了句："荒唐！我要出这么一大笔钱吗？"后来，还和一个受人鄙视的人——其夫人是阿拉克切耶夫的情妇的秘书普卡洛夫——一起吃了顿饭。最后，他终于咬着牙去拜见了阿拉克切耶夫，随后很快就受到沙皇的接见。他本想朗读自己写的序，开了两次头都没读下去。沙皇批给他六万出版经费，并表示如果他愿意的话，可以居住在皇村。

筋疲力尽、受尽屈辱的他觉得自己简直快成了卑鄙小人，因为得到了居住许可，来到皇村挑选住宅，并和瓦西里·里沃维奇一起到皇村中学回忆青春岁月。他很欣赏亚历山大，这位年仅17岁的少年！这个年纪一切都是那么温柔和青涩，哦，在这个年纪还不会屈服、折腰！还能拥有美好的梦想、诗句和未来！

而且，绰号叫"就这样"的瓦西里·里沃维奇大伯更加需要他。

瓦西里·里沃维奇大伯是所有人里最无趣的。他喜欢以自己的标准衡量一切事物。而且不得不说，他作为阿尔扎马斯社的成员，绰号起得最没水平。他是带着矛盾的心情来找亚历山大的。在马车上他和朋友们吹嘘了一路。

"他最近作的讽刺诗比很多人的作品都要锋利俏皮。"他面无表情地对维亚泽姆斯基说，后者相当爱嘲笑人，一刻也不肯放松：普希金家的人永远都在写讽刺诗。他的侄子，也是他的学生和追随者，已经长大了。让大伯感到不快的是：亚历山大已经被"阿尔扎马斯社"接收为新成员，没有经过任何正式仪式，并且得了个还算体面的绰号——蟋蟀。与此同时，瓦西里·里沃维奇大伯总是不无遗憾地回想起他入社时的那些仪式。那是在乌瓦洛夫家进行的。一开始气氛很诙谐，好像置身剧院。人们给他穿上一件缀着贝壳的长衫，头上扣了一顶宽边帽子，还塞给他一根手杖。

他被打扮成了一个朝圣的香客。瓦西里·里沃维奇可是很清楚"朝圣"的一套规矩！"午夜的黎明"！神秘主义者！迦勒底人！这是一个模仿秀。他被蒙上了眼睛，然后被带到一个地下室。这使他有些不舒服。接下来却更糟糕，他被蒙在了厚厚的毛皮下面，他确定这是沙霍夫斯基那件"偷来的皮草"①。他差点没窒息。他听到一些人用教会的口气喊道：

"忍一忍，忍一忍，瓦西里·里沃维奇！"

如果他了解到其中的含义，那他便愿意忍受。但他不明白这有什么意义。而且，这一切都应该发生在毫无意义的"座谈会"里。然后他又被迫向稻草人开枪，而那个稻草人竟突然间朝他开了一枪。后来有人告诉他，当时不过是炮仗的响声。但是他还是倒在了地上，不是出于害怕，而是由于突如其来的惊吓。然后大家又把他塞进一个大木盆里洗澡，这可一点也不好笑，并且对健康有害，大家还以"座谈会"的名义宣布："阿尔扎马斯社"是个贼窝，是强盗和怪物聚集的码头，瓦西里·里沃维奇对此完全赞同。

再然后，也许是作为奖励，他被选为社长。但只是在蟋蟀入社之前——现在亚历山大成了社长。大伯本以为，至少每个人都要经历一遍这些乏味的入社仪式。而蟋蟀是大伙背着他选出来的。去你的破仪式！

是，虽然这是一种荣誉，但也有点太年轻化了，不顾年龄大小，简直就是滑稽表演。

当看到卡拉姆津对他入社的事一无所知，大伯内心深处还是很得意的，也有可能他已经知道了——他看亚历山大的眼神充满关切又兴趣盎然。这孩子将来会受益颇多；不管他的《危险的邻人》以及同迦勒底人的战斗，无论如何，这个偶尔过分闹腾的"阿尔扎马斯社"已经出现了，这个男孩是它的教育成果。这是无法遗忘的事实。

---

① 这是沙霍夫斯基写的一部喜剧，旨在嘲讽卡拉姆津派。——译注

3

人们来拜访他，巴丘什科夫、维亚泽姆斯基都来做过客，14室里有一张铁床，门的上方有个栅栏。他在自己的诗作中将这房间称为修道小居，把自己称作隐士，在另一首诗中又称自己为残废；他把装冷水的长颈玻璃瓶叫作陶罐。如此他便成了一位年轻的智者，他写懒惰，写跟懒惰很相似的死亡，写戴着轻薄面纱的少女。他认得出对面的窗户，从前在那扇窗里曾闪现过娜塔莎忙碌的倩影，娜塔莎比他好很多。他还给那扇窗写了首诗。那扇窗分隔了忧伤的恋人，或相反，被一只羞答答的手轻轻推开——从这扇窗里可以看到月亮。他从自己的窗子往外看：对面有一间侧屋，住着几个老泼妇，却没有戴面纱的少女。娜塔莎早就被赶走了。朋友们会在他的墓碑上刻下这样两行字：

一名年轻的智者，

阿波罗和快乐的门徒，在这里打盹儿。

他啃坏了羽毛笔，画掉了写下的东西，在皇村里游荡，夜里偶尔还从床上跳起来写关于懒惰的诗。每天早上福马捡起地上被咬掉的鹅毛时都会感到惊讶："又有鹅飞进屋了。"

智者生活过，享受过，最终会毫无牵挂地死去。他会吹普通的笛子，也会吹芦笛，为此还引起了亚历山大和丘赫利亚关于芦笛是什么的争论。但他们在争论过程中惊讶地发现，两人谁也无法确定芦笛到底长什么样。丘赫利亚坚决不相信芦笛是普通牧羊人吹的管子。

智者也经历过爱情，他的爱情和痛苦被平静得仿佛睡梦般的死亡所终结。

　　当他在大厅偶遇来找哥哥的年轻诱人的巴枯宁娜时，他意识到自己陷入恋爱了。

　　这和他之前所经历过的感觉完全不一样，包括追求侍女娜塔莎或者欣赏另一位娜塔莉亚（他从没叫过她娜塔莎）演唱歌剧时。这是一种非常强烈的爱，但只能默默远观。他曾在诗中称呼侍女娜塔莎为娜塔莎，称娜塔莉亚为娜塔莉亚。他把巴枯宁娜称为埃维莉娜，就像帕尔尼在诗中称自己美丽的情人为埃列奥诺拉。献给埃维莉娜的诗作只能是哀诗。

　　想要见到她成了他的习惯，哪怕只见到她裙子的一角从树林里闪过。一次他见到她穿着黑色的衣裙经过学校，还和别人说着话。在她消失在转角前，他整整幸福了三分钟。黑色的裙子很适合她。那一晚他躺在那里，盯着她白天经过的树林看了很久。他灵感涌现，写了几首关于死亡的诗，身穿黑色衣裙的死神来到他的门前。他读着自己的诗，惊讶于这种难以忍受的思念之苦——他明白，这只是想象中的忧愁和死亡，但这却令他更加苦闷。假如他表露出自己仅仅想要见到她，而并不想和她交谈的想法，会令他十分惊讶。他该怎么对她说呢？如果再无可能也再无必要见面的话，他又该如何度过未来的日子？他整夜都在为此苦恼哀叹。

　　有一天，他停下来叹了口气，然后听见墙那边同样的一声叹息。普辛也没睡。

　　亚历山大便和他聊起天来。普辛不情愿地承认爱情已经让他两周无法入眠。两分钟后亚历山大惊奇地发现，普辛和他爱上了同样一个埃维莉娜，也就是叶卡捷琳娜，也就是巴枯宁娜。

　　奇怪的是，他既没感到愤怒，也没觉得嫉妒，而是好奇地听普辛抱怨着巴枯宁娜很少出现。第二天普辛满脸通红地塞给他一张纸，让他看一看。亚历山大便读了，这是一篇韵律简单的小情诗。诗中说这是第一次奉美人之命写下的诗行。这诗显然不是出自丘赫利亚之手，丘赫利亚的诗中只有友谊和秋天的风暴。这也不是杰尔维格的风格，他已经在诗中自称为老人、老朽或长者。普辛坚称这是伊利切夫斯基的，因为洋洋洒洒写得很长。第一行诗句让普辛很困扰，写着"奉美人之命"——难道他们已经见过面了？

亚历山大心满意足地瞧着他。三个人同时爱上一位姑娘，这太神奇了。这件事他对伊利切夫斯基只字未提，但每当那个忧郁的影子在走廊里经过时，他总会久久注视。

后来有一天，普辛、伊利切夫斯基和亚历山大三个人撞上了。伊利切夫斯基傻眼了，张着嘴看了他俩半天才反应过来。

然后他又因为普希金和普辛两人放声大笑感到失望。

再看到巴枯宁娜时，亚历山大依然很高兴，他期待着她，但是夜晚的叹息越发少了。他现在能够安稳地睡到早晨。一天他突然感到非常难过，他再也没有见过她，他已经不想甚至害怕见到她了。或许他根本没爱过她吧。他收起了写给她的诗，并努力尽可能不去想起她。

4

他知道，自己的诗比大伯瓦西里·里沃维奇那些优柔寡断的诗写得好，那种死神来到门前的诗句，就连巴丘什科夫也不会拒绝的。将长颈玻璃瓶称作装满清水的陶罐，将其放置的斜面写字台称作一张简朴的桌子，还有窗户，少女，年轻智者的爱情和死亡，隐士，懒人，梦境和梦想。现在他更像是一个挂着拐杖的残疾人或修道士。他是个聪明的人。

所有大人都想要过此种生活。戈尔恰科夫很喜欢这位智者和懒蛋。

如今戈尔恰科夫微微伸出粉红色的舌尖，认真地将他的全部诗作抄写下来。他的眼睛里浮起淡淡的迷雾，看起来这些诗作让戈尔恰科夫心满意足。这位被阿波罗所宠爱的智者在他看来，快乐而不过分，矜持而不冷淡，不多不少和他戈尔恰科夫一模一样。亚历山大并不喜欢戈尔恰科夫抄写并赞美他和他的诗句。

有一天，新校长递给他一页写满了诗句的纸，说是偶然发现的，上面是亚历山大写的诗。

校长很赞赏这些诗作。他咧着嘴冲亚历山大笑了笑，好像一个同谋者，带着些许忧郁又陷入幻想的神情，他淡蓝色的眼睛里有一丝疲惫。

这样的机会校长已经等了很久，他非常认真地读完了一首四行诗，然后又读另一篇。他记住了皇村中学诗人的作品。

普希金用力咬了咬牙，转身离开了。校长看着他的背影，合上了大嘴巴，收起了祝福的眼神，背着手慢慢走回办公室去了。

不，他不是个智者，也不是个懒蛋。

卡拉姆津、大伯和维亚泽姆斯基离开后，他每天傍晚都执着于鼓着鼻孔四处游荡，浑然忘我，丹扎斯手里握一支铅笔，屏住呼吸，一边观察他一边迅速作画，但还是画不好，开了个头就放弃了。米沙·雅科夫列夫来了，丹扎斯就对他解释说，自己想画一幅普希金像个猴子般作诗的画，结果没成功，一点都不像普希金，倒画得像伏尔泰。但这是因为普希金既像猴子又像老虎，他又想要把普希金画成一只即将一跃而起的猛虎，一切进行得很顺利，但不幸的是，最后画成了一只真正的大老虎。

而事实上他真的在准备跳跃，心不在焉地，轻笑一声，闭着眼睛。

"阿尔扎马斯"在等待着他。他渴望着、想象着那一瞬间，当"阿尔扎马斯"的领袖，他的大伯介绍他发言时，他还不知道要说什么，但他已经提前预想到了所有可能听到的问题的答案。

那天夜晚，他被自己狂跳的心脏惊醒——仿佛感到自己注定失败的命运。卡拉姆津和维亚泽姆斯基对他有所期待。周围正在进行一场反对审美风格，反对诗歌，反对智慧，反对卡拉姆津和茹科夫斯基的战争。有一群言语野蛮，浑身恶习的老人，一群官僚习气严重的教会执事在"座谈会"里兴风作浪，使些阴谋诡计。

这些人他一个都不认识。这个组织里最可怕的沙霍夫斯基，他曾在自己创作的剧本中讥讽茹科夫斯基，"座谈会"为此举办了个桂冠加冕仪式。维亚泽姆斯基献给他一首颂诗。亚历山大将其全文誊写了下来。这位舒多夫斯基的性格倒是与"座谈会"其他两位姓氏以 Ш 开头的先生——希什科夫和希赫马托夫有些不同。他性格尖刻，维亚泽姆斯基说，那部嘲讽茹科夫斯基的可恨的剧本，还挺好笑，并且取得了巨大成功。但这对他来说更糟！有人指控他是导致尊贵的奥泽罗夫[1]死亡的原因。因为作为剧院经理的奥泽罗夫拒绝了这个剧本，还禁止其上演，之后剧作家发狂而死[2]。这是罪行，是报复，敌人嘲笑茹科夫斯基的哀歌，嘲笑卡拉姆津的敏感，嘲笑瓦西里·里沃维奇大伯的轻浮。大胡子们嘲笑正确合理的意义。他没读过，也不打算读他们的陈词滥调，古老的赞美歌和被他们称之为颂诗的刺耳的瓦良格人式的诗歌。他生来就是那些野

---

① 奥泽罗夫（1769—1816），俄国剧作家。——译注
② 沙霍夫斯基的对手谴责他作为剧院的领导并未对他人的作品表现出应有的不偏不倚的态度，而正是由于他的过错，奥泽罗夫的最后一部悲剧《波利克谢娜》未能获得认可（陷于饥寒交迫中的剧作家发疯后去世）。——译注

蛮的教堂执事的敌人。开战！让他控制情绪简直荒唐，想要封锁他的激情和心脏，不允许他哪怕是埋葬这些座谈会的无耻害虫们（爱好者早就被人把绰号改成毁人者了）和寂静的科学院，勋章、星星和绶带！

开战！

在皇村，他无法参加"阿尔扎马斯社"的会议，吃不到有名的阿尔扎马斯鹅肉。但是有一天他看见一个普通将军歪斜的身影，穿着丑陋，和胖胖的管理员一道，颓丧地从宫殿旁走过，

将军长了个肉乎乎的鼻子，耷拉着嘴唇，像司令部文书一样。他停下来用鼻音很重的声音跟管理员说了些什么。胖管理员直挺挺地站着，浑身颤抖，他明白了：那位将军就是阿拉克切耶夫。将军浑浊的双眼扫视了一下四周，背过手，仿佛没看见那些雕像石柱和这个承载了他过去荣耀的地方，挺起胸膛走进宫殿去了。

亚历山大手里攥着一支笔，他看着他，写下了一首关于陌生美人的诗歌。他环顾四周：鼻音重的将军，园林管理员可怕的日常生活，周围既没有女人，也没有诗歌。他把写好的诗稿藏进了口袋。

开战！

5

这会儿他鼓着鼻孔，在写俄罗斯词语的无耻害虫"座谈会"①，野

---

① 海军上将希什科夫是俄罗斯俄语文学研究院院长。"俄罗斯语言爱好者协会"是科学院的一个非官方分支机构。因此，希什科夫的对手们在其对希什科夫派的抨击中联合成为"座谈会派"和科学院派。"已故"科学院之所以被提及，是因为按照"阿尔扎马斯社"条例，每个加入协会的成员都应该朗读给前人的墓前悼词，但"新阿尔扎马斯社"所有成员都是不朽的——由于新增成员没有自己现成的"已故者"……所以，规定他们必须从"座谈会"和科学院的迦勒底人中，租一个"已故者"来致悼词……——译注

611

蛮人，说话带鼻音的教堂执事，瓦良格人诗歌难听的尖叫声。他并不认识他们中的任何一个，也没见过头发花白的希什科夫老爷爷和修道士希赫马托夫，但他感觉自己仿佛认识他们，见过他们。

他们悄悄在皇村中学附近徘徊。他现在还弄不清这些名字——所有旧事都在影响他的生活。被希什科夫赞誉为天才的苏马罗科夫①是一个嫉妒心很强的小矮子，而舒多夫斯基就是个恶棍。加利奇是个不受陈规束缚的人。他曾给他们做过一场关于讽刺文学的讲座。

讽刺分为人身讽刺（诽谤文）、个别讽刺和一般讽刺。诽谤文揭露某个人有感染性的思想和言行，以引起对其名誉的争议为代价，只有极端狂妄和不道德的人，他们对公共道德造成的危害是完全无法防备的……个别讽刺是任性的，它不分青红皂白地对待愚蠢、怪癖和恶习，包括肉体方面，并喜爱当代本土的怪人。

亚历山大的微笑凝滞在脸上，屏住呼吸，连笔记也顾不上做，聚精会神地聆听这位肥胖哲人的讲座。

不，诗歌可不仅是这种哀怨，也不只是被称为哀歌的音乐，更不只是他对少女埃维莉娜的爱情，她不仅可以出现在那种嘲讽修道士和女修道院长的无名讽刺作品里，她更属于所有讽刺形式。他迫不及待地想要和敌人对峙。难怪大伯被扣上了雅各宾党人的帽子。开战！

普希金、普辛和罗蒙诺索夫都收到了巴枯宁家的舞会请柬。

普希金一整天都忧心忡忡：毕竟这是他首次去社交场合公开亮相。埃维莉娜会在那儿等待他。但是，他不知道该怎样面对叶卡捷琳娜·巴枯宁娜。

---

① 亚历山大·彼得罗维奇·苏马罗科夫（1718—1777），诗人，剧作家。——译注

罗蒙诺索夫请福马大叔帮他清洗制服纽扣，并细细欣赏了一番，它们被擦得闪闪发亮。普辛让诺想要抻长裤腿，觉得自己长高了，但他打消了这个意图。

他们出发去参加舞会。普希金愁眉不展，感到难为情。他为巴枯宁娜写过太多诗，已经无法为今天这次见面或任何期待的事情感到开心了。

巴枯宁娜的窗子里还亮着灯光，女人们的身影在晃动，他忽然觉得喘不上气，笑了起来，他握着普辛的手对他说，今天自己打算跳舞。

第二个坠入爱河的普辛也有这样的打算。

舞会大厅里燃着几百支蜡烛，音乐家们在演奏小提琴。

巴枯宁娜白皙的脸上带着不匀称的红晕，歪着肩膀，微笑着迎接他们，这正是他害怕的。也许她并没有那么美。他还是第一次发现，她长得很像母亲。她母亲正被一群年轻小伙子围着，奇怪的是这些小伙子长得都很相似。他们都是些专门向女士献殷勤，谄媚讨好的货色，普希金很是受不了。老巴枯宁娜对他们十分亲切。两名毛皮披肩耷拉在肩上的骠骑兵向他们走过来，他们是索罗米尔斯基①和恰达耶夫②。这两位是有名的花花公子，他们的纨绔习气和明争暗斗在皇村无人不晓。他俩总喜欢一起参加舞会，身边被众多美人簇拥，但从来不和对方说话，也不正眼瞧对方。美女们轻摇扇子互相交谈。

---

① 巴维尔·德米特里耶维奇·索罗米尔斯基（1801—1861），近卫骠骑团军官。
② 彼得·雅科夫列维奇·恰达耶夫（1784—1856），作家，哲学家，《哲学书简》的作者。在与普希金相识时，担任御用骠骑兵。对年轻诗人有很大影响，1820年曾经斡旋，以便把因创作自由诗歌的普希金不是流放到西伯利亚或索洛维茨修道院，而是调往基希涅夫服役。恰达耶夫后来写道，说他和普希金的友谊是他一生中最好的时光。

埃维莉娜的女友们不知说起了什么，忽然笑了起来，于是这两位骠骑兵就像听到号令般向她们走去。

舞会开始了。巴枯宁娜和索罗米尔斯基跳开场舞。

其他人只能排在恰达耶夫之后。

巴枯宁娜很清楚这一点。他们开始谈论他最近刚被任命的话题。

恰达耶夫跳起了玛祖卡舞。

女士们和往常一样感到惊讶——他并不英俊，他的舞蹈一点也不热情洋溢，也没有绚烂的踏步。埃维莉娜突然说了句，恰达耶夫就是座雕像。大家都深表赞同。

他不慌不忙地跳着舞，他的微笑就像是给所有女士的缓慢的奖赏。女士们看着他也都微笑起来。普希金看他看得仿佛着了魔。

舞会后，他和恰达耶夫一道回去。恰达耶夫轻悄悄地走路，一次也没碰到树枝，更没有挥舞手臂。他的制服干净如新，他的身材匀称挺拔。快走到宿舍的时候，普希金感觉到，这一切都是恰达耶夫的聪明之处，而绝不是碰巧或偶然。

6

对于校长来说，普希金是最难管束，最难理解的年轻人典型，他总是努力拒绝自己的善意。

自从接手这所怪异又充满矛盾的学校，校长一直在努力搞懂这里，并试图使一切井然有序。他准备驯服这所学校，但只能用一种手段：善意。

叶戈尔·安东诺维奇·恩格尔哈特校长①希望各方面都朝正确的方向发展。生长在一个谦逊温雅的利沃尼亚②大城市里，他从一开始投身于国家事务工作起，就给自己定了个规矩，对任何事情不追根究底，但对于自己和他人的每一步骤都要慎之又慎。而在一切方面都出乎意料的保罗皇帝，却意外地任命他为马耳他骑士团文书。叶戈尔不明白皇帝为什么需要这个骑士团，他便把皇上的所有诏书都记得滚瓜烂熟，关于任何诏书的任何问题他都能够立刻回答。这给皇帝留下了很深刻的印象。皇太子亚历山大·巴甫洛维奇对一些诏书尚一知半解，恩格尔哈特便自愿偷偷做他的教师，帮了他的大忙。从那时起，他也明白了教育最重要的目的：教导学生避免不快和麻烦，教会他守秩序，有条理。1812年他被任命为师范学院校长。他学识渊博且宽容善良。他读过古今优秀哲学家们的经典著作，总能从最难以理解甚至是最无用的地方提取出一点有价值的东西。他不反对阅读和汲取现在正时髦的一些具有自由思想的哲学家的著作。叶戈尔·安东诺维奇早已习惯于社会氛围的改变和人们对新时尚的追求。他是一个颇具哲学和道德自由理想的人。

尽管受过这样的教育，可阿拉克切耶夫伯爵还挺喜欢他。叶戈尔·安东诺维奇习惯于不忽视任何偶然性，他在离皇宫很远的皇村给自己购置了一套别墅。和皇帝见面的次数很少，但都很愉快，很快又引起了皇帝的注意。

一天，叶戈尔·安东诺维奇被阿拉克切耶夫伯爵叫去，被宣布成为

---

① 叶戈尔·安东诺维奇·恩格尔哈特（1775—1862），教育家、作家。从1816到1823年任皇村中学校长。——译注
② 利沃尼亚，中世纪后期波罗的海东岸地区，即现在的爱沙尼亚以及拉脱维亚大部分领土的旧称。历史上曾由俄罗斯帝国统治。——译注。

皇村中学的校长。阿克拉切耶夫习惯于给年轻皇帝的所有罪行善后。在阿拉克切耶夫的办公室里，叶戈尔·安东诺维奇写了一封关于皇村中学的说明信。这所学校完全处于混乱状态，学生们行为放纵，肆无忌惮。令人难以置信。说明信写得很有说服力，并且很有尊严：他要求校长的行为不受到一些琐碎的条条框框所限制，因为"校长是学校的一家之长，应该像父亲管理家庭一样管理学校"。

这正是他们需要的态度。

阿拉克切耶夫甚至重复了一遍：

"父亲，一家之长。"

叶戈尔·安东诺维奇低下头，暗暗赞赏自己这个关于家庭的想法。

慢慢地，校长逐渐开始熟悉环境，寻找进入他们心灵的入口。他明白，只有低年级小孩子才是自己关心的重点，因为他坚信，高年级学生还有一年半就要离开学校了，他们哪怕是能有一丝改善的迹象就谢天谢地了。

他渐渐摸清了孩子们的兴趣、喜好和弱点。大多数弱点都是道德上的，必须坚决根除；而对于高年级学生的毛病不得不睁一只眼闭一只眼。但有一个情况令他惊诧不已：学生们的功名心时而隐藏起来，时而明确又炽热，第一任校长马林诺夫斯基以及他的好朋友库尼岑，都很赞赏并鼓励第二种状态。他们毫不怀疑地确信，学生们将来会从事高级别的工作，尽管学生们完全不知道他们毕业后会做什么。

首先他做的就是浇熄这炽热的火苗，第一任校长把学校带入了歧途，他得努力让人们忘记老校长。为此他着手将空洞并且有危险倾向的思想改为更加日常。他常常找科尔夫谈话，夸奖他有悟性。只有事业才能让年轻人得到幸福，而非为国家服务。戈尔恰科夫，罗蒙索夫，科萨科夫三人的待人接物能力和个人兴趣，决定了他们适合做外交工作。他回忆起自己年轻时是如何开始做外交信使工作的，他们坐在一起黏合外交信件的信封。粘信封可一点也不简单，因为外交信件用的信封不允许使用剪刀。他要求他们写紧急报告，记日志，让他们明白不同包裹的样式。他很愿意回忆，而他们也很愿意在就职工作前学到这些东西。

和年轻人在一起时，他充满善意地回想起了那些国王和外交官们的趣事。他参加过亚琛①大会，见过所有参会的国王们。戈尔恰科夫津津有味地听着。他便又给他们讲起了在这个不稳定但辉煌的领域工作所需要的灵活性和日常生活经验。

第二部分学生要简单些了：瓦尔霍夫斯基和玛秋什金。他们本该去军校，却阴差阳错来到了这所非军事学校。恩格尔哈特早期的经历使他有些害怕军事的敏感性，也不想把这些记忆带到皇村中学里来。否则阿拉克切耶夫伯爵就会干涉一切事务。不，事情还会更加微妙。要培养军人容易，要培养部长就难了。

他完全不反对斯佩兰斯基的教育理念，但他还想引入更温和更务实的教育方法。简单来说，他希望为学生带来幸福。而这种幸福的光芒也将照亮他——校长和父亲。

第三部分学生是最难管教，也是最危险的：也就是普希金、杰尔维格和丘赫尔别凯这三位诗人。丘赫尔别凯疯狂，善良且易怒，但极其单纯。捷利维格是一位冷酷好讥讽的人。

而普希金呢……

叶戈尔·安东诺维奇对如何安排这位学生的幸福人生有自己特殊的

---

① 神圣同盟第一届代表大会 1818 年在普鲁士城市亚琛召开。——译注

看法，普希金既然轻轻松松就在考试中赢得了杰尔查文的赞赏，并没有通过任何特殊渠道就获得了卡拉姆津等人的好感。在一定时间内，他应该引导这个孩子跨越某种界线。

首先，叶戈尔·安东诺维奇对诗歌表示认同，但他将诗歌当作一种教育手段，一种娱乐，就像深受女人喜爱的一种愉快又忧郁的事情。但是他不认为诗歌是一种激情。这些羽毛笔写下的残破碎块，还有普希金那灵敏、锐利、漫不经心的目光，一边咬着羽毛笔，一边露出古怪的微笑——这一切都是激情。他本打算试着触动他最敏感的心弦，但当有一天他在大厅里听到普希金粗野的笑声，普希金在嘲笑一位老诗人的无辜悲伤的一段作品，他全身发抖，他明白了：普希金可不是个温厚善良的人，而是个骄傲又无情的人。早年的学识，得到的赞赏，以及所有来到皇村中学拜访的作家们等，都助长了他的狂妄自大。并且，说实话，他的诗作是冰冷的，而诗歌本应该是温暖的。

在他的灵魂深处，叶戈尔·安东诺维奇不愿承认的是：如果能和卡拉姆津交好，他会欣喜若狂。卡拉姆津还来拜访过普希金。但当叶戈尔·安东诺维奇开始和普希金谈论他的诗歌时，普希金听到赞美时沉默，冷淡和无视，甚至都不愿对恭维话做出回应的态度令他感到畏惧。

叶戈尔·安东诺维奇既不是色鬼，也不是伪君子。他根本不把宗教当作唯一的消遣。但对属于教会的一切进行嘲弄，在他看来都是黑色的，是一种罪恶，有一丝批判和审判的意味。回顾自己早些年在马耳他骑士团的辛勤工作，他充分理解宗教的各方面特性，对于事业以及稳定体面的人生道路有何等重要的意义。但在见到普希金之前，他就听说过一些关于他的诗作的传闻，几乎都是罪恶的，关于修道士，修女等题材。他并不是个伪善的人，也不想知道这些东西。看来要走进这年轻人的内心只有一种方法了——女人。

叶戈尔·安东诺维奇是个阅历丰富的练达的人，非常清楚在重要的事务中，偶尔把女人的微笑和话语放在首位的重要分量。他本人也不算老，四十岁的和善的中年人。他现在仍然可以灵巧地跳舞。但真正困难的是，等他六十岁的时候是无论如何也不会重现二十岁时的风采的。他完全是为了让学生们变得文明守礼，在女性社交圈中变得稍微温和些。他很明白，普希金对他的冷漠和放肆从何而来。就像他曾去过的骠骑兵兵营一样。但是校长却无法组织这些来访。他决定在自己的住所举办晚会，并邀请自己相识的女士们和皇村中学的学生们参加。也许这样就能接近并驯服普希金。他见过这样的暴徒是如何在女士们中间，沉醉得像蜡油一样柔软，甘愿成为她们的 "chevaliers servants u cavaliers gallants"①。

7

校长果断地抹去了家里一切旧主人的痕迹。到处都摆满了鲜花，画家在墙壁上画满了五颜六色的图画。如果不是普希金捣乱，晚会会很成功的。

在跳舞时他让人受不了了。首先，他跳得很烂，这也没什么，除了戈尔恰科夫，所有人都跳得不好，这也引起了很多笑声。但是叶戈尔·安东诺维奇的一位远亲——玛利亚·斯密特也在晚会上，这位年轻女士的命运让人感动：她是一名寡妇。于是普希金竭力表明自己已经被感动了——如果是被这位年轻寡妇的命运所感动，那倒不错，可是不，他是

---

① 法语："忠实而英勇的骑士"。——译注

被这位年轻寡妇风韵犹存的魅力所打动了。

跳舞时他紧贴舞伴，气喘吁吁。叶戈尔·安东诺维奇惊讶地发现，这位年轻女士，自己妻子的亲戚，是一位很有教养的人，她的娘家姓氏是莎朗一列萝丝，尽管寡居，也丝毫不影响她那张绯红的脸蛋对于浪荡公子们的无尽吸引力。校长扬手示意音乐停下。和普希金的关系中还出现了一个创举，而这完全不是校长期待看到的，并且是很丢脸的事。在校长家里这个活跃的社交圈内的几乎所有年轻女士和青年们，都熟知这个年轻后生，甚至到了像熟知舒斯特尔俱乐部①的程度。校长感到嫉妒：他在晚会前就已经听说过巴枯宁娜舞会的事，感到很失落。在他的内心深处仍然渴望闪耀——可最终，玛利亚哪里比巴枯宁娜差了！她就是他晚会上谦逊的女王！这些还是他在晚会之前的想法。而在事态转变了之后，校长更加担心了：年轻后生和玛利亚一起不见了，他不得不亲自在自己家花园里寻人。人找到了，普希金今后将永远不再被邀请上门，但谁又能保证，明天或者一周以后，那个流氓不会在附近找个地方再次约会？

8

卡拉姆津于 5 月 24 日抵达这里并定居下来。因为沙皇随口说的一句客气话，历史学家离开了他心爱的莫斯科，因为这句话他等了五年。作为历史学家和沙皇未来的顾问，他得到的房子却十分不舒适，而且潮湿。中国村——按照中国风格修建，带天窗的尖顶房屋，房顶和墙壁上画满了复杂难懂的图案，距离随意任性亭不远，壕沟之外是未建完的工

---

① 鞋匠俱乐部（名字由来 Schuster-Klub）。——译注

程。四个被拆走了彩陶炉和壁炉的小房子，墙壁用彩色陶瓷砖装饰，其他部分还未完成，已经被遗忘了，成了蝙蝠的窝。

这些房子很小，因为这里是用来接待那些未婚的宫廷贵族的。一群中式房屋包围着可爱的小花园。其中一间卡拉姆津用作自己的书房，另一间供妻子和孩子们居住，第三间做厨房和仆人的居所。作家看着自己这几间漂亮的小房子，暗自苦恼。他害怕承认这根本不是房子，而像是玩具的事实，中看不中用，住在这里并不舒适。这些想法他没对任何人说起过。要不然一直为他奔走张罗的屠格涅夫会生气的。他在卡捷琳娜·安德烈耶夫娜面前，也永远是一副知足的样子。他一生的付出得到了回报。他成了沙皇的顾问。然而，如果他当初没去拜访阿拉克切耶夫，他便永远都没机会面圣。而拜访之后的第二天就受到了沙皇的接见。此外，沙皇现在散步时喜欢从他的房子路过，有一天还给他的妻子带了一束亲自采的鲜花。可是尽管如此，卡拉姆津内心的苦恼仍旧没有消失。他是个历史学家，是沙皇的顾问，沙皇亲自来登门拜访过，但却一次都没和他交谈，只有沙皇向他的妻子送花时，他才看见沙皇那迷人的白皙面孔上的表情。他的妻子是位美人。可是为了出版《俄国国家史》，就像他一生中所做的一切一样，他做出了明智的决定——顺从和等待。

从清晨起他便在自己的书房翻阅手稿，手稿上的字体大而清晰，他发现并纠正了一处错误。下午三点他穿上一件英式旅行西装，牵过一匹灰色骏马。他骑在马上，仆人牵着马走在前面。半路上他给仆人指了指路边的蘑菇，仆人上前将蘑菇采下。

这便是一次散步。

这次还没碰到皇帝，有可能他不会走到头，卡拉姆津几乎为此感到高兴。

随后是午餐和晚茶。

现如今，每天的工作结束后，他的生活便是轻松自由的，他在院子里感到愉快，而他在宫廷里怎样受到喜爱，沙皇如何不经常想起他，这些对他来说依然是个谜。

他像一个古老的斯多葛派哲学家一样微笑着忍受了自己的居所以及官职的似有若无。因此，当他听到不怀疑他的真实生活的普希金那飞快又静悄悄的脚步声时，他立刻啪的一声合上了正在翻阅的刊物。这就是为什么他因为普希金见到卡捷琳娜·安德烈耶夫娜时的眼神而原谅了他——那是无声的恳求的眼神，老历史学家十分明白其中的意义。

9

普希金第一次看到这样优美宁静的生活，还有这一双灰色眼睛流露出的关切。和他一起来的罗蒙诺索夫没有认出卡拉姆津。他习惯于普希金的沉默寡言，他知道普希金怕生，已经准备要站在阴郁的诗人身旁熠熠生辉。罗蒙诺索夫很聪明，这对他来说并不难。

可是普希金简直像变了一个人，根本没给他张嘴的机会。

他仿佛第一次感觉到自己，第一次找到了自我。仅仅三分钟后他就达到了目的：叶卡捷琳娜·安德烈耶夫娜放声大笑，卡拉姆津脸上露出惊喜的神情，这笑声他已经很久没听到过了。

第二天，他匆匆忙忙吃完午饭，就又跑到卡拉姆津家，这次他来得不是时候，历史学家一小时前出门散步去了。夫人在屋里做刺绣，看到他吓了一跳。"所有人都从这间幽静的小屋外经过，就差没从窗户往屋里看了。"她不满地解释道。

她非让他帮忙解开丝线，他跪在地上，聚精会神地盯着她纤长的手指敏捷平稳地从他的手上取下丝线。然后她又赶他走，她说，人们会四处找他，请他吃面包喝水的。他不应该回避自己的校长。普希金失望地离开了，她只把他当作一个中学生，仅此而已。

他已经忘记了去找骠骑兵的路，他对他们曾经是那么熟悉，而他们对他也曾经那么熟悉：他的命运如今已经被决定了。现在他每天都要往中国村跑。

而那位年轻的寡妇呢？莉拉呢？

但这和中国村没有任何关系。即便在这里想起她都是犯罪。主人不在家时他从没想过其他任何人。可是她却把他当作一个中学生，仅此而已。

10

在校长看来，他是个中学生，但与此同时，他能够胜任任何事情。

每天傍晚校长都会小心翼翼地从阳台张望，有两次他看到普希金匆匆离去的身影。要是别的学生，他会叫住他，并进行一次或多或少真诚地谈话。但是叶戈尔·安东诺维奇不能阻拦人家晚间散步，他想他今后一定不允许低年级学生这么做。他紧锁眉头：很明显普希金去了骠骑兵兵营。不难想象自己的那位教育成果在马厩旁的画面！而现在，校长发现这些冒险已经结束了，他每天晚上都去卡拉姆津那儿，这就完全是另一回事了。校长机械地转过头来，想看看年轻寡妇是否在这儿。可是他常常无奈地发现寡妇并没出现。因此他开始在皇村花园里独自溜达，暗自害怕会看到什么意想不到的场景，他不信任年轻寡妇，因为她只有在他到的那天，礼节性地哭了一下。而且她既年轻，又可爱。

年轻的寡妇感到无聊，叶戈尔·安东诺维奇无法令她开心。这个中学生还是个愣头小子，但她在第一晚就注意到他了，可能就是因此她才觉得寂寞无聊吧。她跳舞时连呼吸都变得断断续续，脸上一片红晕，以至校长立刻提高了对普希金的警惕。

巴枯宁娜是埃维莉娜。普希金便唤她为莉拉。这名字听起来像一个吻。

校长害怕在花园里碰见什么意想不到的场景，他是对的。他很可能撞见男女接吻。他们正在那里约会。她有些无助，顺从又渴望，这些罪恶的吻太久了。他第一次感受到了掌控女人的感觉，她彻底沉醉在他的温柔里。是的，他是个中学生，她也确实是个年轻寡妇，但这只能让他更加对她欲罢不能。在每次约会中，他总能感觉到她那死去的丈夫嫉妒的阴影，也许这是他对生前爱人的报复。除了那位过世的丈夫，还有另一个影子：直觉灵敏的校长，正在皇村的花园里徘徊，暗中窥伺幽会的恋人。

11

恩格尔哈特还有另外一个目的，就是希望能见到皇帝。一次偶然的相遇，一个漫不经心地点头，都会给他以及皇村中学带来长达多年的荣誉保证。校长在散步时经常畅想未来。他希望自己的学生都能幸福，而这幸福也许容易得就像一阵清风，从宫廷吹到皇村中学，吹拂着这里的学生，也吹拂着他——他们的父亲。在陌生人看来，校长的成功得来很简单，但实际上他经历了极大的艰辛。

他和这些孩子以及毕业生的友谊，以及他们对未来共同的希望都在增长。如今不仅是通过舞会和交流思想而结成的"外交官"式友谊，除了戈尔恰科夫、罗蒙诺索夫和科萨科夫，他仁慈公正地解决了马林诺夫斯基和丘赫利亚的争执，并因此赢得了普辛的友谊，和他交了朋友。

只有那个"斯巴达人"瓦尔霍夫斯基，这个前任校长的走狗，虽然每次见到他都恭恭敬敬，礼貌周到，但脸上却没有笑容。瓦尔霍夫斯基的高尚正直有点儿夸张过分了。千万不要走火入魔啊，年轻人！

而且，品德最高尚的瓦尔霍夫斯基和品行最恶劣的普希金还没喜欢上他。

他已经能够确定这两人的未来：瓦尔霍夫斯基，因其直率和富有激情的高尚品德，当然应该去军事部门，文官职位对他来说太别扭了。愿上帝与他同在！暂时不需要去考虑他的问题，也不能指望他能过得多幸福。

但普希金就是另一回事了。

校长痛恨他的傲慢和无情，也根本不想为了他的将来做任何事情。但是自己却是他的教育者。是否能从皇村中学走出幸福的外交官们，是否能从这里走出幸福的诗人，他都不能确定。要记得，皇宫离这里很近。要是在花园里逮到热情澎湃的……天啊！也许会更过分！那可是个年轻寡妇，校长又害怕走近宫殿，又禁不住想过去。

12

现在，每天早晨唤醒普希金的是一个全新的目标：他要确保晚上坐在圆桌旁，看到她，听她说几句法语，普希金至今见过几次她和其他女人闲聊，她说法语时并不像自己母亲那样发音不准，喉音重。在这个房子里，在这张桌子旁，只要她在场，一切就会特别平静。卡拉姆津的问题很少，这位伟人的嘴巴干涩得皱巴巴，还有这些寺庙博物馆一样的建筑群里的宁静，孩子们很少淘气，而她，灰色聪慧的双眼，她的一切。他无法想象这个房间里没有她会是什么样。两周以来，他早已忘记了去找骠骑兵们的路，因为在皇村的时间太短暂了！虽然这样很难，她也禁止他这样做，他每次来还是没有实现约会，因为他不喜欢看到他们两人在一起的样子。中国村离皇村中学只有几步远。一天他过来之后，发现她不在家。正值多雨的炎夏，他看到卡拉姆津一个人在家，裹着毯子坐在仆人为他修建的炉子旁。此刻他不是沙皇的顾问，而是一位普通的，一个人待在自己漂亮又阴冷的书房里的老文学家。

　　而他自己也挺冷静的，什么都不能打破，实在说也不该打破这里的宁静：维亚泽姆斯基说过，他已经彻底献身于历史学了，他说得对，这是一次伟大的献身。如果整个国家都能像他建议的那样走向渴望已久的安宁，全部安宁的历史也按部就班，成为一个唯一可能的历史，虽然并不那么令人感到慰藉——那么，他的整个一生也就自然会得到安宁与和谐。是的，俄罗斯的安宁是建立在针对其人民的鲜明强硬的权力体系之上的。反对这一公认的自然规律是不明智的，也是无益的。他生活的平静也是建立在和一切存在和解的基础上，尽管有时也会有不愉快。为了长久的幸福，他已经和一切和解。尽管偶尔空虚感会刺痛自尊心，但他仍旧秉持着信念。

　　他终于等到了迟迟不来的幸福。沙皇突然允许出版《俄国国家史》。就像上次他拜访阿拉克切耶夫后立刻受到接见一样，沙皇为卡捷琳娜·安德烈耶夫娜亲采鲜花的第二天就允准了此事。他满腹狐疑。算了不去想它！现在更大的痛苦开始了：不知为何这本书要交给军事印刷厂印刷。而这个印刷厂的负责人——扎哈尔热夫斯基将军，对命令可比对《俄国国家史》更加礼貌周到。今天他从这位将军那里收到了退回的所有作品原稿，要求他送去审查。可是国家级别的历史编纂学家还需要什么审查！他的手稿只有皇帝才能审查。这个级别很低的小将军嫉妒他在皇村的待遇，好像也超出了自己的权力范围。也许没有超出？安静！他突然非常想见到普希金，这个蟋蟀，好容易忍住了。他知道，假如，这个搞笑的普希金的侄子，总是用奇怪的目光盯着女人们，写一些奇怪的诗作，不肯在学校好好待着的年轻人，是否很快也会变得老成持重。青春和教育吸引了卡拉姆津的注意：斯佩兰斯基的活动是多么轻率鲁莽，到处创建这些没有体系和规划的学校！多么不幸的未来的种子们！

　　然而，现在可以与之共享这宁静的、充满优渥关怀世界的独特的人们，是阿尔扎马斯社成员，是这些皇村中学学生，是他们的热情，胡诌，慌乱，还有没完没了的笑声和争论。他请求普希金为他读一些新鲜的东西，普希金拿出一张纸，突然又红着脸重新塞进了口袋里。卡拉姆津耸了耸肩，低声请他读一读。他知道普希金无法拒绝这样低声的请求。普希金忸怩不安地开始朗读，渐渐地越读声音越大。

　　在听完皇村中学诗人蟋蟀的朗读后，卡拉姆津突然明白了，普希金把这首诗带来，就是为了读给他的卡捷琳娜·安德烈耶夫娜听。

　　　　*我的岁月何等漫长*①……

　　　　　…*死有何妨，只要心中有爱！*

　　他是怎样读出这最后一行的呀！

　　他这是写给谁的？

---

① 摘自普希金的《愿望》(1816)。——译注

不过这首诗写得非常美妙。卡拉姆津微笑着，点了点头，什么都没对诗人说，终止了和他的友谊。

没错！他害怕承认，要不是有皇村中学这些年轻人，他在这儿就是个孤家寡人。他前几天完成了给自己鸿篇巨制写的序言，却不知道读给谁听。屠格涅夫正陷入困境，已经很久没露面了。有一天，当外交官罗蒙诺索夫和普希金到他家做客时，序言的文稿就在手边，于是他便给他们第一次读了自己的序，自己的"信仰"。从读第一句开始，他就看出了需要修改的地方，之前没注意到。"历史之于人民，正如《圣经》之于基督徒"，他一边读一边不时停顿，观察听众的反应。哦，那年轻人聪慧的眼睛！所有包含崇高和模糊含义的词语，在皇村都获得了真正的意义。"《圣经》"，"基督徒"——上帝保佑，这也正是戈利岑说过的，戈利岑此刻应该坐在离这不远的皇宫里，也许，正在解释《圣经》和基督徒。他没有修改，而是当着两位年轻人的面又添了一句："历史是人民的神圣之书。"

他边读边看普希金。"我们所有人都是公民——不论在欧洲，印度，墨西哥还是阿比西尼亚①"每个人都和他的祖国息息相关：我们爱它，因为我们爱自己。就让希腊人和罗马人在想象中遨游：他们属于人类的大家庭，他们和我们有着共同的美德和缺点，也有着同样的荣耀和灾难。但是俄罗斯的名字对于我们有着特殊的魅力：比起费米斯托克②或西庇阿，我的心脏为波扎尔斯基③跳动得更加强烈。

"……我们应该知道，自古以来暴乱的冲动是如何搅乱公民社会

---

① 埃塞俄比亚的旧称。——译注
② 费米斯托克（约前 525 年—前 460 年）雅典统帅，民主派领袖。——译注
③ 波扎尔斯基（1578—1642），公爵，大贵族，俄国统帅，民族英雄。——译注

的……"

普希金安静地坐着，他的眼睛很像母亲，让历史学家不止一次想起"美丽的克里奥尔人"。那双眼时而炯炯发光，时而又暗淡下去。如此安静，就好像大家都没有了呼吸似的。对，这才是他真正的聆听者，他就是为了这样的聆听者才甘愿被禁锢在这漂亮中国村里的一个鸟笼子里边。当他读完后，又想回忆一些第一页的内容，普希金迅速地给他背诵了一遍。自从他奉命来这里等待接见以来，他不得不在妻子面前强颜欢笑，掩藏忧愁、空虚和衰老，此刻老作家终于感到幸福了。他站起身，从普希金身旁走过，摸了摸他的手，走到门后，擦去了眼泪。

他将放在自己膝头用于校对注释的文稿读给年轻的诗人听——关于那些幸福的无忧无虑的年华，关于红太阳弗拉基米尔大公的盛宴——弗拉基米尔下令熬出三百罐蜂蜜，在瓦西列夫和贵族宾客们欢庆八天，畅饮浓郁的蜂蜜。"从那时起，"他给普希金读着，"整整一周时间，这位大公在宴会厅宴请贵族、卫士、百人长、甲长、名人和显贵们。"

普希金心不在焉地在房间里四处打量，突然明白自己是在找纸笔。他看到桌子上有，便立刻拿过来，开始咬笔杆子（坏习惯），他不时停下来问，什么是"卫士"，得到的回答是，卫士即大公的持剑侍从，他写了下来，又开始咬嘴唇（谢尔盖·里沃维奇把他教导得多好！）。卡拉姆津解了闷儿，回答了这些问题之后，又开始解释文章内容，因为不是所有人读书时都会提问题。

——要是能采用古代语体写既朴实又优雅还带有戏谑色彩的旧体诗就好了。

但普希金并没看他，卡拉姆津的建议令他皱起了鼻子。普希金的古怪脾气令人惊讶，简直和谢尔盖·里沃维奇一模一样。或许他不喜欢

"长诗"这个词吧？可是他自己也写长诗呢——比如《伊利亚·穆罗梅茨》①，他也不觉得这有什么不体面的。俏皮、得体、优雅正是这一体裁的要求，这可绝对不是无关紧要的小事。普希金两眼乱转，啃着铅笔，不肯再听他说话，于是卡拉姆津轻轻伸手拿过他的铅笔。不，他应该没有生气，只是他的思想在游移不定。最后终于能和他交谈了。不，这不是谢尔盖·里沃维奇，这样飘忽不定的思绪有点像他的母亲，那位美丽的克里奥尔人。他的脸长得也像母亲。卡拉姆津请求诗人为他读一些新鲜的东西，普希金便掏出了一页纸。

13

这一年他们不约而同地更喜欢游荡，而不喜欢上课。没有人想要安静，纪律早已被忘到脑后，教授们只关心考试，因为可能会影响到学生和自己的未来。现在黑桌子后边坐着的只有不识字的粗人米亚索耶多夫。库尼岑消沉下来，背也驼了。他变得很严厉，冷漠地捧着笔记本提问科尔夫，如果他遗漏了什么便予以纠正。他从来不拿笔记本提问普希金，而普希金也几乎从来不记笔记。但普希金还是听课的，在所有教授的课里他只听库尼岑的课，这两人好像都十分理解对方。科尔夫总是被教授的偏心气得直攥拳头。

但是有一天他爆发了，就在他给大家解释社会契约的时候。

他说："专制君主将其废止，而最高权力属于人民——双方都彻底地废除了契约。"

---

① 伊利亚·穆罗梅茨，勇士，俄罗斯 12－16 世纪壮士歌中的主人公之一。——译注。

他突然沉默了，脸色变得通红。丘赫利亚正在唰唰地做笔记，墨水飞溅到了四面八方。

库尼岑平静下来，温和地让大家写下来，他讲的这些都是很久以前的事了。

丘赫利亚放下了笔。

现在他们散步的范围受到了限制：庭院在皇村里面。不能喧哗，必须排好队规规矩矩地走，皇帝甚至在民间也喜欢让一切秩序井然，要是看到有人不规规矩矩走路，皇帝就会暴跳如雷。

大家一劳永逸地默默达成了共识，普希金、杰尔维格和丘赫利亚从此不再散步了，他们总是并肩走在众人身后，争论着贺拉斯、卢梭、帕尔尼、希什科夫老爷爷、希赫马托夫和席勒，还讨论女性的不忠行为。

现在，他们都已经发表过作品，他们读的都是新书刊——丘赫利亚的母亲甚至还从莫斯科给他订购一本旧派杂志《两性离子》①，为此她支付了十五卢布，还放弃了一次来皇村中学的旅行。罗蒙诺索夫甚至给自己添了个专用书柜，他有不下两三百本书籍。布德利给丘赫利亚搬来了好多书——丘赫利亚读《威克菲尔德的牧师》② 时落了泪；而普希金一看到格雷塞的作品就立刻读了起来。

丘赫利亚是个极好争论的人，捷利维格几乎总是和他意见相左，普希金则享受争论。每个人都坚持己见。有些观点极端得惊人。有一次丘赫利亚说贺拉斯是自负的上流社会花花公子，和科尚斯基一样是个学究，听得大家目瞪口呆，于是便停止了争论。还有一次，普希金反驳丘

---

① 《两性离子》是由阿·梅尔兹利亚科夫于 1815 年在莫斯科创办的一家文学刊物。——译注
② 英国作家哥尔德斯密斯的感伤主义小说。——译注

赫利亚，后者走到哪儿都不停地用希腊语嘀咕荷马，并试图以悲伤的语调阅读荷马，还说荷马是个呶舌的家伙，他和捷利维格都为丘赫利亚如此入迷而心中暗喜。现在，普希金加入了阿尔扎马斯社，他忍不住想听到丘赫利亚称赞希赫马托夫－利夫马托夫，听他吟诵关于赞美彼得的诗歌。

戈尔恰科夫喜欢这些轻柔的诗句，还到处摘抄，不知何故，戈尔恰科夫给他看了一首法国大革命时期的小诗，诗中对三个姓氏进行了百般嘲弄：

> Vit-on jamais rien de si sot
>
> Que Merlin，Basire et Chabot?
>
> A t'-on jamais rien vu de pire
>
> Que Chabot，Merlin et Basire?
>
> Et vit-on rien de plus coquin
>
> Que Chabot，Basire et Merlin? ①

一小时后，普希金给丘赫利亚读了一首诗，诗中以同样方式嘲笑三位姓氏首字母为 Ш 的公爵。

> *希什科夫，希赫马托夫，沙霍夫斯科伊。*
>
> *希赫马托夫，沙霍夫斯科伊，希什科夫。*

---

① 原文为法语。——译注

"座谈会"成员的绰号是为了放在讽刺短诗里而取的。丘赫利亚搞清楚了，谁写了这些诗，并找到了所有讽刺短诗，不过它们真的不配称作诗。

现在，在上完了库尼岑关于古代部族的课后，他们沉默了很久。他们已经习惯于在散步时聊历史故事。五年来，他们每天都经过湖中的切斯门有古战船船头形装饰的圆柱，卡古尔方尖碑对每个人都有各自独特的意义。很可能是杰尔维格在其诗中喜欢提到渺远的古代。每次经过冰冷的卡古尔方尖碑，他总会把手放在上面摸一摸，惊讶于触摸到的冰凉。

恺撒在战胜拿破仑后回到了这座宫殿，所有人都等待他带来奇迹。现在，有时是他，有时是皇后，每周都来住上三四天。他在两次欧洲例行代表大会之间会有些闲暇时间。皇村中学的人都习惯宫廷侍女们那种特别的、摇摇晃晃的匆忙步态，她们总是急急忙忙地经过。

后来有几次他们看见了他，体态丰满，淡黄色头发，走路挺着胸膛，迈着小步子。他们知道，他是要去巴博洛沃，还要去宫里和警卫司令的小女儿约会。戈尔恰科夫气喘吁吁地讲述这件事。他不知从哪儿得知关于皇帝的一切：何时起床，何时祈祷，和谁共进午餐，和值班军官说话多还是少。他认为这些消息是政治性的，因此只告诉特定的几个人。他知道军团所有新制服的样子，还知道是皇帝和阿拉克切耶夫一起发明的新样式。

宫殿一如既往地安静，几乎所有窗户都被遮住了。谁在那里住？是那位击败拿破仑的半神？北方的恺撒？或是阿拉克切耶夫的朋友，身材肥胖的戈利岑？主楼梯上的哨兵挺立得像雕像和纪念碑一样。

很快他们就知道了，自己不会在皇村中学待太久：拉祖莫夫斯基伯爵下令要在三个月内尽快毕业——到 1817 年 6 月，"这里应该连一个人影儿也找不到"，马林诺夫斯基用自己那种哥萨克口吻说道。他们开始猜测，是谁逼迫他们离开。戈尔恰科夫巧妙地暗示，是校长干的。

"这位可敬的亲爱的校长大人恨不得立刻把我们赶走，"他说，"因为如果他取得了成绩，就可以不把荣誉算在我们毕业生头上了。"

但是玛秋什金对此十分愤怒。

普辛相信校长，因此他也表示异议。他说了一句：

"是沙皇的意思。"

可问题是，为什么？普辛意味深长地回答道：

"因为我们太吵闹，而且爱看热闹。"

14

她是一个著名作家的妻子。她的生活相当平静，除了目前由于这种半宫廷官员的身份的不确定性导致的一些不便。冬天她会在庭院附近出现。她丈夫耗费多年心血完成的巨著很快就要出版。第一份校对稿应该马上就能送到了，丈夫等得很不耐烦，而她也一如既往地十分关切，她知道，他最喜欢的就是自己帮助他修改。现在他们每天都会一起坐在这张桌子旁，做这项工作，他们整理准备送到印刷厂的文稿，检查注释，在她的中国小屋中，在鲜花的环绕中工作。鲜花太多了，每天都有人从宫里送来。她很清楚，为什么丈夫的《俄国国家史》得到了期待已久的出版许可。而他好像还不太明白。也好，正好她有这些本事，她自己对此一清二楚，她的步态，眼睛，声音，都是不可侵犯的。在皇村生活没有乐趣。但是她喜欢经常在傍晚来访的学生，喜欢他们的笑声和争论。普希金，有点怕生，活泼机灵，每当她一走近就有些羞涩，他的双眼很忧郁，每次都得用微笑和话语鼓励他。上帝啊，关于这个"座谈会"，她丈夫的可笑的敌人，当她看着他时，从他口中说出的玩笑是多么滑稽啊！他才十七岁，有时想想感到可怕，他们都那么年轻，而她已经三十六岁了。

她曾经平静而又幸福。

但现在她却不幸福。

没有人知道，什么最能让她安心。最近已经有好几次，她失控般地和可怜的继女吵架，咬着手帕哭着，一大早就想离开自己居住的这个温室暖房，离开智慧超群声名显赫的丈夫，离开孩子，去一个人生活。自童年时起，在她的一生中有过几次偶尔的失败。她从小在奥博莲斯卡姨妈家长大，姨妈是个老处女。每逢节日她就被带到维亚泽姆斯基家的大房子去，她会吻一吻老伯爵肉厚的脸颊，老伯爵也摸摸她的头顶。她知道这就是她父亲，她不安地隐约预感到一种不可挽回的不幸。她的姓氏不是维亚泽姆斯卡娅，而是科雷万诺娃，她也不是公爵小姐。她多次询问自己的姓氏从何而来。姨妈解释说，是以她出生的城市——雷瓦尔①的俄语叫法是科雷万，由此得来她的姓氏科雷万诺娃。一次游园会上，姨妈指着一位白皙的美人告诉她，那就是她的母亲。那一次是她第一次也是最后一次见到自己的母亲。她一直无亲无故，还曾听到家庭女教师背地里说她是私生女。从那时起她就养成了咬手帕的毛病。她二十二岁时，爱上了一个贫穷的陆军中尉，对方的姓氏也很平庸——斯特鲁科夫。但她非常爱他，于是家里很快把她嫁出去了。老公爵给了她丰厚的嫁妆，她成了富有的新娘。家里把她嫁给了她父亲的好朋友，一个聪

———————————

① 爱沙尼亚城市塔林的旧称，丹麦语 Revel。——译注

明，细心，有名的人。对方是个鳏夫，年长她十四岁。

她一下子就安定了下来，成了有名望的丈夫的忠实妻子，他孩子的母亲，也成了丈夫女儿的继母。

不，她不是一个好继母。她自己从小无父无母，本应属于她的位置被她的兄弟姐妹占据——甚至包括红头发的聪明爱笑的彼得·维亚泽姆斯基。而现在她发现，这里的位置仍然被丈夫的第一任妻子丽佐尼喀占据着，她的画像还挂在继女索纽什卡的床头，卡捷琳娜·安德烈耶夫娜还听得出自己丈夫很少见的特别的叹息声：他是在为亡妻叹气。她性格沉静，面容姣好。不过，虽然她之前很苗条，但慢慢开始变胖了。她步态平稳，灰色的双眼专注而又明亮，高耸的胸脯是最先开始发胖的部位。她脸上还没长皱纹。她的日子过得不错，每天都为丈夫读报纸。一天她读到了一篇关于远方的无名英雄的文章，文章赞扬斯特鲁科夫中尉的惊人勇气，他击退了进攻要塞的一支精锐的高加索山民分队，并受了重伤。陆军中尉因此被提拔为陆军上校。她为丈夫读完了所有外国新闻，随后便病倒了。

彼得·维亚泽姆斯基就像怕火一样害怕她。他私下跟自己的好朋友们说，这女人的性子很可怕。她开始注意到，身边好多人都在暗暗可怜她的继女。而且实际上继女的怨怼也真的很可怕，她对此心知肚明。她也心疼索尼娅——却遂使自己的生活变得不可能了。

卡捷琳娜·安德烈耶夫娜的生活很忙碌：她有一个继女，一个七岁的女儿和两个儿子。她每天一大早就和丈夫一起阅读校对稿。每当丈夫骑着自己那匹灰色的小马出门散心时，她就会深深地呼出一口气。普希金吓坏了她，可她一点也不生气。他年少又腼腆，他那断断续续的笑声以及不大的褐色眼睛里射出的目光让她发笑。

这眼神终究还是对她的赞美，对这个绝望的青年来说，好像她已经三十六岁这件事压根儿不存在。而对于她来说，这样的眼神要比总盯着她的皇帝的眼神可爱多了。她对皇帝那种眼神的第一反应就是立刻走开。可是想到丈夫，他的著作，出版，孩子们……她留了下来，并决心绝不认输。

当她即将去面见皇后，并且裙子已经从彼得堡送来的时候，她突然病了，哭了一夜。第二天皇帝派人询问她的健康状况，还给她带了鲜花。当她和丈夫一起应召去参加宫廷舞会，站在人群拥挤的门口时，皇帝十分难为情地站起来，请她坐在自己的座位上。作为维亚泽姆斯基的私生女，她明白，大家都在背后窃窃私语，所有人都嫉恨她。皇村管理员扎哈热夫斯基一看到她气得脸都白了。而正是他负责军事印刷厂，就是那个将要印刷她丈夫著作的地方。她决心不会认输。

说起来奇怪，她觉得自己有一位盟友。哦，当然不是她丈夫，因为他从不猜疑，甚至根本不去想象这些危险。他写了很多关于所有君主和统治者的著作，还写过历史上的各种黑暗事件和牺牲者们，不久前还刚刚写完一个关于伊凡雷帝的章节，他认为沙皇不会邀请他并因此感到苦闷。可她猜出来了：他不了解沙皇。作为女人，她一下子就明白了他的意思，明白了邪恶和残酷，女性的软弱和男性的怒火。

一天他们刚吃罢早餐，她的丈夫前一天得知，皇帝将在宫里和他见面。这会儿仆人通报说皇帝派人来了。卡拉姆津已经打好了领结，领结又翻过来了，他便站在镜子前整理。普希金也在。丈夫斜着眼看普希金的样子让卡捷琳娜·安德烈耶夫娜大吃一惊。她很熟悉那个含蓄的微笑，作家对所有领章和绶带、安年斯基勋章、戏剧演出等，都会露出这样的笑容。普希金迅速瞥了他一眼，两人便一同笑了起来。她高兴得脸红了，不知为何，她真的很喜欢看到自己的丈夫，一位著名的学者，一位史学家，和这个中学生平等地交换目光。

然而，宫廷侍从并不是来邀请历史学家的，而是奉命给他的妻子带来一束鲜花。卡拉姆津干巴巴地表达了感谢就再也不说话了。也许这算不上一种侮辱，但毕竟这差不多意味着已经敲定的见面被取消了。

普希金变得脸色苍白，什么也没说，很快就告辞离开了。普希金走后，卡拉姆津呆呆地看着他离去的身影，摇了摇头。

卡捷琳娜·安德烈耶夫娜让人把鲜花拿远一点，放到门外去，屋里很沉闷，她又咬起手帕来。

15

皇村中学里有一些秘密。显然普希金有事情瞒着普辛，而普辛还是敏锐地察觉到了。终于一切水落石出，普辛知道了亚历山大的秘密约会。有一段时间他觉得自己都快不认识普希金了。同时爱上巴枯宁娜并没有改变他们——普希金还是很快活，用粗鲁的玩笑嘲弄米沙·雅科夫列夫，冷血地讥讽丹扎斯，只有咬笔尖的时候，他才独自一人，目光静止——开始写诗，普辛便不去打扰他，因为已经习惯了。可现在却是另一种情形：普希金总是漫不经心，完全变了个人。当普辛有一天在花园附近看见他和年轻寡妇在一块儿，他很高兴。真相大白：普希金又一次恋爱了。令他有些惊讶的是，普希金压根儿没打算像风流鬼一样藏着掖着，而是很乐意谈论这场恋爱，以及那位年轻的寡妇。

不过按校长的意思，年轻的寡妇不可能是造成普希金长期忧郁，性格大变的原因。普辛不得不同意这一点。

以前他总去找那些骠骑兵，那时他要快活得多。而现在除了卡拉姆津家，他哪儿也不去。

然而普辛现在也有事瞒着朋友。亚历山大有几次注意到了，普辛、瓦尔霍夫斯基和丘赫利亚就像有人下令了似的，几乎同时从学校消失。有一天连杰尔维格也离开了。他感到好奇难耐：他们几个是不是有什么共同的秘密没告诉他？

不过他很快就从丘赫利亚那儿得知了这个秘密。丘赫利亚是个坚韧不拔的人，但就是守不住秘密。原来，亚历山大去找骠骑兵们那会儿，他们也结识了一些近卫军官兵。他们开始懂得，丘赫利亚说，不懂得人的人和牲口没什么区别。他们一群人住在这里，布尔佐夫是他们的头儿。丘赫利亚坦白地说，自己觉得他是个聪明人。亚历山大记得这个布尔佐夫，他在骠骑兵那儿见过他一次。布尔佐夫枯燥无趣但很有礼貌，几乎只和恰达耶夫说话，骠骑兵一张口唱歌他就马上离开。布尔佐夫是司令部的，骠骑兵们不喜欢司令部的人。他一走，就有人说他是乏味的人。

丘赫利亚还让他严格保密，说布尔佐夫是库尼岑的朋友，库尼岑跟他喝茶时，给他讲了所有关于政治制度和亚当·斯密的课。亚历山大感到震惊，一个近卫军几乎成了皇村中学的学生。这可是新鲜事。

丘赫利亚压低声音告诉他说，他们都毫不怀疑：阿拉克切耶夫和戈利岑违反了社会契约，他们已经背叛了社会契约，1812年战争胜利至今，奴隶制依然没有被废除。等了一年又一年，可现在，如果到年底还不废除的话，那就意味着这是一场谎言。

不过话说回来，人类总是在毫不间断地完善着自身，一切都证明了这一点。然而如果从贵族阶级方面说，则他们随时都在攫取各种形式的权力——社会之恶即来自于此，这一点无疑已得到布尔佐夫的证明。瓦尔霍夫斯基同样也可以证明这一点。我们不应该灰心丧气淡然对之，目前这是最主要的。如若不然，人就会被群氓即宫廷显贵们所吞没。世俗的成功就是毒药。丘赫利亚还说了很多。

目前一切正如他所说的那样！

亚历山大沉默了。事情果然如此！

他的朋友做什么都比他更专注。他浪费了多少时间啊！他克制自己，害怕眼泪会喷涌而出。怎么会这样！他们对他保守秘密，好像他是一个不学无术的纨绔子弟，是个不懂事的小孩儿，是个无可救药的淘气鬼。那也难怪阿尔扎马斯社的成员都戴红帽子！难怪大伯也成了红帽子们的一员！这是雅各宾党人的帽子。在皇村中学的时间还剩下不到一年了，他第一天戴上了红帽子。

他是个阿尔扎马斯社成员！再说他还有恰达耶夫，那个苛求细节的聪明人，一个小指头的知识都比他所有朋友加一块还要聪明。但是杰尔维格，杰尔维格呢！竟然瞒着他！他哭了，但自己还不愿意承认。今晚他要去找骠骑兵们，恰达耶夫想约他单独聊聊。他怀疑宫廷的沉默就是背叛！恺撒的巡游就是背叛！不是对不知被谁过早终止了的社会契约的背叛，而是对 1812 年无言契约的背叛。他什么也没说，扔下丘赫利亚就走出了门。再过半小时，恩格尔哈特校长就要回家了，今晚他要去找骠骑兵。就这样等到晚上太久了，要浪费多少时间！他明天或者今天会跟恰达耶夫说明白。可为什么不是现在呢？

他撞见了校长。

校长跟着他来着。

他扬着头，脸上挂着怡然自得的微笑。他很满意。他扬起眉毛低声对亚历山大说，让他别去上今天所有的课程和讲座（就好像他正在忙于应付各种课程和讲座似的），并立刻去给卡拉姆津传话：涅列金斯基一梅列茨基①来了，想跟他谈一件很特别的事，容不得片刻耽搁。

16

在中式小房子里放了张讲究的餐桌。客人在上座，亚历山大坐在他旁边。客人是个挺讨人喜欢的小老头，身材矮壮，绿松石色的眼睛，白头发在脑后扎成一条小辫子，并用丝带绑了起来。长辫子十六年前被剪掉了。这位宫廷老臣和年轻人打招呼，嗓音柔和动听，略微嘶哑。他愉快地用餐，白色短上衣包裹着的肚子上下起伏。他边吃边同卡捷琳娜·安德烈耶夫娜争论着，后者很开心：老涅列金斯基是她父亲一族的远亲。他毫不避讳自己年轻时是她的仰慕者。

廷臣说道："天使般的女主人，这些桃子真是甜美多汁。您看，它们的汁液就像烟雾，又像梨汁一样清澈，像阳光一样。"

卡拉姆津笑了起来，就像三十年前在老人们面前一样。

廷臣又对亚历山大说道："年轻人，您要学着在这个房子里享用水果。不是哪里都有美味珍馐和理解。昨天我们和将军共进晚餐。用陶器盛我最喜爱的荞麦粥吃。我承认自己深受感动。还有狗鱼——我为此深深鞠躬。牛肚，乳蘑炖鹅——我为此感激不尽。但是接下来……接下来……哎呀！是盐渍梨子、盐渍甜瓜和盐渍桃子！这难道不是对大自然的亵渎吗？把这些水果搞得和黄瓜或者卷心菜没什么区别了！"

他绿松石色的眼睛闪闪发亮，包裹着白缎子的肚皮微微晃动。

这小老头是个馋嘴货。

---

① 涅列金斯基一梅列茨基（1752—1829），俄国颂歌诗人。——译注。

餐后，卡捷琳娜·安德烈耶夫娜不想打扰他们，便离开了。他们坐在沙发上。但是尤里·亚历山德罗维奇并不急着谈正事。他那对绿眼珠打量着普希金——卡拉姆津向他力荐的诗人——已经看出了这小伙子有些忧郁和胆怯，还看到了他嘴角和眼里某处闪过的一丝调皮的微笑。老头觉得有必要奉承他几句，让他呼吸一点巴甫洛夫斯克的空气。他可是宫廷内部最主要的发起和召集人，也是前朝首席宫廷诗人。

因为没有女士在场，他立刻就说起了这件事。

他看着两位说："有人告诉我们，上个礼拜，来了一个牵马的人，此人擅使手段，他的马无所不知，问它什么问题都能用不同的姿势回答。皇后听说了这件事，决定对其进行一次非正式的检验。这个牵马的人被带进了客厅，开始表演。那匹马确实聪明，或者它主人是个滑头，但是表演进行得非常成功。在演出中途，那匹演员马突然本性毕露。您能想象吗？小男孩跑去找帽子，要放在下面接着，可马主人，就那个骗子，一点儿也没昏头，蹦起来用拳头把所有人往后推。女士们哈哈大笑，而我觉得很可耻。小男孩拿着帽子绕着马走，而马主人，那个骗子，胆怯了起来，鞠了躬就往出口退。卡坚卡·涅莉多娃举着长柄眼镜这边那边地看，什么都没看到。就过来缠着我问：'尤申卡，大伙儿在笑啥？这是啥？'我回答道：'这是自然本性，亲爱的，别的没啥。'"

他咧着沾满果汁的嘴唇得意地笑起来。卡拉姆津有点被廷臣的老实憨厚惊呆了，终于也发自内心地笑起来。

这个旧时代的肖利厄[①]、诗人、歌手、爱开玩笑的人，不知不觉地卸下了他肩上沉重的负担。

_____

① 肖利厄（1639—1720），法国诗人。——译注

亚历山大第一次听说前朝这种说法。

"而现在，我的朋友，"老人转过身诚恳地对亚历山大说，"晚上睡觉前我要去花园透透气，您可以带我过去吗？"

在花园里，他拄着手杖，在长椅上坐下来，直视着亚历山大的眼睛，脸上没了微笑，完全换了一副嗓音，缓慢、轻声地，带着不容置疑的语气，对亚历山大说出了如下一番话。

毫无疑问，这里的人都听说了，6月6号在巴甫洛夫斯克将举办庆祝活动。宫殿里将点燃六千支高烛，五百名女子将出席假面舞会，巴丘什科夫已经写了那些场面。两宫、皇帝、两名皇后都会到场。这次庆祝活动是为奥兰斯基亲王举办。他们夫妇即将离开。宫殿周围会有篝火，村民们会载歌载舞。晚餐时合唱团要唱诗，需要他梅列茨基来作词。亲王是个善良，谦虚，聪明且多愁善感的人。他在威灵顿①元帅麾下打过仗，曾击败过拿破仑，还负过伤。为亲王作诗不是什么可耻的事。他梅列茨基很乐意写，并为此备感荣幸。但年轻的诗人看出来了：他很沮丧，没了热情、激情和朝气。

老人坐在那里，愁眉苦脸地像一只老麻雀，脑后的小辫子颤动了一下。卡拉姆津指指他，又指指普希金。梅列茨基看着天上的飞鸟。他要给亲王写诗。可是亲王也许只是个借口。他曾为波旁的百合②战斗过，需要谈论和平，谈论复辟后又覆灭的拿破仑时代。

老人说："如果加夫里洛·罗曼诺维奇③还在世，他一定会为此亲吻我。"

---

① 威灵顿（1769—1852），公爵，英国元帅。——译注
② 百合是法国波旁王朝的王族标志。——译注
③ 即杰尔查文。——译注

这一切，从宫廷逸事到重要话题的迅速转换，以及这苍老、严肃、令人意外的语气，还有杰尔查文的名字，就像是一个古老的宫廷故事，亚历山大早已在莫斯科就听大伯说起过了。

老廷臣又说："有尼古拉·米哈伊洛维奇担保，另外我这双昏花的老眼也是不会骗人的。您拿起一支新笔，一张白纸，我打个盹儿的工夫，诗就能写好了。所有重要的事儿都要在一小时内完成，不能再久了。我会和他们一起离开，或者就像我说过那样，或者我什么都不懂。"

17

普希金既没找到恰达耶夫，也没找到拉耶夫斯基①，只有卡维林自己在家。

卡维林看到他异常高兴。

"我亲爱的，我为你打个赌，你的表现让我刮目相看。我说过，你会从皇村中学逃回彼得堡，并会在半路上被抓到。莫洛斯特沃夫也说过，你在轻浮地追逐某个女人，好像还在树林里见到过为爱狂热的你。现在我要坐下来写信，请人家砍几棵小橡树，我赌输了，得付钱给莫洛斯特沃夫，我还要请你从树林里采些浆果来。莫洛斯特沃夫马上就来了，他值完班得好好睡一觉。我的心肝，看看我。"

他轻轻吹了声口哨。

"事实上你真的不好。我真羡慕你。你是爱情中的受难者，你一只眼睛就能令美人神魂颠倒，没有一个姑娘受得住。而我又是花钱，又是吃醋，我苦不堪言，满脸通红。可谁都不信。你碰巧赶上我在家，我的

---

① 拉耶夫斯基（1795—1872），十二月党人，少校，诗人。——译注

寒热病发作得厉害，可明天我得骑着维赫拉赶到巴甫洛夫斯克去出差。列瓦绍夫的马房将负责迎接奥兰斯基亲王。"

列瓦绍夫，团长，他谁都不喜欢。骑兵连驻扎在索菲亚的一个石料场，而马房旁边的石屋则是团长住的地方，这个骠骑兵的房子被称为马房，所有命令都出自这个马房。

卡维林被宫廷琐事搞得很烦躁，宫廷警卫队令他不堪忍受，指挥官的阿谀奉承和奥兰斯基亲王都很让他生气，而且他好像真的病了。他喝下一杯冰冷的香槟，如果不是寒热，香槟就一定管用，顶多就是法国的毛病。他管奥兰斯基亲王的未婚妻，即恺撒的妹妹叫奥尔良姑娘，他还用自己杜撰的拉丁语说，这个亲王总算要走了。

他解释道："Deinde post currens——意思就是：雄火鸡乘驿马旅行。"卡维林的拉丁语在整个彼得堡赫赫有名，警戒哨兵都被他的拉丁语吓破过胆。Deinde 在拉丁语里的意思是"然后"，但是法语里 dinde 的意思是雄火鸡；拉丁语里 post 是"之后"的意思，而在法语里是"驿马"；只有 currens 的意思是"跑着的"，因此这几个词放在一起的意思就是：雄火鸡乘驿马旅行。

他坐在那儿看着普希金，越来越生气。

"你想不想让我帮你偷偷拐走你的美人儿？为此我和拿破仑战斗过，就是为了给奥兰斯基的警卫队和奥尔良姑娘的女仆打报告！我的心肝，你不知道，只要我一拿到钱，清了账，我就去马房，给列瓦绍夫写离职函。我们这些傻子，这是在哪儿喝加了鲜奶油的茶呢！"

他从桌上拿起一张纸，或许是一份书面命令，并点起了自己的海泡石烟斗。

亚历山大不死不活地坐在那儿咬着嘴唇。他写给奥兰斯基亲王的诗也会被卡维林叫作报告。他甚至有点恨卡拉姆津，恨他把自己交给了宫廷老臣。他的心狂跳不止。

他对我说：

　　孩子，你在为女子哭泣，

　　知道羞耻吧！

——这是我对自己说的话。

卡维林喊他聊天。

他总是看脸就能猜准他的心思。

"你脸上有乌云。想听我给你描绘雷电吗？"

他开始描述雷电了：鼻子和嘴巴锯齿形行进。他眯起眼睛就开始闪电。

亚历山大突然哈哈大笑起来。

"像极了。"

"好吧，可算是笑了！"卡维林说。

"给我念诗吧，朋友，"他请求道，"只是别念哀诗，我今天心情不佳。"

卡维林请求他读讽刺短诗。没人能像他这样倾听讽刺诗。亚历山大为了给他读而专门写了一些。

他开始念，卡维林靠在那儿听。

亚历山大把自己记得的都念完了：

　　"叔叔，您病了吗？这么没劲儿，

我担心坏了呀！三个晚上，

请相信，我都没合眼。"

"是的，听说了，听说了：打牌打了一整夜。"

卡维林眯缝着眼睛，露出洁白的牙齿，把手放在心口。他这样坐了一分钟，然后才笑了起来。

"你啊，我的朋友，这写的是我。"他轻声说道。

他拥抱了亚历山大。

"我聪明的孩子，这是我和叔叔未来的谈话。确实，叔叔应该是生病了，你怎么知道的？"

亚历山大全神贯注地看着他。

他对卡维林叔叔一无所知。卡维林有个愉快的习惯：立刻接受所有讽刺短诗。亚历山大在给他读诗时，总觉得讽刺短诗易懂，没必要记录下来，所有人都会听得懂。

他觉得遗憾，没有写出关于奥兰斯基亲王的讽刺诗，便叹了口气。

"你的美人儿，我会帮忙的。"卡维林承诺道，"快赶走脸上的乌云吧。"

莫洛斯特沃夫和萨布罗夫走了进来，不知道是去哪儿游玩了，穿着骠骑兵的镶毛短披肩和制服，马刺叮当作响。

卡维林对莫洛斯特沃夫说："帕姆法米尔，你赢了，普希金没逃跑，一切都是真的。包括他为爱发狂在野外徘徊。我押我的黄马褂，我得赢一局。"

纸牌被拿了出来。

"普希金，你今天的牌运应该不错，来坐我旁边，你来上牌。小王是我们的。是的，听说了，听说了：打牌打了一整夜。"

萨布罗夫是个冷血玩家，正在寻找幸运。当他们赢了时，他就从一边开始抿光头发。

卡维林很受不了这个。

卡维林赢了。莫洛斯特沃夫阴沉了下来。

萨布罗夫接着玩。一分钟后，卡维林输光了。

游戏开始了。莫洛斯特沃夫脸色苍白，阴沉，玩起来很冷酷，但也很拼命。他的脸上有一些痘痕的凹陷，眼睛浑浊肿胀。

他有些凶狠或惊慌。

卡维林发怒了。

他说："帕姆法米尔，我要决定你的命运，我拿黄马褂下注，三千的债务，外加一把小锤子和你所有的新马具。你的鞍垫不错。游戏即将结束。"

莫洛斯托沃夫穿着一件新披肩和新裤子，全身都是崭新的。亚历山大吹着鼻子，盯着纸牌。

"老J！"卡维林叫着，甩下一张红桃二。

卡维林输了，他很失望。

他对亚历山大说："你的命运已经注定，美人儿的事别想了。你在牌桌上的运气用光了。"

他断断续续地小声打着鼾，喝了点冷香槟——他的药，但没喝醉。

他吸了口气，唱起了自己最喜欢的那首枯燥无味的歌，他悲伤时总会唱这首歌。歌词写得很哀怨：

我坐在一群人中间，

可我谁都看不见，

我眼里只有那个棕红发的姑娘，

她让我又恨又怜。

　　这首歌亚历山大都会唱了。卡维林每逢失败便会唱起来。

　　莫洛斯托沃夫突然开口："不对，不是棕红发的姑娘，这是你瞎编的。我只能看见一碗稀粥。这是我们当初在团里喝粥的时候唱的。棕红发的姑娘才不会到这儿来呢。"

　　他很怀疑。大伙经常拿之前从城里来找过他的那个头发真是棕红色的美人儿开他的玩笑，说人家要来和他一起住。

　　他觉得，卡维林看上她了。

　　卡维林笑着说："不对，棕红发的姑娘，招我恨。"

　　"我这就和你们说再见。"莫洛斯特沃夫说。大家都看着他。

　　莫洛斯特沃夫脸色苍白，怒气冲冲，板着脸不情不愿地说。

　　"我得走了。"

　　"去哪儿啊，等到你当班的时候再走吧。"萨布罗夫说。

　　他们在开玩笑。

　　卡维林抽了根烟斗。

　　没有人笑。

　　莫洛斯特沃夫低声嘶哑地说：

　　"我不和你们一起住。我要离开你们这个快乐的地方。我要搬走。"

　　他挥了挥手，就开始小声说话。

　　他值班时待的警卫室的窗户对着沙皇的书房。

　　沙皇的窗户通常都是拉着窗帘的，可现在窗帘被拉开了。屋子里发出光亮。

莫洛斯特沃夫看见戈利岑从那间书房离开了。沙皇坐在桌子后面读着什么。突然他走到窗前向外看。

莫洛斯特沃夫说：

"他的目光一动不动，脸上的礼貌或微笑消失得无影无踪。他就站在那儿看，眼都不眨一眨。然后他又走到桌子旁，用拳头倚在桌上，先是小声嘀咕，然后越来越大声：'虔诚的……亚历山大·帕夫洛维奇……'就这样一直到最后说阿门。当时我就明白自己完蛋了。我想，需要睡觉，沉沉地睡一觉——不是他，而是我需要。我就躺下睡觉。好吧，我睡不着。回了家，还是没法睡。"

所有人都沉默地坐着。

"所以现在我要去外面走走，没准还能睡着。而我的值勤算是完蛋了！"

卡维林脸色苍白地说道：

"这都怪戈利岑。这是他的歌。"

他看着普希金的眼睛，握着他的手说：

"我什么也没看到，什么也没听到。我眼里只有那个棕红发的姑娘。他让我又—恨—又—怜，"他一字一顿地说完，就沉默了，"我送送你。"

送他快走到皇村中学的时候，又唱起来了：

"棕红发的姑娘。又恨又怜。"

18

不，卡维林是对的，他白白地付给莫洛斯特沃夫一笔赌注，白白地砍了小橡树：皇村的隐士也非生来就是为了向奥兰斯基亲王打报告的；

普希金不想要宫廷的智慧。就在那天夜里，他给年轻的寡妇写了张字条，而他忠实的纵容者和仆从福马找了个机会，神不知鬼不觉地把纸条塞给了她。

第二天，天色刚刚暗下来，他们就见面了。年轻的寡妇有一个悦耳的名字——玛利亚。她无条件地委身于他，恐惧和欲望令她颤抖着。他不想叫她玛利亚，望着她的眼睛唤她莉拉，莉拉。她再次服从了。她应准备为两个恋人失去理智。他们两人心照不宣地一起欺骗校长，好嫉妒的人，不管是谁。

这一个月来，她从这个男孩身上得知了她之前从未怀疑过的，仅仅模糊地猜测过的事，她习惯于跟着姨妈将其称之为地狱和放荡恶习。每天早晨她照镜子时内心总会感到恐惧，怕这一切都已经被人知晓。

有一样她不同意，那就是夜里放他进自己房间。她的房间在角落里，和校长家里的其他房间都离得很远，并且直接通向花园。她颤抖着，其实，在这种丧失理智的行为发生前，她就已经开始发抖，这疯狂由他传递给她，也由她传递给他。不，在附近的树林，在老花园，在湖边的斜坡，在老剧院的阴影里，她情愿在所有这些地方，把自己扔在皱巴巴的衣服和落叶上面，每分钟都冒着被侍女和看守撞见的危险。但唯独不能在她的房间，在她白色的床单上面，校长还在床头挂上了她亡夫的画像，画框还是用罕见的纸板技艺制成的。

他们约好，他会通过福马传字条给她。字条必须简短，不能写诗，会被校长发现！

而她会将自己写了见面时间和地点的回条藏在校长家花园里那棵老橡树的树洞里。

他们分别之后，他就立刻忘记了她。

他整整一周都没去找卡拉姆津。

有一天夜里醒来，他意识到自己不能再这样生活了，明天早晨他要在散步时溜走，或者一大早就躲起来，只为了去看看那栋房子角落里她的窗框。他现在所写的所有内容，都饱含着他暗暗的希望，希望这些诗能够到达她的手里。否则他便不会写了又写，改了又改。他终于明白，没有这个女人他一天也活不下去，尽管她比自己大，甚至可以做他的母亲，可他还是要不惜一切代价见到她。他在献给巴枯宁娜的那些诗中所提到的那些痛苦，仅仅是关于真实痛苦的猜想，而此刻这真实的痛苦突然袭来，而且才刚刚开始。她是一个伟人，一个智者，一个师长的夫人，是他无法接近，不可染指的。他忽然开始憎恨所有智慧和安宁。她姓名的读音不应该被任何人知道。当他和普辛谈到卡拉姆津娜和卡拉姆津一家的近况时，他总会咬着牙，不愿说出"卡拉姆津娜"这个姓氏。

她是唯一一个能懂他的人。

那些恺撒送来的鲜花，被她毫不留情地放在门后，不去浇水，任由它们枯萎，只待被扔掉，而只有在那些花的不远处，在她的脚下，他才能说话，闲谈，开玩笑。而她笑了。

当她走进舞会大厅时，恺撒为她让出了座位，而后——干得漂亮！——未能获得丝毫成功。

没有她，他就突然间忘了回答问题，忘了听杰尔维格和丘赫利亚说话；他害怕摆在面前的命运：终生保持沉默，直到最后，永远不叫出她的姓名，哪怕是对普辛。他的这些情绪只放在心里，以防有人胡乱猜测。

他在沙地上画了两个字母 N．N．。这是她现在的姓名字母缩写。他去见了莉拉，他的突然，粗鲁，贪婪和喉音很重的沉闷笑声，以及没人发笑时突然的轻声尖叫吓坏了她。对知识的渴求使他入迷。夜晚回来的时候，他想看清地上细小的足迹，并去亲吻，因为那是她的足迹，那个他此生都只能唤作 N. N. 的她的足迹。

19

半吞半吐的，在皇帝那里受到怠慢和冷遇，从沙皇的温室送来带有不规矩意味的鲜花礼物的时间结束了。昨天他身后跟了一位宫廷侍从总管。他接到传唤，会面举行了，尽管在会面期间也没说什么，谈话虽然饱含关切，但也实在空洞。那件事他已不再争取，但仍做好了准备，每次提出都会遭遇冷漠的回应。他是作为沙皇的顾问被传唤进宫的。而在下一次会面中，他会简洁明了地提出：是时候忘记风华正茂的时代了，不是指他，而是指国家，是时候治理了。是的，专制。没错，奴隶制，国会的围栏。有两个国家性的问题：腐败的高级文官和近卫军。尽管沙皇的嘴角和眼里都带着微笑，额头上满是皱纹，略微沙哑的嗓音说着无关紧要的客气话，但邀请他在中国村居住就说明了一点：他是沙皇的顾问。这一点毋庸置疑。

只是弥补错过了的时间，只是……他很乐意接受年轻人们。一个是芭蕾舞演员，另一个……另一个让他失望。上帝保佑他们，保佑这些皇村中学的青年浪子们！卡捷琳娜·安德烈耶夫娜以为这个男孩多有才华，而其实他没有——她嘲笑他，与此同时又喜欢他吹牛说大话，喜欢他的年轻，不成熟——多么忧郁，多么空虚，多么无根无据，而且就连他写的诗，嘲讽是那么轻率，但对"阿尔扎马斯社"又是多么尊崇。尼古拉·米哈伊洛维奇喜欢那些崇敬他的阿尔扎马斯社成员，他们是他在彼得堡仅有的朋友，但他只要求一样——合乎礼节。

卡捷琳娜·安德烈耶夫娜的哥哥，可爱的皮埃尔·维亚泽姆斯基是一个天生的记者，但就是性情过分急躁。他已经和勃鲁多夫谈过了，怎样让一切都恰到好处，不过分，最后要求"阿尔扎马斯社"要有美感。玩笑只有开得适当得体才讨人喜欢。当初跟瓦西里·里沃维奇开的玩笑很讨人喜欢，虽然不太适当，但这种游戏仍然在继续发展，也不知会怎样结束。这些反映出来就是傲慢自大，纵情享乐，而压根儿就不是一种防卫，甚至就连茹科夫斯基也不是。年轻时玩玩闹闹没错，因为玩闹可以把愉悦、可笑和一本正经糅合起来。勃鲁多夫提议出版一份笑话杂志，但笑话得有一定品位。

他喜欢恰达耶夫。尽管关于他的传闻自相矛盾：阿夫多季娅·戈利岑娜说他是一位最佳甚至令人惊奇的舞者，普希金一说到他就做出一副神秘的样子，什么也不说。他们开玩笑说，这就是青春年少。今天普希金想要同恰达耶夫一起来，请求被愉快地接受了。青春年少的人需要他的教诲，而他也需要和这些青春年少的孩子相处。他们的谈话毫不空洞，瓦西利奇科夫很赞赏恰达耶夫，他未来的辉煌事业已经初现端倪。

哦！他见过并且送走了多少仕途辉煌，官运发达者，可他们终究与桂冠无缘，与花环暌隔，风云际会，壮志未酬？怪了！老人们尊敬恰达耶夫，女性们惋惜恰达耶夫。阿夫多季娅·戈利岑娜一说到他就忧愁起来，在讲数学之前，先转述了他说过的一句话，然后意味深长地望着前方。哦，艾夫多克西！数学和美！而恰达耶夫——是骠骑兵和哲人！奇迹，新时代。他谴责年轻人傲慢，因为这傲慢毫无根基。他们显然认为自己是所有人的审判者，当然也有权审判他。他为什么挑起右眉？难道是因为高傲？艾夫多克西说，他是个智者。他的眼神冷冷的，好像拥有至高无上的权力。

事实上呢，看看这位把自己束紧成小细腰的骠骑兵，顶着这样一头年轻的卷发和高挺的鼻子，卡拉姆津感受到了这个小伙子的吸引力：他聪明灵动，自由且言行潇洒大方。普希金特别崇拜他，他看着卡拉姆津，几乎想给他逐一列举这位骠骑兵给人留下的好印象。可笑又稚嫩。印象很好。

恰达耶夫看了看，饱满的嘴唇泛起微笑，但抬得高高的眼睛里没有笑意。卡拉姆津不满地发现，那双眼睛什么都注意到了：沙皇送的花束已经干枯，可他还不好意思扔掉，校对稿铺在两张桌上，其中一张桌子是卡捷琳娜·安德烈耶夫娜的。恰达耶夫一言不发，开始接着端详起这座中国式房屋，尼古拉·米哈伊洛维奇不得不解释自己怎样意外地被安置在这儿，这里有多糟糕，尽管彼得·安德烈耶维奇已经尽力修缮，可墙上的灰浆还是裂开了。今天沙皇还申斥了扎哈热夫斯基。这完全正确。然而恰达耶夫对这一切毫不惊讶，什么也没问。他又开始谈皇村里的这座中国村，却发现原来他早已对这里的建筑了如指掌。他和那些女人一样，只喜欢关注一些鸡零狗碎的小事。显然，这也就是为什么阿夫多季娅会把他当作智者的原因所在。

事实上，谈论这个毫无价值的建筑、这座前所未有的中国风格的村庄（被赠送给卡拉姆津居住，很有可能是因为中国村除此之外就没别的用处了），恰达耶夫变了个样。他滔滔不绝地讲起皇村所有建筑的统一性和零散性，这里所有的房屋都是未完成且不经久的，而这注定就是它们的用途。他望向窗外，看着壁画，是卡梅伦所画的龙，很难让人联想到中国。这种欧洲人模仿亚洲的作品对他来说挺滑稽。

卡拉姆津冷冷地回答说，是气候原因迫使他接受沙皇的邀请——因为彼得一世卓越的错误：彼得堡在强迫人们无论逃往什么地方，都不能住得太远，因为要等着印刷厂的校对稿。所以，住在皇村比住莫斯科附近或伏尔加河沿岸城市要便利些。他提到了辛比尔斯克附近的几个地方，那里气候适宜，空气清新，毗邻伏尔加河，在那儿居住的人都很长寿。外国人都愿意去那儿，而这里，在涅瓦河边，可以建立一个进出口货物的商业城市，绰绰有余。那样虽然不会有现在的彼得堡，但是也就不会有那么多眼泪和尸体了。

卡捷琳娜·安德烈耶夫娜一直在屋里忙忙叨叨没出去。她本可以出去，但她不想。她想看看自己不在的时候，他们会谈些什么。她在门外仔细地看着，听着。普希金跟往常一样，好几次转过身，不由自主地环顾四周，寻找着她。她笑了。此外她还对另一件事很好奇——她习惯了自己丈夫的伟大。当然，他智慧超群，在她所知道的各个时代中，丈夫是最伟大的作家。可他不可侵犯的威严，他的冷漠，他默不作声地看着来给她送花的宫廷侍从时那礼貌的眼神，这些都令她害怕。因此她贪婪地偷听着他们谈话。

在她的印象里，尼古拉·米哈伊洛维奇无所不知。他们年轻人根本无法想象，他的每一个字背后都隐藏着堆积如山的书籍和手稿。可是恰达耶夫令她恐惧。他坐在那儿，平静地提问。是谁允许他这么冷静，耐心，还那么彬彬有礼地提问，又是谁迫使她那著名的丈夫这么不厌其烦地回答呢？

她便仔细端详起来。

她了解那些爱打扮的可爱的人，她也对骠骑兵的纨绔习气见怪不怪，没有人比卡维林更看重荣誉，他总喜欢慢慢地抚摸高筒军帽，这种无所畏惧的忠诚的礼节，每每想起都会让她的脸上泛起微笑。

还有一种时髦的习气，她还不知道。要想穿戴完美，首先就得有镶毛短披肩和手套！这可一点儿也不好笑。

　　卡维林看起来仿佛随时都要扯下身上的子弹带，扑倒在女人的脚下。而在恰达耶夫的完美、和缓和冷静中，她猜测出了严格、无情、长期的宗教礼节。有趣的是，当这些骠骑兵在皇村来回走动时，可能由于衣服的原因，他们都走得飞快，而对他来说，好像他的衣服，他说的话和他努力要做的事都一样重要。这个安静的骠骑兵到底是何许人也？皮埃尔·维亚泽姆斯基讲过，在攻占巴黎那天，他正供职于沙皇的卫队，这显而易见。但是，皮埃尔还说，他还见证了库尔姆和莱比锡的战火，这就看不出来了。但他还是上士时，曾随团驻扎在波罗金诺，这件事大家都清楚。和普希金一起来的这位骠骑兵和她丈夫的会面，罕见地吸引了她的注意力。

　　恰达耶夫环顾这些皮埃尔和屠格涅夫费了很大劲儿才整理得像住人的地方的房间，他询问尼古拉·米哈伊洛维奇，这些胡乱搭建的墙壁是否潮湿。关于墙壁，尼古拉·米哈伊洛维奇什么都没法跟他说，因为他从来没留意过。恰达耶夫还说到了房顶——说房顶建得太陡，没法保暖。尼古拉·米哈伊洛维奇感到惊讶，不明白他是如何知道这一切的。恰达耶夫回答说，他记得自己随团驻扎在西里西亚①一个叫兰比洛的地方时见过这种屋顶，那个地方教会了他怎样生活。他看着当地老百姓的脸，确认了他们的脸和他们居住的房子有一个共同点——就是不知道什么是冷漠。而这里则不同，这里是冷漠的天下。这是农奴制造成的恶果。

————————————

① 中欧一个历史地域名称。目前该地域绝大部分地区属于波兰西南部，小部分则属于捷克和德国。——译注

尼古拉·米哈伊洛维奇和骠骑兵两人都沉默了。

俄罗斯正在期待自己的"历史"——即尼古拉·米哈伊洛维奇的巨著。他是不是马上就要着手描绘彼得大帝和他的时代？卡捷琳娜·安德烈耶夫娜知道，彼得大帝不会在丈夫的《俄国国家史》中占据很大篇幅，这部《俄国国家史》也是一部重要的课程，因此最伟大的伊凡三世才是最重要、最详尽的部分。是的，但骠骑兵谈到了欧洲，在他的口中，俄罗斯是欧洲的。普希金出神地看着骠骑兵的眼睛。尼古拉·米哈伊洛维奇有点太健谈。当然，关于新数学，他说得对。不能把历史当作几何学问题来写。

不过现在她该出现了。她走到花园里，摘了一枝紫丁香后便回来了。卡捷琳娜·安德烈耶夫娜无法忍受骠骑兵谈到农奴制时那威风的样子。农奴到处都是，他们现在吃的粮食就是农奴种出来的。恰达耶夫说得很冷静。而尼古拉·米哈伊洛维奇对此有些厌烦，他说话明显不客气了。其实这有点夸张了，他们没注意到门开着，她从门口往里看，着实吓了一跳。骠骑兵脸色苍白，连嘴唇都变白了。他说起农奴制的样子，就像其他骠骑兵说起第二天要与之决斗的情敌一样。他的嘴唇惨白，脸色严肃。这是什么样的激情？也许应该走进去打断他们？不，骠骑兵在继续讲话。这是他坚定不移的想法——农奴制。他认为农奴制是俄国无法超越欧洲强国的原因，他说，摧毁农奴制就会损害专制政权。如果仅仅改变农奴的比率，也只能是数量上的变化。如果俄国能废除这一切，那么用不了多久，就会成为第一强国。他又开始说明，仿佛这一切很快会发生。

这已经有点过分了。"夸张是新的时髦"——骠骑兵冷冷地对尼古拉·米哈伊洛维奇说，在"农奴制阶段"，他除了混乱什么也看不到。

奴隶这个词是什么意思？他谈到了奴隶们得到的粮食。这种既定规则所规定的，不可能对此进行争论，连提到它都是幼稚的——不正是一种奴役吗？所有的一切都早已得到了生活的证实。是的，这种农奴制的全部体制，就是其存在的基础，因此它是不可动摇的。剩下的只有——软化他，让他学乖。

是的，农奴制必须存在，而不甘屈服的人必须像孩子一样顺从。所有古代和近代历史上的例证都是如此令人痛心。法国也证明了这一点。

而专制，或者更好些——专制独裁，是很有必要的，时间将会证明，虽然会有很多不必要的多余的争论。尼古拉·米哈伊洛维奇自始至终都会争论——这究竟是历史上有益还是有害的事件，这成了他们生活的基础。突然间，普希金有些失态地急促地怪笑了一声，便又沉默了。这应该是由于神经紧张。这时，尼古拉·米哈伊洛维奇从桌上拿起一张纸，那是弗拉基米尔·莫诺马赫写给儿童的古老训导文的副本，他念起了上面一段关于对待孩子和妻子的内容："教训幼稚小儿时，不要嫌累……"等等。这页副本是刚刚送来的，马林诺夫斯基对此有很重要的不同解读。他这样做，难道只是想表示自己很忙吗？

卡捷琳娜·安德烈耶夫娜向屋内瞥了一眼。恰达耶夫笑容满面地端坐，普希金很愉快。他们要是像孩子一样生气反而更好。恰达耶夫把马刺摆弄得叮当作响，普希金和他的导师——卡捷琳娜·安德烈耶夫娜心里这样称呼骠骑兵——这两人终于离开了。

尼古拉·米哈伊洛维奇轻轻地笑了一声。他显然很失望。

20

夜里她久久无法入睡，倾听着假装沉入恬静梦乡的丈夫打鼾。她知道，丈夫像个死人一样躺在那儿一动不动，其实根本没睡着，而是在回想恰达耶夫说的每一句话。过了半个小时，她听到他轻轻的压抑的叹息声。他假装睡着了，也不相信她在睡觉。她笑了笑，便入睡了。

第二天一早，她很早就醒了。

她侧着头看着她那位著名的丈夫，她的启蒙者和朋友，突然胆战心惊：难道那些年轻人是对的，难道这二十年来她一直坚信且为之着迷的他的智慧都是错误的？如果这一切都是一种新的修道生活，那她在这里，在他身旁的意义是什么？她呼吸，克制，努力让一切变好的意义又是什么？

她从床上滑下来，看着自己。她想起了普希金的目光，她可笑的仰慕者。他还只是个孩子。不，不仅是个孩子。丈夫让她学会了忍耐，让她相信他对自己的权威，昨天那些疯子把它称为奴隶制，而尼古拉·米哈伊洛维奇也轻易勇敢地接受了他们的挑战，是的，奴隶制。但是，那些谈话完全和她无关。

她有点心疼丈夫。他昨天说话时仍带着自己平常所固有的过人智慧。但他的演说又一次不被接受。而更让人惊讶的是他的错误：他把恰达耶夫和普希金当成小孩子看待，早就应该改变这种交谈方式了。英雄出少年。他应该控制自己，这样才能得到原谅。又或许，这其中真的有什么有趣的东西？一切都变得简单。她问了恰达耶夫一个问题：是什么迫使他转任到了阿赫特尔斯基兵团？恰达耶夫用骠骑兵的口气回答说：因为阿赫特尔斯基兵团的制服好。而他和尼古拉·米哈伊洛维奇没有再去讨论关于什么真理的问题了。尼古拉·米哈伊洛维奇已经年迈。而阿赫特尔斯基兵团的制服也的确好：毛皮镶边，而且也不是讨厌的淡绿色，而是蓝色的。他就是个骠骑兵，回答问题也是骠骑兵式的。他的确特别擅长跳玛祖卡舞，比所有人都跳得好。拉耶夫斯基不在他身边，普希金又完全不会跳舞，跳个华尔兹都上气不接下气。他没办法和女人挨那么近。应该让他坐得更远些。她想着骠骑兵的小趣事。

她看了看自己，她赤裸的双足绕过那块熟悉的地毯，无声地踩在冰凉的地板上，这些年为了让她戒掉这个毛病，丈夫没少警告她。走到门口那儿，她已经感觉到冷了，从少女时期她就喜欢寒冷，有一次还差点因此死掉。

她怎么了？

她又重新拾起了改掉已久的童年习惯——光脚在客厅里走来走去，这是恰达耶夫昨天坐过的地方，也是好笑，她见过那么多伟大的舞蹈家，他们每次演出都像是最后一次跳玛祖卡舞一样卖力。他在这里也用自己的最后一支玛祖卡舞而获得了光荣。女孩从门里面看到她，吓了一跳，赶快躲开了。显然，她又失去理智了。"奴隶"——她想起恰达耶夫说的话。大早上不穿鞋子游荡，还吓到了小姑娘。真是废话——她不年轻了！无尽的孤独，应该叫阿夫多季娅·戈利岑来做客。因为在阿夫多季娅旁边，她既不会觉得自己是奴隶，也不害怕丈夫的一些错误。

阿夫多季娅悦耳的嗓音有一种影响力，以至于只要她在场，他们就会聊些别的话题，不会有任何不愉快的谈话，不会有恰达耶夫的傲慢，也没有普希金的质疑。她很清楚这一点。这些谈话不光涉及专制和农奴制问题，还涉及皇帝，丈夫和她自己的谈话。尽管奇怪，但这谈话的确和她有关。尼古拉·米哈伊洛维奇不明白这一点，而阿夫多季娅会懂的。小女孩拿来一条毛绒披肩包裹住她的双脚，她笑了笑，没说什么。丈夫还在睡觉，女孩递给她一封信。一切思绪立刻烟消云散。

这封信是看守送来的。女孩总是弄混，永远搞不清楚信是哪儿来的，给谁的，谁送的，哪个看守送来的。卡捷琳娜·安德烈耶夫娜瞥了一眼没有签名的粗糙信封——不，不是宫里送来的。她默默画了个十字。感谢上帝！

然后她吩咐仆人把刀拿来，打开信封。一展开信，她看了女孩一眼，立刻满脸通红，连肩膀和胸脯都变红了。她把信扔在桌上，平静地告诉女孩，没有吩咐不要再从任何人那儿接任何东西。然后她蜷着手把信递给尼古拉·米哈伊洛维奇，他已经进来了，平静地准备工作和散步。他讶异地看着妻子，扫了一眼那封信。仅犹豫了片刻，他干巴巴地假笑了一声，然后又莫名其妙地笑了起来。信里只有匆忙写下的时间和地点：六点钟剧院旁边。这是一个约会字条。女孩交给她的就是这样一封信。这封愚蠢的信，还有送错了地方的愚蠢的看守和愚蠢的小姑娘让他们笑话了老半天。

然后尼古拉·米哈伊洛维奇开始寻思这封信是谁的。突然脱口而出："普希金的。"随后他非常清醒愉快地恢复了历史学家的状态。情况很明了：男孩给自己的一个女朋友写信约她见面，而看守由于没听清楚或是不知道，把信送错了地方。她常听丈夫讲解历史上那些偶然的误会，并惊奇于讲解的简单易懂。此刻她马上明白了一切，他是对的，一切都说得通。但她突然抬起头，平静地说："该给他一点教训。"尼古拉·米哈伊洛维奇赞同地表示："对，应该给这个小男孩一点教训。"并叹了口气。他现在管普希金叫小男孩，这还是头一次，她有点惊讶。他们又嘲笑了一番就分开了。她很快便忘记了这封信和那个被尼古拉·米哈伊洛维奇唤作小男孩的普希金。但到了晚上，她突然间想到：这封信是给谁的？他在给谁写信？她很为自己的好奇心而生气，重重地叹息了几声。

她感觉受到了侮辱，突然间不再相信他的未来，他的诗歌，和他的羞涩。尼古拉·米哈伊洛维奇一直叫他小男孩，这也让她很不高兴。不过，她不在乎这一切。

可他呢？

所有一切都像被一只手抹掉了：对即将完成并付印的心爱巨作的关注，他早已衰败，还有那关于古罗斯和新俄罗斯苦涩的现实，一直得不到答复，在某处静静腐烂，不管是在这个离宫廷不远的地方，还是在特维尔，都等不到他翘首期盼的答复，而没有答复，他便知道——俄罗斯不会找到安宁，也不会找到幸福。他居住的这个皇村，既不是古罗斯，也不是新俄罗斯。而最近一件令他愤怒的，也是令他害怕到不敢去想的事，就是妻子突然迟来的青春，她心神不宁的喘息，他们在皇村的生活没有娱乐，没有安宁，也没有只为他而存在的老朋友，只有这些坐不住的皇村中学生，可爱却也烦人的小男孩们。最后还有和恰达耶夫的争论，甚至不能算争论，因为他只有平静但充满敌意的沉默。他早已习惯于同时拥有敌人和朋友。在这儿却不同了：他年轻的仰慕者们给他带来的痛苦，要比所有敌人更甚，比阿拉克切耶夫更甚，他几乎容忍了阿拉克切耶夫那天生的蠢脑子，因为这毕竟比那些雅各宾派党人和宗教人士的阴谋谄媚要好得多。上帝啊！他都在和什么样的人打交道啊！他们是朋友，但他曾担心地想过，这些人会把俄罗斯带到哪里！他们会引领俄罗斯吗？那个小男孩，谢尔盖·里沃维奇的儿子，轻浮的小子、诗人，还有那个会跳舞的骠骑兵。会引领的！是不是太夸张了？皇帝对男孩子们的礼节，如此虚假，不仅接见，还要夸赞，但这些并不意味着什么。这一点他比任何人都清楚。

而现在所有一切都像被一只手一下子抹掉了。

这只是小事，趣事，不值得浪费口舌：小男孩弄错了地址，把一封billet doux①给了卡捷琳娜·安德烈耶夫娜。但这件小事让他无法释怀。一切都是从小事开始的。看看卡捷琳娜·安德烈耶夫娜面红耳赤的样子！小男孩最终会得知约会地点的，这对他是件好事。只有一件事让他意乱：自己房子的不安定性。当然，这不是他的地产，也不是在北方孤身一人过着淳朴生活的马卡塔列马，但是不管怎样，在这里应该有更好的秩序：应该把握好自己，并挑选个不那么蠢的姑娘。在恍如白驹过隙似的生命即将结束之前，要做多少荒谬可笑的事啊。他自己也知道：是的，前几天他对坐在这间书房里的两位年轻人说的那番话十分可笑。他热情洋溢地说了半天，因为他很久没和谁好好聊过了，从在特维尔那三天之后，他就失去了一切。大家听了之后都沉默不语。奇怪，但他在评审官面前，在恺撒和这些青年面前都说过这番话。恺撒当时的反应，就好像古罗斯和新俄罗斯都没有他的事儿一样。那两个年轻人更过分——好像他们什么都知道一样。

卡捷琳娜·安德烈耶夫娜突然对那年轻人失去信任，这件事很好笑，甚至令人感到愉快。

他对他像对小孩子那样宠爱，那孩子机敏、健谈，以至于他差点儿就过分信任了他。

世界变小了！这就是她，新俄罗斯！

而她没有发笑，也没有微笑。现在她在等待着他，就像等待着生命中仅有的那一天——不知名的中尉，今年她在报纸上看到关于斯特鲁科夫中尉建立功勋的消息，便突然想起了他。可是她的青春也没有白白逝

_____

① 法语：情书。——译注

664

去，或者，正如今年夏天她两次盯着荒凉的夜晚，用唇语无声地说出的那个词：生活。

她马上就忘了中尉——因为她告诉自己要忘记他。而这个关于她年轻时的不幸事件真的从脑海里消失了。所有这一切，包括那可笑的旧事都和那个男孩以及他那封愚蠢的情书无关。尽管如此，她还是突然间想起了这件事，一边梳头，一边沉重地呼吸。

普希金来了。他坐在他们家圆形的中式小客厅里。让他坐一会儿吧。她变得冷静稳重，倾听着。尼古拉·米哈伊洛维奇也不急着过来。普希金快步地来回走走停停，心烦意乱。终于她听到丈夫走进来了，她不会让丈夫单独和普希金说话的，他那冷冰冰的平静态度会毁掉一切。卡拉姆津把信递给了普希金。

卡捷琳娜·安德烈耶夫娜走进来时，正看到普希金脸色苍白，机械地接过自己的信。一看到她，普希金的脸色更苍白了。他不敢直视他们夫妻两个。尼古拉·米哈伊洛维奇拉着他的手让他坐在沙发上。他突然变得很顺从，而且可怜巴巴的。他手里还拿着那封情书，甚至没把它放进口袋里。他看起来很可笑，让她有点始料未及。尼古拉·米哈伊洛维奇开口了，他就像父亲一样和他谈话，没有愤怒，没有冷漠，也没有委婉。他笑了，首先，他又重新拿到自己的信，读了一遍，并开始像遇到疑惑一样认真研究起来。信件内容的简洁令人惊讶，意味着这肯定不是第一封信。可如果不是第一封信的话，怎么能如此粗心，如此不珍视自己的激情？别人看到这封感情急切的匿名信会怎么想？又或许，这封信不是给任何人的，所有炽热的激情都白白落空，就像很多诗歌里写的那样吗？

普希金表情漠然地听着，突然不自觉地抬起头看着她。

他此前一直是茫然的，都忘了和她打招呼。

尼古拉·米哈伊洛维奇多么聪明，多么智慧！他逗他发笑。他说，他为普希金辩护时必须让他坐在沙发上，而不是坐在角落里，不过那也是完全应该的。然后才开始更热烈地说话，他热情地谈着普希金让他产生的怜惜之情。他甚至记得，在这里只有亚历山大·伊万内奇·屠格涅夫对他感兴趣，没错，就在这个小茅舍里，他的诗歌受到了热烈称赞，诗歌更有希望了。但是将来要留神，他说，这件事里最好笑的就是他的年龄。

亚历山大张着嘴巴，一动不动地看着角落。尼古拉·米哈伊洛维奇让他想起了自己之前和恰达耶夫的一次谈话。就在德国的城郊村庄里，纨绔子弟和年轻人们生活淫逸放荡，觉得自己在欧洲。皇村中学——就是真实的德国城郊村庄，这里是俄罗斯淫逸放荡的开始。不，弗拉基米尔·莫诺马赫美妙的名言："教训幼稚小儿时，不要嫌累。"可怜的神父，这里的人们管他叫教皇，神父不敢教导这些学生，因为他们会嘲笑他。赛拉顿十六七岁时会怎样处理自己的激情呢？洛夫莱斯忘记了自己的朋友，至今手里还拿着自己的手稿，看起来它们对他仍然十分宝贵？

他还真是一直攥着这封信，好像已经麻木，不知道它是什么了。她笑了起来——因为这真的太好笑了。他回过神来，看见了这张纸，把它揉皱了。最后他终于抬起了头，惊讶地看着她。

她笑得更大声了。

那时他明白了，他的爱情，希望，他所有的诗歌，他的生活——他对于她的所有想法，未来，都在被嘲笑，什么都没有，也什么都不会发生。她越发大声地嘲笑着他。而他竟出乎意料地情不自禁地哭了起来，手里还握着揉皱了的信。他小时候都没这样哭过。他哭着，没有涕泪横流，也没有哭抖了身子，但过了一分钟后，沙发扶手上深绿色的皮革已经闪闪发亮，像被雨水冲刷过一样了。

尼古拉·米哈伊洛维奇悄悄走开了。这和他所期望的完全不是一回事。普希金站起身来，终于撒开了手里攥着的信，看都不看一眼就跑了，像每次一样，迈着轻快的大步跑走了。他没有看她一眼。而她一直在看着他，如果他看到了她的目光，他可能就不会哭得像个孩子，也不会跑掉了。

事实上，他永远都不会跑掉的。

21

这些是恶毒的、折磨人的讽刺短诗。

卡拉姆津使劲把它们握紧在手里。他读完了第一首。其中虽然有一点善意的东西，但实质上是强盗式的。"而老奶奶却异想天开——要我们最好把勇士伊利亚结果掉！"这是什么乡巴佬式的开头——"老奶奶"……科洛姆纳那儿逛集市回来的老婆子们还真是这么说话的。新讽刺诗界的新秀。新伏尔泰！第二首他没看。他知道自己和恰达耶夫的谈话，毫无疑问因被歪曲、被断章取义而变得误会重重了。他感到无聊。为了摆脱烦人的迎来送往，住在这个僻静的地方——住在敌人和朋友之间，住在沙皇的庄园里，还被瓦西里·里沃维奇的小侄子给背叛了，一个中学生！卡捷琳娜·安德烈耶夫娜把他们都宠坏了。虽然这样说很奇怪，但是她言谈举止确实表现得比自己的实际年龄还小。

他认为，这些诗歌不能读给卡捷琳娜·安德烈耶夫娜听。并非怕她无法体会他的愤怒，因为这是毫无疑问的。他担心她会受到惊吓。他已经注意到，每次他和骠骑兵交谈过后她那过于温柔、亲切的眼神。她还拿起了他的双手，靠近自己，吻了吻。是的，她之前吻过一次他的双手，那是在他签署《俄国国家史》的第一份校对稿时。但现在的亲吻又是为何？

他什么都没对她说。

而周三的晚上，他从窗口看到普希金在外面，就叫他进来，把这些讽刺短诗放在他面前，暗中欣赏他的样子。他的脸色多么惨白！不过总之这一切事情都很幼稚，从他的角度也不打算太计较。显然，他以为自己是个骠骑兵，想追求卡捷琳娜·安德烈耶夫娜，给她写信，用这种不体面的方式让她迷乱，应该把他的这些行径告诉皇村中学校长，看看斯佩兰斯基教育理念培养出的都是什么青年！自己做出了不当行为，听到公正的驳斥后，竟然像个小孩子一样哭了起来，令人咋舌！窗边的沙发扶手已经用水重新清洗过了，他还是想报复一下，现在机会终于来了！

这回他没哭，但是脸色煞白，和上次一样，一句话也没说。但是尼古拉·米哈伊洛维奇的脸上已经没有第一次那种随和宽容的微笑了，而是冷冷地长话短说：在他没有醒悟之前，在没有学会理解祖国的历史——至少在懂得自己和重大历史事件之间的距离之前，不要再来这里。哪怕先让他和这座中国式小房子保持距离也好……

22

他已经一个星期没见她了。不，不是一个星期，而是八天了。他上星期三去过他们家，然后星期日又跑过去，看见她正把味道刺鼻的《俄国国家史》印刷稿递给尼古拉·米哈伊洛维奇。上帝！她为《俄国国家史》做了校对——不管怎样，这部《俄国国家史》都无比神圣。无论他有多少了解，他还不了解她身上有如此可笑的一面。恐怕卡拉姆津知道吧。关键并不在于他已经八天没看见她。他忘了，永远忘记了自己的泪水。否则，如果他没有忘记的话，他将无法，也不应该继续活下去了。在那次可耻的流泪之后，他已经习惯于控制自己的情感了。他不愿沉沦，他在从容不迫、引人注目的话语和同恰达耶夫难得的谈话中寻找慰藉。在那次谈话之后，他尽可能详细记录下了谈话内容。恰达耶夫说的话和他的想法正吻合：卡拉姆津的伟大著作具有优美和通俗易懂的特点。优美，通俗，毫无偏颇。他写着写着，自然而然押上了韵脚。毫无偏颇。卡拉姆津谈到过专制独裁的必要性和必然性，对了，还有对奴隶制的沉默不语。还有什么来着？

他的《历史》文字优美，通俗易懂

笔底文字无偏好

专制独裁有必要

鞭子统治也少不了。

没有幻想。讽刺短诗是准确的，这才是要义所在。

他已经一个星期没见过她了。他去找骠骑兵们，在那儿见到了希什科夫，整天都在讨论准确，夜里他醒转来，突然从另一个角度思考自己的命运，感到惊恐万分。他觉得，自己脑海里刚刚冒出来的对话实在在理，这个真相现在必须消失。他应该严格断绝同一切人的交流——首先便是自己——不能想起她的名字，不能谈论她，不能提起她。这个想法让他恐惧不已，他被判了刑。连在诗中也不能提到她。以后会怎样呢？这份爱不会消逝，忘记她绝不可能，连说起她都成了禁忌。他开始对自己说谎。他突然张开了双臂。连想想都觉得可怕，他便不去想。剩下的只有认真。他写下熟悉的诗行。也许巴丘什科夫会喜欢这些诗。是的，他也许会得到巴丘什科夫的赞赏呢！上帝永远与他同在！

到了第八天，他明显看到了自己不幸的样子，而幸福是不可能的。要是他把这种感觉写下来会怎样？

> 敢于毫不畏惧地承认自己情欲的人
> 便是幸福的。

情欲，他觉得轻松些了，他经历过这种感觉。这和皇村中学里的爱情有根本不同。因为情欲。他不敢承认自己对她的情欲。皇村中学时期的练习、恐惧和秘密已是过去。现在的他被情欲所包裹，他对此感到很恐慌。

她现在还不了解自己的内心。她对自己感到不满，对她为之献出青春和生命的神祇感到不满。唉，她的青春去哪儿呢？她年纪大了，只有她那位伟大丈夫的专注、勤勉和耐心，能够为她保留下她的青春岁月。年轻时的激情。一切都很好，今天她回想起了阿夫多季娅的眼神——平淡而且没有表情——一看她的眼神，她就顿时明白阿夫多季娅很留心这个男孩。她又想起了普希金茫然若失地迅速瞟了阿夫多季娅一眼，那神情很像他哭起来时的样子。她只是像心疼孩子一样心疼他。但这个男孩出奇地狂热，被这意外出现的轻率的激情冲昏了头。她觉得无论如何也不能把阿夫多季娅交给他。一想到这儿，她就生起自己的气来。普希金表现得相当得体，甚至到最后都没开一句玩笑，要知道通常他一张嘴开起玩笑来总是会引起旁人的尴尬和暴怒。而她对此也感到不满，并因此责备自己。

尼古拉·米哈伊洛维奇每天都骑马出去采蘑菇。她恭恭敬敬地看着他骑在马鞍上。只要他上马的姿势再潇洒自然一点，所有人都会说他像个年轻小伙子，像个骑马老手了。看那儿！他像个伟大的智者一样骑马经过，不过到底生疏了，他骑马的样子很不错，但还是有点可笑。丈夫不在家时她从不独自出门。皇宫限制了她的一切。她走出了这个中国式建筑，走出了这个风景如画的无聊的地方，去看那些雕像。

普希金在那次毫无理由的放声大哭之后，感到自惭形秽，不敢再出现在卡拉姆津面前。他四处游荡，一会儿去这儿，一会儿又上那儿，到了第七天他觉得自己快要窒息了。

这会儿，当恩格尔哈特还没出现，他的脑子里只有一个念头，他逼着自己去看那些皇村的，或者像老人们说的，帝王村的雕像。

有一天他们意外地撞见了。他一眼就看到了她。而她因为帮丈夫校对书稿的原因，看见一座雕像，觉得和书稿上的很像。那是鲁缅采夫·扎杜奈斯基①的雕像。黑色铸铁板上凸起的文字记载了卡胡尔②战役胜利的荣耀。上面所写的内容，和她读过并修订过的《俄国国家史》中的描述完全相同。她从头到尾读完，靠在铸铁板上。天气很热，靠着铁板感觉很凉爽。她触摸着它，用手指拂过上面的某个名字。普希金一看到她，就像一匹被马刺扎痛的快马，立刻冲向了她。

见到他，她比自己预想的还要开心得多。

他气喘吁吁地跑过来，猛地抱住了她的身躯，然后慢慢跪了下去，伏在地上，用嘴唇去触碰她的纤足。她闭上眼睛，静静感受。

---

① 鲁缅采夫-扎杜奈斯基（1725—1796），伯爵，俄国帝国陆军元帅。——译注
② 摩尔多瓦的城市。——译注

他一言不发地躺在了她的脚边，她也不知道，该怎样和他说话、说什么。他发疯了，站起来，依旧喘着粗气，依旧紧贴着她的身体。他不是在抱她，而是像一个遍体鳞伤的濒死之人一样，摔倒在她的脚下。

已经不止一两次，白天和傍晚，他总会来到这个卡胡尔战役的铸铁纪念碑前。阅读上面铸刻的卡胡尔英雄们的姓名。其中有一个名字他很喜欢：汉尼拔·伊万·阿布拉莫维奇。第二天他又将这些名字全部读了一遍。这一天他什么也没想。从卡胡尔纪念碑回来之后，他突然笑起来。他没死，也没疯。只是因为一种意想不到的快乐而笑。回到家后，他整夜奋笔疾书。

对自己伟大的丈夫，她什么都没说——平静对她来说太重要了。而普希金是个发疯的小男孩。她为他感到难过。

她试图尽快忘记卡胡尔铸铁纪念碑旁边的那个自己。她忽然意识到自己那一次做得很对——决定不能把他让给阿夫多季娅。当时他只是看了她一眼，就立刻被降服了！他会完蛋的。刚才他倒在自己脚下的样子，活脱脱就是个奄奄一息的人啊！但他毕竟没有死，她笑了起来，她已经太久没笑了，现在她咧着嘴，笑得脸颊绯红。

他是怎样扑倒在她的脚下啊！就像一个奄奄一息的濒死之人。但他终究没死，他还活着，他的诗句也还活着。那些诗如此鲜活，她不久前读到的时候，垂下了头，仿佛正在读着某个人写给她的信。他没有死，还活蹦乱跳的！

她激动得涨红了脸。

没有人能说也没有人敢说他错过了卡拉姆津。难道他的诗会因此而一成不变吗？但是这些诗每天都在变得不同。

一天卡拉姆津问他，他的小长诗创作得怎么样了。

作为一位功成名就的一流作家，作为一个已经饱尝创作生活苦痛的诗人，他只问了普希金刚刚开始创作的新长诗的情况，显然他对这个作品很感兴趣，并且很了解，因为他称之为"小长诗"。

是的，他一步一个脚印，耐心地、坚持不懈地跟随着卡拉姆津，终于写出了这篇深奥的长诗，作品带有一种轻松、狡黠的讥笑意味，足以和卡拉姆津最好的长诗作品相媲美。在长诗中，他把聪敏的讥笑意味人格化到了女主人公卓雅身上。这个卓雅是一个完美聪慧的女子，她根本不愿意以牺牲自己的生命为代价回报男主人公的感激之情。

为了感谢而躺进黑暗的墓穴。

长诗里中庸之道的智慧体现为狡猾而又真实的甜美。

不，他认真地聆听并追随卡拉姆津的教导。为了得到散文式的真诚，他摆脱了长诗的押韵规则。并且，将故事引入转折处之前，他既不想去读，也不愿去想它。

他立刻学会了省略和留白。韵脚证明了思路的正确性。谁要是写诗不押韵，那他也会提心吊胆，生怕经受不住检验。押韵曾经是创作的女神。那理性呢？不是理性，而是理智。真理最高级别的证明和最清晰的理智就是——爱。不是爱，而是不幸在窥伺着他。缪斯女神万岁，理智万岁！连着五天两夜他都在写这篇新长诗。押韵，爱，还有全部理智。而俄罗斯的历史，则是卡拉姆津们为他创作的。

押韵，还有押韵般的爱。非半信半疑的、非思致的爱。非理性的嘲讽，缪斯和理智万岁！

俄罗斯的历史，俄罗斯故土是多么古老漫长。韵脚是对思维正确性的一种检验。而检验俄罗斯故土故国历史事件真实与否的检验标尺，就是爱。没错，他曾在卡拉姆津门下学习，向卡捷琳娜·安德烈耶夫娜·

卡拉姆津娜求教。他时常对祖国——所有办公室里鹅毛笔沙沙响个不停书写着她——满口怨言。不是小长诗，而是一首真正的长篇叙事体长诗开笔了。俄罗斯大地的历史就是卡捷琳娜·卡拉姆津娜的一件作品。

当他突然扑倒在她脚下时，当他在卡拉姆津家人面前号啕大哭时，他突然意识并感觉到：有一个能够治疗他的良药。于是他连忙站起身，走了很远一段路程，他沉吟片刻，忽然大笑起来。

23

碰见了！

他碰见了这一对儿——而且是在哪儿碰见的！——居然是在家里，在自己家里——天啊！——多么朴素的房子，校长就像个看门人，像这些中学生的守护者一样住在这儿！他作为皇村中学的建立者，殚精竭虑，和所有人建立了亲密关系，他来到这个亟须关怀的地方，他独自一人完成了这所有成就！他回答大家时多么谦虚。当科尔夫说，这块由他亲自安置的大理石板——是此地的 Genio loci①，是对他工作的肯定，难道他不是在喝他的倒彩！那个守护神是他为纪念皇帝而建造的，甚至不是他建的，而是皇村中学建的！不管怎样，他凭借努力赢得了这一切。

一如既往地不幸，他去有人的地方转悠！总之，他碰见了那一对儿，正在做无耻的事儿！这年轻人被托付给了他，他认真监督，关怀备至，只求他不要捣乱！可这个爱攻击人的普希金却教唆坏了大家！他立刻恢复秩序并查清真相。寡妇玛利亚·斯密特得离开，整理好东西，请

———————————

① 拉丁语：土地神。——译注

674

福马带她离开。今天！现在！她已经被带走了。他维护着她丈夫的遗念。但这不是关键！他都不认识这个丈夫！他只不过在这儿挂了她亡夫的画像，好让寡妇不时看到，以供追忆。可他却撞见了他们。对此他只字未提，他隐瞒了这件事！他没告诉任何人，因为觉得可耻！在需要的场合，他会谈谈普希金的。

他并不想立刻行动，拖了一天。这无济于事！简而言之，事情是这样的：恩格尔哈特校长，真正的守护神，撞见了普希金和年轻的寡妇在一起。他立刻安排寡妇离开，并决定推迟一天后再处理普希金的事。他悄悄对警察说：

"我要让他，让他的灵魂离开这里！"

也许这个灵魂将不复存在。然而就在那天，涅列金斯基—梅列茨基那个老头儿来找他，从老皇后那儿带来了一个题字的钟表。叶戈尔·恩格尔哈特庆幸自己没有早一天把那个年轻人赶出去。真是命运使然！他正好在总留言簿里给普希金写了句评语："他的思想和心灵都是空虚的。"普希金当然很兴奋，但尽力克制了自己，当所有人都在纪念册里给他留言时，他自己也写了最简短但很得体的一条：皇村中学里没有忘恩负义的人。很得体，但也一如既往地含糊。校长并无恶意，真的为普希金的无情感到伤心。收到钟表后他没有心软，虽然心里满意，但表面上一言未发。对待他要更加小心！他寻求与众不同的慰藉。科尔夫说过：他空虚、冷酷，只有两样东西能让他兴奋起来——女人和诗歌。

恩格尔哈特无法预见太多。

据说，这钟表是皇后的礼物！给谁的？给普希金的。他愿意要吗？这人的内心冰冷又空虚，仅此而已。忠诚的科尔夫对他说了自己对普希金的看法。科尔夫挺聪明，他的聪明经常派上用场。科尔夫关于普希金的定义是冷酷和空虚，只有女人和诗歌能激发他的热情。怎么样！科尔夫是皇村中学的佼佼者，他是对的。而那个寡妇没什么好说的，她已经走了。

可有谁能想到，他的诗歌就是力量！上帝晓得这牙尖嘴利的嘲笑者是从哪儿学来的法国那一套。伏尔泰早已不在世，上帝与他同在。可他了解文学吗？皮毛而已。还没接触过德国文学。他想让他们在皇村中学学到上流社会的交际能力。多么恶毒的嘲笑！

而如今，校长得忍受这种屈辱，因为他收到了钟表。上帝与他同在。尽管不是给他的，但对皇村中学终究是件喜事。可他并不爱惜这块表，昨天还弄丢了。恩格尔哈特老头儿还要担心这个。

他叹了口气。应该说说这事儿了。

除此之外，要知道过去的一年里，在皇村中学不得不忍受什么！都是因为他。当然，丘赫利亚脾气古怪，可他父亲是个值得尊敬的人。不能盯着他那些古怪行径不放。尽管他父亲和恩格尔哈特是老交情，可丘赫利亚还是突然做了出格的事儿！毫无疑问，这是普希金挑起的。

突然说，校长只和那些能对一件事提出很多看法的人交朋友。好不容易得到了罕见但依然体面的回应，谁的？阿拉克切耶夫的！而他感染了这里的所有人。万一发生什么事呢？丘赫利亚甚至发表过演讲。他剥夺了他，也就是剥夺了所有人。还得看看这位老手有没有弄丢了表。福马！盯着点！盯什么？盯表，福马。嘿嘿……

24

他住在哪儿？他没有住处。

任何时候都没有人知道，也无法说出──在哪儿。

676

而最终：他是谁？

为什么，为何出现？为什么，在得到皇帝召见之前，卡拉姆津应该争取蒙受他的召见吗？

也许，是秘密召见？

事实上，怎么可能没有秘密？

女人们焦躁不安。秘密。据说，他救了差点溺水而死的皇帝。皇帝可从没想过要淹死。可这种友谊又从何而来？只不过是因为忠心耿耿，不阿谀奉承而已。毕竟皇帝身边都是溜须拍马之徒。

还有人说他不识字。不过他倒是乐意亲自说说这事儿。不，他识字，虽然没有异于常人的高超学识，但也不低于必要的水平。

他当过炮兵，从年轻时就熟悉火炮。人们说他12岁时就把斯佩兰斯基打得满地找牙。不，他和斯佩兰斯基虽然很少来往，但关系不错。

他靠什么坚强地支撑着？没人知道他靠什么支撑。军队和前线。没有人比他更了解军队。

沙皇动身离婚去了。应该相信，他相信军队，军队能拯救一切！在军队驻扎的地方，居民都会精神百倍。再也没有更多了，粮食会有的，在军队里只有皇帝能和他相比。据他所知，皇帝也信任不会溜须拍马的忠诚之人。普通的军队队列等于良心，在保罗皇帝统治期间，这种艺术并不为人所知。其他一些人开始说，拿破仑不是被军队击败的，这是浪费口舌。有军队在也许会更好，这些其他人都是年轻人。入列！在队列中走20年，而不是一天两天。不争辩，不叫喊。人们用不同的方法进行教学，有一位来自英格兰的人进行教育交流。兰开斯特式的相互教学，双方互相学习，据说很快就能学会。但麻烦在于，看一眼就直接教会了。整个军队都开始读书！

他什么都没说。他明白这不会发生。毕竟不是开始阅读的问题，就算都开始读书了，但谁会写呢？

连不敬上帝的小报都出现了。尽管读吧。据说，在营房里所有手写及印刷品都要收集起来进行审查。今天他负责审阅。他拿起一捆手写和印刷书刊，书刊用绳子简单地绑好，就像他平时做的那样。没有奉承。他开始迅速翻看，有什么新闻吗？什么也没有。感谢上帝，没有新闻。他在寻找有关一处军用居民点的消息。许多人来访。或许会有反响，有关系？这样做比较体面。他不喜欢奉承，但需要秩序。有人给其他部门写信，就让他们写去吧。

不，这不是态度，而是议论。

这是诗歌。他一边走，一边兴奋地念着：

…没有思考，没有感觉，没有荣誉，

他是谁，"没有奉承的忠诚？"

只是一个普通的前线士兵。

这份传单是匿名的。尖刻的抨击者们。看，拉夫罗夫，是谁？这是你的事。只是一个普通的前线士兵，他又痛苦地朗读了一遍。"简单，简单，聪明的人"——他说道。一个在前线打了 25 年仗的普通士兵，看起来像，你且教教他。你能教会他。前线一切都很简单。立正！稍息！持枪！瞄准！

25

普希金有了一位新朋友和崇拜者。就像他生命中的一切一样突如其

678

来。像个疯狂的胸甲骑兵，像一个不惧牺牲的骑士一样策马飞奔，牺牲来得越快越好。普希金在骠骑兵那儿见到了这位全速疾驰的胸甲骑兵。这位骑兵小小的个子，新制服裤子出奇地肥大，上身穿紧身新制服，外罩一件华丽的新斗篷，带一把短佩剑，策马疾驰。看守喊起来了："停下！等一等！"他立刻就像钉在地上一样稳稳地停了下来。那匹身材苗条的白色小母马猛地昂起了头，喘着粗气，汗从马嚼子上滴下来。骑兵解释道：

"马跑得太欢了。"

然后慢慢地，一步一步地跑起来。终于停下了。

他穿着刚做出的新制服。很明显，他已经让马尽力快跑，这是最后的狂奔，但没有人会想到这一点。除此之外，他做什么都很麻利。所有人都知道他的两次决斗。下马后，他就成了一个难以描述的安静的美男子，来找莫洛斯特沃夫或卡维林谈事情。谈的事情当然还是决斗。尤里耶夫召见他。为什么？什么也不为。一看到普希金，他立刻眉开眼笑地跑过来。

他是诗人希什科夫，早就想和普希金做朋友了。

亚历山大·阿尔达利翁诺维奇·希什科夫写了些急就章式的哀诗，事实上和他的风格很像。最近又开始写讽刺短诗，模仿痕迹太重，普希金看了皱起了眉头。但希什科夫根本没想过要隐瞒，他们相识后立刻建立了热络的友谊。他一边抽着烟一边被烟熏得喘不上气，他坦诚地对普希金说，自己受不了烟味，但只有吸烟才能表现绝望，所以不能不抽烟。

这也太坦诚了。普希金一开始就傻眼了。希什科夫的大伯是著名海军上将，人称"陆地海军上将"的希什科夫元帅，老头子是可怕的"座谈会"组织的主导者，卡拉姆津的对头，最近正忙着研究词源学，这不仅激怒了瓦西里·里沃维奇大伯，也鼓舞了他。没有他，《危险的邻人》就写不出来，这本书写的就是他的走狗们的故事。

现在时代不同了。十二年飞逝而过，等待着，一切都不可能保持原样，而所有保留下来的都和原来一样。出现了很多机灵聪敏的人。陆地海军上将有一个机敏的侄子，著名的大伯对他关怀备至，令他很是烦恼。他很反感自己的头衔："第二。"他说："大伯是第二，我不是。"

亚历山大·阿尔达利翁诺维奇从桌上拿起一张扑克牌，把另一张推到普希金面前。今天普希金不想玩。希什科夫拿着纸牌，全神贯注地看着他，接着从袖口里取出两幅肖像扔在桌上，希什科夫第二用铿锵有力的声音说道：

"大伯对大伯。"

所有人都安静下来。亚历山大目不转睛地看着希什科夫第二。瓦西里·里沃维奇大伯对海军上将希什科夫！很久以来，一些人拿大伯赌咒发誓，另一些人咒骂大伯。而今天，大伯对战大伯。两个带着荒谬敌意的对手。不是太过了吗？他扔了纸牌。瓦西里·里沃维奇大伯的确荒谬可笑，但他并不喜欢这样的笑声，这不是善意的笑。大伙儿笑了起来。只要有希什科夫第二在场，那么不是以笑声结尾，就是以决斗告终。

卡维林把瓦西里·里沃维奇和海军上将的牌都重洗了一遍。

"绝望的勇士。"他说道。

而绝望的勇士已经在读讽刺短诗了。难怪他要穿着新制服骑马飞奔直到筋疲力尽。

讽刺短诗不长。看得出来，他读过普希金的所有诗作，所有人都能一下子说出这是普希金的诗作。

你们想要自由，便给你们自由：

瘦裤子也能做得又肥又宽。

他平静地读完了。

他看了看穿着肥裤子的骠骑兵们，接着一只手捂着胸口看着普希金，突然把烟斗朝他扔了过去，穿肥裤子的两条长腿砰地碰了一声，便快步离开了。

26

他每天都有同样的感觉，感觉自己将要闲逛一整天，走到中国村附近，有时会走小路斜着绕过那儿。一天他突然听到卡捷琳娜·安德烈耶夫娜和孩子们说话的声音。听到她说"我的小家伙们"，他愣住了。当她说起法语时，他觉得皇帝好像又来中国村了，他一动不动地站着，屏住呼吸，直到听见涅列金斯基傲慢、柔和的声音，他立刻轻声笑了。她和孩子们，和小安德烈在一起时总是说俄语。就这样，他站在那儿，听着她那悦耳的声音和小家伙儿们说话。她的语法错误总是让他无法抵抗，科尚斯基则像怕鬼一样无法忍受。他已经是第三次站在这里，第三次听她美妙的言语，突然，他恍然大悟般大声地说了一句：

"啊哈！"

他突然明白了，整个俄罗斯历史，从红太阳弗拉基米尔大公时代开始，他都是在这儿，向卡拉姆津学到的，而不是向她，卡捷琳娜·安德烈耶夫娜学到的。她是维亚泽姆斯基的女儿，是彻头彻尾的公爵小姐，她用悦耳的声音对孩子们说"我的小家伙们"。毕竟，几乎只有阿丽娜会说话。阿门！阿门！散队！

他必须见到她！在这个距离皇村中学仅几步之遥的，前所未有的中国村里面。

越来越频繁涌现的激情笼罩了他。

他真实地感到窒息，气喘吁吁，努力调整呼吸，就像和马林诺夫斯基打架时，虽然害怕但却不肯认输，拼命不想让人看出来。而此时竟然会因为她和孩子们说话时动听的声音，她的目光和爽朗的笑声而动心。她聆听他的诗歌时总按照自己的方式理解。仔细聆听后却一言不发，过了一个星期又想起来，轻声慢语地逐行念起来，好像在确信诗歌的内容。在这种谨慎的关注中可以看出，他的诗对于她多么珍贵和心爱。他也开始换一种方式聆听它们，审视自己。她以不同方式读一行诗，他想提醒她纠正一下，又突然决定就这样吧，对此他无可奈何。这决定是永久的，无关乎他，当然也无关乎她，直到最后。他无法预见到将要发生的事，上帝保佑——他对任何人都只字不提。对自己也只字不提，一切从一开始就被埋葬，无论是情欲还是温存。一切都被抑制。他好不容易才做到不再尝试认清自己和她。这是对伟大的作家卡拉姆津的犯罪，是对瓦西里·里沃维奇大伯的犯罪，也是对维亚泽姆斯基以及她偶尔提起的那个唯一的哥哥别佳的犯罪，是对父母亲的犯罪。他颤抖着想到，这罪恶会伴随一生，一辈子会立刻毁于一旦。他不敢去卡拉姆津家，怕揭开旧伤疤——明年以及此生，他要在哪儿、要怎样才能见到她？

瓦西里·里沃维奇大伯的家庭生活曾遭到不幸，便到巴黎去寻求救赎，祖父和曾祖父也同样过得不幸福，可他们做梦都不会遇到这种爱情，就像子弹贯穿了他的心脏。这爱情的秘密成了他沉重的负担，无休无止，无法偿清，一分一秒都无法逃避。

一切就这样开始了。

从一开始，他就准备面临一切后果。

此地的天才，中国村的神，是她的智者。他什么都知道，什么都见过，什么都能容忍，但唯一无法忍受的是，她如此深情地爱着那老人。她不让人为自己画肖像，因为不想让世人谈论她的美貌。卡拉姆津老了。对她来说，不仅是丈夫的作品和他的《俄国国家史》永恒不朽，任何时候他所写的都无比珍贵。不，她爱他，爱这位聪敏的智者和老师，正如人们爱美丽的姑娘。他对此无法理解。那这谦虚和忘我是怎么回事，这是什么黑魔法！他看到两个并排的头——一个是狡狯苍老的讲故事的人，一个则美丽绝伦，永葆青春。没有一个词、一句诗能够形容这份爱。要是无法掩藏，就说是别人的故事。撒谎，沉默，直至最终。

这就是开头。

27

像瓶中葡萄酒一样被堵塞的激情偶尔会退去。他叹了口气，开始用不同的眼光审视她，审视自己，审视人生。那些记忆的伤痛，和爱情留下的深深伤痕，还依然存在。

她退却了。讽刺短诗被遗忘。

恰达耶夫就是这样。一个想法，一个秘密，一切都能解决。他不知道，但猜得到。在恰达耶夫面前，他可以摆脱所有折磨。

爱情已经离开了智者的房间。爱，要么悲伤，要么可笑。悲伤已经消退，而可笑是不可能的。关于爱情的念头，正如疾病，已经消失了。

爱情没有跨过这个房间的门槛。这里藏着另一个秘密，迅速得到幸福的正确途径——不是自己的幸福，而是所有人乃至整个俄罗斯的幸福。

在这儿，在恰达耶夫朴素规整的房间里，充满着不安，知识和信心。恰达耶夫准确地清楚所有事情的期限。不幸和虚无应当在瞬息之间全部消失。

没人会说他是花花公子和纨绔子弟。他外表看起来是个慎重严谨的人，身穿整齐如雕塑的骠骑兵制服。不，他根本不是个纨绔子弟。他身上没有任何多余的东西，没有任何嗜好。莫洛斯特沃夫塞给他一枚宝石戒指，抵押玩纸牌欠下的赌债。

恰达耶夫注视着那枚戒指许久，然后把它从桌子上拂去。

他看着一脸惊讶的普希金说："当罗马城里的人贩卖奴隶时，用粉笔在奴隶膝盖下方的小腿上画一个圈来代替枷锁。"

见普希金更惊讶了，他便严肃地说道：

"我不戴戒指。它们会让我想起奴隶制。"

普希金觉得今天自己不认识他了。

他嗅了嗅仆人送来配茶用的一小块面包，就像一个品酒师在嗅葡萄酒，甄别拉菲和夏布利①。他从容不迫地用清澈和无所不知的目光看着面包。

"这些为我们服务的奴隶，"他望着仆人（他没有勤务兵）走出去的背影说道，"这些奴隶，难道不正是他们构成了我们周围的空气吗？而面包呢？是那些在地里耕作的奴隶们辛辛苦苦翻掘垄沟种出来的，难道他们不是养育了我们所有人的土壤吗？"

他一脚将地上的戒指踢开，用依然同样的声调说道：

---

① 拉菲和夏布利都是法国的葡萄酒。——译注

"这是一个恶性循环，我们都陷在里面。我的朋友，当我们挣脱了以后，你会认不出自己，也认不出自己的诗。而这应该很快就会到来，你比谁都了解过去的时代，也能感受到即将到来的时代。而最重要的是要预见到解决所有问题的时刻。亲爱的朋友，我们期望的一切都会到来，因为时间本身正在为此努力。你没去过瑞士。我在那儿见到了自由的农民。他们连走路姿态都不一样。阻止一切的主要因素是奴隶制的传染性。军事居住区里已经没有村落了，在恺撒执政之前都被传染了。怎么传染的？现在的一切都是自然形成的。奴隶制突然结束。感谢上帝，它具有传染性。你不会明白，它是如何高涨，如何统治所有人，并最终爬到了恺撒身边的位置。恺撒终于看到了它，奴隶制发展，而后消退，仿佛从未存在过。"

普希金和平常一样倾听恰达耶夫的话。话少，动作更少，不挥手也不微笑的恰达耶夫仍应该受到注意。普希金忽然向后靠了靠。

"问题在于布鲁图。①"他愉快地说道。

恰达耶夫不作声了。

"你今天有些不安，我的朋友，你会感受到什么是自由。"他平静地说道，"正如你立刻就要创作诗歌一样！奴隶制马上就要消亡。一定会这样。"

他礼貌地询问普希金，是否很久没见过卡拉姆津了。在卡拉姆津的《俄国国家史》中，他最看重的是他的语调，简单易懂，不偏不倚。但伊凡三世，虽然似乎是个了不起的沙皇，但他终究枉然地认为自己是最

---

① 布鲁图（前 85 年–前 42 年），古罗马共和国元老院议员，组织并参与了对恺撒的谋杀。——译注

685

好的。他很少留意到彼得。普希金对此怎么想呢？毕竟他在世时，四面八方都有国家来拜访俄罗斯，开始了对外沟通。

然而，在这个房子里的卡拉姆津一家人具有难以估量的优点——非同寻常的语气，以及这个家里的气氛。女主人的美丽令人惊叹。她的言语充满着平和、博学和对真理的自信，她无与伦比。

"我的朋友，你怎么了？"他担忧地问道。

普希金本来苍白的脸突然红了起来。他搜寻着想说的词，却感到思绪混乱，惶惶然悲从中来。恰达耶夫认真地看着他。他相信普希金，明白了他那无法得到的爱情，虽然还是有些忧虑和讶异。而现在，几乎看到一切，了解一切之后，他冷静地给普希金倒了一杯他从英国弄来的黑咖啡。恰达耶夫没向普希金提任何问题。要不是他，普希金早就会像个小孩一样，哭诉起生活的不顺遂来了。现在他却平静了下来。

告别时，恰达耶夫拥抱了他。

28

起床鼓敲响了。

天色尚是黎明，一天还没开始。一切都如往常，墙那边的普希金还未醒来。

起床鼓敲响了。

先是一声凄厉嘹亮的号声，紧接着便响起了密集、准确、清脆、饱满的信号鼓声。

起床鼓敲响了。

一本破旧的书卷从他手中滑落，是他夜里翻阅的但丁的作品。

这一年过去了，转瞬即逝。

起床鼓敲响了。

这种密集喧闹又快节奏的鼓声把他从不真实的压抑梦境中叫醒，他醒来了。而他的爱情真实得像时间，像行军的脚步，像未来一样。而最准确的未来是对过去的预测。

属于卡捷琳娜·卡拉姆津娜的俄罗斯历史，在脑海里，在心中。

起床鼓敲响了。

急速又精确。

他们比预期提前三个月完成了皇村中学的学业。学校的院墙已经无法阻挡他们。1817 年 6 月 9 日，皇帝和戈利岑来到了学校会议厅，第二天他们就永远离开了皇村中学。

起床鼓敲响了。

三年后，皇帝在欧洲议会下令将皇村中学和皇宫隔开。命令下得很仓促，因为没有时间。需要赶快！精确、密集、洪亮。

起床鼓敲响了。杰尔维格诗歌里的皇村中学的行军。

起床鼓敲响了。稍息！

所有人都到了。他们即将去任职。大家从皇村中学毕业后都发生了很大变化，在学校时所有人都是一个样，毕业后大家才有了各自不同的步态。而丘赫尔别凯的步态更是前所未见。这样走是要去哪儿啊？

但是他也签了自己的名字。

他们被要求签名承诺，不在任何秘密和地下组织任职。所有人都带着轻松的心情签了名。

第一个来的是普希金，然后其他人也分别到了。

所有人都签了字，也都很满意。他们即将任职，人生开始了。

普希金决定不久后就要到自己的领地——米哈伊洛夫斯克村去。

大家约好将来要在皇村中学周年聚会上见面，一切都得到了谅解。普希金和杰尔维格拥抱了彼此。去哪儿？什么时候？在这个带圆柱的大殿里。

他签名承诺不参与任何组织后，突然笑了起来，皇村中学的组织呢？他们决定每年的十月十九日，皇村中学开学的日子，所有学生要一起聚会。米沙·雅科夫列夫被选为主席。"牲口兄弟"里都是自己的同学，不算组织。那"阿尔扎马斯社"呢？他已经有了阿尔扎马斯的绰号："蟋蟀"，这绰号出自茹科夫斯基的民谣作品，很适合他。因为他就像个蟋蟀一样不让人安眠。不，这不适合他的职务。除了周日和节日以外，他每天都得去上班了？一点儿也不是。

不，他们没有毕业。结束的只是课程，还有皇村中学的时光，黎明醒来，整天拿着讨厌的诗歌闲逛，结束的是这一切，而皇村中学没有结束，也不能结束。

家庭？没有家庭。父亲过着虚幻的生活，母亲性情急躁，经常没来由地喜怒无常。还有曾经的阿琳娜。

曾经的阿琳娜，曾经的皇村中学，没有毕业，就是这样。这就是生活，什么都没有增加。他皇村中学的那些伙伴都有谁来着？普辛、杰尔维格，还有丘赫利亚——诗才和命运均有共鸣的亲兄弟。数不过来，还有很多——是他真正的骨肉亲人。

当然，使他们亲近的不是校长恩格尔哈特。对他来说校长和马林诺夫斯基都没什么差别。

因此皇村仍然是他最重要的故乡和家园。

思想家会说：可这个兄弟会从何而来，为什么皇村是家园？因为他们每天都同时起床，同时吃饭，在一个地方散步，跟同样的教授们学习？这持续一生的疯狂般的亲密关系究竟从何而来？思想家想到这儿一定会摇摇头。他要是摇头就不对了：首先，不是所有人都有饭吃，顽皮的孩子们根本没饭吃。其次，生活中习惯成自然，习惯的作用是巨大的。人们需要一个统一体，而创建这个统一体的人不会被遗忘。恩格尔哈特并没有创建它，不管他多么想做这件事。起初是马林诺夫斯基，然后校长位置空缺，最后恩格尔哈特才出现。严格的思想家会问了：那到底是谁呢？难道是一半皇村中学的人都不记得的普希金？抑或是绰号叫二百个，会模仿护路工等二百种人物形象的雅科夫列夫？

对，就是普希金和米沙·雅科夫列夫。

他们记得所有自己人。

数得过来吗？还有具有连自己也难以理解的惊人记忆力的戈尔恰科夫，后来他的记忆力在世界外交界声名远扬。他和普希金在大路上见过一次，他们的领地相邻。两人一见如故，按皇村中学的习惯拥抱了对方。这就是皇村中学。不，恩格尔哈特校长不太理解他，甚至根本不了解他。话说回来，谁又能理解他呢？

米沙·雅科夫列夫的绰号叫二百个，他会模仿二百个人物，包括他认识的和见过的人，看守和普希金。后来他被推选为皇村中学毕业生们的领袖。

无论在哪儿，无论命运把他们带向何方。即使后来丘赫尔别凯被单独监禁在要塞监狱长达十年，每年的十月十九日，皇村中学开学这天，他都会庆祝这一神圣的纪念日。

皇村中学万岁！

29

另一个夜晚,他去了阿夫多季娅那儿。

他惊奇地发现,她俄罗斯中世纪式的美丽越发新鲜,她那中世纪俄罗斯式的古怪行为也越发古怪。阿夫多季娅这个名字最初也是她自己给自己起的,没有人会想到给自己起这样的名字,她本来可能会叫埃芙多克西娅,老人们叫她叶夫多基娅,但她现在叫自己阿夫多季娅。一个茨冈女人曾预言她会在夜晚的睡梦中死去。

第二天所有客人都被拒绝来访。

夜里她在涅瓦河边的房子着火了。很多车夫拿着夜里照明用的火把,赶着四轮马车聚集到这栋涅瓦河边的房子前,马匹在房子前打着响鼻,凌晨前聚拢来,天亮后就都四散而去了。很快就有一群赶时髦的人开始叫她 Princesse nocturne——夜曲夫人。她把白天当夜晚,把夜晚当白天。她年轻时曾经忘乎所以地陷入爱情,后来被嫁给了老头子戈利岑。年老的丈夫对她的言行举动没多大兴趣,也不去干涉她。于是她便昼夜颠倒地过日子,平静、绝望又带着某种勇气,以此来逃避死亡和命运。

她曾经专注于钻研数学,并出版了一本书。当维亚泽姆斯基听这位夜曲夫人谈论弧线和切线时,不停地偷偷画十字。

她和卡捷琳娜·安德烈耶夫娜·卡拉姆津娜私交很好。她穿着浅蓝色的萨拉凡①,很衬她的脸。普希金在卡拉姆津家,向卡拉姆津娜学习俄罗斯历史。而当他想到自己的英雄长诗,便立刻想见到中世纪俄罗斯

---

① 俄罗斯妇女民族服装,套在衬衣外面的无袖宽松长衫。——译注

式的阿夫多季娅，否则他的长诗就写不下去，因为见不到她，生活就不完整。卡捷琳娜·安德烈耶夫娜总在她那儿。

他赶了很远的路，后半夜才到。

现在马车夫成了让他头疼的问题，在皇村中学的时候他不用和马车夫打交道。谢尔盖·里沃维奇花钱很吝啬，总是和马车夫讨价还价，这是他的命运。而半夜去拜访夜曲夫人时和马车夫讨价还价，很困难。

他久久地注视着深黑色的涅瓦河。

公爵夫人派一名手持锤形杖的看门人迎接了他。

他走进去时，胸甲骑兵刚刚离开。阿夫多季娅穿着接待客人时的家常衣服：厚布织成的金色萨拉凡，上边用贵重的宝石装饰，萨拉凡很重，遮住了她的香肩。眼前的美又令他害羞起来。

她用银铃般的悦耳声音说，她不喜欢用俄语叫不出名字的新事物。哪里能想起勇士们，就像卡捷宁[①]，从剧院里汲取了大量精力，现在干起活儿来一刻不停。

普希金不好意思地垂下了头。

卡捷宁的确在诗歌和剧院中花费了很大精力，但人们对他的评价并不恰当：好像卡捷宁不喜欢爱情诗。大家说什么的都有。而他的诗歌并不普通，是很有力量的好诗。毕竟他积极参加过反对茹科夫斯基和卡拉姆津的抗议活动。阿夫多季娅经历的痛苦太少。上帝啊！他从没有为了学问而出卖过智慧的卡拉姆津和极其顽强的茹科夫斯基。他的勇士们不

---

① 巴维尔·亚历山大洛维奇·卡捷宁（1792—1853），诗人，剧作家和批评家。幸福同盟成员。在有关戏剧艺术的问题上是沙霍夫斯基的同道者，也是演员表演中"古典"风格的拥护者。卡捷宁派朗诵艺术的冷淡风格（从他的弟子中涌现出来的著名演员有叶·伊·科洛索夫、瓦·阿·卡拉特金）与豪情洋溢、情绪激动的格涅季奇培养的叶·谢·谢苗诺夫的朗诵风格截然相反。——译注

好吗？棒极了！难怪他喜欢哼唱悲苦的士兵之歌：

> 一个士兵在迈步操练，
>
> 痛苦不堪，
>
> 真是疲倦。

他来找阿夫多季娅也是为了学问。勇士会有的！诗歌会有的！明天他就要去找卡捷琳娜。他想起了"小长诗"，咬紧了牙关。

阿夫多季娅用银铃般的悦耳声音对他说，现在男人的大部分精力都放在了歌曲或者数学上，所有人都如此。在一首歌里有个舍列梅捷耶娃·安钮特卡①，最初住在女仆的房间，后来到了公爵的卧室，最后成了伯爵小姐，看看这首歌！超越了所有歌曲！而她的数学著作已经在巴黎出版，但人们不懂！他们的脑子都去哪儿了！

手持锤形杖的看门人过来报告说：

"公爵求见。"

阿夫多季娅那年老的丈夫来了！她吩咐说：

"告诉他她已就寝。现在天晚了。请明早来。"

于是看门人便传达说：

"公爵夫人已经就寝，请明早过来。"

这是一次恶意的嘲弄。老公爵经常笑话她的怪癖，只有非常需要时他才会在黎明前出现。

---

① 普拉斯科维娅·伊万诺夫娜·舍列梅捷耶娃伯爵小姐（1768—1803），本出身于女奴。在舍列梅捷耶娃自己创作的歌曲中，以及这些歌曲的一系列变体中，叙述了一个农奴姑娘如何华丽转身为伯爵小姐的故事。　　译注

而阿夫多季娅离开了普希金。

她像古代战士脱掉盔甲一样，把自己镶满贵重珠宝的萨拉凡扔在一旁。她中世纪的说话风格很爽朗，她那中世纪的双肩永远那么迷人。阿夫多季娅在卧室里魅力四射。

"熄灭蜡烛。"她说。

30

自由！

他唯一认为可贵的，只为它而活的自由。在任何地方都没找到，不论爱情，友谊，还是青春。

他坠入爱河后才明白，如同强盗在牢狱中受尽折磨：没有一句真话，也没有诗歌。

他不敢接近她，只是远远地看着，以至于没有人会猜到，也没人会想到。他的一生注定如此，直到死亡。

他被推选进入了自由的"阿尔扎马斯社"，成为"蟋蟀"。

事出意外。维亚泽姆斯基让沙霍夫斯科伊不得安宁，并宣称要报复。他做了回应，写道，奥泽罗夫是被害死的：

奥泽罗夫的灵魂在呼唤你：朋友们！复仇！[1]

他是发狂而死的。维亚泽姆斯基说过，他是个天才，死于沙霍夫斯科伊的妒忌。

———————————

[1] 摘自普希金的诗《致茹科夫斯基》（1816）。——译注

在卡拉姆津居住的中国小屋里，每个人都踮起脚走路，好像家里有个重病人一样。他本应憎恨，屈服。

自由！

恰达耶夫第一个来告诉他关于她的事。

他完全不喜爱阿尔扎马斯社的勃鲁多夫。比他更傲慢的自大狂多的是。他的笑话总是复杂又不好笑。现在他去外交旅行了。那么他祝愿他旅途愉快！

卡拉姆津所做的事情很神圣。恰达耶夫也值得称赞。自由与理智！

在他的家里遇到了受害者们。谢尔盖·里沃维奇看到长大了的儿子签署了不参加任何组织的承诺，抱怨说，不光哥哥瓦西里·里沃维奇，就连妈妈都不理解他们这些姓普希金的，也就是不理解他谢尔盖·里沃维奇。他让儿子成为尼基塔的随从，他甚至宽容地看待儿子的胡作非为。走吧，走吧。

他自己也曾写过，并且现在依然在写。儿子创作幸福的诗句，他自己也曾写过。

旅行家安塞洛去年写道，普希金这一姓氏很适合创作诗歌。他的大伯瓦西里·里沃维奇渐渐老了，亚历山大想看看家族世袭的领地米哈伊洛夫斯克吗？他本人也不反对。亚历山大会永久地得到他的尼基塔。这他的意愿。

这就是他父辈的家园！

这间长方形的房子里曾经住过他的祖父，在这里留下了很多记忆。然而，要是以家族方式去了解过去的时代，那么整个俄罗斯国家的历史就会变成激情和疯狂的历史。就这样吧。阿琳娜在看管这座房子，这间祖父住过的房子比父亲在圣彼得堡的房子要更舒适，食物更丰盛，甚至更漂亮。

一大早他就冲到窗前，从张罗煮茶的阿琳娜身旁跑过，朝湖边跑去了。

马列涅茨湖地势低，非常小，形状精巧奇异。他从小丘上纵身跳进了水里，马在岸边高处等他。他去了相邻的三山城庄园，他将其戏称为城堡。那里一如既往地居住着橡树般粗壮的普拉斯科维娅·亚历山德罗夫娜·奥西波娃。普希金精神饱满，常给她解闷。她很早就认识他的父母，并且走得很近，她听说了所有人都争相阅读他的诗歌，她很清楚，他的母亲一定很难理解自己的儿子。她认识他的母亲。普拉斯科维娅·亚历山德罗夫娜丝毫不希望自己的女儿们围着普希金转。她们还小呢！让他随心所欲地写关于爱情的作品，她并没有明令禁止。

女儿们什么不明白呀？她自己是最明白的人。

今天有一艘船沿着湖岸行驶。

船上扬起一张方方正正的宽大的帆，上面全是补丁，鼓满了风，沿湖岸向彼得罗夫斯克的方向缓缓而行。他现在正执笔描绘的那些时代，船只们大概也如此在这里行驶吧。

这根本不是童话故事。三山城庄园像一个古老的要塞、古老的城堡般高高耸立着，看起来不像个平静的庄园。他知道，在这儿，伊凡四世曾将波兰堡垒夷为平地。从皇村中学毕业后，他马上就来到这里，因为在这儿能轻松地呼吸。他来这里是为了写那首在皇村中学时就开始构思的长诗。人们已经知道他在写长诗，并且已经快写好了，但还应该等一下……等什么呢？

这也正是谁都不能说的事儿。首先没有什么比等普希金的作品更重要。

古罗斯，自由的生活！他整理好一支轻盈的羽毛笔，思索着。三山城的山丘美不胜收，伊凡四世，加冕的怒火，在这里驱赶了敌人。这里是俄罗斯的古迹。这完全不是和平的诗篇，不是古罗斯和平的弗拉基米尔时代。不，这是一场古代的战争，俄罗斯的战争。他带着皇村的记忆来到这儿。不，不是和平，而是战争。

这是他的第一首长诗。没有和平，上帝与他同在。想到古罗斯，想到弗拉基米尔大公神话般的王国，他便联想到历尽苦难后依然存在的罗斯帝国。

是的，它仍然存在。弗拉基米尔大公的罗斯并不古老腐朽，它和其他时代一样。勇士们在它身后疾驰，他认出了其中的外族人。粗壮的身躯和名字像莎士比亚笔下的福斯塔夫——法尔拉夫，一个肥胖的叛徒，占据了他的脑海。

不，古罗斯并没有结束，勇士们也没有消逝。他们为它而战，为柳德米拉而战，为光荣而战。罗斯依旧，美景依旧。

家乡的土地没有改变。

所以他在这里。而现在他要飞奔到三山城去。

31

他到这儿的第二天，回到了家。今天他没在家过夜，而是和不忠的少妇们待在一起，他一眼就认出了她们。今天不走运。他看到那轻巧的步态，纤细的玉足，摇摆的腰肢就近在眼前，他一路小跑，最后却发现门是锁着的。

她怎么那么快？这几乎是不可能的。但却那么轻巧！好吧！他便在院子里等待，不停地来回踱步，搞不懂自己怎么会像孩子一样被哄骗了。那纤细的双脚点燃了他的欲望。他走得越来越快，呼哧呼哧地喘着粗气。他做好了一切准备，很快就失去了耐心。他奋力攀爬，心脏怦怦直跳。他用拳头捶着墙，恨不能马上把门撞破，她那纤细的小小双足决定了一切。今晚不能没有她。这到底是怎么回事？她逃到哪儿去了？为什么逃走了？背叛！嘲弄！这个不忠的少妇和这扇上锁的大门使他心中燃起了怒火，他像个钟摆一样在门前走来走去。院子里一个人也没有。就这样过了一个小时、两个小时。他决定不认输，他怎么也无法控制自己，受侮辱，狂怒，他努力不去想那小小的纤足。好吧！他已经冷静下来，并准备等到晚上。她不可能不从院子里经过。

他在院子里踱着步，疯狂而又冷静。她不在。一个人都没有！什么都没有！他就这样一直走到晚上，咒骂着背叛他的女人，也咒骂自己。他知道她的名字，不是俄罗斯人的名字：丽莎·施泰因格尔。现在很多这样的非俄罗斯人都聚集在了彼得堡，这些少妇不惜任何代价想谋取钱财。

他深知夜晚所有的秘密，也清楚女人们的诡计，但他就是不明白，这个漂亮的妓女跑哪儿去了？

爱情就像一场神秘的无声之战。他蔑视她们，嘲笑她们，但却不能没有她们。

什么是爱情的喧闹和出其不意？

爱情会带来不可避免的死亡和疾病。

这些水性杨花的年轻女人可以供所有人娱乐，就像圆酒杯一样传递着爱情的疾病。而这一天，普希金所诅咒的无名女子一整天都没放他进门，因为她病了。

爱情是盲目的，疯狂的，否则他就不会遭受这必然的失败。

他嘲笑水性杨花的女人们，有时还蔑视她们，这会儿都不记得了。

烦恼，怎么能爱上并走进某个人的生活，血液上涌。但他没有恨意。他痛恨并狠狠嘲笑过那些厌恶女人的人，那些从来不懂爱情的可笑的卑鄙小人。而与此同时，这些人已经无处不在，甚至在社会的上层和最顶端。

32

看起来，女叛徒们的整个人生都建立在背叛的基础上，她们在背叛中应该是最热情的，充满激情，疯狂且无法抑制，不知疲倦地沉迷于爱情。

根本不是这样。冷淡，节制，奇怪的适中性。爱情是她们的生意，对生意产生兴趣是无聊并且不合适的。她们明码标价出售自己，随意地对待别人，表面上投入他们的怀抱，实际上她们的激情并没有升温。

她们很能算计并且非常自豪。她们的嫉妒是冰冷的，生意上的嫉妒，而她们的自尊心则是疯狂的。

有一天他碰到了这样一个女人，她懂诗，阅读最新的杂志，受过一些教育，还很时髦。

"现在根本没人读伏尔泰的书啦，谁还需要他呀？"

普希金认真地听着。

"那需要谁呢？"他问道。

"巴松皮埃尔①。"时髦的女士回答道。

有这么个人。她也读过他的作品。拥抱的时候她直打哈欠，办事儿的时候好几次抬高了腿，冷漠地说道：

_____

① 弗朗索瓦·德·巴松皮埃尔男爵（1579—1646），法国元帅，外交官。——译注

"现在又来了。"

冷漠的杀伤力真是惊人。

他问她叫什么，她的名字不像俄罗斯人，应该是故意取的假名：奥莉加·马松。关于她的一切谜团都故意带有令人不快的淫逸意味。奥莉加·马松和丽莎·施泰因格尔都是带着合理的目的，从不远的地方来到这儿，那些地方到处都是浪漫的人，她们来这儿不是为了满足自己强烈的情欲，而是为了物质利益。嫉妒不已的严厉的姑姨们伴随她们，很懂得怎么不引人注意，从不来打扰。随着羽翼丰满，本事增长，她们会为了家庭幸福而离开，留下寂寞苦闷和粗心的悔恨。贫穷使人远离死亡。然而，当普希金一天抱着一丝希望在夜晚的休息之处徘徊，突然发现自己口袋空空时，他想起一首关于一个可怜士兵的战士之歌："士兵是个可怜人。"最后他深感困苦，喃喃哼道：

普希金是个可怜人，

他无处可去，

因为无事可做，

他不回家。

33

每天晚上他都去剧院，一天不落。著名的谢苗诺娃登台演出，他目不转睛地盯着舞台，如痴如醉地聆听她美妙的声音。

他对那两个每晚纹丝不动，眼都不眨地守着谢苗诺娃的人已经见怪不怪了。其中一位是加加林公爵，谢苗诺娃的丈夫，但这件事是秘密，他一个字都不敢泄露；另一位是个独眼老鹰，凶猛忠诚的格涅季奇。谢苗诺娃本是个出身于农奴家庭的女儿，但她扮演女王时仿佛就是女王本人。普希金不仅看到了舞台上的悲剧，他还在生活悲剧中看到了无与伦比的戏剧激情。他非常了解格涅季奇和谢苗诺娃。谢苗诺夫家的两个姐妹——叶卡捷琳娜和尼姆福多拉激起了他强烈的好奇心，令人惊艳。尼姆福多拉是一名优雅大气又冷静的女歌手。每个在剧院里见过她的人都知道：她悠扬的歌声和曼妙的身躯对剧院来说是无上的幸运。能拥有这样美好的嗓音是多么幸福啊！

而她优秀的姐姐叶卡捷琳娜却命运多舛。也许英雄主义悲剧就应该这样？当年拿破仑被民众团结一心的可怕力量所摧毁，在那些难忘的日子，剧院里上演了奥泽罗夫的歌剧《德米特里·顿斯科伊》①。当时尚未出名的年轻的谢苗诺娃在剧中扮演了主要角色，那是个空前的夜晚。解放了的俄罗斯民众感受到了自由，谢苗诺娃收获了雷鸣般的掌声和疯狂的欢呼。

她一夜之间成了一名伟大的俄罗斯女演员，受到了民众绝对的喜爱。当晚的掌声响彻全国，谢苗诺娃天籁般的嗓音成为俄罗斯的胜利之音。

她声名鹊起，直至现在。

但荣耀不会永远停留，也不会等待。

叶卡捷琳娜·谢苗诺娃的荣耀日渐衰落，尼姆福多拉开始享受作为

---

① 1807 年，在与法国的战争达到白热化的时候，彼得堡大剧院的舞台上上演了奥泽罗夫的爱国主义悲剧《德米特里·顿斯科伊》。演出获得巨大成功。"与俄罗斯武装力量有关的每一句诗，都伴随着观众哗哗的掌声……德米特里的最后一句独白……引起了震耳欲聋的掌声和欢呼声，声震屋宇。"扮演克谢尼娅角色的谢苗诺娃"美若天人：她的嗓音，她的神态和她的步态以及罗斯贵族身上的华服，以及披在肩上的披巾，这一切真的是迷人至极"。（皮缅·阿拉波夫：《俄罗斯剧院编年史》，圣彼得堡，1861 年，第 177—178 页）。——译注

一名歌手的荣耀。叶卡捷琳娜·谢苗诺娃的天籁嗓音取得了前所未有的成功，她得到了至高的荣耀。

那时候法国女演员乔治①成名了，她的演出在世界各地引起轰动。她用平淡的情感表现强烈的悲剧色彩，使情感如乐曲般悠扬动人。

乔治来到了圣彼得堡，谢苗诺娃去欣赏了演出。她的命运被注定了。她动人的嗓音令人信服，歌声优美的悲剧成了她的厄运。俄罗斯舞台女王与法国舞台女王之间展开了一场前所未有的竞争。最终她赢了。人们的泪水和《德米特里·顿斯科伊》的掌声还没有被遗忘。每当叶卡捷琳娜·谢苗诺娃天籁般的声音响起，她面前的所有人都向她鞠躬，一致向歌声优美的悲剧致敬。

对于悲剧来说最重要的部分是开头和结尾，即主人公的第一段和最后一段台词。悲剧开始支配某些诗歌和重要词句的印象。就像诅咒和誓言，为它们吸引众多疯狂的追随者。悲剧的一般过程被遗忘了，甚至连一些台词和冲突的意义也被遗忘了。曾经的悲剧之魂。她的开始、连续和结尾动作变得有名，而悲剧的一般过程并不明显。女胜者天籁般动听的言语俘获了所有人，清晰的内涵已经不被在意。但对悲剧的记忆，对诗歌和动作的记忆仍然留存。

后来这位伟大女演员的帮手出现了。

诗人格涅季奇个子异常高大，这只独眼老鹰并不靠那些零碎的诗歌记忆活着。诗歌的鼻祖，伟大的《伊利亚特》深深吸引着他。应该创作出俄罗斯的《伊利亚特》。格涅季奇了解并坚信俄罗斯诗歌。从此他的

---

① 乔治（1787—1867），原姓韦梅尔，法国女演员。——译注

命运已经注定。^① 他开始日复一日地研究并翻译《伊利亚特》。俄罗斯应该拥有自己的《伊利亚特》，对他来说俄罗斯的诗歌就是保证，因为它最自由，最洪亮，能够吸收并展现所有民族诗歌的优点。他坚信俄罗斯诗歌。他的工作日复一日、年复一年地进行着。

格涅季奇心中拥有伟大的使命，他觉得自己的生活里不能没有荷马的诗。他完成了大量典籍的翻译——包括修道士和文人的作品。

俄罗斯诗歌也可以是平和恬静的——如此便会产生俄罗斯的荷马。准确性是他的信仰。他做事从不半途而废。当独眼老鹰第一次看到谢苗诺娃的演出，他的命运便已注定。文人和修士的爱！世上还有什么比这更沉重？爱情成了他的精神枷锁，但没有爱他便无法活下去。

当他得知巴黎的乔治和他的阿芙洛狄忒展开了前所未有的竞争时，他变成了为爱付出的劳动者。彩排时他跪在舞台边上爬来爬去，开始时他举手做信号，并提示声音高低，结束时放下手做信号。聆听着他最爱的歌声，就像翻译荷马作品时一样敏锐和顽强。在表演过程中，独眼老鹰不时无声地重复谢苗诺娃的台词。

普希金一直聚精会神地观看并聆听演出。这伟大的女演员是否了解

① 1808 年，女演员乔治在彼得堡上演了她的处女秀。她的发音吐字"和谐悦耳，抑扬顿挫，甚至可以说是如歌如泣"。如歌唱似的发音法也表现在和乔治扮演同一些角色的叶卡捷琳娜·谢苗诺娃身上。但是，正如帕·阿拉波夫所证明的那样，这不是模仿的结果：那时的发音法总而言之都比较"带有歌唱性"。但谢苗诺娃的确从乔治那里学许多东西，最后，1809 年，在乔治也在场的情况下再次走上舞台，扮演了《坦克莲达》中的阿缅娜伊达——这也是乔治演出剧目中的主要角色之一。谢苗诺娃的确"很优秀"。从这时起她的名气终于巩固下来了。在这场乔治和谢苗诺娃之间的竞争中，诗人格涅季奇起了很大作用，他被公认是一个出色的朗诵家。沙霍夫斯基"并未造访"谢苗诺娃，而是力求确立女演员米·伊·瓦尔别尔霍娃的名气，他一度曾将其与谢苗诺娃并列对举。谢苗诺娃在"表现了聪明睿智而又懂行的作家尼·伊·格涅季奇的指示以后"，取得巨大成功，并获得普遍的公认。——译注

她所出演的所有剧目呢？有时她好像在某种充满魔力的梦境中表演。幕间休息时，他迫不及待地冲向后台，渴望抓住她美丽柔软的双手，施魔法般摇晃她，摆脱她悲剧中的沉重。这样伟大的演员就会换个戏演，舞台上的经典悲剧也可以到此结束。

有一次他忍不了了，飞奔到她面前声音嘶哑地将自己的想法告诉了她，但她只是凝视着他，脸上没有笑意。她不理解他。

于是他握住她的双手，第一次也是最后一次——亲吻了它们。

忘记她是不可能的，正如荣耀，如生命，如骄傲。

到处都是激情澎湃。

谢苗诺娃的嗓音使人神魂颠倒。

不是词语的意义，而是权力和生活。

人们为她鼓掌，在说出某个词和答案之后她被唤了出来。

到处都是激情澎湃。

现在无论谢苗诺娃到哪儿演出，独眼老鹰格涅季奇都会坐在第一排观看。普希金不由自主地看他：诗人的膝盖上，是否还留有那位名演员以圣洁的嗓音唱出那些诗歌的开始，中间和结尾处时，他爬来爬去的痕迹。

到处都是激情澎湃，爱人的激情，公民的激情。

皇储贝里斯基大公在巴黎被刺杀了。

他朝着剧院走去，为了能再一次，又一次——第几次了？——观看俄罗斯的叶卡捷琳娜·谢苗诺娃出演的悲剧，为了听到她的声音，否则他无论如何都活不到明天。那出悲剧将成为他整个夜晚一个未画完的惊叹号，独眼老鹰每天晚上都要去剧院观看那出悲剧。

奇怪的是，谢苗诺娃虽然充满激情，但并不是爱的激情，而是公民的激情。

他聆听着她的表演，并随时准备鼓掌。但是今天，第一幕之后，他从胸前掏出一张肖像画，看都没看一眼，慷慨地递给了邻座。邻座目光犀利地看了一眼，立刻转头将肖像递给了另一个邻座，画像在各排之间传递。这是杀害皇储的凶手卢维利的画像①，画像上用粗体字写着"给沙皇的教训"。

他疯狂地为谢苗诺娃鼓起掌来。

34

年轻时做一个浪荡子弟对他来说太容易了。这位有名的部长并没有这么做。他教导学生，并实现了一切目标，这才是他的智慧所在！

由于特殊的爱好，部长的腰腹变得越发肥胖，笑容也越发聪明，越发神秘。

他获得了最大的权力，因为他巧妙地触及了信仰问题。福季②是他的敌人，但他暂时还不畏惧这个对手。

从他在教育和宗教方面宣传的所有细节之处可以得知，正是这细微之处使他变胖，并越发膨胀。

他的权力已经大到手眼通天，关照了一些特别感激他的人。越是渺小可怜的人，他关照起来越是无微不至。他所关照的人们都待在科学院

---

① 卢维利·路易-皮埃尔（1783—1820），法兰西手工业者，出于对法国波旁王朝的仇恨，谋刺了法兰西王位继承人贝里斯基大公，被处死刑。——译注
② 福季，狂热残忍的信徒和反动分子，作为一个神秘理念的宣传者而与戈利岑作对。 译注

这个避难所，他是他们的赞助者和保护人。他不怕任何人。圣经协会①把班特什－卡缅斯基②交给了他，一个清瘦的男人，福季在他面前也不过是个上帝的看门人。他不怕任何人。他听说了关于那个待人不礼貌的男孩的传闻。有一天，特别办公厅的冯·福克给了他一份材料，上面是文书官记录的诋毁他的诗。冯·福克是来自波罗的海沿岸的德国人，待人彬彬有礼。让高个子公爵读一读吧。戈利岑读过后，兴奋地直晃，他派人询问这个罪犯是谁。答案是：普希金。普希金的作品有很多，但戈利岑认为只有一篇——穆辛－普希金是当之无愧应受到普遍关注的。随后戈利岑公爵得知，这个普希金是个刚从皇村中学毕业的少年。

戈利岑伯爵又把诽谤文读了一遍，这是一个魔鬼以最凶狠恶毒的文体写就的：

> 看在上帝的分上，从四面八方，
>
> 挤对他吧。

这个普希金在呼吁谁呀？一帮赤脚的无名之辈吗？警惕，办公厅！警惕，冯·福克！最后的结尾部分含义更是明显得可怕：

---

① 这是反动的神圣同盟所做的工作，即粉碎发生西班牙、拿波里和皮埃蒙特的革命在俄罗斯在内政方面却伴随着向公然的反革命的急剧转变。这一由逮捕斯佩兰斯基开始的急剧转变，在从 1813 年广泛开展的圣经协会的活动中体现最充分，该协会主席是反动分子戈利岑。圣经协会及其他神秘主义协会集合了各种宗教信仰的代表人物，旨在以世界主义的宗教狂热来反对资产阶级革命思想。修士大司祭福季为了保存官方东正教教会的统治地位而与神秘主义思潮进行了斗争。——译注
② 班特什－卡缅斯基（1788—1850），俄国和乌克兰历史学家，古文献学家。——译注

705

怎么不试试从后面攻击？

那儿是他最弱的地方！

伯爵不自觉地用两根手指捏住制服的纽扣，向前俯身，如果他不是戈利岑，要是不用立即解决问题就好了。这样的人该送到哪儿去，该怎么办？这个嘴尖毛长的小鸽子。对这种人应该尖锐一点，戈利岑式的强硬。这小鸽子以自由精神的写作来诋毁中伤？他笑了。戈利岑接受挑战，他同意了，普希金，你不是热爱自由吗？给你自由，接着吧！

愤怒在哪儿呢？这种精神现在在哪儿呢？自由又在哪儿呢？

精神在西班牙①。那儿发生了平民暴动，反对法律权力——西班牙人反对他们的统治者，奥地利国王。

明天众人就会得知，普希金将被送往西班牙！

公爵搓了搓手。

在充满枪炮声和屠杀的国家，那个国王反对外国民众，民众反对国王的国度，到那儿去旅行必定有去无回。这自作聪明的孩子不会回来了！这是给沙皇的教训？不，这是给诗人的教训！

第二天，几名男孩找到普希金，并告诉了他一切。普希金看着这些孩子气的朝气蓬勃的面孔，伸出双手拉着他们，突然愉快地放声大笑起来，声音有些嘶哑。

"西班牙人会胜利的，"他说，"我会回来庆祝节日，戈利岑会尴尬死！"

_____

① 1820 年西班牙爆发了革命。——译注

这些男孩是谁？咱们秘密地压低声音，唾沫四溅地说出他们的身份：他们是师范学院贵族寄宿学校的学生，最擅长翻围墙，所以他们来到了这儿，现在要走了。

他们从哪儿得知的戈利岑的秘密？天知道。

他受到了保护，丘赫利亚在贵族寄宿学校当教师，男孩子们就像崇拜上帝一样崇拜他。

35

一天，一名片警来找他，并把他带走。普希金对这件事的简单程度感到惊讶。片警把他带到了警察总局，交给了局长——拉夫罗夫本人。

然而一切并不那么简单，这只是第一步。普希金还应被带去见特别办公厅的冯·福克。这个德国佬可不好对付，他曾传唤过格里鲍耶多夫，后者回家之后便开始烧毁自己的所有手稿。到了晚上，格里鲍耶多夫家就变得很热，因为炉子烧得旺。拉夫罗夫只是个警察，而这件案子对于冯·福克来说简直再清楚不过了。

拉夫罗夫让普希金等了整整三个小时。普希金走过警察局大厅，来到窗前，但窗子被遮住了。最后拉夫罗夫终于出来了，他看了普希金一眼，耸了耸肩。

"个子不高嘛。"他有点意外地小声说道。

普希金强忍着怒气。

拉夫罗夫头脑简单得出乎意料，没有一句多余的客套，他指着一个又矮又宽的大柜子说：

"那里边都是您的，按编号排列。"

柜子里塞满了普希金的讽刺诗和举报他的告密信件。

原来，警方长期以来一直忙着调查他。拉夫罗夫终于解释清楚了普希金被带到这里的原因。

他被带到警察局，是因为没有人比他更清楚那些禁忌话题，以及什么人谈论了这些话题。

"您会告诉我们的。"拉夫罗夫说道。

普希金笑了起来。多聪明的人！戈利岑离他很远，让他先吃点苦头。

拉夫罗夫把普希金留下来，让他反思。

他被关了起来。

普希金在警察局里待了很久，突然感到悲伤。他什么都不惧怕，警察局，拉夫罗夫，都不算什么。

可毕竟还是！

当他回到自己的住处时，已经是黑夜了。

拉夫罗夫出了名地重视老一套的警察规矩，喜欢若有所思地盯着自己满是汗毛的拳头，再看看犯人。囚犯明白他的这个眼神，他有自己独特的办事习惯。对待有名的大盗贼和穷凶极恶的杀手，他有独特的警察式的尊重。他认为普希金是个要犯，但还未被逮捕而已，这样更好，让他想想吧，时间有的是。

36

费奥多尔·托尔斯泰的平和令人激情澎湃，年轻人都不得不承认这一点。要是有谁不承认，他很快就会自愿或被迫改了主意。他并不热衷于决斗，却逃不开。据说已经有近百人死于和他的决斗。

他听说，格里鲍耶多夫在自己的喜剧剧本中还这样提到了他：

要是去堪察加我便同意，回来就是阿留申人

结实的手上怎么能不沾泥①。

关于堪察加和阿留申人的内容是真的。见到格里鲍耶多夫后，费奥多尔·托尔斯泰让他将这句诗改成："玩牌的手不干净。"否则人们会以为，他从桌子上偷走小银勺。他的这种冷静客观比决斗更加令人信服。

费奥多尔·托尔斯泰无法忍受世俗的模棱两可。他做决定总是迅速而又直接。他脑子里都是普希金的名字，所有人都在谈论他呢！

听说普希金被带到拉夫罗夫那儿，直到晚上才出来，人们对此各有不同评论，不知道他在警察局里经历了什么，费奥多尔·托尔斯泰对此简短说道：

"揍他了。"

那些花花公子们恍然大悟，他们以前怎么没猜到！

一小时后一位老妇人详细地告诉他：

"房间里除了一张桌子什么都没有，也没地方站。您想想，突然间放下一块地板，那些人拿着桦树条子站在那儿，一切都顺利妥当。至于由谁安排并且怎样安排这一切，挨揍的人不会知道的。"

到了晚上，所有人都知道了这件事，人们彼此转告，议论纷纷。又出现了很多新的细节。傍晚时，普希金在街上走着，遇到了三个熟人，他们飞快地瞟了他一眼便急忙躲开了，难道是他看错了？

冯·福克结束了在特别办公厅的一个工作日。

冯·福克对今天非常满意。

---

① 这句台词出自《智慧的痛苦》。——译注

出名的时候，他就预见到了这一天，任何人、任何地方都不再提及他。人们谈论到普希金都说他在警察局里被揍得不轻。写过那么多极好的和有煽动性诗歌的诗人挨了揍，以后再也不会写了。所有人都记得他挨了揍，今后他没有危险性了。当然，他暂时还没被驱逐，但他挨揍了。驱逐？这是个大问题，不着急，冯·福克有时间。

与此同时，他的驱逐被推迟了，因为一下子出现好几个地方，好几个方向。

算了，只是在说驱逐的事儿吗？

不，福季知道只有一个地方适合普希金，这个因诗歌的诱惑力而招致毁灭的人——索洛维茨修道院。他在那儿不会梦到有害的女人们，在那儿他会受到约束。他要是待上十年，就学会礼貌学会磕头了，再多的就不会了，而那些文字的舞蹈也会忘得一干二净了。

阿拉克切耶夫认为这个大嘴巴作家应该被送进彼得保罗要塞，或者永远充军。

戈利岑伯爵认为应该把这个自由爱好者送去西班牙，那个地方很适合他。虽然普希金的事很好搞定，但大家的意见却无法统一。更重要的是，关于普希金的手稿的意见也不统一。甚至连手稿还没有搞到。怎么才好？

恰达耶夫在策马疾驰。

尽管他得以最快的速度赶到首都，尽管他的马是一路上最快的，他真是迈出了完全疯狂的一步。

恰达耶夫在策马疾驰。

如果马跑得不够快，如果不得不跑得慢些，以免出意外，一切都将在今晚之前搞定。他要赶到卡拉姆津家和他谈，不能等了，不能有任何意外或多余的动作。马儿均匀地喘气，稳稳地飞奔着。今天他往回飞奔。军情紧急，时不我待。他要告诉卡拉姆津，普希金面临危险。诗人遭到那些盲目独裁者和奴隶制拥护者们的痛恨，奴隶制的捍卫者已经拿起武器开战了，他们痛恨诗人。时间马上就到了，没有诗人就不会有未来，请务必留意！

恰达耶夫在策马疾驰。

马儿细瘦的鼻孔均匀地深深喘着气。

马不会倒下，不能失足。

没有诗歌的国家就成了哑巴，民众的记忆就会沉寂。奴隶们不会消灭普希金。

恰达耶夫冲到了目的地，翻身下马，他看了看马儿聪慧的双眼，马儿也骄傲地看着主人的眼睛，高高扬起了头。

大家都开始习惯于普希金的倒霉遭遇，他还未开始的流放，以及那些不断滋生的传言。人们已经见怪不怪了，但恰达耶夫的到来改变了这一切。普希金确实遇到了麻烦。时间不等人，有什么危险？但不管最后判决会带来什么危险，有一点很明确：得救他——骠骑兵们开始说话了。

卡捷琳娜·安德烈耶夫娜半天没吭声。恰达耶夫一如既往地冷静谨慎。当然，他是对的。尼古拉·米哈伊洛维奇也一如既往地敏锐明智。她知道，明天将要发生一场重要谈话。她决定要一如既往地说出真话，而这真话就是：唯一能拯救普希金的人就是尼古拉·米哈伊洛维奇。只要他在皇帝面前开口，一切问题都能解决。恰达耶夫是对的。她明白这很难，那好吧，她要再次施展招数了，她要耍耍滑头，还得保持镇定。

尼古拉·米哈伊洛维奇很快要觐见沙皇。要谈起这件事该有多难！

但是不能毁了普希金呀。当然，普希金是个疯子，他的那些讽刺诗可怕到了荒谬可笑的地步。而每首诗里都能看到和听到他的影子——因此荒谬可笑，也就更加可怕。

事情就是这样。最重要的是看似最简单的问题：如果不关进要塞，不送到西班牙，那要把他送到哪儿去，交给谁呢？

皇帝忽然撇嘴笑了一下。他不愿意在这一天发生什么可怕的事情。卡拉姆津有个可爱的妻子。当卡拉姆津说起南方时，他忽然接上了学者的话答道：

"英佐夫?① 好啊。"

这个略显怪异的姓氏属于南部边疆区移民监护委员会总监督长官。在南方一个叫叶卡捷琳诺斯拉夫②的地方，去那儿的外事委员会——这甚至算不上流放，而是调任。

叶卡捷琳娜女皇在位时喜欢赐名。她曾将一出歌剧里的冒险家称为卡里法尔克瑞尔斯通，这是许多冒险家的姓氏之一。

英佐夫这个奇怪的姓氏也出自女皇陛下的手笔。

康斯坦丁·帕夫洛维奇大公有个儿子，必须给他起个含糊不清的名字。他本来有个德国名字叫康斯坦丁斯。后来被加上了词尾"索夫"并废除了英佐夫这个姓。

卡捷琳娜·安德烈耶夫娜焦急地等待着丈夫。她既为普希金担忧，也为所有这些念头和纠缠不休的烦心事感到担忧。她觉得对不起丈夫，

---

① 英佐夫（1768—1845），别萨拉勃区将军，总督。——译注
② 乌克兰城市第聂伯罗彼得罗夫斯克的旧称。——译注。

她觉得自己应该对这些麻烦事负责。卡捷琳娜·安德烈耶夫娜甚至哭了起来。当普希金出现在她面前，她只是平静沉默地接待了他。他现在要和尼古拉·米哈伊洛维奇谈谈了。

尼古拉·米哈伊洛维奇并没谈起他所要面对的未来，也没提到他的长诗（他还称之为长诗）。

他话不多，只是让普希金向自己承诺要改正错误。他是否做了承诺？他会答应吗？

普希金如坐针毡，忽然开口说道：

"我保证……"

卡捷琳娜·安德烈耶夫娜如释重负地叹了口气。这座小山真的倒塌了。普希金忽然又温顺而坚定地补充道：

"两年之内。"

他答应了两年为期，卡捷琳娜·安德烈耶夫娜突然大笑起来。多准确！即使两年也好。普希金终究还是会保持自己那副样子，如若不然，那该多无趣啊！

但是他究竟要去哪儿啊？

不能去那些荒无人烟的地方，去没有声望，没有名分和回忆的地方。

他要去克里米亚。这是怎么回事？怎么去克里米亚？她对此一无所知。

她站在那儿，手边是刚从书铺里送来的给尼古拉·米哈伊洛维奇的几本新书，她习惯性地挨个儿翻着。普希金应该知道他要去哪儿。

她突然停了下来。送来的书里有一本是黑海及其附近地区的画册，是遵照拿破仑的命令在巴黎创作的。显然，克里米亚的景色让拿破仑异常关注。这本书不是新的，但很精美。大幅纸张上是艺术家鲜活描绘的众多令人惊叹的地方。一个姑娘身着长裙，肩上托着一只形状匀称的高水罐，正从陡峭的悬崖上跳下，一个山民从上面看着她。

卡捷琳娜·安德烈耶夫娜看了一眼这个地方的名字：埃尔祖鲁姆①。

卡捷琳娜·安德烈耶夫娜看着普希金，他仔细看了看这幅画，忽然对她说：

"我不会忘了它的。"

卡捷琳娜·安德烈耶夫娜愿意相信普希金真的不会忘记，也相信和他一起研究地理的重要性并不亚于她和尼古拉·米哈伊洛维奇的历史学研究。

37

廖伍什卡，列夫·谢尔盖耶维奇终于出现了。普希金对他说，自己会给他写信，并且只给他一人写信，因为他们是朋友。普希金会把自己生活的一切情况都写信告诉他。廖伍什卡则会写信告知他所有亲朋的情况，包括他们在哪儿，说了什么，想了什么。

普希金真的打算把一切都写信告诉兄弟。没有别的途径比这更容易使自己的信件家喻户晓了。他离开时，突然后悔没和廖伍什卡好好亲近，因为实在没时间了。列夫思维敏捷，但他的诗才受到限制——因为有哥哥在，因此他无法写作。所以，写给列夫的信会让所有人都知道他写了什么。

最后两天，他收拾好了所有东西，也料理了所有事务。《鲁斯兰和柳德米拉》已经付印。他去看了谢苗诺娃演出，见到了格涅季奇并告诉他，自己的长诗正在印刷，他要离开了，他必须离开。格涅季奇一直相信他，也相信他的命运，在剧院里见到时，把他当成观众一样——弯起

---

① 土耳其城市。——译注。

细脖子垂下头，承诺会帮助促成这首一出生就成了孤儿的长诗问世。随后两人都最后一次欣赏了谢苗诺娃的演出。

他写完了一本新诗集，望着厚厚的手稿，那是自己自由的笔迹。他做完了自己的事。剩下的时间不多了，已是春天。他想和每个人告别。

倒数第二个夜晚他去找了尼基塔·弗谢沃洛多维奇①。和即将彻底改变的生活告别不能没有骠骑兵们，两年就两年，用他的话来说——这不是告别。

还是要真正地告个别。尼基塔·弗谢沃洛多维奇是一个懂得所有分寸的人。和普希金告别要带着智慧和气魄，不能小心翼翼，更不能小气吝啬！

所以，骠骑兵们的拥抱更宽阔更牢固！

快到早晨时，斯托斯纸牌游戏激战正酣。弗谢沃洛多维奇壮实得像一棵年轻的橡树。

尼基塔·弗谢沃洛多维奇是个粗鲁的玩家。

"文登？"他问道。

大家玩得很快，下注也很大。

"文登说谎，"尼基塔说道，"玩斯托斯要真实些。走着？"

他扔了一把钱出来，叮当作响。

最后他赢了一大堆钱。

"祝我健康吧，卡尔梅克人。"尼基塔说。

小卡尔梅克人站在桌子后边倒着酒，软木塞砰的一声响，卡尔梅克人举起了酒杯。

---

① 尼基塔·弗谢沃洛多维奇（1799—1862），富人，喜欢剧院和音乐，翻译剧本。"绿灯社"的活动就是在他家举行的。——译注

715

普希金咬着嘴唇。

所有钱都输光了。

他拿起一本自己的新书，是用硬壳书皮装订的手稿，他在印刷前就做好了各种准备。

终于游戏玩到了不能再玩下去的地步，他要欠下债了。

"多少钱?"他问道。

"咱们来算算你的斯托斯赌债。"尼基塔说。

他拿起那本书，侧着身把它放在桌子上。

"我身后这样的老账更多。都算在一起，我押。"

尼基塔开始坐庄发牌。

他对普希金说："别只押十卢布，你的美人儿不一样。"

普希金对这话异常感兴趣。

他问尼基塔："那我的美人儿什么样? 不是方块吗?"

弗谢沃洛多维奇说："这你不会知道的。可能是方块，女的。"

普希金一点儿也不想笑。

弗谢沃洛多维奇既迷信又讲究。他的表达总是十分讲究的，他管方块 J 叫方块杰克。

"杰克在游戏中不算数。"

杰克不算数，但也赢了他。

天亮前尼基塔已经赢了他所有的牌。

多少出于尊重，他把普希金的那卷手稿单独放在了一旁。

普希金步行回了家。

夜晚比白天更加清澈。

只有他的脚步声。

他脱下帽子深深鞠了一躬。

给谁鞠躬？什么人都看不到。

他在给彼得堡鞠躬。就要去南方了。

涅瓦河威严地平缓地流淌着，一如往常，在彼得大帝时期它就这样流淌，在子孙后代统治时期它依然这样流淌。

明天他就要去向未知的南方了。

他向圣彼得堡鞠躬，就像给一个人鞠躬一样。他站了一会儿，脱掉了帽子，细细看了片刻，便转身离开。

38

他去拜访了拉耶夫斯基将军①。

将军并不老，严肃又细心。

他对普希金说：

"我的儿子和你交好，女儿们年纪还小。您和我们一起上路吧，我要去克里米亚，我们在叶卡捷琳诺斯拉夫见面。"

将军知道普希金是被驱逐的。他把这件事看作一个中尉或上尉服役过程中走了背运。

将军又出乎意料地补充道：

"时间到了，是时候了。"

还点了点头。

普希金明白，这位1812年卫国战争中的英雄，在生活中一直是个

---

① 即尼古拉·尼古拉耶维奇（1771—1829），将军，1812年战争英雄。1820年，携同小儿子、女儿玛丽娅（嗣后成为十二月党人沃尔康斯基的夫人）和索菲亚，带着家庭医生去高加索的矿泉城疗养。——译注

好父亲，要是没有小女儿们，他无论如何都没办法去克里米亚。

他的儿子尼古拉是个骠骑兵，在皇村时尼古拉早就习惯了常常见他，等着读他的诗歌。

而普希金自己呢？他不是军人，现在还遭到了流放，失去了保护，事与愿违。

不，他并没有失去保护。不，他是战士，尽管只是个诗人。他是一个统帅，是抑扬格的步兵，扬抑格的骑兵，讽刺诗的哥萨克哨兵，致命的精准性，百发百中。他的诗歌越简短，就越可怕，如子弹一般。卫国战争的将军拉耶夫斯基和他进行了简短地交谈，就像和一个年轻士兵、中尉或上尉谈话一样。他的诗歌是另一种形式的武器。

他经历了卫国战争，从没离开过皇村。他了解战争，了解敌人的力量。在他的第一首长诗里描写了古代的勇士们，描写了俄罗斯人的敌人——切尔诺莫尔——他想到了另一个时代的战争，为俄罗斯的荣耀和魅力——柳德米拉而战，一场古老的战争，突然成了未来的战争。瘦小的切尔诺莫尔飞来掳走了柳德米拉。①

他仿佛知道，可能会发生这样的战争，也会取得这样的胜利。他想到了战争里的黑暗力量：背叛。想到了罗格代②，还有肥胖的法拉夫。

一天，卡捷琳娜·安德烈耶夫娜突然对他说，他把柳德米拉当成了一个活生生的人，并且他好像，爱上了柳德米拉。他吓了一跳，恨不能立刻跪倒在她脚下向她坦白，自己在写柳德米拉的时候，看到的总是她的样子。

---

① 普希金长诗《鲁斯兰与柳德米拉》中的情节。——译注
② 古罗斯勇士。——译注。

他有时就会这样：想着她，想象着她以前的样子。所以当他创作柳德米拉时，其实是不失狡猾地在写她。

一切该发生的，都发生了。

他最后一次见到阿琳娜，好好地告了个别，拥抱了她。

"再见了，母亲。"他对她说道。

阿琳娜被叫得莫名其妙，她看着他，想确认他是否在开玩笑。不，他没开玩笑。她又看看周围，一个人也没有，感谢上帝。

"您怎么啦，亚历山大·谢尔盖耶维奇，"她惊慌失措地说，"您有母亲啊。"

"有，"他严肃地说道，"你就是我的母亲。"

阿琳娜流下了安静克制而又熟悉的泪水。

他乘驿马车上路，他期待见到的每一个人都来送行了。

普辛来了，看了看驿马和马具，有点不太满意。

"大概不是驿马，大概是拉邮车的马。"车夫说道。

马林诺夫斯基也来了，在出发、到达和途中休息的时候总是少不了他。还在皇村中学的时候，他就被叫作哥萨克人，至今所有人对此还都记忆犹新。刚进皇村中学时，关于他的父亲——斯佩兰斯基——的记忆已经很久远了。他曾经并且一直是个哥萨克人。因为普希金曾在诗中称他为哥萨克人，所以他既爱普希金，也爱他的诗。

普希金赴任路途遥远。路途越远，别离之情就越浓烈，越亲切。

马林诺夫斯基想起《鲁斯兰》，说道："那儿的人都骑烈马。"大家都笑了起来，马林诺夫斯基援引了普希金的作品，真是调皮得很了。

丘赫利亚笑得气喘吁吁，眯缝着眼说道：

"马林诺夫斯基会背《鲁斯兰》？多了不起！"

所有人都沉默了。没错，就是还没印刷出版的《鲁斯兰》！《鲁斯兰和柳德米拉》！多了不起！

他的声望从皇村时期就开始了。

他被赶走了，去哪儿？去俄罗斯大地上。他还没有遍览尽知祖国的山川。现在他将要看到，将要知道了。并不是从北方平缓的平原开始，而是从南方，从那充满热情和罪恶的地方开始。戈利岑本想把他赶出俄罗斯，赶到西班牙去。那里有更多热情吗？他会看到一个热情的国度。什么流放！他们就是要把他强行招募去罪犯横行之地。那好吧！他上路了，他是否还会回来？是否会碰到谁？或者历史会转向吗？历史行进得太快了。

冷静。车夫在等着呢。

39

确实，他在宽阔的大路上了解了祖国的辽阔和强大。的确，难道不应该这样去认识祖国吗？车夫在唱歌。

多么美妙啊，俄罗斯歌曲！缓慢，忧伤而又深沉。他津津有味地听了一小时，一小时又一小时。为何这忧伤如此雄伟宽广，从容不迫。马车夫们在赶路时唱起这歌儿，路途遥远，没有尽头。歌声可以防止人昏昏欲睡。他的生活开始得汹涌澎湃，而非仓促慌张，这不是一回事。

驿车的铃铛不响了，车夫也消失了。他孤零零一个人到了这个被指定的地方——叶卡捷琳诺斯拉夫。身边谁也没有，他直起身子，伸了伸腰。由于路途颠簸，他的双腿都麻了。驱逐就是驱逐，和流放不一样：没有人等他，也没人接他，连个落脚的地方都没有。他只好闯进了唯一合适的地方，一扇开着的门。

里面原来是个小酒馆。他暗暗诅咒这个地方——这低矮的天花板现在成了他的棺材。

居然可以玩水！这座城市遭遇了洪水，第聂伯河绵延不断地咆哮奔腾，然后呻吟呜咽，最后终于平息下来。小酒馆几乎被淹没了，水没过了地板。他毫不犹豫地跳下高涨的潮平水阔的水里。稍稍平息的洪水在酝酿着新一轮猛攻。船夫不慌不忙地，关切地往下看着他。毕竟已经听说了，不需要把他送到任何确切的地点，而是需要坐船四处游玩。

普希金注意到了船夫细心的目光，稍微眯着双眼，目光里透出怀疑，还有他的沉默不语。他慢慢地，稳稳地划船，只扶着桨的一端用力划一下，随后便不再用力，任由波浪推动船桨。普希金问他是否会唱歌。船夫便立刻从容不迫地唱起来。普希金静静听了一会儿，是一首很好的老歌，难怪船夫眯起了眼睛。佩枪的阿塔曼①带着个姑娘。普希金忽然嘶哑地短笑了一声。这就是他被送来改造的地方。这就是一首强盗歌嘛。他沿着第聂伯河漂流了很久，随后他让船夫接着划船，自己便跳下去游泳了。

长路颠簸让他觉得身体拘束得不痛快。只有畅快游泳时，它才又变成了他的身体，而他也做回了自己，他的双腿忘记了一切疲乏。船夫终于等烦了，欠起身子，不，他不是累了。他站起身，听到水面上传来一个人的尖声叫喊：

"你们俩！戴镣铐的！抓住他们！"

快天亮时桨手才把他带到小酒馆。两名苦役犯逃跑了，不见踪影。

---

① 从俄国自由哥萨克中选出的首领；旧俄哥萨克军队和村庄中由沙皇政府指派或选出的长官，首领。——译注

他听见了人们的叫喊声，也听见了人们追赶那两人的喧闹声。

这已经不是想象，不是游戏，也不是诗歌，而是他自己，这是某人的身体，拍打水面的手臂和戴着脚镣漂浮的双腿。他的放逐生涯就这样开始了。

傍晚时分，还是在那个小酒馆里，他开始断断续续地打冷战，像强盗一样。他开始妄想从追兵手里救人，开始觉得憋闷，在这荒无人烟的地方要一杯冰水，什么也没看见，什么也听不到，什么也不懂。终于他的手抓住了一个冰一样冷的杯子，杯子里是冰水，这杯冰水把个姑娘吓得要死。

他躺在一件不知道是谁的粗毛修士服上，这件衣服从哪儿来的？他没指望有答案。他的手臂和双腿又想起了一路的颠簸。突然间他出乎意料地想起了一切——包括船夫那双熟练灵活的眼睛以及那声叫喊：

"抓住他们！"

两个人，他们两人一起游泳，他们的镣铐连在一起，逃离不自由的束缚，并肩而行。自由！只有为了自由才能够戴着镣铐游泳，即使和另一个人铐在一起。

又过了一天，傍晚他没有生火。这就是他的索洛维茨修道院——福季为所欲为。警察很卖力气。阿拉克切耶夫战胜了他。

"点上灯！"突然响起一个严厉命令式的口吻，"为什么这儿没生火？"

他还不记得自己请过谁来做客，他意识到应该有灯有火。他清醒过来了。

在他面前站着拉耶夫斯基将军。

老拉耶夫斯基生气地下令禁止把他一个人留在黑暗里，并要求这里要有松明照明，拉耶夫斯基年纪大了，很慈祥。他立刻感觉自己有了保护，并第一次深深地缓缓地叹了口气。和这人在一起是不会完蛋的。

而他的儿子——尼古拉·拉耶夫斯基，依然不肯改变看法，也从来不对他们有所隐瞒。他习惯于保护自己的诗歌，就像士兵保护自己的心脏一样，他曾经坦率地给尼古拉·拉耶夫斯基读过自己的诗，而尼古拉一听诗就紧张，并大声地哈哈大笑。他习惯于尊重骠骑兵的直率，并且永远也无法忘记尼古拉的不赞成态度，理由是当提到沙皇的幸福和索菲亚·维利欧①时，他表达了热切强烈的想和沙皇谈话的愿望。

　　"忘了吧。"骠骑兵淡淡地说道。

　　而现在，在这个被诅咒的小酒馆里疯狂之后，他不知道是否真的有两个苦役犯的故事，还是这根本就是无稽之谈，新的长诗折磨着他，他也对其念念不忘。两个被镣铐拴在一起的逃犯一起逃亡，一起为了自由跳进河里游泳的事件占据了他的脑海。他需要理智一样清明的尼古拉·拉耶夫斯基那清楚洪亮的笑声。他对他完全信任。

　　尼古拉·拉耶夫斯基告诉他，这种作品人们不会相信的，也不能相信，他说：

　　"这不可能。"

　　而所谓的真相，以及监狱记录里的内容——这才是不能相信的东西。不能相信比散文更准确的诗歌。

　　就这么决定了，他们出发去高加索和克里米亚。

40

　　沉默、严肃、不友善且毫无生气的人群排着队，站得手脚疲乏，失

---

① 亚历山大一世经常造访宫廷银行家约瑟夫·维利欧家，为的是看望其女儿索菲亚。有一次普希金在他家遇见了沙皇本人。——译注

去耐心，每天大清早起就聚集在一个满满的大水坑边，也并不是干等。

他们装作什么都不相信的样子，实际上什么都信。青春和力量是最大的错误。万一突然回来呢？

这样倒是最简单了。

没有希望吗？一点都没有吗？一切都很清楚。他不相信任何人。不然。青春和力量？一切都会回来，一切都会发生。而一切仿佛都已经发生了。

冷静下来！没有别的。

他顺从地爬进了满是温水的大坑里，一条沉闷而严肃的队伍在他身后拥挤着，早早过来的老人们沉默寡言，愁眉苦脸。他们带着一丝希望前来，盼着能出现奇迹，恢复他们的生机和力量。他不信，跟随着冷静的大夫，他试过硫黄水，热水，酸水，冷水，有一天他独自一人回家的路上，什么都没想，突然笑起来了——不因为任何事或人，只是突然笑了，这笑容让他感到意外。是受到热水的影响了吧。他嘲笑他们的意愿。拉耶夫斯基将军那位优秀的医生按照军队规矩安排用水。他完全不喜欢这种千篇一律。一开始他下令说：

"用热硫黄水。"难怪人们叫他戈里亚切沃茨基①。

一周后他又下令：

"今天用温的酸性硫黄水。"

随后又过了一周，又提出了新想法：

"现在用铁水，缺铁可不行。"

普希金就是在铁水之后笑起来的。

将军最喜欢的这位医生经验丰富，精通各种疗法。首先，他知道人

---

① 意为"热水"。——译注

们对疾病都一知半解，对水也是半懂不懂。最终他们会得到帮助和治疗。但是他有自己独特的方法，也许是正确的方法。他从不钻研书本。

从热水到冷水，这就是他的方法。两个月时间里，他按照医生严格的命令，在水中沐浴，一开始是硫黄水，后来是铁水，最后是酸性冷水。

将军对自己医生的这种疗法表示赞同。

"缺铁可不行。"他解释用铁水的缘由时说道。

不，他现在所处的社会阶层不同了。

他发现了另一种静止不动的状态。他现在真正知道了那些怪异的云彩，彩色的，灰色的，绯红的，发紫的——这根本不是云彩，而是阳光下结冰的山顶。他也认识那些山：有像教堂一样五个顶的，别什杜山，马舒克山，铁山，石头山，还有看起来像毒蛇的蛇山。

当他执行了医生的所有指示后，他忽然看见自己的脸，正俯视着一把干净的钥匙，并感觉自己一切正常，他明白：时辰到了。他坐在尼古拉·拉耶夫斯基旁边的马鞍上，和他聊了很久。尼古拉是他父亲的儿子，记得将军谈论过的一切事情。他们俩商量好了一切。拉耶夫斯基想起了拿破仑那荒诞的计划，这计划就像从前高加索山脉上空童话般的云。这个计划还是在和保罗皇帝意外开展友好关系的时期制订的，但这友好关系也随着保罗皇帝之死而突然结束了①。这个计划就是——俄国的印度。普希金曾说，这些山脉不仅创造了前所未有的美景，山这边也促进了祖国和波斯人的友好贸易往来。

---

① 1800年，由于俄国－英国－奥地利同盟的破裂，同时也由于1799年雾月18日（11月9日）的政变，拿破仑成为法兰西的全权统治者（保罗一世希望由于这件事法国革命的成就会被拿破仑本人断送），俄罗斯和法兰西的关系开始变得亲近起来。此时人们拟定了一个联合远征印度的计划（该计划带有出身于法国的痕迹），因为印度是强大的英国最软弱最易受到攻击的部位。甚至都为实施这一计划采取了某种步骤，但1801年保罗一世的被暗杀阻止了这一计划的实施。——译注

他们和尼古拉·拉耶夫斯基一同出发了。沿海库班哨所的 60 名哥萨克为他们送行。普希金一边欣赏着他们的跳跃和自由落地，一边对快乐得发呆的尼古拉·拉耶夫斯基说：

"永远在马背上！随时准备战斗，并永远小心防备！"

41

他被一道紧急命令放逐至此。

机敏卑劣的戈利岑狡猾的计划并没有得逞——他并未被驱逐出俄罗斯，没去西班牙那么远的地方，而是在俄罗斯境内，伟大的祖国在他面前展开。作为一个俄罗斯人，他知道而且喜爱那些远方的国度，而在这儿他面对面地遇见了伟大的祖国，还看见了最美妙，最难以置信，最神秘的她——这片亲爱的土地，亲爱的祖国。

把这次驱逐变成真正的幸福的不是诗人自己，而是那位 1812 年战争中的将军，将军从没把军事事务和家庭、和亲属也就是和未来分开。这一年他很多次想到他去过的各地的历史，没有一个地方是闭塞到不见经传的，各地语言都很清晰准确。他被驱逐到一个语言准确的地方。诗歌和数学一样需要准确性。这里还有一个可恶的难题：人们不相信。诗歌的表达越准确，他讲述的东西就越真实越正确，他知道人们不会相信，他们会说——这不可能。整个国家都充满了不信任，这点无须证实。警察记录的准确性也没有帮助。应该屈服，他便屈服了。此外，有必要利用这条法则，可以用真正的鲜血书写，写东写西，写天写地，在生命结束前想怎么写就怎么写。总之，书刊检察机关对他来说形同虚设。不是警察审查制度，这个他了解得很，还亲身感受了它的权力，就是警察审查制度把他赶出了首都。而达有另一个可怕的审查——即他自

726

己的心和亲近的朋友们。他开始写哀诗，仿佛这是他最后一篇诗作，最后一段言辞。生活仍在继续，也理应继续。尼古拉·拉耶夫斯基是一个真正的挚友，因为他曾是骠骑兵，懂诗，并且从不催促他作诗。

克里米亚，这广阔国土上的一片举足轻重的禁忌之地。一路喧闹奔忙从刻赤①来到卡法②，现在已经改了个更好听的名字叫费奥多西亚③。卡法的夜幕已经降临，小城笼罩在浓重的黑暗和温暖中。他们经过克里米亚海岸，来到了古尔祖夫镇④，拉耶夫斯基将军和小女儿们正在那儿等着他们。当晚，在一艘名为"美人鱼"的轻型快速巡航舰上，他写下了一首哀诗。

这里的夜晚袭来得浓烈而又低沉。

他见到了克里米亚的海岸，杨树林，葡萄园，威风凛凛的月桂树和柏树，和它们做伴，世上再找不到更匀称挺秀的林木了。

海岸越来越近，他想起拿破仑时期那本关于克里米亚的书刊，卡捷琳娜·安德烈耶夫娜若是此刻和他在一起，她会怎么看，他无法，也不想摆脱想要在这儿见到她的想法。

他想起了一切，他的记忆并不模糊，也不遥远，只是看到她在这里，在这艘离月桂树和柏树不远的巡航舰的船舱内，和他一起沿着海岸前行。他记得自己当初多么想扑倒在她的脚下，这种感觉永远留在了他的心里。此刻的夜晚，巨大而闪耀的群星之下，他再也无法抑制这注定永远存在的梦境，在这儿，他跪在了她面前。

卡捷琳娜·安德烈耶夫娜的名字不会打扰任何人的内心；人们多年来

---

① 乌克兰城市。——译注
② 费奥多西亚，古称卡法，是位于黑海北岸克里米亚半岛的城市。——译注
③ 希腊语中费奥多西亚意为"神的礼物"。——译注
④ 乌克兰城镇。——译注

一直无法理解他疯狂的爱情，一旦得知她的年龄几乎是他的两倍，人家就会一摆手，尤其是当问题涉及女性的时候——一涉及年龄问题她们会坚不吐实。因为美貌？然而卡捷琳娜·安德烈耶夫娜本人对此也无法提供帮助——因为她内心过于谦逊低调的古怪特点，她没有留下任何肖像。

他的驱逐就这样开始了。

他注定陷入了这段过去的疯狂的爱情。

他知道，所有人都只字不提关于她的话题，谢天谢地！谢天谢地！虽然这是他第一次感情迸发，疯狂，孩子气，遭遇了可笑的挫败，而这迸发的感情伴随孩子气的泪水突然止不住地夺眶而出，所有聪明人都会记住这泪水，这肤浅幼稚的出格行为，以及与之相同的内心的伤痕，爱情的深深伤痕。

所有这些都是为了她。

在聪慧的眼睛里，他的诗歌可爱甜美，她知道并喜爱它们。她懂得它们，知道它们的创作过程，他那些未能实现的，被遗忘的梦想。她还嘲笑他的那些决斗，把它们当作小孩子的顽皮淘气。

他将这首哀诗当作最后一首来写，说出了他想说的话。

别的他什么也不会说。

和其他人和其他事都无关。

并且这既然是最后一首，每个字词便都是真实的。这首哀诗是一个诅咒。他勇敢地写出了所有事实，卡捷琳娜·安德烈耶夫娜的平静是无法撼动的。但他还是给廖伍什卡写了信，请他帮忙匿名发表。诗歌如同战斗，都不需要姓名。

他知道，当自己要写她的时候，见证者永远是黑暗的夜，或者如此刻一般，是阴沉的大海。这份无法治愈的爱会永远伴随着他，不断地揭开他内心的伤疤。最好把这伤痛告诉他最喜爱的医生——老拉耶夫斯基，因为他不会用治愈的希望来哄骗自己，而且他还知道什么时候什么天气伤口会隐隐作痛。

头抬高，平稳呼吸。生活就像一首诗。

……可是心早已经伤痕累累①。

爱情的深深伤痕，永远无法愈合。

难怪他会被驱逐到南方而不是北方，皇村中学正是创始于此。当他还不会走路的时候，在进入皇村中学之前，俄罗斯警官马林诺夫斯基将军曾在他被下放南方时到过的很多地方担任外交官，捍卫俄国利益。看着那些逃亡者和流放犯们，在这片边疆的土地上，他下了决心，并写出了一篇关于废除奴隶制的论著。

如今，普希金被下放到此地，就是为了来目睹对自由的渴望，见证

---

① 摘自普希金的哀诗《白日的星辰熄灭了》。"他在此创作了一首关于不可能实现的、被时代拒斥了的爱情的哀诗。"——但是，特尼亚诺夫在谈及其长篇小说构思时，曾经声明，在他论述普希金的书中，"将不会给予关于普希金是一个上流社会的雄狮，对待女性轻薄下流行为轻佻放浪的花花公子的传说以任何地位"。特尼亚诺夫反对这种普遍被认可的说法。(《文学报》，1935年总第63期，11月15日)。特尼亚诺夫在《不具名的爱情》一文中分析了这部作品嗣后的全部系列，根据研究者的意见，这些系列都与诗人对叶·阿·卡拉姆津娜的"隐秘爱情"有关。这就是《巴赫切萨拉伊的喷泉》、《奥涅金旅行记片段》、《波尔塔瓦》题词、哀诗《在格鲁吉亚山冈上笼罩着夜的黑暗》。特尼亚诺夫断言，和从前的研究者们(米·格尔申宗、帕·谢果列夫)的推断不同的，是普希金"就其非同寻常的力度、持续的长度，并且普希金终其一生都从未宣说的"爱情而言，不是针对米·阿·戈利岑娜或米·尼·拉耶夫斯卡娅。我们有足够理由和根据认为普希金终其一生都隐瞒了他对卡拉姆津娜的爱情和情欲。——特尼亚诺夫如是说。他提出了自己独特的阐释，这些阐释不仅在普希金诗歌题献词和神秘的暗示中始终都是疑点，而且特尼亚诺夫还举证了一些普希金同时代人的某些证词来证明普希金和卡拉姆津娜之间的关系。其中包括普希金和卡拉姆津娜关系的最后一件证明，当诗人受了致命伤以后，他一再询问："卡拉姆津娜在哪儿？卡拉姆津娜在吗？"在做总结时特尼亚诺夫得出一个对于我们的普希金观具有原则性意义的重大结论："有一点变得十分清楚，即一度十分流行甚至成为非常时髦的普希金观，即说他是一个风流倜傥，举止轻浮，不断任意改变其恋情的轻佻之徒：一名年仅17岁的'中学生'痛苦而又激烈的爱情迫使他在生命的最后时刻首先喊出的名字是卡拉姆津娜。这一'隐秘的''无名的'爱情贯穿了他的一生。"(参阅《文学批评家》，1939，第5—6其合刊，第160—180页)。——译注

被压迫被束缚的人们，以猛烈的速度向前行进！

皇村中学万岁！

他在这儿写了一首关于无法实现的爱情的哀诗，在诗里，他被时间抛弃。该死，他不敢说出她的姓名，他四处漂泊，充满力量，陶醉在所有禁忌的，无法实现的回忆中。

1935—1943